公務員
採用試験
対策シリーズ

埼玉県の
公務員採用試験
（教養試験）

さいたま市・川口市・川越市・
草加市・春日部市・上尾市の
高卒程度

2025

公務員試験研究会　編　　協同出版

まえがき

　公務員は，国や地方の行政諸機関に勤務し，営利を目的とせず，国民や住民などの幸せのため，政策・諸事務を円滑に実施・進行して，社会の土台作りを行うことを職務としています。昨今では，少子高齢化の進行や公務のDX化，国際競争力の低下などの社会情勢の変化に伴って，行政の果たす役割はますます多岐にわたり，重要さを増しています。行政改革が常に論議されているのは，どのような情勢においても安心した生活が送れるよう，公務員に対して国民や市民が，期待を寄せているからでしょう。

　公務員になるためには，基本的には公務員採用試験に合格しなければなりません。公務員採用試験は，公務に携わる広い範囲の職種に就きたい人に対して課される選抜競争試験です。毎年多数の人が受験をして公務員を目指しているため，合格を勝ち取るのは容易ではありません。そんな公務員という狭き門を突破するためには，まずは自分の適性・素養を確かめると同時に，試験内容を十分に研究して対策を講じておく必要があります。

　本書ではその必要性に応え，公務員採用試験に関する基本情報や受験自治体情報はもちろん，「教養試験」，「論作文試験」，「面接試験」について，最近の出題傾向を分析した上で，ポイント，問題と解説，対応方法などを掲載しています。これによって短期間に効率よく学習効果が現れ，自信をもって試験に臨むことができると確信しております。なお，本書に掲載の試験概要や自治体情報は，令和5（2023）年に実施された採用試験のものです。最新の試験概要に関しましては，各自治体HPなどをよくご確認ください。

　公務員を目指す方々が本書を十分活用され，公務員採用試験の合格を勝ち取っていただくことが，私たちにとって最上の喜びです。

公務員試験研究会

埼玉県の公務員採用試験対策シリーズ

さいたま市・川口市・川越市・草加市・春日部市・上尾市の高卒程度

❖ 目 次 ❖

第1部

試験の概要

- 公務員試験とは
- ［参考資料］
  試験情報と自治体情報

公務員試験とは

◆ 公務員とはどんな職業か

　一口でいえば，公務員とは，国家機関や地方公共団体に勤務する職員である。

　わが国の憲法では第15条で，「公務員を選定し，及びこれを罷免することは，国民固有の権利である」としたうえで，さらに「すべて公務員は，全体の奉仕者であつて，一部の奉仕者ではない」と定めている。

　また，その職務および人事管理などについては「国家公務員法」および「地方公務員法」という公務員に関する総合法規により，詳細に規定されている。たとえば「この法律は，……職員がその職務の遂行に当り，最大の能率を発揮し得るように，民主的な方法で，選択され，且つ，指導さるべきことを定め，以て国民に対し，公務員の民主的且つ能率的な運営を保障することを目的とする」(「国家公務員法」第1条)と述べられ，その職務や人事管理についてはっきりと規定されているのである。すなわち，公務は民主的な方法で選択され，また国民に対しては，民主的・能率的な公務の運営が義務づけられているといえよう。

　現在の公務員の基本的性格を知るにあたって，戦前の公務員に触れておこう。戦前，すなわち明治憲法の時代には，公務員は「官吏」または「公吏」などと呼ばれ，「天皇の使用人，天皇の奉仕者」ということになっていた。したがって，官吏の立場は庶民の上に位置しており，封建時代の"お役人"とほとんど変わらない性格を帯びていた。つまり，民主主義に根ざしたものではなく，天皇を中心とした戦前の支配体制のなかで，その具体的な担い手になっていたといえるだろう。

　戦後，制度が一新されて「官吏」は「公務員」と名を変え，その基本的性格もすっかり変化した。つまり，公務員の「公」の意味が「天皇」から「国民」に変わり，国民によって選定された全体の奉仕者という立場が明確にされたのである。

　なお，公務員という職業は，その職務遂行にあたって国民に大きな影響をおよぼすものであるから，労働権・政治行為などの制限や，私企業からの隔離などの諸制限が加えられていることも知っておく必要がある。

◆ 公務員の種類と職務

(1) 公務員の種類

　本書は，さいたま市・川口市・川越市・草加市・春日部市・上尾市の高卒程度をめざす人のための参考書だが，ここでは公務員の種類の全体像をごく簡単に紹介しておこう。一般に公務員は国家公務員と地方公務員に大別でき，さらに一般職と特別職とに分けられる。

① 国家公務員と地方公務員

　国家公務員とは，国家公務員法の適用を受け（＝一般職），国家機関である各省庁やその出先機関などに勤務し，国家から給与を受ける職員をさす。たとえば，各省庁の地方事務局などに勤務する者も，勤務地が地方であっても国家公務員である。

　一方，地方公務員は，地方公務員法の適用を受け（＝一般職），各地方公共団体に勤務し，各地方公共団体から給与を受ける職員である。具体的には，都道府県や市町村の職員などを指している。

② 一般職と特別職

　国家公務員と地方公務員は，それぞれ一般職と特別職に分けられる。人事院または各地方公共団体の人事委員会（またはそれに準ずるところ）を通じて採用されるのが一般職である。

　特別職とは，国家公務員なら内閣総理大臣や国務大臣・国会職員などであり，地方公務員なら知事や収入役などである。それぞれ特別職は国家公務員法および地方公務員法に列記され，その特別職に属さないすべての職を一般職としている。

③ 上級職，中級職，初級職

　採用試験の区分であると同時に，採用後の職務内容や給与等の区分でもある。採用試験はこの区分に合わせて実施される。地域によっては，その名称も異なる。

(2) 地方公務員の対象となる職務

　地方公務員試験に合格して採用されると，各地方の職員として，事務および調査・研究または技術的業務などに従事することになる。

　公務員採用にあたって公開平等に試験を実施し，成績の良い者から順に採用することを徹底していて，民間企業の採用によくみられる「指定校制」など

の"制限"は原則としてない。もちろん，出身地・思想・信条などによる差別もない。これは公務員採用試験全般にわたって原則的に貫かれている大きな特徴といえよう。

◆ 「教養試験」の目的と内容

(1) 「教養試験」の目的

　教養試験は，国家公務員，地方公務員の，高校卒程度から大学卒程度までのあらゆる採用試験で，職種を問わず必ず行われている。教養試験は，単なる学科試験とは異なり，今後ますます多様化・複雑化していく公務員の業務を遂行していくのに必要な一般的知識と，これまでの学校生活や社会生活の中で自然に修得された知識，専門分野における知識などが幅広く身についているかどうか，そして，それらの知識をうまく消化し，社会生活に役立てる素質・知的能力をもっているかどうかを測定しようとするものである。

　このことについては，公務員試験の受験案内には，「公務員として必要な一般的知識および知能」と記されている。このため，教養試験の分野は，大きく一般知識と一般知能の2つの分野に分けられる。

　一般知識の分野は，政治，法律，経済，社会，国際関係，労働，時事問題などの社会科学と，日本史，世界史，地理，思想，文学・芸術などの人文科学，物理，化学，生物，地学，数学などの自然科学の3つの分野からなっている。

　一般知識の分野の特徴は，出題科目数が非常に多いことや，出題範囲がとても広いことなどであるが，内容としては高校で学習する程度の問題が出題されているので，高校の教科書を丹念に読んでおくことが必要である。

　一般知能の分野は，文章理解，数的推理，判断推理，資料解釈の4つの分野からなっている。

　一般知能の分野の問題は，身につけた知識をうまく消化し，どれだけ使いこなせるかをみるために出題されているため，応用力や判断力などが試されている。そのため，知能検査に近い問題となっている。

　したがって，一般知識の分野の問題は，問題を解くのに必要な基本的な知識が身についていなければ，どんなに頭をひねっても解くことはできないが，一般知能の分野の問題は，問題文を丁寧に読んでいき，じっくり考えるようにすれば，だれにでも解くことができるような問題になっている。

(2)「一般知識分野」の内容

一般知識分野は，さらに大きく3分野に分けて出題される。

社会科学分野	われわれの社会環境，生活環境に密着した分野で，政治，経済，社会，労働，国際，時事などに分かれる。学校で学んだこと，日々の新聞などから知ることができる内容等が中心で，特に専門的な知識というべきものはほぼ必要がない。
人文科学分野	歴史・地理・文化・思想・国語など，人間の文化的側面，内容的要素に関する知識を問うもので，専門的知識よりも幅広いバランスのとれた知識が必要である。
自然科学分野	数学・物理・化学・生物・地学などを通じて，科学的で合理的な側面を調べるための試験で，出題傾向的には，前二者よりもさらに基本的な問題が多い。

以上が「一般知識分野」のあらましである。これらすべてについて偏りのない実力を要求されるのだから大変だが，見方を変えれば，一般人としての常識を問われているのであり，これまでの生活で身につけてきた知識を再確認しておけば，決して理解・解答ができないということはない問題ばかりである。

(3)「一般知能分野」の内容

一般知能分野は，さらに大きく4分野に分けて出題される。

文章理解	言語や文章についての理解力を調べることを目的にしている。現代文や古文，漢文，また英語などから出題され，それぞれの読解力や構成力，鑑賞力などが試される。
判断推理	論理的判断力，共通性の推理力，抽象的判断力，平面・空間把握力などを調べるもので，多くの出題形式があるが，実際には例年ほぼ一定の形式で出題される。
数的推理	統計図表や研究資料を正確に把握，解読・整理する能力をみる問題である。
資料解釈	グラフや統計表を正しく読みとる能力があるかどうかを調べる問題で，かなり複雑な表などが出題されるが，設問の内容そのものはそれほど複雑ではない。

　一般知能試験は，落ち着いてよく考えれば，だいたいは解ける問題である点が，知識の有無によって左右される一般知識試験と異なる。

　教養試験は，原則として5肢択一式，つまり5つの選択肢のなかから正解を1つ選ぶというスタイルをとっている。難しい問題もやさしい問題も合わせて，1問正解はすべて1点という採点である。5肢択一式出題形式は，採点時に主観的要素が全く入らず，能率的に正確な採点ができ，多数の受験者を扱うことができるために採用されている。

◆「適性試験」「人物試験」の目的と内容

(1)「適性試験」の目的と内容

　適性試験は一般知能試験と類似しているが，一般知能試験がその名のとおり，公務員として，あるいは社会人としてふさわしい知能の持ち主であるかどうかをみるのに対し，適性試験では実際の職務を遂行する能力・適性があるかどうかをみるものである。

　出題される問題の内容そのものはきわめて簡単なものだが，問題の数が多い。これまでの例では，時間が15分，問題数が120問。3つのパターンが10題ずつ交互にあらわれるスパイラル方式である。したがって，短時間に，できるだけ多くの問題を正確に解答していくことが要求される。

　内容的には，分類・照合・計算・置換・空間把握などがあり，単独ではなくこれらの検査が組み合わさった形式の問題が出ることも多い。

(2)「人物試験」の目的と内容

　いわゆる面接試験である。個別面接，集団面接などを通じて受験生の人柄，つまり集団の一員として行動できるか，職務に意欲をもっているか，自分の考えを要領よくまとめて簡潔に表現できるか，などを評価・判定しようとするものである。

　質問の内容は，受験生それぞれによって異なってくるが，おおよそ次のようなものである。

> ① 公務員を志望する動機や理由などについて
> ② 家族や家庭のこと，幼いときの思い出などについて
> ③ クラブ活動など学校生活や友人などについて
> ④ 自分の長所や短所，趣味や特技などについて
> ⑤ 時事問題や最近の風俗などについての感想や意見

　あくまでも人物試験であるから，応答の内容そのものより，態度や話し方，表現能力などに評価の重点が置かれている。

◆「論作文試験」の目的と内容

(1)「論作文試験」の目的
　「文は人なり」という言葉があるが，その人の人柄や知識・教養，考えなどを知るには，その人の文章を見るのが最良の方法だといわれている。その意味で論作文試験は，第1に「文章による人物試験」だということができよう。
　また公務員は，採用後に，さまざまな文章に接したり作成したりする機会が多い。したがって，文章の構成力や表現力，基本的な用字・用語の知識は欠かせないものだ。しかし，教養試験や適性試験は，国家・地方公務員とも，おおむね択一式で行われ解答はコンピュータ処理されるので，これらの試験では受験生のその能力・知識を見ることができない。そこで論作文試験が課せられるわけで，これが第2の目的といえよう。

(2)「論作文試験」の内容
　公務員採用試験における論作文試験では，一般的に課題が与えられる。つまり論作文のテーマである。これを決められた字数と時間内にまとめる。国家・地方公務員の別によって多少の違いがあるが，おおよそ1,000～1,200字，60～90分というのが普通だ。
　公務員採用試験の場合，テーマは身近なものから出される。これまでの例では，次のようなものだ。

① 自分自身について	「自分を語る」「自分自身のPR」「私の生きがい」「私にとって大切なもの」
② 学校生活・友人について	「学校生活をかえりみて」「高校時代で楽しかったこと」「私の親友」「私の恩師」
③ 自分の趣味など	「写真の魅力」「本の魅力」「私と音楽」「私と絵画」「私の好きな歌」
④ 時事問題や社会風俗	「自然の保護について」「交通問題を考える」「現代の若者」
⑤ 随想，その他	「夢」「夏の1日」「秋の1日」「私の好きな季節」「若さについて」「私と旅」

　以上は一例で，地方公務員の場合など，実に多様なテーマが出されている。ただ，最近の一般的な傾向として，どういう切り口でもできるようなテーマ，たとえば「山」「海」などという出題のしかたが多くなっているようだ。この題で，紀行文を書いても，人生論を展開しても，遭難事故を時事問題風に扱ってもよいというわけである。一見，やさしいようだが，実際には逆で，それだけテーマのこなし方が難しくなっているともいえよう。

　次に，試験情報と自治体情報を見てみよう。

さいたま市の試験情報

令和5年度
さいたま市職員採用試験受験案内
【高校卒業程度・免許資格職・就職氷河期世代（行政事務）】

令和6年4月1日採用予定　　　　　　　　　　　　　　　　さいたま市人事委員会

第1次試験日　令和5年9月24日（日）
（消防及び消防（救急救命士）は、教養試験合格者を対象に10月10日(火)、11日(水)のいずれかの日に体力検査を実施。）

申込受付期間　令和5年7月31日（月）午前9時から 8月21日（月）午後5時まで
　　　　　　　　（インターネットから申込みください。）

1　試験区分、採用予定人員、職務概要及び採用予定日　◆採用予定人員は、事業計画等により増減する場合があります。

試験区分		採用予定人員	職務概要	採用予定日
高校卒業程度	行政事務	5人程度	本庁各局や区役所、教育委員会その他の行政委員会事務局等に配属され、一般行政事務に従事します。	令和6年4月1日
	学校事務	6人程度	市内小・中学校等に配属され、予算経理、物品の購入・管理、施設設備の維持管理等の学校事務全般に従事します。	
	消防	15人程度	消防局や消防署に配属され、火災の予防・消火、救急、救助等の消防業務に従事します。	
	消防(救急救命士)	4人程度	消防局や消防署に配属され、救急業務をはじめ、火災の予防・消火、救助等の消防業務に従事します。	
免許資格職	保育士	34人程度	保育園をはじめ、子ども未来局等に配属され、保育の業務や地域における子育て支援事業等の業務に従事します。	
	診療放射線技師	2人程度	保健衛生局、子ども未来局、市立病院等に配属され、レントゲン撮影、放射線治療等の業務に従事します。	
	臨床検査技師	2人程度	保健衛生局、子ども未来局、市立病院等に配属され、血液や尿等の臨床検査業務に従事します。	
	作業療法士	2人程度	子ども未来局、市立病院等に配属され、作業療法や相談等の業務に従事します。	
	言語聴覚士	2人程度	福祉局、子ども未来局、市立病院等に配属され、言語聴覚に関する検査、訓練、相談等の業務に従事します。	
就職氷河期世代※（行政事務）		3人程度	本庁各局や区役所、教育委員会その他の行政委員会事務局等に配属され、一般行政事務に従事します。	

※　雇用環境が厳しい時期に就職活動を行い、希望する就職ができないなど、様々な課題に直面している世代（就職氷河期世代）の
　　支援のため、同世代の方を対象とした採用試験を実施します。

2　受験資格

次の(1)から(3)までのすべての要件を満たす人（消防及び消防（救急救命士）は、(1)から(4)までのすべての要件を満たす人）

(1)　次のいずれかに該当する人（消防及び消防（救急救命士）は次のアに該当する人に限る。）
　ア　日本国籍を有する人
　イ　出入国管理及び難民認定法による永住者
　ウ　日本国との平和条約に基づき日本の国籍を離脱した者等の出入国管理に関する特例法による特別永住者

(2)　次のいずれにも該当しない人
　ア　禁錮以上の刑に処せられ、その執行を終わるまで又はその執行を受けることがなくなるまでの人
　イ　さいたま市職員として懲戒免職の処分を受け、当該処分の日から2年を経過しない人
　ウ　日本国憲法施行の日以降において、日本国憲法又はその下に成立した政府を暴力で破壊することを主張する政党
　　　その他の団体を結成し、又はこれに加入した人
　エ　平成11年改正前の民法の規定による準禁治産の宣告を受けている人（心神耗弱を原因とするもの以外）

(3) 次のそれぞれの試験区分の要件・資格に該当する人

試験区分		要件・資格
高校卒業程度	行政事務	平成14年4月2日〜平成18年4月1日生まれの人(学歴は問いません。)
	学校事務	上記のほかに
	消防	消防(救急救命士)は、救急救命士の免許が必要です(令和6年春までに取得見込みを含みます。)。
	消防(救急救命士)	
免許資格職	保育士	平成元年4月2日以降に生まれた人で、保育士資格を有する人又は令和6年3月までに取得見込みの人
	診療放射線技師	平成元年4月2日以降に生まれた人で、それぞれの免許を有する人又は令和6年春までに取得見込みの人
	臨床検査技師	
	作業療法士	
	言語聴覚士	
就職氷河期世代(行政事務)		昭和45年4月2日〜昭和61年4月1日生まれの人(学歴、職歴は問いません。)

(4) 消防及び消防(救急救命士)は、次の身体的条件があります。

　ア　視　力：矯正視力を含み、両眼で0.7以上かつ1眼でそれぞれ0.3以上であること。赤色、青色及び黄色の色彩の識別ができること

　イ　聴　力：左右とも正常であること(オージオメータを使用し、純音聴力検査により実施します。)

3　試験日時・会場・合格発表

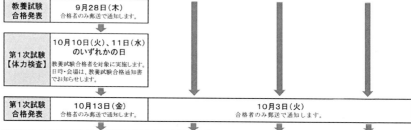

	消防及び消防(救急救命士)	保育士	就職氷河期世代(行政事務)	左記以外の区分
第1次試験	9月24日(日)　午前9時20分着席　会場　市立中・高等学校　等 試験会場は受験票引換証で指定します。			
	正午終了予定	午後3時30分終了予定	午後1時30分終了予定	正午終了予定
	教養試験	教養試験、専門試験	教養試験、作文試験(注)	教養試験

注：就職氷河期世代(行政事務)の作文試験は第1次試験日に実施しますが、採点は第2次試験で行います。
作文試験を受験しない場合、第1次試験(教養試験)を辞退したものとみなします。

教養試験合格発表	9月28日(木) 合格者のみ郵送で通知します。			
第1次試験【体力検査】	10月10日(火)、11日(水)のいずれかの日 教養試験合格者を対象に実施します。日時・会場は、教養試験合格通知書でお知らせします。			
第1次試験合格発表	10月13日(金) 合格者のみ郵送で通知します。	10月3日(火) 合格者のみ郵送で通知します。		
第2次試験	10月中旬〜11月上旬　日時・会場は、第1次試験合格通知書でお知らせします。			
	作文試験、適性検査、身体検査個別面接	論文試験、適性検査個別面接	集団面接、適性検査個別面接	論・作文試験、適性検査個別面接
最終合格発表	11月下旬　合格者のみ郵送で通知します。			

◆自然災害等の影響により、試験日時等を変更する場合があります。

◆その他諸注意

　ア　第1次試験の着席時刻は予定です。受験票引換証で必ず確認してください。

　イ　試験会場は、受験票引換証又は合格通知書に記載された会場となりますので注意してください。

　ウ　合格者には文書で通知をしますが、不合格者への通知は行いません。また、合格者の受験番号については、ホームページで公開しますが、詳細については試験当日にお知らせします。ホームページアドレスは最終貢をご覧ください。

　エ　ウの通知は、郵便事故等により延着や不着の場合もありますので、合否はホームページにて確認してください。なお、電話や電子メール等による合否の問合せにはお答えできません。

　オ　試験会場及び会場の最寄り駅周辺で、合否連絡の受付等を行っている事例が見受けられますが、当人事委員会とは一切関係ありません。

4 試験結果の開示について

この試験の結果について、開示の請求をすることができます（受験者本人に限ります。）。

開示請求のできる人	開示内容	請求の方法	請求期間
第1次試験不合格者	第1次試験の総合順位、総合得点及び各試験科目の得点	合格発表のホームページに掲載する請求方法に従い、さいたま市電子申請・届出サービスから申請してください。	それぞれの試験の合格発表日から14日間
第2次試験不合格者	第2次試験の総合順位、総合得点、各試験科目の得点及び身体検査の結果		

◆一定の基準に達しない試験科目がある場合には、順位は付きません。
◆消防及び消防（救急救命士）の第1次試験のうち、教養試験不合格者には教養試験の、体力検査不合格者には体力検査の得点及び順位を開示します。
◆就職氷河期世代（行政事務）について、第1次試験日に行う全ての試験（教養試験及び作文試験）を受験しない場合は辞退したものとみなすため、開示の請求をすることができません。
◆電話、電子メール及び郵送等による請求は受け付けません。

5 試験方法・内容・出題分野

試　験　方　法		試　験　内　容
第1次試験 ※保育士のみ	教養試験 ＜択一式120分＞	公務員として必要な一般的知識（社会科学・人文科学・自然科学）、知能（文章理解・判断推理・数的推理・資料解釈）及び市政問題について、活字印刷文による筆記試験　【出題数５０問（免許資格職は４０問）　全問解答】
	専門試験 ＜択一式120分＞ ※保育士のみ	職務に必要な専門知識について、活字印刷文による筆記試験 ※出題分野は別表参照　【出題数４０問全問解答】
	体力検査 ※消防及び消防（救急救命士）のみ 教養試験合格者を対象に実施	職務遂行に必要な体力についての検査（握力、上体起こし、長座体前屈、反復横とび、立ち幅とび、持久走（男性は1,500メートル走、女性は1,000メートル走））
第2次試験 ※集団面接は就職氷河期世代 （行政事務）のみ	論・作文試験 ＜記述式60分＞	出題されたテーマについて記述する筆記試験　【800字程度】 （思考力、文章構成力、表現力等についての評定）
	適性検査	職務に対する適応性についての検査（面接試験の参考とします。）
	面接試験 ※集団面接は就職氷河期世代 （行政事務）のみ	個別面接及び集団面接による試験　（主として職務遂行能力、職員としての適格性等についての評定。集団面接にはグループディスカッションを含みます。） ※保育士は、面接試験時に簡単な実技を実施します。
	身体検査 ※消防及び消防（救急救命士）のみ	職務遂行に必要な身体的条件及び健康度についての検査 （色覚、視力、聴力、尿検査、血液検査、胸部Ｘ線検査、心電図検査を含みます。）

別表　専門試験出題分野

試　験　区　分		出　題　分　野
免許資格職	保　育　士	社会福祉、子ども家庭福祉（社会的養護を含む。）、保育の心理学、保育原理・保育内容、子どもの保健

◆教養試験は、「高校卒業程度」、「就職氷河期世代（行政事務）」については高校卒業程度、「免許資格職」については短大卒業程度による試験を行います。
◆第1次試験の合格者は、「消防」及び「消防（救急救命士）」については教養試験と体力検査のそれぞれの成績により、「保育士」については教養試験と専門試験の総合成績により、その他の区分については教養試験の成績により決定します。
　なお、「消防」及び「消防（救急救命士）」の教養試験不合格者については、体力検査を実施しません。
　また、それぞれの試験科目において一定の基準に達しない人は、他の成績にかかわらず不合格となります。
◆論・作文試験は、「高校卒業程度」、「就職氷河期世代（行政事務）」については作文試験、「免許資格職」については論文試験を行います。
◆就職氷河期世代（行政事務）の作文試験については、第1次試験日の9月24日（日）に行います。
◆第2次試験の合格者（最終合格者）は、第2次試験の成績により決定します（第1次試験の成績は反映されません。）。
　なお、第2次試験のそれぞれの試験科目において一定の基準に達しない人は、他の成績にかかわらず不合格となります。
◆自然災害等の影響により、試験内容等を変更する場合があります。

6　試験区分別・試験科目別の配点

試 験 区 分	第1次試験				第2次試験				
	教養試験	専門試験	体力検査	合計	論・作文試験	身体検査	集団面接	個別面接	合計
行政事務、学校事務	100	—	—	100	100	—	—	400	500
消防、消防(救急救命士)	100	—	(60)※1	100	100	※2	—	400	500
保育士	120	120	—	240	100	—	—	400	500
保育士以外の免許資格職	120	—	—	120	100	—	—	400	500
就職氷河期世代(行政事務)	100	—	—	100	100	—	100	300	500

※1　体力検査については、教養試験合格者を対象に実施し、その結果により第1次試験の合否を決定します。
※2　身体検査については、職務遂行能力についての判断をするため、単独で合否を判定します。

7　受験申込方法（インターネットのみ受付）

パソコン又はスマートフォンから申込みできます。

さいたま市Webサイトトップページ（https://www.city.saitama.jp）から、[市政情報]→[募集]→[職員採用]→[職員採用（人事委員会）]と進み、受験資格や詳しい申込方法、動作環境等を必ず確認してから申込みください。

試験の申込みをした人は必ず受験してください

さいたま市職員採用試験は、皆さんの申込みによって試験の準備が進められ、市民の方に納めていただいた税金を使って行われます。貴重な税金を有効に活用するためにも、**試験の申込みをした人は必ず受験するようお願いします。**

8　合格から採用まで

(1) 最終合格者は、試験区分ごとに成績順に任用候補者名簿に登載されます。人事委員会は、任命権者(市長等)からの請求に基づいて成績順に名簿を提示します。

なお、名簿の有効期間は、原則として名簿登載の日から1年間です。

(2) 任命権者は、意向調査、健康診断等を行い、欠員の状況等に応じて順次採用します。したがって、任用候補者名簿に登載された人すべてが採用されるとは限りません。

なお、採用の時期は、原則として令和6年4月1日(場合によりそれ以前に採用されることもあります。)となります。

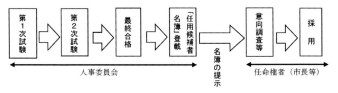

(3) 免許・資格取得見込みの人が免許・資格を取得できない場合には、任用候補者名簿から削除されます。

また、保育士として業務を行うためには、都道府県知事への登録を必要とします。

(4) 受験資格がない場合や、申込内容に虚偽又は不正があることが判明した場合には、任用候補者名簿から削除されます。

9　給与・勤務条件等

(1) 給与

令和5年4月1日現在の初任給は、次のとおりです(地域手当含む。)。

試 験 区 分			初任給(円)		試 験 区 分		初任給(円)
高校卒業程度	行政事務、学校事務	短大卒	186,530	免許資格職	保 育 士	大学卒	210,335
		高校卒	172,960			短大卒	194,465
	消防、消防(救急救命士)	短大卒	203,205		診療放射線技師、臨床検査技師・作業療法士・言語聴覚士	短大3卒	210,450
		高校卒	189,635				

試 験 区 分	職務経験(22歳で大学卒業後、下記のとおり勤務した場合)	初任給(円)
就職氷河期世代 (行政事務)	職務経験18年(正規雇用13年、非正規雇用(短時間労働)5年)	300,380

◆初任給は、学歴や職歴等に応じて調整される場合があります。

◆このほかに、諸手当(通勤、扶養、住居、期末・勤勉、特殊勤務手当等)が、それぞれの支給要件に応じて支給されます。

(2) 勤務時間

原則として月曜日～金曜日　午前8時30分～午後5時15分

※消防及び消防(救急救命士)は深夜業務を含む交替制勤務です。

※保育士(保育園勤務の場合)は午前7時30分から午後7時30分(うち4園は午後8時30分)までのうち7時間45分の交替制勤務です(土曜日勤務有り(月1回程度))。

(3) 休日

日曜日、土曜日及び祝日並びに12月29日から翌年1月3日までの日

(保育士(保育園勤務の場合)は土曜日が勤務日の場合、月曜日から金曜日のいずれか1日)

(4) 休暇

年間20日の年次有給休暇(4月採用者の場合、当該年は15日)、疾病等の場合に与えられる病気休暇、結婚・出産・忌引等の特別休暇、日常生活に支障がある者の介護をする場合に与えられる介護休暇等があります。

(5) その他

ア　配属先によっては、勤務時間、休日等が異なる場合があります。

イ　給与、勤務時間等は、条例等の改正(給与改定等)により、変更(減額を含む。)される場合があります。

日本国籍を有しない職員の担当業務について

「公権力の行使」又は「公の意思形成への参画」に携わる公務員については日本国籍を必要とするという「公務員に関する基本原則」に基づき、本市では日本国籍を有しない職員は次の(1)に該当する業務及び(2)に該当する職に就くことはできません。また、昇任についての考え方は(3)のとおりです。

(1)「公権力の行使」に該当する業務

「公権力の行使」に該当する業務は次のとおりです。

・市民の権利や自由を一方的に制限することとなる業務　・市民に対して一方的に義務や負担を課すこととなる業務

・市民に対して強制力をもって執行する業務　・その他公権力の行使に該当する業務

(2)「公の意思形成への参画」に該当する職

「公の意思形成への参画」に該当する職とは、本市の行政について企画・立案・決定等に関与する職であり、具体的には、

①「さいたま市事務専決規程」等に定める専決又は代決をすることができる課長以上の職

②本市の基本施策の決定等(基本計画の策定、予算の編成、組織、人事、労務管理等)に携わる職

が該当します。

(3) 昇任について

日本国籍を有しない職員についても「公務員に関する基本原則」に反しない範囲において昇任が可能です。

さいたま市の自治体情報

令和5年度当初予算編成にあたり重視した4つの柱

令和5年度当初予算は、ポストコロナを見据え、本市の新時代へのシンカに取り組む予算として編成しました。
予算編成にあたって重視した4つの柱に沿って、令和5年度の主な事業の一部を紹介します。

感染症や自然災害に備えた強靭な都市づくり

市民の生命及び健康を守るため、感染症に係る対策を着実に推進します。また、激甚化する自然災害への対策として、都市・生活インフラの耐震性の確保や、治水対策などを推進します。

主な事業
・新型コロナウイルスワクチンの接種体制の確保
・自宅療養者の相談対応やパルスオキシメーターの配送
・治水対策施設の整備推進 ・橋りょう耐震化の推進
・市立中学校体育館への空調機整備等の推進

ポストコロナを見据えたさいたま市の魅力づくり

新たなニーズを的確に捉えながら、ようやく兆しが見えつつあるポストコロナを見据えた本市の魅力づくりをより一層進めます。

主な事業
・新庁舎の整備及びさいたま新都心のにぎわい創出
・現庁舎地利活用の検討及び浦和駅周辺地区のまちづくりの推進
・大宮駅グランドセントラルステーション化構想の推進
・地下鉄7号線の延伸 ・デジタル地域通貨導入調査の実施
・ゼロカーボンシティ実現に向けた地域循環共生圏の構築
・「さいたま国際芸術祭2023」の開催
・政令指定都市移行・区制施行20周年記念事業の実施

誰一人取り残さない持続可能でインクルーシブ※な地域づくり

社会経済状況が大きく変化し続けるなか、誰もが住みやすく持続可能な地域社会の実現に向けて、「誰一人取り残さない」というSDGsの理念を基に、インクルーシブな地域づくりに取り組んでいきます。

主な事業
・ケアラー・ヤングケアラーへの支援の充実
・医療的ケア児保育支援センターの開設 ・新療育センターの整備
・ひまわり特別支援学校内の障害教育部門高等部の開設
・3歳児健康診査における眼科屈折検査の実施
・高齢者等の移動支援など身近な公共交通の充実

※インクルーシブ…多様性を認め、互いを尊重し合い、支え合うこと

公民学共創と質の高い市役所づくり

多様化する市民ニーズや新しいライフスタイルに対応するため、本市のDXのコンセプトである「さいたまデジタル八策」に基づく取り組みを推進します。また、多様化・複雑化する行政課題に柔軟に対応するため、公民学共創を推進し、質の高い公共サービスの提供を目指します。

主な事業
・窓口手続のオンライン化拡充
・LINEを活用した情報発信の強化
・キャッシュレス決済の対象拡大
・働きやすい職場環境整備の推進
・Park-PFIを活用した公園整備

令和5年度当初予算額の内訳

市民一人あたりの予算は約50万円です

※一般会計予算6,690億円を令和5年3月1日現在の住民基本台帳登録人口133万8,623人で試算した金額です。

全会計合計 1兆1,289億円（+3.4%）

一般会計 6,690億円（+5.0%）
福祉、教育、医療、道路や公園の整備など、市のサービスを行うための会計

特別会計 3,244億円（+0.2%）
国民健康保険や介護保険など、一般会計とは区別される事業の会計

水道事業会計 515億円（+4.9%）

病院事業会計 337億円（+9.2%）

下水道事業会計 503億円（▲0.6%）

※（ ）内は前年度比です。

一般会計の内訳

※グラフの（ ）内は構成比です。
※区分ごとに四捨五入しているため、各数値の合計と合計額は一致しない場合があります。

商工費 393億円（5.9%）
消防費など 230億円（3.4%）
公債費 547億円（8.2%）
総務費 598億円（8.9%）
衛生費 718億円（10.7%）
土木費 764億円（11.4%）
教育費 1,055億円（15.8%）
民生費 2,385億円（35.6%）

歳出
総額
6,690億円

歳出（目的別）の内訳

地方消費税交付金など 921億円（13.8%）
自主財源 3,688億円（55.1%）
依存財源 3,002億円（44.9%）
市税 2,845億円（42.5%）
市債 760億円（11.4%）
国庫支出金 1,322億円（19.8%）
使用料及び手数料など 332億円（5.0%）
諸収入 510億円（7.6%）

歳入
総額
6,690億円

歳入の内訳

詳しくは、財政課へ。☎829・1153 FAX829・1974

本市の予算をわかりやすくまとめた資料を毎年市ホームページで公開中！
過去の予算も確認できます。

「市報さいたま　2023年4月号」より抜粋

川口市の試験情報

令和5年度
川口市職員採用試験案内
（令和6年4月1日採用予定）

■ 募 集 職 種 ■
事務・事務（デジタル）・図書館司書・学芸員
福祉・精神保健福祉士・土木・建築
電気・機械・造園・現業・消防・保育士

【第1次試験】　面接試験：令和5年8月21日（月）〜9月4日（月）（予定）
　　　　　　　※職種によって面接試験予定日が異なります。
　　　　　　　筆記試験：令和5年9月17日（日）

【受付期間】　令和5年7月3日（月）〜7月20日（木）

職員採用試験ホームページ

川口市の求める人物像

物事を柔軟に考え自ら行動することができ、困難な仕事にも進んで取り組める人物

本市の目指す将来都市像は「人と　しごとが輝く　しなやかでたくましい都市　川口」です。

これは、本市の伝統産業である鋳物の「造形の自由度（しなやかさ）」「強靭で堅牢である（たくましさ）」等の優れた特質から、時代の変化や多様化する市民ニーズに柔軟に対応するしなやかさを持ち、困難な課題にも力強くたくましく臨んでいくまちづくりへの想いを込めたものです。

組織の一員として、本市が目指す自立的で推進力のあるまちの実現に取り組むことができる意欲的な方の応募をお待ちしています。

1　募集職種等

募　集　職　種	採用予定人数	主　な　職　務　内　容
事務 （デジタル・民間企業等職務経験者）	15名程度	市長事務部局、その他部局において、一般行政事務に加え、ICT利活用施策の企画立案・DX化の推進、各種システムの開発・運用管理等の事務に従事します。
事務（高校卒）		市長事務部局、教育委員会、その他部局において、一般行政事務に従事します。
事務（民間企業等職務経験者）		
図書館司書	1名	市内図書館において、分類、図書館資料の発注等専門的な業務に従事します。
学芸員（考古学専攻）	1名	発掘調査や発掘調査報告書の編集作業などの業務に従事します。
福祉	2名	福祉部や子ども部などにおいて、福祉のケースワーク、援助等専門的な業務に従事します。
福祉（民間企業等職務経験者）		
精神保健福祉士	2名	福祉部や保健部などにおいて、精神保健に関する相談や指導など専門的な業務に従事します。
精神保健福祉士 （民間企業等職務経験者）		
土木	5名程度	市長事務部局、上下水道局などにおいて、土木の専門的な業務に従事します。
土木（民間企業等職務経験者）		
建築	数名	市長事務部局、上下水道局などにおいて、建築の専門的な業務に従事します。
建築（民間企業等職務経験者）		
電気（高校卒）	数名	市長事務部局、上下水道局などにおいて、電気の専門的な業務に従事します。
機械（高校卒）	数名	市長事務部局、上下水道局などにおいて、機械の専門的な業務に従事します。
造園	2名	市長事務部局などにおいて、造園の専門的な業務に従事します。
造園（民間企業等職務経験者）		
現業（その他作業員）	数名	守衛、運転手、ごみの収集や運搬、道路の補修や水道管の破損修理業務などの業務に従事します。
消防	15名程度	消防局や消防署において、消火、救急、救助などの消防業務に従事します。
保育士	10名程度	保育所をはじめ子ども部などにおいて、保育や子育て支援などの業務に従事します。
保育士（民間企業等職務経験者）		

2 受験資格

募集職種		学歴・資格等	年齢
事務 （デジタル・ 民間等職務経験者）	民間等職務経験者	民間企業などにおいて、正規雇用としての職務経験の期間が５年以上あり、独立行政法人情報処理推進機構が実施する試験のうち、＜事務（デジタル）受験資格要件 別表＞に掲げる試験のいずれかに合格している方	昭和６３年４月２日から平成８年４月１日までに生まれた方
事務	高校卒	学校教育法による高等学校を卒業した方または令和６年３月までに卒業見込みの方（※注） ※大学入学資格検定に合格した方または高等学校卒業程度認定試験に合格者もしくは令和６年３月までに合格する見込みの方を含みます。	平成１４年４月２日以降に生まれた方
	民間等職務経験者	民間企業などにおいて、正規雇用としての職務経験の期間が５年以上ある方	昭和６３年４月２日から平成１１年４月１日までに生まれた方
		※注　民間企業などにおいて、正規雇用としての職務経験の期間が５年以上ある方は、民間等職務経験者での受験になります。（高校卒での受験は不可）	
図書館司書	大学卒	司書資格を有する方または令和６年３月までに取得する見込みの方	平成４年４月２日以降に生まれた方
	短大卒		平成１０年４月２日以降に生まれた方
学芸員		学校教育法による大学または大学院で考古学の専門課程を専攻して卒業（修了）した方または令和６年３月までに卒業（修了）見込みの方で、発掘調査経験（令和５年６月３０日現在）を有し、学芸員の資格を有する方または令和６年３月までに取得する見込みの方	平成４年４月２日以降に生まれた方
福　祉	大学卒	社会福祉士を有する方または令和６年３月までに取得する見込みの方（※注）	平成４年４月２日以降に生まれた方
	短大卒		平成１０年４月２日以降に生まれた方
	民間等職務経験者	民間企業などにおける福祉関係の業務経験（相談・援助業務等）の期間が５年以上あり、社会福祉士の資格を有する方	昭和６３年４月２日から平成８年４月１日までに生まれた方
		※注　民間企業などにおいて、福祉職として職務経験の期間が５年以上ある方は、民間等職務経験者での受験になります。（大学卒・短大卒での受験は不可）	
精神保健福祉士	大学卒	精神保健福祉士の資格を有する方または令和６年３月までに取得する見込みの方（※注）	平成４年４月２日以降に生まれた方
	短大卒		平成１０年４月２日以降に生まれた方
	民間等職務経験者	民間企業などにおける社会福祉関係の職務経験の期間が５年以上あり、精神保健福祉士の資格を有する方	昭和６３年４月２日から平成８年４月１日までに生まれた方
		※注　民間企業などにおいて、精神保健福祉士として職務経験の期間が５年以上ある方は、民間等職務経験者での受験になります。（大学卒・短大卒での受験は不可）	
土　木	大学卒	学校教育法による大学で土木の専門課程を専攻し卒業した方または令和６年３月までに卒業見込みの方	平成４年４月２日以降に生まれた方
	短大卒	学校教育法による短期大学で土木の専門課程を専攻し卒業した方または令和６年３月までに卒業見込みの方	平成１０年４月２日以降に生まれた方
	高校卒	学校教育法による高等学校で土木の専門課程を専攻し卒業した方または令和６年３月までに卒業見込みの方	平成１２年４月２日以降に生まれた方
	民間等職務経験者	民間企業などにおける土木工事の職務経験（設計・施工管理等）の期間が５年以上あり、１級土木施工管理技士、技術士（建設部門・上下水道部門）、土地区画整理士のいずれかの資格を有する方	昭和６３年４月２日から平成８年４月１日までに生まれた方

募集職種		学歴・資格等	年齢
建築	大学卒	学校教育法による大学で建築の専門課程を専攻し卒業した方または令和6年3月までに卒業見込みの方	平成4年4月2日以降に生まれた方
	短大卒	学校教育法による短期大学で建築の専門課程を専攻し卒業した方または令和6年3月までに卒業見込みの方	平成10年4月2日以降に生まれた方
	高校卒	学校教育法による高等学校で建築の専門課程を専攻し卒業した方または令和6年3月までに卒業見込みの方	平成12年4月2日以降に生まれた方
	民間等職務経験者	民間企業などにおける建築関係の職務経験（設計、施工管理等）の期間が5年以上あり、1級建築士の資格を有する方	昭和63年4月2日から平成8年4月1日までに生まれた方
電気	高校卒	学校教育法による高等学校で電気の専門課程を専攻し卒業した方または令和6年3月までに卒業見込みの方	平成12年4月2日以降に生まれた方
機械	高校卒	学校教育法による高等学校で機械の専門課程を専攻し卒業した方または令和6年3月までに卒業見込みの方	平成12年4月2日以降に生まれた方
造園	大学卒	学校教育法による大学で造園の専門課程を専攻し卒業した方または令和6年3月までに卒業見込みの方	平成4年4月2日以降に生まれた方
	短大卒	学校教育法による短期大学で造園の専門課程を専攻し卒業した方または令和6年3月までに卒業見込みの方	平成10年4月2日以降に生まれた方
	高校卒	学校教育法による高等学校で造園の専門課程を専攻し卒業した方または令和6年3月までに卒業見込みの方	平成12年4月2日以降に生まれた方
	民間等職務経験者	民間企業等における造園工事の職務経験（設計、施工管理等）の期間が5年以上あり、1級造園施工管理技士の資格を有する方	昭和63年4月2日から平成8年4月1日までに生まれた方
現業（その他作業員）		義務教育課程を修了した方 準中型自動車第一種免許以上の免許を有する方（5トン限定も可） ※日常業務の一つとして4トン車（MT車）を運転することがあります。	昭和63年4月2日以降に生まれた方
消防	大学卒	学校教育法による大学を卒業した方または令和6年3月までに卒業見込みの方	平成7年4月2日以降に生まれた方
	短大卒	学校教育法による短期大学を卒業した方または令和6年3月までに卒業見込みの方	平成9年4月2日以降に生まれた方
	高校卒	学校教育法による高等学校を卒業した方または令和6年3月までに卒業見込みの方 ※大学入学資格検定に合格した方または高等学校卒業程度認定試験に合格若しくは令和6年3月までに合格する見込みの方を含みます。	平成11年4月2日以降に生まれた方
	〔要件〕 消防職員として職務遂行上必要な資質及び適性があり、色覚は赤色、青色及び黄色の色彩の識別ができること、聴力は左右ともに正常であること		
保育士		保育士の資格を取得した方、または令和6年3月までに保育士の資格を取得する見込みの方	平成8年4月2日以降に生まれた方
	民間等職務経験者	保育士の資格を有し、認可保育所の保育士としての職務経験の期間が5年以上ある方	昭和63年4月2日から平成8年4月1日までに生まれた方
	※注　民間企業などにおいて、保育士として職務経験の期間が5年以上ある方は、民間等職務経験者での受験になります。		

(1)　学歴区分は、大学を卒業した方（見込みの方）は「大学卒」、短期大学を卒業した方（見込みの方）は「短大卒」とし、高等学校を卒業した方（見込みの方）及び特別支援学校の高等部を卒業された方（見込みの方）、大学入学資格検定又は高等学校卒業程度認定試験に合格した方（見込みの方）は「高校卒」とします。

(2)　学校教育法に定める専修学校・各種学校（年間授業時間数が６８０時間以上の学校）を卒業した方（見込みの方）で次の要件に該当する方は原則としてそれぞれ「短大卒」、「高校卒」の学歴区分とします。

　　ア　短大卒
　　　（ア）専修学校については、修業年限２年以上の専門課程を修了し、卒業した方（見込みの方）
　　　（イ）各種学校については、高校（３年）卒を入学資格とする修業年限２年以上の課程を修了し、卒業した方（見込みの方）

　　イ　高校卒
　　　（ア）専修学校については、修業年限３年以上の高等課程を修了し、卒業した方
　　　（イ）各種学校については、中学卒を入学資格とする修業年限３年以上の課程を修了し、卒業した方

(3)　中学卒を入学資格とする修業年限５年（商船学科は５年６月）の高等専門学校を卒業した方（見込みの方）は短大卒の学歴区分とします。

(4)　職務経験について

　　ア　職務経験には会社員や公務員などとして（保育士については、認可保育所にて）、週３０時間以上の勤務を１年以上継続した期間が該当し、これらの職務経験期間が令和５年４月１日時点で通算５年以上あることを要します。なお、正規、非正規などの雇用形態は問いません。（ただし、事務（民間企業等職務経験者）については正規雇用を条件とします。）

　　イ　職務経験が複数ある場合は通算できますが、同一期間内に複数箇所で勤務した場合には、通算できる職務経験はいずれかひとつのみです。

　　ウ　休業など（育児休業、介護休業など）により実際の業務に従事しなかった期間については、職務経験期間に通算できません。

　　エ　最終合格発表後に職歴証明書を提出していただきます。

(5)　次のいずれかに該当する方は応募できません。

　　ア　日本の国籍を有しない方

　　イ　禁錮以上の刑に処せられ、その執行を終わるまで又はその執行を受けることがなくなるまでの方

　　ウ　川口市職員として懲戒免職の処分を受け、当該処分の日から２年を経過しない方

　　エ　日本国憲法施行の日以後において、日本国憲法又はその下に成立した政府を暴力で破壊することを主張する政党その他の団体を結成し、又はこれに加入した方

(6)　提出されたすべての書類について、虚偽の記載があった場合、内定取消になることがありますのでご注意ください。

※令和５年度に実施した川口市職員採用試験を受験された方は、今回の試験で同一職種を受験することはできません。

3 試験の方法及び内容

試験は、第1次試験及び第2次試験とし、第2次試験は第1次試験の合格者に対して行います。

【 第1次試験 】

職　　種	試験科目	時間	内　　容
全職種 （民間等職務経験者は除く） ※事務・保育士の民間等職務経験者は プレゼンテーション・面接があります	面　接	約10分	人物についての個人面接による試験
事務（高校卒） 図書館司書（大学卒・短大卒） **精神保健福祉士**（大学卒、短大卒） 造園（大学卒・短大卒・高校卒）	教　養	120分	公務員として必要な一般的知識及び知能についての択一式試験
学芸員	論　文	90分	課題についての審査
福祉（大学卒、短大卒） 土木・建築・電気（高校卒） 保育士	専　門	90分	必要な専門的知識についての択一式試験
土木・建築（大学卒・短大卒） 機械（高校卒）	専　門	120分	必要な専門的知識についての択一式試験
現　業	教　養	120分	公務員として必要な一般的知識及び知能についての択一式試験
	業務適性検査	20分	労務職員として処理を集中して早く正確に行えるかをみる検査
事務 （デジタル・民間等職務経験者）	Webプレゼンテーション	3分	人物についての個人面接及び課題についてのプレゼンテーションによる試験 ※申込の際に添付が必要です。 　課題の詳細は、〈提出課題について〉を参照ください。
	Web面接	17分	計20分
事務（民間等職務経験者）	プレゼンテーション	3分	人物についての個人面接及び課題についてのプレゼンテーションによる試験 ※課題は第1次面接当日提出となります。 ※課題の詳細は、〈提出課題について〉を参照ください。
	面　接	12分	計15分
福祉・精神保健福祉士 土木・建築・造園 （民間等職務経験者）	書類審査		提出課題についての審査 ※課題の詳細は、〈提出課題について〉を参照ください。
消　防	教　養	120分	公務員として必要な一般的知識及び知能についての択一式試験
	消防適性検査	20分	消防職員にふさわしい資質の検証を測る検査
保育士（民間等職務経験者）	プレゼンテーション	3分	人物についての個人面接及びこれまでの制作物・作品についてのプレゼンテーションによる試験 ※申込の際に写真添付が必要です。 　課題の詳細は、〈提出課題について〉を参照ください。
	面　接	12分	計15分

【 第2次試験 】

職　種	試験科目	内　容
全職種	適性検査	職務遂行上必要な資質及び適性についての検査
	面　接	人物についての面接による試験
現　業	体力測定	職務遂行上必要な体力についての検査
消　防	体力測定	職務遂行上必要な体力についての検査及び赤色、青色及び黄色の色彩識別検査
	身体検査	

注意事項

※第1次試験の筆記試験は活字印刷文による出題になります。

※面接試験においては、手話通訳者を要請することができます。

※第1次試験の時間については、令和5年7月現在の予定です。試験当日変更となる場合もありますので、あらかじめ
めご了承ください。(なお、試験内容が変更となる場合はホームページ上及びツイッターでお知らせします。)

※第2次試験の試験科目、内容については、令和5年7月現在の予定です。正式な試験内容などについては第1次試
験合格者に対してメールで通知します。

※消防の色彩識別検査で異常が判明した場合は、後日御自身で医療機関にて精密検査を受診していただきます。

5　申込手続き及び受付期間

受付	期間	令和5年7月3日（月）〜7月20日（木）
	申込	市採用ホームページの専用フォームにて申込してください。 https://logoform.jp/form/zRQD/292240
	注意事項	※市採用ホームページにて「電子申請の注意事項・入力案内」をよく読んでください。 ・申込された内容について、虚偽の記載があった場合、内定取消になることがありますのでご注意ください。 ※7月25日（火）を過ぎても、受験番号・面接予約URLのお知らせメール(no-reply@city.kawaguchi.saitama.jp）が届かない方は、職員課人事係までお問合せください。

6　合格から採用まで

（1）第2次試験の合格者は、採用候補者名簿に登載し、成績順に採用を決定します。

（2）採用は、令和6年4月1日以降となります。ただし、欠員状況等によっては、令和6年4月1日より前に
採用される場合もあります。

（3）次の事項に該当する場合は、採用候補者名簿から削除されます。

　　ア　提出した書類に虚偽があった場合

　　イ　卒業見込の方が卒業できなかった場合（資格取得見込みの方が資格を取得できなかった場合）

　　ウ　心身の故障のため職務の遂行に支障があり、又はこれに堪えないことが明らかとなった場合

　　エ　その他、任命権者が不適当と認めた場合

7　勤務時間・休暇・給与等 （令和5年4月現在）

（1）	勤務時間	月曜日～金曜日　午前8時30分～午後5時15分
		月曜日～金曜日　午前8時30分～午後5時00分（※保育士）
		※保育所開所時間に応じて早番・遅番勤務があります。また、月に1～2回土曜日勤務があります。

（2）	休日	土曜日、日曜日及び祝日並びに12月29日から翌年1月3日まで
		※配属課所によっては業務の内容により、上記（1）、（2）と異なる勤務時間及び休日が適用されます。

（3）	休暇	年間20日の年次有給休暇、疾病等の場合に与えられる病気休暇、結婚・出産・忌引等の場合に与えられる特別休暇などがあります。

（4）　給与

ア　予定初任給（地域手当を含む）

事務・図書館司書・学芸員	大学卒	208,953円程度
福祉・精神保健福祉士・土木	短大卒	189,769円程度
建築・電気・機械・造園	高校卒	177,125円程度

現業（参考30歳）	236,203円程度

	大学卒	219,308円程度
消防	短大卒	200,560円程度
	高校卒	188,788円程度

保育士	大学卒	202,522円程度
	短大卒	189,769円程度

※民間企業等での勤務経験については、本市所定の基準により経歴換算します。

（例）年齢が32歳（大卒）で民間企業等での受験資格である資格を有した職務経験が10年である場合
事務・福祉・精神保健福祉士・土木・建築・造園
276,315円程度　　※社会変動などにより、上記金額が変更になることがあります。

イ　その他　支給要件に該当する場合、扶養手当、通勤手当、住居手当、期末・勤勉手当などが支給されます。

（5）　福利厚生等

ア　各種共済制度　職員やその扶養家族が病気のときの医療給付、出産・災害などの場合の給付があります。また、住宅の新築、自動車購入などの資金の貸付制度があります。

イ　健康管理　定期健康診断、健康相談、人間ドック助成制度など職員の健康管理を行っています。

ウ　その他　（ア）職員やその家族が保養施設やレクリエーション施設を利用できます。

（イ）野球、テニス、スキー、サッカーなどの体育系クラブと茶道、囲碁などの文化系クラブがあります。

（6）　その他
地方公務員法の規定により、職員の採用はすべて条件付採用となり、6ヶ月間良好な成績で勤務したときに正式採用となります。

川口市の自治体情報

令和5年度一般会計当初予算のポイント

新年度予算

さらなる選ばれるまちであり続けることを目指し、1,000億円目前となる税収を見込むことで、過去最大の当初予算を編成することができました。これにより、3大プロジェクトを含む大型プロジェクトなどのさまざまな「まちづくり施策」を令和5年度も引き続き推進していきます。

健全な財政運営に努力しながら過去最大の予算を編成

平成27年度比574億円増で過去最大

平成27年度当初	平成28年度当初	平成29年度当初	平成30年度当初	令和元年度当初	令和2年度当初	令和3年度当初	令和4年度当初	令和5年度当初
1,762億円	1,862億円	1,916億円	1,892億円	2,078億円	2,079億円	2,096億円	2,198億円	**2,336億円**

税収確保に努力

平成27年度比92億円増で過去最大

	平成27年度実績	平成28年度実績	平成29年度実績	平成30年度実績	令和元年度実績	令和2年度実績	令和3年度実績	令和4年度見込み	令和5年度当初
市税	903億円	914億円	917億円	943億円	953億円	963億円	909億円	965億円	**995億円**
収納率	91.2%	92.3%	93.8%	95.3%	96.5%	97.1%	97.0%	97.1%	**97.5%** ← 6.3%増

（※）令和3年9月補正において約34億円の増額補正を実施

事業の進捗を図るため、将来の交付税増額につながる有利な地方債を活用

	平成27年度実績	平成28年度実績	平成29年度実績	平成30年度実績	令和元年度実績	令和2年度実績	令和3年度実績	令和4年度見込み	令和5年度見込み
市債残高	1,425億円	1,431億円	1,485億円	1,466億円	1,481億円	1,488億円	1,532億円	1,549億円	1,580億円

市債残高は増加していますが、市が返済すべき土地開発公社の借入金を平成24年度末の約460億円から、令和4年度末の約52億円と、10年間で408億円の大幅な圧縮を図りました。

一般会計 2,335億8千万円

歳出は、一部の再開発事業完了に伴う土木費の減（△約44億円）や青木会館の完成、新型コロナウイルス感染症生活困窮者自立支援金の皆減に伴う民生費の減（△約14億円）を見込みながら、グリーンセンターの再整備に伴う農業費の増（約20億円）や消防指令システムなどの更新に伴う消防費の増額（約13億円）などから、全体で約138億円の増となりました。

歳入は、一部の再開発事業完了に伴う国庫・県支出金の合計約20億円の減、市税の増収を踏まえた地方交付税の11億円の減を見込んでいるものの、課税と収納の伸びを踏まえた市税収入の約30億円の増のほか、地方消費税交付金の15億円の増を見込み、過去最大規模の予算に必要な財源を確保しました。

令和5年度総予算 4,398億8,100万円

区分 会計名		令和5年度 当初予算額	対前年度 増減額	一般会計からの 繰出・負担金等
一般会計		2,335億8,000万円	137億6,000万円	－
特別会計	国民健康保険	553億3,900万円	3億8,390万円	47億6,718万7千円
	後期高齢者医療	82億150万円	9,520万円	17億1,341万3千円
	介護保険	440億270万円	1億9,820万円	69億6,043万7千円
	母子父子寡婦 福祉資金貸付	1億4,800万円	△1,000万円	276万3千円
	小型自動車	288億4,830万円	△3億280万円	－
	養護学校	2億5,900万円	△1,840万円	2億2,665万1千円
	西口駐車場	5,200万円	－	40万円
	東口駐車場	1億6,860万円	△290万円	8,462万4千円
	交通共済	3,070万円	△460万円	112万円
	区画整理	76億120万円	2億4,080万円	38億7,907万1千円
	計	1,446億5,100万円	5億7,940万円	176億3,566万6千円
企業会計	水道	205億3,800万円	3,400万円	1億6,745万円
	下水道	189億3,300万円	1億3,800万円	30億7,086万4千円
	病院	221億7,900万円	△1億9,600万円	19億円
	計	616億5,000万円	△2,400万円	51億3,831万4千円
合計		4,398億8,100万円	143億1,540万円	227億7,398万円

一般会計 歳入／歳出

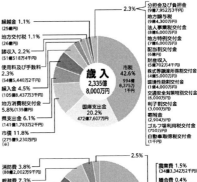

歳入 2,335億8,000万円

- 繰越金 1.1%（25億円）
- 地方交付税 1.1%（26億円）
- 諸収入 2.2%（51億518万4千円）
- 使用料及び手数料 2.3%（54億5,440万2千円）
- 繰入金 4.5%（105億8,437万3千円）
- 地方消費税交付金 5.8%（135億円）
- 県支出金 6.1%（141億1,783万2千円）
- 市債 11.8%（275億9,230万円）（※）
- 国庫支出金 20.2%（472億7,607万円）
- 市税 42.6%（994億8,375万1千円）
- 分担金及び負担金 2.3%（9億7,952万3千円）
- 地方譲与税 0.4%（9億4,300万円）
- 法人事業税交付金 0.4%（8億6,000万円）
- 地方特例交付金（4億6,000万円）
- 配当割交付金（4億8,700万7千円）
- 財産収入 0.4%（4億5,722万4千円）
- 自動車環境性能割交付金（1億4,000万円）
- 交通安全対策特別交付金（6,000万円）
- 利子割交付金（5,040万円）
- 寄附金（2,904万2千円）
- ゴルフ場利用税交付金（750万円）
- 自動車取得税交付金（1千円）

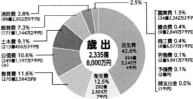

歳出 2,335億8,000万円

- 消防費 3.8%（88億2,002万9千円）
- 総務費 7.3%（171億1,144万2千円）
- 土木費 9.1%（213億456万3千円）
- 公債費 10.6%（249億1,197万7千円）（※）
- 教育費 11.6%（270億2,584万7千円）
- 衛生費 12.5%（292億2,604万円）
- 民生費 42.6%（994億5,249万4千円）
- 農業費 1.5%（34億3,342万2千円）
- 議会費 0.4%（9億2,849万2千円）
- 商工費 0.4%（8億6,577万1千円）
- 労働費 0.1%（2億9,991万7千円）
- 予備費 0.1%（2億円）
- 財政費 0.0%（1千円）

（※）土地開発公社などの借換が125億5,780万円あるため、実質的な歳入の市債は150億3,450万円、歳出の公債費は123億5,417万7千円、一般会計予算の総額は2,210億2,220万円となる。

川越市の試験情報

令和5年度
川越市職員募集案内
（令和6年4月1日採用）

◆募集職種◆

事務（大学・短大・高校）、社会福祉士
土木、建築、電気、機械、化学
保育士、保健師、司書

筆記試験科目を
選択できます！
（一部職種を除く）

川越市マスコットキャラクター ときも

【第一次試験日】
(1) 面接試験
① 8月6日（日）又は20日（日）のいずれか指定する日
事務（高校）以外の職種
② 9月17日（日）　事務（高校）
(2) 筆記試験
9月17日（日）
※面接試験を受験していない方は、筆記試験を受験できません。
（事務（高校）を除く）

【申込方法】
郵送による申込み

【申込期限】
7月19日（水）≪当日消印有効≫
[問い合わせ先]
川越市　職員課　人材育成担当
〒350－8601　川越市元町1丁目3番地1
電話　049（224）5553（直通）

【職員採用情報】

1 募集職種

職　種		採用予定人員	職　務　の　概　要　等
事　務	大　学	40人	税・福祉・環境・都市計画・産業・建設・教育・上下水道事業等、様々な分野における一般行政事務
	短　大		
	高　校		
社会福祉士		3人	生活保護受給者・障害者・高齢者・児童養育等に関する相談業務等 〔主な配属先〕 **生活福祉課、障害者福祉課、地域包括ケア推進課、高齢者いきがい課、こども家庭課**
土　木		8人	都市計画に関する業務、公園・道路・橋梁等の設計・整備等に関する業務、河川整備等に関する業務、上下水道の整備等に関する業務 〔主な配属先〕 **技術管理課、農政課、都市計画課、都市整備課、公園整備課、川越駅西口まちづくり推進室、建設管理課、道路街路課、道路環境整備課、河川課、給水サービス課、事業計画課、水道課、下水道課**
建　築		2人	都市景観に関する業務、伝統的建造物群保存地区に関する業務、建築確認申請等に関する業務、建築物の検査に関する業務、公共建築物の調査・設計・工事監理に関する業務等 〔主な配属先〕 **都市景観課、建築指導課、建築住宅課**
電　気		4人	市の施設（廃棄物処理関連施設、下水道関連施設、浄水場、市営住宅、庁舎、学校等）の電気設備の設計・維持管理、工事等の調査・設計・施工監理等 〔主な配属先〕 **環境施設課、東清掃センター、資源化センター、建築住宅課、上下水道管理センター**
機　械		2人	市の施設（廃棄物処理関連施設、下水道関連施設、浄水場、市営住宅、庁舎、学校等）の機械設備の設計・維持管理、工事等の調査・設計・施工監理等 〔主な配属先〕 **環境施設課、東清掃センター、資源化センター、建築住宅課**
化　学		2人	大気・水質・生活環境等の保全に関する業務、産業廃棄物の処理等に関する業務、公共上下水道の水質指導に関する業務等 〔主な配属先〕 **環境対策課、産業廃棄物指導課、環境衛生センター、上下水道管理センター**

保育士	5人	保育園等における保育業務 〔主な配属先〕 保育園（20園）、児童発達支援センター
保健師	7人	高齢者・介護保険・精神保健・母子保健・成人保健等に関する訪問指導、相談業務等 〔主な配属先〕 地域包括ケア推進課、介護保険課、こども家庭課、児童発達支援センター、保健総務課、保健予防課、健康管理課、健康づくり支援課
司書	3人	図書館における図書選定・発注・受入、レファレンスサービス等の司書業務等 〔主な配属先〕 中央図書館、西図書館、川越駅東口図書館、高階図書館

* 採用予定人員は、欠員状況等により変更になる場合があります。
* 上記の採用予定人員は、別に募集している民間企業等職務経験者職員採用試験と合わせた人数となります。（社会福祉士、化学、保健師、司書を除く。）
* 上記の職種と民間企業等職務経験者職員採用試験の職種のいずれも受験資格を満たす人は、どちらか一方しか申込みできません。

2 受験資格

※受験資格は令和5年7月19日現在で満たしていることが必要です。

職　種		受　　　験　　　資　　　格
事　務	大　学	日本国籍を有しており、次の要件の全てを満たしている人 ① 大学を令和6年3月31日までに卒業見込み又は卒業している人 ② 生年月日が、平成5年4月2日以降の人
	短　大	日本国籍を有しており、次の要件の全てを満たしている人 ① 短期大学を令和6年3月31日までに卒業見込み又は卒業している人 ② 生年月日が、平成11年4月2日以降の人 （ただし、大学等を卒業見込み又は卒業している人は除く。）
	高　校	日本国籍を有しており、次のいずれかの要件を満たしている人 ① 高等学校を令和6年3月31日までに卒業見込み又は卒業しており、生年月日が、平成13年4月2日以降の人 ② 高等学校卒業程度の学力を有しており、生年月日が、平成13年4月2日から平成18年4月1日までの人 （ただし、大学、短期大学等を卒業見込み又は卒業している人は除く。）
社会福祉士		日本国籍を有しており、次の要件の全てを満たしている人 ① 社会福祉士の資格を有する人 ② 生年月日が、平成元年4月2日以降の人

30

土　木	日本国籍を有しており、次の要件の全てを満たしている人 ① 大学において土木を専攻し、令和6年3月31日までに卒業見込み又は卒業している人 ② 生年月日が、平成5年4月2日以降の人
建　築	日本国籍を有しており、次の要件の全てを満たしている人 ① 大学において建築を専攻し、令和6年3月31日までに卒業見込み又は卒業している人 ② 生年月日が、平成5年4月2日以降の人
電　気	日本国籍を有しており、次の要件の全てを満たしている人 ① 大学において電気を専攻し、令和6年3月31日までに卒業見込み又は卒業している人 ② 生年月日が、平成5年4月2日以降の人
機　械	日本国籍を有しており、次の要件の全てを満たしている人 ① 大学において機械を専攻し、令和6年3月31日までに卒業見込み又は卒業している人 ② 生年月日が、平成5年4月2日以降の人
化　学	日本国籍を有しており、次の要件の全てを満たしている人 ① 大学において化学を専攻し、令和6年3月31日までに卒業見込み又は卒業している人 ② 生年月日が、平成5年4月2日以降の人
保育士	次の要件の全てを満たしている人 ① 保育士の資格を有する人又は令和6年3月31日までに同資格を取得見込みの人 ② 生年月日が、平成5年4月2日以降の人
保健師	次の要件の全てを満たしている人 ① 保健師の免許を有する人又は令和6年3月31日までに同免許を取得見込みの人 ② 生年月日が、昭和53年4月2日以降の人
司　書	次の要件の全てを満たしている人 ① 司書の資格を有する人又は令和6年3月31日までに同資格を取得見込みの人 ② 生年月日が、平成5年4月2日以降の人

＊ **「土木を専攻し」とは、主に次に掲げる分野を履修していることをいいます。**
　数学・物理、応用力学、水理学、土質工学、測量、土木計画（都市計画を含む。）及び材料・施工

＊ **「建築を専攻し」とは、主に次に掲げる分野を履修していることをいいます。**
　数学・物理、構造力学、材料学、環境原論、建築史、建築構造、建築計画（都市計画、建築法規を含む。）建築設備及び建築施工

＊ **「電気を専攻し」とは、主に次に掲げる分野を履修していることをいいます。**
　数学・物理、電磁気学・電気回路、電気計測・制御、電気機器・電力工学、電子工学及び情報・通信工学

＊ **「機械を専攻し」とは、主に次に掲げる分野を履修していることをいいます。**
　数学・物理、材料力学、流体力学、熱力学、電気工学、機械力学・制御、機械設計、機械材料及び機械工作

* **「化学を専攻し」とは、主に次に掲げる分野を履修していることをいいます。**
  数学・物理、物理化学、分析化学、無機化学・無機工業化学、有機化学・有機工業化学及び化学工学
* **受験資格を満たしていても、次に掲げる地方公務員法第16条に規定する欠格条項に該当する人は、受験できません。**
  ① 禁錮以上の刑に処せられ、その執行を終わるまで又はその執行を受けることがなくなるまでの者
  ② 川越市職員として懲戒免職の処分を受け、当該処分の日から2年を経過しない者
  ③ 人事委員会又は公平委員会の委員の職にあって、地方公務員法第60条から第63条までに規定する罪を犯し、刑に処せられた者
  ④ 日本国憲法施行の日以後において、日本国憲法又はその下に成立した政府を暴力で破壊することを主張する政党その他の団体を結成し、又はこれに加入した者
* **保育士・保健師・司書は日本国籍を有しない人も受験できますが、採用時において当該職種に従事可能な在留資格を有する人に限ります。**
* **事務の試験区分は、最終学歴（見込み）によります。**
  ① 大学・短期大学・高等学校とは、学校教育法に定めるものをいいます。
  ② 外国における大学等の卒業については、通算修学年数が16年以上となるものを大学、14年以上となるものを短期大学、12年以上となるものを高等学校とみなします。
  ③ 学校教育法に定める専修学校（年間授業時間数が680時間以上の学校に限ります。）・各種学校で次の要件に該当する学校については、それぞれ短期大学、高等学校とみなします。
  （短期大学とみなすもの）
  ・専修学校で、修業年限2年以上の専門課程（専門学校）のもの
  ・各種学校で、高等学校（3年）の卒業を入学資格とする修業年限2年以上の課程のもの
  （高等学校とみなすもの）
  ・専修学校で、修業年限3年以上の高等課程（高等専修学校）のもの
  ・各種学校で、中学校の卒業を入学資格とする修業年限3年以上の課程のもの
  ④ 学校教育法に定める高等専門学校（中学校の卒業を入学資格とする修業年限5年（商船学科は5年6月）のもの）は、短期大学とみなします。

3 試験日程等

★ **事務（大学）は、以下の受験区分により、第一次試験の試験科目が異なります。いずれか1つの受験区分のみ申込みできます。**

受験区分	試験科目
大学A	面接試験・教養試験
大学B	面接試験・教養試験・専門試験
大学C	面接試験・SPI3-GAT試験

★ 土木、建築、電気、機械、化学は、以下の受験区分により、第一次試験の試験科目が異なります。
どちらか一方の受験区分のみ申込みできます。

受験区分	試験科目
土木Ａ、建築Ａ 電気Ａ、機械Ａ 化学Ａ	面接試験・専門試験
土木Ｂ、建築Ｂ 電気Ｂ、機械Ｂ 化学Ｂ	面接試験・ＳＰＩ３－ＧＡＴ試験

第一次試験	試 験 日	令和5年8月6日（日）又は8月20日（日）のいずれか指定する日			
	試験会場	川越市立川越高等学校　　　　※案内図等は最終ページに掲載			
	試験科目	面接試験	事務（高校）を除く職種	個人面接	
	試 験 日	令和5年9月17日（日）			
	試験会場	川越市立川越高等学校　　　　※案内図等は最終ページに掲載			
	試験科目	筆記試験	教養	120分	事務 （大学Ａ） （大学Ｂ） （短大） （高校）	時事、社会・人文及び自然に関する一般知識並びに文章理解、判断・数的推理及び資料解釈に関する能力
			専門	120分	大学Ｂ	憲法、行政法、民法、経済学、財政学、社会政策、政治学、行政学及び国際関係
				120分	土木Ａ	数学・物理、応用力学、水理学、土質工学、測量、土木計画（都市計画を含む。）及び材料・施工
				120分	建築Ａ	数学・物理、構造力学、材料学、環境原論、建築史、建築構造、建築計画（都市計画、建築法規を含む。）、建築設備及び建築施工
				120分	電気Ａ	数学・物理、電磁気学・電気回路、電気計測・制御、電気機器・電力工学、電子工学及び情報・通信工学
				120分	機械Ａ	数学・物理、材料力学、流体力学、熱力学、電気工学、機械力学・制御、機械設計、機械材料及び機械工作
				120分	化学Ａ	数学・物理、物理化学、分析化学、無機化学・無機工業化学、有機化学・有機工業化学及び化学工学

第一次試験	試験科目	筆記試験	専門	90分	保育士	社会福祉、子ども家庭福祉（社会的養護を含む。）、保育の心理学、保育原理・保育内容及び子どもの保健
			SPI3-GAT（基礎能力検査）	70分	事務（大学C）社会福祉士 土木B 建築B 電気B 機械B 化学B 保健師 司書	言語分野（言葉の意味を理解し、文章や話の要旨をとらえる力を問うもの）と非言語分野（数的情報をもとに解く力や論理的思考力を問うもの）で職務遂行に必要な総合的な基礎能力をみる試験
	試験科目	面接試験			事務（高校）	個人面接
第二次試験	試験科目	論文		90分	全職種	課題に対する理解力、文章による表現力及び論理力についての記述試験

* **面接試験を受験していない人は筆記試験を受験できません。（事務（高校）を除く）**
* **第一次試験面接試験及び筆記試験の集合時間は、受験票にてお知らせします。**
* 論文試験は、第二次試験科目として第一次試験日（令和5年9月17日）に受験者全員に実施しますが、第一次試験合格者に限り採点を行います。
* 試験会場は、変更となる場合があります。

第一次試験結果通知発送	令和5年10月上旬　（予定）

* **第一次試験の合格者には、指定する期日までに次の書類を提出していただきます。なお、氏名が変更になっている場合は、氏名変更を公的に証明する書類を添付してください。**
  書類は、令和5年4月1日以降に発行されたものに限ります。

全職種	・最終学歴（受験する職種に応じた最終学歴、**大学院は不要**）の卒業証明書又は卒業見込証明書、学業成績証明書 （**※高等学校在学中の人は、「全国高等学校統一用紙その2」**） ・面接カード（用紙は第一次試験結果通知に同封します。）
社会福祉士	・社会福祉士登録証の写し
保育士	・保育士証の写し、保育士資格取得証明書又は保育士資格の取得見込みが確認できるもの
保健師	・保健師免許証の写し又は保健師免許の取得見込みが確認できるもの
司書	・司書の資格を取得していることを証明する書類又は司書の資格取得単位修得の証明書又は修得見込み証明書

第二次試験	試 験 日	令和5年10月15日（日）		
	試験会場	川越市立川越高等学校　　※案内図等は最終ページに掲載		
	試験科目	グループワーク	全職種	課題に対する理解力や論理力をみるとともに、集団における社会性や協調性をみる
		性格特性検査		公務員に求められる資質をみる検査
	試 験 日	令和5年10月下旬〜11月上旬の指定する日		
	試験会場	川越市役所		
	試験科目	面接試験	全職種	個人面接

第二次試験結果通知発送	令和5年11月中旬　　（予定）

> 採用試験の費用には市民の皆さまの貴重な税金が使われております。
> 試験を申し込まれる方は**必ず受験されるよう**お願いいたします。

4　採用について

* 採用時期は、令和6年4月1日となり、採用後は、市長部局、上下水道局、教育委員会等に配属されます。
* 欠員に応じて採用されるため、最終合格者が全て採用されるとは限りません。
* 採用日（令和6年4月1日）において、次の場合のいずれかに該当するときは採用されません。
  - ①　受験資格となっている学歴の学校を卒業できなかった場合
  - ②　受験資格となっている資格（免許）を取得できなかった場合
  - ③　その他、受験資格を満たさない場合
* 地方公務員法の規定により、職員の採用は全て条件付採用となり、6か月間良好な成績で勤務したときに正式採用となります。

5　試験結果について

* 試験結果は、合否にかかわらず文書で全員に通知します。また、川越市ホームページ（http://www.city.kawagoe.saitama.jp/）に合格者の受験番号を掲示します。
  なお、不合格者には、各試験の総合得点及び総合順位を併せて通知します。
* 試験結果についての問い合わせには応じられませんので、御了承ください。

6　受験申込手続き

申込方法	郵送による申込みとなります。
受付期間	令和5年7月3日（月）から 令和5年7月19日（水）まで　《当日消印有効》
郵送宛先	〒350-8601　　川越市元町1－3－1 川越市役所　職員課人材育成担当
郵送方法	封筒の表面に**「受験申込書在中」**と朱書きし、必ず、**「特定記録」**又は**「簡易書留」**で郵送してください。（普通郵便等で申込みをした場合の事故については、責任を負いません。）

7　採用されてから

（1）給与（令和5年4月1日現在）

職種	最終学歴	初　　任　　給	そ　　の　　他
事務・社会福祉士 ・保育士・司書	大学卒	191,700円	地域手当のほか、支給要件に該当する場合には、扶養手当、住居手当、通勤手当、特殊勤務手当、期末手当、勤勉手当等が支給されます。
	短大卒	169,800円	
	高校卒	158,900円	
土木・建築・電気・機械・ 化学・保健師		191,700円	

　　＊　学校卒業後、一定の職務経験等のある場合は、それらを考慮することがあります。
　　＊　昇給は、原則として毎年1回（4月1日）行われます。
　　＊　採用時までに変更があった場合は、それによります。

（2）勤務時間、休暇
　　　勤務は、原則として月曜日から金曜日までの午前8時30分から午後5時15分までです。ただし、配属先により、通常と異なる勤務時間が適用になる場合があります。
　　　休暇は、年間20日（4月1日採用の場合15日）の年次有給休暇、疾病等の場合に与えられる病気休暇、婚姻、忌引、出産等の場合に与えられる特別休暇等があります。

（3）共済制度
　　　職員は、埼玉県市町村職員共済組合の組合員となり、病気、出産等の場合には各種の給付が受けられます。また、厚生施設の利用、貸付金の制度等があります。

（4）研修制度
　　　採用時における新規採用職員研修をはじめとした、それぞれの職制に応じた知識、能力を身につけるための基本研修（階層別研修）、高度化・多様化する市民ニーズに対応するための専門研修、より高度な専門知識を学ぶための専門機関への派遣研修等を実施し、職員の能力開発を行っています。

川越市の自治体情報

令和5年度 予算の概要
一般会計予算 1,210億円 （対前年度比 42億8,000万円増）

財政課 ☎224-5618
🖷225-2895

令和5年度予算では、第四次川越市総合計画を踏まえた施策を積極的に推進するため、子育て支援をはじめとした福祉施策の推進とともに、教育環境の充実や地域経済の活性化、都市基盤の整備等に取り組む予算を編成しました。

一般会計予算総額は1,210億円、特別会計を加えた総額は2,074億784万円で、どちらも過去最大の予算規模となりました。

＊記載している金額等は表示単位未満を四捨五入しています。そのため、差し引きや合計が一致しない場合があります。

歳 入

前年度比で、市税が給与所得や企業収益の持ち直しが続いていること等により10億円増加するとともに、市債が公園整備等により13億円増加しました。

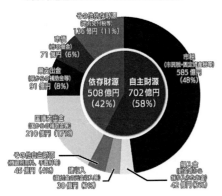

歳 出

各施策の推進により、民生費が過去最大の545億円を計上するとともに、前年度比で衛生費が13億円、土木費が24億円、教育費が13億円増加しました。

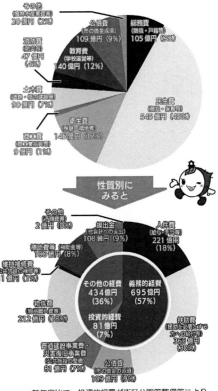

特別会計予算

会計名	予算額	前年度比
国民健康保険	324億6,150万円	△13億3,250万円
後期高齢者医療	55億6,290万円	2億4,780万円
歯科診療	8,370万円	520万円
介護保険	263億3,620万円	11億9,440万円
母子父子寡婦福祉資金貸付	8,630万円	1,060万円
川越駅東口公共地下駐車場	1億1,440万円	160万円
農業集落排水	2億750万円	△1,730万円
水道	107億6,195万円	6,062万円
公共下水道	107億9,339万円	10億4,877万円
合計	864億784万円	12億1,919万円

△は減

性質別にみると

前年度比で、投資的経費が街区公園等整備等により17億円増加するとともに、その他の経費が光熱水費の影響などにより22億円増加しました。

主な取り組みを **4つの重点施策** に沿って紹介します

新＝新規事業

① 子どもを安心して産み、育てることができるまちづくり

新 **多子世帯への保育料軽減事業**…………1,335万円
保育所等に入所する第3子以降の0歳児から2歳児までの児童の保育料を助成し、県で実施する事業と併せて保育料を全額免除します。

新 **アプリを活用した子育て支援**……………161万円
子育て世代にとって身近なスマートフォンアプリを活用し、必要な情報を効果的に届けるとともに、子育て支援に係る手続きをできるようにします。

新 **小・中学校体育館空調設備等整備**…6億2,360万円
児童生徒の体調管理や熱中症対策、災害時の避難所の環境改善のため、市立小中学校のすべての体育館に、令和7年度までに空調設備等を設置します。

② 魅力を高め、活力を生み出すまちづくり

新 **キャンプスペースの整備（グリーンツーリズム整備推進）**……………………1億8,601万円
令和4年度にオープンしたグリーンツーリズム拠点施設で、キャンプスペース整備に向けた用地取得等を行います。

■**旧川越織物市場関連事業**
クリエイター等が新たな価値を創出する活動を行う文化創造インキュベーション施設を整備します。

復原イメージ

● 旧川越織物市場整備……………1億3,600万円
新 旧川越織物市場運営準備……………6,224万円
新 立門前線道路改築工事……………9,000万円

③ 人と人とがつながり、安心して暮らせるまちづくり

■**高齢者の保健事業と介護予防の一体的実施**
………………………………………1,719万円
後期高齢者の健康状態を把握するとともに、「高齢者に対する個別的支援」、「地域の通いの場等への積極的な関与」等の取り組みを実施します。

■**食環境づくり推進事業**………………………70万円
働き世代や子育て世代などの健康に関心の薄い方への生活習慣病対策として、社員食堂やスーパーマーケット、飲食店などでメニュー改善や啓発活動を行います。

■**地域コミュニティ活動拠点の整備**
市民活動の拠点となる施設の移転改築を推進します。

新 芳野市民センター整備に関する用地取得
………………………………………1億1,446万円
新 霞ケ関北公民館整備に関する実施設計業務
………………………………………3,681万円

④ 将来にわたって持続可能なまちづくり

■**雨水対策関連事業**
大雨に強いまちづくりを進めます。

● 下小坂樋管周辺内水対策……………6,975万円
● 準用河川久保川改修工事……………3億1,173万円
新 準用河川天の川護岸改修工事………8,500万円
● 藤野町雨水貯留施設築造……………2億6,000万円
新 **防災服の更新**………………………………1,153万円
市民にとって視認性が高く、職員にとって活動しやすいものへリニューアルします。

新 **（仮称）新宿町1丁目広場防災施設等整備**
………………………………………12億7,675万円
防災機能を有する広場として活用するため、川越駅西口の県地方庁舎跡地の用地取得等を行います。

新 **介護サービス事業所の手続電子申請化**…165万円
介護保険指定事業者等管理システムを改修し、介護サービス事業所から指定申請等の電子的な手続きを可能にします。

「広報川越　2023年5月号」より抜粋

草加市の試験情報

令和５年度実施（第２回）
草加市職員採用試験募集要項
（令和６年４月１日付採用）

【申込受付期間】
インターネット：令和５年７月２５日（火）〜８月１５日（火）

※　草加市電子申請ページから申込みをしていただきます。

【第１次試験】
令和５年９月１７日（日）

【募集職種等】

募集職種	採用予定人数	募集職種	採用予定人数
事　務 （新卒者等対象）	２０名程度	事　務（情報）	若干名
事　務 （社会人経験者１）	１０名程度	社会福祉士	５名程度
事　務 （社会人経験者２）		社会福祉主事	
土木技師 （新卒者等対象）	１０名程度	保育士 （新卒者等対象）	５名程度
土木技師 （社会人経験者等対象）		保育士 （保育業務等経験者対象）	
建築技師 （新卒者等対象）	１０名程度	保健師	５名程度
建築技師 （社会人経験者等対象）		看護師	若干名
建築技師 （一級建築士）	１０名程度	管理栄養士	若干名
建築技師 （建築基準適合判定資格者）		現業（自動車運転手）	若干名
電気技師【電気設備】 （新卒者等対象）	若干名	調理士	若干名
電気技師【電気設備】 （社会人経験者等対象）		事　務 （障がい者対象）	若干名

だれもが幸せなまち 草加
草加市

39

1 職種、受験資格等

職　種	試験区分		年齢要件	受験資格等	採用予定人数
事務 （新卒者等対象）	大学卒	UA	平成7年4月2日以降に生まれた者	学校教育法による大学以上を卒業又は令和6年3月までに卒業見込みの者。	20名程度
	短大卒	A	平成13年4月2日以降に生まれた者	学校教育法による短期大学を卒業又は令和6年3月までに卒業見込みの者。	
	高校卒	B	平成15年4月2日以降に生まれた者	学校教育法による高等学校を卒業又は令和6年3月までに卒業見込みの者。	
事　務 （社会人経験者1）		C	昭和63年4月2日から平成7年4月1日までに生まれた者	学校教育法による高等学校以上を卒業した者で、民間企業等における業務従事歴が平成27年4月1日から令和5年7月1日までの期間において、3年以上ある者。 ※ 注4要参照	10名程度
事　務 （社会人経験者2）		D	昭和58年4月2日以降に生まれた者	学校教育法による高等学校以上を卒業した者で、民間企業等における業務従事歴が平成17年4月1日から令和5年7月1日までの期間において、11年以上ある者。 ※ 注4要参照	
土木技師 （新卒者等対象）	大学卒	UB	平成7年4月2日以降に生まれた者	学校教育法による大学以上で土木に関する学科を修め、卒業又は令和6年3月までに卒業見込みの者。	10名程度
	短大卒	E	平成13年4月2日以降に生まれた者	学校教育法による短期大学で土木に関する学科を修め、卒業又は令和6年3月までに卒業見込みの者。	
	高校卒	F	平成15年4月2日以降に生まれた者	学校教育法による高等学校で土木に関する学科を修め、卒業又は令和6年3月までに卒業見込みの者。	
土木技師 （社会人経験者等対象）		G	昭和58年4月2日から平成7年4月1日までに生まれた者	学校教育法による高等学校以上を卒業した者で、土木に関する職務経験を令和5年7月1日現在で2年以上有する者。	
建築技師 （新卒者等対象）	大学卒	UC	平成7年4月2日以降に生まれた者	学校教育法による大学以上で建築に関する学科を修め、卒業又は令和6年3月までに卒業見込みの者。	10名程度
	短大卒	H	平成13年4月2日以降に生まれた者	学校教育法による短期大学で建築に関する学科を修め、卒業又は令和6年3月までに卒業見込みの者。	
	高校卒	I	平成15年4月2日以降に生まれた者	学校教育法による高等学校で建築に関する学科を修め、卒業又は令和6年3月までに卒業見込みの者。	
建築技師 （社会人経験者等対象）		J	昭和58年4月2日から平成7年4月1日までに生まれた者	学校教育法による高等学校以上を卒業した者で、建築に関する職務経験を令和5年7月1日現在で2年以上有する者。	

職　種	試験区分		年齢要件	受験資格等	採用予定人数
建築技師 （一級建築士）	K		昭和53年4月2日以降に生まれた者	試験申込時において、一級建築士免許を有する者。	10名程度
建築技師 （建築基準適合判定資格者）	L		昭和48年4月2日以降に生まれた者	試験申込時において、建築基準適合判定資格者の登録をしている者又は令和6年3月までに同資格の登録をすることが見込まれる者。 ※ 実務経験年数や審査歴を考慮し一定期間の研修後、建築主事として任命する予定です。	
電気技師【電気設備】 （新卒者等対象）	大学卒	UD	平成7年4月2日以降に生まれた者	学校教育法による大学以上で電気に関する学科を修め、卒業又は令和6年3月までに卒業見込みの者。	若干名
	短大卒	M	平成13年4月2日以降に生まれた者	学校教育法による短期大学で電気に関する学科を修め、卒業又は令和6年3月までに卒業見込みの者。	
	高校卒	N	平成15年4月2日以降に生まれた者	学校教育法による高等学校で電気に関する学科を修め、卒業又は令和6年3月までに卒業見込みの者。	
電気技師【電気設備】 （社会人経験者等対象）	O		昭和58年4月2日から平成7年4月1日までに生まれた者	学校教育法による高等学校以上を卒業した者で、電気に関する職務経験を令和5年7月1日現在で2年以上有する者。	
事務（情報）	P		昭和58年4月2日以降に生まれた者	学校教育法による高等学校以上を卒業し、試験申込時において、次のいずれかの要件を満たす者。 (1) ネットワーク及びサーバの設計又は構築経験を令和5年7月1日現在で2年以上有する者。 (2) 独立行政法人情報処理推進機構が実施する（平成16年1月以前に(財)日本情報処理開発協会が実施したものを含む。）、次の（ア）～（ク）のいずれかの試験に合格している者。 （ア）システムアーキテクト試験 （イ）ネットワークスペシャリスト試験 （ウ）データベーススペシャリスト試験 （エ）情報処理安全確保支援士試験 （オ）テクニカルエンジニア（ネットワーク）試験 （カ）テクニカルエンジニア（データベース）試験 （キ）情報セキュリティスペシャリスト試験 （ク）アプリケーションエンジニア試験	若干名
社会福祉士	Q		昭和53年4月2日以降に生まれた者	試験申込時において、社会福祉士資格を有する者。	5名程度
社会福祉主事	R		昭和53年4月2日以降に生まれた者	試験申込時において、社会福祉主事任用資格を有する者又は令和6年3月までに同資格を取得見込みの者。	
保育士 （新卒者等対象）	S		平成5年4月2日以降に生まれた者	試験申込時において、保育士資格を有する者又は令和6年3月までに同資格を取得見込みの者。	5名程度
保育士 （保育業務等経験者対象）	T		昭和43年4月2日から平成5年4月1日までに生まれた者	試験申込時において、保育士資格を有し、かつ資格取得後、保育士又は幼稚園教諭（講師）としての職務経験を令和5年7月1日現在で5年以上有する者。	

職　種	試験区分	年齢要件	受験資格等	採用予定人数
保健師	U	昭和53年4月2日以降に生まれた者	試験申込時において、保健師免許を有する者又は令和6年3月までに同免許を取得見込みの者。	5名程度
看護師	V	昭和53年4月2日以降に生まれた者	試験申込時において、看護師免許を有する者。 ※ 配属先は保育園を予定。	若干名
管理栄養士	W	昭和53年4月2日以降に生まれた者	試験申込時において、管理栄養士免許を有する者。 ※ 配属先は市長事務部局を予定。ただし、入所後に他施設への人事異動も有り。	若干名
現　業 (自動車運転手)	X	昭和53年4月2日以降に生まれた者	学校教育法による高等学校以上を卒業し、試験申込時において、次のいずれかの要件を満たす自動車運転免許を有する者。(ただし、オートマチック車限定は不可) (1) 平成19年6月1日以前に取得した免許　普通免許以上 (2) 平成19年6月2日から平成29年3月11日までに取得した免許　中型免許以上 (3) 平成29年3月12日以降に取得した免許　準中型免許以上(ただし、5トン限定準中型免許は除く。)	若干名
調理士	Y	昭和53年4月2日以降に生まれた者	試験申込時において、調理師免許を有し、かつ免許取得後、調理師としての職務経験を令和5年7月1日現在で3年以上有する者。	若干名
事　務 (障がい者対象)	Z	昭和53年4月2日以降に生まれた者	学校教育法による高等学校以上を卒業又は令和6年3月までに卒業見込みの者で、試験申込時において、障がい者手帳の交付を受けている者のうち、次の要件をすべて満たす者。 (1) 事務職として職務の遂行が可能である者。 (2) 活字印刷文による出題に対応できる者。 ※ 「障がい者手帳」とは、身体障害者手帳、療育手帳、精神障害者保健福祉手帳のことをいいます。	若干名

注1　次に該当する者は受験できません。
  (1) 地方公務員法第16条の規定に該当する者。　(以下は、その内容の一部です。)
　　(ｱ) 禁錮以上の刑に処せられ、その執行を終わるまで又はその執行を受けることがなくなるまでの者。
　　(ｲ) 日本国憲法施行の日以後において、日本国憲法又はその下に成立した政府を暴力で破壊することを主張する政党その他の団体を結成し、又はこれに加入した者。
  (2) 現に草加市の正規職員として勤務している者。
　　ただし、現に草加市の会計年度任用職員として勤務している者は受験できます。

注2　試験区分について
  (1) 「事務 (新卒者等対象)」「土木技師 (新卒者等対象)」「建築技師 (新卒者等対象)」「電気技師【電気設備】 (新卒者等対象)」の試験区分は、
　　・大学以上を卒業した者 (見込みの者)…「事務ＵＡ」「土木技師ＵＢ」「建築技師ＵＣ」「電気技師ＵＤ」
　　・短期大学を卒業した者 (見込みの者)…「事務Ａ」「土木技師Ｅ」「建築技師Ｈ」「電気技師Ｍ」
　　・高等学校を卒業した者 (見込みの者)…「事務Ｂ」「土木技師Ｆ」「建築技師Ｉ」「電気技師Ｎ」
　となります。
  (2) 学校教育法に定める専修学校・各種学校等で、次に該当する学校を卒業又は卒業見込みの者は、それぞれ「短大卒」、「高校卒」の試験区分とします。

(ｱ)　「短大卒」とするもの。
・専修学校で、修業年限２年以上の専門課程（専門学校）のもの。
・各種学校で、高校卒業を入学資格とする修業年限２年以上の課程のもの。
・中学卒業を入学資格とする修業年限５年（商船学科は５年６月）の高等専門学校。
(ｲ)　「高校卒」とするもの。
・専修学校で、修業年限３年以上の高等課程（高等専修学校）のもの。
・各種学校で、中学卒業を入学資格とする修業年限３年以上の課程のもの。

注３　職務経験年数の取扱いについて

　「土木技師（社会人経験者等対象）Ｇ」、「建築技師（社会人経験者等対象）Ｊ」、「電気技師【電気設備】（社会人経験者等対象）Ｏ」、「事務（情報）Ｐ」、「保育士（保育業務等経験者対象）Ｔ」、「現業Ｘ」、「調理士Ｙ」については、職務経験が複数の場合は通算することができますが、同一期間内に複数の職務に従事した場合は、いずれか一方のみの職務経験に限ります。

注４　「事務（社会人経験者１）Ｃ」及び「事務（社会人経験者２）Ｄ」の職務経験年数の取扱いについて

⑴　会社員又は自営業者等として、１つの事業に週２９時間以上従事した経験とします。
⑵　満２２歳に達した日の属する年度の翌年度の４月１日以降の期間に限ります。
⑶　「事務（社会人経験者１）Ｃ」では、１つの民間企業等での継続した経験のみを対象とし、複数の経験は通算できません。
⑷　「事務（社会人経験者２）Ｄ」では、１年以上の期間について複数のものを通算できますが、そのうち１ヶ所は継続した３年以上の経験を有することが必要です。また、学校教育法に定める大学院修士課程を修了した者の当該期間内における必要業務従事歴は９年以上、大学院博士課程を修了した者の当該期間内における必要業務従事歴は６年以上とします。なお、同一期間内に複数の職務に従事した場合は、いずれか一方のみの職務経験に限ります。
⑸　両方の条件を満たしている方は、「事務（社会人経験者２）Ｄ」への申込みとなります。

注５　現業（自動車運転手）Ｘの職務内容について

　現業の職務内容は、道路及び河川の補修・清掃業務及び廃棄物の収集業務となります。作業用車両（マニュアル車）を運転することがあります。

２　申込手続

<table>
<tr><td rowspan="3">申込方法</td><td>方　法</td><td>インターネットによる電子申請
※　草加市電子申請ページを利用して申込みをしてください。
※　インターネットによる申込みができない場合は、令和５年８月４日（金）までに職員課人事研修係までご連絡ください。</td></tr>
<tr><td>受付期間</td><td>令和５年７月２５日（火）午前８時３０分 ～ 令和５年８月１５日（火）午後１１時５９分</td></tr>
<tr><td>提出書類</td><td>①　職員採用試験申込書（草加市電子申請ページから申請）
②　受験者本人の顔写真（最近６か月以内に撮影したもので、上半身脱帽、正面向き、背景なしで本人と確認できるものとし、縦４．０㎝×横３．０㎝のJPEG形式）
※　ファイル名称は、氏名（例：草加太郎.jpg）としてください。
〜該当者のみ必要な書類（第１次試験実施時に提出）〜
③　障がい者手帳の写し（氏名・等級などが記載されている頁）
※　事務（障がい者対象）Ｚのみ。
〜該当者のみ必要な書類（第２次試験実施時に提出）〜
④　受験資格に免許・資格等を要する職種については免許証等の写し
※　建築技師Ｋ・Ｌ、事務（情報）Ｐ、社会福祉士Ｑ、社会福祉主事Ｒ、保育士Ｓ・Ｔ、保健師Ｕ、看護師Ｖ、管理栄養士Ｗ、現業（自動車運転手）Ｘ、調理士Ｙのみ
（建築技師Ｌ、社会福祉主事Ｒ、保育士Ｓ及び保健師Ｕで取得見込みの場合は不要）。</td></tr>
</table>

3－2　試験日程

職種：事務Ａ・Ｂ、土木技師Ｅ・Ｆ、建築技師Ｈ・Ｉ、電気技師Ｍ・Ｎ

第１次試験	試験日	令和５年９月１７日（日）	
	集合時間	午前９時３０分集合（開場時間：午前９時００分）	
	会場	獨協大学 ※　**詳細については、申込受付期間後個別にお知らせ（受験票に記載）する予定です。**	
	試験科目	教養試験【全職種】	
		ＳＰＩ３（性格検査）【全職種】	
		論文 【事務Ａ】【土木技師Ｅ】 【建築技師Ｈ】【電気技師Ｍ】	作文 【事務Ｂ】【土木技師Ｆ】 【建築技師Ｉ】【電気技師Ｎ】

第１次試験 合格発表	令和５年１０月上旬頃　市ホームページに合格者受験番号を掲載 ※　合格者には第２次試験の詳細を「電子申請ページ」でご案内する予定です。

第２次試験	試験日	令和５年１０月中旬
	試験科目	面接試験

第２次試験 合格発表	令和５年１０月下旬頃　市ホームページに合格者受験番号を掲載 ※　合格者には第３次試験の詳細を「電子申請ページ」でご案内する予定です。

第３次試験	試験日	令和５年１１月上旬
	試験科目	個別面接

最終合格発表	令和５年１１月下旬頃　市ホームページに合格者受験番号を掲載 ※　合格者には「電子申請ページ」で通知します。

4 試験内容

(1) 第1次試験

職　種	試験区分		試験科目	時 間
事　務 （新卒者等対象）	大学卒	U A	SPI3（基礎能力検査・性格検査）【テストセンター】	65分
			論文	60分
	短大卒	A	教養試験（高校卒程度）	120分
			SPI3（性格検査）【ペーパーテスティング】	40分
			論文	60分
	高校卒	B	教養試験（高校卒程度）	120分
			SPI3（性格検査）【ペーパーテスティング】	40分
			作文	60分
事　務 （社会人経験者1）		C	SPI3（基礎能力検査・性格検査）【テストセンター】	65分
			論文	60分
事　務 （社会人経験者2）		D	SPI3（基礎能力検査・性格検査）【テストセンター】	65分
			論文	60分
土木技師 （新卒者等対象）	大学卒	U B	SPI3（基礎能力検査・性格検査）【テストセンター】	65分
			論文	60分
	短大卒	E	教養試験（高校卒程度）	120分
			SPI3（性格検査）【ペーパーテスティング】	40分
			論文	60分
	高校卒	F	教養試験（高校卒程度）	120分
			SPI3（性格検査）【ペーパーテスティング】	40分
			作文	60分
土木技師 （社会人経験者等対象）		G	SPI3（基礎能力検査・性格検査）【テストセンター】	65分
			論文	60分
建築技師 （新卒者等対象）	大学卒	U C	SPI3（基礎能力検査・性格検査）【テストセンター】	65分
			論文	60分
	短大卒	H	教養試験（高校卒程度）	120分
			SPI3（性格検査）【ペーパーテスティング】	40分
			論文	60分
	高校卒	I	教養試験（高校卒程度）	120分
			SPI3（性格検査）【ペーパーテスティング】	40分
			作文	60分
建築技師 （社会人経験者等対象）		J	SPI3（基礎能力検査・性格検査）【テストセンター】	65分
			論文	60分
建築技師 （一級建築士）		K	SPI3（性格検査）【ペーパーテスティング】	40分
			論文	60分
建築技師 （建築基準適合判定資格者）		L	SPI3（性格検査）【ペーパーテスティング】	40分
			論文	60分

職　種	試験区分		試験科目	時　間
電気技師【電気設備】 （新卒者等対象）	大学卒	UD	SPI3（基礎能力検査・性格検査）【テストセンター】	65分
			論文	60分
	短大卒	M	教養試験（高校卒程度）	120分
			SPI3（性格検査）【ペーパーテスティング】	40分
			論文	60分
	高校卒	N	教養試験（高校卒程度）	120分
			SPI3（性格検査）【ペーパーテスティング】	40分
			作文	60分
電気技師【電気設備】 （社会人経験者等対象）		O	SPI3（基礎能力検査・性格検査）【テストセンター】	65分
			論文	60分
事務（情報）		P	SPI3（基礎能力検査・性格検査）【テストセンター】	65分
			論文	60分
社会福祉士		Q	SPI3（基礎能力検査・性格検査）【テストセンター】	65分
			論文	60分
社会福祉主事		R	SPI3（基礎能力検査・性格検査）【テストセンター】	65分
			論文	60分
保育士 （新卒者等対象）		S	専門試験（社会福祉、子ども家庭福祉（社会的養護を含む。）、保育の心理学、保育原理・保育内容、子どもの保健　※障がい児保育については、上記のいずれかの分野で出題することがあります。	90分
			SPI3（基礎能力検査・性格検査）【テストセンター】	65分
			論文	60分
保育士 （保育業務等経験者対象）		T	専門試験（社会福祉、子ども家庭福祉（社会的養護を含む。）、保育の心理学、保育原理・保育内容、子どもの保健　※障がい児保育については、上記のいずれかの分野で出題することがあります。	90分
			SPI3（性格検査）【ペーパーテスティング】	40分
			論文	60分
保健師		U	SPI3（性格検査）【ペーパーテスティング】	40分
			論文	60分
看護師		V	SPI3（基礎能力検査・性格検査）【テストセンター】	65分
			論文	60分
管理栄養士		W	SPI3（基礎能力検査・性格検査）【テストセンター】	65分
			論文	60分
現業 （自動車運転手）		X	教養試験（高校卒程度）	120分
			SPI3（性格検査）【ペーパーテスティング】	40分
			論文	60分
調理士		Y	教養試験（高校卒程度）	120分
			SPI3（性格検査）【ペーパーテスティング】	40分
			論文	60分
事　務 （障がい者対象）		Z	教養試験（高校卒程度）	120分
			SPI3（性格検査）【ペーパーテスティング】	40分
			論文	60分

⑵　第2～3次試験

試験科目	内　容
面接試験	市が期待している人材かどうかについて面接により判断します。

7 勤務条件等について

(1) 初任給（令和5年4月1日現在・地域手当を含む。）

職　種	区　分	基本給
事務・土木技師・建築技師・電気技師・ 社会福祉士・社会福祉主事・保育士・ 保健師・看護師・管理栄養士	大学卒	203,520円
	短大卒	186,136円
	高校卒	174,370円
調理士・現業	25歳で採用	203,308円

※　給与は人事院勧告等を参考に改定されることがあります。現在までの状況をもとに新卒として採用
　　された場合の参考として作成したものです。
※　職務経歴がある場合については、草加市の基準により一定の率で換算の上、経歴加算されます。
※　地域手当は本給の6％です。

最終学歴	職務経験年数	基本給
大学卒	5年	240,090円

※　22歳で大学を卒業後、民間企業等で5年間正社員として勤務し、事務職として採用された場合の
　　参考として作成したものです。

(2) 各種手当
　　通勤手当、住居手当、扶養手当、時間外勤務手当、期末・勤勉手当などが支給されます。

(3) 勤務時間及び休暇制度
　　原則として、勤務時間は午前8時30分から午後5時15分までとなり、休日は毎週土曜日、日曜
　日、祝日、年末年始となります（市民課、市立保育園、中央図書館などの一部の配属先では異なる場
　合があります。）。
　　また、年間20日の年次有給休暇、疾病等の場合に与えられる病気休暇、結婚・出産・忌引等の場
　合に与えられる特別休暇があります。

8 採用後について

　　入所後、6ヶ月間は条件付採用期間（試用期間）となり、その期間良好な成績で勤務した場合に正式
　採用となります。
　　なお、採用後の配属は面接試験や職務経歴等を参考に決定します。その後は、職員の自己申告（異動
　希望）等を参考に異動が行われます。

9 福利厚生について

　　市町村職員共済組合員として、全国の公務員共済施設等を利用できるほか、テーマパーク等の割引、
　物品購入や住宅取得の貸付制度等があります。
　　また、全職員を対象とした福利厚生サービスを民間業者に委託し、全国の宿泊施設、レジャー施設、
　スポーツ施設、ベビーシッターといった豊富なメニューを会員料金で利用できます。

【試験についての問合せ先】
　草加市役所　総務部　職員課人事研修係
　〒340-8550　草加市高砂一丁目1番1号
　☎〔職員課直通〕048（922）0983
　　〔草加市役所代表〕048（922）0151　内線2233

【第1次試験当日専用ダイヤル】
☎090-2144-5514
採用試験当日に急な連絡等がありましたら、上記の専用ダイヤルに連絡してください。
採用試験当日午前8時～試験終了時まで対応可能な電話番号のため、該当日時以外は
一切対応できません。

草加市の自治体情報

令和5年度予算概要
一般会計予算額 884億2600万円

令和5年度予算が市議会2月定例会で可決されました。予算は、市長が実現を目指す「5大戦略」の具体化に向けた重点事業を念頭に、第四次総合振興計画を踏まえ、市の将来像「快適都市〜地域の豊かさの創出〜」の実現を目指す重点テーマ「持続可能性の向上」、「ブランド力の向上」、「コミュニティ力の向上」に基づき編成、一般会計予算の総額は884億2600万円（前年度比1.1%減）、全ての会計を合わせた総額は1690億2522万円（同1.4%増）になりました。

問財政課☎922-0761 ✉922-1547

■令和5年度当初予算一覧
(1万円未満調整)

予算区分	令和5年度(円)	令和4年度(円)	増減率(%)
一般会計	884億2600万	893億7900万	-1.1
特別会計	471億7449万	447億2043万	5.5
新田西部 (*1)	6942万	8419万	-17.5
駐車場事業	1億9138万	3899万	390.8
新田駅西口 (*2)	17億6230万	17億5670万	0.3
国民健康保険	228億7040万	220億4411万	3.7
介護保険	187億6497万	175億2387万	7.1
後期高齢者医療	35億1602万	32億7257万	7.4
企業会計	334億2473万	325億8868万	2.6
水道事業	78億3119万	73億5804万	6.4
病院事業	155億7676万	149億5311万	4.2
公共下水道事業	100億1678万	102億7753万	-2.5
総計	1690億2522万	1666億8811万	1.4

(*1)新田西部土地区画整理事業、(*2)新田駅西口土地区画整理事業

一般会計

一般会計は子どもや高年者、障がい者などへの福祉サービスや、公園・道路の整備、公民館、図書館の運営など市民の暮らしに関わる会計です。

歳入予算 市税など市が自主的に確保できる自主財源が全体の55.6%、国・県支出金や市債などの依存財源が44.4%

歳出予算 民生費が425億8420万円で全体の48.2%を占め、自立支援給付費や障害児童クラブ建設工事費等の増額により、前年度比3.9%増。消防費は29億3606万円で、消防庁舎整備事業負担金等の増額により、前年度比8.8%増

特別会計

特別会計は国民健康保険などの特定の事業を行うための会計で、全体で6会計あります。

予算総額 471億7449万円(前年度比5.5%増)

企業会計

事業に必要な資金をその収入で賄う独立採算制の会計で、水道事業・病院

事業・公共下水道事業があります。

予算総額 334億2473万円(前年度比2.6%増)

令和5年度主要事業

[ ]は担当部署名、金額は予算額

1 持続可能性の向上

○草加八潮消防組合消防庁舎整備事業
【危機管理課】1億8773万円
草加消防署の新庁舎建設に向けた経費を負担します。

○保健センター等移転事業
【資産活用課】2億6066万円
機能充実や利便性の向上のため、保健センターを第2庁舎に移転します。

○空家等対策計画の改定
【くらし安全課】863万円
空家等対策計画の改訂に向けた現状把握のための空き家調査を実施します。

○産業新長戦略加速化プラン重点事業【産業振興課】4130万円
中小企業の課題解決のための専門家による支援、新たな事業展開等を進める企業に対する財政支援を行います。

2 ブランド力の向上

○国指定名勝 おくのほそ道の風景地 草加松原展【文化観光課】963万円
草加松原等の絵画を全国から公募する草加松原展を開催します。

○新田駅東口土地区画整理事業・新田駅西口土地区画整理事業
【新田駅周辺土地区画整理事務所】27億9243万円
新田駅周辺において災害に強い良好な居住環境の整備を図るとともに、に賑わいのもてる賑わい形成に向けたまちづくりを進めます。

○リノベーションまちづくり事業
【産業振興課】2164万円
新たな産業の創出による活性化を図るため、民間主導・公民連携により

ノベーションまちづくりを進めます。

○草加駅東口駅前広場整備事業
【道路整備課】1億4172万円
草加駅東口駅前広場の歩道、照明灯等の整備と看板の設置を行います。

○こども家庭センター開設に係る準備【子育て支援課】825万円
こども家庭センターの開設に向け、個別相談室等の備品を購入します。

○こども医療費支給対象年齢拡大に向けた準備【子育て支援課】771万円
令和6年度からのこども医療費の支給範囲の拡大に向け、システム改修など必要な事務を行います。

○学校給食材料費補助【学務課】6850万円
保護者負担を軽減しつつ、質と量を保った給食を提供出来るよう、小・中学校給食の食材費を補助します。

○直接雇用による語学指導助手(ALT)の増員【指導課】1675万円
質の高いALTを確保するため、直接雇用を増します。

3 コミュニティ力の向上

○みんなでまちづくり自治基本条例の検証及び副読本の作成
【みんなでまちづくり課】59万円
同条例について市民検証委員会による検証を行います。また、副読本を作成し、小学校に配布し啓発します。

○福祉プラスのまちづくりの実施【障がい福祉課】1331万円
まちづくりの観点から、地域における障がい者の社会参加促進等につながる取り組みを推進します。

■一般会計の内訳／予算額884億2600万円

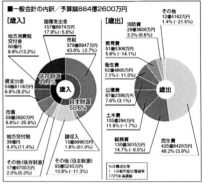

[歳入]

その他 1億4162万円 1.4% (-21.5%)
国庫支出金 157億8674万円 17.9% (-5.6%)
地方消費税交付金 60億円 6.8% (13.2%)
市税 379億8947万円 43.0% (2.7%)
県支出金 59億8118万円 6.8% (8.12%)
市債 58億2920万円 6.6% (-25.9%)
地方交付税 39億円 4.4% (11.4%)
繰入金 15億8996万円 1.8% (61.0%)
その他(依存財源) 17億9700万円 2.0% (5.3%)
その他(自主財源) 95億5245万円 10.8% (-11.3%)
依存財源 44.4%
自主財源 55.6%

[歳出]
消防費 29億3606万円 3.3% (8.8%)
教育費 51億5308万円 5.8% (-14.1%)
衛生費 62億4805万円 7.1% (-11.5%)
公債費 67億2390万円 7.6% (3.1%)
土木費 105億294万円 11.9% (-1.7%)
総務費 130億3615万円 14.7% (-6.0%)
民生費 425億8420万円 48.2% (3.9%)
その他 12億4887万円 1.4% (-21.5%)

※( )は前年度比増減率
※1万円未満調整

問財政課☎922-0761 ✉922-1547

「広報そうか 2023年4月5日号」より抜粋

春日部市の試験情報

春日部市職員採用試験
（令和6年4月1日付採用・第2回） 受験案内

春日部市の求める人材

- おもてなしの心を持ち、誰とでも良好なコミュニケーションを図ることができる人材
- あらゆる視点から物事を捉え、時代の変化に対応できる人材
- 多くの職員と協力しながら、チームとして働くことができる人材
- 高い志を持ち、自ら積極的にチャレンジできる人材
- 熱意を持ち、「春日部」を一緒に創造していける人材

≪一次試験日・募集職種・採用予定人数等≫

一次試験　令和5年9月17日（日）

募集職種	採用予定人数	主な職務内容
栄　養　士	若　干　名	学校給食の献立・衛生管理等の業務

一次試験　令和5年10月15日（日）

募集職種		採用予定人数	主な職務内容
事　務　職	一　　般	8人程度	市役所及び市の施設等での、庶務・経理・企画・立案、調査、指導、折衝等の一般行政事務
	障 が い 者 対 象	3人程度	
土　　　木		3人程度	道路・河川・都市計画事業等の企画・設計・施工管理等の業務
保　健　師		3人程度	健康教育・相談、保健予防活動、訪問活動等の業務
消　防（救急救命士を含む）		2人程度	消防に関する業務

○採用予定人数は、欠員状況等により変更になる場合があります。

≪応募方法≫

インターネットによる電子申請
※インターネット環境が整っていない方は、各受付期間の最終日より1週間前までに人事課
　人事研修担当までお問い合わせください。

≪受付期間≫

栄養士

令和5年7月7日（金）午前9時　～　8月18日（金）午後5時

事務職（一般・障がい者対象）・土木・保健師・消防（救急救命士を含む）

令和5年7月7日（金）午前9時　～　9月15日（金）午後5時

≪職員採用試験実施要領≫
1　受験資格

募　集　職　種	学　歴　・　資　格　等	年 齢 要 件
事　務　職（　一　般　）	学校教育法による大学・短期大学・高等学校を卒業した人、または令和6年3月31日までに卒業する見込みの人	大学卒業（見込み）平成10年4月2日以降に生まれた人（25歳以下） 短期大学卒業（見込み）平成12年4月2日以降に生まれた人（23歳以下） 高等学校卒業（見込み）平成14年4月2日以降に生まれた人（21歳以下）
事　務　職（障がい者対象）	学校教育法による大学・短期大学・高等学校を卒業した人、または令和6年3月31日までに卒業する見込みの人で、障害者手帳の交付を受けている人	昭和53年4月2日以降に生まれた人（45歳以下）
土　　　木	学校教育法による大学・短期大学・高等学校を卒業した人、または令和6年3月31日までに卒業する見込みの人で、次の①、②のいずれかに該当する人 ①大学・短期大学・高等学校で土木の専門課程を専攻した人 ②土木施工管理技士1級または2級の資格を有する人または令和6年3月31日までに有する見込みの人	平成5年4月2日以降に生まれた人（30歳以下）
保　健　師	保健師の免許を有する人、または令和6年3月31日までに有する見込みの人	昭和63年4月2日以降に生まれた人（35歳以下）
栄　養　士	栄養士の免許を有する人、または令和6年3月31日までに有する見込みの人	昭和63年4月2日以降に生まれた人（35歳以下）
消　　　防（救急救命士を含む）	学校教育法による短期大学・高等学校を卒業した人、または令和6年3月31日までに卒業する見込みの人で、視力が矯正視力を含み両眼で0.7以上、かつ片眼で0.3以上あり、赤色、青色及び黄色の色彩の識別ができ、聴力が正常である人	短期大学卒業（見込み）平成12年4月2日以降に生まれた人（23歳以下） 高等学校卒業（見込み）平成14年4月2日以降に生まれた人（21歳以下）

○特記事項

・「大学」には高度専門士の称号を付与する4年制の専門学校等で大学と同等のものを含む。
・「短期大学」には専門学校等で短期大学と同等のものを含む。
・「高等学校」には高等学校卒業程度認定試験（旧大学入学資格検定試験）を合格したものを含む。
・最終学歴と異なる学歴区分で受験することはできません。
　例えば、大学を卒業した人（見込みの人）が短期大学区分の試験を受験することはできません。
・卒業見込みの人が、学校を卒業できなかったとき及び資格取得見込みの人が、資格を取得できなかったときは、採用されません。

※職員採用試験（第1回）で申し込んだ職種と同じ職種は申し込みできません。

※次のいずれかに該当する人は受験できません。

（1）日本国籍を有しない人
（2）現在春日部市職員（※任期付職員、非常勤職員、会計年度任用職員を除く。）である人
　　※地方公共団体の一般職の任期付職員の採用に関する法律（平成14年法律第48号）に規定する任期付職員をいう。
（3）地方公務員法第16条に規定する次の欠格条項に該当する人
　　・禁錮以上の刑に処せられ、その執行を終わるまで又はその執行を受けることがなくなるまでの人
　　・春日部市職員として懲戒免職の処分を受け、当該処分の日から2年を経過しない人
　　・日本国憲法施行の日以後において、日本国憲法又はその下に成立した政府を暴力で破壊することを主張する政党その他の団体を結成し、又はこれに加入した人

2　試験の日時・試験会場・合格発表

○栄養士

試験	日　　　　時	会　場	合　格　発　表
一次	令和5年9月17日（日） 受付　12：30～13：00 試験終了15：00（予定）	春日部市役所 （予定）	10月上旬（予定）に市公式ホームページで合格者の受験番号を掲示します。
二次	令和5年10月中旬（予定）	春日部市役所 （予定）	10月下旬（予定）に、上記と同様の方法で掲示するほか、**合格者にのみ通知します。**

○事務職（一般・障がい者対象）・土木・保健師・消防（救急救命士を含む）

試 験	日　　　　時	会　場	合 格 発 表
一次	令和5年10月15日（日） ○事務職（一般・障がい者対象） 受付　　9：00～10：00 試験終了13：00（予定） ○消防 受付　　10：30～11：00 試験終了14：00（予定） ○土木、保健師 受付　　12：30～13：00 試験終了15：00（予定）	共栄大学 （予定）	10月下旬（予定）に市公式ホームページで合格者の受験番号を掲示します。す
二次	令和5年10月下旬～11月上旬（予定）	春日部市役所 （予定）	11月上旬（予定）に、上記と同様の方法で掲示するほか、事務職（障がい者対象）、土木、保健師、消防については、**合格者にのみ通知します**。
三次	○事務職（一般）、消防のみ 令和5年11月中旬（予定）	春日部市役所 （予定）	11月下旬（予定）に、上記と同様の方法で掲示するほか、**合格者にのみ通知します**。

（注）① 一次試験の日時および会場は、後日発行する受験票で再度、確認してください。なお、受験票で指定した会場以外では受験できません。
　　　② すべての試験において、受付時間に遅れると受験できません。ご注意ください。
　　　③ 試験の合否に関する電話でのお問い合わせは、ご遠慮ください。
　　　④ 最終試験のみ合格者には、文書等で通知しますが、<u>不合格者への通知は行いません</u>。

3　試験内容

職　　種	一　　次	二　　次	三　　次
事　務　職 （　一　般　）	・一般教養試験	・面接試験（集団）	・面接試験（個別）
事　務　職 （障がい者対象）		・面接試験（個別）	
土　　　　　木	・専門試験		
保　健　師			
栄　養　士			
消　　　　　防 （救急救命士を含む）	・一般教養試験	・面接試験（集団）	・面接試験（個別） ・体力検査

※各試験科目について

区　分	試　験　科　目	内　　　　　容
一次試験	一　般　教　養　試　験 （事　務　職　・　消　防） 【４０題１２０分】	時事、社会・人文、自然に関する一般知識並びに文章理解、判断・数的推理、資料解釈に関する能力について択一式による筆記試験を行います。 ≪試験問題の程度≫ ・大学卒（見込みを含む）の人は「大学卒業程度」 ・短期大学卒（見込みを含む）・高等学校卒の人は「高等学校卒業程度」
	専　　門　　試　　験 （　　土　　木　　） 【３０題９０分】	数学・物理・情報技術基礎、土木基礎力学（構造力学、水理学、土質力学）、土木構造設計、測量、社会基盤工学、土木施工に関する専門的知識について択一式による筆記試験を行います。 ≪試験問題の程度≫ ・最終学歴に関係なく「高等学校卒業程度」
	専　　門　　試　　験 （　保　　健　　師　） 【３０題９０分】	公衆衛生看護学、疫学、保健統計学、保健医療福祉行政論に関する専門的知識について択一式による筆記試験を行います。
	専　　門　　試　　験 （　栄　　養　　士　） 【３０題９０分】	社会生活と健康、人体の構造と機能、食品と衛生、栄養と健康、栄養の指導、給食の運営に関する専門的知識について択一式による筆記試験を行います。
二次試験	集　団　面　接　試　験 （事務職（一般）・消防）	人物について集団面接による口述試験を行います。
	個　別　面　接　試　験 （事務職（障がい）・ 土木・保健師・栄養士）	人物について個別面接による口述試験を行います。
三次試験	個　別　面　接　試　験 （事務職（一般）・消防）	人物について個別面接による口述試験を行います。
	体　　力　　検　　査 （　　消　　防　　）	職務遂行に支障がないかを判断するため、基本体力の測定を行います。

（注）各試験科目のうち、ひとつでも一定の基準に満たない試験科目がある場合は、他の成績にかかわらず不合格となります。

4 試験結果の開示

次のとおり採用試験に関する自己情報の開示を行います。（受験者本人に限る。）
受験票又は本人であることを確認することのできる顔写真付の書類（運転免許証や学生証
等）を持参のうえ下記の通り請求をしてください。

試験	開示内容	開示期間	開示時間	開示場所
一次	受験者数、合格者数、本人の一般教養試験、あるいは専門試験の点数、本人の順位	それぞれの試験の合格発表日から令和5年12月28日（木）まで（土・日・祝日を除く）	午前8時30分〜午後5時15分	春日部市役所第三別館2階　人事課人事研修担当窓口
二次	受験者数、合格者数、本人の順位			
三次	受験者数、合格者数、本人の順位			

（注）① 一定の基準に満たない試験科目がある場合には、順位はつきません。
　　　② 電話やインターネット等による請求は受付いたしません。

5 受験申込方法

電子申請・届出サービスより、受験申込をしてください。

パソコン・スマートフォンから手続きできます。
市公式ホームページから電子申請の手続き申込画面へ移動できます。
https://www.city.kasukabe.lg.jp/shiseijoho/jinji_saiyo/saiyojoho/4/21887.html

受付期間	○栄養士 　令和5年7月7日（金）午前9時〜令和5年8月18日（金）午後5時 ○事務職（一般・障がい者対象）・土木・保健師・消防（救急救命士を含む） 　令和5年7月7日（金）午前9時〜令和5年9月15日（金）午後5時

6 採用後の待遇

① 給与　令和5年4月1日現在の初任給（地域手当を含む）

最終学歴	給料（初任給）	3年後
大 学 卒	２０３，２０２円	２２５，１４４円
短 大 卒	１８５，８１８円	２１０，４１０円
高 校 卒	１７３，９４６円	１９６，３１２円

・このほかに諸手当（扶養手当、住居手当、通勤手当等）がそれぞれの条件に応じて支給されます。
・卒業後一定の経歴がある場合は、所定の基準により金額が加算されます。
・採用前に給与改定があった場合はそれによります。
・昇給は、年1回、4月1日に行われます。

【モデル例】4月1日付採用の場合

最終学歴	採用時年齢	職務経験	給料（初任給）	3年後
大 学 卒	30歳	8年	２４６，１３２円	２７２，２０８円
短 大 卒	25歳	5年	２１７，７２４円	２３９，６６６円
高 校 卒	21歳	3年	１８５，８１８円	２１０，４１０円

※令和5年4月現在の給与規定による試算
※給与改定等により、変更される場合があります。

54

② 賞与

・期末手当（6月、12月）及び勤勉手当（6月、12月）が支給されます。

③ 勤務時間及び休暇

勤務時間	午前8時30分〜午後5時15分
休　日	土曜日・日曜日・祝日 年末年始（12月29日〜1月3日）
休　暇	年次有給休暇　20日 夏季休暇　7日の範囲内（6月1日〜9月30日の期間内で取得） 特別休暇（結婚、出産、子の看護、忌引等）、病気休暇、介護休暇等

・勤務時間及び休日については、配属部署によって異なる場合があります。
・年次有給休暇は、繰越し（20日を限度）ができるため年度内で最高40日間取得可能です。

④ 福利厚生関係・研修制度

福利厚生関係	研修制度
埼玉県市町村職員共済組合及び春日部市職員厚生会による下記の事業等があります。	職員の能力開発及び資質の向上を図ることを目的とした各種研修があります。
・健康保険、厚生年金 ・宿泊施設、レジャー施設及びスポーツ施設等の割引 ・指定旅行代理店及び指定百貨店においての割引 ・各種貸付制度（普通貸付、自動車貸付、住宅貸付等） ・その他各種共済制度 ・各種クラブ （野球部、サッカー部、バドミントン部、英会話クラブ等） ・慶弔費、病気及び災害見舞金等の支給	・メンター制度 ・階層別研修 　（新規採用職員研修等） ・専門研修（文書実務等） ・特別研修（接遇研修等） ・派遣研修（民間企業派遣等）

7 合格から採用まで

・採用は、原則として令和6年4月1日となります。
・電子申請の入力内容の記載事項に虚偽又は不正があることが判明した場合には採用されません。
・地方公務員法の規定により、職員の採用はすべて条件付採用となり、6か月間良好な成績で勤務したときに正式採用となります。

春日部市の自治体情報

令和5年度 施政方針

政策企画課（内線2114）

▲施政方針全文

総合振興計画の七つの基本目標に沿った主な取り組み

本市が直面している課題に真摯に向き合い、未来の春日部で生活する世代のために全力で取り組みます。
令和5年度は、第2次春日部市総合振興計画の後期基本計画がスタートする年です。
計画に位置づけた取り組みを着実かつ効果的に展開します。
また、令和5年度の当初予算は、総合振興計画における五つの重点プロジェクト（4・5面参照）に掲げた
事業を中心とした予算編成に取り組みました。

1　子育て・教育分野

子どもが幸せに育ち、生きる力をはぐくむまち

安心して子育てできる切れ目のない支援

妊娠期から出産・子育てまで一貫した伴走型相談支援の充実を図るとともに、妊婦などに対する経済的支援として、妊娠届け出時および出生届け出後に合わせて10万円の支給を、早期に開始します。

その他の主な取り組み

- 出産後の産婦の身体と心の不調や育児に不安がある人などを対象として、産後ケア事業を開始
- 学校プールの老朽化に対応した、市民が使える温水プール整備基本構想の策定
- 葛飾中学校のリノベーション工事に向けた実施設計

2　福祉・保健・医療分野

いつまでも健康でいきいきと暮らせるまち

健康づくりと病気予防の充実

「春日部市健康づくり計画・食育推進計画・自殺対策計画」の次期計画の策定に向けて、市民の生活習慣の実態を把握するため、アンケート調査を行います。
また、春日部市食生活改善推進員協議会による、食生活の改善に向けた事業協力を拡大し、市民の皆さんの食を通じた健康づくりを進めます。

その他の主な取り組み

- 施設の老朽化などにより、庄和高齢者憩いの家を庄和市民センター正風館に移転するための実施設計
- 市立医療センターは、地域で不足する専門医療の充実を図り、他の医療機関との連携を強化。また、地域周産期母子医療センターの認定を目指した体制の充実

3　市民参加・文化・スポーツ分野

市民が主役となって活躍し、生きがいを持てるまち

スポーツ・レクリエーション活動の推進

創意工夫を凝らした上で、春日部大凧マラソン大会を4年ぶりに開催するとともに、大沼陸上競技場のリニューアルとして、陸上トラックを備えた芝の多目的広場の整備に向けた、基本設計および実施設計を行います。

その他の主な取り組み

- 多様な性のあり方に対する理解促進や性の多様性を尊重する社会の実現を目指し、パートナーシップ・ファミリーシップ宣誓制度を創設
- 国の史跡に指定された神明貝塚を確実に保存、活用するため、公有地化に向けた土地購入

4　環境・防災・生活分野

恵まれた自然の中で安心安全に暮らせるまち

地域の強靱化と防災力の向上

避難所の環境改善のため、市内の避難所のうち、特に避難施設として大空間を持っている小・中学校体育館について、順次、空調設備を整備します。

その他の主な取り組み

- 旧ごみ焼却施設解体撤去および新設ストックヤード整備工事の実施設計
- 埼玉県東南部地域6市1町の5消防本部との消防指令業務の共同運用に向けた準備
- 市民に対する安全なまちづくりのため、既設防犯カメラを維持管理

5 観光・産業・経済分野

地域の資源を活かした魅力あふれるまち

観光資源の魅力向上と来訪者の滞在環境の充実

庄和北部地域の新たな観光資源の創出を目指し、旧宝珠花小学校跡地を活用した地域の交流や文化・歴史を発信できる施設への整備に向けた、改修工事を進めます。

その他の主な取り組み

- 旧商工振興センター跡地について、国の労働庁舎やスーパーマーケットなどを擁する複合施設を令和7年度中の開設に向けて、国や民間事業者などと連携・調整
- 市内農家の収益力の強化と農地の有効活用を目的とした米粉の実証実験で、新たに「パン」や「お菓子」などに適した米の栽培にも取り組み、事業を拡充

6 都市基盤分野

人々が集い、にぎわいのある快適なまち

魅力とにぎわいのある中心市街地の創出

春日部駅付近連続立体交差事業では、東武伊勢崎線上り線の仮のホームや線路の設置の工事が行われ、春日部駅西口の中央一丁目地区では、権利者による市街地再開発事業が計画されるなど、市民の皆さんをはじめ利用者にとっても利便性の高いものとなるよう、引き続き、埼玉県、東武鉄道㈱、再開発準備組合などと連携して事業を進めます。

その他の主な取り組み

- 地域の皆さんとの意見交換を踏まえ、大沼第2公園のリニューアル工事
- 新本庁舎移転後の市役所跡地に整備予定の、中央町第1公園の基本設計
- 浸水・冠水被害の軽減のため、安之堀川関連の改修工事の継続など

7 行財政分野

市民の期待に応え、信頼される行政を推進するまち

自治体DXの推進と窓口サービスの向上

「春日部市デジタル・トランスフォーメーション(DX)推進計画」に基づき、市民が住民異動などの手続きの際に、窓口で申請書を記入することなく済ませることができる「書かない窓口」の他、行政用語の翻訳・手話通訳に対応したAI翻訳タブレットを導入します。

その他の主な取り組み

- 第3弾となる「クレヨンしんちゃん絵はがきセット」の作成
- 個人向けのふるさと納税制度におけるお礼品の拡充・PRの強化や、企業版ふるさと納税制度の活用

令和5年度 当初予算

🏛財政課(内線2223)

令和5年度当初予算の概要は市HPの予算ページ内から▶

一般会計は、過去最大の予算規模となる897億円となりました。また、特別会計と企業会計を含めた予算総額は1,671億1,116万7千円で、前年度と比べ5.9%の増となりました。

当初予算の詳細は、市政情報室(市役所別館1階・庄和総合支所2階)、市立図書館3館(閉庁・休館日を除く)、市HPで閲覧できます。

[一般会計予算額：89,700,000千円]

歳入

地方消費税交付金 5,400,000 6.0%
認可金 2,469,150 2.8%
その他 3,036,136 3.4%
繰入金 5,921,738 6.6%
市税 29,303,958 32.7%
県支出金 6,382,508 7.1%
市債 13,230,100 14.7%
国庫支出金 13,956,410 15.6%
地方交付税 10,000,000 11.1%

(単位：千円)

歳出

公債費 7,114,788 7.9%
消防費 3,197,180 3.6%
その他 1,767,214 2.0%
衛生費 7,594,905 8.5%
土木費 7,752,904 8.6%
民生費 36,783,998 41.0%
教育費 8,474,142 9.4%
総務費 17,014,869 19.0%

(単位：千円)

[会計別予算]

(単位：千円)

会計名	予算総額			
	5年度	4年度	増減額	増減率 (%)
〈一般会計〉	89,700,000	80,830,000	8,870,000	11.0
〈特別会計〉	48,996,125	48,641,076	355,049	0.7
国民健康保険	22,302,108	23,050,325	▲748,217	▲3.2
後期高齢者医療	3,968,740	3,791,192	177,548	4.7
介護保険	21,994,456	20,743,633	1,250,823	6.0
西金野井第二土地区画整理事業	571,308	899,009	▲327,701	▲36.5
看護専門学校	159,513	156,917	2,596	1.7
〈公営企業会計〉	28,415,042	28,282,548	132,494	0.5
病院事業	13,459,767	13,071,624	388,143	3.0
水道事業	6,720,946	6,832,401	▲111,455	▲1.6
下水道事業	8,234,329	8,378,523	▲144,194	▲1.7
総計	167,111,167	157,753,624	9,357,543	5.9

※計数はそれぞれ四捨五入をしており、合計が一致しないものがあります

「広報かすかべ 2023年4月号」より抜粋

上尾市の試験情報

令和５年度
上尾市職員採用試験　受験案内
【 令 和 ６ 年 ４ 月 １ 日 採 用 予 定 】

申込受付期間
令和５年７月３日㈪１２時から
７月２８日㈮１２時まで

募 集 職 種

一般事務	一般事務(障害者)	
土　木	建　築	保健師

※消防士は上尾市消防本部、学校給食調理員は上尾市教育委員会で募集しており、受験案内は別になります。

○第１次試験日（人物試験）
令和５年８月１６日㈬ から
令和５年８月１９日㈯ のうち１日※

※高等学校卒業見込み者のみ日程が異なります。
　　　　　　　　　　　（第１次試験日：令和５年９月１６日㈯）
※第１次試験の日時は指定できません。
※応募者数によっては、上記日程以外となる可能性があります。

【上尾市の職員採用情報ページ】
https://www.city.ageo.lg.jp/page/016117061200.html

上尾市職員　採用　[検索]

スマートフォンなどは
　こちらから☞

【この試験についてのお問合せ先】
上尾市総務部職員課　人事給与担当
〒362‐8501
上尾市本町三丁目１番１号
電　話：（048）775‐5112（直通）
E-mail：saiyou@city.ageo.lg.jp

上 尾 市

1 募集職種・採用予定人数・受験資格

募集職種	採用予定人数	受 験 資 格 ※3		
		資格・学歴 ※1 など	年齢（当該日に生まれた者）	
一般事務	20人程度	学校教育法による大学、短期大学もしくは高等学校を卒業した者、または令和6年3月までに卒業見込みの者	大学卒	平成8年4月2日以降の日
			短大卒	平成10年4月2日以降の日
			高校卒	平成12年4月2日以降の日
一般事務（障害者）		上段一般事務の学歴要件に加えて、次の①および②に該当する者 ① 障害者手帳の交付を受けている者※2 ② 活字印刷文による出題に対応できる者	昭和58年4月2日以降の日	
土　木	4人程度	次の①または②の条件を満たす者 ① 学校教育法による大学、短期大学もしくは高等学校を卒業した者、または令和6年3月までに卒業見込みの者	①平成5年4月2日以降の日	
		② 学校教育法による大学、短期大学もしくは高等学校を卒業した者で、**土木施工管理に関する実務経験5年以上**を有する者	②昭和58年4月2日以降、平成5年4月1日までの日	
建　築	1人程度	次の①または②の条件を満たす者 ① 学校教育法による大学、短期大学もしくは高等学校で**建築の専門課程**を専攻し卒業した者、または令和6年3月までに卒業見込みの者	①平成5年4月2日以降の日	
		② 学校教育法による大学、短期大学もしくは高等学校を卒業した者で、**建築関係の実務経験（設計、施工管理等）が5年以上**あり、**建築適合判定資格者または一級建築士の資格**を有する者	②昭和58年4月2日以降、平成5年4月1日までの日	
保健師	2人程度	保健師資格を有する者、または令和6年3月までに資格取得見込みの者	昭和63年4月2日以降の日	

※1 学歴について、上記のほか、学校教育法による専修学校および各種学校等（年間授業時間数が680時間以上の学校）を卒業または卒業見込みか、次の条件に該当する者は受験ができます。
　　短大卒：【専修学校】修業年限2年以上の専門課程　【各種学校】高校卒を入学資格とする修業年限2年以上の課程
　　高校卒：【専修学校】修業年限3年以上の高等課程　【各種学校】中学卒を入学資格とする修業年限3年以上の課程
　　※高等学校卒業程度認定試験（旧：大学入学資格検定）の合格者は高校卒の区分で受験できます。
※2 障害者手帳とは次のいずれかに該当するものです。
　　1．身体障害者福祉法第15条に定める身体障害者手帳
　　2．都道府県知事または政令指定都市市長が発行する療育手帳（手帳名称は地方公共団体により異なります）
　　3．精神保健及び精神障害者福祉に関する法律第45条に定める精神障害者保健福祉手帳
※3 次のいずれかに該当する者は受験できません。
　　1．日本国籍を有しない者
　　2．地方公務員法第16条に規定する欠格条項に該当する者
　　3．平成11年改正前の民法の規定による準禁治産の宣告を受けている者（心神耗弱を原因とするもの以外）
　　参考：地方公務員法第16条
　　1．禁錮以上の刑に処せられ、その執行を終わるまで又はその執行を受けることがなくなるまでの者
　　2．上尾市職員として懲戒免職の処分を受け、当該処分の日から2年を経過しない者
　　3．人事委員会又は公平委員会の委員の職にあって、地方公務員法第60条から第63条までに規定する罪を犯し、刑に処せられた者
　　4．日本国憲法の施行の日以後において、日本国憲法又はその下に成立した政府を暴力で破壊することを主張する政党その他団体を結成し、又はこれに加入した者

2 受験申込の方法

方法	電子申請（インターネットによる申し込み）
期間	令和5年7月3日(月)12時00分 から 7月28日(金)12時00分 まで
URL	【上尾市の職員採用情報ページ】 https://www.city.ageo.lg.jp/page/016117061200.html 上尾市職員 採用 検索 上記の上尾市の職員採用情報ページから、「電子申請の申し込みはこちら」のバナーをクリックしてください。

3 主な日程・試験会場・合格発表

○令和6年3月に高等学校を卒業する高等学校卒業見込み者については、新規高等学校卒業者の就職に関する申合せの趣旨に鑑み、9月16日以降の試験とするため、第1次試験の日程が異なります。

○社会状況等により、採用試験の日程、会場および内容を変更する場合があります。その場合は、市ホームページでお知らせすると共に申込者にメール等で通知します。

（1）高等学校卒業見込み者以外 （全職種の現役高校生以外）

試験等	日　程	試　験　会　場※2	合　格　発　表※3
第1次	令和5年8月16日(水)〜19日(土)のうち1日※1	上尾市役所内（予定） 所在地：上尾市本町3-1-1	**受験者全員に文書で通知します。** （9月上旬予定）
第2次	令和5年9月17日(日)	上尾市立上尾中学校（予定） 所在地：上尾市愛宕3-23-34	**合格者には文書で通知します。** （10月上旬予定）
第3次	令和5年10月中旬 （予定）	上尾市文化センター（予定） 所在地：上尾市二ツ宮750	**合格者には文書で通知します。** （10月下旬予定）
健康診断	令和5年11月 （予定）		

※1 第1次試験の具体的な日時は申込締切後に割り振り、個別に通知します。なお、土木、建築、保健師の職種は8月19日(土)を予定しています。応募者数によっては、上記日程以外に行う場合があります。
※2 第2次試験以降の日程・会場等の詳細については、合格通知にてお知らせします。
※3 第2次試験以降の合格者については、上尾市ホームページおよび上尾市役所本庁舎前掲示板に受験番号を掲載します。また、電話やメールによる合否の照会には一切応じられません。

（2）高等学校卒業見込み者 （全職種の現役高校生）

試験等	日　程	試　験　会　場	合　格　発　表※2
第1次および第2次	＜第1次：人物試験（面接）＞ 令和5年9月16日(土)※1	上尾市役所内（予定） 所在地：上尾市本町3-1-1	第1次試験および第2次試験を併せて、合格者には文書で通知します。（10月上旬予定）
	＜第2次：筆記試験＞ 令和5年9月17日(日)	上尾市立上尾中学校（予定） 所在地：上尾市愛宕3-23-34	
第3次	第3次試験以降は高等学校卒業見込み者以外と同じ		

※1 第1次試験の具体的な時間は申込締切後に割り振り、個別に通知します。
※2 第2次試験の合格者については、上尾市ホームページおよび上尾市役所本庁舎前掲示板に受験番号を掲載します。また、電話やメールによる合否の照会には一切応じられません。

4 試験の方法および内容 （試験内容は変更となる場合があります。）

（1）第1次試験

職種	試験種目	試　験　内　容
全職種	人 物 試 験	面接の方法で行います。
	適 性 検 査	職務遂行能力等についての検査を行います。

（2）第2次試験

全職種で教養試験を実施します。これに加えて一部の職種（土木、建築、保健師）は専門試験を実施します。
なお、試験時間および内容は職種、学歴区分により異なります。（下表参照）
また、全ての職種（高等学校卒業見込み者以外）でグループワークを実施します。

種目	職種	試験時間	試　験　内　容
教養試験	一般事務 (障害者を含む)	120分	公務員として必要な一般的知識および知能について、多肢択一式による試験を行います。 【出題分野】文章理解、判断・数的推理、資料解釈に関する能力を問う問題、時事、社会・人文に関する一般知識
	土木、建築、保健師	75分	公務員として必要な一般的知識および知能について、多肢択一式による試験を行います。 【出題分野】社会についての関心や基礎的・常識的な知識、職務遂行に必要な基礎的言語能力・論理的思考力
専門試験	土木 (大卒・短卒)	120分	土木の専門的知識等について、多肢択一式による試験を行います。 【出題分野】数学・物理、応用力学、水理学、土質工学、測量、土木計画（都市計画を含む。）、材料・施工
	土木 (高卒)	90分	【出題分野】数学・物理・情報技術基礎、土木基礎力学（構造力学、水理学、土質力学）、土木構造設計、測量、社会基盤工学、土木施工
	建築 (大卒・短卒)	120分	建築の専門的知識等について、多肢択一式による試験を行います。 【出題分野】数学・物理、構造力学、材料学、環境原論、建築史、建築構造、建築計画（都市計画、建築法規を含む。）、建築設備、建築施工
	建築 (高卒)	90分	【出題分野】数学・物理・情報技術基礎、建築構造設計、建築構造、建築計画、建築法規、建築施工
	保健師	90分	保健師の専門的知識等について、多肢択一式による試験を行います。 【出題分野】公衆衛生看護学、疫学、保健統計学、保健医療福祉行政論

※活字印刷文により出題します。なお、試験問題についてのお問い合わせには一切お答えできません。

（3）第3次試験（最終試験）

職種	試験種目	試　験　内　容
全職種 (高等学校卒業見込み者以外)	グループワーク	指定されたテーマを基に討論等を行います。
全職種	人 物 試 験	面接の方法で行います。

5 健康診断

第3次試験（最終試験）の合格者を対象に、健康診断を行います。健康診断において「勤務に支障がある」という結果の場合は、採用とならないことがあります。

6 合格から採用まで

健康診断受診後の最終合格者は採用内定となり、原則として**令和6年4月1日**の採用となります。
ただし、欠員状況等によっては、採用日が令和6年4月2日以降となる場合もあります。
※ 以下の事項に該当する場合には、採用を取り消すことがあります。
(1) 提出した書類に虚偽の記載があった場合
(2) 資格(免許)取得見込みの者が資格(免許)を取得できなかった場合
(3) 令和6年3月までに学校を卒業できなかった場合
(4) 任命権者が採用に不適当と認めた場合

7 提出書類

(1) **第1次試験時**に次の書類等を提出していただきます。
□ 障害者手帳の写し(A4判用紙にコピー) [受験職種が一般事務(障害者)の方のみ]
(2) **第3次試験時**に次の書類等を提出していただきます。
□ 卒業証明書または卒業見込証明書 [全ての方]
□ 住民票記載事項等証明書 [全ての方]
□ 資格(免許)証明書の写し等または資格(免許)取得見込み等証明書、もしくはこれと同等と判断できる
書類等 [受験職種における資格要件に該当する方のみ]

8 勤務条件(勤務時間・休日・休暇・給与等)

(1) 勤務時間は、原則として、午前8時30分から午後5時15分までです。
※配属先によって異なる場合があります。
(2) 休日は、原則として、土曜日、日曜日および祝日ならびに12月29日～翌1月3日です。
※配属先によって上記と異なる勤務時間・休日が適用になる(変則勤務等)場合があります。
(3) 休暇は、年間20日の年次有給休暇、結婚・出産・忌引等の場合に与えられる特別休暇および疾病や負傷等
の場合に与えられる病気休暇等があります。
(4) 給与(下記の表の金額は、地域手当を含む令和5年4月1日現在の参考初任給です。職務の経歴等により加
算される場合があります。また、条例の改正により変更されることがあります。)

職種 \ 学歴	大学卒	短大卒	高校卒
一般事務(障害者含む)、土木、建築	203,202 円	185,818 円	173,946 円

職種 \ 学歴	大学卒	短大卒(3年制)
保健師	210,410 円	203,202 円

※上記の他、通勤手当、住居手当、扶養手当、時間外勤務手当などの各種手当が支給されます。

参考 職種ごとの職務内容および主な勤務予定先

職 種	主な職務内容	主な勤務予定先(例示)
一般事務 (障害者を含む)	○市政のあらゆる分野における計画策定、施策立案、事業実施、窓口業務などの一般行政事務等	本庁各課および出先機関(支所、出張所、図書館 等)
土 木	○道路、河川、公園、上下水道、都市計画等の事業に関する企画、設計、施工管理、維持管理など土木職の専門性を活かした業務 ○一般行政事務等	都市計画課、市街地整備課、みどり公園課、建設管理課、道路河川課、水道施設課、下水道施設課 他
建 築	○公共施設の建築工事の設計、施工管理、都市計画法・建築基準法による許認可など建築職の専門性を活かした業務 ○一般行政事務等	施設課、建築安全課、教育総務課 他
保 健 師	○健康増進、母子保健、感染症予防、予防接種、精神保健の支援・指導等に関する業務等 ○一般行政事務等	健康増進課、生活支援課、障害福祉課、高齢介護課、子ども家庭総合支援センター、保険年金課 他

上尾市の自治体情報

令和5年度
一般会計予算の全体像

ここでは、皆さんからお預かりした税金がどのように生かされるのか、その概要をお知らせします。

財政課 ☎775-4247・📠776-8873

　予算とは、1年間の収入と支出の見込みを表したものです。令和5年度は、3つの基本方針（**4・5ページ**参照）に基づき予算を編成しました。その結果、市が基本的な仕事をするための一般会計予算は、対前年度比5.5%増の734億6,000万円になりました。また、特定の仕事をするための特別会計と企業会計を含めると1,297億7,000万円（前年度比3.3%増）となりました。

　一般会計予算は、歳入では個人市民税や固定資産税の増加などにより、市税が増加となる他、地方交付税が増加となっています。歳出では、子ども・子育て支援複合施設建設費の皆減などにより、民生費が減少となる一方で、予防接種費や西貝塚環境センターの委託と工事費の増加などにより衛生費が増加となっています。

　今後も、ポストコロナ社会への対応、住民の命を守るための防災・減災対策の充実・強化など喫緊の課題に取り組みつつ、将来を見据えた持続可能なまちづくりを引き続き推進してまいります。

■一般会計の予算規模　734億6,000万円（前年度比＋38.3億〈＋5.5%〉）

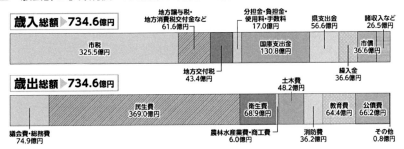

昨年度との比較 主な歳出項目の		
●**総務費**　＋5億7,000万円 市議会議員選挙・県知事選挙などにより　（＋8.7%）		●**土木費**　＋9億5,000万円 西宮下中妻線の整備などにより　（＋24.6%）
●**民生費**　－4億9,000万円 子ども・子育て支援複合施設の建築完了などにより （－1.3%）		●**消防費**　＋8億9,000万円 伊奈町との消防広域化などにより　（＋32.8%）
●**衛生費**　＋11億9,000万円 西貝塚環境センターの委託料と工事費の増加などにより （＋21.0%）		●**教育費**　＋8億円 小・中学校給食費の公会計化により　（＋14.1%）

令和5年度の市の予算を1カ月の家計に例えると

市役所と家庭では単純に比較できませんが、令和5年度の市の一般会計予算を1カ月の支出が30万円の家計に例えると、下図のようになります。

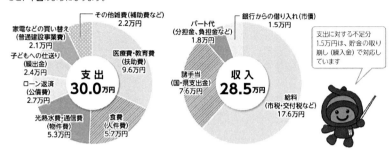

支出 30.0万円
- その他雑費(補助費など) 2.2万円
- 家電などの買い替え(普通建設事業費) 2.1万円
- 子どもへの仕送り(繰出金) 2.4万円
- ローン返済(公債費) 2.7万円
- 光熱水費・通信費(物件費) 5.3万円
- 食費(人件費) 5.7万円
- 医療費・教育費(扶助費) 9.6万円

収入 28.5万円
- 銀行からの借り入れ(市債) 1.5万円
- パート代(分担金、負担金など) 1.8万円
- 諸手当(国・県支出金) 7.6万円
- 給料(市税・交付税など) 17.6万円

支出に対する不足分1.5万円は、貯金の取り崩し(繰入金)で対応しています

令和5年度の市の予算を市民1人当たりに換算すると

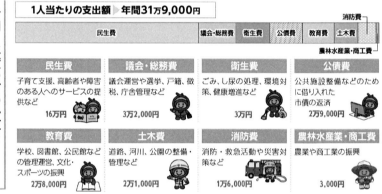

1人当たりの支出額　年間31万9,000円

民生費　議会・総務費　衛生費　公債費　教育費　土木費　消防費　農林水産業・商工費

民生費
子育て支援、高齢者や障害のある人へのサービスの提供など
16万円

議会・総務費
議会運営や選挙、戸籍、徴税、庁舎管理など
3万2,000円

衛生費
ごみ、し尿の処理、環境対策、健康増進など
3万円

公債費
公共施設整備などのために借り入れた市債の返済
2万9,000円

教育費
学校、図書館、公民館などの管理運営、文化・スポーツの振興
2万8,000円

土木費
道路、河川、公園の整備・管理など
2万1,000円

消防費
消防・救急活動や災害対策など
1万6,000円

農林水産業・商工費
農業や商工業の振興
3,000円

消費税率と地方消費税率の引き上げ分は社会保障関係経費に充当

○消費税は、平成26年4月1日から5%(うち地方分1%)が8%(同1.7%)に、令和元年10月1日からは、10%(同2.2%)に引き上げられました。

○地方税法の規定に基づき、市でも引き上げ分の地方消費税収は全て社会保障施策に要する経費に充当しています。

<歳入>引き上げ分の地方消費税収入(地方消費税交付金)
26億7,000万円

<歳出>社会保障4経費(年金、医療および介護の社会福祉給付ならびに少子化に対処するための費用)、その他社会保障施策に要する経費 162億5,000万円

【拡充する主な市の社会保障施策】
◆民間保育所の整備を補助[1カ所]
◆ヤングケアラー・若者ケアラーへの支援

個人市民税の均等割の標準税率の引き上げ分は過去の防災減災事業に充当

○東日本大震災復興基本法の理念に基づき、個人市民税の均等割の標準税率について、平成26年6月から10年間に限り、500円の引き上げが実施されています。

○引き上げ分の市税収入は、平成23〜27年度に実施した防災減災などの事業の経費に充当しています。

<歳入>引き上げ分の市税収入(個人市民税均等割)
6,000万円

<歳出>防災減災事業に要する経費
3億1,000万円

※小・中学校校舎耐震改修や校舎改築事業、保育所・市庁舎第三別館等耐震補強事業などで発行した市債の償還です。

「広報あげお 2023年5月号」より抜粋

第2部

教養試験
社会科学・人文科学

- 政治・経済・社会
- 歴　史
- 地　理

社会科学　政治・経済・社会

━━━━━━━━━━━━━━ P O I N T ━━━━━━━━━━━━━━━

政治：学習法としては，まず，出題傾向をしっかり把握すること。出題形式や出題内容は当然変わっていくが，数年単位で見ると類似した内容を繰り返していることが多い（後述の「狙われやすい！重要事項」参照）。そのような分野を集中的に学習すれば効果的である。学習の中心となるのは基礎・基本の問題であるが，要点がまとまっているという点で，まずは本書の問題にしっかり取り組むとよい。そしてその学習の中で問題点や疑問点が出てきた場合に，教科書・学習参考書・辞典・専門書で学習内容をさらに高めていこう。

経済：まず高等学校の「政治・経済」の教科書で，次の項目のような主要な要点をまとめてみよう。

　(1) 国内経済…金融政策・財政政策・景気変動・国民所得・GNIとGDP・三面等価の原則・国家予算・独占禁止法・公正取引委員会など

　(2) 第二次世界大戦後の国際経済の歩み…OECD・EEC→EC→EU・GATT→WTO

　(3) 国際経済機構…IMF・IBRD・IDA・UNCTAD・OPEC・OAPEC・ケネディラウンド → ウルグアイラウンド → ドーハラウンド・FTA → EPA → TPP

　最新の動向については，ニュースや時事問題の問題集等で確認しておこう。

社会：社会の学習法は，問題を解くことと合わせて，新聞等を精読するに尽きる。記事をスクラップするなどして，系統的に理解を深めていくことが大切である。新聞などに掲載されている社会問題は，別の様々な問題と関連していることが多い。1つのテーマを掘り下げて理解することにより，社会で起きている時事的な問題をより横断的に結びつけてとらえることが可能となる。そのためにも，様々なメディアを通じて日々新しい情報をチェックし，政治・経済・社会・環境など，網羅的にニュースを把握しておくようにしておきたい。

狙われやすい！ 重要事項 ……………………………………

☑ 国会や選挙の制度

☑ 国際的な機構や国際政治

☑ 基本的人権（各論まで）

☑ 金融政策や財政政策の制度と実情

☑ 少子高齢化や社会保障

☑ 日本経済の実情

☑ 日本と世界の国際関係

☑ 科学技術や医療などの進歩

☑ 社会的な課題

《 演 習 問 題 》

1 国家に関する記述として，妥当なものはどれか。

1 プラトンは，防衛者が勇気の徳を具現化するとともに生産者が節制の徳を体現する2つの身分による国家を樹立することによって，正義が実現できるとした。

2 マキャヴェリは，君主の主要な役割として，国家の維持，拡大および強化をはかることを挙げ，そのためには「悪しき手段」を用いてもよいとした。

3 ウェーバーは，国家の三要素として領域，主権，国民を挙げるとともに，国家の本質を法的な主体としての法人であるととらえた。

4 夜警国家という言葉は，国家の警備力や軍事力を高めるべきであるとする自由主義の立場から提唱された。

5 市民革命期には，革命を担った貧困層の生活水準を向上させることこそが国家の主要な役割であるとする福祉国家論が台頭した。

2 　民主政治の基本原理に関する記述として，妥当なものはどれか。

1　13世紀のイギリスにおいて，国王ジョンによって署名されたマグナ・カルタは，国王による課税権や逮捕権を制限するとともに，国民一般に対する平等権を含むものであった。

2　18世紀のアメリカにおいて，独立戦争を背景にジェファーソンらによって起草された独立宣言は，天賦不可侵の人権などの内容を含んでいたが，国家の神聖な役割を強調する観点から，革命権については盛り込まれなかった。

3　18世紀のフランスにおいて，フランス革命を背景にラファイエットによって起草されたフランス人権宣言では，自由と平等に加え，所有権を公共のために用いることを通じて，国民に社会権を認める内容が盛り込まれた。

4　ロックは，議会が持つ立法権によって執行権と同盟権を統制すべきであるとしたが，彼の主張の中には，自由の前提として，裁判権や司法権を明確に他の権利から分離させるべきであるという考えは盛り込まれていなかった。

5　アメリカ初代大統領ワシントンは，ゲチスバーグ演説の中で，「人民の人民による人民のための政治」を提唱し，民主主義の基本原理を示した。

3 　国際政治に関する記述として，妥当なものはどれか。

1　主権国家を主体とする近代的な国際社会の成立は，ナポレオン戦争の講和条約の時点に求める説が有力である。

2　国際連盟規約において採用された平和維持のためのシステムは，勢力均衡方式であった。

3　国際連合憲章によれば，憲章をはじめとしたルールに違反した国は，武力によるものを含む制裁の対象となる。

4　冷戦の下では，アメリカとソ連がそれぞれの陣営を率いて対立していたため，核兵器の削減についての合意は実現しなかった。

5　冷戦終結後に頻発している地域・民族紛争は，先進国において深刻化することはなく，途上国に固有の現象であるとする見解が有力である。

4 **日本の内閣制度に関する記述として，妥当なものはどれか。**

1 内閣総理大臣は，衆議院議員の中から国会の議決によって指名され，天皇によって任命される。衆議院と参議院の指名が異なるときは，両院協議会が開かれ，そこで一致しないときは，衆議院の議決が国会の議決となる。

2 内閣総理大臣以外の国務大臣は，内閣総理大臣が任命し，天皇が認証する。内閣総理大臣が国務大臣を罷免する場合は，衆議院の同意を経て，解任の手続きを行う。

3 内閣総理大臣が任命する国務大臣は，全員が国会議員でなければならない。また，内閣総理大臣を含むすべての国務大臣は，文民でなければならない。

4 国務大臣は，内閣総理大臣の同意がなければ，訴追されない。ただし，それによって，訴追の権利は害されない。

5 内閣の意思決定は，閣議によって行われる。慣例上，閣議決定が行われる要件は，国務大臣の過半数とされている。

5 **裁判制度に関する記述として，妥当なものはどれか。**

1 アメリカ合衆国の連邦最高裁判所の判事は，上院によって任命される。任期は終身とされているため，定年はない。

2 日本を含む各国では，一部，裁判への市民参加が保障されている。アメリカ合衆国の陪審員裁判は，刑事裁判のみを対象としているのに対して，日本の裁判員裁判は，民事事件と刑事事件の両方を対象としている。

3 日本の裁判官は，心身の故障により裁判を行えないと決定される場合を除き，公の弾劾によらなければ罷免されない。ただし，高等裁判所と最高裁判所の裁判官は，国民審査によって罷免される。

4 日本の最高裁判所の長官は，内閣によって指名され，天皇によって任命される。一方最高裁判所のその他の裁判官は，内閣によって任命され，天皇によって認証される。

5 日本の最高裁判所による判決は，終審の決定としての効力を持つ。よって，理由の如何を問わず，その判決が覆されることはない。

6 地方自治に関する記述として，妥当なものはどれか。

1　地方自治の本旨のうち，住民の意思を自治体の運営に反映させるべきであるとする理念は，団体自治と呼ばれている。

2　大日本帝国憲法において，地方自治の規定が置かれていたものの，法律の留保が付けられるなど，その内容は極めて限定的なものであった。

3　地方自治法の規定によれば，公共施設の建設等の是非を住民投票に委ねた場合，その結果は首長や議会を拘束する。

4　地方議会が首長に対して不信任決議をした場合には，首長はそれに対抗して，議会を解散することができる。

5　「大都市地域における特別区の設置に関する法律」が廃止され，東京都以外における特別区の設置が禁じられた。

7 日本の官庁に関する記述として，妥当なものはどれか。

1　観光庁は，観光立国の実現に向け，魅力ある観光地の形成や国際観光の振興などに関する事務を所管する官庁であり，経済産業省の下に設置された。

2　復興庁は，東日本大震災を契機として，広範な災害への対応と復興事業を担うこと等を目的とする官庁であり，永続的な官庁として内閣の下に設置された。

3　スポーツ庁は，スポーツの振興をはじめとしたスポーツに関する施策の総合的な推進を図ること等を目的とする官庁であり，文部科学省の下に設置された。

4　デジタル庁は，日本においてデジタル社会を形成するための諸施策を推進すること等を目的とする官庁であり，財務省の下に設置された。

5　こども家庭庁は，2022年に関連する法律が成立したことに伴い，厚生労働省の下に設置された。

8 **国際機関に関する記述として，妥当なものはどれか。**

1　国際連合では，安全保障理事会の常任理事国は，安全保障理事会に加え，総会においても拒否権をもっている。

2　ITU（国際電気通信連合）は，インターネットの発達に伴い，20世紀後半に設立された機関である。

3　IMF（国際通貨基金）と，IBRD（国際復興開発銀行）の議決権は，各国の出資額に応じて与えられている。

4　ILO（国際労働機関）の総会における決定は，各国の政府代表と労働者代表の二者によって行われる。

5　EU（欧州連合）の閣僚理事会における議決権は，加盟国に平等に配分されているため，実質的に大国に不利なルールとなっている。

9 **社会契約説に関する記述として，妥当なものはどれか。**

1　市民革命に大きな影響を与えた社会契約説に共通するのは，統治者の権利は神から授かった神聖なものであり，何人もそれを侵すことはできないとする思想である。

2　自然法思想は，実定法に先立つ普遍的な法が存在することを前提としており，社会契約説の展開にあたり，自然法の存在を肯定する説は社会の望ましいあり方を乱すものとして否定された。

3　ホッブズは，自然状態について，万人の万人による闘争状態であると規定し，そこから脱するために自然権を個人または合議体に譲渡することが不可欠であると述べた。

4　ロックは，自然権は，他者への信託や譲渡の対象にはならず，各人がその権利を保有したままで直接民主制により一般意思を形成するとともに，人々はそれに従うべきであるとした。

5　ルソーは，政府による統治は，自然権の一部を信託されることによって成り立つものとされ，人々はその信託に反する行為に対する抵抗権を持つとした。

[10] **各国の大統領制に関する記述として，妥当なものはどれか。**

1　フランスの大統領は，議会の解散を決定したり，重要な案件を国民投票に付託したりする権限を持つ。

2　アメリカの大統領制は，三権分立の理念を厳格に体現したものとされるが，国民の直接選挙によって選ばれた大統領には，強力な権限が与えられている。

3　ロシアの大統領は，下院議員による互選によって選ばれる一方，首相にも一定の政治的な権限が与えられている。

4　ドイツの政治体制は議院内閣制によって運営されているものの，大統領の権限が強いため，首相の権限の多くは儀礼的なものにとどまる。

5　イタリアの大統領は，行政に関する主要な役職を実質的に決定するなど，強力な権限を持つ。

[11] **選挙の諸原則に関する記述として，妥当なものはどれか。**

1　自由選挙は，選挙に棄権した場合でも罰則が課せられないというのが原則であり，これに反する強制選挙の実施は，国際人権規約によって禁じられている。

2　直接選挙は，投票用紙に直接に候補者名を自筆する原則を指し，これに反する例として，タッチパネル式の投票が挙げられる。

3　平等選挙は，投票数や1票の価値について個々の有権者の間に差を設けないというのが原則である。

4　秘密選挙とは，候補者の選出や投票の過程について明らかにしないというのが原則であり，強権的な独裁国家にみられる。

5　普通選挙とは，納税額や性別によって投票する権利を差別しないのが原則であり，女性を含む普通選挙制が初めて導入されたのはアメリカである。

[12] **政党と圧力団体に関する記述として，妥当なものはどれか。**

1　圧力団体は，政権の獲得などを主たる目的として活動するのに対して，政党は，特定の集団の利益の実現を目指して行動する。

2　二大政党制は，有力な2つの政党間で実質的な競争が行われる体制であり，その典型的な国として，キューバが挙げられる。

3　政党に対する公的助成は，その政党を支持しない者から得た税収の配分

を意味するため，日本を含む国々において禁止されている。

4　アメリカでは，圧力団体と関係が深いロビイストと呼ばれる人々が活動
しているが，報酬の出所などについての情報が公開されている。

5　一党優位政党制は，政党間の競合が行われているにもかかわらず，特定
の政党に権力が集中する体制であり，典型的な例として，イギリスの政治
体制が挙げられる。

13 **国際的な紛争の処理に関する記述として，妥当なものはどれか。**

1　国際刑事裁判所は，国家における犯罪を裁くために設置された裁判所で
あり，ここで訴えが提起されると，各国政府が被告となり，審理が行われる。

2　国際司法裁判所は，国家間の紛争の解決をはかるために設置されている
が，拘束力のある決定を行うためには，当事国が裁判の開始に同意するこ
とが必要となる。

3　国際連盟の主要機関として設置された常設国際司法裁判所は，世界史
上初めて国家間の紛争を扱った裁判所である。

4　国際連合憲章において，国際紛争の際，個別的自衛権や集団的自衛権
を行使することは禁じられている。

5　国際連合安全保障理事会において，強制力のある決定を行うためには，
常任理事国が拒否権を行使しないことを前提として，10ヵ国以上の賛成
が必要となる。

14 **各国の政党政治に関する記述として，妥当なものはどれか。**

1　アメリカ合衆国では，民主党と共和党が大きな勢力を占めているため，
いずれかの政党の指名を受けない限り，大統領に就くのは極めて困難であ
る。

2　イギリスでは，保守党と労働党が議会で大多数を占めているものの，近
年では，上院において地域政党の躍進が著しい。

3　フランスでは，一時期，共和国前進などの勢力が伸びた時期があったも
のの，2017年以降共和党と社会党の二大政党の勢力が拡大した。

4　ドイツでは，2005年以降，キリスト教民主・社会同盟が議会において
圧倒的な多数を占め，同党による単独政権が続いた。

5　中国では，全国人民代表大会の代表を中国共産党が独占してきたが，
香港の返還以降，複数政党制が導入され，急速に多党化が進んでいる。

15 政党と利益集団に関する記述として，妥当なものはどれか。

1　政党と利益集団を比較すると，政策の提示やその実現のために活動する点については共通するが，後者の方が包括的な政策を掲げるのが一般的である。

2　提示した政策について誤りがあった場合の責任は，政党はその責任が明確になりやすい一方，利益集団ではあいまいなままになることが多い。

3　政党と利益集団に共通する特徴として，ともに，政権の獲得を目的としている点が挙げられる。

4　アメリカでは，ロビイング規制法により，利益集団が議員への働き掛けを行うことは禁止されている。

5　日本では，利益集団による影響力を排除するため，政党への企業・団体献金が禁止されている。

16 日本の国会に関する記述として，妥当なものはどれか。

1　常会は，毎年1回1月中に召集され，予算や法律案の審議などを行うが，その会期の延長は1回のみに限られる。

2　特別会は，内閣が必要と認めたとき，または，一方の議院に属する国会議員の4分の1以上の要求があったときに召集され，会期は国会の議決によって定められる。

3　臨時会は，総選挙の日から30日以内に召集され，内閣総理大臣の指名や，院の構成の決定などが行われる。

4　衆議院の解散・総選挙中，緊急の必要があると参議院議長が認めた場合，参議院の緊急集会が開かれ，必要な決定がなされるが，次の国会開会後10日以内に衆議院の同意を得られないとき，その案件は無効とされる。

5　公聴会は，委員会において利害関係者や学識経験者からの意見を聞く制度であるが，予算に関する決定を行う際の開催は任意とされている。

17 日本国憲法に定められた基本的人権に関する最高裁判所による判例についての記述として，妥当なものはどれか。

1 幸福追求権は，新しい人権の根拠として主張される根本的な権利であるが，この権利は具体的な権利ではなく，これを定めた規定は国の責務を示したものである。

2 平等権を定めた諸規定は，不当な差別を禁止する趣旨であるから，直系尊属の殺人に対し，他の殺人と比較して著しく重い罪を課すのは，法の下の平等を定めた憲法の規定に反する。

3 県知事が特定の神社に対して玉ぐし料として公金を支出する行為は，必ずしも宗教的な意義を持つものではなく，習俗に属するものに過ぎないから，違憲とはいえず，容認されるべきである。

4 国民には，健康で文化的な最低限度の生活を営む権利が認められているから，生活保護法による支給が著しく低額である場合には，当事者には，裁判を通じてそのような状況の改善を求める権利が認められるべきである。

5 公衆浴場の距離制限を定めた法律の規定は，経済活動の自由を定めた憲法の規定に反する。

18 日本における刑事手続に関する記述として，妥当なものはどれか。

1 犯罪を立証する唯一の証拠が本人に不利な自白に限定される場合，有罪として刑罰を科すことはできない。

2 検察官が起訴しない旨を決定した場合，他の手続きによってその事件について刑事裁判を行うことはできない。

3 検察審査会は，非行のあった検察官の懲戒などを審査する機関であり，有権者から無作為に抽出された検察審査員により構成される。

4 捜査機関に協力したことを以て，協力者が犯した犯罪の刑罰を軽くすることはできない。

5 あらゆる刑事事件は，無作為に選ばれた裁判員と裁判官がともに審理にあたる裁判員裁判の対象となる。

19 　日本における犯罪および刑罰に関する記述として，妥当なものはどれか。

1　少年法の改正により，18歳以上の特定少年のときに犯した事件について起訴された場合，略式起訴の場合を除き，実名・写真等の報道の禁止が解除される。

2　刑法の改正により，従来の拘禁刑が廃止され，強制的に刑務作業に服させる懲役刑と，その強制を伴わない禁固刑が新設された。

3　刑法の改正により，公然と人を侮辱した者に対する刑罰については，拘留若しくは科料に限られることになった。

4　少年法の改正により，18歳以上の特定少年は，家庭裁判所に送られることなく，20歳以上の者と同様の刑事裁判を受けることになる。

5　刑法の改正により，執行猶予中に刑罰の対象となる罪を犯した場合，再度執行猶予付きの判決を下すことを可能とする制度が廃止された。

20 　日本国憲法に定められた基本的人権に関する記述として，妥当なものはどれか。

1　プライバシーの権利は，みだりに私生活を公開されないことを保障する権利であり，憲法に明文の規定はないものの，個人情報保護法において目的として明記されている。

2　幸福追求権は，新しい人権が主張される際に憲法上の根拠として挙げられる権利であるが，最高裁判所は，この権利はプログラム規定に過ぎず，具体的な権利ではないとしている。

3　最高裁判所の判例によれば，健康で文化的な最低限度の生活を営む権利は，憲法上の具体的な権利であり，これを害された者は，訴訟によってその状態の改善を求めることができる。

4　最高裁判所は，市有地を特定の神社に無償で提供してきた行為は，特定の宗教への援助と取られてもやむを得ないなどとして，違憲判決を下した。

5　最高裁判所は，学生による政治的な内容を含む演劇の上演の際，公安調査を目的として警察官が大学内に立ち入った行為は，学問の自由や大学の自治を損なう違憲の行為であるとした。

21 日本銀行と金融政策に関する記述として，妥当なものはどれか。

1　日本銀行は，銀行券を発行する発券銀行であり，融資などの取引をする相手は，市中銀行と，基準を満たした製造業などを営む大企業に限られる。

2　日本銀行政策委員会は，総裁，副総裁，審議委員で構成され，議決が成立するためには，全会一致による決定が求められる。

3　マイナス金利は，好況やインフレーションが継続するなど，金融の引き締めが求められる際に採用される政策である。

4　主要な金融政策としてきた基準割引率および基準貸付利率の操作は，公定歩合操作に名称を変え，最も重要で効果的な政策として位置付けられている。

5　日本銀行は，政府が発行した国債を直接購入することはできないが，発行後一定期間が経過した国債については，市場を通じて購入することができる。

22 物価の変動に関する記述として，妥当なものはどれか。

1　デフレーションの進行は，貨幣価値を下落させるため，定額の収入に頼る給与所得者や年金生活者にとっての生活は不安定になる。

2　デフレーションが継続する要因の一つとして，物価の低下が企業の収益を悪化させ，さらに賃金の低下を通じて購買力が減少し，ますます安い価格で売らざるを得なくなることが挙げられる。

3　インフレーションの進行は，貨幣価値を上昇させるため，債権者には有利になる一方，債務者には不利な影響をもたらす。

4　物価の安定は，経済政策における重要な課題であり，日本における物価の変動を表す指標として，日本銀行によって集計され定期的に発表される消費者物価指数や，総務省によって公表される企業物価指数が挙げられる。

5　日本政府による月例経済報告によれば，2013年末の時点において，日本経済は深刻なデフレーションが継続していると判断された。

23 **国民所得計算に関する記述として，妥当なものはどれか。**

1　GDP（国内総生産）の前年比の変化率は，経済成長率と呼ばれる。成長率が低下することにより，GDPは必ず減少する。

2　外国人の演奏家が一時的に日本に滞在し，公演を行った報酬を持ち帰ったとする。この分は，GNP（国民総生産）に算入される一方，国内総生産（GDP）には算入されない。

3　国民所得計算に算入されるのは，原則として，市場で取引される財やサービスの付加価値である。ただし，例外的に，農家による自家消費分は算入される。

4　物価の変動が大きいと，名目値と実質値の差が大きくなる。また，物価が上昇すると，実質値が名目値を上回る。

5　GNP（国民総生産）から固定資本減耗分を控除すると，NNP（国民純生産）が求められる。また，NNP（国民純生産）から間接税を控除し，直接税を加えることにより，NI（国民所得）が求められる。

24 **地方財政に関する記述として，妥当なものはどれか。**

1　地方自治体が自主的に調達する財源は自主財源と呼ばれ，地方交付税交付金がその代表である。

2　使途が特定されている財源は特定財源と呼ばれ，地方債の発行によって調達した資金が含まれる。

3　市町村が地方債を発行する場合には，原則として，都道府県知事による許可が必要となる。

4　地方財政の悪化によって債務の返済が困難になり，財政再生団体としての指定を受けると，債務の半分についての支払いが免除される一方，予算編成権が制約を受ける。

5　三位一体の改革とは，税源移譲，補助金削減，地方譲与税新設に代表される一連の動きを指すものである。

[25] **21世紀の日本経済に関する記述として，妥当なものはどれか。**

1　バブル崩壊後の日本経済は，「失われた10年」と呼ばれる低迷期に入った。2002年には，年平均の失業率が5.4％となり，当時としては戦後最悪の水準を記録した。

2　日本の国債残高は，増加傾向にあったものの，21世紀はじめから，緩やかな減少傾向に入った。特に，消費税率を5％から8％に増税した後は，減少幅が拡大した。

3　日本経済の発展を妨げてきた要因として，経済活動への規制が過度であることが指摘されてきた。それを踏まえ，2002年には国家戦略特区が，2013年には構造改革特区が導入された。

4　リーマンショックは，世界経済に大きな影響を及ぼした。一方，日本経済への影響は軽微であり，経済成長率の落ち込みの幅は，先進国の中で最も小さかった。

5　東日本大震災は，日本経済に大きな影響を及ぼした。一方，サプライチェーンへの影響は軽微であり，日本経済の強さを示す結果となった。

[26]　**わが国の税制度に関する記述について，妥当なものはどれか。**

1　国税には直接税と間接税があり，所得税は直接税だが，法人税は間接税である。

2　間接税である消費税は，消費者自らが納税義務者である。

3　地方交付税は，地方公共団体の財政力の格差を是正するため，国税から支出される税のことである。

4　直接税と間接税の比率（直間比率）で，日本の直接税の比率は，フランスやドイツなどのヨーロッパ先進国やアメリカより高い。

5　住民税には都道府県民税と市町村民税とがあり，どちらも所得税と同様，累進課税である。

27 外国為替に関する記述として，妥当なものはどれか。

1 固定為替相場制とは，異なる通貨間の交換比率を固定し，それ以外での取引を禁ずることによって成り立つ制度である。

2 1944年に合意されたブレトンウッズ協定において，IMF（国際通貨基金）などの設立とともに，変動為替相場制を導入することが定められた。

3 1970年代には，スミソニアン合意によって固定為替相場制から変動為替相場制への移行がはかられ，キングストン合意によってそれと逆行する動きがはかられるなど，外国為替市場が大きく揺らいだ。

4 外国為替市場において，金利が外国に比べて低いことによってその国の通貨が大規模に売られた場合，その通貨の価値が下落する要因となる。

5 他の条件を一定として，ある国の輸出が急増し，その国への旅行客が増えると，当該国の通貨が売られ，通貨の価値が下落する要因となる。

28 市場機構に関する記述として，妥当なものはどれか。

1 完全競争市場では，需要側が価格受容者として行動するのに対して，供給側は価格先導者として行動する。

2 外部不経済が存在する場合，望ましい均衡点と比較すると，均衡価格は過小に，均衡取引量は過大となる。

3 外部経済が存在する場合，政府が財やサービスの供給主体に課税することによって，最適な均衡を達成することができる。

4 技術革新によって価格が低下し，取引量が増えることは，典型的な市場の失敗の例である。

5 寡占市場では，一般に，価格が下がりにくくなる現象がみられ，このことは，価格の上方硬直性と呼ばれる。

29 経済学説と経済政策に関する記述として，妥当なものはどれか。

1 重農主義の代表的論客であるケネーは，価値の源泉を農業労働に求めるとともに，自由放任主義的な政策を批判した。

2 T.マンは，絶対主義を背景に重商主義的な政策を提唱し，自由貿易によって国を富ませることの必要性を説いた。

3 アダム・スミスは，各経済主体の利己的な行動が，見えざる手に導かれて，望ましい調和をもたらすとした。

　4　ケインズは，乗数理論に基づき，公共投資などの財政支出の拡大より，減税の方が国民所得の大幅な増加をもたらすとした。

　5　フリードマンは，安定的な経済成長に寄与する政策は，ルールに基づく金融政策ではなく，裁量的な財政政策であるとした。

30 戦後の日本経済の動向に関する記述として，妥当なものはどれか。

　1　戦災によって疲弊した日本経済を回復させるため，アメリカが主導するマーシャルプランが実施された。

　2　資金や資源を基幹産業に重点的に配分する傾斜生産方式が実施されたが，日本銀行が貨幣の供給量を急増させたため，激しいインフレーションをもたらした。

　3　ドッジ・ラインは，復興金融金庫の創設を柱にする政策であったが，日本銀行が同金庫によって発行される債券の引き受けを拒否したため，混乱を招いた。

　4　朝鮮特需とは，朝鮮戦争の際に韓国への輸出が急増することによって生じた好景気であり，これを通じて高度経済成長の基礎が築かれた。

　5　1970年代末，イラン革命による混乱から第一次石油危機が発生し，日本は翌年戦後初めてのマイナス成長を経験し，高度経済成長は終焉を迎えた。

31 外国為替相場に関する記述として，妥当なものはどれか。

　1　戦後の外国為替に関する国際的なルールは，1950年に発足した世界銀行によって策定された。

　2　ブレトンウッズ協定には，イギリスのポンドを基軸通貨とし，ポンドと金を一定割合で交換することを保証する内容が盛り込まれた。

　3　1970年代の経済的な混乱を経て，主要国は変動為替相場制に移行し，キングストン合意によってそれが追認された。

　4　一般に，変動為替相場制は，通貨間の交換比率を固定し，それ以外のレートでの取引を禁ずることによって成立する。

　5　ある国の通貨の価値が下落すると，その国の輸出に不利な影響を及ぼすため，各国の通貨当局や政府は外国為替市場の動向を注視している。

[32] **消費者保護のための諸施策に関する記述として，妥当なものはどれか。**

1　消費者委員会は，関係省庁による消費者行政全般に対して監視機能を持つ第三者機関であり，内閣府の下に設置されている。

2　消費者庁は，「特定保健用食品」等の表示に関する許可や消費者に関する行政全般を担当する機関であり，経済産業省の下に設置されている。

3　消費者安全法に基づき，公正取引委員会は，消費者や消費生活に関する安全確保のための基本方針の策定を行う。

4　クーリング・オフは，いったん契約の申し込みや契約の締結をした場合においても，一定の期間であれば，契約者双方の合意に基づいて契約の申し込みを撤回したり，契約を解除したりできる制度である。

5　特定商取引法によれば，消費者契約について，不当な勧誘による場合は契約の取消しができるものとされ，また，不当な契約条項については無効とされる。

[33] **租税に関する記述として，妥当なものはどれか。**

1　各自の負担能力に応じて税を負担することが公平であるとする考え方は，水平的公平と呼ばれる。

2　租税法律主義とは，税に関する諸制度については，議会が定める法律に基づくべきであるとする原則である。

3　戦後の日本の税制に大きな影響を与えたシャウプ勧告は，間接税を中心とした租税体系を骨格としていた。

4　相続税は，所得や財産が大きくなるほど実質な負担率が低くなる逆進性を特徴とする税である。

5　消費税は，所得や財産が大きくなるほど実質的な負担率が上昇する累進課税としての性質を持つ税である。

34 ロシアおよびウクライナをめぐる情勢に関する記述として，妥当なものはどれか。

1　2018年にロシアで行われた大統領選挙において，現職のプーチン大統領が勝利したものの，それまでの選挙と比較して2位以下との差がわずかであったため，政権の基盤の不安定さを印象付ける結果となった。

2　2020年にロシアで行われた国民投票において，大統領の任期上限を「連続2期」から「通算2期」とする一方，現職大統領と大統領経験者の任期数をゼロとみなす条項を含む憲法改正案が可決された。

3　2014年，ロシアは，ウクライナのクリミア自治共和国をロシアの一部として編入することを宣言したが，この動きは住民投票の手続を経ていなかったため，日本を含む各国の反発を招いた。

4　2022年，ロシアのプーチン政権は，「ロシアとロシア人を守るための唯一の道」などとしてウクライナへの侵攻を始めたが，NATO（北大西洋条約機構）は直ちに直接的な軍事行動に踏み切った。

5　ロシアがウクライナに本格的に侵攻する前年の2021年，ウクライナのゼレンスキー大統領は，NATO（北大西洋条約機構）とEU（欧州連合）への加盟申請書に署名するなど手続の動きを加速させ，その動きにロシアのプーチン政権は激しく反発した。

35 日本の社会福祉や社会保障に関する政策についての記述として，妥当なものはどれか。

1　ベバリッジ報告を受け，包括的な救貧政策として恤救規則が制定され，包括的な福祉政策が整備された。

2　生活保護法による支給額の算定は，21世紀に入り，マクロ経済スライドによることとされた。

3　児童手当は，家庭生活等における生活の安定と健やかな成長に資することを目的として導入された。

4　介護保険は，本人の状態に合わせて設定された4段階の基準に基づき，必要なサービスの給付を行う制度である。

5　障害者総合支援法は，地域社会での共生の実現に向けた施策などを盛り込みながら，名称も含めて改正され，障害者自立支援法として成立した。

36 人口問題に関する記述として，妥当なものはどれか。

1　人口の増減は2つに分類されており，入国者数と出国者数の差を自然増減といい，出生児数と死亡者数の差を社会増減という。

2　国立社会保障・人口問題研究所の推計によれば，日本の人口は今後減少を続け，2025年に1億人を割り込む見込みである。

3　総務省の人口推計によれば，日本では，出生率が低下しているものの，海外からの流入が増えているため，外国人を含む日本の総人口は，緩やかに増加を続けている。

4　2014年時点において，前年より人口が増加したのは東京都など7都県のみであり，40道府県は逆に減少している。

5　日本では，人口減少に伴い，空き家問題が深刻化しており，2015年には，倒壊のおそれがある場合などに所有者に撤去を命ずる権限を市町村から国に移した。

37 地球環境問題に関する記述として，妥当なものはどれか。

1　気候変動枠組み条約で採択された議定書は，モントリオール議定書である。

2　京都議定書は，温室効果ガスの削減数値目標を定めたものである。

3　地球温暖化の最大の要因は，不燃性廃棄物の処理時に発生するダイオキシンなどの有害物質である。

4　地球温暖化対策推進法は，ウィーン条約締結に基づいて制定された。

5　ダイオキシンは，酸性雨のおもな原因となっている。

38 近年の民法改正に関する記述として，妥当なものはどれか。

1　民法の成年年齢が18歳に引き下げられたことに伴い，少年法の少年の定義も18歳未満に改められた。

2　女性の婚姻年齢は，18歳に引き上げられた。

3　女性の再婚禁止期間が100日に短縮される。

4　配偶者居住権が新設され，配偶者は相続開始時に居住していた被相続人名義の建物を無条件で相続し，また，その他の遺産についても法定相続分を主張できるようになった。

5　未成年者が親の同意を得ずに契約した場合に，原則として契約を取り消すことのできる未成年者取消権は，20歳未満の者については維持されることとなった。

39 日本における男女共同参画社会に関する記述として，妥当なものはどれか。

1 2018年に成立した政治分野における男女共同参画推進法により，各政党には，立候補者の男女均等化が義務付けられ，これに反した場合には罰則が課されることになった。

2 2006年に改正された男女雇用機会均等法では，募集や採用にあたって一定の要件を課すことによって男女いずれかに不利益をもたらす間接差別が禁止された。

3 女性活躍推進法により，国，自治体，中小企業を含む民間企業に対し，数値目標を含めた行動計画の策定が義務付けられた。

4 クオータ制は，積極的改善措置の一例であるが，いわゆる逆差別を招くとして，労働基準法にそれを禁ずる規定が盛り込まれた。

5 男女共同参画第4次基本計画には，女性の理工系人材の育成や，女性への暴力の根絶などが盛り込まれたが，特定の地域に関する言及は見送られた。

40 日本の労働に関する制度や情勢についての記述として，妥当なものはどれか。

1 労働三法とは，労働基準法，労働組合法，労働安全衛生法の3つの法律を指し，特に，労働組合法には，労働争議を解決するための斡旋，調停，仲裁などの規定がある。

2 完全失業率は労働力人口に占める完全失業者の割合であり，2018年度の水準は26年ぶりの低水準となった。

3 有効求人倍率は，有効求職者1人あたりの有効求人数の割合であり，民間の職業紹介業者の数値を厚生労働省が集計して求められている。

4 最低賃金は，全国一律で定められており，2019年度については，初めて最低時給が1000円を超えた。

5 労働組合の推定組織率は，非正規雇用者の増加に伴って増加傾向にあり，21世紀に入り，2割台で推移している。

41 **日本における消費者問題とその対応に関する記述として，妥当なものはどれか。**

1　勧誘により購入契約を結んだ場合，一定期間内であり，かつ公的機関により契約解除の正当な理由があると認められることを条件に，書面により申し込みを撤回することができる。

2　一人暮らしのお年寄りなどを狙った強引な販売が社会問題化したことを受け，特定商取引法を改正し，訪問販売法が制定された。

3　消費者庁は，消費者行政の一元化を進めることなどを目的として，内閣府の外局として設置された。

4　消費者への情報の提供などを目的として，国の機関として，消費生活センターが設置された。

5　製造物責任法によれば，製品による事故で被害を受け，賠償責任をメーカーに負わせる場合，被害者側が製品の欠陥と過失を立証することが求められる。

42 **日本の労働事情に関する記述として，妥当なものはどれか。**

1　働き方改革関連法では，働き方の多様化を進める趣旨から，時間外労働の原則的な上限時間が撤廃された。

2　総労働時間については，2020年以降において，それ以前の水準より大幅に増加した。

3　新型コロナウイルス感染拡大などの影響を受け，2020年以降，それ以前と比較したパートタイム労働者の特別給与は大きく減少した。

4　新型コロナウイルス感染拡大防止のための経済活動の抑制により，2020年4月には就業者数や雇用者数が減少し，その後の回復にも関わらず，同年中にもとの水準に戻ることはなかった。

5　2020年には，新型コロナウイルスの感染拡大により，経済活動が大きな打撃を受けたことから，失業率は一時5％を上回った。

43 **令和4年版防衛白書に関する記述として，妥当なものはどれか。**

1　武力行使の目的をもって武装した部隊を他国の領土・領海・領空に派遣するいわゆる海外派兵は，一般に，自衛のための必要最小限度を超えるものであり，憲法上許されないと考えられている。

2 わが国が自衛権の行使として相手国兵力の殺傷と破壊を行う場合，それは交戦権の行使に該当する。

3 非核三原則とは，核兵器を持たず，作らず，使用しないという原則を指す。

4 文民統制は，シビリアン・コントロールともいい，民主主義国家における軍事に対する政治の優先，又は軍事力に対する民主主義的な政治による統制を指すが，わが国では文民統制の制度が整備されているとはいえない。

5 防衛計画の大綱（防衛大綱）は，外交政策及び防衛政策を中心とした国家安全保障の基本方針を示している。

44 **令和4年版情報通信白書に関する記述として，妥当なものはどれか。**

1 クラウドサービスを一部でも利用している企業の割合は2021年時点で約50%であり，今後，普及が進むものと考えられる。

2 2020年の我が国の民間企業による情報化投資は，種類別では，ソフトウェア（受託開発及びパッケージソフト）が全体の6割近くを占めている。

3 2020年の財・サービスの輸出入額（名目値）については，ICTサービスの輸入超過額がICT財の輸入超過額を上回っている。

4 2021年の端末別のインターネット利用率（個人）は，「パソコン」が「スマートフォン」を上回っている。

5 日本の半導体の出荷額は，2018年から減少を続けている。

45 **令和5年版観光白書に関する記述として，妥当なものはどれか。**

1 2021年の外国人旅行者受入数は，日本は世界21位（アジアで5位）であった。

2 2021年国際観光収入は，日本は世界15位（アジアで4位）であった。

3 2022年の出国日本人数は，前年から増加した。

4 2022年の日本人の国内日帰り旅行者数は，国内宿泊旅行者数を上回った。

5 2022年の日本国内のホテル，旅館等における延べ宿泊者数全体に占める外国人の割合は約10%であった。

《 解 答 ・ 解 説 》

1 2

解説 1. プラトンは，知恵の徳を体現し，選択肢に示した二つの身分を支配する哲人による支配を提唱した。このことを哲人政治という。　2. 正しい。マキャヴェリは，混乱していたイタリアに秩序をもたらすために，政治が自立的な役割を果たすと考え，君主の主要な役割として，国家の維持，拡大および強化をはかることを挙げ，そのために「悪しき手段」を用いなければならない場合はやむを得ないという主張をした。　3. イェリネックについての記述である。　4. 夜警国家という言葉は，国家のあり方を，治安維持や，国防などに限定する立場に対して，社会主義者のラッサールによって批判的な意味で用いられた。　5. 福祉国家論が台頭したのは20世紀である。

2 4

解説 1. マグナ・カルタは封建貴族が国王ジョンに署名させたものであり，課税権や逮捕権の制限を含んでいたという点は正しいが，平等権については含まれていなかった。　2. アメリカ独立宣言によると，暴政に対しては，「政府の廃棄」「新たなる保障の組織を創設」が認められるとした。これらは革命権を意味する。他の記述については正しい。　3. 社会権を初めて認めた憲法は，20世紀のドイツにおいて定められたワイマール憲法であり，それ以前の人権宣言や憲法的文書には盛り込まれていなかった。　4. 正しい。「立法権」「執行権・行政権」「裁判権・司法権」の三権分立を唱えたのはモンテスキューである。　5. 選択肢の説明は，第16代大統領リンカーンについてのものである。

3 3

解説 1. 17世紀に勃発した三十年戦争の講和条約であるウェストファリア条約により，主権国家を主体とする近代的な国際社会が成立した。　2. 国際連盟では，侵略等を非合法化した上で違反国に共同で制裁する集団安全保障方式を採用していた。　3. 正しい。集団安全保障についての記述である。4. 冷戦下における核軍縮についての合意の例として，INF（中距離核戦力）

全廃条約が挙げられる。　5．先進国における地域・民族紛争として，カナダにおけるケベック独立問題，イギリスにおける北アイルランド問題などが挙げられる。

4　4

解説　1．誤り。内閣総理大臣は，衆議院議員ではなく，国会議員の中から指名される。他の記述については正しい。なお，衆議院が議決によって指名した後，国会休会中の期間を除いて10日間が経過した場合も，衆議院の議決が国会の議決となる。　2．誤り。内閣総理大臣は，任意に，国務大臣を罷免できる。　3．誤り。内閣総理大臣が任命する国務大臣は，その過半数が国会議員でなければならない。第2文については正しい。　4．正しい。日本国憲法第75条についての記述である。なお，第2文については，国務大臣がその職を退いたときには訴追できるという意味であり，検察官が国務大臣を訴追したいと申し出て，それに総理大臣が同意しないときには，その時点で公訴時効の進行が停止する。　5．誤り。慣例上，閣議決定は，全員の一致によって行われる。よって，決定に従わない国務大臣は，自ら辞職するか，内閣総理大臣によって罷免される。

5　4

解説　1．誤り。アメリカ合衆国の連邦最高裁判所の判事は，上院の承認を経て，大統領によって任命される。　2．誤り。アメリカ合衆国の陪審員裁判は，刑事裁判と民事裁判の両方を対象としているのに対して，日本の裁判員裁判は，刑事事件のみを対象としている。なお，いずれの場合も，一定の基準を満たす事件を対象としている。　3．誤り。国民審査の対象となるのは，最高裁判所の裁判官であり，高等裁判所の裁判官は含まれていない。　4．正しい。下級裁判所の裁判官については，最高裁判所が名簿によって指名し，内閣によって任命される。　5．誤り。刑事裁判において，一度有罪判決が確定しても，新証拠がある場合などは，再審が開始され，その結果として無罪となった例もある。

6　4

解説 1. 選択肢の説明は，住民自治についての説明である。団体自治は，国から独立した運営を認めるべきとする理念である。　2. 大日本帝国憲法に地方自治の規定は置かれていなかった。　3. 原則として，住民投票に法的拘束力はない。　4. 正しい。議会を解散しない場合に，首長は失職する。また，解散・選挙後に開かれる議会において，再び不信任された場合にも失職する。　5. 2012年に「大都市地域における特別区の設置に関する法律」が制定され，東京都以外にも特別区を設置できるようになった。

7　3

解説 1. 誤り。「経済産業省」を「国土交通省」とすると正しい記述になる。観光庁は，観光に関する政策の推進などを目的として，2008（平成20）年に国土交通省の下に設置された。その根拠となる法律は，「国家行政組織法」第3条第2項並びに「国土交通省設置法」第41条である。　2. 誤り。選択肢の文のうち，「広範な災害への対応」と「永続的な官庁として」の部分を削除すると正しい記述になる。復興庁は，東日本大震災からの復興を目的とし，期間を定めて設置される時限的な機関として，2012（平成24）年に内閣の下に設置された。その役割は，復興に関する国の施策の企画・調整及び実施，地方公共団体への一元的な窓口と支援等を担うことである。その根拠となる法律は，「復興庁設置法」第1条および第2条である。　3. 正しい。スポーツ庁は，スポーツ振興その他スポーツに関する施策の総合的な推進を図ることを目的として，2015（平成27）年に文部科学省の下に設置された。各省庁のスポーツ施策に関する司令塔的役割を果たすことが期待されている。その根拠となる法律は，「国家行政組織法」第3条第2項並びに「文部科学省設置法」第13条である。　4. 誤り。「財務省」を「内閣」とすると正しい記述になる。デジタル庁は，デジタル社会の形成に関し，内閣の事務を内閣官房と共に助け，その行政事務の迅速かつ重点的な遂行を図ることを目的として，2021（令和3）年に内閣の下に設置された。その根拠となる法律は，「デジタル庁設置法」第3条第1項および第2項である。　5. 誤り。「厚生労働省」を「内閣府」とすると正しい記述になる。こども家庭庁の設置に関する法案は2022（令和4）年に成立した。これまで文部科学省，厚生労働省，内閣府，警察庁などが所管していた子どもを取り巻く行政事務を集約し，政策を実施す

る際の司令塔としての役割を果たすことが期待されている。その根拠となる法律は、「内閣府設置法」第49条第3項並びに「こども家庭庁設置法」第1条および第2条である。

8 3

解説 1. 常任理事国が拒否権を行使できるのは、安全保障理事会における実質事項についての決議である。　2. ITUは、1865年に設立された機関であり、今日まで活動を続けている中では古い部類に属する。　3. 正しい。IMFとIBRDの議決権は、一国が対等に一票ずつの議決権を持つ制度ではない。　4. ILO総会は、各国の代表で構成されるが、その内訳は、政府代表2名、労働者代表1名、経営者代表1名である。　5. EUの閣僚理事会（欧州連合理事会）における議決権は、各国の規模によって異なる。例えば、フランスやイギリスなどは29票であるのに対して、マルタは3票である。

9 3

解説 1. 誤り。「統治者の権利は神から授かった神聖なもの」などとするのはフィルマーやボシュエらが唱えた王権神授説の特徴であり、市民革命に大きな影響を与えた社会契約説は王権神授説を否定する内容を含んでいた。2. 誤り。実際に制定され、運用されている法律を実定法と呼ぶのに対して、自然法は実定法に先立つ普遍的な法であるとされる。社会契約説はこの自然法の存在を前提として展開された。　3. 正しい。自然権とは人が生まれながらに持つ権利である。ホッブズによれば、自然権の中心は自己保存の権利であり、それを人々が行使すると「万人の万人による闘争状態」となる。そこから脱するためには、自然権を個人や合議体に譲渡せざるを得ないとし、結果的に、絶対君主の権利や絶対王政を擁護するものとなった。　4. 誤り。「ロック」を「ルソー」とすると正しい記述となる。ルソーが重視したのは、公共の利益を求める一般意志（一般意思）、直接民主制である。　5. 誤り。「ルソー」を「ロック」とすると正しい記述となる。ロックによれば、政府は、自然権を信託されることによって成り立ち、その信託に反する場合、人々は抵抗権を行使できる。つまり、ロックの思想は間接民主制・代議制を正当化するものである。この思想は、市民革命を擁護するものとなった。

10 1

解説 ＼ 1．正しい。フランスの政治体制においては，大統領に様々な権限が与えられている。また，国民議会（下院）は，大統領によって任命された首相を不信任とする権限を持つ。　2．誤り。アメリカの大統領は，大統領選挙人を介した間接選挙によって選出される。　3．誤り。ロシアの大統領は，国民の直接選挙によって選出される。　4．誤り。ドイツの政治は，議院内閣制によって運営されており，行政権のトップは首相である。一方，大統領の権限は，議会における決議への署名の拒否などの例があるものの，儀礼的なものにとどまる。　5．誤り。イタリアの大統領の権限は，非常大権などの例外を除くと，その多くが儀礼的なものである。よって，「行政に関する主要な役職を実質的に決定するなど，強力な権限を持つ」という記述は誤りである。

11 3

解説 ＼ 1．誤り。自由選挙についての説明は正しいが，国際人権規約上に強制選挙を禁じる規定はない。　2．誤り。直接選挙は，選挙人を介さず，有権者が候補者から代表者を直接選出する原則である。　3．正しい。平等選挙と対をなす選挙制度として，戦前の地方議会における等級選挙などが挙げられる。　4．誤り。秘密選挙とは，誰がどの候補者に投票したかを非公開とする選挙原則である。　5．誤り。女性の参政権が初めて与えられた国はニュージーランドである。

12 4

解説 ＼ 1．誤り。政党と圧力団体についての説明が逆になっている。　2．誤り。二大政党制はアメリカなどにみられ，キューバや中国は一党制に分類される。　3．誤り。日本では，政党助成法に基づき，政党に関する公的助成が行われている。　4．正しい。アメリカでは，連邦ロビイング規制法に基づき，ロビイストが登録制とされ，報酬の出所を含む様々な情報が公開されている。　5．誤り。イギリスは，保守党と労働党による二大政党制が長く続いた。なお，地域政党なども力を伸ばしている。

13 2

解説 1. 誤り。国際刑事裁判所（ICC）は，国家ではなく，個人による犯罪を裁く裁判所である。被告となるのは，戦争犯罪などの重大な違反が疑われる個人である。 2. 正しい。 3. 誤り。常設国際司法裁判所の設置以前にも，仲裁裁判などが行われていた。 4. 誤り。国際連合憲章によれば，国連が必要な措置を講ずるまでの間，個別的自衛権や集団的自衛権を行使することは認められている。 5. 誤り。「10ヵ国以上」を「9ヵ国以上」とすると正しい記述となる。

14 1

解説 1. 正しい。アメリカ合衆国の大統領選挙は，民主党と共和党の各党において指名を受けた者により争われる。他の勢力が立候補することはできるが，当選した例はない。1853年以降は，共和党か民主党のいずれかの党から大統領が選出されている。 2. 誤り。イギリスでは，選挙により選ばれた議員によって構成される下院（庶民院）では保守党と労働党が多数を占めているが，地域政党も一定の議席を確保している。一方で，上院（貴族院）においては選挙は行われず，その議員は世襲貴族や高位聖職者などである。 3. 誤り。フランスでは，2017年の大統領選挙において，新しい政党である「共和国前進」を基盤とするマクロン大統領が当選するとともに，国民議会の選挙において，同勢力が6割を超える議席を確保した。 4. 誤り。ドイツでは，2005年以降，キリスト教民主・社会同盟を率いるメルケル政権が続いたが，同政権は，ドイツ社会民主党との連立政権だったため，選択肢の記述は誤りである。 5. 誤り。中国の政治体制は，基本的に一党制であり，多党化が進んでいるとの記述は誤りである。

15 2

解説 1. 誤り。利益集団は，特定の分野について政策を掲げるのが一般的であり，政党は，包括的な政策を綱領や公約として示すことが多い。 2. 正しい。政党は利益集団と比較すると，政策の誤りについての責任が「支持率の低下」「選挙における敗北」などの形で明確になりやすい。 3. 誤り。政党の目的が政権の獲得であるのに対して，利益集団は特定の利益の実現を目指して活動するのが一般的である。 4. 誤り。アメリカでは，利益集団が議員への

働き掛けを活発に行っている。それを担うのは「ロビイスト」と呼ばれる人々であり，ロビイング規制法により，報酬の出所などの情報公開が義務付けられている。よって，「禁止されている」との記述は誤りである。　5．誤り。日本では，制約はあるが，政党と政党が指定する資金管理団体への企業・団体献金が認められている。

16　1

解説　1．正しい。国会法第12条において，「会期の延長は，常会にあっては1回，特別会及び臨時会にあっては2回を超えてはならない」と定められている。　2．誤り。特別会（特別国会）ではなく，臨時会（臨時国会）についての記述である。　3．誤り。臨時会（臨時国会）ではなく，特別会（特別国会）についての記述である。　4．誤り。「参議院議長」を「内閣」とすると正しい記述になる。日本国憲法第54条には，「衆議院が解散されたときは，参議院は，同時に閉会となる。但し，内閣は，国に緊急の必要があるときは，参議院の緊急集会を求めることができる」「前項但書の緊急集会において採られた措置は，臨時のものであって，次の国会開会の後十日以内に，衆議院の同意がない場合には，その効力を失う」と定められている。　5．誤り。公聴会の制度についての説明は正しいが，予算や重要な歳入に関わる案件の審議においては，必ず開かなければならない。

17　2

解説　1．誤り。選択肢の文の前半は正しいが，最高裁判所がこれを「具体的な権利ではない」などとした判例はない。　2．正しい。最高裁判所は，尊属殺人への重罰規定について違憲であると判断した。　3．誤り。最高裁判所は，「愛媛玉ぐし料訴訟」の判決において，県知事による県護国神社，靖国神社への公金支出について，政教分離を定めた憲法の規定に反する行為であると判断した。　4．誤り。最高裁判所は，「朝日訴訟」の判決において，生存権について，具体的権利性を否定している。　5．誤り。経済活動の自由に反するため違憲とされたのは，薬局の距離制限を定めた規定である。

18 1

解説 1．正しい。日本国憲法第38条3項についての記述である。　2．誤り。検察官が起訴しない事件について，検察審査会が2度にわたって起訴すべきである旨を議決すると，検察の役割を担う弁護士が選任され，刑事裁判が行われる。　3．誤り。選択肢2の解説で述べた通り，検察審査会の役割は，検察官が起訴しなかった事件の適否を審査する機関である。　4．誤り。2018年より，日本でも司法取引が可能となり，他人の犯罪に関する捜査に協力する見返りに，求刑を軽くしたり，起訴を見送ったりすることができるようになった。　5．誤り。裁判員裁判の対象は，殺人など，重大な刑事事件に限定される。

19 1

解説 1．正しい。令和3（2021）年に成立し，令和4（2022）年に施行された改正少年法により，18歳および19歳の少年は特定少年とされ，正式起訴されれば，報道機関は実名報道等を行うことが可能となった。但し，比較的軽微な刑事事件に適用され，公開の法廷における手続が省略される略式手続（検察官による略式起訴および裁判所による略式命令）の場合は，除外される。2．誤り。令和4（2022）年に成立した改正刑法により，従来の懲役刑と禁固刑を統一する拘禁刑が新設されることになった。つまり，選択肢は時系列が逆になっている。　3．誤り。令和4（2022）年に成立し，同年施行された改正刑法により，公然と人を侮辱した者に対する刑罰については，従来は拘留若しくは科料に限られていたが，改正後は，「1年以下の懲役若しくは禁錮若しくは30万円以下の罰金又は拘留若しくは科料に処する」こととされた（刑法第231条）。　4．誤り。令和3（2021）年に成立し，令和4（2022）年に施行された改正少年法においても，18歳および19歳の者について，引き続き全件が家庭裁判所に送られ，家庭裁判所が処分を決定する。但し，16歳以上の者が関わる少年犯罪のうち，重大事件については検察官に逆送されるが，今回の改正により，その範囲が拡大された。具体的には，「16歳以上の少年のとき犯した故意の犯罪行為により被害者を死亡させた罪の事件」に加えて，18歳以上の少年のとき犯した「死刑，無期又は短期（法定刑の下限）1年以上の懲役・禁錮に当たる罪の事件，故意の犯罪行為により被害者を死亡させた罪の事件，死刑・無期又は短期1年以上の懲役・禁錮の罪の事件」とされた。

なお，「逆送」とは，正式には検察官送致といい，家庭裁判所が保護処分ではなく懲役，罰金などの刑罰を科すべきと判断した場合に，事件を検察官に送るものである。逆送された事件は，原則として，検察官によって起訴され，刑事裁判で有罪となれば刑罰が科されることになる。　5．誤り。執行猶予中に再度罪を犯し，有罪とされる場合について，「再度執行猶予付きの判決を下すことのできる制度が廃止された」との記述は誤りであり，むしろ，そのような判決を下すことができる対象が拡大された。改正前の刑法では，「1年以下の懲役又は禁錮」の判決が言い渡された場合にのみ，再度の執行猶予をつけることができるとされていたが，令和4（2022）年に成立した改正刑法により，「1年以下」が「2年以下」とされた。ただし，従来の懲役刑と禁固刑を統一する拘禁刑が新設されるので，運用上は，「2年以下の拘禁刑」が対象となる。

20　4

解説　1．誤り。プライバシーの権利の意義と憲法に明文の規定がない点については正しいが，個人情報保護法の条文に「プライバシーの権利」は明記されていない。　2．誤り。幸福追求権が新しい人権の根拠とされている点は正しいが，最高裁判所がこれをプログラム規定とした判例はない。最高裁判所がプログラム規定と位置付けたのは生存権である。　3．誤り。「健康で文化的な最低限度の生活を営む権利」は「生存権」であるが，最高裁判所は，その具体的な権利としての性質を否定し，国の責務を定めたプログラム規定であるとしている。　4．正しい。「北海道砂川政教分離訴訟（空知太神社訴訟）」に関する記述である。　5．誤り。選択肢は，東大ポポロ劇団事件の判例についての記述であるが，最高裁判所は，この場合の演劇の上演は，政治的・社会的活動にあたり，学問の自由や大学の自治の範囲外であるとした。

21　5

解説　1．誤り。日本銀行が発券銀行である点は正しいが，融資の相手先は銀行などの金融機関であり，製造業は含まれない。　2．誤り。日本銀行政策委員会における議決の要件は，全会一致ではなく，多数決である。　3．誤り。マイナス金利は，不況やデフレーションが継続するなど，金融の緩和が求められる際に採用される政策である。　4．誤り。公定歩合の名称は，基準割引率および基準貸付利率に変更された。また，必ずしも，最も重要で効果

的な政策と位置付けられているわけではない。近年では，金融政策の中でも，公開市場操作の比重が高まっている。　5．正しい。日本銀行が市場を通じて国債などの有価証券を売買する政策は，公開市場操作と呼ばれる。

22　2

解説　1．インフレーションについての記述である。　2．正しい。デフレスパイラルについての記述である。なお，デフレスパイラルとは，デフレの進行と景気悪化の悪循環のことである。　3．デフレーションについての記述である。　4．物価の安定が経済政策における重要な課題である点は正しいが，消費者物価指数と企業物価指数についての記述が逆である。　5．2013年末の月例経済報告では，日本経済はデフレ状況ではなくなったとの認識が示された。

23　3

解説　1．誤り。経済成長率がプラスの範囲内で低下すると，経済成長が鈍化したことを意味するが，GDP（国内総生産）が減少するわけではない。一方，経済成長率がマイナスになることは，GDP（国内総生産）が減少することを意味する。　2．誤り。「国民総生産（GNP）」と「国内総生産（GDP）」を入れ替えると正しい記述になる。　3．正しい。農家の自家消費，持家の家賃の分は，帰属計算として国民所得計算に算入される。　4．誤り。物価が上昇しているときは，名目値が実質値を上回り，物価が下落しているときは，実質値が名目値を上回る。例えば，デフレが続いているときは，実質GDP（国内総生産）が名目GDP（国内総生産）を上回る。　5．誤り。第1文については正しい。第2文については，「NNP（国民純生産）から間接税を控除し，補助金を加えることにより」とすると正しい記述になる。

24　2

解説　1．地方交付税交付金は国から交付されるため，依存財源に分類される。　2．正しい。特定財源としては，他に国からの補助金が挙げられる。なお，使途が特定されない財源を一般財源という。　3．地方債を発行する場合，市町村は都道府県知事と，都道府県は総務大臣と「協議」しなければならない。つまり，原則として「許可」が必要となるという記述は誤りである。

ただし，地方財政が悪化した場合には，許可が必要となる場合がある。

4. 財政再生団体としての指定を受けると，予算編成権が制約を受けるという点は正しいが，債務の半分が免除されるという制度はない。ただし，利子の支払いが肩代わりされたという前例はある。　5. 三位一体の改革により，税源移譲，補助金削減，地方交付税の見直しが進められた。

25 1

解説　1. 正しい。21世紀における失業率のピークは，2002年であった。その後，改善傾向を示したものの，リーマンショックによって再び上昇した。2010年以降は，再び低下傾向を示していたが，2021年11月時点で再び増加傾向にある。　2. 誤り。21世紀に入って以降も，国債残高，及びそのGDP比は，増加を続けている（2019年現在）。　3. 誤り。国家戦略特区と構造改革特区の記述が逆になっている。　4. 誤り。日本の経済成長率について，リーマンショック後の落ち込みは，先進国中最悪であった。一方，その後の回復幅については，先進国中，最も大きな値であった。　5. 誤り。東日本大震災は，特に，サプライチェーン（部品供給網）に大きな影響を及ぼした。

26 3

解説　1. 直接税中心主義の日本の国税の代表格が所得税と法人税である。2. 納税者と納税義務者が一致するのが直接税である。間接税である消費税は消費者が直接納めずに，納税義務者である事業者が納める。　3. 正しい。国税から交付される地方交付税は，その割合が法律で定められており，国税の一部として国が地方に代わって徴税しているように見えるが，原資はあくまでも国税である。　4. ヨーロッパ先進国では，間接税の比率は日本より高いが，アメリカは間接税の比率が極端に低く，間接税が比較的低い日本を下回っている。国税と地方税を合わせた2018年の各国の直間比率は，日本68：32，アメリカ76：24，イギリス57：43，ドイツ55：45，フランス55：45となっている。　5. 所得税は累進課税だが，住民税は2007年度から一律10％（市町村民税6％，都道府県民税4％）の比例税率となっている。

27 4

解説 1. 誤り。「異なる通貨間の交換比率を固定し，それ以外での取引を禁ずる」という記述は誤りであり，「基準となる為替相場を決定し，市場への介入によって変動が場を一定内に抑える」とすると正しい記述になる。外国為替とは，異なる通貨を用いている国や地域間における支払や決済の際，現金を直接輸送せずに行う方法や，そこで用いられる有価証券の名称である。それが取引される市場が外国為替市場であり，交換される通貨の比率を為替相場，または，為替レートという。基本的に，通貨に対する需要が供給を上回るときには，その通貨の価値が上がり，逆に供給が需要を上回るときには，その通貨の価値が下がる。固定為替相場は，為替相場の基準を設定するとともに，各国の通貨当局や政府が介入することによって変動幅を一定以内に抑えることによって成り立つ。 2. 誤り。「変動為替相場制」を「固定為替相場制」とすると正しい記述になる。IMF（国際通貨基金）の当初の協定の下，外国為替市場は，ドルを基軸通貨とする固定為替相場制と，金とドルを一定比率で交換することによって成り立っていた。 3. 誤り。1971年のスミソニアン合意は，ドルの切り下げと容認する変動幅の拡大によって固定為替相場制の維持をはかろうとするものであった。しかしながら，主要国は1973年には変動為替相場制に移行し，1976年のキングストン合意によってそれが追認された。 4. 正しい。資金は，金利が高い国で運用された方が有利である。そのため，金利の差が大きくなると，低い方の国の通貨は売られ，高い国の通貨は買われることになる。つまり，低い国の通貨の価値は下落し，高い国の通貨は上昇する。例えば，日本の金利が低く，アメリカの金利が高い場合，円安ドル高が進む要因となる。 5. 誤り。輸出が増え，外国からの旅行客が増えた場合，代金の多くはその国の通貨で支払われるため，その国の通貨が買われる動きが強まり，その価値は上昇する。

28 2

解説 1. 誤り。完全競争市場では，需要側，供給側ともに，価格受容者（プライステイカー）として行動する。これは，価格を自らコントロールできないことを意味する。 2. 正しい。外部不経済の例として，公害が挙げられる。 3. 誤り。外部経済とは，市場を介さずに，他の経済主体に望ましい影響を及ぼすことであり，この場合，補助金の給付によって最適な均衡

を達成することができる。その例として，教育などが挙げられる。　4．誤り。技術革新による均衡点の変化は，市場機構の中で説明できる。市場の失敗として挙げられるのは，公共財，外部経済，外部不経済などである。5．誤り。寡占市場では，価格先導者（プライスリーダー）が価格を決定することが多く，価格は下がりにくくなる。このことは，価格の下方硬直性と呼ばれる。

29 3

解説　1．誤り。ケネーが価値の源泉を農業労働に求めたという点は正しいが，彼は，自由放任主義的な政策を擁護する立場であった。　2．誤り。T. マンが絶対主義の下で重商主義的な政策を提唱したという点は正しいが，彼は，自由貿易ではなく，貿易を管理することの重要性を説いた。　3．正しい。アダム・スミスは，『国富論（諸国民の富）』の著者として知られる。　4．誤り。乗数理論によれば，減税より，公共投資などの財政支出の拡大の方が，国民所得の増大に寄与する。　5．誤り。フリードマンは，マネタリストの立場から，裁量的な財政政策を批判し，安定的な経済成長のためにはルールに基づく金融政策が必要であるとした。

30 2

解説　1．誤り。マーシャルプランによる援助は，ヨーロッパ諸国を対象としていた。日本に対する援助は，ガリオア援助，エロア援助であった。2．正しい。傾斜生産方式が実施された時期には，復興金融金庫からの融資が盛んに行われ，その資金は，同金庫が発行した復金債を日本銀行が引き受ける形で供給されたため，復金インフレと呼ばれるインフレーションが生じた。　3．誤り。選択肢2の解説の通り，復金債の多くは日本銀行によって引き受けられた。また，ドッジ・ラインにより，復興金融金庫は廃止された。4．誤り。朝鮮特需は，朝鮮戦争の際に，アメリカ軍が戦車などの修理や物資の調達を日本において行ったことによってもたらされた好景気である。5．誤り。1979年のイラン革命によってもたらされたのは，第二次石油危機である。日本への影響は比較的軽微であり，マイナス成長には至らなかった。第一次石油危機（オイルショック）は，1973年に勃発した第四次中東戦争によってもたらされ，これにより，翌年，日本は戦後初めてのマイナス成長を

経験した。この時期には，インフレーションと不況が共存するスタグフレーションが生じた。

31 3

解説 1. 誤り。「1950年に発足した世界銀行」を「1945年に発足した国際通貨基金」とすると正しい記述である。なお，1944年のブレトンウッズ協定により，国際通貨基金（IMF）と世界銀行（国際復興開発銀行IBRD）が発足した。　2. 誤り。「イギリスのポンド」を「アメリカのドル」とすると正しい記述になる。　3. 正しい。1971年に，アメリカのニクソン大統領が金とドルの交換停止を宣言したニクソン・ショック（ドル・ショック）により，固定為替相場制は実質的に崩壊した。その後，ドルの切り下げと固定相場制の維持を図るスミソニアン協定が実施に移されたものの，1973年に主要国は変動相場制に移行した。　4. 誤り。変動為替相場制は，通貨間の交換比率を一定にせず，市場の需要と供給のバランスにより変動させることによって成立する。　5. 誤り。ある国の通貨の価値が下落すると，その国の輸出に有利な影響を及ぼす。

32 1

解説 1. 正しい。消費者委員会は，消費者庁及び消費者委員会設置法に基づき，平成21（2009）年に設置された。設置の根拠は，「内閣府設置法」第49条第3項並びに，「消費者庁及び消費者委員会設置法」第1条及び第6条である。この委員会は，内閣府の下に設置された独立機関として位置づけられている。消費者に関する行政全般について，消費者庁長官に対する建議や，消費者安全法に基づく内閣総理大臣への報告などを行う権限を持つ。　2. 誤り。「経済産業省」を「内閣府」とすると正しい記述になる。消費者庁は，消費者に関する行政や，消費生活に密接に関連する物資の品質表示に関する事務を行うことを目的として内閣府の下に設置された。設置の根拠は，「内閣府設置法」第49条第3項並びに，「消費者庁及び消費者委員会設置法」第1条および第2条である。なお，「特定保健用食品」は，からだの生理学的機能などに影響を与える保健効能成分（関与成分）を含み，その摂取により，特定の保健の目的が期待できる旨の表示である。　3. 誤り。「公正取引委員会」を「内閣総理大臣」とすると正しい記述になる。消費者安全法は，消費生活にお

ける被害の防止，安全を確保，内閣総理大臣による基本方針の策定，都道府県及び市町村による消費生活相談等の事務の実施及び消費生活センターの設置，消費者事故等に関する情報の集約等について定めた法律であり，2009（平成21）年に施行された。なお，公正取引委員会は，独占禁止法等を執行する行政機関であり，国民生活に影響の大きい価格カルテルや談合，中小事業者等に不当に不利益をもたらす優越的地位の濫用などに対処する。　4．誤り。「契約者双方の合意に基づき」の部分を「無条件で」とすると正しい記述になる。なお，クーリング・オフについて定めているのは，特定商取引法である。　5．誤り。「特定商取引法」を「消費者契約法」とすると正しい記述になる。消費者契約法において，事業者の一定の行為により消費者が誤認し，又は困惑した場合について契約の申込み又はその承諾の意思表示を取り消すことができることが定められている。また，事業者の損害賠償の責任を免除する条項など，消費者の利益を不当に害することとなる条項の全部又は一部を無効とすることについても定められている。

33 2

解説 1．誤り。選択肢の記述は，垂直的公平についての記述である。水平的公平とは，同じ経済力を持つ者に等しい税負担をかすべきであるという考え方である。　2．正しい。どのような税を負担するかを国民の代表である議会が決定すべきであるとする原則が租税法律主義である。　3．誤り。1949年から1950年にかけて示されたシャウプ勧告は，直接税中心の税制を提言する内容を柱としていた。　4．誤り。相続税は，獲得する財産が大きくなるほど負担率が上昇するので，累進課税に分類される。　5．誤り。消費税は，同一の財やサービスの購入について，所得に関わらず同率の税を負担するため，逆進性を持つ。

34 2

解説 1．誤り。2018年にロシアで行われた大統領選挙において，現職のプーチン大統領は史上最高の得票率で勝利した。　2．正しい。ロシアの大統領のポストは連続2期までという上限があった。この制度の下，プーチン氏は2期務めた後に一旦首相となり，その後に再び選挙を経て大統領になった。2018年から連続2期・通算4期目に入っているプーチン氏は2024

年に退任を余儀なくされていた。一方，2020年に改正された憲法では，1期あたり6年の大統領任期の上限が「連続2期」から「通算2期」とされるとともに，現職大統領と大統領経験者の任期数をゼロとみなす条項が追加された。よって，今回の改正により，プーチン氏は2024年以降も2期12年にわたり大統領にとどまることが可能となる。　3．誤り。2014年，ウクライナのクリミア自治共和国ならびにセヴァストポリ特別市において，ロシア連邦への編入の是非を問う住民投票が行われた。投票の結果，ロシアへの編入に賛成する票が全体の9割以上を占め，ロシアは編入を宣言した。しかしながら，住民投票の際，付近でのロシア軍の展開を含む様々な圧力があり，日本やアメリカを含む各国はその正当性を認めていない。　4．誤り。2022年にロシアはウクライナに侵攻したが，アメリカをはじめとしたNATO（北大西洋条約機構）の加盟国が直接的な軍事行動に踏み切ることはなく，ロシアへの経済制裁や，軍事物資を含むウクライナへの支援を行った。　5．誤り。2019年に大統領に就任したゼレンスキー氏がNATO（北大西洋条約機構）とEU（欧州連合）への加盟申請書に署名するなど，手続を本格化させたのは侵攻された年の2022年である。

35 3

解説 1．誤り。イギリスにおいて，ベバリッジ報告により，包括的な社会保障が提唱されたのは1942年であり，日本の恤救（じゅっきゅう）規則の制定は1874年である。また，恤救規則による救済の対象は極めて限定されていたため，それが包括的な福祉制度とはいえない。　2．誤り。マクロ経済スライドは，2004年度に導入された年金の支給額についての方式である。　3．正しい。選択肢の文章は，1972年に施行された児童手当法に定められた目的を踏まえた記述である。　4．誤り。介護保険の給付に関する分類は，要支援2段階，要介護5段階，合わせて7段階である。　5．誤り。障害者自立支援法と障害者総合支援法を入れ替えると正しい記述となる。なお，障害者総合支援法の正式名称は，「障害者の日常生活および社会生活を総合的に支援するための法律」である。

36 4

解説 1. 自然増減と社会増減についての記述が逆である。　2. 日本の人口は，2050年頃に1億人を割り込むと推計されている。　3. 総務省の推計によれば，2014年時点の外国人を含む日本の人口は1億2708万人余りであり，2013年と比較すると21万人以上減少している。　4. 正しい。人口減少の割合が多い県の上位は，秋田県，青森県，山形県，高知県などである。　5. 2015年に空き家対策特別措置法が施行され，倒壊の恐れがある場合などには，市町村は，所有者に撤去等の措置を講ずることを命令できるようになった。

37 2

解説 1. 気候変動枠組み条約で採択された議定書は，京都議定書であり，温室効果ガスの削減数値目標を定めたものである。　2. 正しい。　3. 地球温暖化は，メタンや，かつてスプレーなどに使用されていたフロンのほか，石油や石炭などを燃やしたときに発生するCO_2，また温室効果ガスを吸収する森林の減少など，さまざまな要因が絡み合っている。　4. 地球温暖化対策推進法は，気候変動枠組み条約で採択された京都議定書を受けて，国，地方公共団体，事業者，国民の責務，役割を明らかにしたものである。　5. 大気汚染物質である硫黄酸化物や窒素酸化物などが酸として降水に取り込まれている現象が酸性雨であり，ダイオキシンは自然界で発生するほか，ごみの焼却による燃焼工程等，さまざまなところで発生する物質である。

38 2

解説 1. 誤り。少年法の少年の定義は，「20歳に満たない者」のままである。ただし，18歳・19歳の少年は特定少年といい，17歳以下とは区別されている。　2. 正しい。女性の婚姻年齢は16歳から18歳に引き上げられ，男女の婚姻開始年齢が統一された。なお，婚姻開始年齢が成年年齢と同じになったため，婚姻に関して親の同意は不要となった。　3. 誤り。女性の再婚禁止期間は，平成28年の改正で6か月から100日に短縮されたが，令和4年12月10日に成立した改正法により再婚禁止期間は廃止され，令和6年4月1日に施行される。　4. 誤り。配偶者居住権は，その他の相続人の負担付き所有権分を差し引いたものとして評価され，法定相続分に占める建物の資産価値の

割合を軽減するものである。　5．誤り。未成年者取消権は，成年年齢の引き下げにより，18歳以上の者は行使することができなくなった。

39 2

解説 1．誤り。政治分野における男女共同参画推進法により，各政党などに立候補者の男女均等化に自主的に取り組むように求められているものの，罰則などの規定はない。　2．正しい。間接差別の例として，身長，体重，全国転勤の可否などを要件とすることが挙げられる。　3．誤り。民間企業については，令和4年4月1日より，常用労働者301人以上の民間企業等から，101人以上の民間企業等に対象が拡大された。　4．誤り。クオータ制は，積極的改善措置（ポジティブ・アクション）の1つであり，性別に基づき一定の比率を割り当てる制度であるが，労働基準法によって禁じられているとする記述は誤りである。　5．誤り。男女共同参画第4次基本計画には，農山漁村における女性の参画拡充が盛り込まれている。

40 2

解説 1．誤り。労働三法は，労働基準法，労働組合法，労働関係調整法の3つである。また，斡旋，調停，仲裁などについて定めているのは労働関係調整法である。　2．正しい。2018年度の完全失業率は2.4％であった。3．誤り。有効求人倍率についての説明は正しいが，その数値は，ハローワークにおける求人，求職，就職の状況をベースにして求められる。　4．誤り。最低賃金は，都道府県ごとに定められている。また，東京都や神奈川県においては最低時給が1000円を超えているものの，すべての都道府県に当てはまるわけではない。　5．誤り。労働組合の推定組織率は低下傾向にあり，18％を割り込んだ状況が続いている。

41 3

解説 1．誤り。選択肢の記述は，クーリングオフに関する記述であるが，この際理由は問われず，一定期間内であれば，無条件で，書面により申し込みを撤回できる。　2．誤り。2001年，訪問販売法にかわって特定商取引法が施行された。これにより，消費者保護のための制度が強化された。なお，電話勧誘，通信販売などもこの法律による規制の対象とされている。　3．正

しい。消費者問題への対応が複数の省庁にまたがったことが対応の遅れにつながったことから，これらの一元化などをめざし，2009年に消費者庁が設置された。　4．誤り。消費生活センターは，都道府県や市町村に設置された機関であり，国の機関として設置されたのは，国民生活センターである。なお，国民生活センターは，2002年に独立行政法人となった。　5．誤り。製造物責任法（PL法）では，無過失責任の原則により，被害者側がメーカーの過失を立証する必要はなく，製品の欠陥を立証すれば賠償を受けることができる。

42 4

解説 1．誤り。働き方改革関連法の成立に伴い，時間外労働の上限規制が実施された。　2．誤り。働き方改革関連法による時間外労働の上限規制や，年5日の年次有給休暇の確実な取得が進んだこと等の要因により，2019年から2020年にかけて労働時間は減少した。　3．誤り。同一労働同一賃金の原則を含む法律の施行の影響などにより，感染拡大の影響があったにもかかわらず，パートタイム労働者の特別給与は増加した。　4．正しい。2021年度版の労働経済白書の記述によれば，新型コロナウイルスの感染拡大防止のための経済活動の抑制により，2020年4月には就業者数，雇用者数が約100万人減少した。その後，雇用者数は回復したものの，同年中にもとの水準に戻ることはなかった。　5．誤り。「5％」を「3％」とすると正しい記述になる。なお，2020年における完全失業率のピークは，10月の3.1％であった。

43 1

解説 1．正しい。わが国を防衛するため必要最小限度の実力を行使できる地理的範囲が具体的にどこまで及ぶかは，個々の状況に応じて異なるので，一概には言えないが，他国の領土・領海・領空に派遣するいわゆる海外派兵は，一般に，自衛のための必要最小限度を超えるものであり，憲法上許されないと考えられている。　2．誤り。わが国が自衛権の行使として相手国兵力の殺傷と破壊を行う場合，外見上は同じ殺傷と破壊であっても，それは交戦権の行使とは別の観念のものであるとされている。　3．誤り。非核三原則とは，核兵器を持たず，作らず，持ち込ませずという原則を指す。　4．誤り。わが国は，国会が，自衛官の定数，主要組織などを法律・予算の形で議決し，

また，防衛出動などの承認を行う等，文民統制の制度は整備されている。
5．誤り。外交政策及び防衛政策を中心とした国家安全保障の基本方針として策定されているのは国家安全保障戦略であり，防衛大綱は，国家安全保障戦略を踏まえて策定され，今後のわが国の防衛の基本方針，防衛力の役割，自衛隊の具体的な体制の目標水準などを示している。

44 2

解説 1．誤り。クラウドサービスを一部でも利用している企業の割合は2021年時点で70.4％である。 2．正しい。2020年の我が国の民間企業による情報化投資は，種類別では，ソフトウェアが8.9兆円となり，全体の6割近くを占めている。 3．誤り。2020年のICT財の輸入超過額は3.5兆円（前年比16.6％増），ICTサービスの輸入超過額は2.7兆円（前年比20.0％減）となっており，ICT財で輸入超過の拡大が顕著である。 4．誤り。2021年の端末別のインターネット利用率（個人）は，「スマートフォン」（68.5％）が「パソコン」（48.1％）を20.4ポイント上回っている。 5．誤り。日本の半導体の出荷額は，2018年から減少していたものの，2021年は7,412億円（前年比29.6％増）と増加に転じた。

45 3

解説 1．誤り。2021年の外国人旅行者受入数は，日本は25万人でランキング外となり，2020年の世界21位（アジアで5位）から順位を下げた。
2．誤り。2021年国際観光収入は，日本は47億ドルで29位（アジアで6位）となり，2020年の15位（アジアで4位）から順位を下げた。 3．正しい。2022年の出国日本人数は，前年から増加し，277.2万人となった（2019年比では86.2％減）。 4．誤り。2022年の日本人の国内宿泊旅行者数は延べ2億3,247万人，国内日帰り旅行者数は延べ1億8,539万人で，国内宿泊旅行者数が国内日帰り旅行者数を上回った。 5．誤り。2022年の日本国内のホテル，旅館等における延べ宿泊者数全体に占める外国人の割合は3.7％であった。

社会科学　歴史

‖‖‖‖‖‖‖‖‖‖‖‖‖‖‖‖‖‖‖‖‖‖‖‖‖　**P O I N T**　‖‖‖‖‖‖‖‖‖‖‖‖‖‖‖‖‖‖‖‖‖‖‖‖‖

日本史：日本史の対策としては以下の3点が挙げられる。

　まず，高校時代に使用した日本史の教科書を何度も読み返すことが必要となってくる。その際，各時代の特色や歴史の流れを大まかにつかむようにする。その上で，枝葉にあたる部分へと学習を進めていってもらいたい。なぜなら，時代の特色や時代の流れを理解することで，それぞれの歴史事象における，重要性の軽重を判断できるようになるからである。闇雲に全てを暗記しようと思っても，なかなか思うようにはいかないのが実情であろう。

　次に，テーマ別に整理し直すという学習をすすめる。高校時代の教科書はある時代について政治・社会・文化などを一通り記述した後に，次の時代に移るという構成になっている。そこで各時代のあるテーマだけを順にみてその流れを整理することで，分野別にみた歴史の変化をとらえやすくなる。そうすることで，分野別に焦点化した歴史理解が可能となろう。

　最後に，出題形式からみて，空欄補充や記述問題にきちんと答えられるようになってもらいたい。空欄補充問題や記述問題に答えられるようになっていれば，選択問題に答えることが容易となる。難易度の高い問題形式に慣れていくためにも，まずは土台となる基礎用語の理解が不可欠となってくる。

世界史：世界の歴史の流れを理解し，歴史的な考え方を身につけることが「世界史」を学習する上で最も重要となってくる。しかし，広範囲にわたる個々ばらばらの細かい歴史的事項を学習するだけでは，「世界史」が理解できたとは言えない。それぞれの歴史的事項が，どのような背景や原因で起こり，どのような結果や影響を与え，また他地域との結びつきはどうだったのかなど，世界の歴史の大まかな流れと全体のメカニズムについて理解するよう努めたい。そうすることが，世界史の試験対策となる。

　特に，日本と世界の結びつきについては，各々の時代背景を比較しながら理解することが必要である。また，近現代が重視されるのは，現代

の社会の形成に直接的に影響を与えているからである。その観点から考えると，近現代の出来事を理解するとともにその影響についても考察し，現在の社会といかなるかかわりを持つのか，把握することも必要となってこよう。

狙われやすい！ 重要事項

- ☑ 江戸時代の幕藩体制～現代までの日本の変遷
- ☑ 産業革命
- ☑ 市民革命
- ☑ 第一次世界大戦～現代までの世界の変遷
- ☑ 中国王朝の変遷

《 演 習 問 題 》

1 平安時代の歴史に関する記述として，妥当なものはどれか。

1 平安時代は，平安京に都が置かれ，天皇や貴族が権力を持った時代である。平安京への遷都は，光仁天皇によって行われた。

2 平安時代の貴族の勢力は，どれほどの荘園を支配下に置いていたかによって影響を受けた。なお，荘園の起源は，開墾した土地の永久の私有を認める三世一身の法の制定に遡る。

3 母方の親戚を外戚という。藤原氏は，娘を后妃とし，生まれた皇子を天皇に立て，外戚として摂政・関白の地位を独占した。

4 摂政の地位は，平安時代に大きく変質した。特に，藤原良房は，それまでの人臣摂政を廃止し，実質的に権力を握った。

5 9世紀末に菅原道真の進言により遣隋使が廃止されてから，日本風の文化が発達した。貴族文化や浄土教の影響を強く受けたこの文化は，国風文化と呼ばれた。

2 日本の古代史に関する記述として，妥当なものはどれか。

1　厩戸王は，崇俊天皇が即位すると摂政となり，仏教や儒教の思想に基づき，豪族に官僚としての心構えを説き，集権的官僚国家を準備した。

2　蘇我蝦夷は，天皇を中心とする中央集権国家の樹立をめざした政治改革を推し進め，改新の詔で公地公民の方針を示した。

3　聖武天皇の時代に制定された大宝律令では，天皇が国家の集権的な支配を行う律令制を具体化し，神祇官と太政官が同列に置かれ，神祇官は祭祀を，太政官は一般政務を司った。

4　天智天皇は，唐と新羅の連合軍側に味方して大軍を派遣し，百済に対抗し，唐の勢力拡大に貢献した。

5　天武天皇の時代に始められた国史編纂事業は，奈良時代に日本最古の書物『古事記』および，日本最古の官撰正史『日本書紀』の完成として結実した。

3 日本の各時代の文化に関する記述として，妥当なものはどれか。

1　飛鳥文化は，大和国飛鳥地方を中心とした文化である。代表的な寺院に東大寺や興福寺などが挙げられる。中国の南北朝や朝鮮，ペルシアやギリシアの影響を受けた国際的な文化である。

2　天平文化は，奈良の都である平城京を中心とした文化である。代表的な寺院には法隆寺や飛鳥寺が挙げられる。密教の影響が極めて強い仏教文化である。

3　北山文化は，室町時代に足利義政によって主導された文化である。代表的な建築物には慈照寺銀閣が挙げられる。「わび」「さび」などの精神性が強くみられる文化である。

4　桃山文化は，織豊時代に発展した文化である。代表的な建築物には安土城や伏見城，大坂城が挙げられる。豪商の経済力やキリシタンの影響が強く現れた文化である。

5　元禄文化は，江戸時代の徳川綱吉が将軍であった時期に，江戸を中心として栄えた文化である。担い手が町人であることが大きな特徴であり，錦絵や川柳，滑稽本などが多く世に出た。

4 大化の改新に関する記述として，妥当なものはどれか。

1　大化の改新のきっかけとなったのは，蘇我入鹿が聖徳太子による施策を妨害したことについて，宮中において不満が高まったことであった。

2 大化の改新の翌年に，公地公民制が正式に導入された。

3 改新の詔には，中央集権を戒める文言が含まれていた。

4 この時期に，自ら開墾した土地の私有を認める制度が導入された。

5 この時期に，蘇我氏が作成した戸籍や計帳が破棄された。

5 **日本における仏教の展開に関する記述として，妥当なものはどれか。**

1 日本において，仏教が定着する上で大きな役割を果たしたのが聖徳太子であった。十七条の憲法には，日本古来の清明心，儒教の徳目とともに，仏教思想が反映している。

2 日本における受戒制度に大きな役割を果たしたのは，渡来僧の鑑真であった。彼は，従来の戒を小乗的であるとして批判し，大乗菩薩戒を導入した。

3 比叡山延暦寺を開き，日本における天台宗の発展をもたらしたのが空海であった。彼は，法華経の一乗思想に基づく平等思想を説いた。

4 平安時代末期には，戦乱や災害を背景にした末法思想の影響を受け，阿弥陀如来への信仰が広がった。源信は，他の修業を捨てて称名念仏に専念することによる救いを説いた。

5 鎌倉時代には，中国の影響を受けた禅宗が大きな広がりを見せた。はじめに，道元が臨済宗を伝え，続いて，栄西が曹洞宗を日本にもたらした。

6 **江戸時代の幕藩体制と幕府の機構に関する記述として，妥当なものはどれか。**

1 江戸時代の大名のうち，関ケ原の戦い以前から徳川氏に臣従していた大名は親藩と呼ばれ，その中で，将軍を出すことができるのは，尾張と紀伊に限られていた。

2 寛永令は，徳川家康が，当時の将軍であった秀忠の名で公表した法であり，大名が守るべき規範などが定められていた。

3 幕府直轄の領地は天領と呼ばれ，江戸やその周辺にとどまらず，全国各地におよんでいた。

4 江戸幕府において，政務を統括した常置の最高職は大老であった。

5 江戸幕府において，大名の監察にあたったのは若年寄であり，旗本や御家人を監督したのは大目付であった。

7　自由民権運動から帝国議会開催にいたる時代に関する記述として，妥当なものはどれか。

1　征韓論にやぶれて下野した板垣退助，大隈重信らは，1874年，民撰議院設立の建白書を提出し，自由民権運動の嚆矢となった。

2　自由民権運動の高まりで，政府は1881年，「漸次立憲政体樹立の詔」を出して，10年後の国会開設を約束した。

3　国会開設に備え，1885年，内閣制度が制定され，初代伊藤博文内閣が発足したが，閣僚はすべて薩長土肥の官軍側でしめられた。

4　1889年，大日本帝国憲法が発布され，第2章「臣民権利義務」で，「法律ノ範囲内」という制限はあるものの，国民の権利が明記された。

5　1890年，第1回衆議院議員総選挙が実施されたが，政府が激しい選挙干渉をしたため，民党は勢力を伸ばせなかった。

8　20世紀前半における日本の情勢に関する記述として，妥当なものはどれか。

1　関東軍は，1931年に西安事件を起こし，満州で軍事行動を開始した翌年には，満州の主要地域を占領し，清朝の溥儀を執政として，満州国を建国するに至った。

2　1929年に発生した世界恐慌の影響を受けた日本も深刻な恐慌に陥ったため，松方正義蔵相は金輸出解禁を実施し，この恐慌の短期間の収拾を図った。

3　日本は1915年に中国の袁世凱政府に対する外交交渉において，二十一か条の要求をつきつけ，南満州での権益強化などを含む要求の大部分を承認させた。

4　1925年，第二次護憲運動の主導者であった原敬が内閣総理大臣となり，普通選挙法を成立させた。これにより，満25歳以上の男女全員に選挙権が付与された。

5　1936年におきた連続血盟団事件では，井上日召の思想に共鳴した青年将校らによって，犬養毅首相や高橋是清蔵相ら数人の閣僚が暗殺された。

9 織豊期・江戸時代の対外貿易に関する記述として，妥当なものはどれか。

1 織田信長は，キリスト教を弾圧したため，南蛮諸国との貿易は停滞した。そのため，彼は，朝鮮や中国との貿易を望み，積極的に大陸への進出を目指した。

2 豊臣秀吉によるバテレン追放令は，南蛮諸国との貿易の停滞をもたらした。一方，中国や東南アジアとの貿易の拡大がはかられ，奉書船貿易を本格化させた。

3 徳川家康は，ウイリアム＝アダムスやヤン＝ヨーステンを外交顧問に迎えるなど，積極的な対外貿易を進めようとした。そのことを背景に，周辺諸国との貿易も活発化した。

4 江戸幕府は徳川秀忠・家光の時代から対外貿易を制限し始めた。それゆえ，通商関係を維持したオランダや清，朝鮮については，出島でのみ貿易を行った。

5 ペリーが来航すると，江戸幕府は鎖国の方針を改め，開国和親政策へと転換した。日米和親条約により，アメリカとの自由貿易が始められた。

10 アメリカ合衆国の歴史に関する記述として，妥当なものはどれか。

1 1775年に始まったアメリカ独立戦争において，ヨーロッパ諸国が一致してイギリス側を支持したため，当初は植民地側が苦戦を強いられた。

2 フランスの貴族であったラ・ファイエットは，啓蒙思想の影響の下，アメリカ独立戦争において義勇兵としてイギリス側として参戦した。

3 1823年当時の大統領が発したモンロー宣言は，ウィーン体制の影響下にあった諸国からの干渉を排除することを目的としており，ヨーロッパ諸国との相互不干渉の方針を中心的な内容としていた。

4 1861年，政治的な立場の違いから当時のアメリカ合衆国を脱退した11州によって成立したアメリカ連合国は，翌々年に発せられた奴隷解放宣言に先立ち，奴隷制の廃止を盛り込んだ憲法を制定した。

5 第一次世界大戦後に発足した国際連盟において，アメリカ合衆国は主導的な役割を果たし，発足と同時に理事国としての地位を得た。

11 中世ヨーロッパの歴史に関する記述として，妥当なものはどれか。

1　フランク王国では，クローヴィスにより，ローマ教皇の支持を得た上で
カロリング朝が開かれた。

2　セルジューク・トルコによる占領から聖地を奪還することを目的として，
十字軍遠征が決められたのは，クレルモン公会議であった。

3　ローマ教皇グレゴリウス7世のときに教皇の権限が最も大きくなり，彼
により，イギリスのジョン王が破門された。

4　オスマン帝国のメフメト2世はビザンツ帝国との友好関係を重視し，そ
れが後ろ盾となり，同帝国は最盛期を迎えた。

5　ユグノー戦争は，フランスで起こった旧教と新教の対立によって勃発し
た戦争であり，最終的には，旧教派が勝利した。

12 第二次世界大戦後の世界状況に関する次の記述ア～オのうち，下線部
に誤りのあるものの組み合わせとして，妥当なものはどれか。

ア　全欧州に対する経済援助を目的として，マーシャルプランが策定され
た。

イ　加盟国への短期資金の融資等を目的としてIMFが結成され，本部がワ
シントンに置かれた。

ウ　東南アジアにおける社会主義の勢力の拡大を防ぐことを意図したアメ
リカの支援などを背景に，ASEANが結成され，本部がジャカルタに置
かれた。

エ　資源ナショナリズムの高まりから，OAPECがクウェート，サウジアラ
ビア，イランにより結成された。

オ　ベトナムは，イギリスからの独立を目指していたが，それを阻止しよ
うとする動きがインドシナ戦争の勃発につながった。

　　1　アとイ　　2　イとウ　　3　ウとエ　　4　エとオ　　5　イとオ

13 アジア各国において展開された植民地政策に関する記述として，妥当なものはどれか。

1 タイは，東南アジアにおいて，欧米諸国から最も過酷な植民地政策にさらされた国であり，特にラーマ5世のときには，列強によって分割された。

2 イギリスは，ミャンマーの南部で水田の開発を行うとともに，アヘンをインドにおいて生産し，それを中国に輸出した。

3 ドイツは，マレー半島のペナン，マラッカ，シンガポールを手に入れ，直轄植民地とした。

4 インドネシアのバダヴィアは，フランスによるアジア進出の拠点とされた。

5 清仏戦争を経て結ばれた天津条約により，清はベトナムの宗主権を手に入れたものの，日清戦争後の国力の衰退を背景として，その地位をフランスに奪われた。

14 中国の歴史に関する記述として，妥当なものはどれか。

1 中国史上最初の大規模な農民の反乱は，陳勝・呉広の乱であった。これに呼応して挙兵した劉邦は，漢王朝の創始者となった。

2 元では，中央政府の要職と地方長官をモンゴル人と漢民族で分け合った。この人事政策により，元は，安定的な政権運営を行うことができた。

3 秦は，長期に渡る分裂期の後，隋に代わる長期統一王朝であった。律令制度を完成させ，日本や朝鮮に大きな影響を及ぼした。

4 明は，漢民族の排斥を唱える諸民族が連合して成立させた王朝であった。その統治の特徴として，君主による独裁体制を完成させたことが挙げられる。

5 今日の中国領の基礎を築いたのは，清であった。ただし，モンゴル，チベット，新疆ウイグルなどの諸地域については，支配下に置くことができなかった。

15 **フランス革命前後に関する記述として，妥当なものはどれか。**

1　1799年に第2回対仏同盟が結成され，フランスが危機に陥ったのを勝機とみたナポレオンは，ブリュメール18日のクーデターによって統領政府を打倒し，総裁政府を開いた。

2　ジロンド派は，土地改革によって貢租を無償で廃止し，急進的な施策を実行していく一方で，保安委員会，公安委員会，革命裁判所などを設けて，多くの人々を処刑する恐怖政治を行った。

3　フランス革命期のブルボン朝の王であるルイ16世は，王妃マリー＝アントワネットとともに，オーストリアへの援助を要請するため国外逃亡を企てたが，失敗に終わった。

4　1789年に召集された三部会は，議決方式をめぐって混乱し，第三身分は国民議会の結成を宣言したが，憲法制定を待たずに解散を余儀なくされた。

5　革命以前のフランス政治および社会体制は，アンシャン＝レジームと呼ばれ，当時のフランス国民には身分制度が設けられていたが，貴族についてはどの身分にも属さない特別な存在とされた。

16 **近代ヨーロッパにおける産業革命に関する記述として，妥当なものはどれか。**

1　産業革命は，工業分野に大きな変化をもたらしたが，産業の重点が綿織物から毛織物に移ったことも，その一つである。

2　イギリスにおける産業革命の初期には，農村部において離農が進まなかったため，都市部において深刻な人手不足がみられた。

3　スティーブンソンによる蒸気船の発明は，河川や海上における交通の利便性を飛躍的に高め，産業革命後の運輸の発展に大きく貢献した。

4　各国で産業革命が進んだことにより，家内制手工業が各地において急速な発展を遂げた。

5　イギリスが産業革命の先頭に立った要因として，同国がオランダやフランスを破って制海権を手に入れ，広大な世界市場を獲得したことが挙げられる。

17 第一次世界大戦前後の欧米に関する記述として，妥当なものはどれか。

1　イギリスでは，3B政策を推進し，アフリカや中東への進出を強めたため，ドイツやフランスと対立した。

2　ドイツでは，鉄血宰相と呼ばれたビスマルクが台頭し，いわゆるビスマルク外交により，欧州の相対的な安定期がもたらされた。

3　ロシアでは，貧富の格差の拡大などから社会主義思想が広まり，マルクスに率いられたボリシェビキが革命を起こした。

4　イタリアでは，第一次世界大戦後のヴェルサイユ体制への不満から，ムッソリーニに率いられたファシスト党が政権を獲得した。

5　アメリカは，参戦国への輸出を伸ばしたことによって債務国から債権国へと転換し，民主党の主導の下，1920年代の繁栄を迎えた。

18 大航海時代に関する記述として，妥当なものはどれか。

1　1488年にスペイン人のバルトロメウ＝ディアスが喜望峰に到達した。

2　1492年にイタリア人コロンブスが，スペイン王室の援助を得てサンサルバドル島に到達した。

3　1498年，マゼランは喜望峰を回ってインド航路を開拓した。

4　1510年にスペインはインドのゴアを占領し，植民地とした。

5　1533年にポルトガル人のピサロは，インカ帝国を征服した。

《 解 答 ・ 解 説 》

1 3

解説 1．誤り。平安京への遷都は，桓武天皇によって行われた。　2．誤り。三世一身の法を墾田永年私財法に置き換えると正しい記述になる。3．正しい。摂関政治についての記述である。　4．誤り。藤原良房以降の摂政が人臣摂政である。　5．誤り。菅原道真の進言により廃止されたのは，遣隋使ではなく，遣唐使である。

2 5

解説 1．厩戸王（聖徳太子）は，推古天皇が即位した際に摂政となった。2．唐にならい天皇を中心とする中央集権国家の樹立をめざしたのは，中大兄皇子や中臣鎌足らである。　3．大宝律令が制定されたのは，文武天皇の時代である。後半の記述に関しては正しい。　4．日本は，百済側の味方として大軍を派遣したものの，白村江の戦いで日本側は大敗した。　5．正しい。『古事記』は，「帝紀」，「旧辞」を史実に沿うように正し，稗田阿礼に詠み習わせ，元明天皇が太安万侶にこの内容を撰録させたものである。『日本書紀』は，元正天皇の命により，天武天皇の第3皇子の舎人親王を中心に編纂されたものである。

3 4

解説 1．飛鳥文化を代表する寺院は東大寺や興福寺ではなく，法隆寺である。　2．天平文化の時代には，密教の影響はない。密教の影響が強まったのは，平安時代の桓武天皇の時代以降である。　3．北山文化は，足利義満によって創設された鹿苑寺金閣によって代表される。一方，東山文化は，足利義政によって造営された山荘東山殿を起源とする慈照寺銀閣に代表される文化である。　4．正しい。室町（戦国）時代の末期に訪れたポルトガルの影響や，戦国時代末期に力を蓄えた豪商の影響が大きい。　5．元禄文化の中心は江戸ではなくて上方である。また，江戸中心の文化は化政文化であった。

4 2

解説 1．聖徳太子がなくなった後，蘇我馬子の子蝦夷とその孫の入鹿が専制的に権力を振るった。645年，中大兄皇子・中臣鎌足らが蘇我入鹿を暗

殺し，蝦夷は自害に追い込まれた。蘇我氏の滅亡と新しい体制の確立を大化の改新と呼ぶ。　2．正しい。改新の詔には，公地公民が含まれていた。
3．大化の改新の翌年には，改新の詔が発せられた。それには，公地公民制や中央集権体制の確立が含まれていた。　4．自ら開墾した土地の私有を認める墾田永年私財法が制定されたのは743年である。　5．戸籍・計帳を作成し，班田収授法が定められた。

5 1

解説 1．正しい。役人の心構えを示した十七条の憲法には，「篤く三宝を敬え」との文言が含まれている。三宝とは，仏・法・僧である。　2．誤り。第1文は正しいが，第2文については，最澄についての記述である。彼は，鑑真による戒を小乗的であると批判し，大乗菩薩戒による国立戒壇の設立を提唱し，死後に実現した。　3．誤り。選択肢の文章は，最澄についてのものである。空海は，高野山に金剛峯寺を開き，日本における真言宗の発展に貢献した。　4．誤り。第1文は正しいが，第2文については，浄土宗の開祖である法然についての記述である。源信は，称名念仏とともに，観想念仏を説いた。　5．誤り。道元と栄西の記述が逆である。

6 3

解説 1．誤り。関ケ原の戦い以前から徳川氏に臣従していた大名は譜代大名であり，徳川氏の一門が親藩である。また，将軍を出すことができた三家には，水戸も含まれる。　2．誤り。選択肢の文章は，元和令についてのものである。寛永令は，徳川家光によって発布された。　3．正しい。天領・幕領は約400万石であった。　4．誤り。政務を担当する職のうち，大老は非常時の最高職であり，常置の最高職は老中であった。　5．誤り。若年寄と大目付が逆になっている。

7 4

解説 1．大隈重信は加わっていない。大隈が下野するのは，明治14年の政変によってである。板垣退助のほかに，民撰議院設立の建白書提出に加わっていたのは，後藤象二郎，江藤新平などである。　2．「漸次立憲政体樹立の詔」ではなく，「国会開設の勅諭」。「漸次立憲政体樹立の詔」は，民撰議院設立の

建白に対し，政府が板垣らと妥協を図るため，徐々に立憲政体を樹立すること
を宣言したもので，1875年に出された。　3．旧幕臣で，戊辰戦争では最後ま
で新政府に抵抗した榎本武揚が，逓信大臣として入閣している。ほかの閣僚は
薩長土肥の出身。　4．正しい。　5．第1回の総選挙は政府の干渉はなく，民
党が圧勝した。政府による激しい選挙干渉があったのは第2回の総選挙である。

8　3

解説　1．選択肢は，柳条湖事件についての記述である。また，西安事件
とは，1936年に中国の西安で起きた，張学良・楊虎城らによる蒋介石拉致監
禁事件のことである。　2．1929年に発生した世界恐慌と浜口雄幸内閣の金
輸出解禁が重なり，日本にも恐慌が波及した。また，翌年，犬養毅によって
再び金輸出禁止の経済政策がとられることになった。　3．正しい。二十一か
条の要求には，他に，ドイツが山東省に持っていた権益を日本が継承するこ
となども含まれていた。　4．1925年に普通選挙法を成立させたのは加藤高
明首相である。また，この選挙法の成立により，満25歳以上の男性に選挙権
が付与されたが，女性には選挙権がなかった。　5．犬養毅首相が暗殺された
のは1932年5月15日（五・一五事件）であり，また，高橋是清蔵相らが暗殺
されたのは，1936年2月26日（二・二六事件）である。

9　3

解説　1．織田信長はキリスト教を保護しており，南蛮貿易も活発化した。
2．豊臣秀吉が始めた貿易は朱印船貿易。　3．正しい。鎖国を行ったのは家
康の時代ではなく，その後の時代。キリスト教の禁止と勘違いしないように
したい。　4．出島で貿易を行った拠点はオランダであり，中国とは，唐人屋
敷において貿易を行った。　5．アメリカとの貿易が始まったのは，日米修好
通商条約による。

10　3

解説　1．誤り。アメリカ独立戦争において植民地側が当初苦戦を強いられ
たのは事実であるが，ヨーロッパ諸国において植民地側への支持が広がって
いたので，「ヨーロッパ諸国が一致してイギリス側を支持した」との記述は誤
りである。独立戦争における態度の違いによりイギリスは孤立し，このことは

戦況を植民地側に有利にした。これにより1783年のパリ条約を経て，植民地側が独立を果たした。　2．誤り。ラ・ファイエットはフランスの自由主義的な貴族であり，フランス人権宣言の起草者としても知られる。アメリカ独立戦争の際には，義勇兵として植民地側として参戦した。　3．正しい。ヨーロッパ諸国との相互不干渉を中心とした外交政策はモンロー主義と呼ばれ，19世紀のアメリカの外交政策に大きな影響を及ぼした。なお，ウィーン体制とはナポレオン戦争の戦後処理によって成立した支配体制であり，オーストリアの宰相であったメッテルニヒによって主導された体制である。　4．誤り。1861年，リンカーンの大統領当選後にアメリカ合衆国を脱退した南部の11州によって成立したアメリカ連合国は，州が持つ諸権利の維持や奴隷制を維持・擁護する内容を盛り込んだ憲法を制定した。つまり，「奴隷制の廃止を盛り込んだ憲法を制定した」との記述は誤りである。なお，その後，南北戦争における敗戦を受け，いずれの州もアメリカ合衆国に復帰した。　5．誤り。国際連盟は当時の大統領であったウィルソンの提案に基づいた国際機関であったが，アメリカ合衆国はモンロー主義の影響が強かった上院の反対により，加盟することができなかった。

11　2

解説　1．誤り。クローヴィスをピピンとすると，正しい記述になる。クローヴィスによって開かれたのはメロヴィング朝である。　2．正しい。第1回の十字軍遠征により，聖地は奪回され，イェルサレム王国が建国された。ただし，その後の遠征は失敗が相次いだ。　3．誤り。ローマ教皇の権限が最も大きかったのは，インノケンティウス3世のときであった。ジョン王の破門も，彼によるものであった。グレゴリウス7世は，神聖ローマ皇帝ハインリヒ4世を破門した。　4．誤り。ビザンツ帝国は，オスマン帝国のメフメト2世によって滅ぼされた。　5．誤り。ユグノー戦争で勝利したのは，新教・ユグノーの側であった。

12　4

解説　アは正しい。マーシャルプランは大戦で疲弊した全欧州への経済援助プランであったが，結果的にプランを受け入れたのは西欧諸国であった。イは正しい。IMFは国連の専門機関の一つであり，本部はワシントンに置か

れている。ウは正しい。ベトナムや北朝鮮，中国といった社会主義の勢力拡大を阻止しようという意図が背景にあった。なお，ベトナムは，現在ASEANの正式な加盟国である。エは誤りである。OAPECにイランは含まれない。Aはアラブの意味であり，イランはアラブ人を中心とした国ではなく，ペルシア人を中心とした国である。オは誤りである。ベトナムは，イギリスではなく，フランスの植民地であった。以上より正解は4である。

13　2

解説 1. 誤り。タイは植民地支配を受けなかった。　2. 正しい。イギリスによるアヘンの生産と輸出はアヘン戦争の原因となった。　3. 誤り。ドイツではなく，イギリスについての記述である。　4. 誤り。インドネシアのバタヴィアは，オランダの拠点であった。なお，バタヴィアはジャワ島にあった都市であり，現在のジャカルタにあたる。　5. 誤り。清仏戦争において清は敗北し，天津条約によって宗主権が放棄された。

14　1

解説 1. 正しい。漢王朝は，中国最初の長期統一王朝であった。　2. 誤り。元では，モンゴル第一主義の下，中央政府の要職と地方長官をモンゴル人が独占した。　3. 誤り。秦を唐に置き換えると正しい記述になる。　4. 誤り。明は，漢民族の復興を唱え，それ以外の民族による支配を打破して成立した王朝であった。　5. 誤り。清は，モンゴル，チベット，新疆ウイグルなどの諸地域まで領土を拡大した。

15　3

解説 1. ナポレオンは，ブリュメール18日のクーデターで総裁政府を打倒し，統領政府を開いた。　2. 選択肢はジャコバン派についての説明である。ジロンド派は，商工業者を地盤とする，穏和な共和主義を主張したことで知られている。　3. 正しい。ヴァレンヌ逃亡事件に関する記述である。王妃の母国であるオーストリアへの援助を要請するため国外逃亡を企てたが，捕らえられてパリに連行された。　4. 選択肢は，球戯場の誓いについての記述であるが，これはフランス革命勃発の直前，第三身分がヴェルサイユ宮殿の球戯場に集まって，憲法制定まで解散しないことを誓ったものである。　5. 前

半は正しいが，国民の身分は，第一身分は聖職者，第二身分は貴族，第三身分は平民，これら三つに大別されていた。

16 5

解説 1．誤り。産業革命の初期において，毛織物から綿織物に重点を移行した。 2．誤り。第2次囲い込みによって土地を失った農民が都市部に流入し，豊富な労働力をもたらした。 3．誤り。スティーブンソンが発明したのは蒸気機関車であり，蒸気船を発明したのはフルトンである。 4．誤り。産業革命の進展に合わせ，工場制機械工業が発達したことにより，家内制手工業は急速に衰退した。 5．正しい。イギリスは，17世紀にオランダを破り，それに続いて18世紀にフランスに勝利した。

17 4

解説 1．イギリスが推進した政策は3C政策。 2．第一次世界大戦以前の1890年代にビスマルクは引退している。第一次世界大戦の直前期は，ヴィルヘルム二世による親政が進められた時代であった。 3．ロシア革命の直接の指導者はマルクスではなく，レーニンであった。 4．正しい。イタリアは大恐慌以前から，つまりドイツよりも先にファシズムが浸透した。 5．1920年代において，アメリカの政治は共和党による政権が担っていた。

18 2

解説 1．誤り。バルトロメウ＝ディアスは，ポルトガル人である。 2．正しい。イタリア人コロンブスは，スペイン女王イザベルⅠ世の援助を得て，カリブ海のサンサルバドル島に到達した。 3．誤り。喜望峰を回ってインド航路を開拓したのは，ヴァスコ＝ダ＝ガマである。マゼランは，大西洋を横断してマゼラン海峡を発見し，太平洋に出て，1521年にフィリピン諸島に到達した。 4．誤り。インドのゴアを占領したのは，ポルトガルである。 5．誤り。インカ帝国を征服したピサロは，スペイン人のコンキスタドール（征服者）である。

社会科学　　地　理

‖‖‖‖‖‖‖‖‖‖‖‖‖‖‖‖‖‖‖‖‖　P O I N T　‖‖‖‖‖‖‖‖‖‖‖‖‖‖‖‖‖‖‖‖‖

地図と地形図：地理において地図と地形図は，頻出事項の分野である。まず地図の図法は，用途と特徴を確実に把握し，地形図は，土地利用や距離などを読み取ることができるようになる必要がある。

世界の地形：地形に関する問題は，かなり多く取り上げられる。地形の特色・土地利用・その代表例は押さえておきたい。また，大地形・沈水海岸・海岸地形なども，よく理解しておくこと。試験対策としては，地形図と関連させながら，農業・工業とのかかわりを整理しておくとよい。

世界の気候：気候に関しては，ケッペンの気候区分が最頻出問題となる。次いで農業とのかかわりで，土壌や植生の問題も出題される。気候区の特徴とその位置は明確に把握しておこう。気候区とあわせて土壌・植生なども確認しておくことも大切である。

世界の地域：アメリカ合衆国は，最大の工業国・農業国であり，南米やカナダとのかかわりを問う問題も多い。また東南アジア，特にASEAN諸国での工業・鉱物資源などは広範に出題される。EU主要国に関しては，できるだけ広く深く学習しておく必要がある。資源・農業・工業・交通・貿易など総合的に見ておこう。

日本の自然：地形・気候を中心とした自然環境は頻出である。地形や山地・平野などの特徴は理解しておきたい。

日本の現状：農業・工業などに関する問題は，今日本が抱えている問題を中心に整理するとよい。農産物の自由化が進み，労働生産性の低い日本の農業は，苦しい状況に追い込まれている。工業においては，競争力を維持していく手段を選んでいかざるを得ない状況に陥っている。環境問題も大きな課題である。このような時事的な繋がりのある問題を取り上げた出題にも対処する必要がある。

狙われやすい! 重要事項

☑地図・地形
☑土壌・環境・気候
☑人種・民族
☑人口・交通
☑アジア・オセアニア
☑ヨーロッパ
☑南北アメリカ
☑アフリカ

《 演 習 問 題 》

1 世界の人口に関する記述として，正しいものはどれか。

1 人口の国際移動は，経済的，宗教的，政治的要因によって発生するが，中国の華僑は主に宗教的要因によって国際移動したと見られている。

2 出生率が高く人口の自然増加が多い国の人口ピラミッドは，富士山型（ピラミッド型）となり，逆に出生率の低下した先進国などは，つり鐘型になる。

3 産業別人口構成では，先進国は第一次産業人口の割合が高く，発展途上国では第二次，第三次産業人口の割合が高い。

4 現在，世界で成長センターとなっているアジアだが，経済的要因から出稼ぎ労働者の移動が多い。しかし各国はこれを規制し，数ヶ月程度のごく短期間に限って出稼ぎ労働を認めている。

5 現在，世界の人口は約70億人で，人口の多い国の順位は，1位中国，2位アメリカ，3位インドである。

2. **世界の水産資源に関する記述として，正しいものはどれか。**

1　漁獲量が多い国は，中国，インドネシア，アメリカなどがある。いずれの国も広大な領海内での漁業が中心となっている。

2　日本の漁業は，漁業部門別では遠洋漁業の割合が最も高い。特に，焼津や釧路などが遠洋漁業の基地として非常に発展している。

3　南米のペルーやチリでは，アンチョビの漁獲量が多い。それを支えているのは，各国において行われているアンチョビの大規模な養殖である。

4　東南アジアでは，エビの漁獲高が大きく，その多くは，日本に輸出されている。これは，各国においてマングローブ畑をエビの養殖地に転換し，産出を増やしたことによる。

5　全世界的に捕鯨の禁止が広まっている。これは乱獲による資源の枯渇の側面もあるが，欧州には，そもそも鯨を捕る文化がないことが原因である。

3. **世界各国の農牧業に関する記述として，妥当なものはどれか。**

1　原始的農牧業の一種である焼畑農業は，畑が数年で放棄され，地球温暖化との関連も指摘されているが，雑草や害虫がほとんど発生しないため，土地生産性は極めて高い。

2　遊牧は，水や草を求めて，家畜とともに地域を移動しながら営まれる牧畜であるが，それが行われてきた範囲は，温帯の地域に限られる。

3　アジア式稲作農業は，水田を中心に稲作を行うことによって成り立ち，他の農業に比べて，その経営規模は極めて大きい。

4　ヨーロッパにおいて行われている地中海式農業は，乾燥性の強い樹木作物と自給用の穀物を栽培することによって営まれている。

5　企業的穀物農業は，主としてトウモロコシの生産で導入が進められているが，機械化の遅れた地域で営まれているため，労働生産性は他の農業に比べて低い。

4 世界の河川に関する記述として，妥当なものはどれか。

1　世界的に大きな河川は，日本の河川に比べて，流れは緩やかで，流域面積も広い。最も大きな流域面積を持つのはアマゾン川であり，ナイル川がそれに続く。

2　主に川を堰き止めることによって建設されるダムは，生活用水，工業用水の確保や発電などに役立てられる。世界のダムの中で，最大の貯水量を誇るのは，ガーナのアコソンボである。

3　中国には，流域面積で世界の30位以内に入る河川が複数ある。そのうち，同国，及び東アジアにおいて最大の流域面積を持つのは，黄河である。

4　モンスーンの雨季には，多くの降水により，河川が増水し，洪水が度々起こる地域がある。この地域では，河川の増水に伴い急速に茎を伸ばす浮き稲を栽培し，船による収穫を行っている。

5　アメリカ合衆国のニューヨーク州東部を流れる川が，ミシシッピ川である。ニューヨークステートバージ運河とつながっているため，海運が盛んである。

5 世界の山脈と関係する国家の組み合わせとして，妥当なものはどれか。

	〈山脈〉	〈関係する国家〉
1	スカンディナビア山脈	ノルウェー
2	ドラケンスバーグ山脈	スペイン
3	グレートディバイディング山脈	南アフリカ
4	アパラチア山脈	オーストラリア
5	ピレネー山脈	アメリカ

6 下の表は，2020年における各国の主要輸出品の上位5位を示している。A～Eに入る国名の組み合わせとして，妥当なものはどれか。

国	A	B	C	D	E
1位	機械類	機械類	機械類	鉄鉱石	原油
2位	医薬品	自動車	自動車	石炭	鉄鋼
3位	自動車	医薬品	精密機械	金(非貨幣用)	天然ガス
4位	衣類	航空機	石油製品	肉類	銅
5位	金属製品	化学品	医薬品	機械類	天然ウラン

(帝国書院 『地理データファイル2022年度版』より作成)

	A	B	C	D	E
1	フランス	イタリア	アメリカ合衆国	カザフスタン	オーストラリア
2	アメリカ合衆国	オーストラリア	イタリア	カザフスタン	フランス
3	フランス	イタリア	オーストラリア	カザフスタン	アメリカ合衆国
4	オーストラリア	フランス	イタリア	アメリカ合衆国	カザフスタン
5	イタリア	フランス	アメリカ合衆国	オーストラリア	カザフスタン

7 南アメリカに関する記述として，妥当なものはどれか。

1 南アメリカ大陸全体の約半分を占めるブラジルは，典型的な農業国であり，耐久消費財を周辺諸国からの輸入に依存していることが同国経済の弱点である。

2 南アメリカ大陸の中央にあるボリビアは，領土に沿岸地域を持たない内陸国であり，錫(すず)の生産などで知られる。

3 チリの国土は，多くの部分が大西洋に接する沿岸地域であり，銅の生産や輸出が同国経済の中で大きな比重を占める。

4 ペルーは，太平洋に臨む国であり，鉱産資源に乏しいため，アンチョビなどの漁業と，加工した水産物の輸出が経済を支えている。

5 カリブ海に臨むベネズエラは，19世紀にオランダからの独立を果たした国であり，石油の生産と輸出が同国経済を支えている。

8 東南アジアに関する記述として，妥当なものはどれか。

1 東南アジアは，ヨーロッパ諸国の植民地とされた国が多い。植民地支配が典型的であった時期にイギリスとフランスの緩衝地帯として機能したタイは，この地域において唯一の独立国であった。

2 東南アジア諸国連合（ASEAN）は，近年の高い経済成長により，その地位や機能を高めつつある。新規の加盟については，社会主義を掲げる国や，軍事政権下にある国を排除する方針を明確にした。

3 東南アジアの植民地支配は，この地域の農業に変革をもたらした。旧来よりプランテーション型の農業が営まれた地域において，これを廃止したのはその典型であった。

4 シンガポールは，旧イギリス領であったため，他の地域のような宗教の混在がみられない。イギリスの影響を強く受けたことにより，キリスト教の教会が各地に散在している。

5 東南アジアは，他の地域に比べて，地震や火山の活動が少ない。これは，アルプス造山帯と環太平洋造山帯の影響を受けにくい特性による。

9 次のハイサーグラフA〜Dとそれに対応する気候区分の組み合わせのうち，妥当なもののみをすべて挙げているのはどれか。

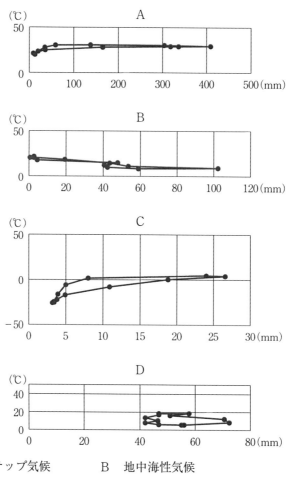

A　ステップ気候　　　　B　地中海性気候
C　亜寒帯湿潤気候　　　D　西岸海洋性気候

1　A, B　　2　A, C　　3　B, C　　4　B, D　　5　C, D

10 世界の土壌に関する記述として，妥当なものはどれか。

1　赤褐色の間帯土壌であるテラロッサは，石灰岩の風化によって生成され，中国華北地方を中心に分布する。

2　玄武岩の風化によって生成されるテラローシャは，暗紫色の間帯土壌であり，コーヒーの栽培に適している。

3　ポドゾルは，強いアルカリ性の灰白色の土壌であり，その性質上，林業には不適である。

4　プレーリー土は，北アメリカに分布する黒色の土壌であるが，養分が極めて少ないため，栽培できる作物が限られている。

5　気候や植生などの影響を受けて生成された土壌が成帯土壌であり，デカン高原に分布するレグール土はその代表的な例である。

11 世界の鉱産資源に関する記述として，妥当なものはどれか。

1　世界の石炭の約70％は古期造山帯に集中しており，その中でもロッキー炭田は，アメリカ最大量の石炭を産出している。

2　ブラジルは，鉄鉱石の産出量，埋蔵量共に世界最大の地位を占め，鉱産資源の取引自由化を進めた後も，最先端技術などを取り入れ，工業は安定的に成長している。

3　オーストラリアは，ボーキサイトの産出量が世界第1位であり，金や鉄鉱石も豊富に産出され，また，アルミニウム精錬や高度加工製品の製造が盛んである。

4　チリは，銅鉱の産出が世界第1位であり，主にビンガムやモレンシーといった銅鉱山などで産出されている。

5　東南アジアでは，ルソン島周辺に油田が多く分布しており，特にフィリピンやタイが主な産油国となっている。

12 ヨーロッパの工業に関する記述として，妥当なものはどれか。

1　ユーロポートは，ヨーロッパの玄関として発達したドイツの港湾地区であり，鉄鋼や石油化学工業などが発達している。

2　プラハには，旧ソビエト連邦の影響の下で工業の近代化が遅れた影響が残されており，食品工業などの軽工業が工業生産のほとんどを占めている。

3　ルール工業地帯は，ヨーロッパ最大の工業地域であり，油田や陸運がその発展を支えてきた。

4　フランス北西部のルアーヴルは，セーヌ川の河口付近に位置する港湾都市として発展を遂げ，近年では，原子力発電所が林立し，ヨーロッパの工業をエネルギーの面から支えている。

5　バルセロナ，フランス南部，イタリア北部にかけて，航空機産業やエレクトロニクス産業などの先端技術を柱とする産業が連なり，これらは，ヨーロッパのサンベルトと呼ばれる。

13 気候区分に関する記述として，妥当なものはどれか。

1　熱帯サバナ気候は，赤道付近に分布しており，一年を通して高温多雨である。また，その地域ではスコールが降り，密林が茂っている。

2　やや高緯度の大陸西岸では，地中海性気候がみられる。偏西風と暖流の影響を受け，夏は涼しく冬は温暖であり，一年を通した降雨も特徴的の一つである。

3　温暖湿潤気候は，中緯度の大陸東岸でみられる。季節風の影響を受けることから，その緯度とは関係なく冬は低温少雨，夏は高温多雨である。

4　雨季と乾季がはっきり分かれる砂漠気候では，乾季に植物が育つことはほとんどないが，雨季ではステップとよばれる短草草原が広がる。

5　西岸海洋性気候は，高気圧の影響から夏は高温で乾燥し，冬は比較的寒く少雨がみられる。

14 世界の言語に関する記述として，妥当なものはどれか。

1　言語の分類については諸説あるが，世界には，数百の言語があるとされている。そのうち，数億人が用いる大言語は，中国語，ヒンドゥー語，英語，スペイン語などである。

2　国家が公に使用することを定めている言語を公用語という。1国ごとに1言語が一般的であるが，複数が定められることもある。

3　旧植民地を支配した人々の言語と，先住民などの言語が混合して独特の言語が形成された場合，それは，混成語と呼ばれる。スワヒリ語は，その典型である。

4　方言の差が激しい言語の場合，全地域に通じるように整備された語が求められる。そのような言語は，特に母語と呼ばれる。

5　言語学上，共通の祖語を持つなど，関係の深い諸言語を語派という。また，語派の中で，特に親近性が強い言語のまとまりが語族である。

《　解 答 ・ 解 説　》

1　2

解説　1. 華僑（海外で暮らす中国系住民のうち中国の国籍をもっているもの）は，鉱山やプランテーションの労働者など経済的要因が一因となり，東南アジアなどに移動した人々である。　2. 正しい。　3. 先進国では第二次産業（製造・建設業など），第三次産業（サービス・商業・運輸通信業など），発展途上国では第一次産業（農林・水産業）の人口の割合が高い。　4. アジア各国では移民（出稼ぎ）労働者規制をしている国は少なくないが，「数ヶ月程度のごく短期間」に限られているわけではない。　5. 人口の多い国（2017年）は1位中国（約13.9億人），2位インド（約13.4億人），3位アメリカ（約3.3億人）である。

2　4

解説　1. 中国は周辺に多くの国があり，領海での漁獲量は必ずしも多くない。　2. 日本では，1970年代以降，遠洋漁業の割合はきわめて低く，現在は沖合漁業が中心である。　3. アンチョビは養殖では作らない。　4. 正しい。マングローブは熱帯地域で育つ樹種である。海岸に存在し，水質の浄化にも役に立つ。　5. 欧州にもノルウェーやアイスランドなどの捕鯨国は存在する。

3 4

解説 1．誤り。焼畑農業による畑には，雑草や害虫が発生するため，土地生産性は低い。　2．誤り。北極圏において，トナカイを主要な家畜とする遊牧がみられる。　3．誤り。他の農業に比べ，アジア式稲作農業の経営規模は小さい。　4．正しい。地中海農業は，夏の乾燥と冬の温暖さなど，地中海性気候の特性を生かして営まれている農業である。　5．誤り。企業的穀物農業は，機械化を進めつつ，小麦などの穀物を大規模に営む農業であり，労働生産性は高い。

4 4

解説 1．誤り。第1文は正しいが，アマゾン川に次いで大きな流域面積を持つのは，コンゴ川であり，ミシシッピ川，ラプラタ川がそれに続く。なお，世界で最も長い川はナイル川である。　2．誤り。世界最大の貯水量を持つダムは，ウガンダのナルバーレである。なお，有効貯水量の多くはヴィクトリア湖によるものであるため，ジンバブエとザンビアのカリバを1位としている統計もある。　3．誤り。中国及び東アジアにおいて最大の流域面積を持つのは長江である。　4．正しい。チャオプラヤ川，エヤワディ川，メコン川などの流域において，浮き稲を利用した稲作が行われている。　5．誤り。選択肢の文章は，ハドソン川についてのものである。ミシシッピ川は，アメリカ合衆国の中央部を南流する川である。

5 1

解説 1．正しい。スカンディナビア山脈は多くの西欧北欧の山地と同じく古期造山帯になる。　2．古期造山帯のドラケンスバーグ山脈は南アフリカにある。　3．古期造山帯のグレートディバイディング山脈はオーストラリアにある。　4．古期造山帯のアパラチア山脈はアメリカにある。　5．新期造山帯のピレネー山脈はフランスとスペインにまたがっている。

6 5

解説 選択肢に示されたそれぞれの国について，特徴的な輸出品目をヒントにすることが大切である。例えば，イタリアの衣類，フランスの航空機，アメリカの精密機械，オーストラリアの鉄鉱石や石炭，肉類，カザフスタン

の原油や天然ガス，天然ウランが特徴的な輸出品目に該当する。　Aは，イタリアである。ファッションを発信する国の1つであり，衣類が上位に入っている点から判断できる。北部においては工業が発展し，南部には農村地域が広がっていたが，近年では先端技術や情報化の発達がみられる。　Bは，フランスである。航空機が上位に入っている点から判断できる。ヨーロッパにおいて穀物や酪農品を供給してきたが，各地に工業基地を造成し，工業国としての発展がみられる。　Cは，アメリカ合衆国である。自動車などに加え，精密機械や医薬品が上位に入っている点から判断できる。航空宇宙産業や，エレクトロニクス分野などの面で最先端を誇る工業国である。表中には登場しないが穀物の世界最大の輸出国でもある。　Dは，オーストラリアである。石炭，鉄鉱石，肉類が上位に入っている点から判断できる。鉱物資源の開発が進み，これらを日本を含む各国に供給するとともに，肉類などの輸出も盛んである。　Eは，カザフスタンである。原油，天然ガス，天然ウランが上位に入っている点から判断できる。主要な産業は鉱物資源である。

以上より，正解は5。

7　2

解説　1. 誤り。ブラジルは，ラテンアメリカ最大の工業生産力を誇り，耐久消費財のほとんどを自給している。　2. 正しい。ボリビアは，19世紀に独立を果たしたものの，チリとの戦いに敗れて沿岸地域の領土を失った。3. 誤り。大西洋を太平洋とすると正しい文になる。　4. 誤り。ペルーは，銅，鉄鉱石，銀などの資源に恵まれている。　5. 誤り。「オランダから独立を果たした国」という部分が誤りである。ベネズエラは，19世紀にスペインによる支配を脱し，その後，グラン・コロンビア共和国から分離・独立を果たした。

8　1

解説　1. 正しい。東南アジア諸国の多くが独立したのは，第二次世界大戦後のことであった。　2. 誤り。軍事政権下のミャンマーや，社会主義のベトナムも加盟した。　3. 誤り。プランテーションは，ヨーロッパ人が東南アジアに持ち込んだものである。　4. 誤り。かつてイギリス領であったことや，華僑や印僑の移住の影響により，キリスト教，ヒンドゥー教，道教，イスラ

ム教，仏教など多様な宗教がみられる。そのため，各地に多様な寺院がみられる。　5．誤り。東南アジアは，アルプス造山帯と環太平洋造山帯が合流する場であるため，火山や地震の活動は激しい。

9 4

解説 Aは誤り。Aのグラフはインドのカルカッタのものであり，ステップ気候ではなくサバナ気候に属する。ステップ気候は，砂漠周辺に分布する乾燥気候であり，降水量が少ない。サバナ気候は，雨季と乾季の区別が明瞭な熱帯気候であり，気温の年較差が大きい。　Bは正しい。Bのグラフは，チリのサンティアゴのものである。地中海性気候は，夏に乾燥すること，冬に降水が多くなることによって特徴付けられる温帯の気候である。温帯冬雨気候ともよばれる。　Cは誤り。Cのグラフはアメリカ合衆国・アラスカのバローのものであり，亜寒帯湿潤気候ではなく，ツンドラ気候に属する。亜寒帯湿潤気候は，一年を通じて比較的降水が確保され，また，冬には多量の降雪がみられる気候である。ツンドラ気候は，短い夏の間だけ，永久凍土の表層が溶ける程度の気候である。　Dは正しい。Dのグラフは，イギリスのロンドンのものである。西岸海洋性気候は，偏西風と暖流の影響を受けるため，気温の年較差が小さい。また，降雨も年間を通じて安定している。以上より，正解は4である。

10 2

解説 1．誤り。テラロッサが分布するのは，主に，地中海沿岸である。2．正しい。テラローシャは，ブラジル高原などに分布する。　3．誤り。ポドゾルは，強酸性の土壌であり，それが分布する地域には，林業地域が広がっている。　4．誤り。プレーリー土は肥沃であり，小麦などが栽培されている。　5．誤り。成帯土壌についての説明は正しいが，レグール土は間帯土壌である。

11 3

解説 1．アメリカの炭田で産出量が最大なのは，アパラチア炭田である。ロッキー炭田は埋蔵量がアメリカ最大である。　2．鉄鉱石の埋蔵量が世界第1位なのはオーストラリアである。　3．正しい。オーストラリアの主な鉄鉱

石の採掘場は，ハマーズリー山脈付近のマウントホエールバックである。

4．チリは，銅鉱の産出が世界第1位であることは正しいが，その主な銅鉱山はチュキカマタやエルテニエンテなどである。選択肢に示されているのは，アメリカの代表的な銅鉱山である。　5．東南アジアの油田は，ボルネオのカリマンタン島や，スマトラ島に分布しており，インドネシアやブルネイが主な産油国である。

12 5

解説 1．誤り。ユーロポートが位置しているのはドイツではなくオランダである。　2．誤り。プラハでは，自動車，航空機，機械工業，繊維，ガラス，印刷などの工業が発展している。　3．誤り。ルール工業地帯の発展を支えてきたのは，炭田やライン川の水運などである。陸運もある程度整備されてきたが，比較的古くから活用されてきたのは水運であった。　4．誤り。ルアーヴルにおいて発達している工業は，造船，自動車，食品などである。5．正しい。ヨーロッパにおいて，複数の国にまたがる工業が盛んな地域の呼称として，選択肢に示したヨーロッパのサンベルトとともに，イギリス南東部からイタリア北部にかけて広がるブルーバナナが挙げられる。

13 3

解説 1．選択肢は，熱帯雨林気候についての記述である。熱帯サバナ気候は，年中高温で，雨季と乾季の区別が明瞭であり，サバナと呼ばれる熱帯草原が広がるといった特徴をもつ。　2．西岸海洋性気候の説明である。低気圧が頻繁に通過することから，年中小雨で冬と夏の気温差が比較的小さい。3．正しい。また，季節風の影響から，四季の変化が最も明瞭であることも覚えておきたい。　4．砂漠気候は，年間を通し降水量が極端に少なく，雨季と乾季の区別はない。なお，ステップが広がる地域はステップ気候である。　5．地中海性気候についての記述である。

14 2

解説 1．誤り。世界の言語の数については，3000とする説，6000を超えているという説などがあるが，数百というのは誤りである。第2文については正しい。　2．正しい。カナダ，スイスなどは，複数の公用語を持つ。　3．誤

り。スワヒリ語は，混成語ではない。混成語の例としては，クレオール語が挙げられる。　4．誤り。第1文は，共通語，または標準語についてのものである。母語は，人が最初に身に付ける言語である。　5．誤り。語派と語族を入れ替えると，正しい記述になる。

第3部

教養試験
自然科学

- 数　　学
- 物　　理
- 化　　学
- 生　　物
- 地　　学

自然科学　　　　　数　学

************************* **P O I N T** *************************

　数学の分野では，高校までの学習内容が出題される。教科書に出てくる公式を覚えるだけではなく，応用問題への対応が必要となる。以下に示す単元ごとの最重要事項を確実に押さえ，本書でその利用法を習得しよう。

　「数と式」の内容では，一見何をしたらよいか分かりづらい問題が出てくるが，「因数分解」，「因数定理」，「剰余の定理」，「相加平均・相乗平均の関係」などを用いることが多い。その他にも，「分母の有理化」や根号，絶対値の扱い方などをしっかり確認しておこう。

　「方程式と不等式」の内容では，特に二次方程式や二次不等式を扱う問題が頻出である。「二次方程式の解と係数の関係」，「解の公式」，「判別式」を用いた実数解や虚数解の数を求める問題は確実にできるようにしたい。また，「二次不等式の解」，「連立不等式の解の範囲」については，不等号の向きを間違えないように注意しよう。余裕があれば，「三次方程式の解と係数の関係」や「円の方程式」なども知っておきたい。

　「関数」の内容でも，中心となるのは二次関数である。「二次関数のグラフの頂点」，「最大値と最小値」，「x軸との共有点」は確実に求められるようにしよう。また，グラフを「対称移動」や「平行移動」させたときの式の変形もできるようにしたい。その他にも，「点と直線の距離」，「三角関数」の基本的な公式なども知っておきたい。

　「数の性質」の内容では，「倍数と約数」，「剰余系」，「n進法」などの問題が出題される。これらについては，とにかく多くの問題を解いてパターンを覚えることが重要である。

　「微分・積分」の内容では，グラフのある点における「接線の方程式」，グラフに囲まれた「面積」が求められるようになっておきたい。

　「場合の数と確率」の内容では，まずは順列・組合せと確率計算が正しくできなければならない。その際，場合の数が多かったり抽象的であったりして考えにくいようであれば，樹形図の活用や問題の具体的な内容を書き出すことで，一般的な規則性が見つかり解法が分かることがある。余事象を利用することで，容易に解ける問題もある。「同じものを含む順列」，「円順列」など

もできるようにしたい。

「数列」の内容では，等差数列，等比数列，階差数列の一般項や和の公式を覚えよう。余裕があれば，群数列にも慣れておこう。

「図形」の内容では，三角形の合同条件・相似条件，平行線と角に関する性質，三角形・四角形・円などの基本的性質や，面積の計算方法などは必ずと言ってよいほど必要となるので，しっかりと整理しておくこと。

数学の知識は「判断推理」や「数的推理」の問題を解く際にも必要となるため，これらと並行して取り組むようにしたい。

☞ 狙われやすい! 重要事項 ········

☑ 二次方程式・不等式
☑ 二次関数の最大値・最小値
☑ 平面図形の面積

《 演 習 問 題 》

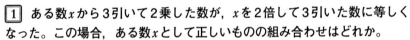

1 ある数 x から3引いて2乗した数が，x を2倍して3引いた数に等しくなった。この場合，ある数 x として正しいものの組み合わせはどれか。

  1 1, 3   2 1, 5   3 2, 3   4 2, 6   5 2, 9

2 1個のさいころを続けて3回投げるとき，目の和が偶数になるような場合は何通りあるか。正しいものを選べ。

  1 106通り   2 108通り   3 110通り
  4 112通り   5 115通り

3 右図のような一辺の長さが5の正四面体 O-ABC において，辺OB上の点P，辺OC上の点QがOP = 1，OQ = 4を満たすとき，PQの長さを求めよ。

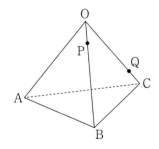

  1 $\sqrt{13}$ 2 $2\sqrt{13}$ 3 4
  4 $\sqrt{15}$ 5 $2\sqrt{15}$

$\boxed{4}$ $x^2-8x+14=0$ の２つの解を α, β とするとき, $\alpha^2+\beta^2$ と $\alpha^3+\beta^3$ の値の組み合わせとして妥当なものはどれか。

	$\alpha^2+\beta^2$	$\alpha^3+\beta^3$
1	24	-88
2	24	88
3	36	-176
4	36	176
5	48	176

$\boxed{5}$ 次の２つの式で示される直線と x 軸, y 軸により, 次の図のように, 全体はA～Jの10領域に分かれる。

$y=2x+4$ …①

$y=-x-2$ …②

①, ②の２つの式を以下③, ④のような不等式に変えた場合, これらの条件をすべて満たす領域として正しいものはどれか。

$y>2x+4$ …③

$y<-x-2$ …④

1 A, C　　2 B, D, H, I　　3 D, H　　4 E, F　　5 G, J

$\boxed{6}$ 縦50m, 横60mの長方形の土地がある。この土地に, 図のような直角に交わる同じ幅の通路を作る。通路の面積を土地全体の面積の $\dfrac{1}{3}$ 以下にするには, 通路の幅を何m以下にすればよいか。

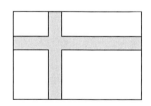

1 8m　　2 8.5m　　3 9m　　4 10m　　5 10.5m

$\boxed{7}$ xy平面上に2点A$(-2,\ 5)$，B$(6,\ 9)$がある。またx軸上に点P$(t,\ 0)$をとる。このとき，PA＝PBとなるtの値として，正しいものはどれか。

1 $\dfrac{9}{2}$　　2 $\dfrac{24}{5}$　　3 5　　4 $\dfrac{11}{2}$　　5 $\dfrac{29}{5}$

$\boxed{8}$ 2次関数$y=x^2-2bx+4b$におけるyの最小値として，正しいものはどれか。

1 $2b^2+2b$　　2 $2b^2-2b$　　3 $-b^2+4b$
4 $-b^2-4b$　　5 $4b^2+4b$

$\boxed{9}$ 平行四辺形ABCDにおいて，AB＝3，BC＝4，∠ABC＝60°のとき，2本の対角線の長さとして正しい組合せはどれか。

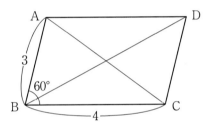

1 $\sqrt{11}$, $\sqrt{35}$　　2 6, $\sqrt{35}$　　3 $\sqrt{13}$, $\sqrt{37}$
4 7, $\sqrt{37}$　　5 7, $\sqrt{39}$

$\boxed{10}$ 右の図において，四角形ABCDは円に内接しており，弧BC＝弧CDである。AB，ADの延長と点Cにおけるこの円の接線との交点をそれぞれP，Qとする。AC＝4cm，CD＝2cm，DA＝3cmとするとき，△BPCと△APQの面積比として正しいものはどれか。

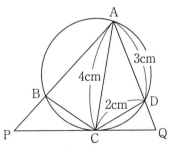

1 1:5　　2 1:6　　3 1:7　　4 2:15　　5 3:20

解 答・解 説

1 4

解説 $(x-3)^2 = 2x - 3$ より，$x^2 - 8x + 12 = 0$

$(x-2)(x-6) = 0$

∴ $x = 2$，6

以上より，正解は4。

2 2

解説 和が偶数になるのは，3回とも偶数の場合と，偶数が1回で，残りの2回が奇数の場合である。さいころの目は，偶数と奇数はそれぞれ3個だから，

（ⅰ）3回とも偶数：$3 \times 3 \times 3 = 27$〔通り〕

（ⅱ）偶数が1回で，残りの2回が奇数

・偶数/奇数/奇数：$3 \times 3 \times 3 = 27$〔通り〕

・奇数/偶数/奇数：$3 \times 3 \times 3 = 27$〔通り〕

・奇数/奇数/偶数：$3 \times 3 \times 3 = 27$〔通り〕

合計すると，$27 + (27 \times 3) = 108$〔通り〕である。

以上より，正解は2。

3 1

解説 正四面体は4つの合同な正三角形から構成される。

△OPQにおいて，OP $= 1$，OQ $= 4$，∠POQ $= 60°$なので，余弦定理より，

$PQ^2 = OP^2 + OQ^2 - 2 \times OP \times OQ \times \cos \angle POQ$

$= 1 + 16 - 2 \times 1 \times 4 \times \cos 60°$

$= 17 - 8 \times \dfrac{1}{2}$

$= 13$

$PQ = \sqrt{13}$

以上より，正解は1。

4 4

解説 一般に，2次方程式 $ax^2 + bx + c = 0 \ (a \neq 0)$ の2つの解を α，β と

すると，$\alpha + \beta = -\dfrac{b}{a}$，$\alpha\beta = \dfrac{c}{a}$ が成り立つ。

ここでは，$a = 1$，$b = -8$，$c = 14$ であるから，$\alpha + \beta = -\dfrac{-8}{1} = 8$，$\alpha\beta = \dfrac{14}{1}$

$= 14$ となる。

よって，求める値は

$\alpha^2 + \beta^2 = (\alpha + \beta)^2 - 2\alpha\beta = 8^2 - 2 \times 14 = 36$

$\alpha^3 + \beta^3 = (\alpha + \beta)^3 - 3\alpha\beta(\alpha + \beta) = 8^3 - 3 \times 14 \times 8 = 512 - 336 = 176$

以上より，正解は4。

5 4

解説 $y > 2x + 4$ に，$(0,\ 0)$ を代入

すると，$0 > 4$ になるので不成立である。

よって，該当する領域は直線 $y = 2x + 4$

に対して，原点 $(0,\ 0)$ の反対側にある

ことが分かる。つまり，A，C，E，Fの

いずれかである。

次に，$y < -x - 2$ に，$(0,\ 0)$ を代入する

と，$0 < -2$ になるので，不成立である。

よって，該当する領域は，

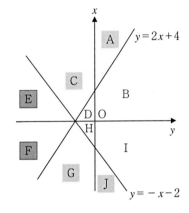

直線 $y = -x - 2$ に対して，原点 $(0,\ 0)$ の反対側にあることが分かる。つま

り，E，F，G，Jのいずれかであり，

求める領域は，「A，C，E，F」と「E，F，G，J」の重なった領域なので，

「E，F」となる。

以上より，正解は4。

6 4

解説 通路の幅を x 〔m〕とし $(0 < x < 50)$，次のように通路を 左上に寄せて考える。

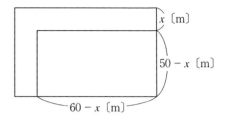

通路の面積は，

$x \times 60 + (50 - x) \times x$ 〔m²〕

土地全体の面積は，50×60

よって，

$$x \times 60 + (50 - x) \times x \leqq 50 \times 60 \times \frac{1}{3}$$

$$60x + 50x - x^2 \leqq 1000$$

$$x^2 - 110x + 1000 \geqq 0$$

$$(x - 10)(x - 100) \geqq 0$$

$$x \leqq 10,\ 100 \leqq x$$

$0 < x < 50$ より，$0 < x \leqq 10$

したがって，通路の幅を10m以下にすればよい。

以上より，正解は4。

7 4

解説 $PA = PB$ より，$PA^2 = PB^2$

$$(-2 - t)^2 + 5^2 = (6 - t)^2 + 9^2$$

$$4 + 4t + t^2 + 25 = 36 - 12t + t^2 + 81$$

$$16t = 88$$

$$t = \frac{11}{2}$$

以上より，正解は4。

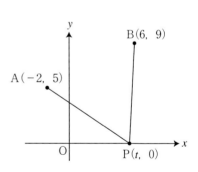

8 3

解説 $y = x^2 - 2bx + 4b$

$$= (x - b)^2 - b^2 + 4b$$

よって，この2次関数は，$x = b$ のとき，最小値 $-b^2 + 4b$ をとる。

以上より，正解は3。

9 3

解説 △ABCにおいて，余弦定理より，

AC² = 3² + 4² − 2・3・4cos60°

$\quad$ = 9 + 16 − 12

$\quad$ = 13

ゆえに，AC = $\sqrt{13}$

また，平行四辺形より，隣り合う角の和は180°となるので，

∠BCD = 180° − ∠ABC

$\qquad$ = 180° − 60°

$\qquad$ = 120°

よって，

△BCDにおいて，

BD² = 3² + 4² − 2・3・4cos120°

$\quad$ = 9 + 16 + 12

$\quad$ = 37

ゆえに，BD = $\sqrt{37}$

以上より，正解は3。

10 3

解説 四角形ABCDは円に内接しているので，向かい合う内角の和は180°

となるので，

$\quad$∠ABC + ∠ADC = 180°

また，∠ABC + ∠PBC = 180°より，∠PBC = ∠ADC

さらに，接弦定理より，∠PCB = ∠BAC

円周角の定理より，∠BAC = ∠CAD

よって，2角が等しいので，△BPC∽△DCA

弧BC = 弧CDより，BC = CD = 2〔cm〕

よって，△BPCと△DCAの相似比は2：3より，

$\quad$△BPC：△DCA = 4：9…①

一方，△CQDと△AQCにおいて，∠CQD = ∠AQC，

接弦定理より，∠QCD = ∠QAC

よって，2角が等しいので，△CQD∽△AQC，

$\quad$CD = 2〔cm〕，AC = 4〔cm〕より，相似比は1：2，面積比は1：4

よって，△DCA：△AQC ＝ 3：4 ＝ 9：12…②

①，②より，△BPC：△DCA：△AQC ＝ 4：9：12…③

ここで，△BPCと△CPAについて同様に考えると，

△BPC∽△CPA，相似比1：2，面積比は1：4

よって，△BPC：△ABC ＝ 1：3 ＝ 4：12…④

③，④より，△BPC：△APQ ＝△BPC：(△BPC ＋△ABC ＋△AQC)

$$= 4 : (4 + 12 + 12)$$

$$= 4 : 28$$

$$= 1 : 7$$

以上より，正解は3。

自然科学　　　　　　物 理

||||||||||||||||||||||||||| ＰＯＩＮＴ |||||||||||||||||||||||||||

　物理の分野では，ほとんどが高校物理の内容を中心とした問題で，下記の
いずれの単元からも出題される可能性がある。しかし，出題パターンは限ら
れており，優先的に取り組むべきなのは「力学」で，「電磁気」，「波動」がこ
れに続く。ほとんどが計算問題であるが，正誤問題や穴埋め問題が出る場合
もある。

　「力学」では，「等速直線運動」や「等加速度直線運動」が基本となり，「落
体の運動」，「斜面をすべる物体の運動」などはこれらの知識を用いて解いてい
くことになる。また，覚えた公式をどの問題で，どういう形で利用するのか，
自身で判断できるようにならなければいけない。例えば，「落体の運動」では
自由落下，鉛直投げ下ろし，鉛直投げ上げ，水平投射，斜方投射といった
様々な運動形態が出てくる。その他にも，「糸の張力」，「ばねの弾性力」，「浮
力」といった力の種類や，「仕事とエネルギー」，「運動量」などを題材にした
問題も多い。

　「熱と気体」では，「熱量の保存」に関する計算問題や，「物質の三態と状態
変化」に関する正誤問題または穴埋め問題が頻出である。覚えることが少な
い単元なので，しっかりと練習しておけば得点源になりやすい。

　「波動」では，まず波の基本公式を覚え，波長，振動数，速さ，周期といっ
た物理量を用いて，式変形ができるようになっておくべきである。そして，
最も重要なのが「ドップラー効果」を題材にした計算問題であり，基本公式は
確実に覚えておかなければならない。そのうえで，音源と観測者が静止して
いる場合，近づく場合，遠ざかる場合によって，基本公式の速度の符号が変
わることに気を付けてほしい。実際の試験問題では，問題文からいずれの場
合であるか読み取り，自身の判断で公式を立てられるようにならなければい
けない。なお，この単元では波の性質（反射，屈折，回折，干渉など）やそ
の具体例，温度と音速の関係など，基本的性質を問う正誤問題が出題される
ことが多いので注意しよう。

　「電磁気」では，コンデンサーや電気抵抗のある電気回路を題材にした計算

問題が非常に多い。公式としては，「オームの法則」，「合成抵抗」，「合成容量」，「抵抗率」に関するものは確実に使えるようになっておきたい。余力があれば，「キルヒホッフの法則」も覚えておこう。計算パターンは限られているが，コンデンサーや抵抗の数，および接続方法を変えた多様な問題が出題されるので注意が必要である。接続方法には「直列接続」と「並列接続」があり，実際の試験問題では，与えられた電気回路のどこが直列（または並列）接続なのか自身で判断できなければならない。

「原子」では，まずはα線，β線，γ線の基本的な性質や違いを理解しよう。そのうえで，「核分裂」や「核融合」の反応式が作れること，「放射性原子核の半減期」に関する計算問題ができるようになっておこう。この単元も，是非とも得点源にしたい。

学習方法としては，本書の例題に限らずできるだけ多くの問題を解くことである。公式を丸暗記するより，具体的な問題を解きながら考える力を養っていこう。難問が出題されることはほとんどないので，教科書の練習問題や章末問題レベルに集中して取り組むようにしたい。

狙われやすい！ 重要事項

☑ 力のつりあい
☑ 等加速度運動
☑ 音波の性質
☑ 電気回路

《 演 習 問 題 》

1 重さが20Nの小球に，2本の軽い糸1，糸2をつけ，天井に固定する。糸1，2が鉛直方向となす角が30度，60度であったときに，糸1が小球を引く力の大きさ（N）として正しいものはどれか。ただし，$\sqrt{3}=1.7$とする。

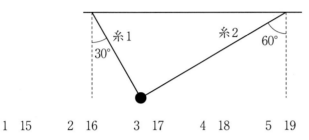

1　15　　　2　16　　　3　17　　　4　18　　　5　19

2 振動数が440Hzの音が，温度が20℃の部屋から，5℃の屋外へもれているとする。このときの音の振動数と波長の関係について正しいのはどれか。

1　振動数，波長ともに減少する。
2　振動数は変化しないが，波長は長くなる。
3　振動数は変化しないが，波長は短くなる。
4　振動数は減少するが，波長は変化しない。
5　振動数，波長ともに変化しない。

3 起電力が3Vで内部抵抗が0.4Ωの電池Eが2個と，0.3Ωの抵抗Rがある。これらを図のようにつないだら，Rを流れる電流はいくらになるか。

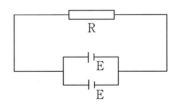

1　6A　　　2　5A　　　3　4A　　　4　3A　　　5　2A

4　右図のような単振り子に関する記述のうち，正しいのはどれか。

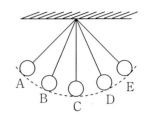

1　速度が最大になるのはB点とD点である。
2　おもりの加速度が最小であるのはA点とE点である。
3　D点での加速度の向きは，いつも等しい。
4　運動エネルギーが最小であるのはC点である。
5　位置エネルギーが最大なのはB点とD点である。

5　なめらかな水平面上に質量5.0kgの物体が静止している。その物体を一定の力Fで引いたところ，5.0秒後に4m/sになった。このとき，物体を引いている力Fはいくらか。

1　1.0N　　2　2.0N　　3　3.0N　　4　4.0N　　5　5.0N

6　長さ15cmのつる巻ばねに50gのおもりをつるすとその長さは17cmになった。これとは異なるおもりをつるすとその長さは21cmになった。このおもりの質量はいくらになるか。

1　120g　　2　150g　　3　180g　　4　210g　　5　240g

7　ある物体を毎秒58.8メートルの初速度で鉛直に投げ上げたとき，最高点に達するまでの時間と，投げ上げた地点から最高点までの高さの組み合わせとして，妥当なものはどれか。但し，重力加速度を9.8〔m/s²〕とする。

	最高点に達するまでの時間〔s〕	投げ上げた地点から最高点までの高さ〔m〕
1	6	88.2
2	6	176.4
3	8	88.2
4	8	176.4
5	12	176.4

8 図のように、3Ωの抵抗を並列に4つつなぎ、さらに10Vの電源と、電流計を接続したとき、この回路全体の消費電力は何Wか。ただし、電源と電流計の抵抗を0とし、消費電力は小数第2位を四捨五入して求めるものとする。

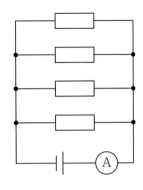

 1 97.3W 2 103.7W
 3 133.3W 4 151.9W
 5 167.7W

9 波に関する次の記述のうち、妥当なものはどれか。

 1 媒質の振動方向と波の進行方向が垂直であるような波を横波という。横波は疎密波とも呼ばれる。

 2 2つの波の山と谷が重なったところでは波は打ち消し合い、山と山、谷と谷が重なる所では強めあう。これを波の共鳴という。

 3 波が異なる媒質の境界を進むときに方向が変わる現象を回折という。

 4 波の山から山、あるいは谷から谷までの長さを波長といい、媒質が振動して1秒間に往復する回数を振動数という。波の速さは、波長を振動数で割ると求まる。

 5 媒質が1往復するのにかかる時間を波の周期という。波の周期は振動数の逆数に等しい。

《 解 答 ・ 解 説 》

1 3

解説 次の図のように，小球には20Nの力が作用し，その反作用力Fは，ひも1にかかる張力T_1とひも2にかかる張力T_2に分解される。これらを水平方向と鉛直方向に分解し，力のつり合いを考える。

水平方向の力のつり合いより，

$$T_1\sin30° = T_2\sin60°$$

$$\frac{1}{2}T_1 = \frac{\sqrt{3}}{2}T_2$$

$$T_1 = \sqrt{3}T_2 \cdots ①$$

鉛直方向の力のつり合いより，

$$T_1\cos30° + T_2\cos60° = 20 〔N〕$$

$$\frac{\sqrt{3}}{2}T_1 + \frac{1}{2}T_2 = 20 \cdots ②$$

①②より，$\dfrac{\sqrt{3}}{2}T_1 + \dfrac{1}{2\sqrt{3}}T_1 = 20$

$$\frac{3+1}{2\sqrt{3}}T_1 = 20$$

$$T_1 = 20 \times \frac{2\sqrt{3}}{4} = 10\sqrt{3} = 17 〔N〕$$

以上より，正解は3。

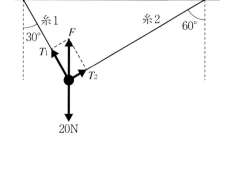

2 3

解説 音波の速さV〔m/s〕は，乾燥した空気中では振動数によらず，温度t〔℃〕に依存し，$V = 331.5 + 0.6t$の関係がある。よって，温度が下がると音速は減少する。

また，音波の振動数をf〔Hz〕，波長をλ〔m〕とすると，$V = f\lambda$の関係がある。ここで，振動数は媒質が変わっても変化しないので，音速が減少すると波長が短くなることがわかる。

以上より，正解は3。

3 1

解説 各部を流れる電流の強さをi_1〔A〕，i_2〔A〕，i_3〔A〕とすると，

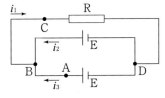

つながれている電池2個は同じものなので，

$$i_2 = i_3 = \frac{1}{2}i_1$$

また，閉回路A→B→C→D→Aにこの向きを正の向きとして，キルヒホッフの法則を用いると，

$$3 = 0.3i_1 + 0.4i_3 = 0.3i_1 + 0.4 \times \frac{i_1}{2} \text{ より } i_1 = 6 \text{〔A〕}$$

以上より，正解は1。

4 3

解説 図のように振り子が振れているとき，おもりにはたらく力は張力と重力だけである。また，どの位置であっても，おもりの運動方向はおもりが描く円弧の接線方向，つまり張力の垂直方向なので，張力はおもりに対して仕事をしない。よって，力学的エネルギー保存の法則が成り立ち，運動エネルギーと位置エネルギーの和は一定となる。

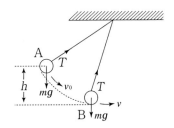

1. 誤り。運動エネルギーが最大となるのは，位置エネルギーが最小となるC点である。　2. 誤り。加速度が最小になるのはC点である。　3. 正しい。D点での加速度の向きは，図のように張力の垂直方向となる。　4. 誤り。運動エネルギーが最小になるのは，位置エネルギーが最大となるA，E点である。　5. 誤り。位置エネルギーが最大になるのは，高さが最大になるA，E点である。

[5] 4

解説 物体には一定の力が加わっているので、この物体は等加速度直線運動をしている。物体の初速度を v_0 〔m/s〕、速度を v 〔m/s〕、加速度を a 〔m/s²〕、時刻を t 〔s〕とすると、

$$v = v_0 + at$$

$$a = \frac{v - v_0}{t} = \frac{4 - 0}{5.0} = 0.8 \text{ 〔m/s}^2\text{〕}$$

したがって、物体を引く力 F は、運動方程式より、

$$F = 5.0 \times 0.8 = 4.0 \text{ 〔N〕}$$

以上より、正解は4。

[6] 2

解説 フックの法則より、ばねの自然長からの伸び x 〔m〕は、加えた力 f 〔N〕に比例する。ばね定数を k 〔N/m〕とすると、$f = kx$ と表せる。

50gのおもりをつるしたとき、ばねの自然長からの伸びは $17 - 15 = 2$ 〔cm〕
異なるおもりをつるしたとき、ばねの自然長からの伸びは $21 - 15 = 6$ 〔cm〕
となったので、50gのおもりをつるしたときより3倍の大きさの力が加わったことになる。
ここで、（力）＝（質量）×（重力加速度）であり、重力加速度は一定なので、異なるおもりの質量は $50 \times 3 = 150$ 〔g〕
以上より、正解は2。

[7] 2

解説 一般に、鉛直投げ上げによる運動において、速度を v 〔m/s〕、初速度を v_0 〔m/s〕、重力加速度を g 〔m/s²〕、時間を t 〔s〕、投げ上げた地点からの高さを y 〔m〕で表すものとすると、$v = v_0 - gt \cdots$①、$y = v_0t - \frac{1}{2}gt^2 \cdots$②の2つの公式が成り立つ。
ここで、$v_0 = 58.8$、$g = 9.8$ であり、最高点では $v = 0$ となるから、
①より、$0 = 58.8 - 9.8t$　∴　$t = 6$ 〔s〕
また、
②より、$y = 58.8 \times 6 - \frac{1}{2} \times 9.8 \times 6^2 = 352.8 - 176.4 = 176.4$ 〔m〕
以上より、正解は2。

8 3

解説 まず，回路全体の合成抵抗を求める。並列回路の合成抵抗の逆数は，それぞれの抵抗の逆数の和に等しいから，

$$\frac{1}{合成抵抗} = \frac{1}{3} + \frac{1}{3} + \frac{1}{3} + \frac{1}{3} = \frac{4}{3} \quad \therefore \quad 合成抵抗 = \frac{3}{4} = 0.75 〔Ω〕$$

ここで，（電力）＝（電流）×（電圧）＝ $\dfrac{(電圧)^2}{抵抗} = \dfrac{10^2}{0.75} ≒ 133.3 〔W〕$

以上より，正解は3。

9 5

解説 1．誤り。媒質の振動方向と波の進行方向が垂直であるような波を横波といい，媒質の振動方向と波の進行方向が同じものを縦波という。縦波は疎密波とも呼ばれる。　2．誤り。2つの波の山と谷が重なったところでは波は打ち消し合い，山と山，谷と谷が重なる所では強めあう。この現象は干渉と呼ばれる。　3．誤り。波が異なる媒質の境界を進むときに方向が変わる現象を屈折という。　4．誤り。波の速さは単位時間に進む波の距離で求まる。媒質が振動して1秒間に往復する回数が振動数であり，波長をかけると1秒間に波が進んだ距離が求まる。よって波の速さは振動数×波長で求まる。　5．正しい。媒質が振動して1秒間に往復する回数が振動数なので，振動数の逆数は波が1往復するのにかかる時間を示す。つまり，周期に相当する。

自然科学　　　化学

　化学の分野では，ほとんどが高校化学の内容から出題される。「理論化学」，「無機化学」，「有機化学」に大別されるが，主に「理論化学」からの出題が多い。また，「無機化学」や「有機化学」の内容は，「理論化学」の内容が分かれば理解・暗記がしやすいので，まずは「理論化学」に優先的に取り組むとよい。

　「理論化学」では，計算問題とそれ以外の問題が同じぐらいの割合で出題される。計算問題としては，化学反応式をもとにした物質の質量，体積，物質量などの計算や，与えられた原子量から化合物の式量や分子量を求めることが必須である。そのうえで，気体の状態方程式（圧力，体積，絶対温度など），混合気体の分圧や全圧，溶解度を用いた物質の析出量，熱化学方程式を用いた反応熱，中和滴定に必要な酸や塩基の体積や濃度，酸や塩基のpH，電気分解で析出する物質の質量などが求められるようになっておきたい。その他には，化学理論（分圧の法則など），物質の分離法，化学結合，物質の状態変化，化学平衡，コロイド溶液，化学電池などについてしっかり整理しておこう。

　「無機化学」では，計算問題はほとんど出題されず，大部分が物質の性質を問う正誤問題である。まずは，元素周期表の特徴をしっかりと理解し，性質の似た物質のグループがあることを把握すること。また，イオン化エネルギーや電気陰性度など，周期表と大きく関わる用語を覚えよう。無機物質は金属と非金属に大別される。金属では，1族の金属，2族の金属の他に，鉄，銅，銀，アルミニウム，チタンなどの代表的な金属の性質，化学反応，製法を覚えておくこと。非金属では，ハロゲン，希ガス，炭素やケイ素の性質，化学反応を覚えておくこと。そのうえで，代表的な気体（酸素，窒素，二酸化炭素，アンモニアなど），溶液（塩酸，硫酸，硝酸など）などについて，教科書レベルの知識を身に付けておきたい。

　「有機化学」では，計算問題としては有機化合物の元素分析の結果から分子量が求められるようになろう。その他には，教科書レベルの代表的な有機化

合物の性質や反応性を覚えること，高分子化合物については，樹脂，繊維，ゴムなどに利用される物質について整理しておこう。

　本書に限らず，できるだけ多くの公務員試験の問題に触れ，解いた問題を中心に知識を増やしていこう。出題傾向がつかめたら，大学入試センター試験や大学入学共通テストから類題を探すのもよい。

🖝 狙われやすい！ 重要事項

☑ **基礎的な化学理論**
☑ **物質の状態変化**
☑ **酸と塩基**
☑ **化学平衡**
☑ **無機物質の性質**

《 演 習 問 題 》

1 　トルエンを，触媒を用いて酸化すると固体物質が得られる。この物質は次のどれに属するか。

　1　アミノ酸　　　　　　2　脂肪酸　　　　　　3　芳香族カルボン酸
　4　カルボン酸エステル　5　炭水化物

2 　次の文は，鍾乳洞がどうしてできるかについて述べたものである。文章全体から判断すると，ア〜エの中で適切でないものがある。適切でないものすべてをあげているのはどれか。

　石灰岩地帯にCO_2を含んだ_ア弱酸性の水が浸透すると，石灰岩中のCaが_イ$CaCO_3$として水に溶けてしまう。この溶液が空洞に出ると，_ウ圧力の減少，水分の蒸発などによって_エ$Ca(HCO_3)_2$の沈殿が生じて，これが鍾乳石となる。

　1　エ
　2　イ・エ
　3　ウ・エ
　4　ア・イ・ウ
　5　イ・ウ・エ

3 **鉄の性質に関する次の記述のうち，誤っているものはどれか。**

1　酸性域の水中においては，水素イオン濃度が高いほど腐食しやすい。

2　濃硝酸に浸すと，不動態皮膜を形成する。

3　アルカリ性のコンクリート中では，腐食が抑制される傾向がある。

4　塩分の付着したものは，腐食しやすくなる。

5　水中で鉄と銅が接触しているとき，鉄の腐食は抑制される。

4 **次の記述のうち，最も妥当なものはどれか。**

1　銅は金属の中で最もよく電気や熱を導く。また，この金属の化合物は感光性があるので，写真のフィルムに用いられる。

2　アルミニウムは酸化物を融解塩電解をすることで得られる金属である。この元素の単体は軽くてやわらかい金属である。空気中では表面が酸化されて，ち密な被膜を生じている。

3　水銀の単体は常温で固体である。他の金属と合金をつくりやすく，これをアマルガムという。

4　鉄は酸化物をコークスから生じる一酸化炭素で還元して得られる。この金属にクロムやニッケルを混ぜてつくった合金はジュラルミンといわれ，錆びにくいという特徴をもつ。

5　カルシウムは常温で水と激しく反応し，水素を発生させる。炎色反応で呈する色は黄色である。炭酸塩と塩酸を反応させると二酸化炭素が発生する。

5 **結晶に関する記述として，最も妥当なものはどれか。**

1　共有結合は結合力が強いといわれるので，氷やドライアイスなどの分子結晶は，硬度がきわめて大きい。

2　塩化ナトリウムや水晶のようなイオン結晶は，溶融した場合，電気伝導性がある。

3　ナフタレンや水素が昇華しやすいのは，分子間力が弱く，分子の熱運動により容易に分子間の結合が切れるためである。

4　氷は水よりも密度が小さい。これは，水の結晶では，分子が比較的大きなすき間をつくって配列しているからである。

5　ダイヤモンドは互いに電子を出し合って，その自由電子によって結合しているので，融点，沸点は高い。

6 次の現象のうち，化学変化とよばれるものはどれか。
1 水が沸騰して水蒸気になる
2 砂糖が水に溶ける
3 紙が燃えて灰になる
4 鉄を高温に熱すると溶ける
5 酸素の気体に圧力を加えると体積が小さくなる

7 5.0×10^5〔Pa〕，27℃，10Lの気体を，温度を変えずに25Lになるまで膨脹させると，圧力は何Paになるか。
1 1.0×10^5〔Pa〕　　2 1.5×10^5〔Pa〕　　3 2.0×10^5〔Pa〕
4 5.0×10^5〔Pa〕　　5 12.5×10^5〔Pa〕

8 ある物質25gを100gの水に溶かした。この水溶液の質量パーセント濃度はいくらになるか。
1 20%　　2 25%　　3 30%　　4 50%　　5 125%

9 化学変化に関する記述として，妥当なものはどれか。
1 気体が関係する化学反応において，同温かつ同圧の下で，反応する気体の体積間には簡単な整数比が成り立つ。
2 化学反応において，正触媒を加えると，活性化エネルギーが増大することを通じて反応速度が大きくなる。
3 可逆反応において，実際に反応が停止した状態を化学平衡といい，この状態に達した後に，濃度や圧力など条件を変えても，新たな化学変化は起こらず，不変の状態が続く。
4 中和反応とは，酸の水素イオンと塩基の水酸化物イオンが反応して，水が生成することによってそれぞれのイオンの性質が打ち消される反応であり，物質によって，吸熱反応と発熱反応のいずれかを示す。
5 ケン化と呼ばれる反応を利用して作られるのがセッケンであり，具体的には，油脂に酸を加えることによって製造される。

10 有機化合物に関する次の記述のうち，妥当なものはどれか。

1　炭素原子を含む化合物はすべて有機化合物に分類される。

2　有機化合物は導電性のないものが多く，可燃性のものが多い。

3　有機化合物を構成する元素の種類は少なく，化合物数も無機化合物に比べて少ない。

4　多くの有機化合物は，水に溶けやすく，エーテルなどの溶媒に溶けにくい。

5　有機化合物は共有結合でできているため，融点や沸点は高いものが多い。

《《　解　答　・　解　説　》》

1 3

解説　トルエン $C_6H_5CH_3$ は二酸化マンガンを触媒として酸化すると，安息香酸 C_6H_5COOH が生成する。

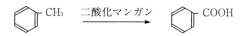

アミノ酸	酸性のカルボキシ基—COOHと塩基性のアミノ基—NH_2 を含んでいる化合物。
脂肪酸	R—COOHという一般式で表される化合物。脂肪族カルボン酸ともいう。
芳香族カルボン酸	芳香族炭化水素（ベンゼン環を含む炭化水素）の水素原子1個またはそれ以上を，カルボキシ基—COOHで置換した化合物。
ヒドロキノン酸	芳香族炭化水素の水素原子2個が，アルコール基—OHで置換されたもの。
カルボン酸エステル	カルボン酸とアルコールが反応して生成する化合物。
炭水化物	炭素の水和物として示される化合物。

2 2

解説 ア．正しい。二酸化炭素が溶けた水のpHは約5.6であり，弱酸性である。　イ．誤り。石灰岩は炭酸カルシウム$CaCO_3$が堆積したものであり，これが水に溶けると，$CaCO_3 + H_2O + CO_2 \rightarrow Ca(HCO_3)_2$という化学反応が起こり，炭酸水素カルシウム$Ca(HCO_3)_2$が生じる。　ウ．正しい。水に溶け出した$Ca(HCO_3)_2$は，水分の蒸発や圧力の減少などで，$Ca(HCO_3)_2 \rightarrow CaCO_3 + H_2O + CO_2$という反応が起こり，再び$CaCO_3$が析出する。　エ．誤り。ウの反応式で析出した$CaCO_3$が沈殿することで，鍾乳洞ができる。

したがって，イの「$CaCO_3$」とエの「$Ca(HCO_3)_2$」を入れ替えると，正しい文章となる。

以上より，正解は2。

3 5

解説 水中で鉄と銅が接触している場合，銅よりもイオン化傾向が大きな鉄の腐食が促進される。

4 2

解説 1．誤り。銀に関する記述である。　2．正しい。　3．誤り。水銀の単体は常温で液体である。　4．誤り。ジュラルミンはアルミニウムと銅を主成分とする合金である。　5．誤り。カルシウムが炎色反応で呈する色は橙赤色である。

5 3

解説 1．誤り。分子結晶は，分子内の原子の結合は共有結合であるが，分子間力による結合力が弱いため，もろくてこわれやすい。　2．誤り。水晶はイオン結晶ではなく，共有結合性結晶である。　3．正しい。　4．誤り。水ではなく氷の分子が，大きなすき間をつくって配列している。　5．誤り。ダイヤモンドではなく鉄などの金属結晶の記述である。

6 3

解説 物質そのものが新しいもの（別の化学式で表すもの）に変化することを化学変化という。1，2，4，5は物質そのものは変化していない。

7 3

解説 膨張後の気体の圧力を P〔Pa〕とすると，ボイルの法則より，

$(5.0 \times 10^5) \times 10 = P \times 25$

$P = \dfrac{(5.0 \times 10^5) \times 10}{25} = 2.0 \times 10^5$〔Pa〕

以上より，正解は3。

8 1

解説 溶質の質量が25g，溶媒の質量が100gより，溶液の質量は $25 + 100 = 125$〔g〕となる。よって，この水溶液の質量パーセント濃度は，

$\dfrac{25}{125} \times 100 = 20$〔％〕

以上より，正解は1。

9 1

解説 1．正しい。気体反応の法則についての記述である。　2．誤り。正触媒を加えた場合，活性化エネルギーが減少することを通じて反応速度が大きくなる。　3．誤り。化学平衡の状態では，反応は止まっているように見えるものの，実際に止まっているわけではなく，右向きの反応と左向きの反応の速度が等しくなっている。また，化学平衡に達した後も，濃度，圧力，温度の影響により反応が進み，新たな平衡状態に達する。　4．誤り。中和反応は発熱反応であり，そこで生じる熱を中和熱という。　5．誤り。セッケンは，油脂に塩基である水酸化ナトリウムを加えて加熱することによって作られる。

10 2

解説 1．誤り。炭素を含む化合物を有機化合物に分類するが，CO や CO_2，炭酸塩，シアン化物などは炭素原子を含むが無機化合物に分類される。 2．正しい。有機化合物は無極性のものが多く，イオンに電離するものも少ないため，ほとんどの化合物が導電性を持たない。有機化合物は可燃性のものが多い。　3．誤り。有機化合物を構成する元素は，炭素。水素，酸素，窒素などが主で，他に硫黄，リンなどを含むものもあるが，構成元素の種類は少ない。しかし，同じ分子式で示される化合物でも，構造式や立体構造の違いによる異性体が存在するため化合物数は非常に多い。　4．誤り。多くの有機物は無極性の分子であり，水和されにくく水に溶けにくい。逆にエーテルのような無極性の有機溶媒には溶けやすい。　5．誤り。有機化合物は原子同士が共有結合で結びついている。しかし，分子性の物質で分子間には弱い分子間力が働くため，結合力が弱く融点や沸点は低い。

自然科学　　生　物

|||||||||||||||||||||||||||||| P O I N T ||||||||||||||||||||||||||||||

　生物の分野では，高校までの内容が出題される。出題形式としては，ほとんどの問題が基本的な知識を問う正誤問題や穴埋め問題で，計算問題はごく一部である。また，教科書と同じような図表が与えられる問題が多いので，図表から必要な情報を的確に読み取れるように，教科書などをしっかり読み込んでおこう。暗記事項が多いものの，中学生物の知識だけで解ける問題もあるため，効果的な学習ができれば十分得点源となる。以下に，それぞれの単元で最重要事項をまとめるので，優先的に取り組んでほしい。

　「細胞」に関する内容として，まずは「細胞小器官」の構造やはたらきを覚え，「動物細胞と植物細胞の違い」を整理しよう。次に，「細胞分裂」について「体細胞分裂の一連の流れ」を覚え，その後「減数分裂」との違いを整理しよう。さらに，「動物細胞と植物細胞の分裂の仕組みの違い」についても理解しよう。図が与えられた問題の対策としては，「どの細胞のどの分裂のどの時期か」が判断できるようになっておきたい。なお，細胞周期や分裂細胞数の計算方法にも慣れておこう。

　「遺伝子」に関する問題として，まずは「DNA と RNA」の構造やはたらきを覚え，これらの違いを整理しよう。次に，「遺伝現象」について，「メンデルの法則に従う遺伝現象」の一連の流れや 3 つの法則，生まれてくる子の遺伝子型や表現型の分離比の計算方法を完璧に押さえること。その上で，「メンデルの法則に従わない遺伝現象」について，具体例とともに覚えよう。特に，「ABO 式血液型」で生まれてくる子の血液型のパターンを問う問題は頻出である。余裕があれば，伴性遺伝の仕組みや組み換え価の計算などに挑戦しよう。

　「代謝」に関する問題としては，まずは「酵素」について基本的な性質を覚え，「消化酵素のはたらきと分泌腺」の組合せを覚えよう。次に，「呼吸」については 3 つの過程を覚え，それぞれの反応に関与する物質や生成する ATP の数を覚えよう。また，「光合成」からは様々な論点や図表からの出題実績があるので，一連の流れを覚えるだけでなく，できるだけ多くの問

題に触れること。

　「体内環境と恒常性」に関する内容としては，「免疫反応」の体液性免疫と細胞性免疫の流れと違い，「血液凝固」の仕組み，「ホルモン」のはたらきと分泌腺，「交感神経と副交感神経」のはたらきの違い，「腎臓と肝臓」のはたらき，「ヒトの脳」の部位とはたらきの違いなどがよく出題される。ほとんどがヒトに関わる内容なので取り組みやすいが，「ホルモン」については植物ホルモンから出題される場合も多い。

　「生態系」に関する問題としては，「食物連鎖」や「物質循環」がよく出題されるので，全体の流れをしっかりと把握し，図の読み取りや穴埋め形式の問題への対応をしよう。

　本書に限らず，できるだけ多くの公務員試験の問題に触れ，解いた問題を中心に知識を増やしていこう。出題傾向がつかめたら，大学入試センター試験や大学入学共通テストから類題を探すのもよい。

狙われやすい！ 重要事項

- ☑細胞
- ☑代謝
- ☑体内環境と恒常性
- ☑生態系

《 演 習 問 題 》

1 遺伝の種類と具体的な例として，正しい組み合わせはどれか。

1　複対立遺伝子 ── ヒトのABO式血液型
2　致死遺伝子 ──── スイートピーの紫と白の花色
3　伴性遺伝 ───── マルバアサガオやオシロイバナの花色
4　不完全優性 ──── ヒトの赤緑色覚異常
5　補足遺伝子 ──── キイロハツカネズミの毛色

2 ある植物細胞を，体細胞分裂に適した環境で培養したところ，600個であった細胞が，30時間後には2400個に増加していた。この細胞の細胞周期として正しい時間はどれか。ただし整数で表すものとする。

1　5時間　　2　10時間　　3　15時間　　4　20時間　　5　25時間

3 植物の開花について，正しく記述されているのはどれか。

1　トマト，エンドウ，トウモロコシなどは，明期が長くなり，暗期が10時間以下にならないと花芽が形成されず，開花できない。
2　冬になってから温室で発芽させた秋まきコムギは，暖かい環境下の栽培により成長が促進され，初夏には出穂し，開花してしまう。
3　わが国の植物園などで温室栽培されている熱帯植物の多くは，明期が長くなる春から初夏にかけて，開花する。
4　暗期が一定時間以上になると開花する植物アサガオは，暗期の途中で，数分間程度だけなら光を当てても，花芽の形成に影響せず，開花する。
5　秋咲き植物であるキクは，葉の上半部をすべて除去しても，下半部を短日処理をすれば，茎の上部成長点に花芽が形成され，開花する。

4 人間の輸血について，正しく記述されているのはどれか。

1　A型の人からB型の人への輸血は可能である。
2　A型の人からO型の人への輸血は可能である。
3　A型の人からAB型の人への輸血は可能である。
4　B型の人からO型の人への輸血は可能である。
5　AB型の人からB型の人への輸血は可能である。

5　大脳のはたらきを述べた記述として，最も妥当なものはどれか。
1　からだの平衡を正しく保つ中枢がある。
2　感覚・感情・記憶・推理・判断の中枢がある。
3　内臓のはたらきを調節する中枢がある。
4　呼吸・心臓のはく動・かむ・飲みこむなどの中枢がある。
5　眼球運動，こう彩の中枢がある。

6　ヒトの色覚異常は劣性の遺伝病で，伴性遺伝をする。次のうちヒトの色覚異常の遺伝について，正しく記述されているのはどれか。
1　父，母とも色覚異常でなくても，色覚異常の息子が産まれることがある。
2　父，母とも色覚異常であっても，その娘が色覚異常であるとはかぎらない。
3　母が色覚異常だったら，その子供はすべて色覚異常である。
4　健康な父と，色覚異常の母では，その息子は健康で，娘は潜在色覚異常になる。
5　色覚異常の父と，健康な母では，その息子は色覚異常で，娘は潜在色覚異常になる。

7　植物体の生理に関する記述として，妥当なものはどれか。
1　緑色植物の炭酸同化作用には，光のエネルギーのほかに，体内の糖分を分解することによって得られるエネルギーも利用される。
2　ふつうの緑色植物では，大気中の遊離窒素を体内に吸収して，これを炭水化物と結合させてアミノ酸を生成する。そして最終的には，いろいろなタンパク質を合成する。
3　水分の蒸散は，主として葉の裏面にある気孔を通じて行われる。また，蒸散は，昼間より夜間のほうが盛んで，早朝に葉に水滴が残っていることがある。
4　気孔の開閉は，気孔の内側と外側の細胞の熱膨張率の違いによるものである。気孔が開くのは，外側の細胞がより膨張したときである。
5　ある種の植物は，微生物と共生することにより，栄養分に乏しい土地でも生育することができる。

8 種子の発芽に必要な条件の組み合わせとして，妥当なものはどれか。

1　水　　　温度　　　空気
2　水　　　温度　　　土
3　土　　　温度　　　肥料
4　光　　　土　　　　温度
5　水　　　光　　　　温度

9 遺伝子に関する記述として，誤っているものはどれか。

1　遺伝子はたんぱく質を生産するもとになる。
2　種を構成するのに必要な最小の遺伝子群のことをゲノムと呼ぶ。
3　遺伝子治療は遺伝性疾患やがんなどの患者に遺伝子を導入して行う治療のことである。
4　ヒトの遺伝子の本体はRNAである。
5　遺伝子は4種の遺伝暗号（塩基）が連なってできている。

10 生態系に関する記述として，妥当なものはどれか。

1　自浄できる分量を大幅に超えた汚水が海などに流入すると，ほとんどのプランクトンが瞬時に死滅する。その結果，多くの魚類が，捕食する対象を失うため，死滅に至る。
2　アンモニアは，窒素の循環において重要な役割を果たす。アンモニアは，植物の根によって吸収され，アミノ酸やタンパク質などに変えられる。
3　生態系ピラミッドは，生産者，第一次消費者，第二次消費者などによって構成される。いわゆる高次の消費者は，低次の者に比べると，個体数，エネルギー量において，大規模になる。
4　無機物から有機物を生み出す働きを持つのが生産者である。プランクトンや細菌はこれに含まれず，緑色植物が主な例として挙げられる。
5　湖沼における生態系に大きな脅威を与えているのは硫黄酸化物や窒素酸化物である。被害の最大の原因は，雨が少ない地域の湖沼において，自然界に古くから存在する化合物の濃度が上昇したことにある。

《 解 答・解 説 》

1 1

解説 1. 正しい。複対立遺伝子は3つ以上の対立遺伝子による遺伝現象で，ヒトのABO式血液型などに見られる。 2. 誤り。致死遺伝子はキイロハツカネズミの毛色の決定などに関わっている。 3. 誤り。伴性遺伝は性染色体上に存在する遺伝子による遺伝現象で，ヒトの赤緑色覚異常などで見られる。 4. 誤り。不完全優性はマルバアサガオやオシロイバナの花色などで見られる。 5. 誤り。補足遺伝子はスイートピーの花の色の決定などに関わっている。

2 3

解説 体細胞分裂では，1回の分裂で1個の細胞が2個になる。30時間で細胞数が4倍に増えていることから，全ての細胞が分裂したと仮定すれば，2回分裂が起きたことがわかる。全ての細胞が2回分裂するには細胞周期の2倍の時間がかかるので，細胞周期は$\dfrac{30}{2} = 15$〔時間〕となる。

以上より，正解は3。

3 5

解説 1. 誤り。トマト，エンドウ，トウモロコシなどは，明暗の長さに関係なく花芽が形成される中性植物である。 2. 誤り。秋まきコムギは，一定期間低温条件におかれてから開花結実する。このように，低温条件で花芽の形成を促すことを春化処理という。 3. 誤り。多くの熱帯植物は短日植物であり，開花時期は秋〜冬である。 4. 誤り。暗期がある一定の長さ以上になると花芽を形成する短日植物に対して，暗期の途中に光を当てると花芽が形成されなくなる。これを光中断という。 5. 正しい。日長刺激を受容するのは葉であり，葉でつくられたフロリゲンという花芽形成促進物質が芽に移動することで，花芽が形成される。一部の葉が日長を受容すれば，その刺激は植物全体に伝わっていく。

4 3

解説 実際の輸血の場合は，同じ血液型同士で行うが，理論上は次のようになる。

　各型の血液にはそれぞれ赤血球の中に凝集原（A，B）と，血しょうの中に凝集素（α，β）をもっている。そして輸血の際に，Aとα，Bとβが出会うと，抗原抗体反応が起こり，輸血は不可能となる。各型の凝集原，凝集素を表すと，

A型……A，β	B型……B，α
AB型……AとB，凝集素はナシ	O型……凝集原はナシ，αとβ

となる。つまり，輸血をして供血者と受血者のAとα，Bとβが共存しなければ輸血可能となる。

5 2

解説 1. 誤り。これは小脳のはたらきに関する記述である。　2. 正しい。3. 誤り。これは間脳に関する記述である。　4. 誤り。これは延髄に関する記述である。　5. これは中脳に関する記述である。

6 1

解説 ヒトの色覚異常に関する遺伝子は，X染色体上に存在する。健康な男性の性染色体をXY，健康な女性の性染色体をXXとし，色覚異常をもたらすX染色体をX′と表すと，色覚異常の男性はX′Y，色覚異常の女性はX′X′である。また症状は出ていないものの，X′染色体を1つもつ女性X′Xを潜在色覚異常とする。以上を組み合わせて産まれる可能性のある子どもは次の表のようになる。

	両　親		子　供	
	父	母	息　子	娘
ア	X Y	X X	X Y	X X
イ	X Y	X′ X	X Y, X′ Y	X X, X′ X
ウ	X Y	X′ X′	X′ Y	X′ X
エ	X′ Y	X X	X Y	X′ X
オ	X′ Y	X′ X′	X Y, X′ Y	X′ X′, X′ X
カ	X′ Y	X′ X′	X′ Y	X′ X′

1. 正しい。イより，健康な父XYと潜在色覚異常の母X′Xの間には，色覚異常の息子X′Yが産まれる可能性がある。　2. 誤り。カより，色覚異常の父X′Yと母X′X′の間には，色覚異常の娘X′X′が産まれる可能性がある。 3. 誤り。ウより，色覚異常の母X′X′と健康な父XYの間には，潜在色覚異常の娘X′Xが産まれる可能性がある。　4. 誤り。ウより，健康な父XYと色覚異常の母X′X′との間には，色覚異常の息子X′Yが産まれる。　5. 誤り。エより，色覚異常の父X′Yと，健康な母XXの間には，健康な息子XYが産まれる。

7 5

解説 1. 誤り。緑色植物の炭酸同化作用とは光合成のことであり，吸収した光エネルギーを用いて合成した化学エネルギー（ATP）が利用される。 2. 誤り。一般的な植物は，空気中の窒素を直接利用することはできず，根を通して地中に含まれている硝酸イオンやアンモニウムイオンの形で吸収している。　3. 誤り。気孔は日中に開き，夜間閉じているため，水の蒸散は日中に多く，夜間は少ない。　4. 誤り。気孔の開閉は，孔辺細胞の膨圧の変化によるもので，孔辺細胞が吸水による膨圧でふくれると，気孔は開く。　5. 正しい。これはマメ科植物と根粒菌の相利共生の例である。

8 1

解説 一般に，種子の発芽に必要な条件は温度，水，空気であり，光，土，養分（肥料）は当てはまらない。

9 4

解説 1．正しい。DNAの塩基配列がRNAに写し取られ，これをもとに
アミノ酸配列がつくられ，たんぱく質が合成される。遺伝子とは，DNAの塩
基配列のうちたんぱく質合成に関与する部分である。　2．正しい。ゲノムと
はすべての遺伝情報のことである。ヒトの場合，ゲノムは約20500個の遺伝
子からなる。　3．正しい。遺伝子治療とは，患者に遺伝子を導入することで
遺伝子を組み換え，病気を治療する方法である。　4．誤り。ヒトの遺伝子の
本体はDNAである。　5．正しい。DNAを構成する塩基配列には4種類の塩
基があり，その組み合わせが遺伝暗号となり，合成するアミノ酸配列を指定
する。

10 2

解説 1．誤り。汚水の流入は，特定のプランクトンの異常な発生や増加
をもたらす。その結果，酸素が不足することにより，魚類などの大量死に至
る。　2．正しい。植物の根から吸収されたアンモニアは，その植物の中で，
アミノ酸，タンパク質などの有機窒素化合物の合成に利用される。　3．誤
り。低次の消費者は，高次の者に比べると，個体数，エネルギー量，生体量
のいずれも大きくなる。　4．誤り。植物プランクトンや光合成細菌は，生産
者に含まれる。　5．誤り。酸性雨と富栄養化の説明が混同されている。酸性
雨が湖沼にもたらす影響は，硫黄酸化物や窒素酸化物が溶け込んだ雨により
湖沼が酸性化し，魚などが減少することである。一方，富栄養化が湖沼にも
たらす影響は，生活排水が大量に流入することで，湖沼に元から存在する栄
養塩類の濃度が増加し，プランクトンなどが異常発生することである。

地 学

############### P O I N T ###############

　地学の分野では，高校までの内容が出題される。出題形式としては，ほとんどの問題が基本的な知識を問う正誤問題や穴埋め問題で，計算問題はごく一部である。中学の学習内容が最も役に立つ分野といえるので，高校地学の勉強が困難な場合は，中学地学から取り組むのもよい。以下に，それぞれの単元の最重要事項をまとめるので，優先的に取り組んでほしい。

　「地球の外観と活動」に関する内容として，まずは地殻や境界面の種類や特徴をしっかり覚えること。そのうえで，プレートやマントルなど，「地震」や「火山活動」につながる仕組みについて理解しよう。その他にも，ジオイドや重力の定義の理解，扁平率の計算などが出題されやすい。「地震」では，P波とS波の違いや震度とマグニチュードの違いについて理解するとともに，地震波の速度・震源からの距離・地震発生時刻の計算ができるようにしたい。「火山活動」を理解するためには，まずは「火成岩の分類」を完璧に覚える必要がある。鉱物組成の違いがマグマの粘度の差となって現れ，火山の形や活動様式の違いにつながっていく。

　「地球の歴史」に関する問題としては，地質年代を代表する生物の名称，大量絶滅などの出来事について，時系列で整理しておこう。また，示相化石や示準化石についても狙われやすい。

　「大気と海洋」については，「大気」に関する内容に優先的に取り組もう。日本の季節，前線の種類と特徴，台風の定義などは頻出である。また，フェーン現象を題材とした乾燥断熱減率・湿潤断熱減率を使った温度計算や，相対湿度の計算をできるようにしよう。その他にも，風の種類や大気圏の層構造について問われることがある。「海洋」については，エルニーニョ現象が起こる仕組みが頻出である。

　「宇宙」に関する問題としては，まずは地球から見て恒星・惑星・月・星座などがどのように見えるかを完璧に覚えよう。また，南中高度の計算もできるようにしておくこと。次に，「太陽や太陽系の惑星」について，それぞれの特徴を押さえよう。特に，地球型惑星と木星型惑星の違い，金星の見え方な

どが頻出である。会合周期の計算もできるようにしておきたい。さらに，「太陽系外の宇宙の構造」として，HR図を使った恒星の性質の理解，恒星までの距離と明るさの関係などを知っておこう。

　本書に限らず，できるだけ多くの公務員試験の問題に触れ，解いた問題を中心に知識を増やしていこう。出題傾向がつかめたら，大学入試センター試験や大学入学共通テストから類題を探すのもよい。

狙われやすい！ 重要事項

☑太陽系
☑地球の運動
☑大気と海洋
☑地球の内部構造
☑地震

《 演 習 問 題 》

1 岩石に関する記述として，誤っているものはどれか。

1　大地を形成する岩石は，火成岩，堆積岩，変成岩に大別される。このうち，火成岩はその生成過程により，火山岩，深成岩に分類される。

2　火成岩のうち，マグマが地殻の深部でゆっくり冷えて固まってできた岩石を深成岩とよび，カコウ岩やセンリョク岩などがある。

3　火山岩と深成岩の組織を比べると，火山岩が等粒状であるのに対し，深成岩は斑状になっている。

4　岩石を，化学組成により分類した場合，それぞれのSiO_2を含む割合によって，その多い順に酸性岩，中性岩，塩基性岩などに分類することができる。

5　酸性岩は白っぽく見えるが，塩基性岩は黒っぽい。

2 太陽系における地球型惑星（地球，水星，金星，火星）と木星型惑星（木星，土星，天王星，海王星）を比べたとき，正しいのはどれか。

1　各々の半径および質量は，木星型惑星より地球型惑星のほうが小さいが，平均密度は地球型惑星のほうが大きい。

2　各々の質量は，地球型惑星が太陽に近いものほど，木星型惑星が太陽から遠いものほど小さくなる。

3　各々の自転周期は，木星型惑星より地球型惑星のほうが短い。

4　各々の軌道平均速度は，地球型惑星が太陽に近いものほど，木星型惑星が太陽から遠いものほど小さくなる。

5　各々の扁平率（（赤道半径－極半径）÷赤道半径）は，木星型惑星より地球型惑星のほうが大きい。

3 地震に関する以下の記述で，正しいものの組み合わせを選べ。

A　震度は各地での地震の揺れの大きさを表すが，震度は0から7までの10段階に分かれている。

B　地殻とマントルでは地震波の進む速度はマントルの方が速い。

C　地震波にはP波，S波，表面波があるがP波が最も速く，S波が最も遅い。

D　地震のエネルギーを表すマグニチュードは1大きくなると約32倍のエネルギーとなり，2大きくなると約64倍のエネルギーとなる。

　　1　A・B　　2　A・C　　3　A・D　　4　B・C　　5　B・D

4 寒冷前線が気温に与える影響について，最も妥当な記述はどれか。

1　寒冷前線が近づくと気温は下がり，通過後，また元の気温にもどる。

2　寒冷前線は，温暖前線のような変化はなく，気温の変化はほとんどない。

3　寒冷前線が近づくと気温は下がり，通過後もその気温は変わらない。

4　寒冷前線が近づくと気温は上がり，通過後気温は下がる。

5　寒冷前線が通過すると，気温が激しく変化し，上昇するとも下降するとも一概には言えない。

5 **太陽に関する記述として，最も適当な記述はどれか。**

　1　太陽をおおう大気の最外層を彩層とよび，弱い光を発して，黒点の多い時期にほぼ円形になり，少ない時期には楕円形になっている。

　2　太陽面上の暗い斑点状の点を黒点とよび，温度は，その周辺に比べると低く，平均して約11年を周期として増減している。

　3　太陽のまわりでは，絶えず赤い炎が高く吹き上げられたり下降したりしている。この部分をプロミネンス（紅炎）とよび，組成成分は水素，ヘリウム，カルシウムなどの軽い元素のみである。

　4　太陽の大気の最下層部分をコロナとよび，太陽表面から非常に速く飛び出す赤く輝くガスの集合である。

　5　太陽をおおっている大気を含めた全体を光球とよび，中心部が暗く，周辺部は明るい。

6 **大気圏に関する記述として，最も妥当なものはどれか。**

　1　大気圏は地表から1000km以上の高空まで広がっており，下から順に，対流圏，電離圏，中間層，成層圏に分けられる。

　2　対流圏では，雲，雨，台風，前線活動，雷などの天気現象が見られる。しかしながら，これは対流圏特有の現象ではない。

　3　約10kmから約50kmの成層圏には，太陽からの紫外線を吸収するオゾン（O_3）を多く含むオゾン層がある。

　4　中間圏の気温は，上層になるに従って上がり高度90kmでは摂氏約80度になる。

　5　熱圏には，電子密度が極小となるいくつかの電離層が存在する。

7 **日本上空の気団と気候に関する記述として，最も妥当なものはどれか。**

　1　小笠原気団は，夏に到来する気団であり，気団の発達によって，高温で乾燥した季節風が日本列島に吹く。

　2　揚子江気団は，移動性低気圧，温帯低気圧を発達させ，日本に高温多湿な気候をもたらす気団である。

　3　オホーツク海気団は，主に春・秋に日本に到来する低温で乾燥した気団であり，停滞前線となって，日本上空に停滞することがある。

　4　シベリア気団は，主に冬に日本へ到来する低温で乾燥した気団であり，「西高東低」の気圧配置をとることが多い。

5 赤道気団は，主に夏になると日本に到来し，高温で乾燥した気候をもたらす気団である。

8 火山活動に関する記述として，最も妥当なものはどれか。

1 火山は，全て地下の粘性の小さいマグマが地表に噴出したものである。
2 火山噴火によって，火山地域には必ず陥没地形（カルデラ）が生ずる。
3 火山の噴火は，大陸地域には起こらない。
4 盾状火山をつくるマグマは，玄武岩質である。
5 火砕流は，流紋岩質マグマより玄武岩質マグマの活動に多い。

9 月はいつも同じ面を地球に向けている。このことを説明する事象として，正しいものはどれか。

1 月の公転周期が地球の自転周期に一致する
2 月は自転も公転もしていない
3 月の自転周期と月の公転周期が一致する
4 月の自転周期が地球の自転周期に一致する
5 月の公転周期が地球の公転周期に一致する

《 解 答 ・ 解 説 》

1 3

解説 3.は「火山岩」と「深成岩」の説明が逆である。火山岩は斑状組織，深成岩は等粒状組織をもっている。

2 1

解説 1.　正しい。木星型惑星は主に気体でできているが，地球型惑星の表面は固体である。この違いが，大きさや密度の違いに関わっている。　2.　誤り。惑星を太陽から近い順に並べると，水星，金星，地球，火星，木星，土星，天王星，海王星となるが，最も大きいのは木星であり，土星，天王星，海王星，地球，金星，火星，水星と続く。よって，地球型惑星については，太陽からの距離と大きさの間には規則性はない。　3.　誤り。自転周期は，木星型惑星のほうが短い。　4.　誤り。いずれの型の惑星でも，軌道平均速度は太陽からの距離が遠いほど小さい。　5.　誤り。扁平率は，地球型惑星より木星型惑星のほうが大きい。

3 1

解説 A.　正しい。震度5と6には強と弱があり計10段階である。　B.　正しい。マントルは圧力などの要因により地殻に比べて岩石どうしが密着しており，弾性定数が大きく，硬いので，地震波が伝わりやすく速度が速くなる。C.　誤り。P波が最も速く，次いでS波，表面波は最も遅い。　D.　誤り。マグニチュードが1大きくなると約32倍になることは正しいが，2大きくなると $32 \times 32 \fallingdotseq 1000$ 倍になる。

4 4

解説 ある地点を温帯低気圧が通過する際には，先に温暖前線が近づき，これが通過することで気温は上がる。このとき，その地点には後からくる寒冷前線が近づいており，寒冷前線が通過するとその地点の気温は下がる。以上より，正解は4。

5 2

解説 1. 誤り。彩層の外側にはコロナという真珠色の層がある。　2. 正しい。太陽の表面温度は約6000Kであるが、黒点では1500～2000Kほど低温である。　3. 誤り。プロミネンスとは、太陽表面から飛び出す赤いガスであり、カルシウムは含んでいない。　4. 誤り。コロナより彩層の方が下層である。　5. 誤り。太陽は中心部が最も明るく、周辺部ほど暗い。また、光球とは光を出している厚さ約500kmの層のことである。

6 3

解説 1. 誤り。大気圏は下から、対流圏、成層圏、中間圏、熱圏の順である。　2. 誤り。天気の変化は、対流圏で起きる現象である。　3. 正しい。オゾン層が太陽からの紫外線を吸収することにより、成層圏は高度が高くなるほど気温が上昇する。　4. 誤り。中間圏の気温は、高度が高くなるほど下降する。　5. 誤り。熱圏にある電離層は、電子密度が高い層である。

7 4

解説 1. 誤り。小笠原気団は、海洋性の高温湿潤な気団であり、この気団により日本の天気は、高温で湿度が高い日が続くことが多くなる。　2. 誤り。揚子江気団は、直接日本に到来するのではなく、気団の一部が偏西風に乗せられて日本列島を西から東へと代わる代わる横断し、天気を周期的に変化させる。　3. 誤り。オホーツク海気団は海洋性なので多湿な気団である。また、オホーツク海気団と小笠原気団の勢力がつり合った状態になることで、停滞前線が作られ日本列島に梅雨をもたらす。　4. 正しい。シベリア気団の影響により、日本では冷たい北西風が吹き、これにより日本海側では雪が多くなる。　5. 誤り。赤道気団は海洋性なので多湿である。また、主に台風の時期に日本に到来する。

8 4

解説 1. 誤り。粘性の大きなマグマが地表に噴出してできた火山もある。　2. 誤り。カルデラが生ずるのは、粘性の大きなマグマが噴出する火山地域である。　3. 誤り。火山の噴火は、大陸でも海底でも起こっている。　4. 正しい。玄武岩質マグマは粘性が小さく、盾状火山をつくる。　5. 誤り。火

砕流は，粘性が非常に大きな流紋岩質マグマの活動により多く発生する。

9　3

解説 　月は地球の周りを1回公転するごとに，1回自転しており，月の公転周期と月の自転周期が一致している。その自転周期は27.3日で，地球より長い。

第4部

文章理解

- 現代文
- 英　文

文章理解　現代文

∎∎∎∎∎∎∎∎∎∎∎∎∎∎∎∎∎∎∎∎∎∎∎ **P O I N T** ∎∎∎∎∎∎∎∎∎∎∎∎∎∎∎∎∎∎∎∎∎∎∎

　長文・短文にかかわらず大意や要旨を問う問題は，公務員試験においても毎年出題される。短い時間のなかで正解を得るためには，次のような点に注意するのがコツである。

① 　全文を，引用などに惑わされず，まず構成を考えながら通読してみること。
② 　何が文章の中心テーマになっているかを確実に把握すること。
③ 　引続き選択肢も通読してしまうこと。
④ 　選択肢には，正解と似通った紛らわしいものが混ざっているので，注意すること。
⑤ 　一般に本文中にも，選択肢と対応した紛らわしい要素が混ざっているので，これを消去すること。

　こうすると，5肢選択といっても，実際には二者択一程度になるので，後は慌てさえしなければ，それほど難しいものではない。

《 演 習 問 題 》

[1] **次の文章の内容と一致するものとして，適当なものはどれか。**

　西欧のブルジョワ家族はその子供を外社会から隔離することによって，近代的自我を培養したのである。ところが日本の近代社会では，家族のなかにおいてではなく，家族に反逆することによって近代的自我が成長したのだ。それは日本の家族が密室ではなかったからである，というほかはない。日本の家屋が外界の風や気温の侵入を防ぐのに適していないように，世間の世論や権力の支配は自由に〈家〉のなかにはいってくる。家族は他の家族と避けがたい連帯の組織の中に織り込まれている。家族間にはプライバシーを相互に保障しあう黙契が十分に制度化されなかった。

1　近代的な自我の成長の有無が，西欧人と日本人を隔てる特質であった。
2　日本の家屋には，外の気候による害悪を防ぐのに適した工夫が施されていた。

 3　西欧における近代的自我の成長は，その家族がブルジョワに属するか否
　　かにより，異なっていた。
 4　親が子の自主性を尊重する姿勢こそが，望ましい自我の成長に不可欠の
　　要素であった。
 5　日本における近代的自我は，西欧とは異なり，家族に反逆することに
　　よって成長した。

2　次の文章の要旨として，最も適当なものはどれか。

　人間は，常に行為しなければ，生きてゆくことができませんが，このさい
重要なのは，人間がみずからの自由によってその行為を選択しなければなら
ないということです。人間は行為を選択する自由をもっています。われわれ
は，ひまさえあれば寝て暮らすこともできます。また，寸暇を惜しんで，勉
強したり，仕事に打ち込んだりすることもできます。われわれは，日常行っ
ている一つ一つの行為を，すべてみずからの自由によって決断し，選択して
いるのです。
　この点に，おそらく，他の動物と人間とのあいだの本質的な相異があると
いえましょう。人間以外の動物は，ただ本能によって行動しているだけで，
自由によってその行動を選択しているわけではありません。どうして人間だ
けがこのように行為をみずから選択する自由をもっているのかということは，
おそらく，もはや人間の解きえない問題であるといわなければならないでしょ
う。しかし，とにかく，人間が自由をもっており，それによって行為を選択
しているということは，否定することのできない事実だといわなければなりま
せん。
 1　人間にとって大切なことは，無為に日々を過ごすことなく，勉強や仕事
　　などの有益な活動に時間を費やすことである。
 2　自由や選択といった人間の本質を探究する上で重要なことは，人間と動
　　物はともに本能の主体であるという共通点を見出すことである。
 3　人間の本質の探究において，解きえないという問題を設定してはならな
　　い。
 4　自由そのものの価値を再検討するために，選択の基準についての探求を
　　怠ってはならない。
 5　人間は，他の動物と異なり，自ら行動を選択する自由を持ち，その決断
　　によって行為し，生きている。

3 次の文章の内容と一致するものとして，適当なものはどれか。

　今の日本に生きる私たちは楽しむことに事欠かないように見える。楽しむことはおおっぴらに奨励され，楽しむための技術はさまざまに工夫され，それは人生の唯一の目的であるかのようにも装われている。それが単に楽しみを売る商業主義の結果だけでないことは，反体制的な若者たちもまた，物質に頼らぬ質素な生活の楽しさを求めてさまよっているのを見ても分かるだろう。

　だがその同じ私たちが，一篇の詩を本当に楽しんでいるかどうかは疑わしい。詩に限らず，文学，芸術に関する限り，私たちは楽しさよりも先ず，何かしら〈ためになること〉を追うようだ。楽しむための文学を，たとえば中間小説，大衆小説などと呼んで区別するところにも，自らの手で楽しむことを卑小化する傾向が見られはしまいか。感覚の楽しみが精神の豊かさにつながっていないから，楽しさの究極の評価とし得ないのだ。

1　日本において，感覚の楽しみと精神の豊かさの間には，断絶が存在する。
2　日本において，楽しむことに重きを置いた文学は，最も崇高な地位が与えられている。
3　楽しむことができる人生をもたらしたものは，急速な経済成長である。
4　物質に頼らぬ質素な生活の楽しさを求める生き方は，古い時代に固有のものである。
5　中間小説や大衆小説は，日本古来の文学と本質的な差異のないものである。

4 次の文章の内容と一致するものとして，最も適当なものはどれか。

　ヘシオドスは，歴史に名前が残っている最古の個人の一人である。ホメロスはもう少し古いが，なかば伝説上の人物で，その具体的な姿はさだかでない。また，5000年前の王の名前が残っていても，それを個人の名前と同列に考えるわけにはいかない。詩人や哲学者の名前が出てくるのはやはりギリシアが最も早く，中国で孔子，墨子などが出てくるのはさらに2，300年後のことである。こうした個人の活躍は，ギリシアのポリスのような都市国家が成立し，市場経済と交易のネットワークが広がり，そこで市民が個人として活躍するようになったことと関係がありそうである。

　『仕事と日々』の中で，ヘシオドスはこういっている。人間は安楽と平安を求める。太古の時代にはそれがあったのに，今はなくなっており，人間は労苦と悲しみから逃れることができない。それはなぜか。神々がケチで，人間から生活の手段を隠し，簡単には手に入らないようにしたからである。

1 ヘシオドスによれば，人間が労苦と悲しみから逃れることができないのは，各自がぜいたくを求めるようになったからである。

2 人間が安楽と平安を求めるのは，人間が堕落したことの表れである。

3 市場経済と交易のネットワークの発展は，社会の中に個人を埋没させてしまった。

4 中国の思想家と西洋の哲学者を比較すると，明らかに後者の方が優れていた。

5 ホメロスが半ば伝説上の人物である一方，ヘシオドスは，歴史上に名前が残っている最古の個人の一人である。

5 **次の文章の内容と一致しているものとして，最も適当なものはどれか。**

　かつて私たちの祖先は，自然の美しさに目を奪われ，自然を模倣しながら装飾することの愉しさを知り，絵画や彫刻によって創造の喜びを知ったのである。現在の抽象絵画や現代造形の原点も，とどのつまりは自然の美に在るという創造の基本理念を，忘却してしまったのではないだろうか。

　もうひとつ，自然と人間の関係が薄れた理由は，私たちが自然と接する機会が少なくなり，自然のすばらしさや美しさを実感することさえ忘れてしまったということが挙げられる。IT（情報技術）が産業界の中枢となった現代社会では，コンピュータや映像メディアが氾濫し，人々は自然との直接体験よりも，プリント・メディアや映像メディアを通した二次元的な情報選択との接点が圧倒的に多くなり，また，こうした情報収集で満足してしまうのである。さらにテレビゲーム，コンピュータ・グラフィックス，インターネットの映像情報が，現実との境界を曖昧にしてしまった映像のバーチャル化が，人々に自然を受け入れる余裕さえ，見失わせてしまったのである。

1 現代における映像情報や，そのあり様の変化などは，人々が自然を受け入れる余裕を失わせてしまった。

2 二次元的な情報収集が一般化すると，人々は直接体験を渇望するようになる。

3 自然を模倣することは，新たな創造には繋がらず，単なるコピー文化を生み出すのみである。

4 情報産業が発達した今日でも，日本における産業の中心は，モノづくりをはじめとした製造業である。

5 誰でもいる場所に関わらず，容易に情報にアクセスできるユビキタス社会の進展は，デジタル・デバイドと呼ばれる情報格差を縮小させつつある。

6　次の文章の内容と一致しているものとして，最も適当なものはどれか。

　恵まれすぎた環境にいるとそれに慣れてしまい，住んでいる人がその「豊穣」なるものに感覚的に気がつかない，という現象を生む。

　水循環に恵まれ，世界でも稀な「水飢饉」の心配が殆どない国という「しあわせ」は，おしよせてくる世界規模の「水飢饉」に対して，危機感のないぶん「脆弱」である。

　何ひとつ不足や不満のない生活をしている人が，ひとたび飢餓に追いやられたときの衝撃が大きいように，当面の「水問題」を考えると，いま日本はそういう「間抜けな裕福」から「深刻な危機」に否応なしにじわじわ追い詰められている状態にあるといっていいかもしれない。

　国の政策により川がさまざまな理由でダムや堤防の建設や流路のショートカット，河口付近の干拓などの人工化を強いられている。そうした問題が数々露呈してきて，都市や地方など住む地域を問わず，この国に住む人々がようやく問題の深刻さに気づき始めた。

1　豊かに作物が実るような環境に身を置いている人々は，豊穣という感覚に敏感になる。

2　ダム，堤防，干拓など川や河口に手を加えず放置する政策が，水に関する問題を複雑化する要因となっている。

3　日本では，あらゆる地域に住む人々が，水に関する問題の深刻さに気づかざるを得ない状況が進行している。

4　諸問題に対する危機感は，危機にさらされ続けることによって減退せざるを得ない。

5　日本人は，様々な知恵や力を結集することによって，危機的な状況から，裕福感を感じることができる環境に変化させてきた。

7 次の文章の内容と一致するものとして，最も適当なものはどれか。

少子高齢化が問題なのは，人間社会だけではないらしい。森林も少子高齢化が進むという。

戦後に植林され成長した多くの木々が山に残り，高齢化した。伐採が滞って，その跡に新たな木が植えられないから若木は少ない。放置された豊かな森林資源の有効活用が日本の大きな課題だ。

こんな話を耳にしたのは，学童保育施設に関する勉強会だった。多くの施設が小学校の敷地などにプレハブで建てられてきた。勉強会は，施設の木造化を進めようと話し合う。岡山県学童保育連絡協議会の糸山智栄会長らが8月末から月2回，オンラインで開催し，全国の学童保育や建築，木材関係者らが参加する。

一般的に公共施設がプレハブで新設されることはないだろう。だが，学童保育施設はおおむね仮設的な位置づけのままだった。「『仮設』なのに20，30年も使っている」との皮肉も聞かれる。

岡山県内では，新築や建て替えの数が多い岡山市が2年前にプレハブから切り替えるなど，木造施設が広がり始めた。「夏は涼しく，冬は暖かい」「子どもが落ち着く」などと好評だ。

子育てや少子化対策が重視され，学童保育は自治体の中核的施策になってきた。山で出番を待つ木々の活用と保育の質の向上。縦割り行政を超えて両者をマッチさせたい。二つの少子高齢化問題に同時に応えることでもある。

1　戦後に植林され成長した木々の多くは，急テンポで伐採されてしまい，森林資源の枯渇をもたらした。

2　8月末から，月2回のペースで，学童保育の関係者が一堂に会して，学童保育施設に関する勉強会が開かれている。

3　予算不足の中，多くの公共施設がプレハブで新設されることが増えた。

4　学童保育の重要性は，幼稚園と保育園の機能を一体化する幼保一元化の流れの中で議論されている。

5　学童保育施設は，仮設的な位置づけが続いたことから，プレハブで建てられたものが多かった。

8 次の文章の内容と一致するものとして，最も適当なものはどれか。

　サンマはかつて「下賤（げせん）な魚」として相手にされなかった。広く親しまれるようになったのは江戸中期あたりからのようだ。戦後は集魚灯を使う漁法が中心となり水揚げがぐんと増えた。気軽に味わえる「秋の味覚」。それがサンマだった。

　ところが近年は不漁が深刻化。昨年の漁獲量はピークの1割に満たない。本来の漁場である日本近海は地球温暖化もあって海面水温が高く，遠く離れた公海に漁場ができている。だが燃料代と時間をかけ漁に出ても水揚げは少ない。昨秋は船の転覆事故も起きた。「遠くに出るのがおっかなくなった」と漁場の近いイワシ漁に替えた船長もいた。

　温暖化で今世紀中，1次産業に深刻な影響が出るとの国の報告書がある。漁場が遠くなったサンマは小ぶりになる。サケ・マス類も日本周辺の生息域が縮小。2040年代は1等米も減り経済的損失が大きくなる。

　舌に残ったワタの苦味のように何とも苦い予測だ。皿の上で骨だけになった姿に，サンマを味わえるこの秋の幸せを思う。

1　サンマは古来より，日本を代表する高貴な魚として珍重されてきた。

2　イワシ漁と比較すると，サンマの漁場は大幅に港に近い場所にある。

3　サンマの本来の漁場は日本近海であったが，その海域における海水温の急激な低下によって，漁に適さない状況が続いている。

4　温暖化の影響により，一部の魚の日本周辺の生息域の縮小，米の質の低下などが予想されている。

5　海洋資源の枯渇のリスクから，国際機関は日本に対してサンマ漁を控えるように勧告している。

9 次の文の内容と一致するものとして，最も適当なものはどれか。

　ソクラテスは，アテナイの広場に出かけていき，そこで出会った市民をはしから挑発的な問答に引き込んだ。ソクラテスは，自分自身を，市民一人一人について回る虻に喩えている。まさしく不法侵入者である。ただし，ソクラテスの問答は，非常に変わったものだった。彼は，自分の見解，真理についての自分自身の見解を説いたりはしなかった。ソクラテスが行ったこと，それは，まず相手の命題を全面的に肯定した上で，その相手とのやりとりを通じて相手に考えさせ，結果として，相手をして，もともと彼が提示した命題を否定する反対命題を引き出させることだった。こうした問答を通じて，ソクラテスの対話の相手は，自分が最初に真理であると見なしていた命題が真理ではなかったことを納得する。

　しかし，ソクラテスは，なぜ，いきなり真理を説かずに，こんな方法を用いたのか。ソクラテス自身も，何が真理かを知らなかったからである。彼が，他の人より優っていたのは，ただ，自分も真理を知らないということを知っていたということに尽きる。この方法は，対話相手の思考を簡単には終わらせない。ソクラテスがもし真理を知っているのならば，相手は，その真理に到達した時点で，思考を終結させることができるが，ソクラテス自身も真理を知らないとなると，ソクラテスの域に達しても，探究は終わらない。ソクラテスは，相手の思考の触媒であることに徹している。だから彼は，自分の問答法を産婆術に喩えた。結局，対話相手は自分で自分の誤りの自覚に達しているのだから，放置しておけば彼が自然と同じ結論に達したかといえば，そんなことは絶対にないはずだ。ソクラテスという不法侵入者＝産婆が不可欠だったのである。

1　ソクラテスが，自分の見解，真理についての自分自身の見解を説かないので，常に論争は平行線に終わっていた。
2　不法侵入者ソクラテスの挑発的問答によって，相手は真理に到達することができた。
3　ソクラテスは触媒の役割に徹することによって，相手の思考を継続させた。
4　ソクラテスは，自分が真理を知らないことを，相手に悟らせなかった。
5　ソクラテスは，何が真理かを知らなかったが，相手を挑発的な問答に引き込むことで，真理に到達した。

10 次の文章の内容と一致するものとして，最も適当なものはどれか。

　皮肉な話だが，「知識」が「専門化」すればするほど，同時に人間は急速に「平均化」しつつあるといえる。人間が細分化され，人間性が失われて行くのと，並行して，他方ではそれを回復すると称して，空疎な政治スローガンがわれわれを偽りの常識に誘惑する。

　だが，文明の常識というものは，ほんらい人間にとって，ひとつの暗黙の了解のようなものではなかっただろうか。自然の感じかた，起居動作の作法，基本的なモラルの感情など，いずれも言葉に出して教えられぬものが文明の根底にある。それはあらゆる専門知識のまえにあり，それどころか，人間が常識的に行うすべての行為の以前にある。人間をほんとうに根底から支配するものは，けっきょくは知識に過ぎないものの足し算ではなかったはずである。

　1　知識の専門化と，人間の平均化は，同時並行で進むものではない。
　2　人間性の回復を掲げる政治スローガンは，いずれも傾聴に値するものであり，新しい常識の構築のために不可欠である。
　3　哲学や宗教への探究を怠ってきた近現代の人類にとって，人間の平均化は不可避なものである。
　4　言葉に出して教えられないものが文明の根底にあり，文明の常識は，暗黙の了解のようなものである。
　5　様々な議論はあるが，人間を根底から支配するものは，結局，知識の総和である。

11 次の文章について，空所（　Ａ　）に共通して入る語句はどれか。

　他人という日本語は不思議な言葉である。それは文字通りには，他の人ということであるが，しかし実際に自分以外の他の人を意味するためには他者という新しい言葉がつくられていて，それとは違う特殊な意味合いが他人という言葉には含まれている。他人という言葉を辞引きで引いてみると，第一に「（　Ａ　）のない人」とあり，第二に「無関係な人」と出ている。すなわち他人の本質は第一に（　Ａ　）がないということであり，まさしくその意味で親子は他人ではない。しかし夫婦や兄弟のように親子関係を媒介としての連なりは，「夫婦も元は他人」とか「兄弟は他人の始まり」といわれるように，他人としての性格を潜在的にそなえていることになる。

いいかえれば夫婦は今は関係があるが，元は無関係であったから，元は他人なのであり，兄弟もその中に無関係となるかもしれないので，他人の始まりなのである。これに反して親子が他人となれないのは，両者の絆が分かちがたいからだろう。

1　地縁　　2　良縁　　3　血縁　　4　因縁　　5　因果

《　解　答　・　解　説　》

1　5

解説　作田啓一『恥の文化再考』より。　1．誤り。第1文において西欧人の近代的自我の培養について述べられ，第2文において日本人の近代的自我の成長について述べられていることから，「有無」を前提にした選択肢の記述は誤りである。　2．誤り。「日本の家屋が外界の風や気温の侵入を防ぐのに適していない」と述べられている。　3．誤り。西欧のブルジョワ家族については述べられているものの，西欧におけるブルジョワに属さない家族については触れられていない。　4．誤り。「親が子の自主性を尊重する姿勢」については触れられていない。　5．正しい。第2文の内容と一致している。

2　5

解説　岩崎武雄『哲学のすすめ』より。　1．仕事や勉強については，選択の一例として示されているものの，選択肢のような価値判断はしていない。2．本文では，むしろ，人間と他の動物の違いが強調されている。　3．人間がなぜ選択する自由を持つのかという問題は，解きえない問題であるとされている。　4．選択肢の内容は，本文で触れられていない。　5．正しい。書き出しの部分，強調されている部分，結論部分において，人間の自由な行動の選択について述べられている。

3　1

解説　谷川俊太郎『楽しむということ』より。　1．正しい。最後の文の内容と一致している。　2．誤り。筆者は，楽しむための文学を区別することについて，「楽しむことを卑小化する傾向」と結びつけて論じており，「崇高な

地位が与えられている」とはいえない。　3．誤り。急速な経済成長について
は，本文において触れられていない。　4．誤り。物質に頼らぬ質素な生活の
楽しさを求めることについて，筆者は，古い時代に固有なものとは評価して
おらず，反体制的な若者たちを例に挙げ，今日でもみられるとしている。
5．誤り。本文において，「日本古来の文学」については触れられていない。

4　5

解説　竹内靖雄『経済思想の巨人たち』より。　1．誤り。ヘシオドスによ
れば，人間が労苦と悲しみから逃れることができないのは，神々が生活の手
段を隠したからである。　2．誤り。人間が安楽と平安を求めることについて，
否定的にとらえたり，「堕落」としたりしている記述はない。　3．誤り。本
文では，むしろ，市場経済と交易のネットワークの広がりと，個人としての
活躍との関連性が論じられている。　4．誤り。哲学者や思想家について論じ
た内容は含まれていない。　5．正しい。本文の冒頭の内容と一致する。

5　1

解説　三井秀樹『形の美とは何か』より。　1．正しい。文章の最後の一文
の内容と一致している。　2．人々は映像メディアを通じた二次元的な情報収
集で満足してしまうと述べられている。　3．自然の模倣については肯定的に
述べられており，装飾や創造の原点とされている。　4．産業界の中枢は，
IT（情報技術）が中心であると述べられている。　5．ユビキタス社会やデジ
タル・デバイドについては本文で触れられていない。

6　3

解説　椎名誠『水惑星の旅』より。　1．作物については書かれておらず，
また，恵まれた環境に慣れると，豊穣なるものに気づかないと述べられてい
る。　2．最終段落で，人工化が強いられていることと，それに伴う問題点に
ついて述べられており，手を加えずに放置されているわけではない。　3．正
しい。課題文の最後の方と内容が一致している。　4．第2段落では，危機感
がないとその対策が脆弱にならざるを得ない旨が述べられている。　5．間抜
けな裕福から深刻な危機に追い詰められていると述べられている。

7 5

解説 山陽新聞『滴一滴』2020年10月19日より。 1．誤り。第2段落の
はじめに，戦後に植林され成長した多くの木々が山に残ったこと，放置され
た豊かな森林資源の活用が課題となっていることが述べられている。 2．誤
り。第3段落によれば，勉強会はオンラインで開かれている。 3．誤り。第
3段落において，「一般的に公共施設がプレハブで新設されることはないだろ
う」との記述があるので，選択肢の内容は誤りである。 4．誤り。幼保一元
化については触れられていない。 5．正しい。第4段落にプレハブで建てら
れた理由として，仮設的な位置づけが続いたことが挙げられている。

8 4

解説 秋田魁新報『北斗星』2020年10月19日より。 1．誤り。第1段
落において，サンマがかつて「下賤な魚」として相手にされなかった旨が述
べられているので，選択肢の「高貴な魚として珍重」との記述は誤りである。
2．誤り。第2段落の最後の部分から，イワシ漁の漁場の方がサンマ漁の漁
場よりも近いことが読み取れる。 3．誤り。第2段落において，日本近海
の海水温の高さもあり，遠く離れた公海に漁場ができている旨が述べられて
いる。 4．正しい。第3段落に書かれている内容と一致する。 5．誤り。
海洋資源の枯渇のリスクや，国際機関の動きについては，本文中において触
れられていない。

9 3

解説 大澤真幸『思想の不法侵入者』より。 1・5．本文に合う記述はな
い。よって誤り。 2．本文に記述がないが，第1段落最終文に反するので
誤り。 4．「悟らせなかった」かは本文からは読み取れない。よって，正解
は3。

10 4

解説 山崎正和『混沌からの表現』より。 1．誤り。本文では，知識が専
門化するほど，人間が平均化しつつあると述べられている。 2．誤り。筆者
は，人間性を回復すると称する政治スローガンについて，空疎なもの，偽り
の常識に誘惑するものなどと評価している。 3．誤り。哲学や宗教への探求

については本文中において触れられていない。　4．正しい。第2段落の内容と一致している。　5．誤り。最後の文の内容と一致しない。

11　3

解説　土屋健郎『「甘え」の構造』より。他人についての定義について述べられているが，その後に，「親子」「兄弟」を例に挙げながら考察されているため，「血縁」が最も適切である。その土地における古くからの縁である「地縁」，好ましい縁を表す「良縁」，事物の原因と結果などを意味する「因縁」や「因果」は，いずれにしても不適切である。以上より，正解は3である。

文章理解 英文

英文

||||||||||||||||||||||||||||| **P O I N T** |||||||||||||||||||||||||||||

　英文解釈は，公務員試験における英語の中心となるものである。書かれて
ある英文の内容を正しく理解するためには，主語，述語，目的語，補語とい
う英文の要素をしっかりおさえるとよい。

　「主語＋述語動詞」に注目しよう。どれほど修飾語句で飾られた文でも，ま
たどれほど難語，難句でかためられた文でも，裸にすれば，主語と述語動詞
の2つが残る。だから英文を読む時には，まずその主語をつきとめ，次にその
主語に対する述語動詞をさがし出すことである。そして自分の持つ関連知識
と常識力を総動員して全体を理解するよう努めることである。つねに「主語
＋述語動詞」を考えながら読もう。

《 **演 習 問 題** 》

1 次の英文の内容と一致するものはどれか。

　I have a friend who jogs deep into the night before he goes to bed.
I would not recommend this to anyone but he swears by it as the surest
way to keep his weight down.

　Be that as it may, he is a typical night owl, and he goes out for his jog at
around 1 or 2 a.m. His route takes him through a residential neighborhood
in Tokyo. Which is dark and silent at such an hour. When I told him it
must be rather boring to be on dark and deserted streets, he came back
with an unexpected reply. He said there are all sorts of smells, suddenly
wafting out of the darkness, that never fail to fascinate him.

　Just a while ago, he explained, it was the sweet fragrance of booming
kinmokusei (fragrant olive) flowers. And to his surprise and delight, he
would encounter the smell at various points along his route.

1 寝る直前や起きた直後にジョギングをすることは，最も効果的なダイエットである。

2 夜間のジョギングは，昼間の感覚とは違う形で芳香を感じることができる。

3 夜間にジョギングしてみると，東京の住宅街は午前1時から2時頃になっても眠らない街となっていることが感じられる。

4 風景が良く見えないコースを走ることは，面白みに欠けるものである。

5 キンモクセイの植生は，限定されているためその匂いに出合えることは稀である。

---

② 次の英文の内容と一致するものはどれか。

Our education system is predicated on the idea of academic ability. And there's a reason. Around the world, there were no public systems of education, really, before the 19th century. They all came into being to meet the needs of industrialism. So the hierarchy is rooted on two ideas.

Number one, that the most useful subjects for work are at the top. So you were probably steered benignly away from things at school when you were a kid, things you liked, on the grounds that you would never get a job doing that. Is that right? Don't do music, you're not going to be a musician; don't do art, you won't be an artist. Benign advice -- now, profoundly mistaken. The whole world is engulfed in a revolution.

And the second is academic ability, which has really come to dominate our view of intelligence, because the universities designed the system in their image. If you think of it, the whole system of public education around the world is a protracted process of university entrance. And the consequence is that many highly-talented, brilliant, creative people think they're not, because the thing they were good at at school wasn't valued, or was actually stigmatized. And I think we can't afford to go on that way.

1 学校教育において重要なことは，幼少期から個人の才能を伸ばすような教育プログラムを組むことである。

2 世界中に広がる現在の学校教育制度は，大学に入るためだけではなく，個人の才能を開花させるために制度化された。

3 現代の教育制度において，科目の優劣は2つの学術的な要請から判断されている。

198

4 制度全体が作り上げられた19世紀以前にも，世界中の様々な場所で公教育が行われていた。

5 現代の教育制度は，学者を育てるために作られているようなものである。

③ 次の英文の内容と一致するものはどれか。

The Sino-Japanese word *buke*[1] or *bushi*[2] came into common use in Japan. The words mean "fighting knights[3]," who were a privileged class. Originally they must have been a rough breed whose work was fighting. They were selected in a natural way. Only the strongest survived over periods of constant war. To borrow Emerson's phrase, they were "a rude race, all masculine, with brutish strength." They had many advantages, great honor and heavy responsibility. Soon they felt the need of a common standard of behavior, especially since they were always fighting and belonged to different clans. They were in need of some measure by which to be judged such as fair play in fight, a primitive sense of childhood morality. Is this not the root of all military and civic virtue? The British boy had two ideals: 1) never bully a smaller boy and 2) never run away from a bigger one. This is the basis on which very strong morals can be built. This is the basis on which the greatness of England was built. The same was true of Bushido.

[1] 武家　[2] 武士　[3] 戦う騎士

1 イギリスが育んだ強い道徳心をつくる原則は，武士道とは異なるものであった。

2 特権階級に選抜された者達は，名誉や責任感が欠如していた。

3 イギリスの少年に求められる規範のうちの一つは，どんなことがあっても争いをしてはならないということである。

4 「戦う騎士」とは，特権階級に属する者を指し，元々は戦いを仕事とする粗野な生まれの者たちを指す言葉である。

5 「武家」や「武士」という言葉は，日本から中国へと伝わり，広く使われるようになった。

4 次の英文の空所ア〜ウに入る語句の組み合わせとして適切なものはどれか。

Bushido made the sword its symbol of power and bravery in battle. Very early the samurai boy （ ア ） to use it. For him it was a thrilling moment when, at the age of 5, he put on samurai dress and was given a real sword in place of the toy he had been playing with. From that time, whenever he went outside of his father's gates, he would wear it or a wooden one covered with gold as a symbol of his status. （ イ ） a few years he always wore the real sword but not a sharp one. Soon after that he was given the real, sharp swords. He would happily go out to try their blade edges on wood and stone. When he （ ウ ） a man at the age of 15, his actions were free from control and he carried swords sharp enough for any work. Just having the swords gave him the feeling and appearance of self-respect and responsibility.

	ア	イ	ウ
1	had	After	change
2	had	By	change
3	had	By	became
4	learned	After	became
5	learned	By	became

5 次の英文の内容と一致するものはどれか。

Japanese restaurant owners are frustrated by foreign tourists who make reservations and then don't show up.

The operator of a leading online dining website has come up with what it hopes is a solution.

Gurunavi will require overseas visitors to use their credit cards to make advance deposits when they book a table.

It will introduce the system in cooperation with two tour companies in China and Taiwan.

Gurunavi says the deposits are not refundable even if customers cancel their reservations in advance.

A restaurateur in Tokyo's Ginza district that's listed on the website says foreign tourists who make reservations online are sometimes no-shows.

"Cancellation without notice will cause food waste. We also have to save the seats for the reservations, when we could serve other customers."

Many tourists are expected during the Chinese Lunar New Year holidays starting later this month.

1 飲食店大手ウェブサイトの運営者は，テーブルを予約する際，クレジットカードによる前金の支払を必要とするシステムを考案した。

2 新しいシステムによれば，予約がキャンセルされた場合であっても，キャンセル料は発生せず，前金の支払があった場合には全額が払い戻される。

3 予約をしておきながら姿を見せない外国人旅行客の多くは，中国や台湾からの旅行客である。

4 外国人を受け入れる店の多くは，実際に来店してから料理を作り始めるシステムに変更した。

5 決済にあたってクレジットカードを用いる際に懸念されたのは，他人のクレジットカードを用いるなどの不正利用の増加であった。

[6] 次の英文の内容と一致するものはどれか。

On a given day, studies show that you may be lied to anywhere from 10 to 200 times. Now granted, many of those are white lies. But in another study, it showed that strangers lied three times within the first 10 minutes of meeting each other.

Now when we first hear this data, we recoil. We can't believe how prevalent lying is. We're essentially against lying. But if you look more closely, the plot actually thickens. We lie more to strangers than we lie to coworkers. Extroverts lie more than introverts. Men lie eight times more about themselves than they do other people. Women lie more to protect other people. If you're an average married couple, you're going to lie to your spouse in one out of every 10 interactions. Now, you may think that's bad. If you're unmarried, that number drops to three.

Lying's complex. It's woven into the fabric of our daily and our business lives. We're deeply ambivalent about the truth. We parse it out on an as-needed basis, sometimes for very good reasons, other times just because we don't understand the gaps in our lives.

1 研究によると，人々は，毎日10回から100回ほど周りの人に嘘をついている。

2 研究によると，性格が内向型の人は外向型の人よりもより嘘をつくことが判明した。

3 男女で比較した場合，男性は女性に比べ，他の人を守るためにより嘘をつく。

4 一般的に人は，見知らぬ人よりも職場の同僚など身近な人物によく嘘をつく。

5 初めて会う人同士は最初の10分で3回嘘をつくという研究結果もある。

7 次の英文の内容に合致しないものはどれか。

"This felt like an area where there might actually be a chance to make a difference. We're not an advocacy group, so we're not proscribing specific solutions. Our job as journalists is to hold the system accountable for doing its job," he said.

Since its launch in November 2014, The Marshall Project has published over 400 stories in partnership with around 60 news organizations.

It has brought readers inside New York's Rikers Island prison, confronted President Barack Obama about his record on pardons and commutations and shed light on how "implicit bias" affects the amount of time public defenders spend with their black clients.

1 記事中のジャーナリストの仕事は，その（刑事司法）制度について報道責任を果たすということである。

2 2014年の立ち上げ以来，マーシャル・プロジェクトは，約60のニュース配信団体と提携し，400以上の記事を発表してきた。

3 記事中のジャーナリストは，権利擁護団体での立場を利用し，特定の法律を排斥する運動をしている。

4 ニューヨーク市にあるライカーズ刑務所では，多数の受刑者が大統領の恩赦を受けた。

5 「潜在的な偏見」は，公選弁護士が黒人の被告に費やす時間に影響を与えるという事実がある。

8 次の英文の内容と一致するものはどれか。

The Gushiken family was poor. His mother was a fish peddler, and Gushiken himself during his senior high school days boarded in a bathhouse in Naha City and polished floors. Since he became champion, he has built a house for his parents and has been taking care of his younger brother, but he himself continues to live a very simple life. It is said that he is telling himself, "I can enjoy myself and be extravagant after I retire. But while I am a boxer, I must devote myself completely to boxing."

The charm of this 24-year-old young man lies in his natural, child-like simplicity. Even today, when he is called "The Star of Okinawa," he says, "Just before a fight, I feel scared. I'm scared, really scared!" His ability to bare his real face without embarrassment to dare to take chances may be Gushiken's strength.

1 具志堅氏がボクシングで成功したのは，指導者の教えを忠実に実行したからである。

2 具志堅氏は，チャンピオンになった後，自らのためにマイホームを新築した。

3 具志堅氏は，試合の直前に感じている恐怖感について吐露することもある。

4 具志堅氏は，高校時代にふろ屋で床みがきをしたが，それは，体を鍛えるために自ら申し出たからであった。

5 具志堅一家は裕福であったが，両親は，世の中の厳しさを教えるためにあえて最小限のお金しか渡さなかった。

9 次の英文の内容について説明した記述のうち，妥当なものはどれか。

Unlike Japan, Singapore is not known for having excellent service. Recently, however, I had the privilege of enjoying some of the best service I had ever had.

I was having brunch at a local dim sum place with my friends. It wasn't a swanky restaurant. Neither was it our top choice. We had gone there because the restaurant we had wanted to go to was fully booked.

We entered the restaurant through its adjoining bakery and waited for someone to attend to us. Everyone seemed busy. Finally we caught the attention of a waitress passing by, "Table for four," I said, preempting her question.

"Follow me." She led us briskly to a table. As we sat down, she said, "You actually came in by the back entrance. Use the front entrance next time.," She gestured towards the other end of the restaurant.

She did not bother with pleasantries, but it didn't feel rude.

With characteristic Singaporean efficiency, she had shown us our seats and given us solid advice.

1　シンガポールのサービスの良質さは，日本と同様，世界に知られていることである。

2　筆者らが接したウェイトレスの態度は，一般的な常識と比較すると，とても失礼なものであった。

3　筆者らがブランチを食べた店に入る際，正面入口ではなく，パン屋と隣接した裏口を使った。

4　文化圏が異なると，ジェスチャーの意味は異なるため，注意が必要である。

5　筆者らは，もともと行きたかったレストランに入ることができた。

《 **解 答・解 説** 》

1 2

解説　朝日新聞社『天声人語』1997.10.25より。（全訳）深夜，それも眠る直前にジョギングをする友人がいる。効果のほどはわからないからお勧めもしないが，本人はこれが最も確かなダイエット法だと信じている。

　それはともかく，夜型の彼が走る時刻は，午前1時とか2時。コースにしている東京の住宅街は暗く，静まっている。周りもよく見えないし，面白みに欠けるだろうと思ったら，意外なことを教えてくれた。走っていると，さまざまなにおいの空間が暗闇から突然現れる，というのだ。

　少し前は，キンモクセイの芳香がそうだった。それも数地点で現れる。ここにも咲いているのか，と気づかされる。

　1. 寝る直前のジョギングについては，第1段落2文目に，効果のほどはわからないとの記述がある。また，起きた直後のジョギングについては触れられていない。　2. 第2段落最終文に，暗闇の中から突然漂ってくる匂いに心を奪われる，と述べられていることから，選択肢の内容が正しいことが読み取れる。　3. 第2段落3文目の「dark and silent at such an hour」から，「眠らない街」が誤りであるとわかる。　4. 第2段落4文目と5文目に，著者が「面白くないだろう」と言うと，友人から思いがけない返答があったと述べられている。よって，友人にとっては何か面白いことがあるとわかる。　5. キンモクセイの植生が限定されているという記述は本文中にない。また，第3段落最終文の「encounter the smell at various points」から，さまざまな場所でその香りに出合えたことがわかる。

2 5

解説　TED Talks：Sir Ken Robinson「学校教育は創造性を殺してしまっている」より。（全訳）今の教育制度は学者を育てるために作られています。そこには理由があるのです。制度全体が作り上げられた19世紀以前に，世界中どこにも公教育などはなく，教育制度は産業主義社会のニーズから生まれました。科目の優劣は2つのことから決められました。

　1つは働くために有用な科目が最優先ということです。私たちが小学生の頃習ったことや好きなこと，砂場遊びとか仕事に使えないことはおそらく敬遠

されたでしょう。砂遊びでは会社で雇ってもらえませんから。音楽もいけません。音楽家になるわけじゃないのだから。アートなんてしてはいけない，アーティストになんてならないのだから。心優しいアドバイスです。でもまったくもって間違っています。世界は今，変革の時にあります。

　2つ目は学力です。学校の成績だけがいまや知性だと思われています。大学側のイメージだけで教育制度を作ったからです。世界中に広がる今の学校教育が，大学に入るために敷かれた長い道のりなのです。その結果，無数の天才的で創造性溢れる人たちが「自分は才能がない」と感じています。学校は彼らの才能を評価しないどころか，ダメだと烙印を押してしまうからです。しかし，そんなことをしている余裕はないのです。

　1．誤り。本文中には記述されていない。また，筆者は現在の教育制度は，学生の才能を的確に評価できていないという欠点を指摘している。　2．誤り。第3段落1文目と2文目より，現代の教育制度は大学に入学するために作られたことがわかる。　3．誤り。第2段落1文目と第3段落1文目に，科目の優劣は，産業主義社会のニーズと学術的な要請の2つから判断されると示されている。　4．誤り。第1段落3文目に，19世紀以前には世界中どこにも公教育などはなかったと述べられている。　5．正しい。第1段落の冒頭で述べられている内容と一致する。

---

③ 4

解説 新渡戸稲造『武士道』より。（全訳）中国語に由来する言葉の「武家」，「武士」は日本で広く使われるようになった。どちらも，「戦う騎士」を意味し，特権階級に属する者を指したが，元々は戦いを仕事とする粗野な生まれの者たちであった。この特権階級は自然な形で選抜されていった。一番強いものだけが戦乱の世を生き延びたのだ。思想家エマソンの言葉を借りれば，「荒っぽい人種で，みな力強く，獣のような強さ」を持つ者たちである。名誉もあれば責任も重く，さまざまな点で優位な立場にあった。まもなく彼らは共通の行動規範が必要だと感じるようになった。それというのもいつも戦っていた上，氏族もそれぞれ違ったからである。戦いにおけるフェアプレー精神，幼少期の素朴な道徳観のような何らかの基準を定める必要があった。これは武士も一般の民衆も含めたすべての人々の美徳の根ざすものではないだろうか？　イギリスの少年には2つの規範があった。(1) 自分より小さい子を絶対にいじめない。

(2) 自分より大きい子から絶対に逃げ出さない。これは強い道徳心をつくる原則だ。偉大なイギリスが生んだ原則である。武士道にも同じことが言える。

　1. 最後の2文から，イギリスの生んだ原則が，武士道にも当てはまるということが読み取れる。　2. 7文目に「great honor and heavy responsibility」を持っていたと述べられているので，誤り。　3. 誤り。イギリスの少年の2つの規範は，「自分より小さい子を絶対にいじめない」，「自分より大きい子から絶対に逃げ出さない」の2つである。　4. 正しい。「"fighting knights," who were a privileged class. Originally they must have been a rough breed whose work was fighting.」より，選択肢の内容が読み取れる。　5. 冒頭の文に，「日本から中国」ではなく，「中国から日本」へと伝わり，広まったと述べられている。

4　4

解説　新渡戸稲造『武士道』より。（全訳）武士道においては刀こそは武勇の象徴とされた。侍の子はごく幼い頃から刀の扱いを習った。彼が五歳になり，侍の装束をまとい，それまでもて遊んでいたおもちゃの短刀の代わりに本物の刀を与えられた時はわくわくする瞬間だった。

　この資格取得の儀式を終えた後は，もはやこの身分の証しを帯びずに門を出ることはならなかった，ふだんは金箔貼りの木刀で代用したにせよ。さらに何年もたたないうちに刃先は鋭くないものの本物の刀を常に差すようになり，その後すぐに本物の鋭い鋼の刀を与えられた。新たに手にした武器に喜びいっぱいに外へ飛び出し，木や石に向かって試し斬りをしてみる。そして十五歳で元服し，一人前の行動を認められてからは，どんな働きにでも応じられるよう十分に鋭い武器を身につけていることを誇りとするのだ。

　アはlearned。本文中では「学んだことを使う」という意味に使われている。イはAfter。「After a few years」で「数年後には」という意味になる。ウはbecame。「When he became～」で「彼が～になった時に」と訳される。

5　1

解説　『NHKニュースで英会話』2017年4月号より。（全訳）日本のレストラン経営者らは，予約をしておきながら姿を見せない外国人旅行者にいらだっています。

　飲食店情報の大手ウェブサイトの運営者が，解決策になるのではと期待する案を考え出しました。

　「ぐるなび」は海外からの訪問客に，テーブルを予約する際にクレジットカードを使用し，前金で支払うことを求めるようになります。

　「ぐるなび」は中国と台湾の旅行会社2社と協力して，この方式を導入します。

　「ぐるなび」によると，前払い金は客が前もって予約をキャンセルした場合にも払い戻しはされません。

　このサイトに掲載されている東京・銀座の料理店主は，オンラインで予約する海外からの旅行客の中には，ときどき店に現れない人たちがいると言います。

　「連絡のないキャンセルは，食品を捨てることにつながります。さらに，予約分の席を取っておかないといけません。そうでなければ，ほかのお客さんを入れられるのですが」

　今月始まる中国の旧正月の休暇中には，多くの旅行者が見込まれています。

　1．正しい。第2段落と第3段落に示されている文の内容と一致する。　2．誤り。キャンセル料については述べられていないが，前払い金は返金されない。3．誤り。特定の旅行客についての記述はない。　4．誤り。「来店してから料理を作り始めるシステム」については触れられていない。　5．誤り。クレジットカードの不正利用については述べられていない。

6　5

解説＼ TED Talks：Pamela Meyer「嘘の見抜き方」より。（全訳）研究によると，私たちは毎日10回から200回ほど周りの人から嘘をつかれています。確かにこうした嘘の多くは罪のないものです。別の研究によると，初めて会う人同士は最初の10分で3回嘘をつくという結果もでています。

　さて，この情報を知ると最初はたじろぎます。これほどにも嘘が溢れているとは信じられないからです。私たちは本質的に嘘を嫌います。しかし，もっと詳しく見てみると，事態はいっそう込み入っています。私たちは職場の同僚より見知らぬ人により嘘をつきます。外向型の人は内向型の人よりもより嘘をつきます。男性は他人のことより，自分のことについて8倍嘘をつきます。女性は他の人を守るためにより嘘をつきます。もしあなたが平均的な夫

婦なら，10回の会話で1回は嘘をついています。これはひどいと思われるで
しょうが，独身なら3回に1回に減ります。

　嘘は複雑な行為です。嘘は私たちの日々の生活やビジネスに織り込まれてい
ます。私たちは真実に対して非常に両義的です。私たちは必要にせまられて，
もっともな理由があって，時には単に現実を受け入れられず嘘をつきます。

　1．誤り。第1段落の冒頭で，「人々は，周囲の人から毎日10回から200回
ほど嘘をつかれている」と述べられている。　2．誤り。第2段落6文目の
「Extroverts lie more than introverts.」の部分に，「外向型の人は内向型の人
よりもより嘘をつく」という内容が記述されている。　3．誤り。第2段落8文
目に，「女性は他の人を守るためにより嘘をつく」という内容が述べられてい
る。　4．誤り。第2段落5文目から，私たちは身近な人より知らない人に対し
て，より嘘をつくことがわかる。　5．正しい。第1段落3文目の「it showed
that strangers lied three times within the first 10 minutes of meeting each
other.」の部分から選択肢の内容が読み取れる。

7 3

解説　『THE BIG ISSUE VOL.293 2016 Aug.16』より。（全訳）あるジャー
ナリストは語る。「私は，この分野なら何らかの変化を起こすことができるの
ではないかと思いました。私たちは権利擁護団体ではないので，特定の法律
を排斥したりはしません。ジャーナリストとしての私たちの仕事は，その（刑
事司法）制度について報道責任を果たすということです」

　2014年11月の立ち上げ以来，マーシャル・プロジェクトは約60のニュース
配信団体と提携し，400以上の記事を発表してきた。その中には，バラク・
オバマ大統領の恩赦や減刑に反して，ニューヨーク市にあるライカーズ刑務
所の内情や，「潜在的な偏見」は公選弁護士が黒人の被告に費やす時間にいか
に影響を与えるかを明らかにした記事もある。

　1．第1段落3文目「Our job as journalists is to hold the system accountable
for doing its job," he said.」この部分から，選択肢に述べられた内容が正しい
ということを読み取ることができる。　2．第2段落に選択肢の内容が述べら
れている。　3．誤り。第1段落2文目「We're not an advocacy group, so
we're not proscribing specific solutions.」この部分から，彼らは擁護団体で
はないことと，特定の法律を排斥しないことがわかる。　4．第3段落より，

受刑者が減刑されたことがわかる。　5．最後の文章から，選択肢で述べた内容を読み取ることができる。

8 3

解説 『天声人語　'80春の号』1980.1.29より。（全訳）具志堅一家は貧しかった。母は魚の行商をし，具志堅氏は高校時代，那覇のふろ屋に下宿して床みがきをした。チャンピオンになってからは，両親のために家を新築し，弟の面倒を見ているが，自分自身はつましい生活をしている。「遊んだり，ぜいたくしたりするのは引退してからでもできる。現役の時はひたすら精進しろ」と自分にいいきかせているという。

この24歳の青年の魅力は，自然児の素朴さにある。「沖縄の星」といわれるいまでも「試合の直前はオレ，怖いよ。本当に怖いね」といったりする。平気で素顔をさらす，というところが具志堅氏の強さなのかもしれない。

　1．誤り。「指導者の教え」について触れた記述はない。　2．誤り。具志堅氏がチャンピオンになってから家を新築したのは，両親のためであった。　3．正しい。第2段落2文目に示された発言の内容と一致する。　4．誤り。ふろ屋の床みがきの目的が体を鍛えるためであったとする記述はない。　5．誤り。冒頭の部分に，具志堅一家の貧しさについて述べられている。

9 3

解説 『Good service By Tan Ying Zhen』（http：//st.japantimes.co.jp/essay/?p=ey20140620）より。（全訳）日本とは違い，シンガポールは優れたサービスがある国としては知られていない。それでも最近，今まで受けた中で最高のサービスのいくつかを受けられる機会に恵まれた。

ある日，私は友人と地元の点心のお店でブランチをとろうとしていた。しゃれたレストランではなかった。私たちにとって一番の選択というわけでもなかった。そこへ行ったのは，行きたかったレストランが予約でいっぱいだったからだった。

私たちはそのレストランに，隣接したパン屋から入り，応対してくれる人を待っていた。みんな忙しそうに見えた。私たちはやっと通りかかったウェイトレスの目に留まった。私は「4人がけの席をお願いします」と，彼女の質問を先取りして言った。

「ついてきてください」と彼女は足早に私たちをテーブルに連れて行った。席に着くと，彼女は「実はお客様がお入りになったのは裏口です。次からは正面入口をお使いください」と言った。レストランの反対側の端をジェスチャーで指した。

社交辞令はなかったが，それでも失礼な感じがしなかった。

シンガポール人特有の効率の良さで，彼女は私たちを席まで案内し，的確なアドバイスをくれた。

1．誤り。冒頭の文において，シンガポールに良質のサービスがあるとは知られていない旨が述べられている。　2．誤り。第5段落において，失礼な感じを受けていないとの記述がある。　3．正しい。第3段落1文目と第4段落4文目から，選択肢の内容と一致していることがわかる。　4．誤り。文化圏とジェスチャーの関係について述べた箇所はない。　5．誤り。第2段落4文目によれば，行きたかったレストランは，予約でいっぱいであった。

第5部

数的処理

- 判断推理
- 数的推理
- 資料解釈

数的処理　　判断推理

||||||||||||||||||||||||||||　**POINT**　||||||||||||||||||||||||||||

　数的処理では，小学校の算数，中学高校の数学で習得した知識・能力をもとに，問題を解いていく力が試される。また，公務員採用試験の中では最も出題数が多く，合格を勝ち取るためには避けては通れない。

　判断推理では，様々なパターンの問題が出題され，大学入試など他の試験ではほとんど見かけない問題も出てくる。すべての問題を解けるようにするのは困難なので，本書を参考に，できるだけ多くの問題を解き，本番までに得意な分野を増やしていこう。

　算数や数学の学習経験が生かせる分野としては，まずは「論理と集合」が挙げられ，命題の記号化，対偶のとり方，ド・モルガンの法則，三段論法，ベン図，キャロル表を使った情報の整理法などを確実に押さえよう。また，「図形」に関する問題も多く，平面図形では正三角形，二等辺三角形，直角三角形，平行四辺形，ひし形，台形，円，扇形などの性質や面積の公式，これらを回転させたときにできる立体図形などを確実に覚えよう。立体図形では，円錐，角錐，円柱，角柱，球，正多面体などの性質や体積・表面積の公式を必ず覚えよう。

　一方，あまり見慣れない問題があれば，本書の問題を参考にして必要な知識や考え方を身に付けてほしい。例えば，「リーグ戦やトーナメント戦」といった馴染みのある題材が扱われる問題でも，試合数を計算する公式を知っておかなければ解けない場合がある。また，「カレンダー」を題材にした問題では，各月の日数やうるう年になる年などを知っておく必要がある。「順序」に関する問題では，表・樹形図・線分図・ブロック図などを使って効率よく情報を整理していく必要がある。その他にも，「暗号」，「うその発言」，「油分け算」などでは，実際に問題を解いてみなければわからない独自のルールが存在する。「図形」を題材にしたものの中には，計算を必要とせず予備知識がなくとも正解が出せる場合があるので，落ち着いて問題文を読むようにしよう。

　問題の解き方のコツとしては，設問の条件を図表にして可視化していき，行き詰まったら推論や場合分けなどをしてみることである。問題によっては

図表が完成しなくとも正解が出せる場合や，いくつかの場合が考えられても すべてで成り立つ事柄が存在するので，選択肢も定期的に見ておくとよいだ ろう。公務員採用試験では，限られた時間内で多くの問題を解くことになる が，ほとんどの問題では解法パターンが決まっているので，設問を読んだだ けで何をすればよいか見通しが立てられるぐらいまで習熟してほしい。

《 演 習 問 題 》

1 中学生100人にアンケートを行った結果を集計し表に示した。サッ カー，バスケットボールの両方ともしたことがある人が57人いるとき， サッカー，バスケットボールの両方ともしたことがない人は何人いるか。

調査項目	集計結果	
サッカーをしたことがありますか？	ある	70人
	ない	30人
バスケットボールをしたことがありますか？	ある	85人
	ない	15人

1　1人　　2　2人　　3　3人　　4　4人　　5　5人

2 長距離走で，Aは折り返し点の手前で折り返してきた先頭の5人とす れ違った。さらに，折り返し点の手前で4人を抜き，折り返してきた1人 とすれ違った。折り返した後，2人に抜かれてゴールインした。このときA の順位として，最も妥当なものはどれか。ただし，同順位はなく，全員完 走したものとする。
　1　7位　　2　8位　　3　9位　　4　10位　　5　11位

3 A～Eの5人が，自分たちの体重について次のように発言したが，1人が嘘をついている。この時，嘘をついていないことが確実な人として最も妥当なものはどれか。

A 「Dは私より体重が軽い」
B 「私はCより体重が重い」
C 「Eは私より体重が軽い」
D 「私はBより体重が軽い」
E 「私はAより体重が重い」

　　1 A　　　2 B　　　3 C　　　4 D　　　5 E

4 A～Fの6人がゲーム大会をして，優勝者が決定された。このゲーム大会の前に6人は，それぞれ次のように予想を述べていた。予想が当たったのは2人のみで，あとの4人ははずれであった。予想が当たった2人の組み合わせとして最も妥当なものはどれか。

A 「優勝者は，私かCのいずれかだろう」
B 「優勝者は，Aだろう」
C 「Eの予想は当たるだろう」
D 「優勝者は，Fだろう」
E 「優勝者は，私かFのいずれかだろう」
F 「Aの予想ははずれるだろう」

　　1 A，B　　2 A，C　　3 B，D　　4 C，D　　5 D，E

5 ある会合に参加した人30人について調査したところ，傘を持っている人，かばんを持っている人，筆記用具を持っている人の数はすべて1人以上29人以下であり，次の事実がわかった。

　i ）傘を持っていない人で，かばんを持っていない人はいない。
　ii）筆記用具を持っていない人で，かばんを持っている人はいない。

このとき，確実に言えるのは次のどれか。

　1 かばんを持っていない人で，筆記用具を持っている人はいない。
　2 傘を持っている人で，かばんを持っている人はいない。
　3 筆記用具を持っている人で，傘を持っている人はいない。
　4 傘を持っていない人で，筆記用具を持っていない人はいない。
　5 かばんを持っている人で，傘を持っている人はいない。

6 A～Gの7人が横に1列に並び，同じ方向を向いている。次のア～エの条件の時，確実にいえることはどれか。

ア　Aの右から2人目はBである。
イ　Bの右から2人目はCである。
ウ　Dの右から3人目はEである。
エ　Fの右から4人目はGである。
　1　FはAの隣である。
　2　DはCの隣である。
　3　EはGの隣である。
　4　BはEの隣である。
　5　GはBの隣である。

7 「天ぷらは日本食である」の命題が正しいとすれば，次の中で必ず正しいと言えるのはどれか。

ア　天ぷらでなければ日本食ではない。
イ　日本食であれば天ぷらである。
ウ　日本食は天ぷらである。
エ　日本食でなければ，天ぷらではない。
オ　天ぷらは，和食の1つである。
　1　アだけ　　2　ウだけ　　3　エだけ　　4　アとイ　　5　ウとオ

8 次のA～Eのうち，図Ⅰの型5枚をすき間なく並べることによって作ることのできる形のみを全て挙げているのはどれか。

図Ⅰ

A

B

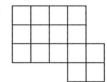

C

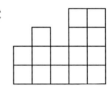

D

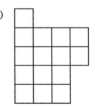

E

1 A，B，C
2 A，D
3 B，C，D
4 B，D
5 B，E

9 次の円錐の立体の切断面の形として，正しくないものはどれか。

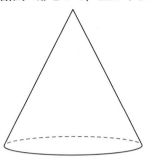

1

2

3

4

5

10 図の立体は，小さい立方体を縦，横に4個ずつ置き，それをさらに4段，すき間なく積み重ねたものである。ABC を通る平面で切ったとき，切れ目が入らない立方体の数として，妥当なものはどれか。

1　36個
2　38個
3　48個
4　52個
5　58個

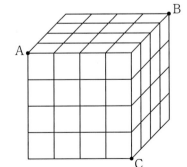

11 「勉強しない人は公務員試験に合格できない」ことがわかっていると
き, 正しくいえるのはどれか。

  1 勉強する人は公務員試験に合格できる。

  2 公務員試験に合格できる人は勉強する。

  3 勉強しなくても公務員になれるかもしれない。

  4 公務員は勉強している。

  5 公務員試験に合格できない人は勉強をしていない。

12 ある中学校の学生50人のなかで, テニスの経験がある者が23人, テ
ニスとバレーボールの両方経験のある者が8人, どちらも経験のない者が
15人であるとき, バレーボールのみ経験のある者は何人いるか。

  1 10人   2 11人   3 12人   4 13人   5 14人

13 事務職と行政職の2つの公務員試験を受験した100人の学生のなかで,
事務職に合格した者が45人, 行政職に合格した者が50人, 両方に合格し
た者が10人いたとき, 学生たちの公務員試験合格率は何%か。ただし,
合格者とは1つまたは2つの試験に合格した者のことである。

  1 60%   2 65%   3 70%   4 80%   5 85%

14 A～Gの7人の試験の成績は, Aの得点はBより高かった。BはCよ
り得点が低く, Dの得点より高かった。DはEより得点が低く, Fの得点
より高かった。Gの得点は最も低かった。以上のことから確実にいえるの
は次のうちのどれか。

  1 Aは最も得点が高かった。

  2 FはGの次に得点が低かった。

  3 EはBよりも得点が高かった。

  4 CはEよりも得点が低かった。

  5 FはBよりも得点が高かった。

15 Bの弟であるAは, Dの妹Cより年上で, Fの姉であるEはCより年
下である。このことから確実にいえるのはどれか。

  1 AはDより年上である。

  2 AはEより年下である。

3　AはFより年上である。

4　EはAより年上である。

5　DはBより年下である。

16　以下はA～Fの6人の兄弟姉妹がお互いの関係を述べたものである。

　A　「私の上には姉が3人と兄が1人いる」

　B　「私の下には弟が2人と妹が1人いる」

　C　「私の下には妹が3人と弟が2人いる」

　D　「私の上には1人いるだけである」

　E　「私の上には3人いる」

　F　「私たち兄弟姉妹では，一番下は女である」

以上のことから判断して確実にいえるのは次のどれか。

　1　年齢が上の順に並べるとC－D－F－B－E－Aとなる。

　2　この6人兄弟姉妹は男女とも3人ずつである。

　3　Bはこの兄弟姉妹の上から3番目で長男である。

　4　Eには姉，妹，弟はいるが，兄はいない。

　5　Dは次女で弟が1人と妹が3人いる。

17　男子3人，女子2人のA～Eの5人が10kmのマラソンに参加した。5人は1分間隔で順次到着し，到着の様子は次のア～ウの通りであった。

　ア　AはBより遅く到着したが，そのタイムは5人の平均より速かった。

　イ　Cは男子でDより早く到着した。

　ウ　2位と3位は女子であった。

以上から確実にいえることはどれか。ただし，同順位はなく全員完走したものとする。

　1　Aは女子である。

　2　Bは女子である。

　3　Cは3位である。

　4　Dは4位である。

　5　Eは男子である。

18 12時から始まるミーティングに，BはCより12分遅く着き，Eより5分早く着いた。AはBより7分遅く着き，Dより1分早く着いた。Eが着いたとき，ミーティング開始まで4分の時間があった。Aはミーティングの始まる何分前に着いたか。

 1　1分 2　2分 3　3分 4　4分 5　5分

19 A～Eの5人がそれぞれ異なる種類のコインを持って集まり，皆で交換した。もらえるのは1人1個で，自分がもらった相手には渡さないものとする。次の状況がわかっているとき，正しくいえるのはどれか。

 ①　DはAにコインを渡した。
 ②　Bがコインを渡したのはDでない。
 ③　CはEにコインを渡した。

 1　AはBに渡した。
 2　AはCに渡した。
 3　BはEに渡した。
 4　EはBに渡した。
 5　EはCに渡した。

20 A～Dの4人が八百屋に行き，帰り際にそれぞれの購入品の一部を交換した。4人が購入したのは，リンゴ，ナシ，バナナ，ミカンのいずれか1種類ずつである。A～Dが次のように述べたとき，正しいのはどれか。

 A　私が購入したのはBの受け取ったリンゴではない。
 B　私が購入したものをCは受け取っていない。
 C　私が受け取ったのはバナナではない。
 D　私が受け取ったのはCの購入したミカンではない。

 1　リンゴを購入したのはDではない。
 2　ナシを購入したのはBである。
 3　ナシを受け取ったのはCではない。
 4　バナナを受け取ったのはDである。
 5　ミカンを受け取ったのはAではない。

21 表裏とも赤，表が赤で裏が白，表裏とも白のカードが合わせて100枚
ある。これらを表裏かまわず重ね合わせ，上から1枚ずつ100枚見ると，
赤が35枚あった。そのまま上下を逆にして同様に見ると，赤が49枚あっ
た。表が赤で裏が白のカードの枚数は，表裏とも赤のカードの枚数の2倍
であったとすると，表裏とも白のカードは何枚か。

 1 34枚 2 35枚 3 36枚 4 37枚 5 38枚

22 ある暗号で，「桜」は「10010-0-1010-10100-10001-0」，「富士」
は「101-10100-1001-1000」，「梅」は「10100-1100-100」である。こ
のとき，「1000-1101-10100」の表す動物として，正しいものはどれか。

 1 牛   2 虎   3 馬   4 猿   5 犬

23 図のような白黒の紙と，黒の紙を合計50枚重ねた。このとき，白黒
の紙の縦横はそろえなかったので，ある隅には黒が40枚，別の隅には35
枚となった。白黒の紙は全部で何枚か。

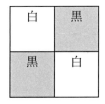

 1 22枚 2 23枚 3 24枚 4 25枚 5 26枚

24 「マコト」が「5-4・1-9・1-7」，「アイ」が「5-10・4-10」，「ユウ
キ」が「3-3・3-10・4-9」を表すとすると，「ソラトクモ」に対応する記
号の組み合わせとして妥当なものはどれか。

 1 1-6・5-5・1-7・3-7・1-2
 2 1-7・5-1・1-7・3-8・1-3
 3 1-8・5-2・1-7・3-9・1-4
 4 2-9・6-3・1-7・4-10・2-5
 5 3-10・7-4・1-7・5-1・3-6

25 図のように1〜6の数字を書いた，同じ大きさのカードが10枚ある。このカードの向きを揃えずに10枚重ね，上のAのところの数（1，2，3，4，5，6のいずれかになる）を合計したところ15になった。このとき，下のBのところの数の合計は，次のうちどれか。

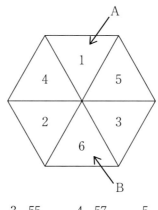

1 51   2 53   3 55   4 57   5 59

26 ブドウ狩りに行ったA〜Eの5人が狩ったブドウの数について，次のア〜エのことがわかった。

　ア　Bの数は，Cの数とEの数との和からAの数を引いた数より2房少なかった。

　イ　Dの数は，Aの数より2房多く，Cの数より7房少なかった。

　ウ　Eの数は，Aの数より多く，Dの数より少なかった。

　エ　狩ったブドウの数が同じ者はいなかった。

以上から判断して，狩ったブドウの数が2番目に多い者の数と4番目に多い者の数との差として，正しいものはどれか。

　1 4   2 5   3 6   4 7   5 8

27 次の図は暗号で数を表している。

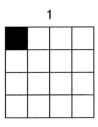

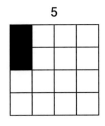

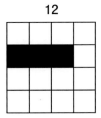

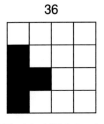

このとき，以下の図の暗号が表す数として，最も妥当なものはどれか。

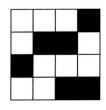

　1　43　　　2　45　　　3　47　　　4　49　　　5　51

28 大きい円と小さい円が接している。まず，図1のように，小さい円を，大きい円の外側を滑らないように，同じ位置に来るまで回転させた。次に，図2のように，小さい円を移動させて，大きい円の内側を滑らないように回転させた。大きい円と小さい円の半径の比が4：1であるとき，これらの操作による小さい円の回転数の合計として，最も妥当なものはどれか。

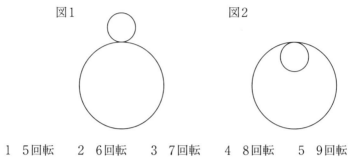

図1　　　　　　　　　　　　　図2

1　5回転　　　2　6回転　　　3　7回転　　　4　8回転　　　5　9回転

29 図は，各辺が1cmの正三角形を組み合せて作った正六角形である。図中にある一辺が1cmの正六角形の個数として，妥当なものはどれか。

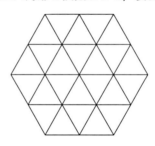

1　6個　　　2　7個　　　3　8個　　　4　9個　　　5　10個

30 図1のように一辺の長さがともに等しい正方形の左側に接した正三角形を滑らないように右側に回転させたとき，点Pが次の図2のような軌跡を描いた。このときの図形と点Pの関係として，最も妥当なものはどれか。ただし，選択肢中と図1，2中の点Xは同一のものとする。

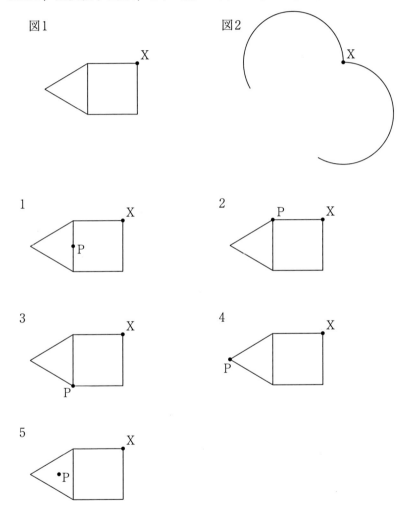

31 正方形の紙を折り，面積が半分になるような三角形を作った後，さらに折り重ねて面積が半分になる三角形を作る作業を2回繰り返した。それに切り込みを入れ，広げたところ，図のような図形ができた。切り込みを入れた図として，最も妥当なものはどれか。

図

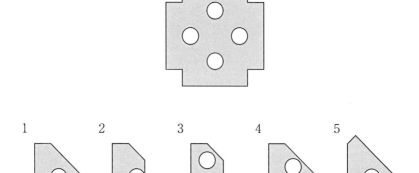

1　　　　2　　　　3　　　　4　　　　5

32 図のような立方体ABCD－EFGHがあり，それぞれの辺の長さは10cmである。また，頂点Eを出発して，右方の水平方向に5cm進んだ後，上方の垂直方向に1cmずつ動く動点がある。辺をまたがる際にも同じ動きをするとき，この点がはじめに到達する頂点として，最も妥当なものはどれか。

1　A
2　B
3　C
4　D
5　F

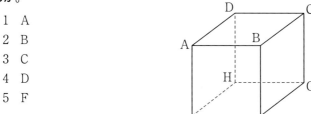

33 いくつかの立方体をすき間のないように積み重ねて立体をつくった。この立体を正面から見ると図1，真上から見ると図2の通りであった。これらから，立方体の数が最も多い場合の個数と，最も少ない場合の個数の差として，最も妥当なものはどれか。

図1 図2

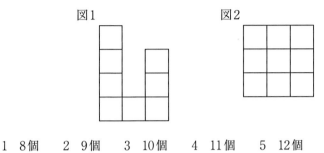

1　8個　　2　9個　　3　10個　　4　11個　　5　12個

34 図は，正十二面体の展開図であるが，これを組み立てたときの頂点の数として，最も妥当なものはどれか。

図

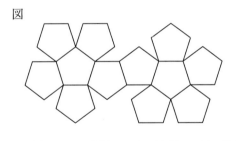

1　16個　　2　17個　　3　18個　　4　19個　　5　20個

35 それぞれの面に1～6を記したあるサイコロは，通常のものと異なり，向かい合う面の合計が3，7，11のいずれかであるという。この条件に合致する展開図として，最も妥当なものはどれか。

1

2

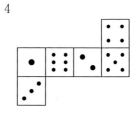

3

4

5

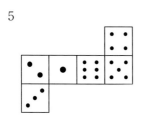

解 答・解 説

1 2

解説 設問の条件を，次のベン図にまとめる。

①は「サッカーをしたことがあるが，バスケットボールをしたことがない人数」であり，

  70 − 57 = 13 〔人〕

②は「サッカーをしたことはないが，バスケットボールをしたことがある人数」であり，

  85 − 57 = 28 〔人〕

③は「サッカーをしたことがなく，バスケットボールをしたことがない人数」であり，

  100 − 13 − 57 − 28 = 2 〔人〕

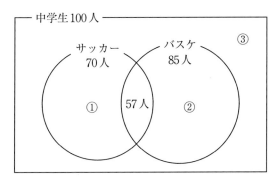

以上より，正解は2。

2 3

解説 Aは折り返し点までに合計6人とすれ違ったので，7位で折り返したことになる。その後，折り返してからゴールするまでに2人に抜かれたことから，最終的には9位でゴールインしたことになる。

　なお，「折り返し点の手前で4人を抜いた」という情報は，結果的に解答を導くうえで必要のない情報である。

以上より，正解は3。

[3] 4

解説 まず，全員の発言を正しいと仮定して条件を整理する。（体重が重い）＞（体重が軽い）と順序関係を整理すると，5人の発言が正しいとき

Aの発言より，A＞D
Bの発言より，B＞C
Cの発言より，C＞E
Dの発言より，B＞D
Eの発言より，E＞A

これらをまとめると，B＞C＞E＞A＞D

となり，矛盾はない。

次に，嘘をついている場合，不等号の向きが逆になることに注目する。すると，条件より「1人だけ嘘をついている」ので，上記の1つの不等号の向きを変えても，他の不等号の向きや順序に影響がないことになる。反対に，不等号の向きを変えることで，他の不等号の向きや順序に影響が出てしまう発言が「嘘をついていない」ことになる。

例えば，Aの発言が嘘の場合，正しくは「D＞A」となり，全体としてはB＞C＞E＞D＞Aのままで矛盾はない。よって，Aは嘘をついている可能性がある。

同様に考えると，隣り合った2人の順序関係について発言しているB，C，Eについては，嘘をついている可能性がある。

一方，Dの発言が嘘の場合，正しくは「D＞B」となり，

B＞C＞E＞A＞D
D＞B

となるので，「A＞D」と発言したAも嘘をついたことになる。

したがって，嘘をついていないことが確実なのはDである。

以上より，正解は4。

[4] 1

解説 A〜Fの発言をもとに，次の表を作成する。ただし，優勝すると予想した場合を○，それ以外を×とする。

まず，A，B，D，Eの発言をもとに，それぞれの行に○か×を入れる。次に，Cの発言より，Cの行とEの行は等しくなる。一方，Fの発言より，Fの

行はＡと真逆になる。

　ここで，Ａが優勝した場合，予想が当たったのはＡの列に○をつけたＡとＢの２人であり，その他の４人は予想がはずれたことになる。同様に考えると，表は次のようになる。

　よって，予想が当たるのが２人となるのは，Ａが優勝した場合のみであり，このとき予想が当たったのはＡとＢである。

以上より，正解は1。

		優勝者					
		A	B	C	D	E	F
発言者	A	○	×	○	×	×	×
	B	○	×	×	×	×	×
	C	×	×	×	×	○	○
	D	×	×	×	×	×	○
	E	×	×	×	×	○	○
	F	×	○	×	○	○	○
当たった		2	1	1	1	3	4
はずれた		4	5	5	5	3	2

5 4

解説 　「傘」，「かばん」，「筆記用具」という３つの集合を考える場合，次のベン図のように全体を８つの領域に分けることができる。

①は「傘だけを持っている」，②は「かばんだけを持っている」，③は「筆記用具だけを持っている」，④は「傘とかばんだけを持っている」，⑤は「傘と筆記用具だけを持っている」，⑥は「かばんと筆記用具だけを持っている」，⑦は「３つとも持っている」，⑧は「３つとも持っていない」人が存在する領域である。

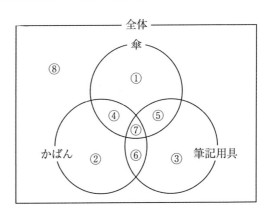

i) より，「傘を持っていない人は，全員かばんを持っている」ので，③と⑧の人はいない。

ii) より，「筆記用具を持っていない人は，全員かばんを持っていない」ので，②と④の人はいない。

よって，②③④⑧の人はおらず，①⑤⑥⑦の人はいる可能性がある。

1. 誤り。⑤の「傘と筆記用具だけ持っている人」がいる可能性がある。
2. 誤り。⑦の「3つとも持っている人」がいる可能性がある。　3. 誤り。⑤と⑦の人がいる可能性がある。　4. 正しい。②と⑧の人がいないので確実にいうことができる。　5. 誤り。⑦の人がいる可能性がある。

6 1

解説　向きに関しては，全員が同じ方向を向いているので，全員が前方を向いていると仮定して条件をまとめると，次のようになる。

アの条件	イの条件	ウの条件	エの条件
A○B	B○C	D○○E	F○○○G

アとイの条件はBが共通しているのでまとめると，
　　A○B○C

　また，この問題は条件に右○人目とあるので入れ替わりは生じず，問題では7人が一列に並ぶので，
　　○○A○B○C　　○A○B○C○　A○B○C○○
の3パターンが考えられる。

　これらにウの条件を入れると，真ん中のパターンは当てはまらないので，
　　D○AEB○C　　A○BDC○E
残ったエの条件を入れると次の通りとなる。
　　DFAEBGC　　AFBDCGE
よって，いずれの場合でもFがAの隣であるということは確実にいえる。
以上より，正解は1。

7 3

解説　ある命題が正しいとき，その対偶も正しい。「AならばBである」の対偶をとると「BでなければAではない」となる。

　よって，「天ぷらは日本食である」の対偶をとると「日本食でなければ，天ぷらではない」となる。
以上より，正解は3。

8 5

解説 図Ⅰの型を5枚すき間なく並べるので，最終的にできる図は3×5＝15〔マス〕となるはずである。この時点で，13マスからなるAは不適となる。

次に，図Ⅰの型を2つ組み合わせた2×3の図形を用いて，B〜Eの図ができるかそれぞれ検討する。すると，BとEの図形しかできないことがわかる。

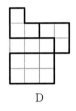
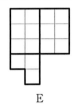

B　　　　　　　C　　　　　　　D　　　　　　　E

以上より，正解は5。

9 4

解説 切断面として考えられるのは，次のものである。

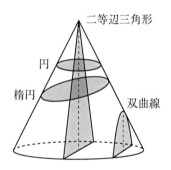

以上より，正解は4。

10 3

解説 与えられた図を，ABCを通るように切ると，右の図のようになる。

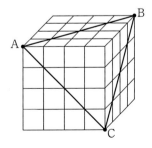

切断面は小さい立方体を構成する正方形の対
角線を1辺とする正三角形の組み合わせとな
り，右の図のようになる。

この図より，小さい立方体のうち，切れ目が
入る立方体の数は，正三角形の数に等しいか
ら，16個である。

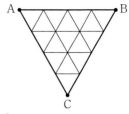

また，小さい立方体の総数は，$4 \times 4 \times 4 = 64$〔個〕。

よって，切れ目が入らない立方体の数は，$64 - 16 = 48$〔個〕。

以上より，正解は3。

11 2

解説 \ 「勉強しない人は公務員試験に合格できない」の対偶は「公務員試験
に合格できるならば勉強する人である」となる。

以上より，正解は2。

12 3

解説 \ 設問の条件をもとにベン図を作成すると，次のようになる。

①は「テニスのみ経験のある者」が
存在する領域であり，① + 8 = 23が
成り立つので，

　① = 23 - 8 = 15〔人〕

②は「バレーボールのみ経験のある
者が存在する領域である。

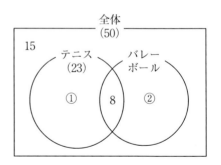

ここで，① + ② + 8 = 50 - 15が成
り立つので，

　② = 50 - 15 - (① + 8)

　　 = 35 - (15 + 8)

　　 = 12〔人〕

以上より，正解は3。

13 5

解説 設問の条件をもとにベン図を作成すると，次のようになる。

①は「事務職のみ合格した者」，②は「行政職のみ合格した者」，③は「どちらも合格しなかった者」が存在する領域である。

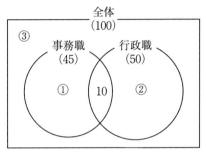

ここで，(合格者の人数) = ① + ② + 10 = 45 + 50 − 10が成り立つので，

(合格者の人数) = 85〔人〕

さらに，

$$(合格率) = \frac{合格者の人数}{全体の人数} \times 100 \, より,$$

$$(合格率) = \frac{85}{100} \times 100 = 85 〔\%〕$$

以上より，正解は5。

14 2

解説 設問の条件をもとに，左から点数の高い順に並べる。

①「Aの得点はBより高かった。」より，

A　B

②「BはCより得点が低く，Dの得点より高かった。」より，

C　B　D

③「DはEより得点が低く，Fの得点より高かった。」より，

E　　D　F

④「Gの得点は最も低かった。」より，

　　　　　G

①，②，③，④より

				D	F	G

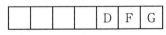

A・B・C・E

ただし，A＞B，C＞B

よって，確実に順序がわかるのはD，F，Gだけである。

以上より，正解は2。

237

15 3

解説 設問の条件をもとに，左から年齢の高い順に並べる。

① 「Bの弟であるA」より，

B　A

② 「AはDの妹Cより年上」より，

　A　C

③ 「Dの妹C」より，

D　　C

④ 「Fの姉であるE」より，

　　　E　F

⑤ 「EはCより年下」より，

　　　C　E

①，②，③，④，⑤をまとめると，

			C	E	F

$\underbrace{}$

　B・D・A

ただし，B＞A

よって，AとD，BとDの順序は決まらない。

以上より，正解は3。

16 4

解説 設問の条件をもとに，左から年齢が高い順に並べる。ただし，上の行は人物，下の行は性別を表す。

① A　「私の上には姉が3人と兄が1人いる」より，

				A	
	女3，男1				

② B　「私の下には弟が2人と妹が1人いる」より，

		B			
			男2，女1		

③C「私の下には妹が3人と弟が2人いる」より，

C					
			女3，男2		

④D　「私の上には1人いるだけである」より，

	D				

⑤E　「私の上には3人いる」より，

			E		

⑥F「私たちの兄弟姉妹では一番下は女である」より，

					女

①～⑥より，人物については左から順にC，D，B，E，A，Fとなる。

また，⑥よりFは女，②よりEとAは男，③よりDとBは女，①よりCは女となる。

ここまでをまとめると，次のようになる。

C	D	B	E	A	F
長女	次女	三女	長男	次男	四女

以上より，正解は4。

17 1

解説　条件ア～ウをもとに，左から速く到着した者を並べる。ただし，上の行を人物，下の行を性別で表す。

①ア「AはBより遅く到着したが，そのタイムは5人の平均より速かった。」より，

B	A			

②イ「Cは男子でDより早く到着した」より，

C	D
男	

③ウ「2位と3位は女子であった。」より，

男	女	女	男	男

①〜③より，次のようになる。

B	A	E	C	D
男	女	女	男	男

以上より，正解は1。

18 2

解説 問題文の条件をまとめると次のようになる。

①BはCより12分遅く着き，Eより5分早く着いた。

②AはBより7分遅く着き，Dより1分早く着いた。

③Eが着いたとき，ミーティング開始まで4分の時間があった。

これら3つの条件を数直線で表すと，次のようになる（ミ…ミーティング）。

ただし，左から早く着いた者を並べる。

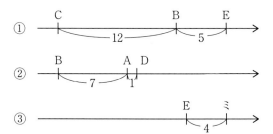

3つの数直線をまとめると，次のようになる。

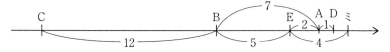

よって，Aはミーティングの2分前に着いたことがわかる。

以上より，正解は2。

19 1

解説 条件①～③をもとに、次の表を作成する。ただし、渡した（または
もらった）場合は〇、渡していない（またはもらっていない）場合は×とする。
①より、「DがAに渡した」ことが確定し、自分がもらった相手には渡さない
ので「AがDに渡していない」ことが確定する。
②より、「BがDに渡していない」ことが確定する。
③より、「CがEに渡した」こと、および「EがCに渡していない」ことが確定
する。
ここまでをまとめると、次のようになる。

		もらう人				
		A	B	C	D	E
渡す人	A				×	×
	B	×			×	×
	C	×	×		×	〇
	D	〇	×	×		×
	E	×		×		

すると、Bが渡す相手はCしかおらず、Aが渡す相手はBしかおらず、Eが渡
す相手はDしかいない。よって、表は次のようになる。

		もらう人				
		A	B	C	D	E
渡す人	A		〇	×	×	×
	B	×		〇	×	×
	C	×	×		×	〇
	D	〇	×	×		×
	E	×	×	×	〇	

以上より、正解は1。

20 4

解説 A〜Dの発言をもとに，次の表を作成する。ただし，購入した，または受け取った場合は○，そうではない場合は×とする。

Aより，「Aはリンゴを購入していない，AはBに渡していない，Bはリンゴを受け取った」ことが確定する。

Bより，「BはCに渡していない」ことが確定する。

Cより，「Cはバナナを受け取っていない」ことが確定する。

Dより，「Dはミカンを受け取っていない，Cはミカンを購入した，CはDに渡していない」ことが確定する。

ここまでで，表は次のようになる。

	購入した				受け取った			
	A	B	C	D	A	B	C	D
リンゴ	×		×		×	○	×	×
ナシ			×			×		
バナナ			×			×	×	
ミカン	×	×	○	×		×		×

渡した　B× C× D×

ここで，Cがミカンを渡した相手はAしか残っていない。すると，バナナを受け取ったのはDしかおらず，Cはナシを受け取ったことになる。

また，Bが受け取ったリンゴを購入したのはDしかおらず，BはCに送っていないのでDが受け取ったバナナを購入していることになり，Aは残ったナシを購入したことになる。よって，表は次のようになる。

	購入した				受け取った			
	A	B	C	D	A	B	C	D
リンゴ	×	×	×	○	×	○	×	×
ナシ	○	×	×	×	×	×	○	×
バナナ	×	○	×	×	×	×	×	○
ミカン	×	×	○	×	○	×	×	×

渡した　B× C× D×

以上より，正解は4。

21 4

解説　表裏とも赤のカードをx枚とすると，表赤・裏白のカードは$2x$枚と表せる。

ここで，表を1枚，裏を1枚と考えると，赤のカードは全部で$x \times 2 + 2x = 4x$〔枚〕ある。

すると，実際の赤のカードの枚数は$35 + 49 = 84$〔枚〕なので，

$\quad 4x = 84$

$\quad\ x = 21$

よって，表裏とも赤のカードは21枚になる。

表赤・裏白のカードは$2 \times 21 = 42$〔枚〕なので，

表裏とも白のカードは$100 - 21 - 42 = 37$〔枚〕となる。

以上より，正解は4。

22 5

解説　文字数を見ると，「桜」は，平仮名では「さくら」の3文字であり，ローマ字では「SAKURA」の6文字である。「富士」は，平仮名では「ふじ」の2文字であり，ローマ字では「FUJI」の4文字である。「梅」は，平仮名では「うめ」の2文字であり，ローマ字では「UME」の3文字である。

暗号の数字のかたまりと対比させると，「桜」が6個，「富士」が4個，「梅」が3個だから，数字のかたまり1個はローマ字におけるアルファベット1文字に対応していると考えられる。

このとき，数字のかたまりの順番とアルファベットの順番が同じであるとして対応させてみると，「SAKURA」が「10010-0-1010-10100-10001-0」，「FUJI」が「101-10100-1001-1000」，「UME」が「10100-1100-100」となり，複数回出てくる「A」が「0」，「U」が「10100」に矛盾が生じない。

よって，数字のかたまりの順番とアルファベットの順番は同じであると考えられる。

次に，数字のかたまりの意味を考えると，0と1しか使用されていないことから2進数であると推測され，「A」が「0」，「E」が「100」，「F」が「101」であることから，アルファベット順に2進数を0から小さい順に対応させていると考えられる。

すると，対応表は以下の通りとなる。

A	B	C	D	E	F	G	H	I
0	1	10	11	100	101	110	111	1000

J	K	L	M	N	O	P	Q	R
1001	1010	1011	1100	1101	1110	1111	10000	10001

S	T	U	V	W	X	Y	Z
10010	10011	10100	10101	10110	10111	11000	11001

よって，「1000‐1101‐10100」は「INU」すなわち「犬」であり，正解は5。

23 4

解説 白黒の紙では，白は対角線どうし，黒も対角線どうしに配置されている。よって，ある隅で黒が40枚ならばその対角線の隅でも黒は40枚である。

白	黒
黒	白

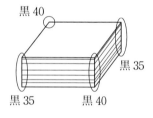

今，白の枚数を数えると，黒が40枚の隅では 50 − 40 = 10〔枚〕，

黒が35枚の隅では 50 − 35 = 15〔枚〕ある。

よって，白黒の紙の合計は，10 + 15 = 25〔枚〕である。

以上より，正解は4。

24 3

解説 「ひらがな」または「かたかな」に関する「暗号」については，「対応する文字の数」と「数字の組み合わせなどで表される記号の数」をみる。それらが一致する場合には，「ひらがな」または「かたかな」1文字と，「記号」1組が対応する。その場合，「50音表」や「イロハ順」との対応を調べることになる。この問題では，それぞれの「文字」と，「2組の数字」が対応するので，50音表における「ア～オ段」と「ア～ワ行」を調べる。

まず，段が共通する「ア」は「5‐10」，「マ」は「5‐4」に対応し，「コ」は

「1-9」,「ト」は「1-7」に対応するなど,それぞれ前半の数字が共通するので,前半の数字が段を表すことがわかる。また,前半の数字に着目すると,アとマが5,イとキが4,ユとウが3,コとトが1であるから,ア段は5,イ段は4,ウ段は3,エ段は2,オ段は1であると考えられる。

次に,行が共通する「ア」は「5-10」,「イ」は「4-10」に対応し,「コ」は「1-9」,「キ」は「4-9」に対応するなど,それぞれ後半の数字が共通するので,後半の数字が行を表すことがわかる。また,後半の数字に着目すると,アとイとウが10,コとキが9,トが7,マが4,ユが3であるから,ア行から順に,10,9,8,7…となる。

これらから,以下の表を導くことができる。

	ア行	カ行	サ行	タ行	ナ行	ハ行	マ行	ヤ行	ラ行	ワ行
ア段	5-10 ア	5-9 カ	5-8 サ	5-7 タ	5-6 ナ	5-5 ハ	5-4 マ	5-3 ヤ	5-2 ラ	5-1 ワ
イ段	4-10 イ	4-9 キ	4-8 シ	4-7 チ	4-6 ニ	4-5 ヒ	4-4 ミ	(4-3)	4-2 リ	(4-1)
ウ段	3-10 ウ	3-9 ク	3-8 ス	3-7 ツ	3-6 ヌ	3-5 フ	3-4 ム	3-3 ユ	3-2 ル	(3-1)
エ段	2-10 エ	2-9 ケ	2-8 セ	2-7 テ	2-6 ネ	2-5 ヘ	2-4 メ	(2-3)	2-2 レ	(2-1)
オ段	1-10 オ	1-9 コ	1-8 ソ	1-7 ト	1-6 ノ	1-5 ホ	1-4 モ	1-3 ヨ	1-2 ロ	1-1 ヲ

なお,「ン」については不明であるが,この場合は,例や記号化する対象には含まれないので,問題を解くにあたり,支障はない。

この表と対応させると,「ソラトクモ」は,「1-8・5-2・1-7・3-9・1-4」となる。

以上より,正解は3。

25 3

解説 このカードはどの向きにおいても,1枚のAとBの和は7となる。

AとBの合計数は,これを10枚重ねたものなので,$7 \times 10 = 70$

ここで,Aの合計が15より,

Bの合計は$70 - 15 = 55$。

以上より,正解は3。

26 4

解説 Aが狩ったブドウの数をx房とする。

条件イより，Dが狩ったブドウの数は$x+2$〔房〕，Cが狩ったブドウの数は$x+9$と表せる。

条件ウより，$x+2>$（Eが狩ったブドウの数）$>x$であり，条件エより狩ったブドウの数は5人とも異なるので，Eが狩ったブドウの数は$x+1$〔房〕となる。

条件アより，Bが狩ったブドウの数は，$(x+9)+(x+1)-(x+2)=x+8$〔房〕となる。

　ここまでをまとめると，狩ったブドウの数が多い順にC，B，D，E，Aとなる。よって，狩ったブドウの数が2番目に多いBと4番目に多いEの差は，

$(x+8)-(x+1)=7$〔房〕

以上より，正解は4。

27 4

解説 図の1行目が1，2行目が4，3行目が8，4行目が16を表しており，黒いマスの分だけ数を足していけばよい。

				1
				4
				8
				16

すると，

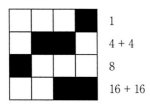

1
4 + 4
8
16 + 16

よって，$1+(4+4)+8+(16+16)=49$。

以上より，正解は4。

28 4

解説　大きい円の半径をm，小さい円の半径をnとすると，大きい円の外側を小さい円が1周するときの回転数は，$\frac{m}{n}+1$〔回転〕と表せ，$m=4$，$n=1$とすると，$\frac{4}{1}+1=5$〔回転〕。また，大きい円の内側を小さい円が1周するときの回転数は，$\frac{m}{n}-1$〔回転〕より，$\frac{4}{1}-1=3$〔回転〕。よって，回転数の合計は，$5+3=8$〔回転〕。
以上より，正解は4。

29 2

解説　まず，次のように番号を付し順に数える。

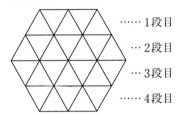

……1段目
…2段目
…3段目
……4段目

一辺が1cmの六角形の数は，1〜2段目に2個，2〜3段目に3個，3〜4段目に2個ある。よって，$2+3+2=7$〔個〕。
以上より，正解は2。

30 4

解説　点Pの描く軌跡が点Xと一致することから，次図のようになる。
なお，点PはP′，P″と移動する。
以上より，正解は4。

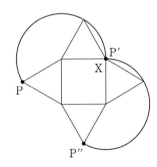

31 1

解説 折りたたんだ紙に切り込みを入れて広げると，切り取られた部分が折り目に対して線対称になることを利用する。次のように順番に考えるとよい。
①切り込みを入れて広げた図について，線対称となるような折り目を見つけ，1回だけ折りたたんだ図を作る。
②①と同様に考えて2回目の折り目を探し，もう1回折りたたんだ図をつくる
③①と同様に考えて3回目の折り目を探し，もう1回折りたたんだ図をつくる

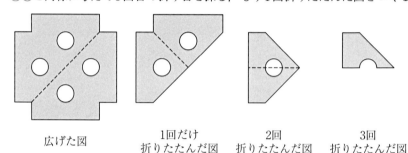

| 広げた図 | 1回だけ
折りたたんだ図 | 2回
折りたたんだ図 | 3回
折りたたんだ図 |

以上より，正解は1。

32 2

解説 題意より，移動する割合は，図1のように，右の水平方向に5cm，上の水平方向に1cmずつであるから，この動きの中ではじめに達する頂点は，図2より，Bとなる。

図1

5cm

1cm

図2

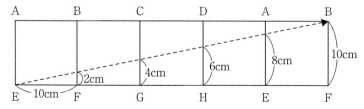

以上より，正解は2。

33 3

解説 真上から見た場合，設問の図2のように見えたことから，縦3マス，横3マスには少なくとも1個の立方体が積まれていることになる。よって，これらの合計9マスに積まれた立方体の数を考える。それぞれのマスを①～⑨とする。

①	②	③
④	⑤	⑥
⑦	⑧	⑨

(1) 立方体の数が最小の場合

正面から見た場合に設問の図1のように見えたことから，左から4，1，3段積まれているように見えたことになる。最小の数を考える場合，見えるところはその数とし，見えないところはできるだけ小さい数とする。よって，正面から見て手前の⑦，⑧，⑨にそれぞれ4，1，3段積め

1	1	1
1	1	1
4	1	3

4　1　3

ば，①～⑥は正面から見えないので最小の数である1段とすることができる。よって，このときの立方体の数は14個となる。

(2) 立方体の数が最大の場合

最大の数を考える場合，見えるところはその数とし，見えないところはできるだけ大きい数とする。よって，①⑦は4段，②⑤は1段，③⑥は3段まで積むことになる。よって，このときの立方体の数は24個となる。

4	1	3
4	1	3
4	1	3

4　1　3

したがって，最も多い場合の個数と最も少ない場合の個数の差は，24 - 14 = 10〔個〕。

以上より，正解は3。

34 5

解説 正十二面体を組み立てると，次の見取図
のようになる。

正十二面体は，正五角形の集合体であるから，重
複する分を含めた展開図上の頂点の数は $12 \times 5 =$
60〔個〕。また，見取図より，正十二面体上の各
頂点には，それぞれ3つの面が接しているので，展
開図上の3つの頂点が重なる。よって，求める頂
点の数は，$60 \div 3 = 20$〔個〕。

以上より，正解は5。

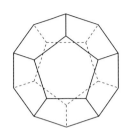

35 4

解説 それぞれの面に1〜6の数が記されたサイコロにおいて，向かい合う
数の合計が3となるのは $(1, 2)$ の組だけであり，11になるのは $(5, 6)$ の組
だけなので，7になるのは $(3, 4)$ の組である。

また，展開図において，組み立てたとき
に向かい合う面は，①と④，②と⑥，③
と⑤である。

これらがそれぞれ，$(1, 2)$ $(3, 4)$ $(5,$
$6)$ のいずれかに当てはまるものが条件に
合致する。本問では，選択肢4の図が該
当する。

以上より，正解は4。

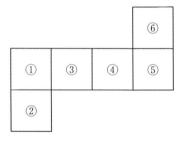

数的推理

||||||||||||||||||||||||||||||| P O I N T |||||||||||||||||||||||||||||||

　数的推理は，数的処理の中では最も算数・数学の知識や能力が役に立つ分野といえる。出題形式はほとんどが文章題であり，必要な情報を読み取り，自身で方程式を立てて解いていく能力が求められる。本書の数学の内容を参考にしつつ，以下の重要事項を知っておいてほしい。

　まず知っておいてほしいのは，「速さ，距離，時間」の関係である。（速さ）$= \left(\dfrac{距離}{時間} \right)$ という基本公式をもとに，式変形をして距離や時間を求める，秒から分（または時間），kmからm（またはcm）などに単位変換する，といった操作を速く正確に行えるようになってほしい。このような力を身に付けることで，「通過算」，「旅人算」，「流水算」などの理解にもつながり，「仕事算」や「ニュートン算」といった応用問題にも対応できる。

　次に，「比と割合」といった指標の活用法を覚えよう。問題によっては具体的な数量ではなく比や割合だけが与えられる場合もある。例えば，「AとBの比が $a : b$」と出てきたら，Aは a 個，Bは b 個のように比の値をそのまま数量とする，あるいはAは ax 個，Bは bx 個といった表し方をすると考えやすくなる。また，比例配分の考え方「X 個をAとBに $a : b$ に配分すると，Aには $\dfrac{a}{a+b} \times X$〔個〕，Bには $\dfrac{b}{a+b} \times X$〔個〕配分される」もよく利用される。割合では，「百分率％で表されていたら全体を100とする」と考えやすくなる。「割引き」や「割り増し」といった言葉が出てきた場合の計算にも慣れておこう。

　学習のコツとしては，判断推理と同様に「設問を読んだだけで何をすればよいか見通しが立てられるぐらいまで取り組む」ことである。もし学習時間の確保が困難であれば，「設問から必要な情報を読み取り方程式を立てる」ステップだけでも反復練習しよう。

《 演 習 問 題 》

1 4人の姉妹がコインを持っていて，長女，二女，三女，四女のコインの枚数の比は7：5：2：1である。長女は三女と四女に同じ枚数のコインを与え，二女は三女に10枚，四女にもある枚数のコインを与えたために，4人の枚数の比は11：9：8：7になった。二女が四女に与えたコインは何枚か。

　　1　10枚　　2　15枚　　3　20枚　　4　30枚　　5　45枚

2 電卓を用いて2つの数の積を求めようとしたとき，「×」を押すべきところを「＋」を押してしまったために，45が表示された。同様に，「×」ではなく「÷」を押して計算すると2が表示された。本来求めようとした積として正しいものはどれか。

　　1　285　　　2　360　　　3　415　　　4　450　　　5　475

3 次の計算式が成り立つとき，ア＋イはいくらになるか。

```
      2 5 ア 7 2
  －     8 イ □ ア
  ─────────────
      1 イ イ 7 9
```

　　1　7　　　　2　8　　　　3　9　　　　4　10　　　　5　11

4 1から999までの整数のうちで，0を少なくとも1個含むものはいくつあるか。

　　1　177個　　　2　178個　　　3　179個　　　4　180個　　　5　181個

5 4%の食塩水xgと10%の食塩水ygを加えると，8%の食塩水ができた。この8%の食塩水にさらに4%の食塩水xgを加えるとできる食塩水の濃度として，正しいものはどれか。

　　1　4%　　　2　5%　　　3　6%　　　4　7%　　　5　8%

6 72を28乗した数の一の位の数として，正しいものはどれか。

　　1　0　　　　2　2　　　　3　4　　　　4　6　　　　5　8

7 3ケタの整数のうち5で割ると2余り，7で割ると3余る数は全部でいくつあるか。

  1　25個　　　2　26個　　　3　27個　　　4　28個　　　5　29個

8 ある果物を箱に詰めるとき，1箱に8個ずつ入れると10個が入らないので，9個ずつ入れたところ，使わない箱が5箱できた。このとき，箱の数の最小値として正しいものはどれか。

  1　54　　　　2　55　　　3　56　　　4　63　　　5　64

9 黄色が1個，赤色が4個，白色が4個の合計9個のビーズを環状につなげて，ブレスレットを作る。この時，作り方は何通りあるか。

  1　16通り　　　2　38通り　　　3　48通り　　　4　64通り　　　5　68通り

10 次の2式を満たす自然数x, y, zの組み合わせとして正しいものはどれか。

$2x + y - z = 2\cdots$①
$3x - 2y + 4z = 28\cdots$②

	x	y	z
1	1	6	8
2	1	6	9
3	2	7	8
4	2	7	9
5	2	8	9

11 次の図のように1辺が4cmの正方形が6個並んでいる。このとき，三角形ECFの面積として正しいものはどれか。

  1　24cm²
  2　28cm²
  3　34cm²
  4　38cm²
  5　40cm²

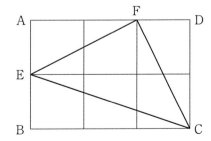

12 右図において，2直線 l，m は平行であり，A，B，C，Dは直線 l 上の異なる4点。またE，F，G，H，Iは m 上の異なる5点である。この9点A，B，C，D，E，F，G，H，Iから3点を選び，それを3頂点とする三角形をつくる。このときできる三角形の個数として正しいものは次のどれか。

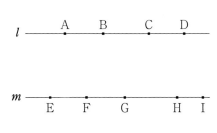

　1　68個　　2　70個　　3　75個　　4　80個　　5　84個

13 正の整数 a，b がある。この整数が $a<b$ であるとき，次の式を満たす a，b の組み合わせの数として，正しいものはどれか。

$$\frac{1}{a}+\frac{1}{b}=\frac{1}{10}$$

　1　3組　　　2　4組　　　3　5組　　　4　6組　　　5　7組

14 あるデパートで特売品を売り始めたとき，すでに行列ができており，発売開始後も毎分10人ずつ新たに行列に加わるものとする。レジが1つのときは1時間で行列がなくなり，レジが3つのときは15分で行列がなくなる。特売品を売り始めたときに並んでいた人数はどれか。ただし，どのレジも1分間に同じ人数に対応できるものとする。

　1　1200人　　2　1300人　　3　1400人　　4　1500人　　5　1600人

15 2つの高校A校とB校で入学試験を行った。A校の合格者と不合格者の比は12：7であった。A校での不合格者全員がB校を受験し，その合格者と不合格者の比は10：1であった。また，A校とB校の両校とも不合格だった者は14人であった。このとき，A校に合格した人数は何人か。ただし，B校を受験したのはA校の不合格者だけだったとする。

　1　262人　　2　264人　　3　266人　　4　268人　　5　270人

16 下図のように，半径6cmの円に正六角形が内接しているとき，斜線部分の面積として正しいものはどれか。

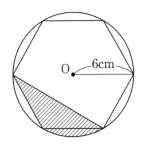

1 6π 〔cm²〕

2 $6\sqrt{3}\,\pi$ 〔cm²〕

3 9π 〔cm²〕

4 $9\sqrt{3}\,\pi$ 〔cm²〕

5 $(9-\sqrt{3})\pi$ 〔cm²〕

17 大・中・小3個のサイコロを同時に投げるとき，2個だけ同じ目になる確率として正しいものはどれか。

1 $\dfrac{1}{12}$　　2 $\dfrac{2}{12}$　　3 $\dfrac{3}{12}$　　4 $\dfrac{4}{12}$　　5 $\dfrac{5}{12}$

18 aとβの2つの文字を最大n個組み合わせることによって，80通りの暗号を作りたい。このとき，nの最低限の値として正しいものはどれか。

1 4　　　　2 5　　　　3 6　　　　4 7　　　　5 8

19 長さ420mの道の両側に，それぞれ30mおきに街路樹を植える際，必要な本数として正しいものはどれか。

1 14本　　2 15本　　3 28本　　4 30本　　5 32本

20 下図のように棒を規則的に並べて正六角形をつくっていく。このとき，21番目まで並べる際に必要な棒の総数として，正しいものはどれか。

1番目　　　2番目　　　　3番目

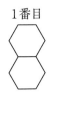

1 170　　2 171　　3 172　　4 173　　5 174

[21] Aさんはある本を3日間で読み切ろうとして，1日目の全体の$\frac{1}{3}$の
ページを読み，2日目に残りの半分のページを読んだが，3日目に残りの
$\frac{1}{3}$のページしか読めなかったので，18ページ残ってしまった。この本の
ページ数として正しいものはどれか。

1　54ページ　　2　63ページ　　3　72ページ　　4　81ページ

5　90ページ

[22]　ミシシッピ川上流のA地点から240km川下にB地点があり，B地点を
出発して両地点間を経由地無しで往復する蒸気船が就航している。ある運
航で，往路は予定通り20時間でA地点へ到着したが，復路は途中でエン
ジンが故障して8時間川の流れのみで運航したため，B地点への到着は往
路よりも2時間余計にかかってしまった。このとき，復路の予定所要時間
として正しいものはどれか。ただし，川の流れの速さと静水時の蒸気船の
速さはともに一定であるとする。

1　14時間　　2　14時間30分　　3　15時間　　4　15時間30分

5　16時間

《 解 答 ・ 解 説 》

1 4

解説 4人の姉妹のコインの総数は，15（7：5：2：1の数値の和）と35（11：9：8：7の数値の和）の最小公倍数である105の倍数なので，$105x$〔枚〕とする。

はじめに持っていたコインの数は，長女は$105x \times \dfrac{7}{7+5+2+1} = 105x \times \dfrac{7}{15}$ $= 49x$〔枚〕，二女は$105x \times \dfrac{5}{15} = 35x$〔枚〕，三女は$105x \times \dfrac{2}{15} = 14x$〔枚〕，四女は$105x \times \dfrac{1}{15} = 7x$〔枚〕となる。

コインの受け渡し後に持っていたコインの数は，長女は$105x \times \dfrac{11}{11+9+8+7}$ $= 105x \times \dfrac{11}{35} = 33x$〔枚〕，二女は$105 \times \dfrac{9}{35} = 27x$〔枚〕，三女は$105x \times \dfrac{8}{35} = 24x$〔枚〕，四女は$105x \times \dfrac{7}{35} = 21x$〔枚〕となる。

よって，長女が三女と四女に与えたコインの枚数の合計は$49x - 33x = 16x$〔枚〕，それぞれに与えたコインの枚数は$16x \div 2 = 8x$〔枚〕となる。

また，二女はコインの受け渡しの前後で$35x - 27x = 8x$〔枚〕減っているので，三女に10枚，四女に$8x - 10$〔枚〕与えたことになる。

すると，受け渡し後の四女が持っているコインの枚数について，
$$21x = 7x + 8x + (8x - 10)$$
$$x = 5$$
したがって，二女が四女に与えたコインの枚数は，$8 \times 5 - 10 = 30$〔枚〕。
以上より，正解は4。

2 4

解説 はじめに電卓に入力した数をx，次に入力した数をyとする。
これらを加えると45になるから，$x + y = 45$……①
割り算の結果が2なので，$\dfrac{x}{y} = 2$……②
①，②より　$x = 30$，$y = 15$
したがって，本来求めようとした積は，$30 \times 15 = 450$
以上より，正解は4。

③ 3

解説 まず，一の位に注目すると，「72 − □ア」より，この計算結果の位置
の位の数が9になるのは，アが3の場合だけであ
る。よって，設問の図は次のようになる。

$$
\begin{array}{r}
2\ 5\ 3\ 7\ 2 \\
-\quad 8\ イ\ □\ 3 \\
\hline
1\ イ\ イ\ 7\ 9
\end{array}
$$

次に，繰り下がりがあるので，「36 − イ□ =
イ7」となり，この計算結果の一の位の数が7にな
るのは□に9が入る場合だけである。ここまでで，
次のようになる。

さらに，繰り下がりがあるので，「252 − 8イ =
1イイ」となり，この計算が成り立つのはイが6の
場合だけである。

$$
\begin{array}{r}
2\ 5\ 3\ 7\ 2 \\
-\quad 8\ イ\ 9\ 3 \\
\hline
1\ イ\ イ\ 7\ 9
\end{array}
$$

よって，ア + イ = 3 + 6 = 9となる。

以上より，正解は3。

④ 4

解説 0を1個も含まないものは，

$$
\begin{cases}
1ケタの整数では\cdots\cdots 9\,〔個〕 \\
2ケタの整数では\cdots\cdots 9^2 = 81\,〔個〕 \\
3ケタの整数では\cdots\cdots 9^3 = 729\,〔個〕
\end{cases}
$$

合計すると，$9 + 81 + 729 = 819$〔個〕である。

したがって，少なくとも0が1個あるものは，（全体）−（1個も0がないもの）
$= 999 - 819 = 180$〔個〕。

以上より，正解は4。

⑤ 4

解説 （食塩水の濃度）$= \dfrac{食塩の量}{食塩水の量} \times 100$ より，

（食塩の量）$= \dfrac{（食塩水の量）\times（食塩水の濃度）}{100}$ と表せる。

4%の食塩水 x〔g〕に含まれる食塩の量は，$\dfrac{x \times 4}{100} = \dfrac{4x}{100}$〔g〕

10%の食塩水 y〔g〕に含まれる食塩の量は，$\dfrac{y \times 10}{100} = \dfrac{10y}{100}$〔g〕

これらを加えたところ8%の食塩水ができたので，

$$\dfrac{\dfrac{4x}{100}+\dfrac{10y}{100}}{x+y}\times100=8$$

これを整理すると，$y=2x\cdots①$

さらに，4％の食塩水 x〔g〕を加えたときの濃度は，$\dfrac{\dfrac{4x}{100}+\dfrac{10y}{100}+\dfrac{4x}{100}}{x+y+x}\times$
100〔％〕と表せ，①を代入すると，

$$\dfrac{\dfrac{4x}{100}+\dfrac{10y}{100}+\dfrac{4x}{100}}{x+y+x}\times100=\dfrac{\dfrac{4x}{100}+\dfrac{10\times2x}{100}+\dfrac{4x}{100}}{x+2x+x}\times100=\dfrac{28x}{4x}=7〔％〕$$

以上より，正解は4。

---

6 4

解説　一の位の数だけに着目すればよい。

次の数の一の位の数は，

$72^1\to2,\ 72^2\to4,\ 72^3\to8,\ 72^4\to6,\ 72^5\to2,\ 72^6\to4\cdots$

より，一の位は，「2，4，8，6」の規則のくり返しである。

よって，72^{28} の一の位の数は $28\div4=7$ 余り0より，規則の最後の数の6であることが分かる。

以上より，正解は4。

---

7 2

解説　求める数を N とすると，「5で割ると2余り」，「7で割ると3余る」ので，

$N=5a+2=7b+3$ と表せる。（$a,\ b$ は整数）

$5a=7b+1$ より

$$a=\dfrac{7b+1}{5}=b+\dfrac{2b+1}{5}=b+1+\dfrac{2(b-2)}{5}$$

よって，$b-2$ は5の倍数となり，$b-2=5t$（t は整数）とおくと，

$b=5t+2$　これを $N=7b+3$ へ代入すると，

　$N=7(5t+2)+3=35t+17$

$100\leqq35t+17\leqq999$ より，$83\leqq35t\leqq982$

$\therefore\ \ 3\leqq t\leqq28$　よって，条件を満たす t は $28-3+1=26$〔個〕より，N も26個となる。

以上より，正解は2。

8 2

解説 果物を x 個の箱に詰めるとき，1箱に8個ずつ入れると10個が入らないので，果物の数は，$8x + 10$〔個〕

また，1箱に9個ずつ入れると，使わない箱が5箱になるので，

$$9(x - 6) < 8x + 10 \leqq 9(x - 5)$$

$9(x - 6) < 8x + 10$ より，

$$x < 64$$

$8x + 10 \leqq 9(x - 5)$ より，

$$x \geqq 55$$

∴ $55 \leqq x < 64$

よって，箱の数の最小値は55個である。

なお，箱の数の最大値は，自然数であることに留意すると63個である。

以上より，正解は2。

9 2

解説 同じものを含む数珠順列を考える。

まず，黄色のビーズを固定させて，残りの赤色4個，白色4個の並べ方を考えると，同じものを含む順列なので，$\dfrac{8!}{4! \times 4!} = \dfrac{8 \times 7 \times 6 \times 5}{4 \times 3 \times 2 \times 1} = 70$〔通り〕。

次に，黄色を中心に左右対称になっている場合，片側に並ぶ4つのうちどの2か所に赤色が入るか決まればいいので，${}_4C_2 = \dfrac{4 \times 3}{2 \times 1} = 6$〔通り〕。

よって，黄色を中心に左右対称になっていない場合は，$70 - 6 = 64$〔通り〕。

ここで，数珠順列の場合，左右対称でない並び方であれば，これをひっくり返すと同じ並び方となるものが存在するので，実際には $64 \div 2 = 32$〔通り〕となる。

よって，並べ方は $6 + 32 = 38$〔通り〕となる。

以上より，正解は2。

10 4

解説 ①×2＋②より，yを消去すると，

$7x + 2z = 32$

これを満たす (x, z) は $(2, 9)$ と $(4, 2)$

・$(x, z) = (2, 9)$ のとき，$y = 7$

・$(x, z) = (4, 2)$ のとき，$y = -4$（自然数ではないため不適）

よって，$(x, y, z) = (2, 7, 9)$

以上より，正解は4。

11 5

解説 三角形ECFの面積は，四角形ABCDの面積から3つの直角三角形の面積を引いたものとなる。

三角形EBCの面積：$12 \times 4 \div 2 = 24 \, (\mathrm{cm}^2)$

三角形FAEの面積：$4 \times 8 \div 2 = 16 \, (\mathrm{cm}^2)$

三角形FDCの面積：$4 \times 8 \div 2 = 16 \, (\mathrm{cm}^2)$

四角形ABCDの面積：$12 \times 8 = 96 \, (\mathrm{cm}^2)$

よって，三角形ECFの面積は，

$96 - (24 + 16 + 16) = 40 \, (\mathrm{cm}^2)$

以上より，正解は5。

12 2

解説 できる三角形の個数は

ⅰ）l上から異なる2点を選び，m上から1点を選ぶとき

$${}_4\mathrm{C}_2 \times 5 = \frac{4 \times 3}{2 \times 1} \times 5 = 6 \times 5 = 30 \, (個)$$

ⅱ）m上から異なる2点を選び，l上から1点を選ぶとき

$${}_5\mathrm{C}_2 \times 4 = \frac{5 \times 4}{2 \times 1} \times 4 = 10 \times 4 = 40 \, (個)$$

ⅰ）ⅱ）より，

$30 + 40 = 70 \, (個)$

以上より，正解は2。

13 2

解説 与えられた式の両辺に，$10ab$ をかけて，因数分解すると，次のようになる。

$$\frac{1}{a} + \frac{1}{b} = \frac{1}{10}$$

$$10b + 10a = ab$$

$$ab - 10a - 10b + 100 = 100$$

$$(a - 10)(b - 10) = 100 \cdots ①$$

また，$a < b$ より，$(a - 10) < (b - 10)$ となり，a, b が正の整数なので $(a - 10)$，$(b - 10)$ は整数である。

このような条件をもとに，①の式を満たす $(a - 10)$，$(b - 10)$ を考えると次の4組である。

$a - 10$	$b - 10$
1	100
2	50
4	25
5	20

この4組いずれの場合でも，a, b が1組ずつ対応するので，$\frac{1}{a} + \frac{1}{b} = \frac{1}{10}$ を満たす a, b も4組である。

以上より，正解は2。

14 1

解説 特売品を売り始めたときに行列に並んでいた人数を A 人，レジ1つが1分間に処理する人数を a 人とする。

　レジが1つのとき，60分で行列がなくなったので，新たに行列に加わった人数は $10 \times 60 = 600$〔人〕，

レジが処理した人数は $a \times 1 \times 60 = 60a$ となり，次式が成り立つ。

$$A + 600 = 60a \cdots ①$$

　レジが3つのとき，15分で行列がなくなったので，新たに行列に加わった人数は $10 \times 15 = 150$〔人〕，

レジが処理した人数は $a \times 3 \times 15 = 45a$ となり，次式が成り立つ。

$$A + 150 = 45a \cdots ②$$

①−②より，$450 = 15a$となり，$a = 30$〔人〕となる。

これを①に代入してAについて解くと，$A = 1200$〔人〕となる。

以上より，正解は1。

15 2

解説 （Aの合格者）：（Aの不合格者）$= 12 : 7$より，Aの合格者$12x$〔人〕，不合格者$7x$〔人〕とする。

（Bの合格者）：（Bの不合格者）$= 10 : 1$より，Bの合格者$10y$〔人〕，不合格者y〔人〕とする。

これらの条件を表にまとめると，次のようになる。

	合格	不合格	合計
A校	$12x$	$7x$	$19x$
B校	$10y$	y	$11y$

A校の不合格者が全員B校を受験したので，

$7x = 11y \cdots$①

A，B校ともに不合格だった者（つまりB校に不合格だった者）は14人だから，

$y = 14 \cdots$②

①，②より，$x = 22$

したがって，A校に合格した者は，$12x = 12 \times 22 = 264$〔人〕

以上より，正解は2。

16 1

解説 円に正六角形が内接している図は線対称な図形なので，直線ADは点Oを通り，またAD//BCとなる。よって，（△ABCの面積）$=$（△OBCの面積）

つまり，斜線部分の面積は扇型OBCの面積と等しくなる。正六角形は合同な6つの正三角形からなるので，△OBCは正三角形である。

よって，求める面積は，

$$6 \times 6 \times \pi \times \frac{60}{360} = 6\pi \ [\text{cm}^2]$$

以上より，正解は1。

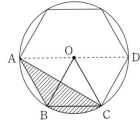

17 5

解説 起こりうるすべての場合の数は，$6 \times 6 \times 6 = 216$〔通り〕である。
この216通りの中で，2個だけ同じ目になる場合の数を考えると，
①大，中，小のうち，どのサイコロ2つで同じ目が出るか
$_3C_2$〔通り〕
②1〜6のうち，どの目で同じになるか
6通り
③1つだけ違う目は何が出るか
5通り
①，②，③より，
$_3C_2 \times 6 \times 5 = 3 \times 6 \times 5 = 90$〔通り〕
$\dfrac{90}{216} = \dfrac{5}{12}$
よって，求める確率は
以上より，正解は5。

18 3

解説 「2つの文字を最大n個組み合わせる」場合の数を求めるので，（1個だけ使う場合）＋（2個だけ使う場合）＋…＋（n個すべて使う場合）の合計となる。
2つの文字をn個組み合わせる場合の数は，重複順列の公式より2^n〔通り〕
2つの文字を最大n個組み合わせる場合の数は，
$2 + 2^2 + 2^3 + \cdots + 2^n$〔通り〕
$n = 5$のとき，$2 + 2^2 + 2^3 + 2^4 + 2^5 = 62$〔通り〕
$n = 6$のとき，$2 + 2^2 + 2^3 + 2^4 + 2^5 + 2^6 = 126$〔通り〕
よって，80通りの暗号を作るためには2つの文字を最低6個組み合わせる必要がある。
以上より，正解は3。

19 4

解説 必要な街路樹の本数は，両端を考慮すると，$\left(\dfrac{道の長さ}{木の間隔} + 1 \right)$〔本〕
となる。また，両側に植えるため，2をかける必要がある。

よって，（必要な街路樹の本数）$= \left(\dfrac{420}{30} + 1 \right) \times 2 = 30$〔本〕

以上より，正解は4。

20 2

解説 1番目から2番目，2番目から3番目と，1増えるごとに必要な棒が何本ずつ増えるかを考える。

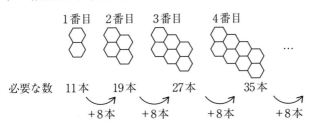

よって，必要な棒の総数は，はじめの数が11でその後8ずつ増えていくので，初項が11，公差が8の等差数列を考えればよく，n番目の項は$11 + (n - 1) \times 8$と表せる。

したがって，21番目に必要な棒の総数は，

$11 + (21 - 1) \times 8 = 171$〔本〕

以上より，正解は2。

21 4

解説 この本のページ数をxとおくと，

1日目に読んだページ数は$\dfrac{1}{3}x$だから，1日目の残りは$x - \dfrac{1}{3}x = \dfrac{2}{3}x$ページである。

2日目に読んだページ数は$\dfrac{2}{3}x \times \dfrac{1}{2} = \dfrac{1}{3}x$だから，2日目の残りは$\dfrac{2}{3}x - \dfrac{1}{3}x = \dfrac{1}{3}x$である。

3日目に読んだページ数は$\dfrac{1}{3}x \times \dfrac{1}{3} = \dfrac{1}{9}x$だから，3日間で読んだページ数は$\dfrac{1}{3}x + \dfrac{1}{3}x + \dfrac{1}{9}x = \dfrac{7}{9}x$となる。

すると，3日目で残ったページ数が18だから，

$\dfrac{7}{9}x + 18 = x$ を解いて，

$x = 81$

すなわち81ページとなる。

以上より，正解は4。

22 3

解説 静水時の蒸気船の速さを$x$km/h，川の流れの速さを$y$km/hとおく。

A地点への往路は川を遡るから，

$(x - y) \times 20 = 240$ より，

$x - y = 12 \cdots\cdots$①

B地点への復路は，往路よりも2時間余計にかかったから，往路の所要時間 $20 + 2 = 22$ 時間のうち，8時間は川の流れのみ，$22 - 8 = 14$ 時間はエンジンを稼働させて川を下る。

よって，

$y \times 8 + (x + y) \times 14 = 240$ より，

$7x + 11y = 120 \cdots\cdots$②

ここで静水時の蒸気船の速さを求めると，（①× 11 ＋②）÷ 18より，$x = 14$

すなわち，蒸気船の速さは14km/hとなり，①に代入して，$y = 2$

すなわち，川の流れの速さは2km/hとなる。

よって，復路の予定所要時間は川を下るから，求める復路の予定所要時間は，

$240 \div (x + y) = 240 \div (14 + 2) = 15$ 時間である。

以上より，正解は3。

数的処理 資料解釈

　資料解釈では，与えられた図表をもとに，必要なデータを早く正確に読み取る能力が試される。出題形式はほとんど選択肢の記述の正誤を問うものなので，「正誤が判断できる最低限の情報を読み取る」姿勢を身に付けてほしい。高度な計算力は必要ないが，取り扱う数量の桁数が大きかったり，見慣れない単位が使われていて，コツを掴むまでに時間がかかるかもしれないので，できるだけ早く取り組もう。

　まず，問題を解く前に与えられた図表のタイトル（ない場合もある）や単位に注目すること。次に，図表に記されたデータを見る前に選択肢を確認してほしい。その際，選択肢を順番に検討するのではなく，正誤が判断しやすいものから順に検討し，判断が難しい選択肢については消去法で対応するとよい。なお，選択肢の中には「図表からは判断できない」場合があるので，注意しよう。選択肢の検討にあたっては，次の指標を用いる場合がほとんどなので，それぞれの指標の意味や公式を覚えてしまいたい。

・割合：ある数量が，全体に対して占める分量。

　Aに対するBが占める割合〔％〕は，$\dfrac{B}{A} \times 100$

・比率：ある数量を，他の数量と比べたときの割合。

　Aに対するBの比率（比）は，$\dfrac{B}{A}$

・指数：基準となる数量を100としたときの，他の数量の割合。

　Aを100としたときのBの指数は，$\dfrac{B}{A} \times 100$

・増加量（減少量）：元の数量に対するある数量の増加分（減少分），増加（減少）していればプラス（マイナス）の値になる。

　「昨年の量」に対する「今年の量」の増加量（減少量）は，「今年の量」−「昨年の量」

・増加率（減少率）：元の数量に対するある数量の増加率（減少率），増加（減少）していればプラス（マイナス）の値になる。

「昨年の量」に対する「今年の量」の増加率（減少率）〔％〕は，

$$\frac{「今年の量」-「昨年の量」}{「昨年の量」}\times 100$$

・単位量あたりの数量：「単位面積あたり」や「1人あたり」に占める数量。

全体の量のうち，1人あたりに占める量は，$\dfrac{全体の量}{人数}$

学習の初期段階では，本書の解説を参考に自身の手で正しく計算するよう心掛けよう。そのうえで，慣れてきたら「増加している」や「2分の1になっている」といった内容であれば計算せずに判断したり，129,176を130,000と概算して判断したりするなど，できるだけ短い時間で解答できるように練習すること。

《 演 習 問 題 》

1 次のグラフは，法人による農業経営について，各年における常雇い人数と雇い入れた法人経営体数，2015年における常雇いの年齢構成を示している。これらから読み取れる内容として最も妥当なものはどれか。

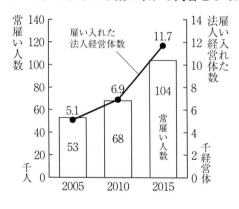
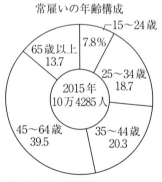

（『日本国勢図会2020/2021』より作成）

1 2005年と2015年を比較すると，常雇い人数は増加しており，その数は2倍を超えている。

2 2005年と2015年を比較すると，雇い入れた法人経営体数は増加しているが，その数は2倍に満たない。

3 2015年において，65歳以上の常雇いの者は，15,000人に満たない。

4 2015年において，常雇いの年齢構成について比較すると，最も少ないの

は25～34歳の者である。

5　常雇いの年齢構成の推移をみると，65歳以上の者についての増加が進んでいる。

[2]　次のグラフは，日本において1年以内の間に正社員以外の雇用形態の従業員をから正社員に登用した企業の割合について，産業別と調査産業計の推移を示したものである。このグラフから読み取れる内容として，妥当なものはどれか。

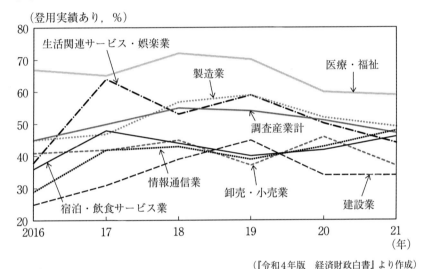

（『令和4年版　経済財政白書』より作成）

1　「生活関連サービス・娯楽業」は，各年および各産業を比較して最も「登用実績あり」の率が高い年があった。

2　順位の変動を年ごとに比較すると，各年を通じ，順位が同一の産業はなかった。

3　2019年には，4つの産業において「登用実績あり」の率が5割を超えていた。

4　調査産業計の増減は，日本における失業率の変化と連動していた。

5　「建設業」は，各年および各産業を比較して最も「登用実績あり」の率が低い年があった。

3 次の表は，各国における石油製品の輸出入額（2018年）を表したものである。この表からいえることとして，最も妥当なものはどれか。

輸出　　　　　　　　　　　　　　　　　　　　　　　　　　　（単位　万t）

アメリカ合衆国	21943	ベルギー	3013	ノルウェー	2043
ロシア	13027	イタリア	2759	フランス	1997
サウジアラビア	11104	クウェート	2754	ギリシャ	1997
オランダ	10951	イラン	2431	（台湾）	1771
シンガポール	8304	スペイン	2295	日本	1717
韓国	6819	ドイツ	2262	カタール	1591
中国	6356	イギリス	2222	スウェーデン	1590
インド	6325	カナダ	2178	世界計	146250
アラブ首長国連邦	4186	アルジェリア	2105	うちOPEC	24740

輸入

シンガポール	11228	韓国	3913	ナイジェリア	1963
オランダ	8770	イギリス	3511	マレーシア	1908
アメリカ合衆国	7359	インド	3335	スペイン	1871
中国	6782	ベルギー	3008	アラブ首長国連邦	1809
メキシコ	5526	オーストラリア	2982	（台湾）	1658
サウジアラビア	4291	トルコ	2748	イタリア	1586
日本	4231	インドネシア	2681	パキスタン	1542
フランス	4228	ブラジル	2496	イラク	1377
ドイツ	4033	（香港）	2162	世界計	13618

（『世界国勢図会2021/2022』より作成）

1　アメリカ合衆国の石油製品の輸出額は，世界の輸出額合計のうち16％以上を占めている。

2　ロシアの石油製品の輸出額は，世界の輸出額合計のうち1割以上を占めている。

3　オランダの石油製品の輸出額は，スペインの石油製品の輸出額の5倍以上である。

4　シンガポールの石油製品の輸入額は，世界の輸入額合計のうち10％以上を占めている。

5　メキシコの石油製品の輸入額は，世界の輸入額合計のうち3％以上を占めている。

4 下のグラフは，インターネット利用率およびネット接続機器の利用率を学校種別ごとに表したものである。このグラフから読み取れる内容として妥当なものはどれか。但し，ここでいう小学生は10歳以上の小学生とする。

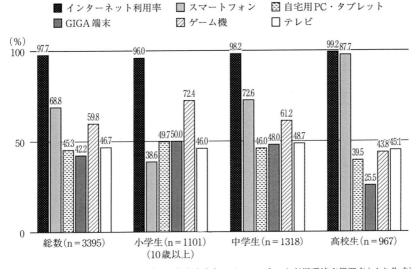

(内閣府「令和3年度青少年のインターネット利用環境実態調査」より作成)

1 インターネット利用率を学校種別ごとに比較すると，高い順から，中学生，高校生，小学生となる。

2 スマートフォンの利用率は，いずれの学校種においても4割を超えている。

3 機器別の利用率について，中学生と高校生を比較すると，同一の順位となる機器はない。

4 機器別の利用率について，学校種別に順位を比較すると，5種類すべてが全体の順位と一致する例はない。

5 GIGA端末の利用者数は，年齢が下がるほど多くなっている。

5 次の円グラフは，各国の国際移住者の出身国（2020年）を表したものである。この円グラフからいえることとして，最も妥当なものはどれか。

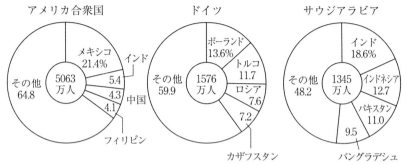

（『世界国勢図会2021/22』より作成）

1 アメリカ合衆国において，メキシコからの国際移住者は1100万人を越えている。

2 ドイツにおいて，ポーランドからの国際移住者は200万人未満である。

3 アメリカ合衆国におけるフィリピンからの国際移住者は，ドイツにおけるトルコからの国際移住者より少ない。

4 サウジアラビアにおいて，インドからの国際移住者は200万人を越えている。

5 サウジアラビアにおけるパキスタンからの国際移住者は，ドイツにおけるロシアからの国際移住者よりも少ない。

6 次の表は，各国における肉類の生産量（単位　千 t）を表したものである。この表からいえることとして，最も妥当なものはどれか。

肉類計	2017	2018	肉類計	2017	2018
中国	86775	86463	ミャンマー	3154	3529
アメリカ合衆国	45799	46833	南アフリカ共和国	3131	3241
ブラジル	27694	29341	イラン	2994	3086
ロシア	10319	10629	オランダ	3007	2936
ドイツ	8281	8189	タイ	2920	2933
インド	7366	7454	コロンビア	2686	2829
メキシコ	6808	7051	韓国	2406	2498
スペイン	6662	7028	ウクライナ	2345	2383
アルゼンチン	5699	5930	エジプト	2149	2152
フランス	5563	5622	マレーシア	1973	2114
ベトナム	5072	5228	ペルー	1893	2016
カナダ	4773	4893	デンマーク	1814	1874
オーストラリア	4444	4659	ベルギー	1795	1825
ポーランド	4338	4463	（台湾）	1479	1531
イギリス	3957	4087	チリ	1418	1505
日本	3963	4016	ニュージーランド	1387	1453
パキスタン	3682	3870	ナイジェリア	1446	1451
トルコ	3584	3668	モロッコ	1272	1346
イタリア	3661	3668	ベネズエラ	1206	1295
フィリピン	3527	3642	ウズベキスタン	1010	1206
インドネシア	3337	3597	世界計	334837	342396

（『世界国勢図会 2020/21』より作成）

1 中国とアメリカ合衆国における肉類の生産量は，2017年から2018年にかけて，どちらの国も増加している。

2 ミャンマーとオランダにおける肉類の生産量は，2017年から2018年にかけて，どちらの国も増加している。

3 2017年において，ロシアの肉類の生産量は，フランスの肉類の生産量の2倍以上である。

4 2017年において，ブラジルの肉類の生産量は，ベトナムの肉類の生産量の5倍以上である。

5 2018年において，インドの肉類の生産量は，ニュージーランドの肉類の生産量の5倍以下である。

7 次の表は2000年から2019年までの各国の漁業生産量（単位 千t）を表したものである。この表からいえることとして，最も妥当なものはどれか。

	2000年	2010年	2018年	2019年
日本	5192	4188	3341	3231
インドネシア	4159	5390	7262	7525
メキシコ	1350	1528	1699	1581
ノルウェー	2892	2838	2664	2472

（『世界国勢図会2021/22』より作成）

1　インドネシアとメキシコにおける漁業生産量は，いずれの国においても年々増加傾向にある。

2　いずれの年においても，インドネシアの漁業生産量が最も大きい値を示している。

3　いずれの年においても，日本の漁業生産量は2番目に大きい値を示している。

4　2019年におけるインドネシアの漁業生産量は，ノルウェーの漁業生産量の3倍未満である。

5　日本とノルウェーにおける漁業生産量は，いずれも年々減少傾向にある。

8 次のグラフは1960年から2019年における日本の製造品出荷等構成の推移を表したものである。ここからいえることとして，最も妥当なものはどれか。

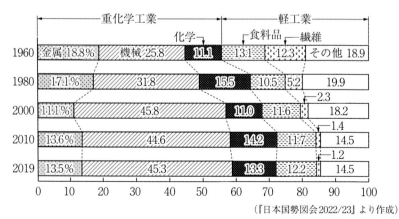

（『日本国勢図会2022/23』より作成）

1　2000年における「食料品」の割合は「繊維」の割合の6倍以上である。

2　2019年における「機械」の割合は「化学」の割合の3.5倍以上である。

3　重化学工業に占める「機械」の割合は年々増加傾向にある。

4　軽工業に占める「繊維」の割合は年々減少傾向にある。

5　重化学工業に占める「金属」の割合は，常に「化学」の割合よりも高い。

9　次の図は，アメリカ，イギリス，カナダ，オーストラリアにおける
SNSサイト利用率を年齢別に示したものである。この図からいえることと
して，最も妥当なものはどれか。

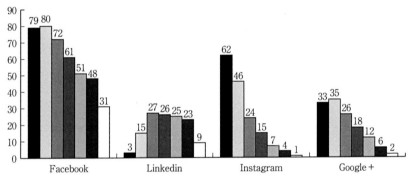

(内閣府「平成26年度アメリカ・イギリス・カナダ・オーストラリアにおける
青少年のインターネット環境整備状況等調査」より作成)

1　Linkedinの利用率が最も高いのは，12－17歳である。

2　いずれのSNSサイトにおいても，65歳以上の利用率が最も低い。

3　Fecebookの年齢別利用率とGoogle＋の年齢別利用率を大きい順から並
べると同じ順番となっている。

4　12－17歳，18－24歳，25－34歳におけるGoogle＋の利用率は，いず
れにおいても2番目に大きい値となっている。

5　いずれの年齢層においても，Linkedinの利用率はFacebookの利用率を
上回っている。

10 次の表は，各国（地域）における原油の国内供給量（単位　万t）と自給率を表したものである。この表からいえることとして，最も妥当なものはどれか。

	国内供給量	自給率(%)		国内供給量	自給率(%)
アジア	146969	22.5	北アメリカ	89322	81.8
中国	62952	30.0	アメリカ合衆国	82334	65.8
インド	26022	13.1	カナダ	6987	269.4
韓国	15245	0.0	中東	41407	312.7
日本	14893	0.1	サウジアラビア	15214	337.9
タイ	6363	19.1	イラン	8439	208.4
シンガポール	5531	—	アラブ首長国連邦	3405	406.7
（台湾）	4644	0.0	イラク	3373	659.1
インドネシア	4557	82.4	クウェート	3682	411.3
ヨーロッパ	92619	87.5	中南アメリカ	21720	190.6
ロシア	26116	200.4	ブラジル	8609	152.7
ドイツ	8778	2.4	メキシコ	3072	309.5
スペイン	6789	0.1	アフリカ	9712	373.4
イタリア	6699	7.0	オセアニア	2518	52.6
オランダ	5494	1.6			
フランス	5395	1.4			
イギリス	5148	92.4			
ベルギー	3302	—	世界計	404267	—

（『世界国勢図会2021/22』より作成）

1　ロシアの原油の国内供給量は，ベルギーの原油の国内供給量の8倍以上である。

2　アメリカ合衆国の原油の国内供給量は，メキシコの原油の国内供給量の30倍以上である。

3　中東地域において，原油の自給率が最も高い国は，国内供給量についても最も多い。

4　アジア地域において，原油の自給率が最も高い国は，国内供給量についても最も多い。

5　インドの原油の国内供給量は，タイの原油の国内供給量の4倍以上である。

11 次の図は，食肉全体のうち，牛肉，豚肉および鶏肉の日本における輸入額合計額と，輸入元の割合を国・地域別で示したものである。この図からいえることとして妥当なものはどれか。

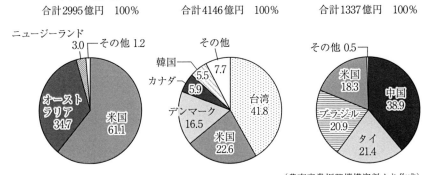

牛肉の輸入額	豚肉の輸入額	鶏肉の輸入額
合計2995億円　100%	合計4146億円　100%	合計1337億円　100%

（農畜産業振興機構資料より作成）

1　いずれの食肉についても，米国からの輸入が上位3位以内に入っている。

2　豚肉について，台湾からの輸入額は，デンマークからの輸入額の3倍を超えている。

3　カナダからの豚肉の輸入額は，ブラジルからの鶏肉の輸入額より多い。

4　オーストラリアからの食肉すべての輸入額の合計は，タイからの食肉すべての輸入額の5倍を超えている。

5　米国からの輸入額を牛肉，豚肉について比較すると，前者の方が大きいものの，その差は3倍に満たない。

《 解 答 ・ 解 説 》

1 3

解説 1. 誤り。常雇い人数については，$\dfrac{2015年の常雇い人数}{2005年の常雇い人数} = \dfrac{104〔千人〕}{53〔千人〕}$ ≒ 1.96〔倍〕より，2倍に満たない。 2. 誤り。雇い入れた法人経営体数については，$\dfrac{2015年の法人経営体数}{2005年の法人経営体数} = \dfrac{11.7〔千経営体数〕}{5.1〔千経営体数〕}$ ≒ 2.29〔倍〕より，2倍を超えている。 3. 正しい。65歳以上の常雇いの人数は，$104,285 \times 0.137 ≒ 14,287$〔人〕より，15,000人未満である。 4. 誤り。年齢構成の中で最も少ないのは15～24歳の者である。 5. 誤り。資料には常雇いの年齢構成の推移は示されていないので，判断できない。

2 5

解説 1. 誤り。「登用実績あり」の率について，「生活関連サービス・娯楽業」は2017年の約65％が最高であったが，「医療・福祉」は，2018年の約70％が最高であった。つまり，「『生活関連サービス・娯楽業』は，各年および各産業を比較して最も『登用実績あり』の率が高い年があった」との記述は誤りである。 2. 誤り。「医療・福祉」は各年とも1位であるから，「各年を通じ，順位が同一の産業はなかった」との記述は誤りである。 3. 誤り。2019年において「登用実績あり」の率が5割（50％）を超えていたのは，「医療・福祉」「製造業」「生活関連サービス・娯楽業」の3つの産業である。なお，「調査産業計」は含めないことに注意。 4. 誤り。失業率についてのデータが示されていないので，「このグラフから読み取れる内容」としては誤りである。 5. 正しい。2016年における「建設業」の「登用実績あり」の率は約25％であったが，これは，各年および各産業を比較した際，最も低い水準であった。

3 5

解説 1. 誤り。アメリカ合衆国の石油製品の輸出額は，$\dfrac{アメリカ合衆国の輸出額}{世界の輸出額合計} \times 100 = \dfrac{21943}{146280} \times 100 ≒ 15.0$〔％〕より，世界の輸出額合計のうち16％以上を占めていない。 2. 誤り。ロシアの石油製品の輸出額は，$\dfrac{ロシアの輸出額}{世界の輸出額合計} = \dfrac{13027}{146250} ≒ 0.089$（8.9％）より，世界の輸出額

合計のうち1割以上を占めていない。　3．誤り。オランダの石油製品の輸出

額は，$\dfrac{\text{オランダの輸出額}}{\text{スペインの輸出額}} = \dfrac{10951}{2295} \fallingdotseq 4.8$〔倍〕より，スペインの石油製品の輸

出額の5倍未満である。　4．誤り。シンガポールの石油製品の輸入額は，

$\dfrac{\text{シンガポールの輸入額}}{\text{世界の輸入額合計}} \times 100 = \dfrac{11228}{136816} \times 100 \fallingdotseq 8.2$〔％〕より，世界の輸入額

合計のうち10％以上を占めていない。　5．正しい。メキシコの石油製品の

輸入額は，$\dfrac{\text{メキシコの輸入額}}{\text{世界の輸入額合計}} \times 100 = \dfrac{5526}{136816} \times 100 \fallingdotseq 4.0$〔％〕より，世界

の輸入額合計のうち3％以上を占めている。

4　4

解説　1．誤り。インターネット利用率を学校種別ごとに比較すると，高
い順から，高校生（99.2％），中学生（98.2％），小学生（96.0％）である。
2．誤り。小学生のスマートフォンの利用率は，38.6％であるから，4割に満
たない。　3．誤り。中学生，高校生ともにスマートフォンの利用率が1位で
あり，それぞれ72.6％と97.7％である。　4．正しい。機器別の利用率につい
て，順位は次の通りである。

　全体
　　・1位…スマートフォン・2位…ゲーム機・3位…テレビ・4位…自宅用
　　PC・タブレット・5位…GIGA端末
　小学生
　　・1位…ゲーム機・2位…GIGA端末・3位…自宅用PC・タブレット・
　　4位…テレビ・5位…スマートフォン
　中学生
　　・1位…スマートフォン・2位…ゲーム機・3位…テレビ・4位…GIGA端
　　末・5位…自宅用PC・タブレット
　高校生
　　・1位…スマートフォン・2位…テレビ・3位…ゲーム機・4位…自宅用
　　PC・タブレット・5位…GIGA端末
5．誤り。利用率や調査人数のデータは示されているものの年齢別のデータは
示されていないので，判断できない。

5 4

解説 1. 誤り。アメリカ合衆国におけるメキシコからの国際移住者は，5063×0.214≒1083〔万人〕であり，1100万人未満である。　2. 誤り。ドイツにおけるポーランドからの国際移住者は，1576×0.136≒214〔万人〕であり，200万人を越えている。　3. 誤り。アメリカ合衆国におけるフィリピンからの国際移住者は5063×0.041≒208〔万人〕であるのに対して，ドイツにおけるトルコからの国際移住者は1576×0.117≒184〔万人〕である。　4. 正しい。サウジアラビアにおけるインドからの国際移住者は，1345×0.186≒250〔万人〕なので，200万人を超えている。　5. 誤り。サウジアラビアにおけるパキスタンからの国際移住者は1345×0.110≒147〔万人〕であるのに対して，ドイツにおけるロシアからの国際移住者は1576×0.076≒120〔万人〕である。

6 4

解説 1. 誤り。アメリカ合衆国における肉類の生産量は，2017年から2018年にかけて増加しているが，中国においては減少している。　2. 誤り。ミャンマーにおける肉類の生産量は，2017年から2018年にかけて増加しているが，オランダにおいては減少している。　3. 誤り。2017年において，ロシアの肉類の生産量は，$\dfrac{\text{ロシアの肉類の生産量}}{\text{フランスの肉類の生産量}}=\dfrac{10319}{5563}≒1.85$〔倍〕より，フランスの肉類の生産量の2倍未満である。　4. 正しい。2017年において，ブラジルの肉類の生産量は，$\dfrac{\text{ブラジルの肉類の生産量}}{\text{ベトナムの肉類の生産量}}=\dfrac{27694}{5072}≒5.46$〔倍〕より，ベトナムの肉類の生産量の5倍以上である。　5. 誤り。2018年において，インドの肉類の生産量は，$\dfrac{\text{インドの肉類の生産量}}{\text{ニュージーランドの肉類の生産量}}=\dfrac{7454}{1453}≒5.13$〔倍〕より，ニュージーランドの肉類の生産量の5倍を超えている。

7 5

解説 1. 誤り。インドネシアにおける漁業生産量は年々増加傾向にあるものの，メキシコの漁業生産量は2018年から2019年にかけて減少している。2. 誤り。2000年において最も漁業生産量が多い国は，日本である。　3. 誤り。2000年においては最も大きい値を示し，2010年から2019年にかけては2番目に大きい値を示している。　4. 誤り。2019年におけるインドネシアの

漁業生産量は，$\dfrac{インドネシアの漁業生産量}{ノルウェーの漁業生産量} = \dfrac{7525}{2472} \fallingdotseq 3.0$〔倍〕より，ノルウェーの漁業生産量の3倍以上である。　5．正しい。日本とノルウェーにおける漁業生産量は，年々減少している。

8　4

解説　1．誤り。2000年における「食料品」の割合は，$\dfrac{「食料品」の割合}{「繊維」の割合} =$ $\dfrac{11.6}{2.3} \fallingdotseq 5.0$〔倍〕より，「繊維」の割合の6倍未満である。　2．誤り。2019年における「機械」の割合は，$\dfrac{「機械」の割合}{「化学」の割合} = \dfrac{45.3}{13.3} \fallingdotseq 3.4$〔倍〕より，「化学」の割合の3.5倍未満である。　3．誤り。重化学工業に占める「機械」の割合は，1960年では $\dfrac{25.8}{18.8 + 25.8 + 11.1} = \dfrac{25.8}{55.7} \fallingdotseq 0.463$，1980年では $\dfrac{31.8}{17.1 + 31.8 + 15.5}$ $= \dfrac{31.8}{64.4} \fallingdotseq 0.494$，2000年では $\dfrac{45.8}{11.1 + 45.8 + 11.0} = \dfrac{45.8}{67.9} \fallingdotseq 0.675$，2010年では $\dfrac{44.6}{13.6 + 44.6 + 14.2} = \dfrac{44.6}{72.4} \fallingdotseq 0.616$，2019年では $\dfrac{45.3}{13.5 + 45.3 + 13.3} = \dfrac{45.3}{72.1} \fallingdotseq$ 0.628 より，年々増加しているわけではない。　4．正しい。軽工業に占める「繊維」の割合は，1960年では $\dfrac{12.3}{100 - 55.7} = \dfrac{12.3}{44.3} \fallingdotseq 0.278$，1980年では $\dfrac{5.2}{100 - 64.4}$ $= \dfrac{5.2}{35.6} \fallingdotseq 0146$，2000年では $\dfrac{2.3}{100 - 67.9} = \dfrac{2.3}{32.1} \fallingdotseq 0.072$，2010年では $\dfrac{1.4}{100 - 72.4}$ $= \dfrac{1.4}{27.6} \fallingdotseq 0.051$，2019年では $\dfrac{1.2}{100 - 72.1} = \dfrac{1.2}{27.9} \fallingdotseq 0.043$ より，年々増加している。　5．重化学工業に占める「金属」の割合は，1960年から2000年および2019年においては「化学」の割合より高いものの，2010年においては「化学」の割合よりも低い。

9　3

解説　1．誤り。Linkedinの利用率が最も高いのは，25 - 34歳である。2．誤り。Linkedinに関しては，12 - 17歳の利用率が最も低い。　3．正しい。いずれも18 - 24歳，12 - 17歳，25 - 34歳，35 - 44歳，45 - 54歳，55 - 64歳，65歳以上の順に利用率が高い。　4．誤り。12 - 17歳，18 - 24歳，25 - 34歳におけるGoogle ＋の利用率は，3番目に大きい値となっている。　5．誤り。いずれの年齢層においても，Facebookの利用率はLinkedin

の利用率を上回り，最も大きい割合を占めている。

10 5

解説 1．誤り。ロシアの原油の国内供給量は，$\dfrac{\text{ロシアの国内供給量}}{\text{ベルギーの国内供給量}} =$
$\dfrac{26116}{3302} \fallingdotseq 7.9$〔倍〕より，ベルギーの原油の国内供給量の8倍に満たない。

2．誤り。アメリカ合衆国の原油の国内供給量は，$\dfrac{\text{アメリカ合衆国の国内供給量}}{\text{メキシコの国内供給量}}$
$= \dfrac{82334}{3072} \fallingdotseq 26.8$〔倍〕より，メキシコの原油の国内供給量の30倍に満たない。

3．誤り。中東地域において，原油の自給率が最も高い国はイラクであるが，国内供給量が最も多い国はサウジアラビアである。　4．誤り。アジア地域において，原油の自給率が最も高い国はインドネシアであるが，国内供給量が最も多い国は中国である。　5．正しい。インドの原油の国内供給量は，$\dfrac{\text{インドの国内供給量}}{\text{タイの国内供給量}} = \dfrac{26022}{6363} \fallingdotseq 4.08$〔倍〕より，タイの原油の国内供給量の4倍以上である。

11 5

解説 1．誤り。図表からデータを読み取り，比較する問題である。米国からの輸入は，牛肉については1位，豚肉については2位であるが，鶏肉については4位である。　2．誤り。選択肢は，輸入額についての記述であるが，同一の品目なので，割合を比較してもよい。豚肉について，台湾からの輸入割合をデンマークからの輸入割合と比較すると，$41.8 \div 16.5 = 2.53\cdots\cdots \fallingdotseq 2.5$〔倍〕であるから，3倍を超えていない。　3．誤り。カナダからの豚肉の輸入額 $= 4146 \times 0.059 = 244.614$〔億円〕，ブラジルからの鶏肉の輸入額 $= 1337 \times 0.209 = 279.433$〔億円〕であるから，カナダからの豚肉の輸入額の方が少ない。　4．誤り。グラフに示されているのは，牛肉，豚肉，鶏肉に限られており，食肉全体は示されていないので，判断できない。　5．正しい。米国からの牛肉の輸入額 $= 2,995 \times 0.611 = 1829.945$〔億円〕であり，米国からの豚肉の輸入額 $= 4,146 \times 0.226 = 936.996$〔億円〕，また，$1829.945 \div 936.996 = 1.952\cdots\cdots \fallingdotseq 2.0$〔倍〕であるから，その差は3倍には満たない。

第6部

論作文試験対策

- 論作文対策
- 実施課題例の分析

人物試験　論作文対策

```
|||||||||||||||||||||||||||||||| P O I N T ||||||||||||||||||||||||||||||||
```

● Ⅰ. 「論作文試験」とはなにか ●

(1) 「論作文試験」を実施する目的

　かつて18世紀フランスの博物学者，ビュフォンは「文は人なり」と言った。その人の知識・教養・思考力・思考方法・人間性などを知るには，その人が書いた文章を見るのが最良の方法であるという意味だ。

　知識の質・量を調べる筆記試験の教養試験だけでは，判定しがたい受験生の資質をより正確にとらえるため，あるいは受験生の公務員としての適性を判断するため，多角的な観点から考査・評価を行う必要がある。

　そのため論作文試験は，公務員試験のみならず，一般企業でも重視されているわけだが，とりわけ公務員の場合は，行政の中核にあって多様な諸事務を処理して国民に奉仕するという職務柄，人物試験とともに近年は一層重視されているのが現状だ。しかも，この傾向は，今後もさらに強くなると予想される。

　同じ国語を使って，同じように制限された字数，時間の中で同じテーマの論作文を書いても，その論作文はまったく違ったものになる。おそらく学校で，同じ先生に同じように文章指導を受けたとしても，そうなるだろう。その違いのなかにおのずと受験生の姿が浮かび上がってくることになる。

　採用側からみた論作文試験の意義をまとめると，次のようになる。

---

① 公務員としての資質を探る

　公務員というのは，文字どおり公に従事するもの。地域住民に直接に接する機会も多い。民間企業の場合は，新入社員研修が何ヶ月もかけて行われることもあるが，公務員の場合は，ほとんどが短期間のうちに現場の真っ只中に入ることになる。したがって自立性や創造力などの資質を備えた人物が求められるわけで，論作文試験を通じて，そのような資質を判定することができる。

---

② 総合的な知識・理解力を知る

　論作文試験によって，公務員として必要な言語能力・文章表現能力を判定することや，公務員として職務を遂行するのにふさわしい基礎的な知識の理解度や実践への応用力を試すことができる。

　換言すれば，日本語を文章として正しく表現するための常識や，これまでの学校教育などで得た政治や経済などの一般常識を今後の実践の中でどれほど生かすことができるか，などの総合的な知識・理解力の判定をもしようということである。

③ 思考過程・論理の構成力を知る

　教養試験は，一般知識分野であれ一般知能分野であれ，その出題の質が総括的・分散的になりがちである。いわば「広く浅く」が出題の基本となりやすいわけだ。これでは受験生の思考過程や論理の構成力を判定することは不可能だ。その点，論作文試験ではひとつの重要な課題に対する奥深さを判定しやすい。

④ 受験生の人柄・人間性の判定

　人物試験（面接）と同様に，受験生の人格・人柄を判定しやすい。これは，文章の内容からばかりではなく，文章の書き方，誤字・脱字の有無，制限字数への配慮，文字の丁寧さなどからも判断される。

(2)「論作文試験」の実施状況

　公務員試験全体における人物重視の傾向とあいまって，論作文試験も重視される傾向にある。地方公務員の場合，試験を実施する都道府県・市町村などによって異なるが，行政事務関係はほぼ実施している。

(3) 字数制限と時間制限

　最も一般的な字数は1,000〜1,200字程度である。最も少ないところが600字，最大が2,000字と大きく開きがある。

　時間制限は，60〜90分，あるいは120分というのが一般的だ。この時間は，けっして充分なものではない。試しにストップウォッチで計ってみるといいが，他人の論作文を清書するだけでも，600字の場合なら約15分程度かかる。

テーマに即して，しかも用字・用語に気を配ってということになると，かなりのスピードが要求されるわけである。情報を整理し，簡潔に説明できる力を養う必要があるだろう。

(4)「論作文試験」の評価の基準

　採用試験の答案として書く論作文なので，その評価基準を意識して書くことも大切といえる。しかし，公務員試験における論作文の評価の基準は，いずれの都道府県などでも公表していないし，今後もそれを期待することはなかなか難しいだろう。

　ただ，過去のデータなどから手掛りとなるものはあるので，ここではそれらを参考に，一般的な評価基準を考えてみよう。

形式的な面からの評価	①	表記法に問題はないか。
	②	文脈に応じて適切な語句が使われているか。
	③	文（センテンス）の構造，語句の照応などに問題はないか。
内容的な面からの評価	①	テーマを的確に把握しているか。
	②	自分の考え方やものの見方をまとめ，テーマや論旨が明確に表現されているか。
	③	内容がよく整理され，段落の設定や論作文の構成に問題はないか。
総合的な面からの評価	①	公務員に必要な洞察力や創造力，あるいは常識や基礎学力は十分であるか。
	②	ものの見方や考え方が，公務員として望ましい方向にあるか。

　おおよそ以上のような評価の視点が考えられるが，これらはあらゆるテーマに対して共通しているということではない。それぞれのテーマによってそのポイントの移動があり，また，実施する自治体などによっても，このうちのどれに重点を置くかが異なってくる。

　ただ，一般的に言えることは，企業の採用試験などの場合，その多くは総合的な評価が重視され形式的な面はあまり重視されないが，公務員採用試験における論作文は，形式的な面も軽んじてはならないということである。なぜなら，公務員は採用後に公の文書を取り扱うわけで，それらには一定の

フォーマットがあるものが多いからだ。これへの適応能力が試されるのは当然である。

(5)「論作文試験」の出題傾向

　公務員試験の場合，出題の傾向をこれまでのテーマから見るのは難しい。一定の傾向がないからだ。

　ここ数年の例を見ると，「公務員となるにあたって」「公務員に求められる倫理観について」など，将来への抱負や心構え，公務員観に関するものから，「私が目指す●●県のまちづくり」「▲▲の魅力を挙げ，他地域の人々に▲▲を発信・セールスせよ」など，具体的なプランとアクションを挙げさせるところもあり，その種類まさに千差万別といえる。

　いずれにせよ，今までの自己体験，あるいは身近な事件を通して得た信条や生活観，自然観などを語らせ，その観点や感性から，公務員としての適性を知ろうとするものであることに変わりはないようだ。

●● Ⅱ.「論作文試験」の事前準備 ●●

(1) 試験の目的を理解する

　論作文試験の意義や評価の目的については前に述べたが，試験の準備を進めるためには，まずそれについてよく考え，理解を深めておく必要がある。その理解が，自分なりの準備方法を導きだしてくれるはずだ。

　例えば，あなたに好きなひとがいたとする。ラブレター（あるいはメール）を書きたいのだが，あいにく文章は苦手だ。文章の上手い友人に代筆を頼む手もあるが，これでは真心は通じないだろう。そこで，便せんいっぱいに「好きだ，好きだ，好きだ，好きだ，好きだ，好きだ」とだけ書いたとする。それで十分に情熱を伝えることができるし，場合によっては，どんな名文を書き連ねるよりも最高のラブレターになることだってある。あるいはサインペンで用紙いっぱいに一言「好き」と大書して送ってもいい。個人対個人間のラブレターなら，それでもいいのである。つまり，その目的が，「好き」という恋心を相手にだけわかってもらうことにあるからだ。

　文章の長さにしてもそうで，例えばこんな文がある。

> 「一筆啓上　火の用心　おせん泣かすな　馬肥やせ」

　これは徳川家康の家臣である本多作左衛門重次が，妻に宛てた短い手紙である。「一筆啓上」は「拝啓」に当たる意味で，「おせん泣かすな」は重次の唯一の子どもであるお仙（仙千代）を「泣かしたりせず，しっかりと育てなさい」と我が子をとても大事にしていたことが伺える。さらに，「馬肥やせ」は武将の家には欠くことのできない馬について「いざという時のために餌をしっかり与えて大事にしてくれ」と妻へアドバイスしている。短いながらもこの文面全体には，家族への愛情や心配，家の主としての責任感などがにじみ出ているかのようだ。

　世の中にはもっと短い手紙もある。フランスの文豪ヴィクトル・ユーゴーは『レ・ミゼラブル』を出版した際にその売れ行きが心配になり，出版社に対して「？」と書いただけの手紙を送った。すると出版社からは「！」という返事が届いたという。意味がおわかりだろうか。これは，「売れ行きはどうか？」「すごく売れていますよ！」というやりとりである。前提になる状況と目的によっては，「？」や「！」ひとつが，千万の言葉よりも，意思と感情を的確に相手に伝達することもあるのだ。

　しかし，論作文試験の場合はどうだろうか。「公務員を志望した動機」というテーマを出されて，「私は公務員になりたい，私は公務員になりたい，私は公務員になりたい，……」と600字分書いても，評価されることはないだろう。

　つまり論作文というのは，何度もいうように，人物試験を兼ねあわせて実施されるものである。この意義や目的を忘れてはいけない。しかも公務員採用試験の場合と民間企業の場合では，求められているものに違いもある。

　民間企業の場合でも業種によって違いがある。ということは，それぞれの意義や目的によって，対策や準備方法も違ってくるということである。これを理解した上で，自分なりの準備方法を見つけることが大切なのだ。

(2) 文章を書く習慣を身につける

　多くの人は「かしこまった文章を書くのが苦手」だという。携帯電話やパソコンで気楽なメールを頻繁にしている現在では，特にそうだという。論作文試験の準備としては，まずこの苦手意識を取り除くことが必要だろう。

　文章を書くということは，習慣がついてしまえばそれほど辛いものではな

い。習慣をつけるという意味では，第一に日記を書くこと，第二に手紙を書くのがよい。

① 「日記」を書いて筆力をつける

実際にやってみればわかることだが，日記を半年間書き続けると，自分でも驚くほど筆力が身に付く。筆力というのは「文章を書く力」で，豊かな表現力・構成力，あるいはスピードを意味している。日記は他人に見せるものではないので，自由に書ける。材料は身辺雑事・雑感が主なので，いくらでもあるはず。この「自由に書ける」「材料がある」ということが，文章に慣れるためには大切なことなのだ。パソコンを使ってブログで長い文章を書くのも悪くはないが，本番試験はキーボードが使えるわけではないので，リズムが変わると書けない可能性もある。やはり紙にペンで書くべきだろう。

② 「手紙」を書いてみる

手紙は，他人に用件や意思や感情を伝えるものである。最初から他人に読んでもらうことを目的にしている。ここが日記とは根本的に違う。つまり，読み手を意識して書かなければならないわけだ。そのために，一定の形式を踏まなければならないこともあるし，逆に，相手や時と場合によって形式をはずすこともある。感情を全面的に表わすこともあるし，抑えることもある。文章を書く場合，この読み手を想定して形式や感情を制御していくということは大切な要件である。手紙を書くことによって，このコツに慣れてくるわけだ。

> 「おっはよー，元気い（^_^）？　今日もめっちゃ寒いけど……」
>
> 「拝啓，朝夕はめっきり肌寒さを覚える今日このごろですが，皆々様におかれましては，いかがお過ごしかと……」

手紙は，具体的に相手（読み手）を想定できるので，書く習慣がつけば，このような「書き分ける」能力も自然と身についてくる。つまり，文章のTPOといったものがわかってくるのである。

③ 新聞や雑誌のコラムを写してみる

新聞や雑誌のコラムなどを写したりするのも，文章に慣れる王道の手段。最初は，とにかく書き写すだけでいい。ひたすら，書き写すのだ。

ペン習字などもお手本を書き写すが，それと同じだと思えばいい。ペン習字と違うのは，文字面をなぞるのではなく，別の原稿用紙などに書き写す点だ。

とにかく，こうして書き写すことをしていると，まず文章のリズムがわかってくる。ことばづかいや送り仮名の要領も身につく。文の構成法も，なんとなく理解できてくる。実際，かつての作家の文章修業は，こうして模写をすることから始めたという。

私たちが日本語を話す場合，文法をいちいち考えているわけではないだろう。接続詞や助詞も自然に口をついて出ている。文章も本来，こうならなければならないのである。そのためには書き写す作業が一番いいわけで，これも実際にやってみると，効果がよくわかる。

なぜ，新聞や雑誌のコラムがよいかといえば，これらはマスメディア用の文章だからである。不特定多数の読み手を想定して書かれているために，一般的なルールに即して書かれていて，無難な表現であり，クセがない。公務員試験の論作文では，この点も大切なことなのだ。

たとえば雨の音は，一般的に「ポツリ，ポツリ」「パラ，パラ」「ザァ，ザァ」などと書く。ありふれた表現だが，裏を返せばありふれているだけに，だれにでも雨の音だとわかるはず。「朝から，あぶないな，と思っていたら，峠への途中でパラ，パラとやってきた……」という文章があれば，この「パラ，パラ」は雨だと想像しやすいだろう。

一方，「シイ，シイ」「ピチ，ピチ」「トン，トン」「バタ，バタ」，雨の音をこう表現しても決して悪いということはない。実際，聞き方によっては，こう聞こえるときもある。しかし「朝から，あぶないな，と思っていたら，峠への途中でシイ，シイとやってきた……」では，一般的には「シイ，シイ」が雨だとはわからない。

論作文は，作家になるための素質を見るためのものではないから，やはり後者ではマズイのである。受験論作文の練習に書き写す場合は，マスコミのコラムなどがよいというのは，そういうわけだ。

④　考えを正確に文章化する

頭の中では論理的に構成されていても，それを文章に表現するのは意外に難しい。主語が落ちているために内容がつかめなかったり，語彙が貧弱で，述べたいことがうまく表現できなかったり，思いあまって言葉

足らずという文章を書く人は非常に多い。文章は，記録であると同時に伝達手段である。メモをとるのとは違うのだ。

　論理的にわかりやすい文章を書くには，言葉を選び，文法を考え，文脈を整え，結論と課題を比較してみる……，という訓練を続けることが大切だ。しかし，この場合，一人でやっていたのでは評価が甘く，また自分では気づかないこともあるので，友人や先輩，国語に詳しいかつての恩師など，第三者の客観的な意見を聞くと，正確な文章になっているかどうかの判断がつけやすい。

⑤　文章の構成力を高める

　正確な文章を書こうとすれば，必ず文章の構成をどうしたらよいかという問題につきあたる。文章の構成法については後述するが，そこに示した基本的な構成パターンをしっかり身につけておくこと。一つのテーマについて，何通りかの構成法で書き，これをいくつものテーマについて繰り返してみる。そうしているうちに，特に意識しなくてもしっかりした構成の文章が書けるようになるはずだ。

⑥　制限内に書く感覚を養う

　だれでも時間をかけてじっくり考えれば，それなりの文章が書けるだろう。しかし，実際の試験では字数制限や時間制限がある。練習の際には，ただ漫然と文章を書くのではなくて，字数や時間も実際の試験のように設定したうえで書いてみること。

　例えば800字以内という制限なら，その全体量はどれくらいなのかを実際に書いてみる。また，全体の構想に従って字数（行数）を配分すること。時間制限についても同様で，60分ならその時間内にどれだけのことが書けるのかを確認し，構想，執筆，推敲などの時間配分を考えてみる。この具体的な方法は後に述べる。

　こうして何度も文章を書いているうちに，さまざまな制限を無駄なく十分に使う感覚が身についてくる。この感覚は，練習を重ね，文章に親しまない限り，身に付かない。逆に言えば実際の試験ではそれが極めて有効な力を発揮するのが明らかなのだ。

⬤ Ⅲ. 「合格答案」作成上の留意点 ⬤

(1) テーマ把握上の注意

さて，いよいよ試験が始まったとしよう。論作文試験でまず最初の関門になるのが，テーマを的確に把握できるか否かということ。どんなに立派な文章を書いても，それが課題テーマに合致していない限り，試験結果は絶望的である。不幸なことにそのような例は枚挙にいとまがないと言われる。ここでは犯しやすいミスを2，3例挙げてみよう。

① 似たテーマと間違える

例えば「私の生きかた」や「私の生きがい」などは，その典型的なもの。前者が生活スタイルや生活信条などが問われているのに対して，後者はどのようなことをし，どのように生きていくことが，自分の最も喜びとするところかが問われている。このようなニュアンスの違いも正確に把握することだ。

② テーマ全体を正確に読まない

特に，課題そのものが長い文章になっている場合，どのような条件を踏まえて何を述べなければならないかを，正確にとらえないまま書き始めてしまうことがある。例えば，下記のようなテーマがあったとする。

> 「あなたが公務員になったとき，職場の上司や先輩，地域の人々との人間関係において，何を大切にしたいと思いますか。自分の生活体験をもとに書きなさい」

①公務員になったとき，②生活体験をもとに，というのがこのテーマの条件であり，「上司・先輩，地域の人々との人間関係において大切にしたいこと」というのが必答すべきことになる。このような点を一つひとつ把握しておかないと，内容に抜け落ちがあったり，構成上のバランスが崩れたりする原因になる。テーマを示されたらまず2回はゆっくりと読み，与えられているテーマの意味・内容を確認してから何をどう書くかという考察に移ることが必要だ。

③ テーマの真意を正確につかまない

「今，公務員に求められるもの」というテーマと「公務員に求められるもの」というテーマを比べた場合，"今"というたった1字があるか否か

で，出題者の求める答えは違ってくることに注意したい。言うまでもなく，後者がいわゆる「公務員の資質」を問うているのに対して，前者は「現況をふまえたうえで，できるだけ具体的に公務員の資質について述べること」が求められているのだ。

以上3点について述べた。こうやって示せば誰でも分かる当たり前のことのようだが，試験本番には受け取る側の状況もまた違ってくるはず。くれぐれも慎重に取り組みたいところだ。

(2) 内容・構成上の注意点

---

① **素材選びに時間をかけろ**

テーマを正確に把握したら，次は結論を導きだすための素材が重要なポイントになる。公務員試験での論作文では，できるだけ実践的・経験的なものが望ましい。現実性のある具体的な素材を見つけだすよう，書き始める前に十分考慮したい。

② **全体の構想を練る**

さて，次に考えなくてはならないのが文章の構成である。相手を納得させるためにも，また字数や時間配分の目安をつけるためにも，全体のアウトラインを構想しておくことが必要だ。ただやみくもに書き始めると，文章があらぬ方向に行ってしまったり，広げた風呂敷をたたむのに苦労しかねない。

③**文体を決める**

文体は終始一貫させなければならない。文体によって論作文の印象もかなり違ってくる。〈です・ます〉体は丁寧な印象を与えるが，使い慣れないと文章がくどくなり，文末のリズムも単調になりやすい。〈である〉体は文章が重々しいが，断定するつもりのない場合でも断定しているかのような印象を与えやすい。

それぞれ一長一短がある。書きなれている人なら，テーマによって文体を使いわけるのが望ましいだろう。しかし，大概は文章のプロではないのだから，自分の最も書きやすい文体を一つ決めておくことが最良の策だ。

(3) 文章作成上の注意点

① ワン・センテンスを簡潔に

　一つの文（センテンス）にさまざまな要素を盛り込もうとする人がいるが，内容がわかりにくくなるだけでなく，時には主語・述語の関係が絡まり合い，文章としてすら成立しなくなることもある。このような文章は論旨が不明確になるだけでなく，読み手の心証もそこねてしまう。文章はできるだけ無駄を省き，わかりやすい文章を心掛けること。「一文はできるだけ簡潔に」が鉄則だ。

② 論点を整理する

　論作文試験の字数制限は多くても2,000字，少ない場合は600字程度ということもあり，決して多くはない。このように文字数が限られているのだから，文章を簡潔にすると同時に，論点をできるだけ整理し，特に必要のない要素は削ぎ落とすことだ。これはテーマが抽象的な場合や，逆に具体的に多くの条件を設定してる場合は，特に注意したい。

③ 段落を適切に設定する

　段落とは，文章全体の中で一つのまとまりをもった部分で，段落の終わりで改行し，書き始めは1字下げるのが決まりである。いくつかの小主題をもつ文章の場合，小主題に従って段落を設けないと，筆者の意図がわかりにくい文章になってしまう。逆に，段落が多すぎる文章もまた意図が伝わりにくく，まとまりのない印象の文章となる場合が多い。段落を設ける基準として，次のような場合があげられる。

① 場所や場面が変わるとき。	④ 思考が次の段階へ発展するとき。
② 対象が変わるとき。	⑤ 一つの部分を特に強調したいとき。
③ 立場や観点が変わるとき。	⑥ 同一段落が長くなりすぎて読みにくくなるとき。

これらを念頭に入れて適宜段落を設定する。

(4) 文章構成後のチェック点

① 主題がはっきりしているか。論作文全体を通して一貫しているか。課題にあったものになっているか。

② まとまった区切りを設けて書いているか。段落は，意味の上でも視覚的にもはっきりと設けてあるか。

③ 意味がはっきりしない言いまわしはないか。人によって違った意味にとられるようなことはないか。

④ 一つの文が長すぎないか。一つの文に多くの内容を詰め込みすぎているところはないか。

⑤ あまりにも簡単にまとめすぎていないか。そのために論作文全体が軽くなっていないか。

⑥ 抽象的ではないか。もっと具体的に表現する方法はないものか。

⑦ 意見や感想を述べる場合，裏づけとなる経験やデータとの関連性は妥当なものか。

⑧ 個人の意見や感想を，「われわれは」「私たちは」などと強引に一般化しているところはないか。

⑨ 表現や文体は統一されているか。

⑩ 文字や送り仮名は統一されているか。

　実際の試験では，こんなに細かくチェックしている時間はないだろうが，練習の際には，一つの論作文を書いたら，以上のようなことを必ずチェックしてみるとよいだろう。

● IV.「論作文試験」の実戦感覚 ●

　準備と対策の最後の仕上げは，"実戦での感覚"を養うことである。これは"実戦での要領"といってもよい。「要領がいい」という言葉には，「上手に」「巧みに」「手際よく」といった意味と同時に，「うまく表面をとりつくろう」「その場をごまかす」というニュアンスもある。「あいつは要領のいい男だ」という表現などを思い出してみれば分かるだろう。

　採用試験における論作文が，論作文試験という競争試験の一つとしてある以上，その意味での"要領"も欠かせないだろう。極端にいってしまえば，こうだ。

> 「約600字分だけ、たまたまでもすばらしいものが書ければよい」

　もちろん、本来はそれでは困るのだが、とにかく合格して採用されることが先決だ。そのために、短時間でその要領をどう身につけるか、実戦ではどう要領を発揮するべきなのか。

(1) 時間と字数の実戦感覚

① 制限時間の感覚

　公務員試験の論作文試験の平均制限時間は、90分間である。この90分間に文字はどれくらい書けるか。大学ノートなどに、やや丁寧に漢字まじりの普通の文を書き写すとして、速い人で1分間約60字、つまり90分間なら約5,400字。遅い人で約40字/1分間、つまり90分間なら約3,600字。平均4,500字前後と見ておけばよいだろう。400字詰め原稿用紙にして11枚程度。これだけを考えれば、時間はたっぷりある。しかし、これはあくまでも「書き写す」場合であって、論作文している時間ではない。

　構想などが決まったうえで、言葉を選びながら論作文する場合は、速い人で約20字前後/1分間、60分間なら約1,800字前後である。ちなみに、文章のプロたち、例えば作家とか週刊誌の記者とかライターという職業の人たちでも、ほぼこんなものなのだ。構想は別として、1時間に1,800字、400字詰め原稿用紙で4〜5枚程度書ければ、だいたい職業人として1人前である。言い換えれば、読者が読むに耐えうる原稿を書くためには、これが限度だということである。

　さて、論作文試験に即していえば、もし制限字数1,200字なら、1,200字÷20字で、文章をつづる時間は約60分間ということになる。そうだとすれば、テーマの理解、着想、構想、それに書き終わった後の読み返しなどにあてられる時間は、残り30分間。これは実にシビアな時間である。まず、この時間の感覚を、しっかりと頭に入れておこう。

② 制限字数の感覚

　これも一般には、なかなか感覚がつかめないもの。ちなみに、いま、あなたが読んでいるこの本のこのページには、いったい何文字入っているのか、すぐにわかるだろうか。答えは、1行が33字詰めで行数が32行、

空白部分もあるから約1,000字である。公務員試験の論作文試験の平均的な制限字数は1,200字となっているから，ほぼ，この本の約1頁強である。

この制限字数を，「長い！」と思うか「短い！」と思うかは，人によって違いはあるはず。俳句は17文字に万感の想いを込めるから，これと比べれば1,000字は実に長い。一方，ニュース番組のアナウンサーが原稿を読む平均速度は，約400字程度/1分間とされているから，1,200字なら3分。アッという間である。つまり，1,200字というのは，そういう感覚の字数なのである。ここでは，論作文試験の1,200字という制限字数の妥当性については置いておく。1,200字というのが，どんな感覚の文字数かということを知っておけばよい。

この感覚は，きわめて重要なことなのである。後でくわしく述べるが，実際にはこの制限字数によって，内容はもとより書き出しや構成なども，かなりの規制を受ける。しかし，それも試験なのだから，長いなら長いなりに，短いなら短いなりに対処する方法を考えなければならない。それが実戦に臨む構えであり，「要領」なのだ。

(2) 時間配分の実戦感覚

90分間かけて，結果として1,200字程度の論作文を仕上げればよいわけだから，次は時間の配分をどうするか。開始のベルが鳴る（ブザーかも知れない）。テーマが示される。いわゆる「課題」である。さて，なにを，どう書くか。この「なにを」が着想であり，「どう書くか」が構想だ。

① まず「着想」に10分間

課題が明示されているのだから，「なにを」は決まっているように思われるかもしれないが，そんなことはない。たとえば「夢」という課題であったとして，昨日みた夢，こわかった夢，なぜか印象に残っている夢，将来の夢，仕事の夢，夢のある人生とは，夢のある社会とは，夢のない現代の若者について……などなど，書くことは多種多様にある。あるいは「夢想流剣法の真髄」といったものだってよいのだ。まず，この「なにを」を10分以内に決める。文章を書く，または論作文するときは，本来はこの「なにを」が重要なのであって，自分の知識や経験，感性を凝縮して，長い時間をかけて決めるのが理想なのだが，なにしろ制限時間があるので，やむをえず5分以内に決める。

② 次は「構想」に10分間

「構想」というのは，話の組み立て方である。着想したものを，どうやって1,200字程度の字数のなかに，うまく展開するかを考える。このときに重要なのは，材料の点検だ。

たとえば着想の段階で，「現代の若者は夢がないといわれるが，実際には夢はもっているのであって，その夢が実現不可能な空想的な夢ではなく，より現実的になっているだけだ。大きな夢に向かって猛進するのも人生だが，小さな夢を一つ一つ育んでいくのも意義ある人生だと思う」というようなことを書こうと決めたとして，ただダラダラと書いていったのでは，印象深い説得力のある論作文にはならない。したがってエピソードだとか，著名人の言葉とか，読んだ本の感想……といった材料が必要なわけだが，これの有無，その配置を点検するわけである。しかも，その材料の質・量によって，話のもっていきかた（論作文の構成法）も違ってくる。これを10分以内に決める。

実際には，着想に10分，構想に10分と明瞭に区別されるわけではなく，「なにを」は瞬間的に決まることがあるし，「なにを」と「どう書くか」を同時に考えることもある。ともあれ，着想と構想をあわせて，なにがなんでも20分以内に決めなければならないのである。

③ 「執筆」時間は60分間

これは前述したとおり。ただ書くだけの物理的時間が約15〜20分間かかるのだから，言葉を選び表現を考えながらでは60分間は実際に短かすぎるが，試験なのでやむをえない。

まずテーマを書く。氏名を書く。そして，いよいよ第1行の書き出しにかかる。「夢，私はこの言葉が好きだ。夢をみることは，神さまが人間だけに与えた特権だと思う……」「よく，最近の若者には夢がない，という声を聞く。たしかに，その一面はある。つい先日も，こんなことがあった……」「私の家の近所に，夢想流を継承する剣道の小さな道場がある。白髪で小柄な80歳に近い老人が道場主だ……」などと，着想したことを具体的に文章にしていくわけである。

人によっては，着想が決まると，このようにまず第1行を書き，ここで一息ついて後の構想を立てることもある。つまり，書き出しの文句を書きこむと，後の構想が立てやすくなるというわけである。これも一つ

の方法である。しかし，これは，よっぽど書きなれていないと危険をともなう。後の構想がまとまらないと何度も書き出しを書き直さなければならないからだ。したがって，論作文試験の場合は，やはり着想→構想→執筆と進んだほうが無難だろう。

④ 「点検」時間は10分間で

論作文を書き終わる。当然，点検をしなければならない。誤字・脱字はもとより，送り仮名や語句の使い方，表現の妥当性も見直さなければならない。この作業を一般には「推敲」と呼ぶ。推敲は，文章を仕上げる上で欠かせない作業である。本来なら，この推敲には十分な時間をかけなければならない。文章は推敲すればするほど練りあがるし，また，文章の上達に欠かせないものである。

しかし，論作文試験においては，この時間が10分間しかない。前述したように，1,200字の文章は，ニュースのアナウンサーが読みあげるスピードで読んでも，読むだけで約3分はかかる。だとすれば，手直しする時間は7分。ほとんどないに等しいわけだ。せいぜい誤字・脱字の点検しかできないだろう。論作文試験の時間配分では，このことをしっかり頭に入れておかなければならない。要するに論作文試験では，きわめて実戦的な「要領の良さ」が必要であり，準備・対策として，これを身につけておかなければならないということなのだ。

実施課題例の分析

さいたま市

令和4年度

▼作文・行政事務（800字程度，60分）

　公務員を目指すにあたって，あなた自身が普段から心がけていることを2つ挙げ，その理由をそれぞれ述べなさい。

《執筆の方針》

　公務員に求められる資質と関連づけながら，あなた自身が普段から心がけていることを2つ挙げ，その理由を具体的に述べる。

《課題の分析》

　一般的に公務員に求められる資質としては，①身体的にも精神的にも強い，②住民対応が卒なくできる，③説明力がある，④適応力がある，⑤対人調整能力・人脈構築力がある，⑥責任感・やり遂げる力がある，⑦企画力・提案力がある，⑧組織行動・団体行動ができるなどが挙げられる。一方，さいたま市が求める人物像は，さいたま市の職員採用パンフレットで示しているように，"3つのさい"（さい愛，多さい，さい挑戦）に加え，誰にも負けない顕著な実績や突出した成果等を有し，これらを成し遂げる過程で培った精神力，行動力や対応力等を，さいたま市政の発展のために発揮することができる人とある。これらの資質や人物像を踏まえて，あなた自身が普段から心がけていることを2つ挙げ，その理由を具体的に述べるようにしたい。

《作成のポイント》

　全体を大きく3つのまとまりで記述するとよい。1つ目のまとまりには，あなた自身が普段から心がけていることを2つ明確に示す。その際，公務員に求められる資質やさいたま市が求める人物像と関連づけて述べるようにしたい。2つ目のまとまりには，なぜそのことに心がけているのか，その理由を具体的に述べる。心がけることになった思いが強ければ強いほどそのことは継続するものである。その意味でも，理由を述べる際は実体験を織り込みながら，公務員として身につけたい資質と関連づけて述べること。3つ目のまとまりには，あなた自身が今後も継続して取り組むことや新たに

取り組みたいこと，どのようにさいたま市に貢献していくのかなど，その決意を述べて作文をまとめる。

令和3年度

▼作文・行政事務（800字程度，60分）

　さいたま市の魅力を挙げ，その魅力を生かして職員としてどのようなことに取り組みたいか，あなたの考えを述べなさい。

《執筆の方針》

　公務員には，地域の魅力を発掘しそれを生かしていくことが重要であることを述べる。そのうえで，さいたま市の具体的な魅力を提示してその理由を示すとともに，それを生かした取組みについて具体的に述べる。

《課題の分析》

　地域の魅力を発掘し，それを生かしていくことは地域の活性化を促すうえで重要な役割を果たす。特にさいたま市の職員には，さいたま市の魅力を発掘し，それを生かした施策を進めたり，その魅力を発信したりして，さいたま市の活性化につなげていくことが求められる。さいたま市は，埼玉県の県庁所在地及び最大の政令指定都市で，東京の都心部から20kmの距離にあり，都市機能の充実度は全国トップクラスである。在来線や新幹線といったJRのみならず私鉄も乗り入れていて，浦和駅や大宮駅など市の主要駅から30分以内で行くことができる。作文では，こうした魅力の他に，これまであまり知られていなかった魅力を取りあげたい。また，地域の人々の温かさ，人のつながりといったことに目を向けてもよいだろう。

《作成のポイント》

　まず，地域の魅力を発掘し，それを生かしていくことは農業産品や工業製品の販売，観光客の誘致といった経済・産業の振興・発展を促すうえで重要な役割を果たすという基本的な考え方を示す。次に，さいたま市は伝統的な歴史や文化，豊かな自然環境，交通の至便さなど多くの魅力をもった街であることを述べる。そのうえで，自分が考えるさいたま市の最も重要な魅力をその理由とともに触れたい。さらにその魅力を生かして取り組んでみたいことについて具体的に述べる。たとえば，ホームページなどの広報媒体を活用したり，各種イベントの開催やキャラクターを活用したりする取組みなど，さいたま市の活性化を促す取組を考えるようにしたい。最後は，そうしたさいたま市の魅力を生かし，さいたま市の発展に努力していく決意を述べて作文をまとめる。

令和2年度

▼作文・行政事務（800字程度，60分）

　あなたが考える理想の公務員像とは何ですか。また，その理想に近づくためにさいたま市職員として努力していきたいことを述べなさい。

《執筆の方針》

　まず，公務員の役割を考え，その期待に応えていくことが理想の公務員像であることを述べる。そのうえで，そうした公務員になるためにはどのような努力をするのかについて整理する。

《課題の分析》

　公務員は，市民が安全に安心して暮らせるように様々仕事を進めていかなければならない。その基本となるのは，全体への奉仕者として市民のことを考えて仕事を進めることであり，市民もそうした公務員を期待していることは間違いない。そこで，市民のために様々な課題を解決していく職員を，設問が求める理想の公務員像として設定するとよい。そうした公務員の役割を果たすためには個人の自由よりも組織が優先され，責任をもって与えられた役割を果たすことが求められる。それは，私生活にも及び，たとえ私生活であっても公務員としての意識を忘れてはならない。模範的な社会人として生活していくことはもちろん，いつでも市民のために対応できる心構えが必要である。

《作成のポイント》

　最初に，公務員の職務や役割は，市民が安全に安心して暮らせるように様々な仕事を進めることであり，その基本となるのは，全体への奉仕者として市民のことを考えて行動することであると述べる。その際，これまで実際に出会ったり，聞いたりした具体的な公務員の姿を書き込むことで，説得力のある論述にする。次に，そのように仕事を進める公務員が，理想の公務員像であることを明確に示す。そのうえで，そうした理想的な公務員になるためにどのようなことに努力していくか，私生活も含めて公務員としての姿勢を整理して説明していく。最後は，そうした理想の公務員になるという決意を述べて論文をまとめる。

令和元年度

▼作文・行政事務，学校事務（800字程度，60分）

　グループやチームなど集団で活動するなかで，あなたが特に印象に残っていることを述べたうえで，そこから何を学び，今後仕事をする際にどう活かしていきたいか述べなさい。

《執筆の方針》

　学級活動，部活動，地域の活動やアルバイトなど集団での活動や団体行動の中で，最も印象的な出来事を紹介する。次にその関わりの中で学んだ経験について説明し，かつ，社会人になってからどう活かしたいのかを説明する。

《課題の分析》

　公務員の仕事は，フリーランスのように個人で仕事を請け負うものではなく，チームで仕事をすることになる。庁内の上司，先輩，同僚との関わりは言うまでもないだろう。市議会の議員や他自治体の職員，さらには，協働先の企業やNPO法人スタッフなどとの関わりも重要である。また，一般市民と直接対話しなくてはいけない現場も多く，受験者は採用後，まずはそういう部署に数年間，配属されることになる。いずれにせよ，公務員は，多種多様な立場の人々に対して，公平・公正な視点で，粘り強く向き合うことが求められる。出題者は，受験者にこういった素養があるかどうかを，答案から見極めたいと考えていると思われる。

《作成のポイント》

　最低限，720字以上を書くようにしたい。一例として，全体を三段から四段程度に分けて，構成をしてみよう。一段目は，印象的なエピソード，集団との関わりの中で学んだことを簡記する。二〜三段目は，受験者なりの具体的な言葉で，前述の内容をくわしく記述したい。高等学校の部活動において，チームメンバーとの間で練習方法を巡る意見の対立が起こったとき，相手とどのように意見の調整をしたのか。そういう過程で，自分の中で生じた葛藤とどう向き合ったのかということ，異なる意見を持つ人と対立するだけでなく，互いの良い点を見出しながら，調整していくことの重要性を学んだ経験などを述べる。四段目では，その経験を活かしながら，多種多様な立場の人々に対して，公平・公正な視点で，粘り強く向き合うようにしたいという決意を述べてみよう。

平成30年度

▼作文・行政事務，学校事務（800字程度，60分）

　人から信頼を得るために必要なことはなにか，今までの経験をもとに考えを述べなさい。

《執筆の方針》

　社会生活を円滑に送ったり，市の職員としての職務を遂行したりしていくためには，信頼関係を構築することが重要であることを述べる，そのう

えで，市民に信頼されるためには，どのような対応や行動をすればよいのか，自らの経験をもとに述べていく。

《課題の分析》

　社会は，人と人との関係で成り立っている。そうした社会が円滑に成り立つためには，人と人との信頼関係がなければならない。それは，市の職員も同じで，市民から信頼されていなければ職員としての職務を果たすことができない。信頼とは，「私を信頼しなさい」と言って得られるものではない。信頼するかしないかは，相手が決めることなのである。作文を書くにあたっては，市民から信頼を得るために，どのような対応や行動が大切なのかを今までの経験をもとに述べることになる。常に誠実に行動すること，与えられた職務を確実に果たすこと，自己の役割に責任をもって行動することなどがそのポイントとなる。

《作成のポイント》

　まず，公務員の仕事は，市民の健康で安心な生活を維持・向上させていくという重要な職務であり，それは組織的な営みであることを述べる。それを踏まえ，そうした重要な職務を遂行するためには，集団の中での相互の信頼関係，市民からの信頼が必要であることを述べる。次に，市民から信頼を得るために，どのような対応や行動をすればよいのか述べることになる。常に誠実に行動すること，与えられた職務を確実に果たすこと，自己の役割に責任をもって行動することなどがその具体的な内容である。ここが作文の中心となるので，自分自身の経験を織り込みながら詳しく述べていく。最後に，さいたま市の職員として市民の信頼を得るために自己の行動を律していくことを述べて作文をまとめる。

平成29年度

▼作文・行政事務，学校事務（800字程度，60分）

　「さいたま市役所」の職員になって取り組みたいことについて述べなさい。

《執筆の方針》

　設問に答えて「さいたま市職員になって取り組んでみたいこと」を示し，併せてその理由を述べる。そのうえで，その取り組みをできるだけ具体的に述べていく。

《課題の分析》

　現代の地方行政に携わる職員には，課題を解決するための企画力と実行力，困難にくじけない強い意志とバイタリティなどが求められる。さいたま

市の職員になることを目指す以上，さいたま市の行政における具体的な課題とそれを克服するための方策と意欲をもっていなければならない。それが，問題に示されている「さいたま市職員になって取り組みたいこと」とする。この問題では，まず「さいたま市職員になって取り組みたいこと」を示し，併せてその理由を述べることになる。それは，あなたのこれまでの学びが活かされる分野，経験を活かすことのできる分野で構わない。しかし，あなたの目指すさいたま市の行政の課題に関わる内容であることが必要である。

《作成のポイント》

作文の作成にあたっては，設問に答えて，まず，あなたがさいたま市の職員になったら取り組んでみたいことを明確に示す。次に，その理由を述べることになる。その内容に関わるさいたま市の実態とともに，市の施策や市民の意識調査などを踏まえて記述していく。また，その挑戦が実現した際の具体的な効果を示すことも考えたい。そのうえで，その取り組んでみたいことを実現するための具体的な手立てを述べる。抽象論ではなく，段階を踏んだ具体的な手立てを述べていく。したがって，「まず…」「次に…」というように，接続詞を使って分かりやすく述べていくとよいだろう。最後は，その挑戦を実現するための意欲と決意を述べ，作文をまとめる。

平成28年度

▼作文・行政事務，学校事務，消防

今までにあなたが困難に直面した経験と，それをどう克服したかについて述べなさい。

《執筆の方針》

まず，これまでに困難に直面し苦手な事柄に自ら挑戦した経験について説明する。次に，その中で自分が工夫した点などについて説明する。

《課題の分析》

高校など，ここ数年以内に受験者の直面した困難を一つだけ提示し，それをどのような工夫によって乗り越え，一定の成果を上げたのか。そして，そういう姿勢をさいたま市職員としての仕事にどう活かしたいのか。採用担当者は努力や挑戦に留まらず，限られた時間で着実に成果を出すことができる人材かどうかを文面から読み取ろうとしている。学業，運動，ボランティア活動，資格取得など，自分にとっては苦手なこと，困難であったことについての具体的な挑戦について，まとめてみよう。既卒者や社会人経験者であれば，卒業後に取り組んだ仕事のこと，その上で，自分なりに

どういう工夫をしたのかについて書くとよい。なお，客観的な評価を伴う，最近数年以内のスポーツ大会への出場経験，文化活動の受賞歴，語学の資格などがあれば，努力の過程とともに高く評価されるので，積極的に書いておきたい。その際，自分なりの具体的な工夫によって困難を乗り越えたことが主題であることを忘れないようにしたい。

《作成のポイント》

　採用担当者が知りたいのは高校以降の，最近の受験者の様子であり，採用後に職員として能力を発揮できる可能性がある人材かどうかということである。自分が困難を乗り越えた経験を，市役所の仕事で成果に繋げていける能力があることをアピールしたい。採用試験の時点で，客観的に評価された実績や戦績が特にないという場合でも，学生の本分である学業や運動に努力したことを書くようにしよう。例えば，高校生になって，数学の図形問題や証明問題の成績が伸び悩み，途中から得意になったという内容であってもよい。その場合，高校受験レベルの参考書に立ち返ったこと，解説の文章を丁寧に読むこと，当然のこととして明らかになっていない条件を読み取ることなど，自分なりの工夫をして克服した経験などを述べてみよう。こうした自分なりの努力を，市職員の業務知識の習得にも活かしていく意欲を示してみよう。

平成27年度

▼作文・行政事務，学校事務

　あなたがこれまでに，仲間と協力して取り組んだ経験の中から，一番印象に残っていることについて述べなさい。

《執筆の方針》

　これまでに，仲間と協力して取り組んだ経験の中から，一番印象に残っていることについて説明する。その経験をさいたま市役所での仕事にどう活かしたいのかも述べる。

《課題の分析》

　市役所職員の仕事はひとりでできるものではなく，組織やチームで取り組むものであるというのは言うまでもない。高校までの生活を経験した受験者にとってイメージがわきやすい，学校の事務職員，図書館や公民館のスタッフの対応を見てみよう。複数の職員同士で相談をしたり，話し合いをしながら対応をしてくれる場面を見た経験があると思う。職員として採用された後は，社会保険，福祉，年金，戸籍などを取り扱う窓口にも配属される。そういう場所では，自分の思い込みや勘違いは許されず，正確か

つ親切な市民への対応が求められる。受験者はいわばチームの新人として配属されるわけで，先輩や上司に教わりながら，対応していくことになる。こうした，仕事の場面で生じる他者とどうかかわっていくのかを，採用担当者は受験者のこれまでの人間関係から，推測しようとしている。

《作成のポイント》

　展開の一案であるので，参考にしてほしい。最初に，受験者が高校に，仲間と一緒にどういうことに努力をしてきたのか，具体的に説明しよう。小・中学校のことではなく，スポーツ，共同研究，文化活動，ボランティア活動など，高校入学以降の経験をあげよう。これらの点は，実績や戦績を自分の経験としてアピールできる箇所であるが，だらだらした説明にならないように気をつけたい。次に，自分が，仲間同士のトラブルや人間関係の中での葛藤に直面した時，それをどう乗り越えたのか，そして仲間同士で一つの成果につなげていったのかについて説明していこう。最後に，そのような経験を経て成長した自分を，さいたま市の職員の仕事の中で活かす決意をアピールしよう。

川口市

平成26年度

▼小論文

　組織人として職場において人間関係を築いていく上で，どのような経験をしておく必要があるか。あなたの経験を踏まえて述べなさい。

《執筆の方針・課題の分析》

　設問文に明確な指示がある通り，本設問は，職場における自分と他者との関わりの大切さを，しっかり考えているかどうかを試す出題である。最も思いつきやすいのは報告・連絡・相談，さらに，より詳しく説明できる人などに照会（問い合わせ）をすることである。また，職制に基づいた上司の指示に，正確かつ誠実に従うことである。川口市職員は，法律や条令，組織の規律に従うことを重視される公務員であることを踏まえれば，比較的取組みやすい出題である。受験者は新人として採用される上，さらに，学生生活を終えた直後に働くことになる。大所高所からの論評である必要はないが，かといって，周囲と協調し，仲良くやっていきたいという内容でも，低評価に留まってしまう。課外活動やアルバイトの経験などから，

組織の規律に従うことの大切さ，上司や先輩への報告・連絡・相談の大切さなどを書くとよい。

《作成のポイント》

　全体を，四〜五段落を目安に段落分けをする。一例として，一段落目は，決定された業務上の連絡事項を正確に理解し，かつ，自分も周囲に過不足なく，迅速に情報を伝えることの大切さを，自分の言葉で説明する。二〜三段落目は，報告・連絡・相談・照会を徹底し，法律や条令など，自分の分からないことを再確認せずに勝手に判断してしまわないよう注意することなどをあげよう。そして，高校時代に取り組んだ，課外活動やアルバイトの中で，チームメイトや先輩との話し合いや意思疎通の経験を，職場の人間関係でも活かしていくことを述べる。四〜五段落目では，例えば，自分の担当する仕事に真摯に向き合い，他者に頼むときは必ず引継ぎをすることで，他者に負担や迷惑をかけないことで，人間関係をスムーズに配慮する工夫などを書くとよいだろう。

川越市

平成27年度

▼作文

　困難に立ち向かったことから学んだこと

《執筆の方針・課題の分析》

　「困難」の認識は主観によるものであり，他者から見れば容易と思えることでも自身が困難と感じた事項をあげればよい。ただし，困難の程度は熟考する。困難は「苦しみ悩むこと，実行が難しいこと」である。わずかな可能性や成功を願いながらも，自身の能力を考えれば未知の領域への挑戦である。本課題は挑戦した結果については求めていない。どのような契機及び過程で立ち向かったのかが肝要である。過程には，挫折，新たな方策，目標の再設定，葛藤等様々な心の変容がある。その過程や結果から学んだことを具体的に述べる。何が足りずに失敗したのか，何が功を奏して成功したのかを述べ，「学んだこと」とする。

《作成のポイント》

　序論で，今までの経験上最大の困難と思える事項への取組みの概要及び結果から学んだことを述べる。結果の良否は問わない。困難を克服した場

合には，その過程と共に成功要因を考察する。目標を成就できなかった場合は，その要因と取組みを客観的に述べる。本論では，過程，方法，時々の変化，心の変容等を具体的にし学んだことを述べる。学んだことは知識面を重視するのではなく，心情面や人間性を中心に「〇〇力（性）を得た」，「〇〇の重要性を痛感した」等簡潔明瞭にすることが望ましい。結論では，学んだことを踏まえ今後への活かし方や取組み方を信念として述べる。忍耐力や向上心が図られている。

平成26年度

▼作文

チームで働くために私ができること

《執筆の方針・課題の分析》

市役所職員に採用されると，あらゆる部署で上司，先輩，同僚と協力し合い，なおかつ職制において上位にある人の指示に正確に従うことなどが真っ先に思い浮かびやすい。近年は，公益のために活動するNPO法人や地域団体などと協力して，事業を進めることも多く，そういう外部の人たちもチームの中に入る。採用試験の受験者は，社会人としての経験がない状態の新人として組織の中に入ることになる。また，経験の豊富な人々で形成される事業のグループに加わることになる。そういう状況ではあるものの，川越市の職員としての自覚を求められることには変わりはない。こういった点について，自分なりの言葉で説明することを求められている。

《作成のポイント》

集団競技やグループでの文化活動などで培ったチームワークの経験を活かす重要性について述べても，高い評価にはなりにくい。必要なのは，受験者の詳しい経験談ではなく，市役所の仕事で求められる仲間との協力，市役所職員に求められるチームワークを高めるために自分には何ができるのか，何をすべきなのかという部分である。何ができるのかという部分については，例えば，初めて経験することに対して思い込みを持って勝手に判断しないこと，間違った判断をしないこと，周囲の状況を正確かつ迅速に把握し，それを共有するために，報告・連絡・相談・理解を怠らないことなどがある。これらについて，受験者なりの具体的な言葉で説明したい。最後に，数行以内にとどめるなど，冗長にならない程度に，川越市職員としての決意表明をアピールしてもかまわない。

越谷市

令和３年度

　▼作文・事務職員（800字程度，60分）

　「自助・共助・公助」が果たす役割を述べたうえで，行政はどの分野を特に強化すべきか，あなたの考えを述べなさい。

《執筆の方針》

　まず「自助・共助・公助」が果たす役割を説明する。そして，行政はどの分野を特に強化すべきか，自身の考えを800字程度にまとめる。

《課題の分析》

　特に，福祉分野や安全安心に関する行政資料を参考にするとよい設問である。前者であれば，「第２次越谷市地域福祉計画改定版　地域の新たな支え合い～いきいきと暮らせる福祉のまち 越谷～（平成29年公表）」などを参照する。後者であれば，「人や環境にやさしく安心な生活を・安全育むまちづくり　大綱４」などを参考にしてはどうだろう。いずれの分野であっても，地域のつながりを深めることが重要で，住民一人ひとりの主体的な活動＝自助，近所の助け合いやボランティア活動等による住民同士の支え合い＝共助，行政の責任による公的支援＝公助という三つを組み合わせる必要があるという。公助においては，個人や地域団体では難しい場所や設備の提供，またデジタル通信機器の使用環境の整備などに注力することの重要性が示唆されている。こうした内容を踏まえて，作文を書くようにしたい。

《作成のポイント》

　全体を序論・本論・結論の三段落構成にするとよい。

　序論では，まず安全安心か福祉か，いずれかの分野に絞り込む。次に，住民一人ひとりが主体的な活動をすること＝自助，近所の助け合いやボランティア活動等による住民同士支え合うこと＝共助，行政の責任による公的支援を住民に提供すること＝公助，という役割の説明をする。その上で，行政は公助に注力する必要性を述べる。本論では，行政がなぜ公助に特化すべきかを説明する。厳しい財政事情などのために，住民は行政サービスに過度に依存すべきではないが，サービス提供の拠点になる場所や設備，機材，さらに人材の総合的なコーディネートは，個人や地域団体には不可能である。よって，行政は公助によって，前述の部分に特化する必要がある。結論では，自助や共助の力を十分に発揮するためにも，公助に特化す

べきであることを明確に示すようにしたい。

令和２年度

▼作文・事務職員（約800字，60分）

　あなたが考える「若者が住みたくなるまち」とは。

《執筆の方針》

　「若者が住みたくなるまち」にすることによって，地域コミュニティや地域の産業・経済が活性化することが期待できることを述べる。そのうえで，「若者が住みたくなるまち」の条件について，自分の経験などを踏まえて論じていく。

《課題の分析》

　人が住みたくなるようなまちにすることは，市民の健康で安全な生活を守る公務員としての重要な役割である。設問のテーマは「若者が住みたくなるまち」についてであり，まちに住む若者が増えることによって，地域コミュニティや地域の産業・経済が活性化することが期待される。若者が住みたくなるためには，まず，働く職場や居住する住宅を確保することが欠かせない。また，結婚し子育てのできる良好な環境を整えることも必要となる。さらに，若者にとっては，映画や音楽といった文化的環境などが住むことの魅力となるだろう。これらの「若者が住みたくなるまち」の要件について，自分の経験などを踏まえて論じていく。

《作成のポイント》

　まず，人が住みたくなるようなまちにすることは，公務員としての重要な役割であることを述べる。特に，まちに住む若者が増えることによって，地域コミュニティや地域の産業・経済が活性化することが期待できることを指摘する。そのうえで，「若者が住みたくなるまち」の要件について，自分の経験などを踏まえて論じていく。特に，働く職場や住宅の確保，結婚し子育てできる環境の整備などは欠かせないだろう。これらの要件について，「第一に…」「第二に…」というように，ナンバリングして分かりやすく説明していく。その際，自分の具体的な経験などを織り込むと，説得力のある論述となる。最後は，多くの人が住みたくなる魅力あるまちづくりに全力注ぐことを述べて作文をまとめる。

令和元年度

▼作文・事務職員（約800字，60分）

　公務員として仕事をしていくうえで，心掛けていきたいことは何か，あなたの考えを述べよ。

《執筆の方針》

　公務員としての仕事を全うし，市民や地域社会全体の信頼を得るために，受験者は，どのようなことを心掛けていきたいか，800字程度で説明しなければならない。

《課題の分析》

　公務員は，民間企業の社員や個人起業家とは異なり，自社や自己の営利を追求するものではない。あくまでも全体の奉仕者であり，かつ，公共の利益，公共の福祉に忠実な存在でなくてはならない。公務員は仕事の性質上，様々な利害関心を持った一般市民，政治家，企業の関係者などの対応に当たることも多い。また，市役所内外でのやりとりを正確に記録に残したり，法令に照らして事柄の妥当性を判断したりするという仕事も多い。近年は，業務のICT化が進んでおり，そういったICT機器を使いこなして正確な事務処理ができること，個人情報の適切な管理ができることも重要である。こうした仕事への取り組みが，信頼につながっていくことを述べる。

《作成のポイント》

　最低限，720字以上を書くようにしたい。一例として，全体を三段から四段程度に分けて，構成をしてみよう。一段目は，公務員としての信頼とは何かについて説明する。二〜三段目は，受験者なりの具体的な言葉で，公務員に要求される仕事上の能力や姿勢を記述したい。一例として，正確な事務処理，適切な情報管理をするということについて述べるとする。これらは当たり前のことであるが，自覚や努力が欠けていると，間違いが容易に生じやすい。こうした間違いを防ぐための方策を絶えず考えることなどを述べる。四段目では，正確な業務知識の習得に努めること，プライベートでは健全な心身を維持するために規則正しい生活を送ることなどを述べてみよう。

平成30年度

▼作文・事務職員（約800字，60分）

　越谷市の魅力と，その魅力を活かして職員としてどんなことに取り組みたいか，あなたの考えを述べよ。

《執筆の方針》

　公務員には，地域の魅力を発掘し，それを活かしていくことが求められることを述べたうえで越谷市の魅力を提示し，その理由を述べるとともに，それを活かした取組みについて具体的に述べる。

《課題の分析》

　地域の魅力を発掘し，それを活かしていくことは地域の活性化を促すうえで重要な役割を果たす。特に，越谷市の職員には，越谷市の魅力を発掘し，それを活かした施策を進めたり，その魅力を発信したりして越谷市の活性化に活かしていくことが求められる。越谷市は，日光街道の宿場町として栄え古い歴史のある街である。1958年に市制が施行され，市内を伊勢崎線と武蔵野線が通っており，交通の便が良く自然豊かなベッドタウンとして発展している。市域の大半は平地であり，多くの河川が市内を流れ「水郷こしがや」と呼ばれている。こうした魅力の他に，これまであまり知られていなかった魅力を取りあげたい。更に，地域の人々の温かさ，人のつながりなどに目を向けてもよいだろう。

《作成のポイント》

　まず，地域の魅力を発掘し，それを活かしていくことは農業産品や工業製品の販売，観光客の誘致といった経済・産業の振興・発展を促すうえで重要な役割を果たすという基本的な考え方を示す。次に，越谷市は伝統的な文化や歴史，豊かな自然環境，交通の利便さなどの多くの魅力をもった街であることを述べる。そのうえで，自分が考える越谷市の最も重要な魅力をその理由とともに述べる。更に，その魅力を活かして取り組んでみたいことについて具体的に述べる。ホームページなどの広報媒体を活用する取組み，各種イベントの開催やキャラクターを活用した取組みなどが考えられる。最後は，そうした越谷市の魅力を活かし，越谷市の発展に努力していく決意を述べて作文をまとめる。

平成29年度

▼作文・事務職員（約800字，60分）

　若年層の投票率の向上のために，市が取り組むべきことは何か，あなたの考えを述べよ。

《執筆の方針》

　まず，選挙年齢が引き下げられた目的，理由について整理して述べる。そのうえで，若年層の投票率が低いことの問題性を指摘し，若い世代の投票率を上げていくための方策を述べていく。

《課題の分析》

　平成27年6月に公職選挙法が改正され，選挙年齢が18歳からに引き下げられた。その年の7月の参院選からこの選挙法が適用され，新たに240万人

が有権者となった。この改正は，若い世代にも政治に関心をもってもらい，政治や経済，社会の活性化を促すことを目的としている。しかし，10代をはじめとする若年層の投票率は決して高いとは言えない状況にあり，大きな課題となっている。作文では，若年層の投票率が低いことの原因，それを向上させるための取り組みについて論じる。若い世代に向けた情報の発信，啓発活動など，具体的な方策を提言する。

《作成のポイント》

　まず，なぜ，選挙年齢が引き下げられたのかということについて論じる。若い世代に政治への関心をもってもらい，社会参画を促すことによって政治や経済，社会の活性化を促すことの必要性を強調する。次に，若年層の投票率がなぜ低いのかを分析して述べる。その原因としては，選挙に対する無関心，選挙の意義の理解不足などが考えられる。その際，若年層の投票に関する身近な事例や具体的なデータを示すことができれば，説得力のある論述となる。そのうえで，若い世代の政治的関心を高めていくための情報の発信，啓発活動など，市が取り組むべき具体的な方策について述べる。また，高校生や中学生を対象とした主権者教育についても述べ，若い世代の政治的関心を高めていくための方策をまとめる。

平成28年度

　▼作文・事務職員（約800字，60分）

　　私が考える「理想の公務員」

《執筆の方針》

　公務員としての自分なりの理想像を説明し，そのために，自分が心掛けていきたいことを説明する。

《課題の分析》

　出題者は記述の中で，受験者が採用後に住民の信頼を得るだけの適性を備えているかどうかを見ようとしていると考えてみよう。地方自治体の公務員は，県や市町村全体の奉仕者としての責任を自覚しながら，法令，条例，規則その他の規程を守ること，上司の指示や命令に従い，誠実公正に仕事ができること，さらに，正確にして迅速，計画的に職務を遂行することを求められている。公務員は，納税者の住所や納税額のデータなど，高度の個人情報を扱うことも多い。また，行政の情報を，広範囲に，しかも迅速かつ正確に，広報しなくてはならない。このため，職務上の守秘義務，文章の校正や確認作業をすることなどは，民間企業よりも厳格である。ここで

は，一人の人間としての心構えにとどまらず，地方公務員の一員である越谷市職員になることを志す者としての適性もアピールしたいところである。

《作成のポイント》

一例として，全体を四段落から五段落程度に分けて，段落構成をしてみよう。一段落目は，越谷市職員としての公務員とはどういう存在かということについて説明する。二～三段落目は，受験者なりの具体的な言葉で，職員に要求される仕事上の能力，そうした能力を磨いていく自らの努力や姿勢を記述したい。一例として，上司や同僚への報告・連絡・相談の重要さを自覚すること，自分が発信する文書などが，常に法令に照らした根拠を持つこと，正確であることを目指せる職員になりたいことを説明する。四～五段落目では，自分が職務を全うするために，どのような日常生活を送るのかについて説明する。プライベートでも正確な業務知識の習得に努めること，健全な心身を維持するために，規則正しい生活を送りたいことなどを述べてみよう。このほか，自分の仕事へのチェックや確認を徹底することをあげてもよいだろう。

平成27年度

▼作文

自分の目標を達成するためにあなたは普段からどのようなことを心がけているか。

《執筆の方針・課題の分析》

作文であったとしても，本設問は採用試験の一環として出題されているものであるのを忘れないようにしよう。よって，市職員として採用されたあとのことを念頭に入れた内容にするのが好ましい。仕事に関連させるためには，子供時代まで振り返るよりも，できるだけ最近の具体的な心がけを選びたい。材料は，学業，運動，パソコンスキル，人間関係など，自分にとって容易には達成できないことへの努力などを書く。思うような成果を残せなくとも，その努力から得たもの，身についたことはあったはずである。そして，これから数十年勤めることになるであろう越谷市の仕事に，その姿勢をどう活かすのか。採用担当者は，受験者の仕事への粘り強い取組みを見ようとしている。

《作成のポイント》

答案構成の一例である。四～五段落を目安に段落分けをする。最初に，自分が困難に直面したとき，自分は途中で投げ出したりせず，粘り強く取

り組む姿勢を大事にしていることをアピールする。次に，受験者の具体的な努力・取組みについて説明をする。題材としては，個人として学業や運動に努力したものの，思うような実績や戦績を残せなかった経験を選ぶとよい。途中で諦めたり投げ出したりしたものではなく，粘り強く最後まで取り組んだものを選ぼう。例えば，スポーツの大会や文化・芸術のコンテストで最下位に甘んじたものの，そこで，仲間との協調，自分個人の能力を大いに高めた経験をあげる。最後に，その経験を，今度は具体的な市役所職員としての仕事に関わらせながら，誠実に，かつ正確にこなしていく決意表明をしていくとよいだろう。

草加市

令和4年度

▼作文・事務（60分）

　これまでの経験において，一番力を入れて取り組んだことを挙げ，それをもとに草加市で挑戦したいことを述べなさい。

《執筆の方針》

　公務員には，社会や環境の変化，住民のニーズなどに応じて，柔軟に根気強く職務を遂行する力や，職務を遂行するための対人調整能力や体力などが必要なことを述べる。そのうえで，一番力を入れて取り組んだことを挙げ，それをもとに草加市で挑戦したいことを述べる。

《課題の分析》

　公務員は，社会や環境の変化，住民のニーズなどに応じて施策の立案・実行していくことが求められる。特に草加市の職員になることを目指す以上，草加市の状況を踏まえておく必要がある。草加市のホームページなどを活用して，草加市の状況を調べておくとよい。草加市は，東京近郊という立地条件の良さも相まって，人口は急激に増えている。草加市では，地球環境をはじめ，少子・高齢化，高度情報化，国際化といった時代の変化をしっかり見据えながら，「いつまでもこのまちで暮らしたい，このまちで子どもを育てたい」と思われるような快適都市の実現をめざしたまちづくりを進めている。このような状況を踏まえつつ，施策を立案・実行していくための対人調整能力や体力など公務員としての資質と関連づけながら，一番力を入れて取り組んだことを挙げる。その際，どのような取組を取り挙

げても構わないが，草加市の施策に生かせる取組にしたい。

《作成のポイント》

　まず，公務員は，社会や環境の変化，住民のニーズなどに応じて，柔軟に根気強く職務を遂行する力や，職務を遂行するための対人調整能力や体力など公務員としての資質が必要なことを述べる。次に，公務員の資質の中でも特に自分自身が重要だと考える資質を取り挙げ，そのために一番力を入れて取り組んだことを挙げる。その際，なぜそのことが重要だと考えたのか，根拠を明確にした説得力のある記述が求められる。そのためには，これまで経験した実体験を取り挙げ，その中で感じた思いと草加市の施策を結びつけながら記述すること。最後に，これまで取り組んできたことをさらに充実させるとともに，そのことを生かして草加市で挑戦することを述べて作文をまとめる。

令和３年度

▼作文・事務（60分）

　最近のニュース等で自身が興味を持った話題は何か。理由とともに述べなさい。

《執筆の方針》

　公務員は，社会の出来事やニュースに関心を持ち，必要な情報を収集して職務の遂行に生かしていくことの重要性を述べる。そのうえで，興味を持った最近のニュースを一つ取り上げ，興味をもった理由，そのニュースに対する自分自身の見解について述べる。

《課題の分析》

　日々，様々なニュースがテレビや新聞などのマスコミで報道されている。公務員は，そうした様々な社会の出来事に関心を持ち，必要な情報を収集して施策の立案や実行に生かしていくことが求められる。特に，草加市の職員になることを目指す以上，草加市の出来事に敏感でなければならない。また，そうした様々なニュースに対する自身の見解を持つことが求められる。そうした姿勢を見るのがこの設問である。どのようなニュースを取り上げても構わないが，できるだけ新しい話題で，しっかりした自身の考えを述べることのできる話題を選択することがよいだろう。

《作成のポイント》

　まず，公務員は，様々な社会の出来事やニュースに関心を持ち，必要な情報を敏感にキャッチし，施策の立案や実行に生かしていくことが重要であることを述べる。次に，そうした施策の立案や実行に生かすという観点

から，関心を持ったニュースを一つ取り上げ，いつ，だれが，どこで，どのようなことをした出来事なのかを整理する。そのうえで，何故その話題に関心をもっているか，草加市の課題や重点施策とどのような関係があるのかなどを述べ，そこに自分自身の見解を付け加える。それは，根拠を明確にした説得力のある見解でなければならない。最後は，ニュースなどの情報を敏感に受け止め，公務員としての職務の遂行に生かしていくという決意を述べて作文をまとめる。

令和２年度

▼作文・事務（60分）

社会人としてこれから挑戦したいことを述べなさい。

《執筆の方針》

社会人である草加市の職員として挑戦したいことを示し，併せてその理由を述べる。そのうえで，自分の長所やこれまでの学び，経験などを活かした具体的な取組みや挑戦方法を述べていく。

《課題の分析》

現代の地方行政に携わる職員には，課題を解決するための企画力と実行力，困難にくじけない強い意志とバイタリティなどが求められる。草加市の職員になることを目指す以上，草加市の行政上の具体的な課題とそれを克服するための方策と意欲をもっていなければならない。それを，問題に示されている社会人として挑戦したいこととする。その挑戦したいことは，あなたの長所やこれまでの学び，経験を生かすことのできる分野にすること。

《作成のポイント》

作文の作成にあたっては，設問に答えて，まずあなたが社会人として草加市の職員になったら挑戦して取り組んでみたいことを明確に示す。次に，その理由を述べることになる。その内容に関わる草加市の実態とともに，これまでの市の施策や市民の意識調査などを踏まえて記述していく。また，その挑戦が実現した際の具体的な効果を示すことも考えたい。そのうえで，自分の長所やこれまでの学び，経験などを活かして取り組んでみたい具体的な手立てを述べる。その際，抽象論ではなく，段階を踏んだ具体的な手立てを述べていくこと。したがって，「まず…」「次に…」というように，接続詞を使って分かりやすく述べていくと良いだろう。最後は，その挑戦を実現するための意欲と決意を述べ作文をまとめる。

令和元年度

▼作文・事務（60分）

　草加市の職員を目指すきっかけとなった出来事と入所後に取組みたいことを述べなさい。

《執筆の方針・課題の分析》

　作文だけではなく，面接試験でも問われやすいテーマである。市職員を目指すきっかけとなった出来事の紹介だけではなく，その出来事と関連づけて，市職員として取組みたいことの説明を求められている。よって，自己分析と公務員一般の仕事について関連づけるというよりも，草加市の重要な取組みや戦略と関わらせながら述べていく方がよいのではあるまいか。平成31年の市長の施政方針では，限られた財源のもとで福祉サービスなどのニーズに対応しながら「快適都市草加」のまちづくりを進めていくこと，日本文化芸術の振興拠点とすること，地域と連携し草加の魅力を発信するとともに，おもてなしの心が息づく観光の実現などがあげられている。こうした内容と，自分の体験がどうつながるのかを述べていくようにするとよいだろう。

《作成のポイント》

　最低限，720字以上は書くようにしたい。作文としての出題であるが，論文形式を意識して，序論・本論・結論の三段にしてみよう。序論では，受験者が関心を持っている草加市の取組みと自分の体験の関わりを，簡潔に述べる。本論では，序論の内容をより詳しく述べていく。例えば，福祉分野に関心を持っているならば，高等学校時代のボランティア活動経験から得た見聞をもとに，地域のNPO団体の支援業務に就き，市役所と民間が協働して，高齢者をはじめ外国出身の市民など弱い立場になりがちな人を社会に受け入れていく仕組みづくりに尽力したいということなどを述べるとよいだろう。結論では，限られた財源のもとで，草加市の住民サービスの向上に尽力する決意を示そう。

平成30年度

▼作文・事務（60分）

　学生生活やアルバイト等を通して自身を成長させた経験を具体的に述べなさい。

《執筆の方針》

　設問は，自身を成長させた経験について述べることを求めている。しかし，それだけでなく，そうした出来事や体験を通して，どのように成長し

たのかを述べる。

《課題の分析》

　「聞いたことは忘れる。見たことは覚える。やったことは分かる」という中国の古い諺がある。見たり聞いたりするだけでなく，実際に体験することの重要性を言っている言葉である。人は，日々様々な経験をしながら成長していく。逆に言うと，そうした経験が人間的に成長させるのである。取り上げる出来事や経験については，何を題材に選んでも構わないが，自分が公務員を目指そうとするきっかけになった出来事，公務員に求められる公平さや公共心，他のために尽くす気持ちなどを身に付けることができた出来事や経験を選択することがよいだろう。

《作成のポイント》

　まず，人が生きるということは経験を積み重ねることであること，様々な経験が人間を成長させ，人格形成に大きな影響を与えるということを論理的に述べる。そのうえで，今までで最も自分を成長させたと考える出来事や経験を一つあげ，それについて整理して述べていく。経験した事実について，時間の経過を追って分かりやすく述べていくようにする。そのうえで，そうした経験がどのように自分を成長させたのかを述べる。その経験が自分の人間形成にとってどのような意味があったのか，それによって自分の生き方がどのように変わったのかなどについて述べる。最後は，そうした経験を公務員としての職務の遂行に活かしていくという固い決意を述べて作文をまとめる。

第7部

面接試験対策

- 面接対策
- 集団討論対策

人物試験　面接対策

||||||||||||||||||||||||||||||| ＰＯＩＮＴ |||||||||||||||||||||||||||||||

Ⅰ. 面接の意義

　筆記試験や論作文（論文）試験が，受験者の一般的な教養の知識や理解の程度および表現力やものの考え方・感じ方などを評価するものであるのに対し，面接試験は人物を総合的に評価しようというものだ。

　すなわち，面接担当者が直接本人に接触し，さまざまな質問とそれに対する応答の繰り返しのなかから，公務員としての適応能力，あるいは職務遂行能力に関する情報を，できるだけ正確に得ようとするのが面接試験である。豊かな人間性がより求められている現在，特に面接が重視されており，一般企業においても，面接試験は非常に重視されているが，公務員という職業も給与は税金から支払われており，その職務を完全にまっとうできる人間が望まれる。その意味で，より面接試験に重きがおかれるのは当然と言えよう。

Ⅱ. 面接試験の目的

　では，各都道府県市がこぞって面接試験を行う目的は，いったいどこにあるのだろうか。ごく一般的に言えば，面接試験の目的とは，おおよそ次のようなことである。

---

① 人物の総合的な評価

　試験官が実際に受験者と対面することによって，その人物の容姿や表情，態度をまとめて観察し，総合的な評価をくだすことができる。ただし，ある程度，直観的・第一印象ではある。

② 性格や性向の判別

　受験者の表情や動作を観察することにより性格や性向を判断するが，実際には短時間の面接であるので，面接官が社会的・人生的に豊かな経験の持ち主であることが必要とされよう。

---

③ 動機・意欲等の確認

　公務員を志望した動機や公務員としての意欲を知ることは，論作文試験等によっても可能だが，さらに面接試験により，採用側の事情や期待内容を逆に説明し，それへの反応の観察，また質疑応答によって，試験官はより明確に動機や熱意を知ろうとする。

　以上3点が，面接試験の最も基本的な目的であり，試験官はこれにそってさまざまな問題を用意することになる。さらに次の諸点にも，試験官の観察の目が光っていることを忘れてはならない。

④ 質疑応答によって知識・教養の程度を知る

　筆記試験によって，すでに一応の知識・教養は確認しているが，面接試験においてはさらに付加質問を次々と行うことができ，その応答過程と内容から，受験者の知識教養の程度をより正確に判断しようとする。

⑤ 言語能力や頭脳の回転の速さの観察

　言語による応答のなかで，相手方の意志の理解，自分の意志の伝達のスピードと要領の良さなど，受験者の頭脳の回転の速さや言語表現の諸能力を観察する。

⑥ 思想・人生観などを知る

　これも論作文試験等によって知ることは可能だが，面接試験によりさらに詳しく聞いていくことができる。

⑦ 協調性・指導性などの社会的性格を知る

　前述した面接試験の種類のうち，グループ・ディスカッションなどはこれを知るために考え出された。公務員という職業の場合，これらの資質を知ることは面接試験の大きな目的の一つとなる。

● Ⅲ．面接試験の問題点 ●

　これまで述べてきたように，公務員試験における面接試験の役割は大きいが，問題点もないわけではない。

　というのも，面接試験の場合，学校の試験のように"正答"というものがないからである。例えば，ある試験官は受験者の「自己PR＝売り込み」を意欲があると高く評価したとしても，別の試験官はこれを自信過剰と受け取り，公務員に適さないと判断するかもしれない。あるいは模範的な回答をしても，「マニュアル的だ」と受け取られることもある。

　もっとも，このような主観の相違によって評価が左右されないように，試験官を複数にしたり評価の基準が定められたりしているわけだが，それでもやはり，面接試験自体には次に述べるような一般的な問題点もあるのである。

① 短時間の面接で受験者の全体像を評価するのは容易でない

　面接試験は受験者にとってみれば，その人の生涯を決定するほど重要な場であるのだが，その緊張した短時間の間に日頃の人格と実力のすべてが発揮できるとは限らない。そのため第一印象だけで，その全体像も評価されてしまう危険性がある。

② 評価判断が試験官の主観で左右されやすい

　面接試験に現れるものは，そのほとんどが性格・性向などの人格的なもので，これは数値で示されるようなものではない。したがってその評価に客観性を明確に付与することは困難で，試験官の主観によって評価に大変な差が生じることがある。

③ 試験官の質問の巧拙などの技術が判定に影響する

　試験官の質問が拙劣なため，受験者の正しく明確な反応を得ることができず，そのため評価を誤ることがある。

④ 試験官の好悪の感情が判定を左右する場合がある

　これも面接が「人間 対 人間」によって行われる以上，多かれ少なかれ避けられないことである。この弊害を避けるため，前述したように試験官を複数にしたり複数回の面接を行ったりなどの工夫がされている。

⑤ 試験官の先入観や信念などで判定がゆがむことがある

　人は他人に接するとき無意識的な人物評価を行っており，この経験の積

み重ねで，人物評価に対してある程度の紋切り型の判断基準を持つようになっている。例えば，「額の広い人は頭がよい」とか「耳たぶが大きい人は人格円満」などというようなことで，試験官が高年齢者であるほどこの種の信念が強固であり，それが無意識的に評価をゆがめる場合も時としてある。

　面接試験には，このように多くの問題点と危険性が存在する。それらのほとんどが「対人間」の面接である以上，必然的に起こる本質的なものであれば，万全に解決されることを期待するのは難しい。しかし，だからといって面接試験の役割や重要性が，それで減少することは少しもないのであり，各市の面接担当者はこうした面接試験の役割と問題点の間で，どうしたらより客観的で公平な判定を下すことができるかを考え，さまざまな工夫をしているのである。最近の面接試験の形態が多様化しているのも，こうした採用側の努力の表れといえよう。

● Ⅳ．面接の質問内容 ●

　ひとくちに面接試験といっても，果たしてどんなことを聞かれるのか，不安な人もいるはずだ。ここでは志望動機から日常生活にかかわることまで，それぞれ気に留めておきたい重要ポイントを交えて，予想される質問内容を一挙に列記しておく。当日になって慌てないように，「こんなことを聞かれたら（大体）こう答えよう」という自分なりの回答を頭の中で整理しておこう。

■志望動機編■

（1）　受験先の概要を把握して自分との接点を明確に

　公務員を受験した動機，理由については，就職試験の成否をも決めかねない重要な応答になる。また，どんな面接試験でも，避けて通ることのできない質問事項である。なぜなら志望動機は，就職先にとって最大の関心事のひとつであるからだ。受験者が，どれだけ公務員についての知識や情報をもったうえで受験をしているのかを調べようとする。

(2)　質問に対しては臨機応変の対応を

受験者の立場でいえば，複数の受験をすることは常識である。もちろん「当職員以外に受験した県や一般企業がありますか」と聞く面接官も，それは承知している。したがって，同じ職種，同じ業種で何箇所かかけもちしている場合，正直に答えてもかまわない。しかし，「第一志望は何ですか」というような質問に対して，正直に答えるべきかどうかというと，やはりこれは疑問がある。一般的にはどんな企業や役所でも，ほかを第一志望にあげられれば，やはり愉快には思わない。

(3)　志望の理由は情熱をもって述べる

志望動機を述べるときは，自分がどうして公務員を選んだのか，どこに大きな魅力を感じたのかを，できるだけ具体的に，しかも情熱をもって語ることが重要である。

たとえば，「人の役に立つ仕事がしたい」と言っても，特に公務員でなければならない理由が浮かんでこない。

①例題Q & A

Q.　あなたが公務員を志望した理由，または動機を述べてください。
A.　私は子どもの頃，周りの方にとても親切にしていただきました。それ以来，人に親切にして，人のために何かをすることが生きがいとなっておりました。ですから，一般の市民の方のために役立つことができ，奉仕していくことが夢でしたし，私の天職だと強く思い，志望させていただきました。

Q.　もし公務員として採用されなかったら，どのようにするつもりですか。
A.　もし不合格になった場合でも，私は何年かかってでも公務員になりたいという意志をもっています。しかし，一緒に暮らしている家族の意向などもありますので，相談いたしまして一般企業に就職するかもしれません。

②予想される質問内容

> ○ 公務員について知っていること，または印象などを述べてください。
>
> ○ 職業として公務員を選ぶときの基準として，あなたは何を重要視しましたか。
>
> ○ いつごろから公務員を受けようと思いましたか。
>
> ○ ほかには，どのような業種や会社を受験しているのですか。
>
> ○ 教職の資格を取得しているようですが，そちらに進むつもりはないのですか。
>
> ○ 志望先を決めるにあたり，どなたかに相談しましたか。
>
> ○ もし公務員と他の一般企業に，同時に合格したらどうするつもりですか。

■仕事に対する意識・動機編■

1　採用後の希望はその役所の方針を考慮して

　採用後の希望や抱負などは，志望動機さえ明確になっていれば，この種の質問に答えるのは，それほど難しいことではない。ただし，希望職種や希望部署など，採用後の待遇にも直接関係する質問である場合は，注意が必要だろう。また，勤続予定年数などについては，特に男性の場合，定年まで働くというのが一般的である。

2　勤務条件についての質問には柔軟な姿勢を見せる

　勤務の条件や内容などは，職種研究の対象であるから，当然，前もって下調べが必要なことはいうまでもない。

　「残業で遅くなっても大丈夫ですか」という質問は，女性の受験者によく出される。職業への熱意や意欲を問われているのだから，「残業は一切できません！」という柔軟性のない姿勢は論外だ。通勤方法や時間など，具体的な材料をあげて説明すれば，相手も納得するだろう。

　そのほか初任給など，採用後の待遇についての質問には，基本的に規定に

従うと答えるべき。新卒の場合，たとえ「給料の希望額は？」と聞かれても，「規定通りいただければ結構です」と答えるのが無難だ。間違っても，他業種との比較を口にするようなことをしてはいけない。

3 自分自身の言葉で職業観を表現する

就職や職業というものを，自分自身の生き方の中にどう位置づけるか，また，自分の生活の中で仕事とはどういう役割を果たすのかを考えてみることが重要だ。つまり，自分の能力を生かしたい，社会に貢献したい，自分の存在価値を社会的に実現してみたい，ある分野で何か自分の力を試してみたい……などを考えれば，おのずと就職するに当たっての心構えや意義は見えてくるはずである。

あとは，それを自分自身の人生観，志望職種や業種などとの関係を考えて組み立ててみれば，明確な答えが浮かび上がってくるだろう。

①例題Q＆A

Q. 公務員の採用が決まった場合の抱負を述べてください。
A. まず配属された部署の仕事に精通するよう努め，自分を一人前の公務員として，そして社会人として鍛えていきたいと思います。また，公務員の全体像を把握し，仕事の流れを一日も早くつかみたいと考えています。

Q. 公務員に採用されたら，定年まで勤めたいと思いますか。
A. もちろんそのつもりです。公務員という職業は，私自身が一生の仕事として選んだものです。特別の事情が起こらない限り，中途退職したり，転職することは考えられません。

②予想される質問内容

○ 公務員になったら，どのような仕事をしたいと思いますか。

○ 残業や休日出勤を命じられたようなとき，どのように対応しますか。

○ 公務員の仕事というのは苛酷なところもありますが，耐えていけますか。

○ 転勤については大丈夫ですか。

○ 公務員の初任給は○○円ですが，これで生活していけますか。

○ 学生生活と職場の生活との違いについては，どのように考えていますか。

○ 職場で仕事をしていく場合，どのような心構えが必要だと思いますか。

○ 公務員という言葉から，あなたはどういうものを連想しますか。

○ あなたにとって，就職とはどのような意味をもつものですか。

■自己紹介・自己PR編■

1　長所や短所をバランスよくとりあげて自己分析を

　人間には，それぞれ長所や短所が表裏一体としてあるものだから，性格についての質問には，率直に答えればよい。短所については素直に認め，長所については謙虚さを失わずに語るというのが基本だが，職種によっては決定的にマイナスととられる性格というのがあるから，その点だけは十分に配慮して応答しなければならない。

　「物事に熱しやすく冷めやすい」といえば短所だが，「好奇心旺盛」といえば長所だ。こうした質問に対する有効な応答は，恩師や級友などによる評価，交友関係から見た自己分析など具体的な例を交えて話すようにすれば，より説得力が増すであろう。

2　履歴書の内容を覚えておき，よどみなく答える

　履歴書などにどんなことを書いて提出したかを，きちんと覚えておく。重要な応募書類は，コピーを取って，手元に控えを保管しておくと安心だ。

3 志望職決定の際，両親の意向を問われることも

面接の席で両親の同意をとりつけているかどうか問われることもある。家族関係がうまくいっているかどうかの判断材料にもなるので，親の考えも伝えながら，明確に答える必要がある。この際，あまり家族への依存心が強いと思われるような発言は控えよう。

①例題Q＆A

Q. あなたのセールスポイントをあげて，自己PRをしてください。
A. 性格は陽気で，バイタリティーと体力には自信があります。高校時代は山岳部に属し，休日ごとに山歩きをしていました。3年間鍛えた体力と精神力をフルに生かして，ばりばり仕事をしたいと思います。

Q. あなたは人と話すのが好きですか，それとも苦手なほうですか。
A. はい，大好きです。高校ではサッカー部のマネージャーをやっておりましたし，大学に入ってからも，同好会でしたがサッカー部の渉外担当をつとめました。試合のスケジュールなど，外部の人と接する機会も多かったため，初対面の人とでもあまり緊張しないで話せるようになりました。

②予想される質問内容

○ あなたは自分をどういう性格だと思っていますか。

○ あなたの性格で，長所と短所を挙げてみてください。

○ あなたは，友人の間でリーダーシップをとるほうですか。

○ あなたは他の人と協調して行動することができますか。

○ たとえば，仕事上のことで上司と意見が対立したようなとき，どう対処しますか。

○ あなたは何か資格をもっていますか。また，それを取得したのはどうしてですか。

○ これまでに何か大きな病気をしたり，入院した経験がありますか。

○ あなたが公務員を志望したことについて，ご両親はどうおっしゃっていますか。

■日常生活・人生観編■

1 趣味はその楽しさや面白さを分かりやすく語ろう

余暇をどのように楽しんでいるかは，その人の人柄を知るための大きな手がかりになる。趣味は"人間の魅力"を形作るのに重要な要素となっているという側面があり，面接官は，受験者の趣味や娯楽などを通して，その人物の人柄を知ろうとする。

2 健全な生活習慣を実践している様子を伝える

休日や余暇の使い方は，本来は勤労者の自由な裁量に任されているもの。とはいっても，健全な生活習慣なしに，創造的で建設的な職場の生活は営めないと，採用側は考えている。日常の生活をどのように律しているか，この点から，受験者の社会人・公務員としての自覚と適性を見極めようというものである。

3 生活信条やモットーなどは自分自身の言葉で

生活信条とかモットーといったものは，個人的なテーマであるため，答えは千差万別である。受験者それぞれによって応答が異なるから，面接官も興味を抱いて，話が次々に発展するケースも多い。それだけに，嘘や見栄は禁物で，話を続けるうちに，矛盾や身についていない考えはすぐ見破られてしまう。自分の信念をしっかり持って，臨機応変に進めていく修練が必要となる。

①例題Q & A

Q. スポーツは好きですか。また，どんな種目が好きですか。
A. はい。手軽に誰にでもできるというのが魅力ではじめたランニングですが，毎朝家の近くを走っています。体力増強という面もありますが，ランニングを終わってシャワーを浴びると，今日も一日が始まるという感じがして，生活のけじめをつけるのにも大変よいものです。目標は秋に行われる●●マラソンに出ることです。

Q. 日常の健康管理に，どのようなことを心がけていますか。
A. 私の場合，とにかく規則的な生活をするよう心がけています。それとあまり車を使わず，できるだけ歩くようにしていることなどです。

②予想される質問内容

○ あなたはどのような趣味をもっているか，話してみてください。

○ あなたはギャンブルについて，どのように考えていますか。

○ お酒は飲みますか。飲むとしたらどの程度飲めますか。

○ ふだんの生活は朝型ですか，それとも夜型ですか。

○ あなたの生き方に影響を及ぼした人，尊敬する人などがいたら話してください。

○ あなたにとっての生きがいは何か，述べてみてください。

○ 現代の若者について，同世代としてあなたはどう思いますか。

■一般常識・時事問題編■

1　新聞には必ず目を通し，重要な記事は他紙と併読

　一般常識・時事問題については筆記試験の分野に属するが，面接でこうしたテーマがもち出されることも珍しくない。受験者がどれだけ社会問題に関

心をもっているか，一般常識をもっているか，また物事の見方・考え方に偏りがないかなどを判定しようというものである。知識や教養だけではなく，一問一答の応答を通じて，その人の性格や適応能力まで判断されることになると考えておくほうがよいだろう。

2　社会に目を向け，健全な批判精神を示す

思想の傾向や政治・経済などについて細かい質問をされることが稀にあるが，それは誰でも少しは緊張するのはやむをえない。

考えてみれば思想の自由は憲法にも保証された権利であるし，支持政党や選挙の際の投票基準についても，本来，他人からどうこう言われる筋合いのものではない。そんなことは採用する側も認識していることであり，政治思想そのものを採用・不採用の主材料にすることはない。むしろ関心をもっているのは，受験者が，社会的現実にどの程度目を向け，どのように判断しているかということなのだ。

①例題Q＆A

Q. 今日の朝刊で，特に印象に残っている記事について述べてください。

A. △△市の市長のリコールが成立した記事が印象に残っています。違法な専決処分を繰り返した事に対しての批判などが原因でリコールされたわけですが，市民運動の大きな力を感じさせられました。

Q. これからの高齢化社会に向けて，あなたの意見を述べてください。

A. やはり行政の立場から高齢者サービスのネットワークを推進し，老人が安心して暮らせるような社会を作っていくのが基本だと思います。それと，誰もがやがて迎える老年期に向けて，心の準備をしていくような生活態度が必要だと思います。

②予想される質問内容

○ あなたがいつも読んでいる新聞や雑誌を言ってください。

○ あなたは，政治や経済についてどのくらい関心をもっていますか。

○ 最近テレビで話題の××事件の犯人逮捕についてどう思いますか。

○ △△事件の被告人が勝訴の判決を得ましたがこれについてどう思いますか。

③面接の方法

（1） 一問一答法

面接官の質問が具体的で，受験者が応答しやすい最も一般的な方法である。例えば，「学生時代にクラブ活動をやりましたか」「何をやっていましたか」「クラブ活動は何を指導できますか」というように，それぞれの質問に対し受験者が端的に応答できる形式である。この方法では，質問の応答も具体的なため評価がしやすく，短時間に多くの情報を得ることができる。

（2） 供述法

受験者の考え方，理解力，表現力などを見る方法で，面接官の質問は総括的である。例えば，「愛読書のどういう点が好きなのですか」「○○事件の問題点はどこにあると思いますか」といったように，一問一答ではなく，受験者が自分の考えを論じなければならない。面接官は，質問に対し，受験者がどのような角度から応答し，どの点を重視するか，いかに要領よく自分の考えを披露できるかなどを観察・評価している。

（3） 非指示的方法

受験者に自由に発言させ，面接官は話題を引き出した論旨の不明瞭な点を明らかにするなどの場合に限って，最小限度の質問をするだけという方法で。

（4） 圧迫面接法

意識的に受験者の神経を圧迫して精神状態を緊張させ，それに対する受験者の応答や全体的な反応を観察する方法である。例えば「そんな安易な考えで，職務が務まると思っているんですか？」などと，受験者の応答をあまり考慮せずに，語調を強めて論議を仕掛けたり，枝葉末節を捉えて揚げ足取り

をする，受験者の弱点を大げさに捉えた言葉を頻発する，質問責めにするといった具合で，受験者にとっては好ましくない面接法といえる。そのような不快な緊張状況が続く環境の中での受験者の自制心や忍耐力，判断力の変化などを観察するのが，この面接法の目的だ。

◖◗ V．面接Q＆A ◖◗

★社会人になるにあたって大切なことは？★

〈良い例①〉

　　責任を持って物事にあたることだと考えます。学生時代は多少の失敗をしても，許してくれました。しかし，社会人となったら，この学生気分の甘えを完全にぬぐい去らなければいけないと思います。

〈良い例②〉

　　気分次第な行動を慎み，常に，安定した精神状態を維持することだと考えています。気持ちのムラは仕事のミスにつながってしまいます。そのために社会人になったら，精神と肉体の健康の安定を維持して，仕事をしたいのです。

〈悪い例①〉

　　社会人としての自覚を持ち，社会人として恥ずかしくない人間になることだと思います。

〈悪い例②〉

　　よりよい社会を作るために，政治，経済の動向に気を配り，国家的見地に立って物事を見るようにすることが大切だと思います。

●コメント

　　この質問に対しては，社会人としての自覚を持つんだという点を強調すべきである。〈良い例〉では，学生時代を反省し，社会へ出ていくのだという意欲が感じられる。

　　一方〈悪い例①〉では，あまりにも漠然としていて，具体性に欠けている。また〈悪い例②〉のような，背のびした回答は避ける方が無難だ。

★簡単な自己PRをして下さい。★

〈良い例①〉

　体力には自信があります。学生時代，山岳部に所属していました。登頂した山が増えるにつれて，私の体力も向上してきました。それに度胸というようなものがついてきたようです。

〈良い例②〉

　私のセールスポイントは，頑張り屋ということです。高校時代では部活動のキャプテンをやっていましたので，まとめ役としてチームを引っ張り，県大会出場を果たしました。

〈悪い例①〉

　セールスポイントは，3点あります。性格が明るいこと，体が丈夫なこと，スポーツが好きなことです。

〈悪い例②〉

　自己PRですか……エピソードは……ちょっと突然すぎて，それに一言では……。

〈悪い例③〉

　私は自分に絶対の自信があり，なんでもやりこなせると信じています。これまでも，たいていのことは人に負けませんでした。公務員になりましたら，どんな仕事でもこなせる自信があります。

●コメント

　自己PRのコツは，具体的なエピソード，体験をおりまぜて，誇張しすぎず説得力を持たせることである。

　〈悪い例①〉は具体性がなく迫力に欠ける。②はなんとも歯ぎれが悪く，とっさの場合の判断力のなさを印象づける。③は抽象的すぎるし，自信過剰で嫌味さえ感じられる。

★健康状態はいかがですか？★

〈良い例①〉

　健康なほうです。以前は冬になるとよくカゼをひきましたが，4年くらい前にジョギングを始めてから，風邪をひかなくなりました。

〈良い例②〉

　いたって健康です。中学生のときからテニスで体をきたえているせいか，寝こむような病気にかかったことはありません。

〈悪い例①〉

　寝こむほどの病気はしません。ただ，少々貧血気味で，たまに気分が悪くなることがありますが，あまり心配はしていません。勤務には十分耐えられる健康状態だと思います。

〈悪い例②〉

　まあ，健康なほうです。ときどき頭痛がすることがありますが，睡眠不足や疲れのせいでしょう。社会人として規則正しい生活をするようになれば，たぶん治ると思います。

●コメント

　多少，健康に不安があっても，とりたててそのことを言わないほうがいい。〈悪い例②〉のように健康維持の心がけを欠いているような発言は避けるべきだ。まず健康状態は良好であると述べ，日頃の健康管理について付け加える。スポーツばかりではなく，早寝早起き，十分な睡眠，精神衛生などに触れるのも悪くない。

★どんなスポーツをしていますか？★

〈良い例①〉

　毎日しているスポーツはありませんが，週末によく卓球をします。他のスポーツに比べると，どうも地味なスポーツに見られがちなのですが，皆さんが思うよりかなり激しいスポーツで，全身の運動になります。

〈良い例②〉

　私はあまり運動が得意なほうではありませんので，小さいころから自主的にスポーツをしたことがありませんでした。でも，去年テレビでジャズダンスを見ているうちにあれならば私にもできそうだという気がして，ここ半年余り週１回のペースで習っています。

〈悪い例①〉

　スポーツはどちらかといえば見る方が好きです。よくテレビでプロ野球中継を見ます。

●コメント

　スポーツをしている人は，健康・行動力・協調性・明朗さなどに富んでいるというのが一般の（試験官の）イメージだ。〈悪い例①〉のように見る方が好きだというのは個人の趣向なので構わないが，それで終わってしまうのは好ましくない。

★クラブ・サークル活動の経験はありますか？★

〈良い例①〉

　剣道をやっていました。剣道を通じて，自分との戦いに勝つことを学び，また心身ともに鍛えられました。それから横のつながりだけでなく先輩，後輩との縦のつながりができたことも収穫の一つでした。

〈良い例②〉

　バスケット部に入っておりました。私は，中学生のときからバスケットをやっていましたから，もう６年やったことになります。高校までは正選手で，大きな試合にも出ていました。授業終了後，２時間の練習があります。また，休暇時期には，合宿練習がありまして，これには，ＯＢも参加し，かなりハードです。

〈悪い例①〉

　私は社会心理研究会という同好会に所属していました。マスコミからの情報が，大衆心理にどのような影響をおよぼしているのかを研究していました。大学に入ったら，サークル活動をしようと思っていました。それが，いろいろな部にあたったのですが，迷ってなかなか決まらなかったのです。そんなとき，友人がこの同好会に入ったので，それでは私も，ということで入りました。

〈悪い例②〉

　何もしていませんでした。どうしてもやりたいものもなかったし，通学に2時間半ほどかかり，クラブ活動をしていると帰宅が遅くなってしまいますので，結局クラブには入りませんでした。

●コメント

　クラブ・サークル活動の所属の有無は，協調性とか本人の特技を知るためのものであり，どこの採用試験でも必ず質問される。クラブ活動の内容，本人の役割分担，そこから何を学んだかがポイントとなる。具体的な経験を加えて話すのがよい。ただ，「サークル活動で●●を学んだ」という話は試験官にはやや食傷気味でもあるので，内容の練り方は十分に行いたい。

　〈悪い例①〉は入部した動機がはっきりしていない。〈悪い例②〉では，クラブ活動をやっていなかった場合，必ず別のセールスポイントを用意しておきたい。例えば，ボランティア活動をしていたとか，体力なら自信がある，などだ。それに「何も夢中になることがなかった」では人間としての積極性に欠けてしまう。

★新聞は読んでいますか？★

〈良い例①〉

　毎日，読んでおります。朝日新聞をとっていますが，朝刊では“天声人語”や“ひと”そして政治・経済・国際欄を念入りに読みます。夕刊では，“窓”を必ず読むようにしています。

〈良い例②〉

　読売新聞を読んでいます。高校のころから，政治，経済面を必ず読むよう，自分に義務づけています。最初は味気なく，つまらないと思ったのですが，このごろは興味深く読んでいます。

〈悪い例①〉

　定期購読している新聞はありません。ニュースはほとんどテレビやインターネットで見られますので。たまに駅の売店などでスポーツ新聞や夕刊紙などを買って読んでいます。主にどこを読むかというと，これらの新聞の芸能・レジャー情報などです。

〈悪い例②〉

　毎日新聞を読んでいますが，特にどこを読むということはなく，全体に目を通します。毎日新聞は，私が決めたわけではなく，実家の両親が購読していたので，私も習慣としてそれを読んでいます。

●コメント

　この質問は，あなたの社会的関心度をみるためのものである。毎日，目を通すかどうかで日々の生活規律やパターンを知ろうとするねらいもある。具体的には，夕刊紙ではなく朝日，読売，毎日などの全国紙を挙げるのが無難であり，読むページも，政治・経済面を中心とするのが望ましい。

　〈良い例①〉は，購読している新聞，記事の題名などが具体的であり，真剣に読んでいるという真実味がある。直近の記憶に残った記事について感想を述べるとなお印象は良くなるだろう。〈悪い例①〉は，「たまに読んでいる」ということで×。それに読む記事の内容からも社会的関心の低さが感じられる。〈悪い例②〉は〈良い例①〉にくらべ，具体的な記事が挙げられておらず，かなりラフな読み方をしていると思われても仕方がない。

人物試験　集団討論対策

　近年，社会性や人間関係能力，コミュニケーション能力などが特に重視されるようになってきた。行政が組織的に実践されていることからわかるとおり，集団の一員としての資質や組織的な役割意識，そして課題解決能力が求められているのである。集団討論はこれらの評価や公務員としての適性を判断する手段として，全国的に採用試験で実施されるようになった。集団討論は，主に2次試験で実施されることが多い。一般的には，小グループにテーマを与えて，一定時間の中で討論させる方法が実施されている。

◖◗ 面接試験の形式 ◖◗

［一例］

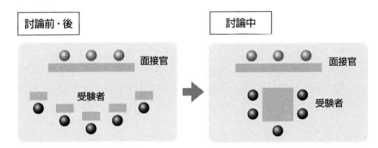

- **■形式**　受験者が6〜8人程度で面接官が2〜4人程度
- **■内容**　グループに課題を与え，1人1〜2分で意見を述べてから全体で自由討議に入る。司会者を受験生の中から選び進行させたり，司会者を決めないで進行させたりし，面接官は観察や評価に専念する。
- **■時間**　30〜50分程度
- **■特徴**　集団活動を通して，受験者の協調性や社会性，論理性や判断力など集団内での社会的能力を観察できる。これは面接官が評価に専念できる利点がある一面，あまり発言できない受験者の評価が十分にできないといった欠点もある。

■手順

1　グループで座り，討論のテーマが提示される。

2　各自テーマを読み，5分間程度で自分の考えをメモにまとめ討論の準備をする。

3　各自1分間程度でテーマについての意見を述べる。

4　全員意見を述べたら20分間の課題解決型討論を始める。

5　採点者は，受験者の討論を観察し評価する。

6　討論後，面接官からの質問に答える。

★ポイント　協調性や社会性といった社会的能力を中心に評価されるので，相手の意見を尊重しながら自分の主張を行うようにする。自分の意見に固執したり，他の意見に攻撃的に反論したりしないように注意する必要がある。

◖◗ 集団討論の意義 ◖◗

　このようにして，面接前の態勢を整えるが，やはり，主担当者がいて，全体を取り仕切っているのであるから，面接の期間中，その人物の言動から目を逸らさないようにすることである。出題に関しては，次に述べることとするが，この集団討論での重要なことは，討論に入る前であり，その態勢をどのようにつくるかである。さらに，それぞれの意見交換ということになるので，最初の出会いの時のそれぞれの印象が強く残るということになる。

◖◗ 実施形式と攻略法 ◖◗

①面接官主導の討論

　自己紹介という形で，それぞれに1〜2分間ずつ時間が与えられることが多い。このことで，その集団の様子が明らかになるが，面接官がすべて指示するため，受験者がコの字型や円形になっている中心に，面接官が1人加わることになる。

　課題の提示は，面接官が課題を読み上げる方法や受験者各自に紙面が配られる場合，会場の掲示板に示してある場合などがあるが，ほとんどの場合は，後者2つの方法であるため討論中に課題を忘却することはないと考

えられる。

　応答の形式等すべて，面接官の指示に従うことであるが，注意すべきことは，議論に熱中するあまり，発言時間を超過してしまうことである。この傾向についてはよく見られることであるため，面接官よりあらかじめ「発言時間は，1分以内」との指示もあるはずである。しかも，時間超過には発言中断の注意が発せられることになるため，自らの発言については要注意である。このとき，前述したことであるが，発言内容を「結論から」述べ，次に「その理由」とし，他の受験者がもっと聞きたいと思うようになることが望ましく，対話的になるのがよいのである。

②受験者相互の意見交換

　着席してから質疑に入る前に点呼をとり，受験者の確認があり，その後，自己紹介という形で，それぞれに1～2分間ずつ時間が与えられることが多いのは，面接官主導の討論の場合と同様である。このことで，その集団の様子が明らかになるが，受験生がコの字型や円形になっている場合，面接官が加わることはないのである。

　そして，面接官から，「どなたか，司会になっていただけませんか。」といわれる場合と「これからは，それぞれ自由に意見を出し合って，討論をしていただきます。」という2つの形態があり，後者の傾向が強くなりつつあるようである。このことは，前者の場合，司会を決定するまでに手間がかかり，それぞれの討論時間が均一にならない，という事情があるからである。したがって，示された課題に対する最初の意見表明は，かなりの度胸も必要になるが，そのことが，全体の雰囲気を左右することにもなるため，慎重になるべきである。

● 集団討論試験に対する対応の基本 ●

〈集団討論の対応〉

　集団討論では，他の面接と異なり，受験者が集団の中でどのような能力を発揮し，また協調できるかなどが，とくに観察されているので，その観点について知っておくことが大切である。このことについての評価の観点の意味づけを示しておく。

ア　観察されていること
〇貢献度

　　課題解決に寄与することで，受験者が討論の機能をどの程度理解し，目的達成のためにどの程度貢献したのかを見るものである。発言の回数が多くても，自己中心的で課題解決に役立たない場合は，高い評価を得ることはできず，発言回数が少なければ，当然，低く評価されることになる。

〇協調性

　　これは協同して事に当たる状態を作り上げることに寄与することで，発言態度が独善ではなく，民主的であることや他の人の意見及び反対の立場の人の意見にも耳を傾ける態度が望まれる。とくに，発言の活発でない受験者を励ますような態度も評価される。

〇主導性

　　グループ全体を課題解決への方向付けをすることで，ただ単にリーダーシップを発揮するということではなく，全員を納得させながら問題解決の方向に導いていくことが求められている。したがって，より建設的な意見や信頼感のある発言などが，高く評価されている。

〇判断力

　　問題を十分理解し，正しい判断が行われているかどうかである。また，討議の過程において，自分の置かれている立場に対する状況判断が，適切であるかどうかなどが評価されている。

〇表現力

　　自らが主張しようとするところを適切な言葉や有効なエピソードなどを加えて表現されているかどうかである。また，このグループディスカッションは，討論とは言っても勝ち負けが問題とされるわけではなく，面接試験なのであるから，あまり感情をむき出しにした言葉遣いや他の人に対する冷たい言い方は，避けなければならないことであり，その配慮などが評価される。

〇企画性

　　討論の進行に対して，計画的な発言が行われているかどうかである。また，そのように進行させようと努力しているかどうかなどについて，とくに，全体の状況に対する配慮が評価されている。

イ　評価を高める十ヶ条
Ⅰ　油断をしない。
Ⅱ　好感を与える。
Ⅲ　対話的になる。
Ⅳ　信頼感を与える。
Ⅴ　演出を考えておく。
Ⅵ　けじめを感じさせる。
Ⅶ　気配りを感じとらせる。
Ⅷ　全力投球の気構えをもつ。
Ⅸ　健康的で，活気を感じさせる。
Ⅹ　人間的な温かみを感じとらせる。

● 集団討論におけるアドバイス ●

・はじめに各自自分の意見を述べるので，そのとき，他のメンバーの考えを簡単にメモしながら聞くと，後の討論のとき他の受験生がテーマをどのように捉えているのかがわかり，意見をまとめやすくなる。

・テーマの内容によっては論じにくいものもあるが，行政の課題に関連づけ，公務員の視点から発言するとよい。

・自分の考えばかりを言うのではなく，他の人の意見を聞き，それに対して自分はどう思うかを発言することが大切である。

・自分と意見が違う場合には「私は……のように思いますが皆さんはどう思われますか」などと尋ねてみるとよい。

・他の人の言っていることがよくわからなかったら，「○番の方，もう少し具体的に説明していただけますか」などのように聞くことも必要である。

・みんなで一緒にコンセンサス（共通理解）を得るといった気持ちを大切にする。

・普段から友達同士で行政の課題について，気楽に話をしたり，意見交換をしておくことが大切である。

・他の受験者の意見に関連づけて発言するとよい。
　［例］「○さんが言われたのに付け加えて，私は……と考えています」
　　　　「○さんと○さんが言われたことに私も賛成で，……を加えたいと思

います」

「○さんは先ほど……のように言われましたが，私は……と考えています」

「○さんが言われることに関して，私の意見は……と考えています」

●言葉遣い

　面接試験だからといって，特に難しい言葉を使う必要はなく，日常使っている敬語を使った丁寧な言葉で十分である。自分の考えや意見を正しく，わかりやすく，相手に伝えられるようにすることが重要である。つまり，公務員として，住民の模範となるような正しい日本語を使うことが大切であると言える。

　しかし，面接試験のときには緊張してしまい，つい普段の癖がでてしまうものである。常日頃から，目上の人や年長者と話すときに，正しい敬語が使えるようにしておくことが大切である。

◖◖◖ 集団討論の流れ ◗◗◗

①課題の把握と方針の決定（個人発表）

　問題点の構造化を図り，解決すべき課題を整理して，2，3つに集約した課題を自分の意見として挙げる。

②構造の把握と分析

　テーマの分野がどのような構造になっているのか，どの方向から考えていったらいいのかを討論する。皆の意見を整理し，同様の意見をまとめて構造的に分類する。

③課題の焦点化と討論の流れの確認

　構造化された課題の中で，話し合いで焦点化していく課題を1つ選び，メンバーで確認しながら，選んだ課題についての分析と問題点の確認，以降の討論の流れを確認する。

④課題の深化

　テーマの課題に対して意見を出し合い，課題の問題点や，状況を解明する。

⑤課題解決の対策

　課題が解明できてきたら，時間を見ながら，対策や対処法についての具体策を出す方向へと進める。

⑥解決策のまとめ

　一通り課題への解決策が出てきたら，皆の解決策をいくつかにまとめて集約していく。分類できるものは分類して構造的に整理する。

⑦次の課題への転換

　時間が残っている場合には，次の課題へと話を転じる発言をする。課題の焦点化から同様の話し合いを行う。

⑧議題の収束へ

　残り3〜5分程度になったら全体を収束させる方向に議論を進める。抽象的な話から具体的な解決策へと発展させていく。

◖◗ 評価項目 ◖◗

貢献度　グループ・ディスカッションを進めるとき，課題に対する論点を示したり，議論の方向性を定めたりする働きが重要である。これは受験者の発言や発表が，討論を進める上で，どのように貢献できたかを評価するものである。発言の回数が多くても，課題からずれていたり，自己中心的で課題解決に役立たない場合には評価されない。当然，発言が少なければ評価は低い。

評価の観点

　・適切な論点を提供する
　・論点についての適切な意見を述べる
　・課題の解決に役立つ意見を提供する
　・混乱した討論を整理し，論題からはずれた意見を修正する
　・討論をまとめる方向へと意見を述べる

協調性　グループでの協同作業は，まわりとの協調性が必要である。他人の意見や反対の意見にも耳を傾け，発言態度が民主的であることが求められる。感情的に対立したり，攻撃的に意見を述べるといった態度では自由な意見交換が成立しなくなってしまう。まわりの意見に気を配り，他人の意見も積極的に認め，発展させようとする態度が望ましい。

評価の観点

　・自分の意見に固執しない

・他人の意見を意欲的に聞こうとする
・他人の意見を積極的に認めようとする
・対立・攻撃を和らげるように努める
・グループの雰囲気を高めようと努める

主導性　グループ・ディスカッションでは，全員を納得させながら課題解決の方向へと導いていくことが望まれている。ただ単にリーダーシップをとるということではなく，民主的に互いの意見を尊重し合いながら解決へと進めていく主導性が求められている。

評価の観点

・進んで口火を切る発言をする
・討論を次の段階へと発展させる働きをする
・意見が討論の進行に大きな影響を与えている
・討論をまとめる方向へと導く
・他者を促し，全員が討論に参加できるようにする

企画性　討論の進行に対して計画的に発言し，一定の時間の中で課題の論点を解決の方向へとまとめていく努力をしなくてはならない。受験者が討論の全体構想をもって発言しているか，論点を示しながら発展させ，まとめへと計画的に意見を述べているかといったことが評価される。また，現実的・具体的に課題を捉え，その解決の方策を考えることも重要なことである。

評価の観点

・討論進行に対して計画的な発言を行う
・一定の方向性を持った意見を述べる
・制限時間を考えながら発言している
・課題に対する全体構想をもっている
・発言内容が現実的・具体的である

評価の観点

①貢献度

　課題解決に寄与した程度で，受験者が討論の機能をどの程度理解し，目

的達成のためにどの程度貢献したかを見るものである。発言の回数が多くても，自己中心的で課題解決に役立たない場合は高評価を得ることはできないし，発言回数が少なければ当然低く評価されることになる。

②協調性

これは協同して事に当たる状態を作り上げることに寄与した程度で，発言態度が独善的でなく民主的であることや，他の人の意見，反対の立場の人の意見にも耳を傾ける態度が望まれる。

③主導性

グループを課題解決の方向に動かした程度でただ単にリーダーシップをとるということではなく，全員を納得させながら問題解決の方向に導いていくことが求められている。

④判断力

問題を十分理解し正しい判断が行われているかどうか，また討議の過程において自分のおかれている立場に対する状況判断が適切であるかどうか，などである。

⑤表現力

自分の主張しようとするところが適切な言葉や有効なエピソードなどを使って表現されているかどうか。また，このグループディスカッションは討論とはいっても勝ち負けが問題とされるわけではなく面接試験なのであるから，あまり感情をむき出しにした言葉遣いや，他の人に対する冷たい言い方は避けなければならないのは当然である。

⑥企画性

討論の進行に対して計画的な発言が行われているかどうか，また行おうと努力しているかどうかなどについて，特に，全体の状況に対する配慮などが評価される。

●書籍内容の訂正等について

　弊社では教員採用試験対策シリーズ（参考書，過去問，全国まるごと過去問題集），公務員採用試験対策シリーズ，公立幼稚園・保育士試験対策シリーズ，会社別就職試験対策シリーズについて，正誤表をホームページ（https://www.kyodo-s.jp）に掲載いたします。<u>内容に訂正等，疑問点がございましたら，まずホームページをご確認ください。</u>もし，正誤表に掲載されていない訂正等，疑問点がございましたら，下記項目をご記入の上，以下の送付先までお送りいただくようお願いいたします。

---

　①　**書籍名，都道府県・市町村名，区分，年度**
　　（例：公務員採用試験対策シリーズ　北海道のA区分　2025年度版）
　②　**ページ数**（書籍に記載されているページ数をご記入ください。）
　③　**訂正等，疑問点**（内容は具体的にご記入ください。）
　　（例：問題文では"ア～オの中から選べ"とあるが，選択肢はエまでしかない）

〔ご注意〕

○ 電話での質問や相談等につきましては，受付けておりません。ご注意ください。
○ 正誤表の更新は適宜行います。
○ いただいた疑問点につきましては，当社編集制作部で検討の上，正誤表への反映を決定させていただきます（個別回答は，原則行いませんのであしからずご了承ください）。

●情報提供のお願い

　公務員試験研究会では，これから公務員試験を受験される方々に，より正確な問題を，より多くご提供できるよう情報の収集を行っております。つきましては，公務員試験に関する次の項目の情報を，以下の送付先までお送りいただけますと幸いでございます。お送りいただきました方には謝礼を差し上げます。

（情報量があまりに少ない場合は，謝礼をご用意できかねる場合があります。）

◆あなたの受験された教養試験，面接試験，論作文試験の実施方法や試験内容
◆公務員試験の受験体験記

- -

|送付先| ○電子メール：edit@kyodo-s.jp
○FAX：03-3233-1233（協同出版株式会社　編集制作部 行）
○郵送：〒101-0054　東京都千代田区神田錦町2-5
　　　　　協同出版株式会社　編集制作部 行
○HP：https://kyodo-s.jp/provision（右記のQRコードからもアクセスできます）| |

　※謝礼をお送りする関係から，いずれの方法でお送りいただく際にも，「お名前」「ご住所」は，必ず明記いただきますよう，よろしくお願い申し上げます。

さいたま市・川口市・川越市・
草加市・春日部市・上尾市の
高卒程度

編　者	公務員試験研究会	
発　行	令和 6 年 3 月 10 日	
発行者	小貫輝雄	
発行所	協同出版株式会社	

〒 101 − 0054
東京都千代田区神田錦町2 − 5
電話　03 − 3295 − 1341
振替　東京00190 − 4 − 94061

公務員
採用試験
対策シリーズ

新潟県の
公務員採用試験
（教養試験）

新潟市・長岡市・柏崎市・
上越地域・新発田地域・佐渡市の
消防職Ⅱ種／Ⅲ種・高卒程度

2025

公務員試験研究会　編　　協同出版

まえがき

　公務員は，国や地方の行政諸機関に勤務し，営利を目的とせず，国民や住民などの幸せのため，政策・諸事務を円滑に実施・進行して，社会の土台作りを行うことを職務としています。昨今では，少子高齢化の進行や公務のDX化，国際競争力の低下などの社会情勢の変化に伴って，行政の果たす役割はますます多岐にわたり，重要さを増しています。行政改革が常に論議されているのは，どのような情勢においても安心した生活が送れるよう，公務員に対して国民や市民が，期待を寄せているからでしょう。

　公務員になるためには，基本的には公務員採用試験に合格しなければなりません。公務員採用試験は，公務に携わる広い範囲の職種に就きたい人に対して課される選抜競争試験です。毎年多数の人が受験をして公務員を目指しているため，合格を勝ち取るのは容易ではありません。そんな公務員という狭き門を突破するためには，まずは自分の適性・素養を確かめると同時に，試験内容を十分に研究して対策を講じておく必要があります。

　本書ではその必要性に応え，公務員採用試験に関する基本情報や受験自治体情報はもちろん，「教養試験」，「論作文試験」，「面接試験」について，最近の出題傾向を分析した上で，ポイント，問題と解説，対応方法などを掲載しています。これによって短期間に効率よく学習効果が現れ，自信をもって試験に臨むことができると確信しております。なお，本書に掲載の試験概要や自治体情報は，令和5（2023）年に実施された採用試験のものです。最新の試験概要に関しましては，各自治体HPなどをよくご確認ください。

　公務員を目指す方々が本書を十分活用され，公務員採用試験の合格を勝ち取っていただくことが，私たちにとって最上の喜びです。

公務員試験研究会

新潟県の公務員採用試験対策シリーズ

新潟市・長岡市・柏崎市・上越地域・新発田地域・佐渡市の 消防職Ⅱ種／Ⅲ種・高卒程度

◆ 目 次 ◆

第1部

試験の概要

- 公務員試験とは
- [参考資料]
  試験情報と自治体情報

公務員試験とは

◆ 公務員とはどんな職業か

　一口でいえば，公務員とは，国家機関や地方公共団体に勤務する職員である。

　わが国の憲法では第15条で，「公務員を選定し，及びこれを罷免することは，国民固有の権利である」としたうえで，さらに「すべて公務員は，全体の奉仕者であつて，一部の奉仕者ではない」と定めている。

　また，その職務および人事管理などについては「国家公務員法」および「地方公務員法」という公務員に関する総合法規により，詳細に規定されている。たとえば「この法律は，……職員がその職務の遂行に当り，最大の能率を発揮し得るように，民主的な方法で，選択され，且つ，指導さるべきことを定め，以て国民に対し，公務の民主的且つ能率的な運営を保障することを目的とする」(「国家公務員法」第1条)と述べられ，その職務や人事管理についてはっきりと規定されているのである。すなわち，公務は民主的な方法で選択され，また国民に対しては，民主的・能率的な公務の運営が義務づけられているといえよう。

　現在の公務員の基本的性格を知るにあたって，戦前の公務員に触れておこう。戦前，すなわち明治憲法の時代には，公務員は「官吏」または「公吏」などと呼ばれ，「天皇の使用人，天皇の奉仕者」ということになっていた。したがって，官吏の立場は庶民の上に位置しており，封建時代の“お役人”とほとんど変わらない性格を帯びていた。つまり，民主主義に根ざしたものではなく，天皇を中心とした戦前の支配体制のなかで，その具体的な担い手になっていたといえるだろう。

　戦後，制度が一新されて「官吏」は「公務員」と名を変え，その基本的性格もすっかり変化した。つまり，公務員の「公」の意味が「天皇」から「国民」に変わり，国民によって選定された全体の奉仕者という立場が明確にされたのである。

　なお，公務員という職業は，その職務遂行にあたって国民に大きな影響をおよぼすものであるから，労働権・政治行為などの制限や，私企業からの隔離などの諸制限が加えられていることも知っておく必要がある。

6

◆ 公務員の種類と職務

(1) 公務員の種類

　本書は，新潟市・長岡市・柏崎市・上越地域・新発田地域・佐渡市の消防職Ⅱ種／Ⅲ種・高卒程度をめざす人のための参考書だが，ここでは公務員の種類の全体像をごく簡単に紹介しておこう。一般に公務員は国家公務員と地方公務員に大別でき，さらに一般職と特別職とに分けられる。

① 国家公務員と地方公務員

　国家公務員とは，国家公務員法の適用を受け（＝一般職），国家機関である各省庁やその出先機関などに勤務し，国家から給与を受ける職員をさす。たとえば，各省庁の地方事務局などに勤務する者も，勤務地が地方であっても国家公務員である。

　一方，地方公務員は，地方公務員法の適用を受け（＝一般職），各地方公共団体に勤務し，各地方公共団体から給与を受ける職員である。具体的には，都道府県や市町村の職員などを指している。

② 一般職と特別職

　国家公務員と地方公務員は，それぞれ一般職と特別職に分けられる。人事院または各地方公共団体の人事委員会（またはそれに準ずるところ）を通じて採用されるのが一般職である。

　特別職とは，国家公務員なら内閣総理大臣や国務大臣・国会職員などであり，地方公務員なら知事や収入役などである。それぞれ特別職は国家公務員法および地方公務員法に列記され，その特別職に属さないすべての職を一般職としている。

③ 上級職，中級職，初級職

　採用試験の区分であると同時に，採用後の職務内容や給与等の区分でもある。採用試験はこの区分に合わせて実施される。地域によっては，その名称も異なる。

(2) 地方公務員の対象となる職務

　地方公務員試験に合格して採用されると，各地方の職員として，事務および調査・研究または技術的業務などに従事することになる。

　公務員採用にあたって公開平等に試験を実施し，成績の良い者から順に採用することを徹底していて，民間企業の採用によくみられる「指定校制」など

の"制限"は原則としてない。もちろん，出身地・思想・信条などによる差別もない。これは公務員採用試験全般にわたって原則的に貫かれている大きな特徴といえよう。

◆「教養試験」の目的と内容

(1)「教養試験」の目的

　教養試験は，国家公務員，地方公務員の，高校卒程度から大学卒程度までのあらゆる採用試験で，職種を問わず必ず行われている。教養試験は，単なる学科試験とは異なり，今後ますます多様化・複雑化していく公務員の業務を遂行していくのに必要な一般的知識と，これまでの学校生活や社会生活の中で自然に修得された知識，専門分野における知識などが幅広く身についているかどうか，そして，それらの知識をうまく消化し，社会生活に役立てる素質・知的能力をもっているかどうかを測定しようとするものである。

　このことについては，公務員試験の受験案内には，「公務員として必要な一般的知識および知能」と記されている。このため，教養試験の分野は，大きく一般知識と一般知能の2つの分野に分けられる。

　一般知識の分野は，政治，法律，経済，社会，国際関係，労働，時事問題などの社会科学と，日本史，世界史，地理，思想，文学・芸術などの人文科学，物理，化学，生物，地学，数学などの自然科学の3つの分野からなっている。

　一般知識の分野の特徴は，出題科目数が非常に多いことや，出題範囲がとても広いことなどであるが，内容としては高校で学習する程度の問題が出題されているので，高校の教科書を丹念に読んでおくことが必要である。

　一般知能の分野は，文章理解，数的推理，判断推理，資料解釈の4つの分野からなっている。

　一般知能の分野の問題は，身につけた知識をうまく消化し，どれだけ使いこなせるかをみるために出題されているため，応用力や判断力などが試されている。そのため，知能検査に近い問題となっている。

　したがって，一般知識の分野の問題は，問題を解くのに必要な基本的な知識が身についていなければ，どんなに頭をひねっても解くことはできないが，一般知能の分野の問題は，問題文を丁寧に読んでいき，じっくり考えるようにすれば，だれにでも解くことができるような問題になっている。

(2)「一般知識分野」の内容

一般知識分野は，さらに大きく3分野に分けて出題される。

社会科学分野	われわれの社会環境，生活環境に密着した分野で，政治，経済，社会，労働，国際，時事などに分かれる。学校で学んだこと，日々の新聞などから知ることができる内容等が中心で，特に専門的な知識というべきものはほぼ必要がない。
人文科学分野	歴史・地理・文化・思想・国語など，人間の文化的側面，内容的要素に関する知識を問うもので，専門的知識よりも幅広いバランスのとれた知識が必要である。
自然科学分野	数学・物理・化学・生物・地学などを通じて，科学的で合理的な側面を調べるための試験で，出題傾向的には，前二者よりもさらに基本的な問題が多い。

以上が「一般知識分野」のあらましである。これらすべてについて偏りのない実力を要求されるのだから大変だが，見方を変えれば，一般人としての常識を問われているのであり，これまでの生活で身につけてきた知識を再確認しておけば，決して理解・解答ができないということはない問題ばかりである。

(3)「一般知能分野」の内容

一般知能分野は，さらに大きく4分野に分けて出題される。

文章理解	言語や文章についての理解力を調べることを目的にしている。現代文や古文，漢文，また英語などから出題され，それぞれの読解力や構成力，鑑賞力などが試される。
判断推理	論理的判断力，共通性の推理力，抽象的判断力，平面・空間把握力などを調べるもので，多くの出題形式があるが，実際には例年ほぼ一定の形式で出題される。
数的推理	統計図表や研究資料を正確に把握，解読・整理する能力をみる問題である。
資料解釈	グラフや統計表を正しく読みとる能力があるかどうかを調べる問題で，かなり複雑な表などが出題されるが，設問の内容そのものはそれほど複雑ではない。

　一般知能試験は，落ち着いてよく考えれば，だいたいは解ける問題である点が，知識の有無によって左右される一般知識試験と異なる。

　教養試験は，原則として5肢択一式，つまり5つの選択肢のなかから正解を1つ選ぶというスタイルをとっている。難しい問題もやさしい問題も合わせて，1問正解はすべて1点という採点である。5肢択一式出題形式は，採点時に主観的要素が全く入らず，能率的に正確な採点ができ，多数の受験者を扱うことができるために採用されている。

◆「適性試験」「人物試験」の目的と内容

(1)「適性試験」の目的と内容

　適性試験は一般知能試験と類似しているが，一般知能試験がその名のとおり，公務員として，あるいは社会人としてふさわしい知能の持ち主であるかどうかをみるのに対し，適性試験では実際の職務を遂行する能力・適性があるかどうかをみるものである。

　出題される問題の内容そのものはきわめて簡単なものだが，問題の数が多い。これまでの例では，時間が15分，問題数が120問。3つのパターンが10題ずつ交互にあらわれるスパイラル方式である。したがって，短時間に，できるだけ多くの問題を正確に解答していくことが要求される。

　内容的には，分類・照合・計算・置換・空間把握などがあり，単独ではなくこれらの検査が組み合わさった形式の問題が出ることも多い。

(2)「人物試験」の目的と内容

　いわゆる面接試験である。個別面接，集団面接などを通じて受験生の人柄，つまり集団の一員として行動できるか，職務に意欲をもっているか，自分の考えを要領よくまとめて簡潔に表現できるか，などを評価・判定しようとするものである。

　質問の内容は，受験生それぞれによって異なってくるが，おおよそ次のようなものである。

① 公務員を志望する動機や理由などについて
② 家族や家庭のこと，幼いときの思い出などについて
③ クラブ活動など学校生活や友人などについて
④ 自分の長所や短所，趣味や特技などについて
⑤ 時事問題や最近の風俗などについての感想や意見

あくまでも人物試験であるから，応答の内容そのものより，態度や話し方，表現能力などに評価の重点が置かれている。

◆「論作文試験」の目的と内容

(1)「論作文試験」の目的

「文は人なり」という言葉があるが，その人の人柄や知識・教養，考えなどを知るには，その人の文章を見るのが最良の方法だといわれている。その意味で論作文試験は，第1に「文章による人物試験」だということができよう。

また公務員は，採用後に，さまざまな文章に接したり作成したりする機会が多い。したがって，文章の構成力や表現力，基本的な用字・用語の知識は欠かせないものだ。しかし，教養試験や適性試験は，国家・地方公務員とも，おおむね択一式で行われ解答はコンピュータ処理されるので，これらの試験では受験生のその能力・知識を見ることができない。そこで論作文試験が課せられるわけで，これが第2の目的といえよう。

(2)「論作文試験」の内容

公務員採用試験における論作文試験では，一般的に課題が与えられる。つまり論作文のテーマである。これを決められた字数と時間内にまとめる。国家・地方公務員の別によって多少の違いがあるが，おおよそ1,000～1,200字，60～90分というのが普通だ。

公務員採用試験の場合，テーマは身近なものから出される。これまでの例では，次のようなものだ。

11

① 自分自身について	「自分を語る」「自分自身のPR」「私の生きがい」「私にとって大切なもの」
② 学校生活・友人について	「学校生活をかえりみて」「高校時代で楽しかったこと」「私の親友」「私の恩師」
③ 自分の趣味など	「写真の魅力」「本の魅力」「私と音楽」「私と絵画」「私の好きな歌」
④ 時事問題や社会風俗	「自然の保護について」「交通問題を考える」「現代の若者」
⑤ 随想，その他	「夢」「夏の1日」「秋の1日」「私の好きな季節」「若さについて」「私と旅」

　以上は一例で，地方公務員の場合など，実に多様なテーマが出されている。ただ，最近の一般的な傾向として，どういう切り口でもできるようなテーマ，たとえば「山」「海」などという出題のしかたが多くなっているようだ。この題で，紀行文を書いても，人生論を展開しても，遭難事故を時事問題風に扱ってもよいというわけである。一見，やさしいようだが，実際には逆で，それだけテーマのこなし方が難しくなっているともいえよう。

　次に，試験情報と自治体情報を見てみよう。

12

新潟市の試験情報

令和5年度 新潟市職員採用試験案内
【免許資格職】【高校卒業程度】

花開く活力、
広がる笑顔、
政令市新潟

令和5年7月10日
新潟市人事委員会

第1次試験日：令和5年9月24日（日）

※一般事務は、9月25日（月）～27日（水）のいずれかの日に面接試験を実施します。

※消防士は、教養試験の合格者に対して10月10日（火）、11日（水）のいずれかの日に体力検査を実施します。

受 付 期 間：令和5年8月1日（火）～8月18日（金）【電子申請（原則）】

今年度の主な変更点
新たに水道局で事務を行う「水道事務」を募集します
---

1 職種・採用予定人員

区分	職種	採用予定人員	主な業務内容	採用予定日
免許資格職	保育士A	15名程度	市立保育園等において園児一人ひとりの発達に応じた援助指導、子育て支援としての保育に関する相談や助言等の業務に従事します。	令和6年4月1日
高校卒業程度	一般事務	10名程度	市全般に係る施策の企画・調整や予算の編成、農業・商業・工業や文化・スポーツの振興、地域福祉、税、保険、年金や環境、戸籍等、行政全般の様々な業務に幅広く従事します。	
	土木	3名程度	道路・公園・橋梁・下水道の建設・改修工事の計画、設計、監督、都市計画の企画や調整、市街地整備等の業務に従事します。	
	土木（水道）	2名程度	水道局において、水道施設の計画、工事の設計、監督、管路の維持管理等の業務に従事します。	
	電気（水道）	1名程度	水道局において、水道施設の計画、電気設備工事の設計、監督、施設の維持管理等の業務に従事します。	
	機械（水道）	1名程度	水道局において、水道施設の計画、機械設備工事の設計、監督、施設の維持管理等の業務に従事します。	
	学校事務A	1名程度	市立学校において、文書その他情報の管理、予算編成・執行・決算、物品調達、人事・給与・福利厚生等、学校運営全般の業務に幅広く従事します。	
	学校事務B	1名程度		
	水道事務	2名程度	水道局において、水道事業全般に係る施策の企画・調整や水道事業経営、予算の編成、人事管理、水道事業会計経理、料金システム関係事務、水道料金関係事務、工事関係事務、庶務関係事務等、水道事業全般の様々な業務に幅広く従事します。	
	消防士	7名程度	市民の生命、身体、財産を火災等の災害から守るための次の業務等に従事します。 (1) 火災の予防に関する業務 (2) 災害等の警戒、防除、鎮圧 (3) 人命救助及び救急に関する業務 (4) 火災の原因調査及び損害調査に関する業務	令和6年4月1日又は令和6年9月1日

(注)1：採用予定人員は、欠員等の状況によって増減する場合があります。また、試験結果によって合格者数が採用予定人員を下回ることがあります。

2：受験申込みは、1職種に限ります。同一の試験日に本市が実施する他の職種の採用試験と重複して受験申込みすることはできません。複数の職種に受験申込みを行った場合、申込みを行った全ての職種の受験ができなくなる場合があります。

3：受験申込み後は、職種の変更はできません。

2 受験資格

次の(1)から(3)までの全ての要件を満たす者

(1) 下記に記載したそれぞれの職種の受験資格に該当する者

区分	職種	受験資格		
免許資格職	保育士A	平成11年4月2日以降に生まれた者で、保育士登録を受けている者（令和6年3月31日までに保育士登録を受ける見込みの者を含む）		
高校卒業程度	一般事務、土木、上水（水道）、電気（水道）、機械（水道）、学校事務A、水道事務	平成14年4月2日から平成18年4月1日までに生まれた者		
	学校事務B	平成5年4月2日から平成14年4月1日までに生まれた者		
	消防士	平成14年4月2日から平成18年4月1日までに生まれた者で、右記のいずれにも該当する者	ア 視 力：矯正視力を含み、両眼で0.7以上かつ一眼でそれぞれ0.3以上 イ 聴 力：2メートルの距離で低語が聴取できること ウ その他：身体に職務上支障がなく、採用後、新潟市内に居住可能であること	

(注) 1：保育士Aの第1次試験合格者には、受験資格に関する書類（資格証明書・登録証の写し、卒業（見込）証明書等）を提出していただきます。詳細は、第1次試験の合格発表時に市ホームページに掲載します。

2：受験資格がないことが明らかになった場合は合格を取り消します。判明時点以降、当該試験の受験を続けることはできません。最終合格発表後に判明した場合も、合格を取り消します。

(2) 次のいずれかに該当する者（採用予定日前日までに取得見込みの者を含む）（消防士はアに該当する者のみ）
ア 日本国籍を有する者
イ 出入国管理及び難民認定法による永住者
ウ 日本国との平和条約に基づき日本の国籍を離脱した者等の出入国管理に関する特例法による特別永住者

(3) 次のいずれにも該当しない者
ア 禁錮以上の刑に処せられ、その執行を終わるまで又はその執行を受けることがなくなるまでの者
イ 新潟市職員として懲戒免職の処分を受け、当該処分の日から2年を経過しない者
ウ 日本国憲法施行の日以後において、日本国憲法又はその下に成立した政府を暴力で破壊することを主張する政党その他の団体を結成し、又はこれに加入した者
エ 平成11年改正前の民法の規定による準禁治産の宣告を受けている者（心神耗弱を原因とするもの以外）

3 試験日・試験内容・試験会場

試験の日時や会場の詳細は受験票で指定しますので、必ず確認してください。指定された試験日時を変更することはできません。なお、日程や会場は変更する場合があります。その場合、市ホームページや新潟市人事委員会事務局Twitterで事前にお知らせします。

第2次（3次）試験は、第1次（2次）試験合格者に対し実施します。日程等の詳細は、各試験の合格発表時、市ホームページに掲載します。

(6) 消防士

試験段階	日程	試験内容	試験会場
第1次試験	9月24日（日） （入場時間） 午前9時〜午前9時30分 （終了予定時間） 午後3時頃	・**教養試験** 　高校卒業程度の一般知識などを問う筆記試験 ・**作文試験** 　1,200字程度、60分 ・**消防適性検査**	新潟市内 ※受験票で指定します
	10月10日（火）、11日（水）のうち、指定する1日 ※日時は第1次試験（教養試験）の合格発表時、市ホームページに掲載します	<教養試験合格者に対して実施> ・**体力検査** 　検査種目 　①握力　②腕立伏臥腕屈伸 　③反復横とび　④立ち幅とび 　⑤長座体前屈　⑥シャトルラン 　※検査種目を変更する場合があります ・**適性検査**	
第2次試験	10月30日（月）、10月31日（火）のうち、指定する1日	・**個別面接試験(2回)** ・**身体検査**　身体検査は書類提出のみ。	新潟市役所本館

(注)　1：消防士の第1次試験時に実施する「作文試験」、「消防適性検査」及び「適性検査」の採点・評価は、第1次試験合格者のみ第2次試験において行います。
　　　2：身体検査は、各自で医療機関において健康診断を受診のうえ、所定の様式の健康診断書を提出していただきます。様式及び提出期限は市ホームページに掲載します。なお、健康診断に係る経費は本人の負担となります。
　　　3：体力検査は、教養試験合格者に対して実施します。また、当日の体調等により検査を受けることができない場合があります。

(7) 第1次試験の出題分野、出題形式及び試験時間

区分	職種	出題分野	出題形式 試験時間
教養試験	保育士A	社会、人文及び自然、文章理解、判断推理、数的推理及び資料解釈	【短期大学卒業程度】 択一式 40問全問解答 120分
	一般事務、土木、土木(水道)、電気(水道)、機械(水道)、学校事務A、学校事務B、水道事務、消防士		【高校卒業程度】 択一式 50問全問解答 120分
専門試験	保育士A	社会福祉、子ども家庭福祉(社会的養護を含む)、保育の心理学、保育原理・保育内容、子どもの保健	択一式 40問全問解答 120分
	土木、土木(水道)	数学・物理・情報技術基礎、土木基礎力学(構造力学、水理学、土質力学)、土木構造設計、測量、社会基盤工学、土木施工	
	電気(水道)	数学・物理・情報技術基礎、電気基礎、電気機器・電力技術・電子計測制御、電子技術・電子回路・通信技術・電子情報	
	機械(水道)	数学・物理・情報技術基礎、機械設計、機械工作、原動機、生産システム技術(電気技術、電子技術、制御)、電子機械	

<参考> 配点と最終合格までの流れ

職種	第1次試験					第2次試験			第3次試験		
	教養試験	専門試験	体力検査	面接試験	合計	面接試験	論作文試験	合計	面接試験	作文試験	合計
学校事務A 学校事務B	100	—	—	—	100	120	—	120	160	40	200
一般事務	100	—	—	90	190	280	70	350			
水道事務	100	—	—	—	100	280	70	350			
土木 土木(水道) 電気(水道) 機械(水道)	100	120	—	—	220	280	70	350			
保育士A						240	60	300			
消防士	100	—	70	—	170	280	70	350			

(注)1：消防士の体力検査は教養試験の合格者に対して実施します。

　　2：第2次試験の合格者は第2次試験の結果により決定します（第1次試験の結果は反映されません。）。

　　3：第3次試験の合格者は第3次試験の結果により決定します（第1次試験及び第2次試験の結果は反映されません。）。

　　4：各試験において一定の基準に達しない場合は、他の成績にかかわらず不合格となります。

　　5：各試験において1回でも欠席した場合は、辞退したものとみなします。

4　合格発表

試験段階	職種	日時	方法
第1次試験	全職種 （消防士は教養試験のみ）	10月4日（水）午後3時5分	・市ホームページに合格者の受験番号を掲載 ・新潟市役所上大川前庁舎に受験番号を掲示 ※郵送による通知は、最終合格者のみに行います。
	消防士 （教養試験及び体力検査）	10月18日（水）午後3時5分	
第2次試験	学校事務A、学校事務B	10月18日（水）午後3時5分	
	保育士A、一般事務、土木、土木(水道)、電気(水道)、機械(水道)、水道事務、消防士	11月10日（金）午後3時5分 ※最終合格発表	
第3次試験	学校事務A	11月10日（金）午後3時5分 ※最終合格発表	
	学校事務B	11月27日（月）午後3時5分 ※最終合格発表	

(注)1：合格発表日は、状況により変更する場合があります。

　　2：市ホームページへの合格者の受験番号の掲載について、システムの都合上掲載に多少時間がかかることがあります。

　　3：第2次試験及び第3次試験の日程や必要書類は、合格発表時に市ホームページに掲載します。必要書類が入手できない場合は、新潟市人事委員会事務局までご連絡ください。

　　4：最終合格者への郵送による通知について、郵便事故等により延着や不着の場合もあり得ますので、合否については、市ホームページ等でも必ず確認してください。

　　5：電話での合否の照会には応じられません。

5 合格から採用まで

(1) 最終合格者は、職種ごとに成績順に採用候補者名簿に登載されます。その後、任命権者（市長、消防長、水道事業管理者、教育委員会）が各職種の欠員の状況に応じて、採用候補者名簿に登載された人を成績順に採用します。なお、この採用候補者名簿の有効期間は、原則として最終合格発表日から令和6年4月1日まで（消防士は令和6年9月1日まで）です。

(2) 採用辞退者が出た場合等に採用される人（「採用待機者」といいます。）も最終合格者とする場合があります。ただし、採用待機者は、採用辞退者の状況等に応じて採用を決定するため、必ずしも採用されるとは限りません。合格発表の際、採用待機者の受験番号は、市ホームページ等には掲載しませんが、別途通知文でお知らせします。

(3) 受験資格を満たしていないことが判明した場合や、資格又は免許の取得（登録）を要件としている職種を取得（登録）見込みで受験して、取得（登録）できない場合は合格を取り消します。

(4) 採用は全て条件付きであり、採用後6か月を良好な成績で勤務したときに正式採用になります。

(5) 消防士以外の職種の採用予定日は原則として令和6年4月1日です。ただし、欠員等の状況により、その前に採用される場合があります。

(6) 消防士の採用予定日は原則として令和6年4月1日又は令和6年9月1日です。最終合格者は採用試験の成績順に令和6年4月1日採用予定の人と令和6年9月1日採用予定の人に区分されます。採用予定日は任命権者（消防長）が決定し、最終合格者にお知らせします。

　　なお、辞退等により4月1日採用予定者に欠員が生じた場合、9月1日採用予定者から欠員分を4月1日に繰り上げて採用します（その場合、9月1日採用予定者は採用年月日を4月1日と9月1日から選択できます。）。

(7) 消防士は、採用後、新潟市消防士に任命され、原則、消防局及び新潟県消防学校（全寮制）において約6か月間の初任教育訓練を受けたのち、新潟市内の各消防署（又は出張所）へ配属されます。

6 試験結果の情報提供について

　　この試験の不合格者は、試験の結果について、次のとおり閲覧することができます。閲覧を希望する場合は、受験者本人がマイナンバーカード、運転免許証、又は健康保険被保険者証を必ず持参のうえ直接閲覧場所へお越しください。なお、電話等では情報提供できません。

対象者	閲覧できる内容	閲覧場所
第1次試験の不合格者	第1次試験の各試験の得点、総合得点及び順位 ※消防士の場合 ① 教養試験のみで不合格の者 　教養試験得点及び順位 ② 教養試験と体力検査の合計点で不合格の者 ・教養試験得点及び順位 ・体力検査得点及び第1次試験の総合得点と順位	新潟市人事委員会事務局 （新潟市役所 上大川前庁舎1階）
第2次試験の不合格者	第1次試験及び第2次試験の各試験の得点、総合得点及び順位	
第3次試験の不合格者	第1次試験、第2次試験及び第3次試験の各試験の得点、総合得点及び順位	

(注)1：平日（午前8時30分～午後5時30分）のみの対応です。土・日曜日、祝日及び年末年始は対応できません。

　　2：閲覧できる期間は、各合格発表後から令和6年4月1日までです。ただし、採用待機者で採用されなかった場合、閲覧期間は、令和6年4月2日（消防士は令和6年9月2日）から令和7年3月31日までです。

7 給与（令和5年4月1日現在）

採用された職員の初任給は職種や経験によって異なりますが、概ね下記のとおりです（地域手当を含む。）。また、職務経験等により、一定の基準に基づいて下記の金額に加算される場合があります。このほかに期末・勤勉手当や、状況により扶養手当、通勤手当、住居手当等が支給されます。

＜免許資格職＞

保育士A	188,181円

＜高校卒業程度＞

一般事務、土木、土木（水道、電気（水道）、機械（水道）学校事務A、水道事務		163,976円
学校事務B	※高校卒業後、4年間民間企業等の正社員であった場合	183,340円
	※大学卒の場合	190,962円
消防士		186,842円

8 勤務時間・休暇

(1) 勤務時間について

原則として、月曜日から金曜日の、午前8時30分から午後5時15分（休憩時間は正午から午後1時）までです（配属先により午前8時45分から午後5時30分までの勤務となる場合もあります。）。ただし、変則勤務（土、日、祝日勤務）等取扱いの異なる職場もあります。

学校事務は学校によって異なりますが、概ね午前8時15分から午後4時45分までです。

消防士は交替制勤務、若しくは午前8時30分から午後5時15分までの勤務です。交代制勤務の場合、勤務時間は午前8時30分から翌日午前8時30分まで（仮眠のための休憩時間含む）です。勤務終了後は、非番日となり、その翌日は、週休日（休日）となります。ただし、この「当務、非番、週休」のサイクルを繰り返す中で3週間に1回、週休日に当たる日（水曜日）が勤務日（午前8時30分から午後5時15分まで）となります。

(2) 休暇等について

休暇制度には、年次有給休暇があり、年度で最大20日付与されます（9月1日採用の消防士は、採用年度は12日付与されます。）。使用しなかった日数は、翌年度に20日を限度として繰り越すことができます。

このほか、特別休暇（結婚、出産、忌引、夏季等）、育児休業制度、介護休暇制度等があります。

9 日本国籍を有しない職員の担当職務について

「公権力の行使又は公の意思の形成への参画に携わる公務員については、日本国籍を必要とする」という公務員の基本原則に基づき、本市では「外国籍の職員の任用に関する要綱」を定め、日本国籍を有しない職員の職務には、次のような制限があります。

(1) 「公権力の行使にあたる業務」には従事できません。

「公権力の行使にあたる業務」とは、概ね次のとおりです。

① 市民の権利や自由を制限する業務
② 市民に義務や負担を課す業務
③ 市民に対して強制力をもって執行する業務

(2) 「公の意思形成に参画する職」には従事できません。

「公の意思形成に参画する職」とは、新潟市の行政において企画、立案、決定等に関与する職で、具体的には、新潟市事務専決規程等で定める専決権を有する課長担当以上の職や、新潟市の基本政策（基本計画の策定、予算の編成、組織、人事、労務管理等）に携わる職が該当します。

新潟市人事委員会事務局

〒951-8068 新潟市中央区上大川前通8番町1260番地1（市役所上大川前庁舎1階）
電話 025-226-3515（直通）　FAX 025-228-3999　メール personnel.cs@city.niigata.lg.jp
開庁日 平日（午前8時30分～午後5時30分）のみ。※土・日曜日、祝日及び年末年始は対応できません。

新潟市の自治体情報

3-2 火災の状況

区　　　分	単　位	令　和　4　年	爆　発	令　和　3　年	爆　発	増　△　減
出 火 件 数	件	146		129		17
建　　　物		102		97		5
林　　　野		－		－		－
車　　　両		18		14		4
船　　　舶		－		－		－
航　空　機		－		－		－
そ　の　他		26		18		8
焼 損 程 度	棟	161		169		△ 8
全　　　焼		32		35		△ 3
半　　　焼		10		5		5
部　分　焼		35		62		△ 27
ぼ　　　や		84		67		17
焼 損 床 面 積	㎡	4,172		5,255		△ 1,083
焼 損 表 面 積	㎡	176		490		△ 314
死　　　　者	人	5		5		0
負　傷　者	人	30		28		2
り 災 世 帯	世帯	98		107		△ 9
全　　　損		18		27		△ 9
半　　　損		6		1		5
小　　　損		74		79		△ 5
り 災 人 員	人	247		254		△ 7
損　害　額	千円	267,772		268,807		△ 1,035
建　　　物		259,289		252,115		7,174
林　　　野		－		－		－
車　　　両		6,583		15,251		△ 8,668
船　　　舶		－		－		－
航　空　機		－		－		－
そ　の　他		1,900		1,441		459
出　火　率	件	1.9		1.6		0.3

（注）　出火率とは、人口1万人当たりの出火件数をいう。

3-3　月別出火状況

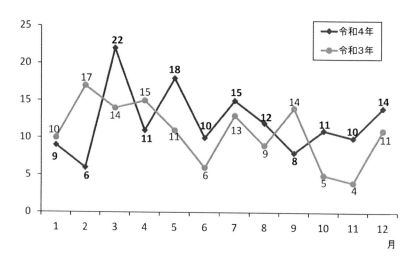

3-5　原因別出火状況

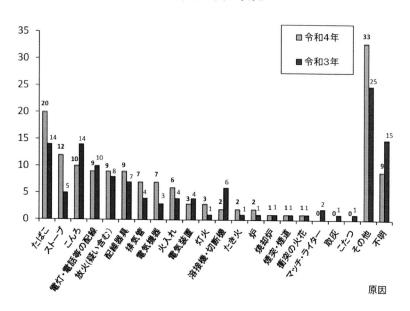

5-3　救助隊編成状況

R5.4.1

所属	隊名		隊員数	階級別内訳				
				消防司令	消防司令補	消防士長	消防副士長	消防士
警　防　課	特別高度救助隊	(6条)	15		3	6	1	5
北　消　防　署	北署救助隊	(3条)	15		3	3	2	7
東　消　防　署	東署特別救助隊	(4条)	15		3	3		9
中央消防署	中央署特別救助隊	(4条)	15	1	2	3		9
江南消防署	江南署特別救助隊	(4条)	15		3	3		9
秋葉消防署	秋葉署救助隊	(3条)	15		3	3	1	8
南　消　防　署	南署救助隊	(3条)	15		3	3	2	7
西　消　防　署	西署特別救助隊	(4条)	15		3	3		9
西蒲消防署	西蒲署救助隊	(3条)	15		3	3	1	8
合　　　計	9隊		135	1	26	30	7	71

※（　）内は「救助隊の編成、装備及び配置の基準を定める省令」でいう救助隊を示す。

5-4　救助活動状況

R4年中

	総数	火災	交通事故	水難事故	自然災害	機械による事故	建物等による事故	ガス及び酸欠事故	破裂事故	その他
出動件数 （件）	175	9	90	22	2	1	5	－		46
救助活動件数 （件）	109	9	47	18	－	1	4	－		30
救助人員 （人）	103	7	48	11	－	1	7	－		29
救助出動人員 （人）	4030	410	1921	557	36	19	96	－		991
救助活動人員 （人）	1038	70	440	214	－	11	23	－		280

（注）　火災の出動件数とは、救助活動のあった火災件数をいう。

10年間の救助出動件数

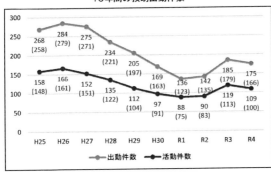

※　（　）内は火災以外の救助出動（活動）件数を示す。

6-2 救急隊別出動状況

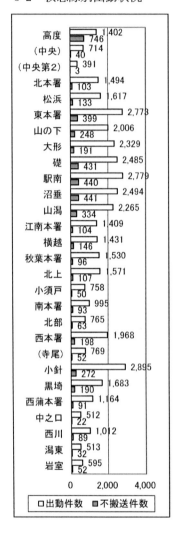

凡例: □出動件数　■不搬送件数

6-3 過去5年間の救急出動件数の推移

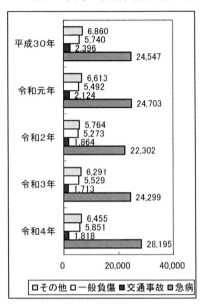

凡例: □その他　□一般負傷　■交通事故　■急病

「新潟市の消防2023（令和5年度消防年報）」より抜粋

長岡市の試験情報

令和5年度（後期日程）
長岡市職員採用試験案内
（令和6年4月採用）

【第1次試験日】9月17日（日）
【受付期間】7月10日（月）〜8月4日（金）

★長岡市の求める人物像★

次の100年に向けた「新しい米百俵」で長岡市の未来を切り開くため、次に掲げる人材を求めています。

1　失敗を恐れずに「**デザイン思考**」で課題解決ができる人

2　「**プログラミング的思考**」で効率的な手順により政策立案ができる人

3　新しい発想で行政の内外に「**イノベーション**」を巻き起こすことができる人

4　「**デジタル**」に理解と関心があり、その知識や技術でDXに取り組む意欲のある人

◆採用職種、採用予定人員

採用職種	採用予定人員	主な業務内容 ※いずれの職種においても、基礎自治体の職員として、市民と身近に接しながら住みよいまちづくりのために業務を行うことが基本です。
一般事務職員Ⅱ種	10人程度	地方創生、地域振興、環境対策、市民協働の推進、産業・観光の振興、教育・子育て支援、危機管理防災、広報広聴、福祉保健行政、市税の賦課徴収や住民登録等々の幅広い分野に関する施策の立案及び実施等の行政事務に従事します。
土木技術職員Ⅱ種	2人程度	道路、公園、上下水道等の建設の計画、整備、工事監督、維持管理や道路除雪対応及び災害復旧、再開発によるまちづくり等の業務に従事します。
電気技術職員Ⅱ種	若干名	公共施設等における電気設備の計画、設計、工事監督、運転保守、再開発によるまちづくりなどの業務に従事します。
博物館専門職員Ⅰ種 （地学）	1人程度	地学部門の資料収集、保管、展示、調査研究、教育普及活動及び博物館関連施設の運営管理・活用などの業務に従事します。
動物飼育技術職員	1人程度	寺泊水族博物館等における動物の飼育・展示、教育普及活動及び関連施設の運営管理・活用などの業務に従事します。
心理士	1人程度	児童福祉施設などにおいて、子どもの発達等に関する相談対応、知能検査や発達検査等による発達評価及び保護者や支援者への指導・助言などの業務に従事します。
作業療法士	2人程度	児童福祉施設における児童の発達・自立支援や保護者からの相談への対応、小中学校等における児童生徒の指導計画の作成、特別支援学級等の教員に対する指導・助言などの業務に従事します。
保育士	8人程度	保育園などの児童福祉施設において、乳幼児等の保育及び保護者からの相談への対応や施設運営管理などの業務に従事します。
消防職員Ⅱ種	2人程度	火災現場での消火活動、火災などの災害現場における救急・救助活動、火災等の発生予防や原因調査などの業務に従事します。

※Ⅱ種の試験内容（難度）は高校卒業程度です。

【社会人対象（一般事務職員・一般事務職員（デジタル人材）・土木技術職員）】の試験案内は、9月1日（金）から配布します。

◆受験資格

次の1及び2の要件を満たす者

1 次のいずれにも該当しない者
(1) 日本の国籍を有しない者(博物館専門職員Ⅰ種(地学)、動物飼育技術職員、心理士、作業療法士及び保育士を除く。)
(2) 禁錮以上の刑に処せられ、その執行を終わるまで又はその執行を受けることがなくなるまでの者
(3) 長岡市職員として懲戒免職の処分を受け、当該処分の日から2年を経過しない者
(4) 日本国憲法施行の日以後において、日本国憲法又はその下に成立した政府を暴力で破壊することを主張する政党その他の団体を結成し、又はこれに加入した者
(5) 平成11年改正前の民法の規定による準禁治産の宣告を受けている者(心神耗弱を原因とするもの以外)

2 下記に記載したそれぞれの職種の受験資格に該当する者

採用職種	受験資格
一般事務職員Ⅱ種	平成14年4月2日から平成18年4月1日までに生まれた者
土木技術職員Ⅱ種	平成14年4月2日から平成18年4月1日までに生まれた者で、土木技術に関する専門の課程を履修した者
電気技術職員Ⅱ種	平成14年4月2日から平成18年4月1日までに生まれた者で、電気技術に関する専門の課程を履修した者
博物館専門職員Ⅰ種 （地学）	昭和58年4月2日以降に生まれた者で、学校教育法による大学において地学に関する専門の課程を履修し、卒業した者又は令和6年3月31日までに卒業する見込みの者（長岡市長がこれらと同等と認める者を含む。）
動物飼育技術職員	昭和58年4月2日から平成18年4月1日までに生まれた者で、学校教育法による大学、短大、専修学校等において、動物に関する専門の課程を履修し、卒業した者又は令和6年3月31日までに卒業する見込みの者（長岡市長がこれらと同等と認める者を含む。）
心 理 士	昭和58年4月2日以降に生まれた者で、公認心理師の資格を有する者又は令和6年に行われる公認心理師国家試験により資格を取得する見込みの者
作 業 療 法 士	昭和58年4月2日以降に生まれた者で、作業療法士の免許を有する者又は令和6年に行われる作業療法士国家試験により免許を取得する見込みの者
保 育 士	昭和58年4月2日以降に生まれた者で、保育士の資格を有する者又は令和6年3月31日までに保育士資格を取得する見込みの者
消 防 職 員Ⅱ種	平成14年4月2日から平成18年4月1日までに生まれた者で、下記【消防職員の受験条件】を満たす者

【消防職員の受験条件】
(1) 視 力 … 矯正視力を含み、両眼で0．7以上かつ一眼でそれぞれ0．3以上であること
(2) 聴 力 … 左右とも正常であること
(3) その他 … 採用後は、長岡市内又は長岡市の周囲から概ね10km以内の近隣市町村に居住できること
※上記について、第3次試験時に提出を求める健康診断書などで条件を満たさないことが判明した場合は、失格となります。

◆受験申込手続

申込方法	原則として、電子申請(インターネットによる申し込み) ※インターネットを利用できない方は、7月24日(月)午後5時までに人事課までお問い合わせください。
受付期間	7月10日(月)午前9時 ～ 8月4日(金)午後5時
電子申請方法	長岡市ホームページに掲載されている受験申込手順(本試験案内の末尾のURL又はQRコードよりアクセス可能)に従い、受験申込内容を入力・送信してください。 　申込内容が送信されると、試験申込送信完了メールが届きますので、必ず内容を確認してください。 【注意】8月4日(金)午後5時までに正常に到達したもののみを有効とします。正常に到達しない場合は、受験できませんので、ご注意ください。 　予期せぬ機器停止や通信障害等、一切のトラブルについて責任を負いかねますので、十分余裕をもって申し込みしてください。
電子申請後の手続き	①人事課で申込内容を審査します。必要に応じて電話又はメールで申込内容を確認します。 ②審査終了後、人事課より申込書・受験票を8月31日(木)までに郵送しますので、到着後、記載内容を確認してください。 ※申込書等が9月4日(月)までに届かない場合は、人事課まで至急お問い合わせください。 ③申込書の裏面を記入し、申込書・受験票に写真を貼付し、第1次試験日に持参してください。申込書等の記載内容に誤りがある場合は、赤字で修正してください。 【注意】申込書の裏面への記入がない場合や申込書に写真の貼付がない場合は、受験できません。

【注意】障害等により受験の際に車いすや補装具等を使用するなど配慮が必要な場合は、電子申請画面の「受験上の配慮希望事項」欄にその内容を具体的に入力してください。必要に応じて入力内容や障害の程度を確認します。なお、内容によっては、試験実施上、配慮できない場合もありますので、ご了承ください。
　　　　　以下のような配慮は対応可能です。

　　○ 試験官の指示項目、説明内容を活字印刷して配付すること
　　○ 試験開始・終了を音ではなく、肩をたたくなどしてお知らせすること
　　○ 筆圧が弱いなどの理由で、論述試験にパソコンを用いること　　　　など

◆試験の方法、日時

	試験科目	第１次試験 （9月17日（日））		合格発表	第２次試験 （第1次試験合格者のみ実施）	合格発表	第３次試験 （第2次試験合格者のみ実施）	合格発表
			会場		試験科目・日時		試験科目・日時	
一般事務Ⅱ種	教養試験 論述試験 適性検査		さいわいプラザ （長岡市幸町2-1-1） 【受付時間】 <u>午前8時15分から</u> <u>午前9時00分まで</u> ※SP3は自宅等で事前に受検してください。	10月上旬（予定）	【試験科目】 個別面接試験 【日時】 10月下旬 （予定） 日時等の詳細や会場については、第1次試験合格者に別途通知します。	11月上旬（予定）	【試験科目】 個別面接試験 【日時】 11月下旬 （予定） 日時等の詳細や会場については、第2次試験合格者に別途通知します。	11月下旬（予定）
土木技術Ⅱ種	ＳＰＩ３ 専門試験 適性検査							
電気技術Ⅱ種								
博物館専門職員Ⅰ種 （地学）	教養試験 専門試験 適性検査							
動物飼育技術職員								
心理士								
作業療法士								
保育士								
消防Ⅱ種	教養試験 適性検査 体力測定		長岡市消防本部 （長岡市千秋1-3-100） 【受付時間】 午前8時30分から 午前9時00分まで					

【注意】1　受験者の人数などの事情により、<u>第1次試験会場を変更する場合があります。</u>その場合は、申込書等を郵送するときにお知らせします。
　　　　2　<u>試験科目「SPI3」については、自宅等でインターネットが利用できるパソコンにより、第1次試験前の指定された期間に受検してください。</u>受検手続については、申込締切後にメールで個別にお知らせします。
　　　　3　消防職員Ⅱ種は、第1次試験時に「体力測定及び色覚検査」を実施します。運動できる服装と運動靴（外履き）を必ず用意してください。また、第3次試験時に長岡市が指定した健康診断書を提出していただきます。
　　　　4　第2次試験時には、最終学歴の学業成績証明書を提出していただきます（面接試験の参考とします）。
　　　　5　それぞれの試験科目において一定の基準に達しない場合は、他の成績に関わらず不合格となります。
　　※　合格発表は、アオーレ長岡東棟1階シアター脇の「長岡市掲示場」に合格者の受験番号を掲示するほか、長岡市ホームページに合格者の受験番号を掲載します。また、合格者には、別途お知らせします。

◆教養試験・ＳＰＩ３・専門試験の出題分野

教養試験	一般事務Ⅱ種	時事、社会・人文、自然に関する一般知識並びに文章理解、判断・数的推理、資料解釈に関する能力　（択一式　2時間）
	一般事務Ⅱ種以外	文章読解能力、数的能力、推理判断能力、一般知識（人文・社会、自然に関すること）、基礎英語　（択一式　1時間）
ＳＰＩ３	土木技術Ⅱ種 電気技術Ⅱ種	性格検査（約30分）、基礎能力検査（約35分）
専門試験	土木技術Ⅱ種	数学・物理・情報技術基礎、土木基礎力学（構造力学、水理学、土質力学）、土木構造設計、測量、社会基盤工学、土木施工　（択一式　1時間30分）
	電気技術Ⅱ種	数学・物理・情報技術基礎、電気基礎、電気機器・電力技術・電子計測制御、電子技術・電子回路・通信技術・電子情報技術　（択一式　1時間30分）
	博物館専門職員Ⅰ種 （地学）	地学（地質学、岩石・鉱物学など）、博物館学に関する専門知識　（記述式　1時間30分）
	動物飼育技術職員	動物学（海洋生物学など）、飼育、水族博物館の管理運営に関する専門知識　（記述式　1時間30分）
	心理士	心理学基礎論、教育心理学、臨床心理学、社会心理学、発達心理学、認知心理学、心理統計法等（記述式　1時間30分）
	作業療法士	解剖学、生理学、運動学、病理学概論、臨床心理学、リハビリテーション医学（リハビリテーション概論を含む）、臨床医学大要（人間発達学を含む）等　（記述式　1時間30分）
	保育士	社会福祉、子ども家庭福祉（社会的養護を含む。）、保育の心理学、保育原理、保育内容、子どもの保健、障害児保育　（択一式　1時間30分）

◆合格から採用について

(1) 第3次試験の結果に基づいて最終合格者を決定します。
(2) 最終合格者は、令和6年4月1日に採用します。
(3) 採用は、すべて条件付き採用であり、6か月を良好な成績で勤務したときに正式採用になります。
(4) 最終合格発表後、受験資格がないこと又は申込書に虚偽の記載がなされたことが判明した場合は合格を取り消します。
(5) 消防職員は、消防自動車を運転するため、採用後5年程度以内に、大型自動車免許を取得してください。

◆給与、勤務時間等

職　種	初任給（※）	諸手当	勤務時間	休日	年次有給休暇
一般事務職員Ⅱ種 土木技術職員Ⅱ種 電気技術職員Ⅱ種 動物飼育技術職員	154,600円	期末手当、勤勉手当及び状況により寒冷地手当、扶養手当、通勤手当、住居手当等が支給されます。	月曜日から金曜日までの 8:30〜17:15 交替制勤務など取扱いの異なる職場もあります。	土曜日、日曜日、祝日、12月29日〜1月3日 交替制勤務など取扱いの異なる職場もあります。	暦年で20日付与されます。採用年度は4月1日に15日付与され、次の1月1日に20日付与されます。
博物館専門職員Ⅰ種（地学） 心　理　士 作　業　療　法　士	185,200円（大学卒の場合）				
保　育　士	167,100円（短大卒の場合の額）				
消防職員Ⅱ種	174,500円				

※初任給は令和5年4月1日現在です。なお、学歴・職歴等により別途加算される場合があります。
※勤務公署における受動喫煙を防止するための措置として、敷地内禁煙（屋外に喫煙場所設置の場合あり）を行っています。

◆令和4年度採用試験の状況

採　用　職　種	受験者数(人)	最終合格者数(人)	倍率(倍)
一般事務職員Ⅱ種	73	8	9.1
土木技術職員Ⅱ種	4	0	－
電気技術職員Ⅱ種（R3）	3	0	－
心　理　士	3	1	3.0
保　育　士	24	9	2.7
消防職員Ⅱ種	24	5	4.8

◆職員採用試験結果開示について

　この試験の結果については、個人情報の保護に関する法律第76条の規定に基づき、開示を請求することができます。開示を希望する場合は、受験者本人が受験票を必ず持参のうえ、下記の開示場所へお越しください。

●開示の対象者及び開示する情報の範囲

開示請求できる者	開示内容		開示期間	開示場所
第1次試験受験者	第1次試験	科目別得点、合計得点及び順位	第1次試験の合格発表日の翌日以降	情報公開コーナー（アオーレ長岡東棟3階庶務課隣）
第2次試験受験者	第1次試験	科目別得点、合計得点及び順位	第2次試験の合格発表日の翌日以降	
	第2次試験	得点及び順位		
第3次試験受験者	第1次試験	科目別得点、合計得点及び順位	第3次試験の合格発表日の翌日以降	
	第2次試験	得点及び順位		
	第3次試験	得点及び順位		

【注意】　1　第1次試験合格者については第2次試験合格発表日、第2次試験合格者については第3次試験合格発表日までは、すべての試験結果について開示できません。
　　　　　2　郵送、電話等による請求では開示できません。
　　　　　3　受付時間は午前8時30分から正午まで又は午後1時から午後5時までです。土曜日、日曜日及び祝日等の休日は受付できません。

職員採用試験についてのお問い合わせは

長 岡 市 総 務 部 人 事 課

〒940-8501　長岡市大手通1丁目4番地10　℡ (0258) 39-2201
●長岡市職員採用案内ページ http://www.city.nagaoka.niigata.jp/shisei/cate03/saiyou/saiyou.html

長岡市の自治体情報

19 火災概況

区　　分	単位	令和3年		令和4年		増　　減
			爆発		爆発	
出火件数	**件**	**66** (3)	— (-)	**55** (1)	— (-)	△ 11
建物火災		47 (1)	— (-)	45 (1)	— (-)	△ 2
林野火災		2 (-)	— (-)	— (-)	— (-)	△ 2
車両火災		8 (-)	— (-)	6 (-)	— (-)	△ 2
船舶火災		— (-)	— (-)	— (-)	— (-)	—
航空機火災		— (-)	— (-)	— (-)	— (-)	—
その他の火災		9 (2)	— (-)	4 (-)	— (-)	△ 5
焼損棟数	棟	70 (1)	— (-)	70 (1)	— (-)	—
全　　焼		22 (-)	— (-)	21 (-)	— (-)	△ 1
半　　焼		— (-)	— (-)	1 (-)	— (-)	1
部　分　焼		18 (1)	— (-)	14 (1)	— (-)	△ 4
ぼ　　や		30 (-)	— (-)	34 (-)	— (-)	4
建物焼損床面積	㎡	3,646 (17)	— (-)	3,242 (-)	— (-)	△ 404
建物焼損表面積	㎡	591 (-)	— (-)	157 (7)	— (-)	△ 434
林野焼損面積	a	73 (-)	— (-)	1 (-)	— (-)	△ 72
死者	人	6 (-)	— (-)	6 (-)	— (-)	—
負傷者	人	20 (-)	— (-)	21 (-)	— (-)	1
り災世帯数	世帯	37 (1)	— (-)	32 (-)	— (-)	△ 5
全　　損		11 (-)	— (-)	10 (-)	— (-)	△ 1
半　　損		— (-)	— (-)	1 (-)	— (-)	1
小　　損		26 (1)	— (-)	21 (-)	— (-)	△ 5
り災人員	人	112 (4)	— (-)	80 (-)	— (-)	△ 32
損害額	千円	241,507 (5,638)	— (-)	83,403 (82)	— (-)	△ 158,104
建　　物		231,995 (5,638)	— (-)	79,909 (82)	— (-)	△ 152,086
林　　野		60 (-)	— (-)	— (-)	— (-)	△ 60
車　　両		8,964 (-)	— (-)	434 (-)	— (-)	△ 8,530
船　　舶		— (-)	— (-)	— (-)	— (-)	—
航　空　機		— (-)	— (-)	— (-)	— (-)	—
そ　の　他		488 (-)	— (-)	3,060 (-)	— (-)	2,572
出　火　率	件/万人	2.5 (7.3)		2.1 (2.5)		△ 0.4

※1　建物焼損表面積とは、焼損が立体的ではなく、壁、天井、床板等部分的な場合の焼損面積の合計をいう。

※2　出火率とは、人口1万人当たりの出火件数をいう。

※3　出火率算出に用いた人口は、各年12月1日現在の住民基本台帳登録数による。

※4　( ) 内は、川口地域の数値で別掲したもの

20　月別出火件数

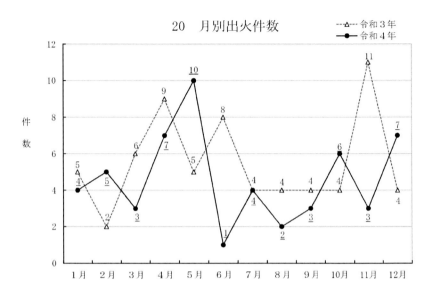

24　出火原因

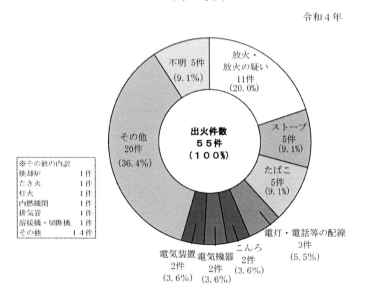

令和4年

※その他の内訳
焼却炉　　　　　　1件
たき火　　　　　　1件
灯火　　　　　　　1件
内燃機関　　　　　1件
排気管　　　　　　1件
溶接機・切断機　　1件
その他　　　　　　14件

1　災害出動状況

令和4年

出動種別 ＼ 区分	総数	火災	再燃防止等	風水害	焚火拡大等	油漏洩等	報知設備等自動火災	捜索	救急支援	誤・虚報	その他（管外火災等）
出 動 件 数	1,395 (14)	55 (1)	89 (-)	7 (3)	42 (2)	128 (5)	134 (2)	6 (-)	890 (-)	29 (-)	15 (1)
出 動 台 数	2,773	265	137	8	74	182	316	15	1,639	97	40
出 動 人 員	9,998	976	515	28	264	682	1,217	57	5,759	352	148

※　（　）内は、川口地域の数値で別掲したもの

2　事故種別救助活動状況

令和4年

事故等の種別 ＼ 区分	総数	火災		交通事故	水難事故	自然災害	機械事故による	建物等事故による	ガス酸欠事故	破裂事故及び	その他
		建物	建物以外								
救助出動件数	107 (2)	5 (-)	1 (-)	45 (2)	6 (-)	— (-)	4 (-)	20 (-)	— (-)	— (-)	26 (-)
救助活動件数	50	5	1	3	5	—	4	19	—	—	13
救 助 人 員	38	1	—	3	4	—	4	15	—	—	11

※1　本表の「火災」とは、救助活動を行う目的で出動した火災のうち、何らかの救助活動を行った火災をいう。
※2　（　）内は、川口地域の数値で別掲したもの

4 救急活動状況

比較\n区分	3 年	4 年	増 減	増減率 (%)	1 日 平 均	
					3 年	4 年
救 急 出 動 件 数	10,533\n(169)	11,475\n(180)	942	8.9	28.9	31.4
搬 送 件 数	9,598\n(154)	10,218\n(163)	620	6.5	26.3	28.0
搬 送 人 員	9,673\n(154)	10,292\n(163)	619	6.4	26.5	28.2
不 搬 送 件 数	935\n(21)	1,257\n(17)	322	34.4	2.6	3.4

※ （　）内は、川口地域の数値で別掲したもの

5 救急出動の推移

区 分\n年 別	人 口\n(12.31現在)	救急出動件数	搬 送 人 員	出 動 件 数 に\n対する人口比
30 年	266,638\n(4,373)	11,278\n(186)	10,611\n(182)	23.6\n(23.5)
元年	264,613\n(4,259)	11,379\n(190)	10,658\n(189)	23.3\n(22.4)
2 年	262,137\n(4,207)	9,788\n(183)	9,005\n(162)	26.8\n(23.0)
3 年	259,644\n(4,084)	10,533\n(169)	9,673\n(154)	24.7\n(24.2)
4 年	257,347\n(3,940)	11,475\n(180)	10,292\n(163)	22.4\n(21.9)

※ （　）内は、川口地域の数値で別掲したもの

「令和5年刊行消防年報」より抜粋

柏崎市の試験情報

令和6(2024)年度4月採用

令和5(2023)年度 第3回 柏崎市職員採用試験案内

受 付 期 間	令和5（2023）年7月6日（木）8時30分～8月18日（金）17時
第1次試験日	令和5（2023）年9月17日（日）

柏崎市における人材育成の基本方針は、次のとおりです。

---

1 目指す職員像

柏崎市民のため、将来にわたるまちの持続的発展のために、使命感、責任感及び先見性を持った行動力のある職員

2 職員が持つべき意識

- ✓ 思考基準 「高いコスト意識」「想像力・創造力」「多面的かつ公平な視点」
- ✓ 行動基準 「社会全般にわたっての高い情報収集力」「時流を見極め、機を失しないスピード感」
- ✓ 組織目標の共有化
- ✓ 市民との協働の必要性の認識
- ✓ 高い倫理観と使命感、仕事に対する誇り
- ✓ 多様な立場や価値観を理解し、自己のワーク・ライフ・バランスの実現を図ること

---

1 採用職種、採用予定人員、職務内容

採用職種	区分	採用予定人員	職務内容
一般行政事務	短大・専門学校卒業程度 / 高校卒業程度	若干名	市、上下水道局の各課又は出先機関等で、一般行政事務職員として業務に従事します。
保育士		若干名	保育園や児童施設において、児童の保育等に従事します。
消防士	高校卒業程度	若干名	災害現場における消火・救急・救助活動や、火災予防等の業務に従事します。
調理員（任期付）		6名程度	保育園における調理業務や調理業務に関連する事務用務に従事します。任期は、令和6（2024）年4月1日から令和9（2027）年3月31日までの3年間です。

※採用予定人員は、退職者の人数により変更する場合があります。

2 受験資格

採用職種	区分	受験資格
一般行政事務	短大・専門学校卒業程度	日本国籍を有し、平成14（2002）年4月2日から平成17（2005）年4月1日までに生まれた方
	高校卒業程度	日本国籍を有し、平成17（2005）年4月2日から平成18（2006）年4月1日までに生まれた方
保育士		昭和59（1984）年4月2日以降生まれで、保育士資格を有する方、又は令和6（2024）年3月31日までに取得見込みの方
消防士	高校卒業程度	・ 日本国籍を有し、平成15（2003）年4月2日から平成18（2006）年4月1日までに生まれた方 ・ 視力（矯正視力を含む。）が両眼で0.7以上かつ一眼でそれぞれ0.3以上 ・ 色覚 赤色、青色及び黄色の色彩が識別できること。 ・ 聴覚 左右正常であること。 ・ 身体強健で四肢に欠陥のないこと。 ・ 採用後、柏崎市・刈羽村・出雲崎町のいずれかに住所を有すること。（ただし、上記住所を有しなくとも、消防長の承認を得て、消防本部までの通勤時間が自家用車で50分程度の住所を有する場合を含む。）
調理員（任期付）		昭和41（1966）年4月2日以降生まれで、調理師免許又は栄養士免許を有する方

（注1）受験資格に該当していれば、最終学歴及び職歴の有無に関わらず受験できます。

（注2）地方公務員法第16条の規定により、次に該当する方は受験できません。

(1) 禁錮以上の刑に処せられ、その執行を終わるまで又は執行を受けることがなくなるまでの方

(2) 柏崎市職員として懲戒免職の処分を受け、当該処分の日から2年を経過しない方

(3) 日本国憲法施行の日以後において、日本国憲法又はその下に成立した政府を暴力で破壊することを主張する政党その他の団体を結成し、又はこれに加入した方

3 試験日時・内容・会場

(1) 一般行政事務（短大・専門学校卒業程度）（高校卒業程度）

	第1次試験	第2次試験	第3次試験
日時	9月17日（日）	10月中旬	11月中旬
内容	教養試験（択一式・40題） 時事、社会・人文、自然に関する一般知識を問う問題（20題）、文章理解、判断・数的推理、資料解釈に関する能力を問う問題（20題） 性格検査 行動的側面、意欲的側面、情緒的側面、社会関係的側面に関する測定	個別面接試験	個別面接試験
会場	産業文化会館 （駅前2丁目2番45号）	合格者に対し別途通知します	

(2) 保育士

	第1次試験	第2次試験	第3次試験
日時	9月17日（日）	10月中旬	11月中旬
内容	教養試験(択一式・60題) 社会についての関心や基礎的・常識的な知識、職務遂行に必要な基礎的な言語能力・論理的思考力を検証する問題 専門試験(択一式・30題) 社会福祉、子ども家庭福祉（社会的養護を含む。)、保育の心理学、保育原理・保育内容、子どもの保健 ※障害児保育については、いずれかの分野で出題することがあります。 性格検査 行動的側面、意欲的側面、情緒的側面、社会関係的側面に関する測定	個別面接試験	個別面接試験
会場	産業文化会館 （駅前2丁目2番45号）	合格者に対し別途通知します	

(3) 消防士（高校卒業程度）

	第1次試験	第2次試験	第3次試験
日時	9月17日（日）	10月中旬	11月中旬
内容	教養試験(択一式・40題) 時事、社会・人文、自然に関する一般知識を問う問題（20題）、文章理解、判断・数的推理、資料解釈に関する能力を問う問題（20題） 性格検査 行動的側面、意欲的側面、情緒的側面、社会関係的側面に関する測定 体力テスト ①立ち幅とび ②反復横跳び ③懸垂（女子は、ぶら下がり） ④持久走（男子5分、女子3分）	個別面接試験	個別面接試験
会場	中央地区コミュニティセンター、スポーツハウス （東港町5番55号）	合格者に対し別途通知します	

（注1）試験内容、試験会場、試験時間は、都合により変更となる場合があります。

（注2）第2次試験以降の日時は、各試験の合格通知に併せてお知らせします（調理員は第2次試験が最終試験となります。)。

（注3）性格検査の結果は、個別面接試験の参考とさせていただきます。

6 試験結果の個人情報開示について

以下の対象者は、不合格通知に併せて試験結果を記載します。

対象者	開示する内容
第1次試験不合格者	総合得点及び総合順位
第2次試験不合格者	第1次試験の総合得点及び総合順位並びに第2次試験の総合順位
第3次試験不合格者	第1次試験の総合得点及び総合順位並びに第2次・第3次試験の総合順位

7 最終合格者の内定及び通知

第3次試験までの結果に基づいて最終合格者を決定し、11月下旬までに合否を通知する予定です。最終合格者は、原則として令和6(2024)年4月1日採用の予定です。

なお、消防士の方は、採用後、5年以内に準中型運転免許以上を自費で取得していただきます。

8 給与・勤務時間等

(1) 初任給

令和5(2023)年4月1日現在の初任給は、下表のとおりです。採用前の職歴がある場合などには、一定の基準に基づいてこの額に加算されます。

職種	最終学歴	給料月額
一般行政事務 保育士	大学卒	185,200円
	短大卒	167,100円
	高校卒	154,600円
消防士	大学卒	203,200円
	短大卒	188,300円
	高校卒	174,500円
調理員(任期付)		168,800円

※調理員(任期付)は、年齢、学歴、職歴による加算はありません。

ただし、柏崎市の任期付職員としての職歴がある場合には、一定の基準に基づいてこの額に加算されます。

(2) 手　当

期末手当、勤勉手当及び状況により扶養手当、通勤手当、住居手当等が支給されます。

※(1)及び(2)について、採用までに関係条例等の改正が行われたときは、その定めによります。

(3) 勤務時間

原則として、月曜日から金曜日までの午前8時30分から午後5時15分まで

（消防士の交代制勤務者は、午前8時30分から翌日午前8時30分の15時間30分が1勤務）

(4) 休　日

原則として、土曜日、日曜日、祝日、12月29日から翌年1月3日まで

ただし、消防士の交代制勤務者は、休日勤務があります。

※勤務時間・休日については、勤務場所等により、これと異なる場合があります。

(5) 休　暇

年次有給休暇、療養休暇、特別休暇等があります。

年次有給休暇は、通常、採用された年は15日、翌年から20日が付与されます。

9　その他

(1) 試験当日のマスクの着用は、個人の判断によることとします。ただし、感染が拡大傾向にある場合には、マスク着用をお願いすることがあります。

※新型コロナウイルス感染症に関して、政府の対応方針が変更された場合、採用試験における感染症対策を変更することがあります。

-職員採用試験についてのお問合せ先-

●柏崎市総合企画部人事課職員係

〒945-8511 柏崎市日石町2番1号　℡ 0257-43-9143　✉ jinji@city.kashiwazaki.lg.jp

《柏崎市職員採用案内ページ》
https://www.city.kashiwazaki.lg.jp/soshikiichiran/sogokikakubu/jinjika/2/5/index.html

柏崎市の自治体情報

1　火災の概況

区分	令和3年	令和4年	前年比較増減
出火件数	25	27	2
建物火災	18	18	0
林野火災	0	0	0
車両火災	1	4	3
その他の火災	6	5	△ 1
焼損棟数	23	22	△ 1
全焼	5	3	△ 2
半焼	1	4	3
部分焼	8	7	△ 1
ぼや	9	8	△ 1
建物焼損面積（㎡）	1,637	872	△ 765
林野焼損面積（a）	4	0	△ 4
死者数	0	4	4
負傷者数	1	1	0
り災世帯数	8	15	7
全損	2	5	3
半損	1	2	1
小損	5	8	3
り災人員数	18	27	9
損害額（千円）	73,798	71,199	△ 2,599
建物火災	70,733	70,186	△ 547
林野火災	0	0	0
車両火災	433	974	541
その他の火災	2,632	39	△ 2,593
出火率（件）	2.8	3.1	0.3

※出火率：人口１万人当たりの出火件数
　人口：住民基本台帳（令和４（２０２２）年１２月３１日現在）による。

4　原因別出火件数

令和4（2022）年

区分	火災種別	建物火災	林野火災	車両火災	その他火災	計
出火原因	放火	2			1	3
	配線器具	3				3
	たき火				2	2
	たばこ	2				2
	ストーブ	2				2
	電気機器	1			1	2
	灯火	1				1
	衝突の火花	1				1
	取灰	1				1
	内燃機関			1		1
	溶接機・切断機				1	1
	電灯・電話等の配線	1				1
	その他	1		3		4
	不明・調査中	3				3
計		18	0	4	5	27

5　火災による死者数の推移

年別 ＼ 年齢別	0〜4	5〜9	10〜14	15〜19	20〜24	25〜29	30〜34	35〜39	40〜44	45〜49	50〜54	55〜59	60〜64	65〜69	70以上	不明	計
平成25年												1					1
平成26年																	0
平成27年															2		2
平成28年									1				2		1		4
平成29年										1							1
平成30年																	0
平成31年								1	1						1		3
令和2年										1				2	1		4
令和3年																	0
令和4年										1	1				2		4
計	0	0	0	0	0	0	0	1	2	3	1	1	2	2	7	0	19

6 救急総括表

令和4（2022）年

市町村	区分	事故種別										その他			計
		火災	自然災害	水難	交通	労働災害	運動競技	一般負傷	加害	自損行為	急病	転院	医師	その他	
柏崎市	出場件数	13		8	178	39	26	644	12	26	2,453	351	31	42	3,823
	ドクヘリ件数	1		1	36	8	2	37		2	185	13			285
	不搬送件数	12		5	25		2	28	3	13	151	1	31	39	310
	搬送人員	1		3	163	39	26	618	10	13	2,303	350		3	3,529
刈羽村	出場件数	2		1	11	3	8	30		1	120	1	2	2	181
	ドクヘリ件数				1	2	1	6		1	9				20
	不搬送件数	2		1							8		2	2	15
	搬送人員				12	3	8	30		1	112	1			167
出雲崎町	出場件数	3		2	15	6	1	41		2	186	5	1	3	265
	ドクヘリ件数							3		1	7				11
	不搬送件数	3		2	3	1					9		1	3	22
	搬送人員				14	5	1	41		2	177	5			245
管外	出場件数				1										1
	ドクヘリ件数														0
	不搬送件数				1										1
	搬送人員														0
計	出場件数	18	0	11	205	48	35	715	12	29	2,759	357	34	47	4,270
	ドクヘリ件数	1	0	1	37	10	3	46	0	4	201	13	0	0	316
	不搬送件数	17	0	8	29	1	2	28	3	13	168	1	34	44	348
	搬送人員	1	0	3	189	47	35	689	10	16	2,592	356	0	3	3,941

※ドクヘリ件数…当本部がドクターヘリを要請した件数

22 救助活動件数

令和4（2022）年

事故種別 / 区分	火災		交通事故	水難事故	風水害等	自然事故	機械による事故	建物による事故	ガス及び酸欠事故	破裂事故	その他の事故	計
	建物	建物以外										
出場件数	3		19	10					1		18	51
活場件数	3		3	7							10	23
救助人員			5	3							10	18

23 月別救助出場件数

令和4（2022）年

事故種別 / 月	火災		交通事故	水難事故	風水害等	自然事故	機械による事故	建物による事故	ガス及び酸欠事故	破裂事故	その他の事故	計
	建物	建物以外										
1月			1									1
2月	1										2	3
3月			2	2								4
4月				2							3	5
5月			1								3	4
6月			3								1	4
7月	1										3	4
8月	1		4	4							2	11
9月				1							2	3
10月			2									2
11月			1								1	2
12月			5	1					1		1	8
計	3	0	19	10	0	0	0		1	0	18	51

「令和4（2022）年版消防年報」より抜粋

令和6年度採用

上 越 地 域 消 防 事 務 組 合

消防職員採用試験案内（Ⅱ・Ⅲ種）

次のとおり令和6年度採用の職員採用試験を行いますので、ご応募ください。

1　職種・採用予定人員

職　種	採用予定人員	主　な　職　務　内　容
消防吏員	Ⅰ種・Ⅱ種・Ⅲ種を合わせて7人程度	市民の生命、身体、財産を火災等の災害から守るため主に次の業務を行います。 (1) 災害等の警戒、防除、鎮圧 (2) 人命救助及び救急に関する業務 (3) 火災の予防に関する業務 (4) 建築物の使用検査、消防用設備の審査・検査事務 (5) 火災の原因調査及び損害調査に関する業務 (6) 危険物施設等の許可、認可業務 (7) その他消防行政に関する業務

2　受験資格

		受　験　資　格
区 分	Ⅱ　種	平成11年4月2日から平成16年4月1日までに生まれた人で、学校教育法による短期大学を卒業又は令和6年3月末日までに卒業見込みの人（これらと同等と認める人を含む。） ただし、次の人は受験できません。 ・学校教育法による大学（4年制）を卒業又は令和6年3月末までに卒業する見込みの人
	Ⅲ　種	平成11年4月2日から平成18年4月1日までに生まれた人。 ただし、次の人は受験できません。 ・学校教育法による大学（4年制）を卒業又は令和6年3月末までに卒業する見込みの人 ・学校教育法による短期大学を卒業又は令和6年3月末までに卒業する見込みの人（これらと同等と認める人を含む。）
身　体		・視力が矯正視力を含み両眼で0.7以上、かつ一眼でそれぞれ0.3以上であること。 ・色覚、聴力、言語その他身体に職務遂行上の支障がないこと。
そ の 他		採用後、上越市内又は妙高市内に居住可能であること。

（1）次の事項のいずれかに該当する人は受験できません。

　ア　日本国籍を有しない人

　イ　地方公務員法第16条に規定されている次の欠格事項に該当する人

　（ア）禁錮以上の刑に処せられ、その執行を終わるまで又はその執行を受けることがなくなるまでの人

　（イ）上越地域消防事務組合職員として懲戒免職の処分を受け、当該処分の日から2年を経過しない人

　（ウ）日本国憲法施行の日以後において、日本国憲法又はその下に成立した政府を暴力で破壊することを主張する政党その他の団体を結成し、又はこれに加入した人

3　試験の方法・試験日・試験会場

	一 次 試 験			二 次 試 験
	教 養 試 験	作文・適性検査	体 力 試 験	
試験の方法	消防職員として必要な一般教養及び知能についての試験 （ア）出題分野 　社会、人文及び自然に関する一般知識並びに文章理解、判断推理、数的推理及び資料解釈に関する一般知能 （イ）出題形式・択一式 　（120分）	課題式の作文（600字程度・60分）と職務に対する適応性についての検査（20分）	消防職員として必要な体力を有しているかどうかを判断するための試験	一次試験合格者に対し実施 (1) 個別面接試験 (2) 健康診断書提出による身体検査 ※ 身体検査は、職務遂行に必要な身体要件を満たすものかどうかを書面にて確認するためのものです。
試験日受付時間	令和5年9月17日（日） 午前8時から午前8時30分まで			※令和5年10月下旬
試験時間	午前9時から午後5時頃まで			未　　定
試験会場	上越地域消防局（上越市大字藤野新田330番地1）			

（注）※は予定であり、変更する場合があります。

4　合格の発表

区　　分	発　　表	方　　　　法
一次試験	※10月上旬	受験者全員に合否を通知します。また、上越地域消防事務組合のホームページでも合格者の受験番号を掲載します（電話での回答は行いません）。
二次試験	※11月上旬	

（注1）※は予定であり、変更する場合があります。

（注2）個人情報の保護に関する法律第76条の規定に基づき、試験の結果について開示請求することができます。開示を希望する場合は、受験者本人が受験票及び身分証明書(運転免許証等)を持参のうえ、上越地域消防局総務課へおいでください。

5 合格から採用まで

（1）二次試験合格者に対して、合格発表以降に採用内定を通知します。

（2）採用予定日は令和6年4月1日です。採用決定後は消防吏員に任命され、上越市内又は妙高市内の消防署又は分遣所へ配属されます。その後、新潟県消防学校（全寮制）において、約6か月間の初任科教育を受けます。

6 受験手続

<table>
<tr><td rowspan="2">提出書類
（①と②の両方）</td><td colspan="2">① 受験申込書（令和6年3月末までに高等学校を卒業見込みの人は、全国高等学校統一用紙「履歴書」「調査書」とします。）</td></tr>
<tr><td colspan="2">② 受験票返送用の返信封筒（長型3号の定型封筒）に84円切手を貼り、送付先の住所・氏名を明記してください。</td></tr>
<tr><td rowspan="4">申込</td><td rowspan="2">方法</td><td>郵送</td><td>① 書留とし、封筒の表に「受験申込」と朱書きしてください。
② 封筒裏面に受験者の住所、氏名を記入してください。</td></tr>
<tr><td>持参</td><td>受付期間内の土曜日、日曜日及び祝祭日を除く、午前8時30分から午後5時15分まで受け付けます。</td></tr>
<tr><td colspan="2">受付期間</td><td>令和5年7月26日（水）から8月23日（水）まで
（郵送の場合は、受付期間最終日の消印有効とします。）</td></tr>
<tr><td colspan="2">受験票の交付</td><td>受験票は郵便で送付しますが、9月8日（金）までに届かない場合は早急に上越地域消防局総務課　企画・人事係(TEL025-545-0227)にご連絡ください。</td></tr>
<tr><td colspan="3">郵送・持参先</td><td>〒943-0171　新潟県上越市大字藤野新田330番地1
上越地域消防局　総務課　企画・人事係</td></tr>
</table>

（注1）　提出書類が不備なものは、受け付けませんので注意してください。

（注2）　受付後の提出書類は、お返ししません。

7 給与

（1）初任給（給料月額・令和5年4月1日現在）

　　　Ⅱ種　167,100円　　　　Ⅲ種　154,600円

　　　※企業等で勤務経験がある人の初任給は、上記の給料月額に経験（前歴）分を加算し決定します。

（2）諸手当

　　　期末手当、勤勉手当、通勤手当等を支給します。

8 勤務時間及び休暇

（1）勤務は交替制勤務で、1当務の勤務時間は午前8時30分から翌日午前8時30分まで（仮眠、休憩時間含む。）です。勤務終了後は非番日となり、その翌日は週休日（休日）となります。ただし、この「当番、非番、週休」のサイクルを繰り返す中で、平均で3週間に1回の週休日にあたる日が日勤の勤務となります。

（2）休暇は、年次有給休暇、病気休暇、介護休暇、特別休暇等があります。年次有給休暇は1年に20日（4月1日採用の場合は15日）です。

◇　問合せ

　　上越地域消防局　総務課企画・人事係

　　〒943-0171　新潟県上越市大字藤野新田330番地1

　　TEL 025-545-0227　　FAX 025-545-0231

上越地域の自治体情報

地域別火災発生状況

区分 署所	地域	計	火災件数 建物火災	林野火災	車両火災	船舶火災	その他火災	焼損面積 床面積(㎡)	表面積(㎡)	林野(a)	損害額(千円)	死者	負傷者	出火率(注)
合計	令和4年	70	41	2	7		20	2,245	88	1	149,852	2	13	3.2
	令和3年	58	34	1	10		13	1,819	120	51	64,802	2	11	2.7
増減		12	7	1	▲3		7	426	▲32	▲50	85,050		2	0.5
上越消防署	合併前上越市	12	9		1		2	129			7,843		3	
	頸城区	6	6					290			14,290			
	小計	18	15		1		2	419			22,133		3	
名立分遣所	名立区	3	1				2	94			3,250			
	小計	3	1				2	94			3,250			
上越南消防署	合併前上越市	14	8		2		4	159	54		77,139	1	1	
	小計	14	8		2		4	159	54		77,139	1	1	
高士分遣所	合併前上越市	2	2						3		22			
	三和区	1	1					10			81			
	清里区	1					1							
	牧区	1	1					35			250			
	小計	5	4				1	45	3		353			
新井消防署	新井地域	3	1				2	318			4,927			
	中郷区	2			2						907			
	板倉区	4	1				3	104			1,327			
	小計	9	2		2		5	422			7,161		1	
頸北消防署	柿崎区	7	4				3	664	31		16,999	1	3	
	大潟区	4	3		1			116			14,195		2	
	吉川区	2		1			1			1			1	
	小計	13	7	1	1		4	780	31	1	31,194	1	6	
頸南消防署	妙高高原地域	3	2		1			326			8,561			
	妙高地域													
	小計	3	2		1			326			8,561			
東頸消防署	安塚区	2	1				1				2		1	
	浦川原区	1					1				58			
	大島区	2	1				1				1		1	
	小計	5	2	1			2				61		2	

(注)出火率とは人口1万人当たりの出火件数をいう。

火災原因分類表

原因 ＼ 署所	計	上越消防署 (名立分遣所含む)	上越南消防署 (高士分遣所含む)	新井消防署	頸北消防署	頸南消防署	東頸消防署
合　　計	70	21	19	9	13	3	5
た　ば　こ	3	2			1		
こ　ん　ろ	1				1		
か　ま　ど	2			1	1		
風 呂 か ま ど							
炉							
焼　却　炉							
ス ト ー ブ	4	2	1				1
こ　た　つ							
ボ イ ラ ー							
煙 突 ・ 煙 道							
排　気　管	3		1		1		1
電 気 機 器	1	1					
電 気 装 置	1	1					
電灯・電話等の配線	3	1	1		1		
内 燃 機 関							
配 線 器 具	1	1					
火 あ そ び							
マッチ・ライター							
た　き　火	13	1	3	3	5		1
溶接機・切断機	2	2					
灯　　火							
衝 突 の 火 花							
取　　灰							
火　入　れ	1			1			
放　　火	2		1		1		
放 火 の 疑 い	6	2	3			1	
そ　の　他	21	6	6	4	2	1	2
不　　明	6	2	3			1	

救急出場件数

市名		救急事故種別														出動件数		対前年比
		火災	自然災害	水難	交通	労働災害	運動競技	一般負傷	加害	自損行為	急病	転院搬送	医師搬送	資器材輸送	その他	令和4年	令和3年	
上越市	合併前上越市	13	10	10	266	74	37	834	15	51	3,679	676	4		34	5,703	5,396	307
	安塚区	2			7	5		23		2	100	26				165	161	4
	浦川原区	1		1	3	3		35		1	97	15			1	157	145	12
	大島区	1			4	2		20		5	44	21	1			98	95	3
	牧区	1		1	6	4		16			62	30				120	107	13
	柿崎区	2		1	15	4	2	47		2	317	47			1	438	410	28
	大潟区	2			15	7	4	45	1		275	42			3	394	363	31
	頭城区	2			18	19		65	1	5	276	7			2	395	351	44
	吉川区	1			7			40		2	118	5			1	177	162	15
	中郷区	1			5	5	1	21		3	111	3			3	153	116	37
	板倉区	4			10	1	2	29		1	162	28			2	239	221	18
	清里区	1			4	1		20			80	24				130	98	32
	三和区	1			9	1	2	30		4	145	16			1	209	198	11
	名立区	2			8	2		39			110	14			2	171	139	32
小計		34	10	13	377	130	48	1,264	17	76	5,576	948	6	0	50	8,549	7,962	587
妙高市	新井地域	3	1	1	34	10	3	209	3	9	686	110			4	1,074	932	142
	妙高高原地域	1	2		8	10	1	85		2	141	63			2	315	289	26
	妙高地域		2		8	5	1	41		1	111	5				174	123	51
小計		4	5	1	50	25	5	335	3	12	938	178	1	0	6	1,563	1,344	219
他市町村					4	1										5	7	△2
合計	令和4年	38	15	14	431	156	53	1,599	20	88	6,514	1,126	7	0	56	10,117	9,313	804
	令和3年	7	5	13	385	142	43	1,499	14	91	5,864	1,177	6		67	9,313		
対前年比		31	10	1	46	14	10	100	6	△3	650	△51	1	0	△11	804		

救助活動状況

事故種別／区分	合計	火災事故	交通事故	水難事故	自然災害	機械事故	建物事故	酸欠事故	その他
出場件数	63	1	28	7	3	5	5		14
活動件数	44	1	19	4		4	4		12
救出人員	40		19	2		4	4		11

「令和4年版消防年報」より抜粋

新発田地域の試験情報

令和5年度

新発田地域広域事務組合消防士採用試験案内

(令和6年4月1日付採用)

令和5年6月1日
新発田地域広域事務組合
消防本部総務課
℡0254-22-3789

◇第一次試験日　　　令和5年9月17日　(日)　　**筆記試験**
　　　　　　　　　　令和5年9月18日　(月・祝日)　**体力試験**

◇受験申込受付期間　令和5年7月5日(水)から7月26日(水)まで

1　職種、採用予定人員及び受験資格

職　　種	採用予定人員	受　　験　　資　　格
消防士	若干名	・平成11年4月2日から平成18年4月1日までに生まれた人で学校教育法の規定に基づく高等学校卒業程度以上又は、令和6年3月31日までに卒業見込の人 ・矯正視力を含む両眼で0.7以上かつ、一眼でそれぞれ0.3以上 ・赤色、青色及び黄色の色彩が識別できる人 ・聴力が左右とも正常な人・身体に職務遂行上支障がない人 ・普通自動車免許(**オートマ限定不可**)を有する人(取得見込みの人も受験可)
消防士 (救急救命士)	若干名	・上記消防士の受験資格要件に加え、**救急救命士法に基づく救急救命士資格を有する人(救急救命士資格取得見込みの人も受験可)**

※採用予定人員については、変更になる場合が有ります。

2　欠格事項

次のいずれか一つに該当する人は、受験できません。

(1) 日本の国籍を有しない人
(2) 禁錮以上の刑に処せられ、その執行を終わるまで又はその執行を受けることがなくなるまでの人
(3) 新発田地域広域事務組合職員として懲戒免職の処分を受け、当該処分の日から2年を経過しない人
(4) 日本国憲法施行の日以後において日本国憲法又はその下に成立した政府を暴力で破壊することを主張する政党その他の団体を結成し、又はこれに加入した人

3 試験の日時及び場所

区　　分	日　　　　時	場　　　　所
第一次試験	教養試験、事務適性検査、消防適性検査 令和5年9月17日（日） 受付時間 午前9時から午前9時40分まで(予定) 試験時間 午前10時から午後12時30分まで	敬和学園大学 新発田市富塚1270番地
	体力試験 令和5年9月18日（月・祝日） 受付時間 午前8時30分から午前9時まで 試験時間 午前9時15分から午後12時まで	新発田地域広域消防本部 新発田市新栄町1丁目8番31号
第二次試験	令和5年10月下旬予定 面接試験、作文試験	新発田市生涯学習センター（予定） 新発田市中央町5丁目8番47号

※　受付時間に遅刻すると受験できません。

4 試験の方法

試　験　種　別		内　　　　　容
一次	教養試験	公務員として必要な一般的知識及び知能について択一式による筆記試験を行います(高校卒業程度)
	事務適性検査	職業人としての必要な適性についての検査を行います
	消防適性検査	協調性、活動性、情緒安定性等の適否を評価します
	体力試験	消防職員としての基礎体力測定試験を行います
二次	面接試験	第一印象、積極性、態度、表現力、判断力等を評価します
	作文試験	課題の理解力、思考力及び表現力等について筆記試験を行います

5 採用試験申込受付期間

　　令和5年7月5日（水）から令和5年7月26日（水）までに直接または郵送で受け付けます。
（1）郵送の場合は、7月26日（締切日）までの消印のあるものに限り受け付けます。
（2）直接申し込む場合は、土日祝日を除く午前8時30分から午後5時15分までに下記提出
　　先まで持参すること。

6 申込方法

（1）申込書に所要事項を記入し、押印、写真(縦4㎝、横3㎝)を貼り、他に2枚を添付すること。
（2）3枚の写真の裏面には、必ず氏名を記入し、申込書の撮影日欄も必ず記入すること。
（3）普通自動車免許、大型自動車免許、小型船舶操縦士（2級以上）潜水士、玉掛け技能講習、
　　移動式クレーン運転士の資格を取得している場合は免許証の写しを同封或いは提出すること。
（4）受験票を郵送（特定記録郵便）しますので、244円切手を貼り、郵送先の住所・氏名を
　　明記した封筒（長形3号の定形封筒）を同封或いは提出すること。
（5）一次試験合格者には健康診断書を提出していただきます。
（6）提出された書類は返却しません。

7 申込書提出先

〒957-0063

新発田市新栄町1丁目8番31号

新発田地域広域事務組合消防本部 総務課 ☎0254-22-3789

※案内、申込書は消防本部総務課、各消防署、分署、各出張所に置いてあります。

※新発田地域広域事務組合消防本部のホームページからもダウンロードできます。

※申込用紙を郵送で提出する場合は、用紙を折り込まないで封筒に入れ、封筒の表に『消防職員採用試験』と朱書きし、書留（配達証明）郵便など確実な方法で提出すること。

8 受験時の持参品及び注意事項

・筆記試験（会場 敬和学園大学）

受験票、HBの黒鉛筆、鉛筆削り、消しゴム（ボールペン、万年筆を使用した場合には採点できません）

試験会場には駐車場があります。

試験会場は、全面禁煙です。

試験会場の備品には絶対に手を触れないでください。

・体力試験（会場 新発田地域広域消防本部）

受験票、トレーニングウェア及び運動靴を持参してください。

試験会場は自家用車の乗入れ及び駐車は禁止です。

消防本部近隣の商業施設駐車場にも絶対に駐車しないでください。

9 試験結果の個人情報開示

試験の結果については、新発田地域広域事務組合個人情報保護条例第11条の規定に基づき、開示を請求することができます。開示を希望する場合は、事前に連絡したうえで受験者本人が受験票及び受験者本人であることが証明できるもの（運転免許証等）を必ず持参のうえ、直接消防本部総務課までおいでください。

○開示対象者及び開示内容

開示対象者	開示する内容	開示請求受付の時期
第1次試験の不合格者	開示内容：第1次試験の総合得点及び総合順位	第1次試験合格発表日から2週間以内
第2次試験の不合格者	第1次試験の総合得点及び総合順位並びに第2次試験の総合順位	第2次試験合格発表日から2週間以内

10 採用されない場合

合格者が次のいずれかに該当した場合は、採用されません。

（1）受験資格の学校を卒業見込みとして受験した人が所定の時期までに卒業できなかった場合。

（2）採用試験受験申込書、その他提出書類に虚偽の記載をしていることが判明した場合。

11 給与

給与は、新発田地域広域事務組合職員の給与及び勤務時間等に関する条例の規定により支給します。給料は18歳高校卒業で月額178,000円、22歳大学卒業で月額207,600円です。ただし、採用時には、この額が変更されることがあります。このほか、期末手当、勤勉手当及び状況により扶養手当、通勤手当等が支給されます。

新発田地域の自治体情報

令和4年の火災と前年比較

区　　分	単　位	令和4年 A	令和3年 B	増減（A－B） C	C／B×100%
出　火　件　数	件	21	32	△ 11	△ 34.4
建　　物	〃	16	17	△ 1	△ 5.9
林　　野	〃				──
車　　両	〃	2	5	△ 3	△ 60.0
船　　舶	〃				──
航　空　機	〃				
そ　の　他	〃	3	10	△ 7	△ 70.0
焼　損　棟　数	棟	32	31	1	3.2
全　　焼	〃	8	10	△ 2	△ 20.0
半　　焼	〃	1		1	──
部　分　焼	〃	11	6	5	83.3
ぼ　　や	〃	12	15	△ 3	△ 20.0
建　物　焼　損　面　積	㎡	1,828.0	1,223.0	605.0	49.5
林　野　焼　損　面　積	a	23	115	△ 92.0	△ 80.0
死　　　　　　　者	人	2		2	──
負　　傷　　者	人	7	4	3	75
り　災　世　帯　数	世帯	24	11	13	118.2
全　　損	〃	5	3	2	66.7
半　　損	〃				──
小　　損	〃	19	8	11	137.5
り　災　人　員	人	53	23	30	130.4
損　　害　　額	千円	113,821	42,907	70,914	165.3
建　　物	〃	110,183	39,131	71,052	181.6
林　　野	〃				──
車　　両	〃	3,634	2,756	878	31.9
船　　舶	〃				
航　空　機	〃				──
そ　の　他	〃	4	1,020	△ 1,016	△ 99.6
出　　火　　率	件	1.5	2.3	△ 0.8	△ 34.8

※出火率とは、人口1万人あたりの出火件数をいう。

管内市町別火災の状況

区分 市町別	火災件数 計	建物	林野	車両	船舶	その他	爆発件数	焼損棟数 計	全焼	半焼	部分焼	ぼや	り災世帯数 計	全損	半損	小損
新発田市	14	10		2		2		18	4	1	4	9	19	3		16
胎内市	2	2						6	2		3	1	3	2		1
聖籠町	5	4				1		8	2		4	2	2			2
合計	21	16	0	2	0	3	0	32	8	1	11	12	24	5	0	19

原因別火災件数

原因 年別	計	たばこ	たき火	火あそび	こんろ	放火(疑い含む)	風呂かまど	ストーブ	マッチライター	煙道・煙突	電気機器等電気配線	その他	不明
25	30		2			8		2	1	1	4	7	5
26	34	2	5		2	2		1	2		3	11	6
27	33	2	4		2	4		4			8	4	5
28	34	1	2		1	3	1	3		1	6	12	4
29	15	1	1		2	2	1	1			4	2	1
30	39		4		2	3		2			9	9	10
31.元	22	1	1	1		2		4			3	9	1
2	29				4	9		2			4	6	4
3	32		6		2			1	1		6	7	9
4	21		1		1	3					4	5	6
平均	28.9	0.7	2.6	0.1	1.6	3.6	0.2	2.1	0.4	0.2	5.1	7.2	5.1

月別火災件数

月別 年別	合計	1	2	3	4	5	6	7	8	9	10	11	12
25	30	2	3	7	3	1	2	3	1	2	2	2	2
26	34	3	1	3	7	8		1	2	2		4	3
27	33	1	2	3	7	7	2		1	1	4	1	3
28	34	5	2	4	4	3	3	3	4	1	2	1	2
29	15	2		3		1	2	2		1	1	2	1
30	39	4	2	5	5	4	3	3	5	1	3	1	3
31.元	22	3		6	4	2	3	1		1	1		
2	29	6	4	2	1	4	1	1		2			6
3	32	3	3	1	8	3	2	3	1	2		3	
4	21	2	3	1	1		2		1	1		3	4
平均	28.9	3.1	2.0	3.5	4.0	3.3	2.0	2.1	1.7	1.3	1.8	1.7	2.4

50

救 急

令和4年出場状況と前年比較

年別	事故種別／区分	合計	火災	自然災害	水難	交通	労働災害	運動競技	一般負傷	加害	自損行為	急病	その他	
													転院搬送	その他
4年	出場件数	6,595	18	1	9	343	85	46	914	12	59	4,336	639	133
	不 搬 送	1,034	11	0	5	88	3	6	130	3	21	644	3	120
	搬送人員	5,606	12	1	4	284	82	40	785	10	38	3,700	637	13
3年	出場件数	5,817	22	2	14	320	107	32	768	16	63	3,777	610	86
	不 搬 送	675	20		5	64	6	1	71	5	26	393	3	81
	搬送人員	5,167	2	2	9	279	101	31	698	11	37	3,385	607	5

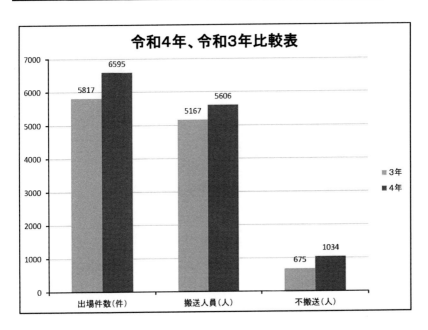

令和4年、令和3年比較表

救 助

令和4年出場状況と前年比較

年別	事故種別区分	火災 建物	火災 建物以外	交通事故	水難事故	風水害等自然災害事故	機械による事故	ガス及び酸欠事故	建物等による事故	破裂事故	その他	計
3年	出動件数			32	10			10	4		22	78
3年	活動件数			8	4			6	1		6	25
4年	出動件数	2		29	8	2	1	10	1		30	83
4年	活動件数	2		8	3	1	1	9			7	31

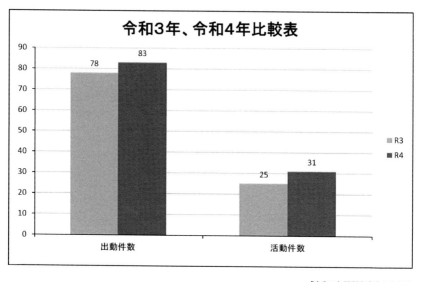

令和3年、令和4年比較表

「令和4年消防年報」より抜粋

52

佐渡市の試験情報

令和6年度採用（後期試験）
佐渡市職員採用試験　受験案内

令和5年7月10日
佐　　渡　　市
新潟県佐渡市千種232番地
℡0259-63-3111

佐渡市職員採用試験を次により行います。

1　職種、受験資格、採用予定人員

職　種	受験資格	採用予定人員	勤務先
一　般　事　務 （高校卒業程度）	平成5年4月2日から平成18年4月1日までに生まれた方	若干名	市役所本庁舎など
消　　防 （消防士または救急救命士）	平成5年4月2日以降に生まれた方で、次のいずれかに該当する方 (1) 普通自動車以上の運転免許を有する方または令和7年3月31日までに取得する見込みの方 (2) 救急救命士の資格を有する方で、普通自動車以上の運転免許を有する方または令和7年3月31日までに取得する見込みの方 (3) 令和5年度に実施される資格試験により救急救命士の資格を取得する見込みの方で、普通自動車以上の運転免許を有する方または令和7年3月31日までに取得する見込みの方	若干名	消防本部、各消防署
保　　健　　師	昭和53年4月2日以降に生まれた方で、次のいずれかに該当する方 (1) 保健師の資格を有する方 (2) 令和5年度に実施される資格試験により保健師の資格を取得する見込みの方	若干名	市役所、市立福祉施設、市立病院
学　　芸　　員	昭和58年4月2日以降に生まれた方で、次のいずれかに該当する方 (1) 学芸員の資格を有する方 (2) 令和5年度に学芸員の資格を取得する見込みの方	若干名	市役所本庁舎など

※　採用予定人員は、職員の退職の状況により変更になることがあります。
※　受験申込みは、年度を通じて1つの職種に限ります。（前期と後期の併願はできません。ただしフルタイム会計年度任用職員は除きます。）
※　後期試験で募集を予定していました「社会福祉士」は、都合により募集を取り止めます。応募を検討されていた方には大変申し訳ございませんが、ご了承ください。

◎　次のいずれかに該当する方は、受験できません。
・　日本の国籍を有しない方
・　禁錮以上の刑に処せられ、その執行を終わるまでまたはその執行を受けることがなくなるまでの方
・　佐渡市職員として懲戒免職の処分を受け、当該処分の日から2年を経過しない方
・　日本国憲法施行の日以後において、日本国憲法またはその下に成立した政府を暴力で破壊することを主張する政党その他の団体を結成し、またはこれに加入した方

2 試験の日時および会場

区 分	日 時	会 場
第1次試験	令和5年9月17日（日曜日） 受付時間 午前8時30分から 　　　　　午前8時50分まで 試験開始 午前9時から（予定）	佐渡市役所本庁舎 （佐渡市千種232番地）
第2次試験	令和5年10月下旬から11月上旬までの間	日時、試験会場は第1次試験の合格者に通知します。

3 合格の発表

区 分	時 期	方 法
第1次試験合格者	令和5年10月上旬の予定	佐渡市ホームページで合格者の受験番号を掲示するほか、受験者に合否を通知します。
最 終 合 格 者	令和5年11月中旬の予定	

4 合格から採用まで

　この試験による採用は、最終合格者の中から決定することとし、令和6年4月1日以降を最初の採用の日とします。また、合格者全員を採用するとは限りません。

5 試験の方法

(1) 第1次試験

試験種別	該当職種	内 容
教養試験	一般事務（高校卒業程度） 消防（消防士または救急救命士） 学芸員	一般知識および能力について高校卒業程度で択一式による筆記試験を行います。（時事、社会・人文および自然に関する一般知識ならびに文章理解、判断・数的推理および資料解釈に関する能力）
専門試験	保健師	看護、保健医療福祉に関する知識について択一式による筆記試験を行います。（公衆衛生看護学、疫学、保健統計学、保健医療福祉行政論）
作文等試験	全職種	課題の理解力、思考力および表現力等について、筆記試験を行います。
適性検査	全職種（消防を除く）	**性格特性検査** 公務員に求められる資質について、性格特性等の検査を行います。
	全職種（消防を除く）	**事務適性検査** 事務の作業能力について、正確さ、迅速さ等の検査を行います。
	消防（消防士または救急救命士）	**消防適性検査** 消防職員としての適応性を性格的な面および認知能力（迅速・的確な対応や機器操作技能等の基礎）の面から検査を行います。

(2) 第2次試験（全職種）

　第1次試験の合格者に対して面接試験を行います。

6 給与

給与は、佐渡市職員の給与に関する条例等の規定により支給します。

なお、学歴・職歴等により、一定の基準で調整されます。

職　種	初 任 給 （令和5年4月1日現在）	
保健師	大 卒	月額185,200円
一般事務（高校卒業程度）、学芸員	大 卒	月額175,300円
	短大2卒	月額164,100円
	高 卒	月額154,600円
消防（消防士または救急救命士）	大 卒	月額207,600円
	短大2卒	月額191,700円
	高 卒	月額178,000円

また、このほかに期末手当、勤勉手当や、状況により扶養手当、通勤手当等が支給されます。

7 受験手続

(1) 受験申込方法

- 受験申込書を、佐渡市ホームページ（https://www.city.sado.niigata.jp/）からダウンロードし、A4で印刷して所要事項を記入のうえ、写真（縦4cm、横3cm）1枚を貼り、ほかに2枚を添付して提出してください。受験申込書は、佐渡市総務部総務課のほか、各支所・行政サービスセンターにも備え付けてあります。

- 資格が必要な職種は、受験資格を証明する書類（免許証、資格証、合格証明書等）いずれかの写しを、資格取得見込みの場合は、資格試験の受験要件を証明する書類（学校等の卒業（見込）証明書、修了（見込）証明書、成績証明書等）いずれかを提出してください。

- 障害者手帳をお持ちの方が受験される場合は、障害者手帳の写しを提出してください。

- 今年度から「ぴったりサービス」（オンライン申請）でも申込みを受け付けます。以下の二次元コードからアクセスし、お申し込みください。その場合の提出書類（以下の表の(2)から(5)）は、電子データを添付いただければ郵送等での提出は不要ですが、データの不具合等により内容の確認が困難な場合は、書面での提出をお願いする場合があります。

  ※ **マイナンバーカードの読み取りが必要**です。

  ※ 必ず佐渡市ホームページ等で受験案内をご確認のうえ、お申し込みください。

申請用二次元コード

申請ナビ

佐渡市ホームページ

職　種	提出書類
一般事務（高校卒業程度）	(1) 受験申込書 (2) 写真3枚（裏面に氏名を記入し、うち1枚は受験申込書に貼付すること。） (3) 障害者手帳の写し（障がい者の方が受験する場合）
保健師、学芸員	(1) 受験申込書 (2) 写真3枚（裏面に氏名を記入し、うち1枚は受験申込書に貼付すること。） (3) 免許証、資格証、合格証明書等いずれかの写し (4) 受験資格を満たすことを確認できる次のいずれかの書類（資格取得見込者） ・　学校等の卒業証明書または修了証明書 ・　学校等の卒業見込証明書または修了見込証明書 ・　学校等の成績証明書 (5) 障害者手帳の写し（障がい者の方が受験する場合）
消防（消防士または救急救命士）	(1) 受験申込書 (2) 写真3枚（裏面に氏名を記入し、うち1枚は受験申込書に貼付すること。） (3) 運転免許証（普通自動車）の写し（運転免許取得者の場合） (4) 救急救命士免許証の写し（救急救命士資格保有者の場合） (5) 救急救命士受験資格を確認できる次のいずれかの書類（資格取得見込者） ・　学校等の卒業証明書または修了証明書 ・　学校等の卒業見込証明書または修了見込証明書 ・　学校等の成績証明書

(2) 受付期間および受付時間

　　令和5年7月10日（月曜日）から令和5年8月16日（水曜日）の午前8時30分から午後5時30分までです。（ただし、土曜日、日曜日および祝日を除く。）

　　なお、郵送の場合についても8月16日（水曜日）必着です。

(3) お問い合わせ・申込書提出先

　　〒952－1292　佐渡市千種232番地　佐渡市　総務部　総務課　人事係

　　電話 0259（63）3111　内線325

(4) その他

　・　受験申込書を郵送で提出する場合は、封筒の表に「○○○（試験職種）受験」と朱書し、書留郵便等確実な方法で総務部総務課人事係に提出してください。

　　※例　「一般事務（高校卒業程度）」の受験であれば「一般事務（高校卒業程度）　受験」と朱書する。

　・　受験票は、試験前に到着するよう郵送しますので、試験当日は必ず持参してください。

　　※　試験日の1週間前までに受験票が届かない場合は、(3)のお問い合わせ先へ連絡をお願いします。

　・　提出書類の不備不足等があり、指定する期日までに必要な書類が提出されない場合は、受験申込みを受理できない場合があります。

　・　佐渡市職員採用試験は、市民の皆さんの貴重な税金を使って実施します。申込者は必ず受験するようお願いします。

佐渡市の自治体情報

年別・地区別・火災発生概要

年・地区		建物	林野	車両	その他	計	全焼	半焼	部分焼	ぼや	計
令和二年	両　津	3	1	1		5	5		6	3	14
	相　川	1				1			1	1	2
	佐和田	2		1		3			1	1	2
	金　井			1	1	2					0
	新　穂	1				1	2				2
	畑　野	1		1		2			1		1
	真　野			2		2					0
	小　木	1				1		1	1		2
	羽　茂	1		1		2				1	1
	赤　泊					0					0
	計	10	1	7	1	19	7	1	10	6	24
令和三年	両　津	2				2	2		2		4
	相　川	2				2			2		2
	佐和田	7				7	5	1	2	2	10
	金　井	1			1	2	1				1
	新　穂					0					0
	畑　野					0					0
	真　野	1		1	2	4				1	1
	小　木	1				1	1				1
	羽　茂					0					0
	赤　泊				1	1					0
	計	14	0	1	4	19	9	1	6	3	19
令和四年	両　津	5				5	2		1	3	6
	相　川	2			1	3	1	1		1	3
	佐和田			1		1					0
	金　井	1				1				1	1
	新　穂			1		1					0
	畑　野	1	1			2	1		1		2
	真　野	1			1	2	1				1
	小　木					0					0
	羽　茂				1	1					0
	赤　泊					0					0
	計	10	1	2	3	16	5	1	2	5	13

火災原因別火災件数

原因 ＼ 年	平成30年	令和元年	令和２年	令和３年	令和４年
た　ば　こ	2	1		1	
ガスコンロ・コンロ	1	4	1		
かまど・風呂かまど		2	1	1	
炉・焼却炉				1	
ストーブ・こたつ	2	1	1	1	2
ボイラー					1
煙突・煙道			1		2
排気管	3		1	1	
電気機器・電気装置	4				1
電灯・電話等の配線 配線器具	1	7	2	1	2
内燃機関			1		
火あそび	1				
マッチ・ライター					
たき火		1	1	1	1
溶接機・溶断機			1		
灯火		1			
衝突の火花					
取灰					
火入れ	5	2		2	3
放火・放火の疑い		1	1	3	
その他	8	7	5	5	1
不明	5	1	3	2	3
計	32	28	19	19	16

年別・事故別救急出場状況

事故種別 / 年(平成・令和)		火災	自然災害	水難	交通	労災	運動	一般負傷	加害	自損行為	急病	その他 転院	その他 資材搬送	その他 その他	合計	一日当たり出場件数
三十年	出場件数	6	1	11	134	21	24	459	9	17	2,000	262	1	10	2,955	8.10
	搬送人員	6	1	5	134	21	24	434	8	10	1,875	262			2,780	
元年	出場件数	9		9	159	27	16	447	8	15	2,068	195		15	2,968	8.13
	搬送人員	8		4	177	27	16	433	5	7	1,893	194			2,764	
二年	出場件数	4		6	130	32	3	373	5	11	1,830	195		14	2,601	7.11
	搬送人員	1		2	134	32	1	354	4	5	1,688	194			2,415	
三年	出場件数	4	1	2	119	25	3	460	3	24	1,767	182	1	25	2,616	7.17
	搬送人員	2	1		114	25		435		19	1,627	182			2,410	
四年	出場件数	4		7	109	29	17	458	8	17	2,320	161		47	3,177	8.70
	搬送人員	2		3	106	29	17	434	7	10	2,112	160			2,880	

医療機関別搬送人員数

(令和4年)

医療機関 / 管轄署等		中央消防署	両津消防署	相川消防署	南佐渡消防署	合計
管内医療機関	佐渡総合病院	1,222	496	374	421	2,513
	（夜間・休日）	(59)	(232)	(194)	(215)	(700)
	佐和田病院	0	0	0	1	1
	（夜間・休日）	(0)	(0)	(0)	(0)	(0)
	真野みずほ病院	4	2	1	0	7
	（夜間・休日）	(0)	(0)	(0)	(0)	(0)
	市立両津病院	55	217	8	16	296
	（夜間・休日）	(34)	(123)	(4)	(10)	(171)
	市立相川診療所	1	0	12	0	13
	（夜間・休日）	(0)	(0)	(3)	(0)	(3)
	南佐渡地域医療センター	3	0	0	3	6
	（夜間・休日）	(0)	(0)	(0)	(0)	(0)
	その他	0	0	0	1	1
	（夜間・休日）	(0)	(0)	(0)	(0)	(0)
管外医療機関	新潟県東部ドクターヘリ	6	3	9	11	29
	（夜間・休日）	(1)	(1)	(1)	(2)	(5)
	新潟県西部ドクターヘリ	0	1	1	3	5
	（夜間・休日）	(0)	(0)	(0)	(0)	(0)
	その他	0	0	0	0	0
	（夜間・休日）	(0)	(0)	(0)	(0)	(0)
その他の場所	佐渡空港	4	0	0	0	4
	（夜間・休日）	(3)	(0)	(0)	(0)	(3)
	佐渡汽船	5	0	0	0	5
	（夜間・休日）	(3)	(0)	(0)	(0)	(3)
合 計		1,300	719	405	456	2,880
（夜間・休日）		(100)	(356)	(202)	(227)	(885)

救助活動状況

(令和4年)

出動地区 \ 事故種別		火災	交通事故	水難事故	自然災害	機械による事故	建物等による事故	ガス酸素及び欠	破裂事故	その他	計
両津	出動件数		3	1						3	7
	活動件数		1	1						1	3
	救助人員		2	1							3
相川	出動件数		2	2		1				2	7
	活動件数			2		1				1	4
	救助人員			1		1				1	3
佐和田	出動件数		3								3
	活動件数		1								1
	救助人員		1								1
金井	出動件数		1			1					2
	活動件数										
	救助人員										
新穂	出動件数		2							1	3
	活動件数									1	1
	救助人員									1	1
畑野	出動件数										
	活動件数										
	救助人員										
真野	出動件数		1	2						1	4
	活動件数			1							1
	救助人員			1							1
小木	出動件数										
	活動件数										
	救助人員										
羽茂	出動件数					1					1
	活動件数					1					1
	救助人員					1					1
赤泊	出動件数					1				1	2
	活動件数										
	救助人員										
出　動　人　員		150	100			50				81	381
活　動　人　員		20	63			20				30	133
合計	出動件数	12	5			4				8	29
	活動件数	2	4			2				3	11
	救助人員	3	3			2				2	10

「消防年報　令和4年版」より抜粋

第2部

教養試験
社会科学・人文科学

- 政治・経済・社会
- 歴　史
- 地　理

社会科学　政治・経済・社会

IIIIIIIIIIIIIIIIIIIIIIIIII　P O I N T　IIIIIIIIIIIIIIIIIIIIIIIIII

政治：学習法としては，まず，出題傾向をしっかり把握すること。出題形式
や出題内容は当然変わっていくが，数年単位で見ると類似した内容を繰り
返していることが多い（後述の「狙われやすい！重要事項」参照）。そのよ
うな分野を集中的に学習すれば効果的である。学習の中心となるのは基礎・
基本の問題であるが，要点がまとまっているという点で，まずは本書の問
題にしっかり取り組むとよい。そしてその学習の中で問題点や疑問点が出
てきた場合に，教科書・学習参考書・辞典・専門書で学習内容をさらに高
めていこう。

経済：まず高等学校の「政治・経済」の教科書で，次の項目のような主要な
要点をまとめてみよう。

(1) 国内経済…金融政策・財政政策・景気変動・国民所得・GNIと
GDP・三面等価の原則・国家予算・独占禁止法・公正取引委員会など

(2) 第二次世界大戦後の国際経済の歩み…OECD・EEC→EC→EU・
GATT→WTO

(3) 国際経済機構…IMF・IBRD・IDA・UNCTAD・OPEC・OAPEC・
ケネディラウンド → ウルグアイラウンド → ドーハラウンド・FTA
→ EPA → TPP

　最新の動向については，ニュースや時事問題の問題集で確認しておこう。

社会：社会の学習法は，問題を解くことと合わせて，新聞等を精読するに尽
きる。記事をスクラップするなどして，系統的に理解を深めていくことが
大切である。新聞などに掲載されている社会問題は，別の様々な問題と関
連していることが多い。一つのテーマを掘り下げて理解することにより，
社会で起きている時事的な問題をより横断的に結びつけてとらえることが
可能となる。そのためにも，様々なメディアを通じて日々新しい情報を
チェックし，政治・経済・社会・環境など，網羅的にニュースを把握して
おくようにしておきたい。

👉 **狙われやすい！ 重要事項** ....

☑ **国会や選挙の制度**

☑ **国際的な機構や国際政治**

☑ **基本的人権（各論まで）**

☑ **金融政策や財政政策の制度と実情**

☑ **少子高齢化や社会保障**

☑ **日本経済の実情**

☑ **日本と世界の国際関係**

☑ **科学技術や医療などの進歩**

☑ **社会的な課題**

《 **演 習 問 題** 》

1 **日本の選挙制度に関する記述として，妥当なものはどれか。**

1　国会議員，地方議会議員，地方の首長についての選挙権を与える年齢が18歳以上に引き下げられるとともに，憲法改正時の国民投票に参加する権利についても同様の改正が行われた。

2　被選挙権を与える年齢については，都道府県知事と参議院議員については30歳以上，市町村長，地方議会議員，衆議院議員については25歳以上とされていたが，選挙権を与える年齢に連動する形で，これらの引き下げが行われた。

3　日本国籍を有しない者についての選挙権は，地方議会議員選挙においては認められているものの，衆議院や参議院の議院選挙については与えられていない。

4　参議院の選挙区選挙は，国会における都道府県の代表者を選出するとの趣旨から，47都道府県に1名から6名の議員が割り当てられている。

5　選挙権の平等は，各自が1票ずつの投票権を行使し，特権的に複数の投票権を与えることを許さないとの趣旨であり，1票の価値の平等までは求めないとする解釈や運用が定着している。

2 **国会に関する記述として，妥当なものはどれか。**

1　衆議院の解散による総選挙が行われると，選挙の日から30日以内に臨時国会が召集され，内閣総理大臣の指名が行われる。

2　衆議院の解散中に国会の議決が必要な事態が生じたときには，内閣によって参議院の緊急集会が召集されることがある。

3　国会議員は，その任期中には所属する院の許諾なしには逮捕されず，この権利は不逮捕特権と呼ばれている。

4　法律案や予算案についての採決を本会議において行う場合には，総議員の過半数の出席がなければならない。

5　憲法改正の発議については，特に厳格な要件が定められており，衆議院と参議院の両院において，出席議員の3分の2以上の賛成を得なければならない。

3 **国家についての学説に関する記述として，妥当なものはどれか。**

1　国家法人説を提唱したことで知られるイェリネックは，国家の三要素として，領土，国民，立法権を挙げた。

2　多元的国家論は，国家に特段の優位性を認めず，他の社会集団と同列にとらえる立場であり，ボダンやヘーゲルによって主張された。

3　行政国家化は，国家の役割の増大に伴い，行政機関や官僚が大きな役割を果たすようになった現象を指す。

4　マルクスは，国家が私有財産の番人としての役割を果たさない状況を踏まえ，そのような国家を夜警国家と呼んで批判した。

5　20世紀以降，各国において委任立法が急増したことによって，立法国家化が顕著な傾向となった。

4 **内閣に関する記述として，妥当なものはどれか。**

1　内閣総理大臣およびその他の国務大臣の過半数は，文民でなければならない。

2　内閣総理大臣は衆議院議員でなければならず，また，その他の国務大臣はすべてが国会議員でなければならない。

3　内閣総理大臣は，あらかじめ国会に諮ることなく，他の国務大臣を任命・罷免することができる。

4　内閣は最高裁判所の長たる裁判官を含むすべての裁判官を任命する。

5　内閣による意思決定は閣議によって行われ，日本国憲法の規定に基づき，その要件は出席した国務大臣の3分の2以上とされている。

5　日本の選挙に関する記述として，妥当なものはどれか。

1　公職選挙法において，文書や図画の配布が制限されており，特に，候補者・政党等はウェブサイト等及び電子メールを利用した選挙運動が禁止されている。

2　2022年に行われた参議院議員選挙以降，有権者は，あらかじめ認証を受けた端末から各地の選挙管理委員会が管理するホームページにアクセスすることにより投票できるようになった。

3　衆議院議員選挙において，小選挙区で立候補した者は，同時に比例代表の候補者にはなれない旨が公職選挙法によって定められている。

4　参議院の比例区代表選挙において各政党が示す名簿について，2018年にあらかじめ政党の決めた順位に従って当選者が決まる「特定枠」の制度が廃止された。

5　2022年時点において，参議院の選挙区選挙において，鳥取県と島根県，徳島県と高知県をそれぞれ1つの選挙区とする合区が導入されている。

6　日本の地方自治に関する記述として，妥当なものはどれか。

1　法律の留保が付されていたものの，大日本帝国憲法には地方自治の基本的精神を定めた条文があった。

2　地方自治の本旨のうち，住民自治は，地方自治体が国などからある程度独立して運営されることを意味する。

3　首長が任命した主要公務員の解職請求は，原則として有権者の3分の1以上の署名を首長に提出することによって成立し，署名の有効性が確認されると，当該公務員は直ちに失職する。

4　議会が首長に対して不信任の議決を行った場合，首長はそれに対抗して議会を解散することができ，選挙後に議会において再び不信任の議決が行われた場合，首長は失職する。

5　地方分権一括法の施行に伴い，国と地方との紛争を処理するために，内閣府に国地方係争処理委員会が設置された。

7 利益集団と政党に関する記述として，妥当なものはどれか。

1 利益集団は，国民的な利益の増進をはかるとともに，選挙における勝利と政権の獲得を目指して活動する点が他の集団と異なる。

2 アメリカでは，利益集団と関係の深いロビイストが積極的に活動しているが，登録や情報公開について，一定のルールが定められている。

3 イギリスでは，保守党と労働党による二大政党制が定着し，21世紀に入り，それ以外の小政党の凋落が顕著になっている。

4 フランスでは，一時的に既成政党の衰退の動きがあったものの，2017年以降，伝統的な政党を基盤とする大統領による政権が続いている。

5 中国では，事実上の一党独裁制が続いていたが，21世紀初頭，複数政党制が導入され，諸政党の活動が大幅に自由化された。

8 国際連合に関する記述として，妥当なものはどれか。

1 「平和のための結集」決議の成立により，緊急特別総会は，加盟国による軍事的な措置を勧告することができるようになった。

2 安全保障理事会の理事国の数は，加盟国が50ヵ国余りであった時点から変わらなかったが，日本やドイツが常任理事国としての地位を得ること，順次理事国数を増やすことが決定された。

3 経済社会理事会は，経済，社会，文化などにかかわる事項についての調査，勧告などを行うが，同理事会の常任理事国が拒否権を行使した際には，その活動は停止される。

4 信託統治理事会は，独立の支援などを行う機関であるが，東ティモールの独立により，その任務は休止されている。

5 国際司法裁判所は，紛争当事国の一方が求めれば裁判を開始し，強制力を持った決定をできる。

9 公職選挙法に関する記述として，妥当なものはどれか。

1 個別の政策課題について住民の意向を問う住民投票に向けた運動の際にも，公職選挙法の適用を受ける。

2 候補者は，ホームページやソーシャルネットワーキングサービスなどを活用し，インターネットを通じて自らの政策を訴えることができる。

3 親族や秘書が選挙違反に問われ，一定以上の刑罰を受けた場合，直接的な関与が明確でない限り，候補者本人の責任が問われることはない。

4 候補者および運動員は，自らの身分を明らかにすることなどを前提として，選挙区内の有権者の自宅を無作為に訪問し，投票を依頼することができる。

5 投票日当日に投票所に行けない場合には期日前投票ができるが，レジャーなどの理由では認められない。

10 **各国の政治体制に関する記述として，妥当なものはどれか。**

1 中国の政治体制の特徴として，全国人民代表大会に権力が集中していることが挙げられ，国家元首である国家主席は，ここから選出される。

2 アメリカの大統領は，選挙人などを介さない直接選挙によって選ばれ，全米において最も多い得票を得た候補者が就任する。

3 ドイツの政治体制は，議院内閣制によって運営されているが，大統領も強力な権力を数多く持っているため，首相と大統領が対立すると，主要な政治的決定が大幅に遅れることがある。

4 フランスの首相は，有権者による直接選挙によって選ばれるが，1回目の投票において過半数を得られない場合は，決選投票が行われる。

5 イギリスの首相は，貴族院において多数の議席を占める政党の党首が国王から任命される。

11 **日本の政治体制に関する記述として，妥当なものはどれか。**

1 日本国憲法には，国権の最高機関が国会であると定められているため，内閣総理大臣は衆議院と参議院の議長による任命手続を経て就任する。

2 内閣総理大臣については，衆議院議員の中から国会による指名を受けた者が就任する。

3 最高裁判所の長官については，内閣によって指名された者が天皇による任命手続を経て就任する。

4 国会は，外国との間の条約を締結するが，その事前または事後に内閣による承認手続を要する。

5 除名処分を受けた国会議員は，その処分に不服がある場合には最高裁判所に対して異議を申し立てることができ，最高裁判所は他の案件に先立ってこれを審理しなければならない。

12 **日本の司法制度に関する記述として，妥当なものはどれか。**

1　裁判員裁判は，市民から選ばれた裁判員が裁判官とともに裁判を進め，判決を下す制度であり，重大な民事裁判と刑事裁判が対象とされている。

2　検察官が起訴しなかった案件について，検察審査会が2度にわたって起訴すべきであるとの議決を行うと，裁判所が選任した弁護士によって起訴され，刑事裁判が行われる。

3　法務省人権擁護局は，総合的な法律相談，民事事件についての訴訟費用の立替を行う法律扶助などの業務を行っている。

4　相次ぐ凶悪犯罪への批判の高まりを受けて，あらゆる犯罪についての公訴時効を廃止する法改正が行われた。

5　最高裁判所において法律の違憲判決が確定すると，その効力が停止されるとともに，直ちにその法律の廃止手続が開始される。

13 **大日本帝国憲法と日本国憲法に関する記述として，妥当なものはどれか。**

1　大日本帝国憲法は，改正の手続が法律の改正と同等である軟性憲法であるのに対して，日本国憲法は改正に厳格な手続を必要とする硬性憲法である。

2　大日本帝国憲法と日本国憲法は，両者ともに形式的には国民が定めた民定憲法である。

3　大日本帝国憲法の下における裁判は，日本国憲法の下で行われる裁判と異なり，天皇の名において行われた。

4　大日本帝国憲法には，天皇の協賛機関としての枢密院についての規定があった。

5　日本国憲法における内閣総理大臣は，同輩中の主席として位置づけられているが，大日本帝国憲法における内閣総理大臣には強力な権限が認められていた。

14 **日本国憲法に定められた基本的人権に関する記述として，妥当なものはどれか。**

1　日本国憲法において明文で定められた基本的人権に関する諸規定は，私人間においても直接的な効力を有するというのが最高裁判所による判例の立場である。

2　生存権の規定など，大日本帝国憲法に定められた人権に関する諸規定の一部は，法律の留保を外す形で日本国憲法に受け継がれ，最高裁判所は，

この規定に基づき，国の措置や法律に対して多くの違憲判決を下してきた。

3　日本国憲法の前文に定められた平和的生存権について，最高裁判所は法的な効力を積極的に認めている。

4　最高裁判所によって平等権に反する不当な差別にあたることを根拠に法律の効力が否定された例として，婚外子への相続差別が挙げられる。

5　最高裁判所は，県知事による靖国神社や護国神社への玉ぐし料の支出について，社会的な儀礼の範囲であり，憲法に違反しないとの判決を下した。

15　日本国憲法の改正手続に関する記述として，妥当なものはどれか。

1　衆議院と参議院に設置された憲法審査会には，具体的な改正原案の審査を行う権限は認められておらず，具体的な手続は各院の予算委員会において行われる。

2　憲法改正案を発議するには，衆議院と参議院のそれぞれにおいて，出席議員の3分の2以上の賛成が求められる。

3　あらかじめ国会による付託手続を経た場合に限り，内閣にも憲法改正案の発議権がある。

4　国民投票に参加できるのは，日本国民のうち20歳以上の有権者である。

5　憲法改正案が国民投票において過半数の賛成を得た場合，天皇が直ちに国民の名で公布する。

16　民法に定められた内容に関する記述として，妥当なものはどれか。

1　私的契約について，その内容が公の秩序または善良の風俗に反するものであったとしても，履行を拒むことはできない。

2　特別養子縁組の制度は，一般的な養子縁組と異なり，血縁のある親との法的な親子関係を消滅させるのが特徴である。

3　相続人が，「配偶者」と「その配偶者との子」である場合，すべての財産を子に相続する旨を記した遺言書があれば，配偶者はそこから財産を得ることができない。

4　相続人が，「配偶者」，「その配偶者との子1名」，「婚姻関係にない者との子1名」である場合，婚姻関係にない者との子が相続する割合は，他のいずれの相続人より低い比率となる。

5　ある契約について，民法と他の特別法に規定がある場合には，民法の適用が優先される。

17 ある生産物の市場において，取引量と価格が，右の図における需要曲線，供給曲線の交点において決定されているとする。市場機構に関する記述として，妥当なものはどれか。

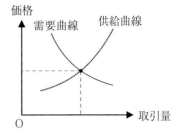

1 技術革新と所得の増加が同時に起きた場合，取引量は増加する。

2 生産コストの増加は，需要曲線と供給曲線を同時に左にシフトさせるため，取引量は減少する。

3 所得の増加は，需要曲線と供給曲線を同時に右にシフトさせるため，取引量は増加する。

4 代替財の価格が上昇した場合，取引量は減少する。

5 補完財の価格が上昇した場合，供給曲線が右にシフトする。

18 2022年における日本の経済事情に関する記述として，妥当なものはどれか。

1 世界的な物価上昇，外国為替市場における円安方向への変動があったものの，民間の需要が低迷したことから，物価はほぼ横ばいで推移した。

2 国全体の実質所得が減少したことを背景に，特に低所得層では実質消費支出が減少傾向にあった。

3 所得に占める消費の割合は世代ごとに異なる動向を示してきたが，特に，2010年代以降においては，若年層と高齢層を中心に上昇傾向にあり，2022年もその傾向が続いた。

4 2022年の雇用環境が総じて改善したことに伴い，労働移動については，コロナ禍前を大きく上回る活発さがみられた。

5 輸出企業については，非輸出企業と比較して生産性が低く，また，研究開発実施率も低い状況が続いた。

19 日本の租税に関する記述として，妥当なものはどれか。

1 逆進税とは，所得が低い者ほど実質的な負担割合が大きくなる税であり，その典型的な例としては，所得税が挙げられる。

2 消費税が導入された際，当初の税率は5％であり，それが8％に引き上

げられるのと同時に，事業者にはインボイスの発行が義務付けられた。

3　課税主体が国である税を国税といい，資産課税のうち，固定資産税は国税に分類される。

4　法人に対する課税は，黒字の企業に対して行われるのが原則であったが，2004年以降，法人事業税の一部に，事業の規模に応じ，赤字であっても課税される仕組みが導入された。

5　課税に直接的に責任を負う官庁は財務省であるから，課税の仕組みや税率，徴収方法など，租税に関する基本的なルールは，財務省令や政令によって定められている。

[20]　**日本における金融政策に関する記述として，妥当なものはどれか。**

1　日本における金融政策は，日本銀行政策委員会の政策決定会合により決定されるが，その議決の要件は，全会一致とされている。

2　市中銀行が日本銀行に預金を預けた際に，日本銀行が市中銀行に金利を支払う場合，その金利はマイナス金利と呼ばれている。

3　日本銀行が国債等の有価証券を市場から大量に購入すると，市中の資金量は増加し，金利は低下する。

4　日本銀行は，日本銀行券を発行する発券銀行としての地位を有しており，その発行限度枠は閣議において決定される。

5　日本銀行が市中銀行に貸し付ける資金の金利を引き上げることは，金融市場における金利が逆に低下する要因となる。

[21]　**経済学説に関する記述として，妥当なものはどれか。**

1　重商主義の代表的論客であるマンは，富の源泉を労働に求める一方，差額貿易によって国家を富ませることが政策の柱であるべきであると主張した。

2　重農主義に分類されるケネーは，『経済表』の中で，富の源泉は農業労働であるとし，自由放任主義の必要性を説いた。

3　アダム・スミスは，各国政府の利己的な行動が「見えざる手」に導かれて，望ましい調和をもたらすとした。

4　リカードは，人口の増加こそが貧困の原因であると説き，その抑制の必要性を主張した。

5　ケインズは，不況の原因を政府による経済過程への介入に求め，財政政策は最小限に抑制すべきであるとした。

22 財政に関する記述として，妥当なものはどれか。

1　比例税は，所得が増加するほど税率が上昇する税であり，その例として，日本の所得税が挙げられる。

2　市場における金利を調整し，物価を一定の水準に導くことは，財政政策の主要な目的である。

3　公共事業，出資金，貸付金の原資として発行される国債は建設国債と呼ばれ，財政法にその根拠がある。

4　不況時に人々の所得が減少した際，税率が低下し，失業に伴う給付が増えることによって景気が下支えされるしくみは，フィスカル・ポリシーと呼ばれる。

5　日本の予算のうち，経済情勢の変化などによって当初の予算の執行をそのまま継続することが困難になった場合には，暫定予算が編成される。

23 日本の金融に関する記述として，妥当なものはどれか。

1　ペイオフは，銀行経営が破綻した際，保護される預金に上限を設ける制度であり，日本では法的に禁じられている。

2　金融政策は，その原案が閣議決定された後，日本銀行政策委員会政策決定会合において議決が行われ，実施に移される。

3　買いオペレーションは，有価証券を日本銀行が市場から購入することによって資金量や金利を調整することを目的としており，その対象について，信託商品や国債は除外されている。

4　預金準備率操作は，市中銀行に対する預金の一定割合を準備金とする制度であり，1991年以降，その比率の変更は金融政策の重要な柱と位置付けられている。

5　マイナス金利とは，民間の銀行が日本銀行に保有する当座預金の一部にマイナスの金利を課すものである。

24 外国為替相場に関する記述として，妥当なものはどれか。

1　ブレトンウッズ協定は，当初イギリスのポンドを基軸通貨とする旨を定めていたが，経済情勢の変化を踏まえ，アメリカのドルがその地位を引き継いだ。

2　1970年代はじめのニクソンショックによって混乱した世界経済の混乱を収束させるため，許容する変動幅を拡大しながら固定相場制を維持するキ

ングストン合意が決定された。

3　1985年のプラザ合意では，ドル安の是正についての合意がなされ，その後，急激に円安やドル高が進み，世界経済の不安定化をもたらした。

4　自国通貨の減価は，自国による輸入に有利な影響を及ぼす一方，輸出には不利な影響を与える。

5　自国通貨に対する需要の増加はその通貨の増価をもたらす。国内の金利が外国に比べて急激に上昇することなどがその要因である。

25　日本における労働事情や労働法制に関する記述として，妥当なものはどれか。

1　労働需要が労働供給よりも急激に増加する場合には，賃金は急落することが多く，日本においては主に不況期にこの現象がみられた。

2　残業による長時間労働を是正するために，時間外手当は通常の賃金よりも割安にすることが義務付けられた。

3　労働組合の争議行為によって会社に損害が生じた場合，民事上の責任は免れないが，刑事上の責任は免責される。

4　バブル崩壊以降，労働者に占める正規雇用の割合が増加する傾向にあり，契約社員やパートタイム労働者等の非正規雇用労働者の割合は減少を続けている。

5　一定規模以上の事業所には，障害者を一定以上の比率で雇い入れることが義務付けられており，これを満たさない場合には，納付金が課せられる。

26　社会学の諸学説に関する記述として，妥当なものはどれか。

1　社会学の創始者であるコントは，実証主義や人類教の提唱者としても知られている。彼は，人間の知識や精神は，形而上学的段階，神学的段階，実証的段階の順に進化するとした。

2　デュルケームの問題意識は，社会におけるエゴイズムとアノミーの蔓延であった。彼は，それらを乗り越え，平和と秩序をもたらすためには，資本主義的な産業化の進行と功利主義的な個人主義が不可欠であるとした。

3　ウェーバーは，官僚制や支配の正統性に関する研究などの業績を残した。彼の規定によれば，社会学は，社会的行為を解釈によって理解するという方法で，社会的行為の過程および結果を因果的に説明しようとする科学である。

4　ホルクハイマーとアドルノは，共同で『啓蒙の弁証法』を著した。彼らによれば，野蛮状態から解放されるためには，道具的理性を発展させることが不可欠である。

5　テンニースは，社会の類型化について，先駆的な提言を行った。彼によれば，人間によって形成される社会は，ゲゼルシャフトからゲマインシャフトに移行する。

27 日本と世界の環境問題に関する記述として，妥当なものはどれか。

1　日本における2021年度の温室効果ガス排出・吸収量は，11億2,200万トン（CO_2換算）であり，削減目標基準年の2013年度の排出量比と比較して2割余り増加した。

2　国連環境計画による2022年の報告では，世界は未だパリ協定の目標達成には及ばず，1.5℃に向けた信頼性の高い経路に乗れていないと結論付けられている。

3　2022年12月にカナダ・モントリオールで生物多様性条約第15回締約国会議（COP15）第2部が開催されたが，愛知目標の後継となる世界目標の合意には至らなかった。

4　各国では，陸地や海洋の一部を国立公園等の保護地域に指定する取り組みが進んでいるが，日本では，それらが陸地や海洋の1割に満たないことが各国からの批判の対象となっている。

5　2022年4月時点において，日本では，プラスチックの再資源化等に関する法整備が行われておらず，その分野での取り組みが急務となっている。

28 日本の社会保障に関する記述として，妥当なものはどれか。

1　社会保障とは，国民の生活の安定が損なわれた場合に，国民に健やかで安心できる生活を保障することを目的として，公的責任で生活を支える給付を行うものである。

2　社会保障の機能として，生活の安定・向上，経済の安定の2つが挙げられる。

3　ジニ係数は，生活の安定度を測る指標として用いられる。

4　「ゆりかごから墓場まで」は，戦前の社会保障制度を表す標語として用いられた。

5　社会保障の給付は，すべて租税等の公費を財源としている。

29 世界の社会保障に関する記述として，妥当なものはどれか。

1　17世紀初頭のイギリスでは，「ゆりかごから墓場まで」の生活を保障するとの理念から，救貧法が施行された。

2　フランスでは，イギリスから社会保険の制度が移入されたことをきっかけに社会保障の諸制度が整備された。

3　19世紀後半のドイツでは，ビスマルクにより社会主義者弾圧法が制定されるとともに，社会保険制度が創設された。

4　世界人権宣言や国際人権規約には社会保障に対する国民の権利が明記されたが，いずれも法的拘束力を持たない規定とされた。

5　アメリカには，長らく全国民を対象とした公的医療保険が存在しなかったが，オバマ政権の下，連邦政府と州政府が共同で管理する健康保険組合が設立された。

30 日本の労働問題に関する記述として，妥当なものはどれか。

1　厚生労働省によるデータによれば，労働争議の総数は戦後を通して長期的に減少傾向にあったが，2022年の件数は10年前と比較してほぼ横ばいであった。

2　労働争議のうち，労働組合員が一時的に就業を拒否する行為をサボタージュ（怠業）という。

3　2020年のOECD（経済協力開発機構）のデータによれば，日本の有償労働の男女間の比率は，G7の国々の中でイタリアと並んで最も大きい。

4　労働争議は，労働者側が要求を貫徹させることなどを意図して行われるものであるから，使用者側による争議行為は認められていない。

5　非正規労働者は，2010年をピークに減少を続けていたが，2020年以降になると，その減少幅がさらに拡大した。

31 社会集団の類型に関する記述として，妥当なものはどれか。

1　マッキーバーは，自主的な共同生活を営む集団をアソシエーション，人為的集団をコミュニティと呼び，集団の類型化を行った。

2　クーリーは，特定の利害関心に基づく集団をセカンダリーグループと呼んだが，彼の後継者達は，それと対比するためにプライマリーグループという概念を提唱した。

3　ギディングスは，血縁や地縁を契機とする組成社会，特定の活動を行うために人為的に組織された生成社会という2つの類型化を行った。

4　高田保馬は，類似性に基づく派生社会の役割が相対的に低下し，血縁や地縁に基づく基礎社会が重要な地位を占めるようになる「派生社会衰耗の法則」を提唱した。

5　テンニースは，本質的意志に基づく共同社会をゲマインシャフトとし，選択意思に基づく利益社会をゲゼルシャフトと呼んだ。

32　**家族についての社会学説に関する記述として，妥当なものはどれか。**

1　マードックは，家族の基礎単位として核家族という考え方を提唱した。核家族は歴史的・地理的に普遍的な社会集団であることを説き，この複合形態として，拡大家族，複婚家族があるとした。

2　リースマンは，家族の機能として性的機能，経済的機能，生殖的機能，教育的機能の4つを挙げた。

3　パーソンズは，社会化と安定化の2つを家族の機能とする説を批判する立場から，家族内のリーダーシップの構造を手段的リーダーと表出的リーダーに分類した。

4　バージェスは，近代化の流れの中で友愛家族から制度家族への変遷を遂げたことを主張した。

5　オグバーンは，時代が下るにつれ社会の複雑さを反映して，家族の機能が拡大してきたことを指摘した。

33　**こども家庭庁に関する記述として，妥当なものはどれか。**

1　こども家庭庁は，こどもに関する政策を一元的に立案・実施すること等を目的に設置された行政組織であり，長官には国務大臣が充てられている。

2　こども家庭庁の主たる役割として，こどもの教育に関する政策立案や教員の採用・配置が挙げられる。

3　こども家庭庁の組織の区分は，大きく「企画立案・総合調整部門」，「成育部門」，「支援部門」の3つから構成されている。

4　こども家庭庁の行政組織上の位置付けは，文部科学省の外局とされている。

5　発足にあたり，「こどもがまんなかの社会」を実現することや，「こどもの意見を積極的にきく」などの理念が検討されたが，いずれも，こどもの

主体性を過度に強調するものであるとの指摘から，掲げることが見送られた。

34 公的医療保険に関する記述として，妥当なものはどれか。

1　公的医療保険は，18世紀の市民革命期に社会権を含む人権に関する宣言が広がった流れを受け，19世紀中に普及が進んだ。

2　日本では，民間企業の被用者は健康保険に，自営業者等は国民健康保険に加入するが，原則として65歳以上の者は後期高齢者医療制度の対象となる。

3　ドイツでは，「ゆりかごから墓場まで」というスローガンで知られるベバリッジ報告の発表以来，公的医療保険を含む社会保険が整備されてきた。

4　イギリスでは，ビスマルクによって公的医療保険を含む社会保険が世界に先駆けて実施されたが，労働運動や社会主義運動への激しい弾圧を伴ったため，「アメとムチの政策」と呼ばれた。

5　アメリカでは，全国民を対象とする医療保険の整備が遅れていたが，高齢者や障害者を対象としたメディケア，低所得者を対象とするメディケイドについては，公的に運営されてきた。

35 世界人口白書2023年度版に示された世界の人口問題に関する記述として，妥当なものはどれか。

1　世界の人口は増加傾向にあり，世界の女性が生涯に産む子どもの数を女性1人あたりについて推計した出生率は，近年において3を上回っている。

2　人口の増加率は国や地域によって大きく異なり，約3分の2の人々は出生率が人口置換水準を上回る国や地域で暮らしている。

3　世界人口は50年間で倍以上に増え，2022年11月に80億人を超え，地域によっては，食糧や居住地域などに困難をもたらしている。

4　世界の人口が増加する一方で，乳幼児の死亡率が高い地域が多いことから，世界の人々の平均寿命は60歳を下回っている。

5　世界人口のうち，温室効果ガス排出量全体の半分を排出している人々の割合は約3割である。

[36] こども基本法に関する記述として，妥当なものはどれか。
1　こどもについての施策を策定する際，対象となるこども又はこどもを養育する者その他の関係者の意見を反映させるために必要な措置を講ずることが盛り込まれた。
2　こども基本法における「こども」の定義は，他の法律に定められた未成年の規定に合わせ「満18歳に満たない者」とされた。
3　政府には，5年に1回，国会に，我が国におけるこどもをめぐる状況及び政府が講じたこども施策の実施の状況に関する報告を提出するとともに，これを公表することが義務付けられた。
4　こども基本法の制定に伴い，厚生労働省の下に「こども政策推進会議」が設置された。
5　こども基本法において，その施策の推進の主体として，国や地方公共団体に対する責務が課せられる一方，事業主の努力義務については，法律に定めることが適切でないとの判断から見送られた。

[37] 日本の防衛に関する記述として，妥当なものはどれか。
1　防衛省・自衛隊は，新型コロナ禍においても重要な役割を果たし，特に，ワクチンについては，東京と大阪において大規模接種センターを開設・運営し，延べ196万回の接種を行った。
2　2023年の通常国会に防衛費増額に向けた財源確保法が提出されたものの，増税を前提にした法案に対する批判が強く，成立には至らなかった。
3　2023年度一般会計当初予算によれば，防衛費は前年度の横ばいの5兆3千億余りであった。
4　日本の自衛隊は，集団的自衛権を行使できないことから，日本と密接に関係がある国に対する武力行使があった場合には，後方支援に絞った行動を行うこととされている。
5　日本の自衛隊は，2022年5月，UNHCR（国連難民高等弁務官事務所）の要請に基づき，ウクライナ国内において人道救援物資の輸送を実施した。

[38] 2023年版の情報通信白書に関する記述として，妥当なものはどれか。
1　情報通信白書は，日本の情報通信を取り巻く現況及び今後の政策の動向について，国民の理解を得ることを目的として経済産業省が年次で発行している文書である。

2　新型コロナ禍は，世界各国でロックダウンや移動制限が行われるなど，経済活動に大きな制約が課されたことから，ICT業界にも売り上げや投資の減少などの影を落とし，2022年のICT市場規模は前年比で5.2%減少した。

3　高速なデータ通信や低遅延を実現した5G（第5世代移動通信システム）の人口カバー率は，当初の見込みよりやや遅れており，2021年度末時点において7割程度にとどまった。

4　情報通信白書において，データ流通を支える強靱な通信ネットワークのために，大量のデータを保管・処理するためのデータセンターや，異なる地域を結ぶ国際的な通信インフラである海底ケーブル等を集約させることの重要性が強調された。

5　情報通信産業の国内総生産は2021年の名目値で52.7兆円であり，全産業に占める割合は1割近くで，経済の中で重要な地位を占めていることが示された。

解答・解説

1　1

解説　1．正しい。選挙権と憲法改正の国民投票に参加する権利を与える年齢は，ともに18歳以上とされた。　2．被選挙権についての引き下げが行われたという事実はない。　3．外国人の参政権については，地方議会議員選挙を含め，認められていない。　4．参議院の選挙区選挙については，47都道府県に議員定数を割り当ててきたが，1票の格差の是正の観点から一部で「合区」が行われたため，すべての都道府県ごとに割り当てられているわけではない。　5．選挙権の平等は，1票の価値の平等も求める趣旨であり，最高裁判所が議員定数について「違憲」「違憲状態」とした例もある。

2　2

解説　1．衆議院の総選挙の後に召集されるのは，臨時国会ではなく特別国会である。　2．正しい。なお，参議院の緊急集会における決定は臨時のものであり，次の国会において10日以内に衆議院の同意を得られない場合は，将来に向かって効力を失う。　3．不逮捕特権が認められるのは，任期中では

なく国会の会期中である。なお，現行犯の場合は例外である。　4．本会議の定足数は，総議員の3分の1以上とされている。　5．出席議員の3分の2以上ではなく，総議員の3分の2以上である。

3 3

解説 1．誤り。イェリネックは，国家の三要素として，「領域」「国民」「主権」を挙げた。　2．誤り。多元的国家論は，パーカーやラスキらによって主張された。ボダンやヘーゲルらによる説は一元的国家論に分類される。3．正しい。経済や福祉などにおいて大きな役割を果たす国家が行政国家である。　4．誤り。マルクスではなく，ドイツの社会主義者ラサールについての記述である。　5．誤り。委任立法とは，議会が法律において大枠を示し，細かいルールなどを行政機関に委任するものである。これは「立法国家化」ではなく，「行政国家化」の具体的な例である。

4 3

解説 1．内閣総理大臣とその他の国務大臣はすべて文民でなければならない。文民（シビリアン）とは軍人以外の者という意味であるが，運用上，現職の自衛官以外の者と捉えるのが一般的である。　2．日本では，内閣総理大臣は国会議員でなければならず，また内閣総理大臣が任命する国務大臣の過半数は国会議員でなければならない。　3．正しい。内閣総理大臣による他の国務大臣の任命・罷免は，事実上総理大臣が自らの意思に基づいて行う専権事項である。　4．内閣は，最高裁判所の長たる裁判官を指名する。なお，任命するのは天皇である。最高裁判所の他の裁判官は内閣によって任命される。下級裁判所の裁判官は，最高裁判所の名簿による指名に基づき，内閣により任命される。　5．内閣の意思決定は総理大臣が主宰する閣議によって行われる。その要件についての規定は憲法にはないが，運用上，全員一致とされている。

5 5

解説 1．誤り。公職選挙法において文書や図画の配布が制限されている旨の記述は正しいが，2013年に行われた同法の改正により，候補者・政党等は，ウェブサイト等及び電子メールを利用した選挙運動ができるようになっ

た。　2.　誤り。2022年時点において，公職選挙法に基づく選挙で，インターネットを通じた投票は導入されていない。　3.　誤り。衆議院議員選挙では，小選挙区と比例代表の両方の候補者となる「重複立候補」が認められている。4.　誤り。参議院の比例代表選挙においては，原則として，各政党が当選する優先順位を付けない非拘束名簿式比例代表制が導入されている。しかし，2018年の公職選挙法の改正により，参議院議員選挙における比例代表に「特定枠」という，あらかじめ政党の決めた順位に従って当選者が決まる仕組みが導入された。よって，「『特定枠』の制度が廃止」との記述は誤りである。
5.　正しい。合区とは，都道府県が選挙区となる参議院議員通常選挙において，複数の都道府県を1つの選挙区とすることである。参議院の「選挙区」は長い間，都道府県を一つの単位として行われてきたが，一票の格差を是正するため，2016年の選挙から「鳥取県と島根県」，「徳島県と高知県」が，それぞれ一つの選挙区となる「合区」が導入された。

6　4

解説　1.　誤り。大日本帝国憲法には，地方自治についての規定はなかった。　2.　誤り。選択肢の説明は団体自治についてのものであり，住民自治は自治体の運営に住民の意思を反映させるべきであるとする考え方である。
3.　誤り。主要公務員の解職請求が成立すると，議会にはかられ，そこで解職の可否が決定される。なお，「有権者の3分の1以上の署名」という要件は，有権者数が40万人以上の大都市においては段階的に緩和されている。　4.　正しい。議会から不信任議決を受けた首長は，10日以内に議会を解散することができるが，解散しなければ10日が経過した時点で失職する。　5.　誤り。国地方係争処理委員会が設置されているのは，内閣府ではなく総務省である。

7　2

解説　1.　誤り。選択肢の記述は，利益集団ではなく政党に関する説明である。　2.　正しい。議員へのはたらきかけをロビー活動，それを担う者をロビイストと呼ぶ。語源は，議会のロビー（議員面会所）である。連邦ロビイング規制法により，登録や情報の公開についてルール化がなされている。　3.　誤り。イギリスは二大政党であるものの，21世紀に入り，第3党が連立政権の一翼を担ったり，地域政党が一定の議席を確保したりするなど，「凋落が顕

著」とはいえない。　4. 誤り。2017年に就任したマクロン大統領は，既成政党の衰退を背景として誕生した。　5. 誤り。中国で諸政党の活動が大幅に自由化されたという事実はない。中国では憲法に中国共産党の指導的役割が明記されている。

8 1

解説 ＼　1. 正しい。1950年の「平和のための結集」決議により，安全保障理事会が常任理事国による拒否権行使で機能停止に陥った際，緊急特別総会によって加盟国による軍事的な措置を勧告できるようになった。　2. 誤り。安全保障理事会の理事国の数は，常任理事国5ヵ国，非常任理事国10ヵ国である。日本やドイツなどが常任理事国入りを目指し，その拡大を提言したものの，それが決定されたという事実はない。　3. 誤り。経済社会理事会には常任理事国や拒否権に関する制度はない。　4. 誤り。東ティモールをパラオにすると正しい記述となる。　5. 誤り。国際司法裁判所が裁判を開始し，強制力のある決定を行うためには，当事国双方の合意が必要となる。

9 2

解説 ＼　1. 誤り。個別の政策課題についての住民投票の際，公職選挙法の適用は受けない。　2. 正しい。現在は，インターネットを用いた選挙運動が可能である。　3. 誤り。親族，秘書，会計責任者が選挙違反で有罪となり，一定以上の刑罰を受けた場合には，連座制が適用され，候補者本人の当選が無効とされる。　4. 誤り。戸別訪問は禁じられている。　5. 誤り。期日前投票はレジャーなどが理由であっても認められる。

10 1

解説 ＼　1. 正しい。行政機関，司法機関，軍などの主要な役職について，全国人民代表大会が選出に関与する。　2. 誤り。アメリカの大統領は，各州の一般投票において選出された大統領選挙人の投票により決定するので，「選挙人などを介さない直接選挙」という記述は誤りである。ただし，各選挙人は，あらかじめどの候補者に投票するかを明らかにしている。　3. 誤り。ドイツの大統領の権限の多くは儀礼的なものにとどまる。そのため，「大統領も強力な権限を数多く持っている」という記述は誤りである。　4. 誤り。「首

相」を「大統領」とすると正しい記述になる。なお，フランスの首相は大統領によって任命される。　5．誤り。「貴族院」を「庶民院」または「下院」とすると正しい記述になる。イギリスの議会は，「貴族院（上院）」と「庶民院（下院）」の二院制であるが，実質的な権能は「庶民院（下院）」に集中している。

11 3

解説 1．誤り。内閣総理大臣は，天皇による任命手続を経て就任する。2．誤り。「衆議院議員」を「国会議員」とすると正しい記述になる。　3．正しい。日本国憲法第6条に「天皇は，内閣の指名に基いて，最高裁判所の長たる裁判官を任命する」と定められている。　4．誤り。「内閣」と「国会」を入れ替えると正しい記述になる。条約を締結する権限は内閣にあるが，事前または事後に国会による承認を得る必要がある。　5．誤り。国会議員の除名処分について，裁判所に対する異議申立を認める制度やその除名処分の適否を裁判所が審理し，判断する制度はない。なお，日本国憲法第58条には，「両議院は，各々その会議その他の手続及び内部の規律に関する規則を定め，又，院内の秩序をみだした議員を懲罰することができる。但し，議員を除名するには，出席議員の3分の2以上の多数による議決を必要とする。」の規定がある。

12 2

解説 1．裁判員裁判の対象は，重大な事件を扱う刑事裁判であり，民事裁判は含まれない。　2．正しい。検察官が起訴しなかった案件について，検察審査会が起訴すべきであるとの議決を行い，その後検察が一定期間以内に起訴しない場合，検察審査会が再び起訴すべきであるとの議決を行うと，裁判所が選任した弁護士によって強制的に起訴され，刑事裁判が行われる。3．日本司法支援センター（法テラス）についての記述である。　4．公訴時効とは，犯罪の実行の後，法律の定める期間が経過すれば犯人を処罰することができなくなる制度である。法定刑の上限が死刑である犯罪については，公訴時効が廃止されたものの，あらゆる犯罪についての時効が廃止されたわけではない。　5．最高裁判所において法律の違憲判決が確定した場合でも，形式的には存続する。その後，国会における手続を経て廃止されることになるが，相当の期間存続した事例もある。

13 3

解説 1．ともに硬性憲法である。なお，日本国憲法の改正には衆議院と参議院それぞれの総議員の3分の2の賛成に基づく国会による発議と，有権者の投票における過半数の賛成が必要である。改正が成立すると，天皇によって公布される。　2．大日本帝国憲法は君主（天皇）によって定められた欽定憲法であるのに対し，日本国憲法は民定憲法である。　3．正しい。戦前の裁判は天皇の名において行われる旨が大日本帝国憲法に書かれていた（第57条）。　4．大日本帝国憲法における天皇の諮問機関が枢密院であり，協賛機関が帝国議会である。　5．大日本帝国憲法における内閣総理大臣は同輩中の主席に過ぎなかった。一方，日本国憲法における総理大臣は他の国務大臣に対する任命・罷免権を持つなど，強力な権限が認められている。

14 4

解説 1．誤り。最高裁判所は，私人間における効力を直接的に認めているわけではなく，民法の公序良俗違反などの解釈や適用において憲法の趣旨を考慮するとの立場である。　2．誤り。大日本帝国憲法に生存権を含む社会権に関する規定はなかった。また，最高裁判所が多くの違憲判決を下してきたという事実はない。　3．誤り。最高裁判所は，平和的生存権の法的効力を認めていない。　4．正しい。2013年において最高裁判所は，相続にあたって婚外子への差別を認めた民法の規定を違憲とした。　5．誤り。最高裁判所は，愛媛県知事による靖国神社や護国神社への玉ぐし料などの記述について，政教分離を定めた憲法に違反するとした。

15 5

解説 1．誤り。改正原案の審査は，各院に設置された憲法審査会において行われる。　2．誤り。「出席議員」を「総議員」とすると正しい記述になる。　3．誤り。内閣による発議についての制度はない。　4．誤り。国民投票に参加できるのは18歳以上の有権者である。　5．正しい。日本国憲法第96条に規定についての記述である。

16 2

解説 1. 誤り。公の秩序または善良の風俗に反する契約は無効である。 2. 正しい。法改正により，特別養子縁組の要件が緩和された。 3. 誤り。選択肢に示された状況において，配偶者は遺言書がない場合の法定相続分の半分，つまり，4分の1の遺留分を相続することができる。 4. 誤り。違憲判決を踏まえ，遺言書がない場合，「婚姻関係にある者（配偶者）との子」と「婚姻関係にない者との子」についての相続の割合は対等とされた。ただし，「婚姻関係にない者との子」については，被相続人によって認知されていることが前提になる。 5. 誤り。一般に，契約や取引に関する同一の事柄について複数の法律に規定がある場合，特別法の方が優先される。

17 1

解説 1. 正しい。技術革新により供給曲線が右下にシフトし，所得の増加により需要曲線が右上にシフトすることを通じて均衡点が右に移動するため，取引量は増加する。 2. 誤り。生産コストの増加は需要曲線への影響はないが，供給曲線を左にシフトさせるため価格は上昇し，取引量は減少する。したがって，「需要曲線と」および「同時に」の部分を削除すると，正しい文になる。 3. 誤り。所得の増加は，それが生産コストの増加と連動しない限り供給曲線への影響はないが，需要曲線を右にシフトさせるため価格は上昇し，取引量は増加する。したがって，「供給曲線と」および「同時に」の部分を削除すると，正しい文になる。 4. 誤り。似た性質を持つ代替財の価格上昇は，もう一方の財の購買意欲を高め，需要曲線を右にシフトさせるため取引量は増加し，価格は上昇する。 5. 誤り。組み合わせて消費する補完財価格の上昇は，供給曲線への影響はないが需要曲線を左にシフトさせる。

18 2

解説 1. 誤り。世界的な物価上昇，円安方向への為替変動，ロシアやウクライナの情勢の不安定化から小麦などの食糧やエネルギーの価格の上昇がみられたことなどが反映し，2022年には，40年ぶりの高い物価上昇みられた。また，2022年における民間の需要については，緩やかな回復傾向にあった。なお，円安は，輸入価格を上昇させるため，日本の物価を上昇させる影響をもたらす。 2. 正しい。物価の上昇に伴う実質所得の減少を背景に，特

に低所得層では実質消費支出が減少傾向にあった。　3．誤り。所得の中で消費が占める割合である消費性向は，2010年代以降，若年層と高齢層を中心に低下傾向にある。　4．誤り。内閣府が2023年2月に示した「日本経済2022-2023」において，2022年の雇用環境は総じて改善したが，労働移動はコロナ禍前ほど活発ではなく，失業期間の長期化への懸念が指摘されている。5．誤り。「日本経済2022-2023」において，輸出企業は非輸出企業に比べて生産性が高いこと，研究開発実施率も高いことなどが指摘されている。

19　4

解説 1．誤り。所得税は，所得が高い者ほど負担割合が大きくなる累進税である。逆進税の例として挙げられるのは，消費税を含む間接税である。2．誤り。消費税の導入時の税率は3％であった。また，インボイス（適格請求書）は2023年に導入が予定されている。　3．誤り。固定資産税は地方税である。　4．正しい。法人事業税の一部は，付加価値と資本金に応じ課税される外形標準課税である。　5．誤り。租税法律主義に基づき，租税に関する基本的なルールは法律によって定められている。

20　3

解説 1．日本銀行政策委員会政策決定会合における議決の要件は，全会一致ではなく多数決である。　2．マイナス金利は，市中銀行が日本銀行に預金を預ける際に，市中銀行が日本銀行に手数料を支払う場合に用いられる用語である。　3．正しい。公開市場操作における買いオペレーションは，市中の資金量を増加させ，金利を低下させる。　4．日本銀行は，内閣の承認なしに日本銀行券の発行限度枠を決定する。　5．日本銀行が市中銀行に貸し付ける金利を低下させることは，市場における金利を低下させる要因となる。

21　2

解説 1．誤り。マンは，富の源泉は労働ではなく金であるとした。2．正しい。ケネーは，経済を循環の中で捉えることでも先駆的な役割を果たした。　3．誤り。「各国政府」を「各経済主体」とすると正しい記述となる。アダム・スミスは，経済における政府の役割については最小限にとどめるべきであるとした。　4．誤り。リカードではなくマルサスについての記述であ

る。リカードは，比較生産費説に基づき，自由貿易と国際分業の必要性を説いたことで知られる。　5．誤り。ケインズは，不況の原因を有効需要の不足に求め，積極的な財政政策の必要性を説いた。

22 3

解説　1．誤り。選択肢の文章は，比例税ではなく累進税についてのものである。比例税は，課税対象金額に関わらず一定の比率で税額が決定される税である。　2．誤り。財政政策を金融政策とすると正しい記述になる。　3．正しい。財政法第4条についての記述である。　4．誤り。「フィスカル・ポリシー」を「ビルト・イン・スタビライザー」とすると正しい記述となる。　5．誤り。暫定予算は，翌年度の予算の成立が年度末までに行えないときに編成される短期間分の予算である。選択肢の説明は，補正予算についてのものである。

23 5

解説　1．誤り。ペイオフについての説明は正しいが，日本において法的に禁止されてはおらず，2010年に発動されている。　2．誤り。金融政策の原案を閣議決定するというルールは存在しない。日本銀行による金融政策の決定には，一定の独立性が確保されている。　3．誤り。信託商品や発行後一定期間を過ぎた国債などは，買いオペレーションの対象となっている。　4．誤り。1991年以降，預金準備率は据え置かれたので，金融政策の重要な柱とはいえない。　5．正しい。マイナス金利は，2016年1月に導入された。

24 5

解説　1．誤り。ブレトンウッズ協定は，当初からアメリカのドルを基軸通貨としていた。　2．誤り。選択肢の説明は，キングストン合意ではなくスミソニアン合意についての記述である。キングストン合意は，外国為替市場の状況を踏まえ，変動為替相場制を追認することを柱としていた。　3．誤り。1985年のプラザ合意では，ドル高是正についての合意がなされ，その後急激な円高やドル安が進んだ。　4．誤り。自国通貨の減価は，輸入に不利に，輸出に有利にはたらく。　5．正しい。金利が高くなるとその通貨での運用が有利になるため需要の増加をもたらし，その国の通貨は増価する。例えば，

アメリカにおいて金利が急上昇すると，ドルに対する需要が増え，為替相場をドル高に導く。

25 5

解説 1．労働需要が労働供給に比べて急激に増加する場合には，賃金は上昇する。　2．時間外手当は，通常の賃金よりも割増されている。　3．労働組合の争議行為については，民事上，刑事上の責任がともに免責される。4．長期的には，非正規雇用の労働者の割合が増加を続けている。　5．正しい。障害者の法定雇用率を満たさない場合には，納付金を納めなければならない。

26 3

解説 1．誤り。コントによる知識・精神の発展段階について，形而上学的段階と神学的段階の順が逆になっている。　2．誤り。デュルケームは，むしろ資本主義的な産業化の進行や功利主義的な個人主義が，エゴイズムとアノミーをもたらすとした。なお，アノミーとは，無規制な状態を意味する。3．正しい。ウェーバーは，特に社会的行為における主観的意味の重要性を強調した。　4．誤り。ホルクハイマーとアドルノによれば，道具的理性は人間の内なる自然をも支配し，人間を新たな野蛮に追い込むものである。　5．誤り。ゲマインシャフトとゲゼルシャフトの順が逆になっている。なお，テンニースによれば，本質意志に基づく相互肯定的な関係がゲマインシャフトであり，選択意志に基づく相互肯定的な関係がゲゼルシャフトである。

27 2

解説 1．誤り。「増加」を「減少」とすると正しい記述になる。2021年度の温室効果ガス排出・吸収量（確報値）は，11億2,200万トン（CO_2換算）であり，削減目標基準年の2013年度の排出量比と比較して20.3％減少した。2．正しい。国連環境計画（UNEP）による「Emissions Gap Report 2022」についての記述である。　3．誤り。2022年12月にカナダ・モントリオールで生物多様性条約第15回締約国会議（COP15）第2部が開催され，愛知目標の後継となる世界目標として「昆明・モントリオール生物多様性枠組」が採択された。なお，「愛知目標」とは，2010年10月に愛知県名古屋市で開催された生物多様性条約第10回締約国会議（COP10）で採択された「生物多様性を

保全するための戦略計画2011-2020」の中核をなす世界目標である。　4．誤り。日本では，陸地の約20.5％，海洋の約13.3％が国立公園等の保護地域に指定されている。　5．誤り。2022年4月に「プラスチックに係る資源循環の促進等に関する法律」が施行された。これにより，プラスチック使用製品のライフサイクル全般にわたって，バイオマス化・再生材利用等の原則に従い，あらゆる主体におけるプラスチック資源循環の取り組みを促進するための措置が講じられることになった。

28　1

解説　1．正しい。日本の社会保障は，日本国憲法第25条に定められた「生存権及び国民生活の社会的進歩向上に努める国の義務」に基づき，国民の健やかな生活を保障するものである。　2．誤り。社会保障の機能として，生活の安定・向上，経済の安定のほかに，所得の再分配を加えた3つが挙げられる。　3．誤り。ジニ係数は，所得分布の均等度を示す指標となるものであり，所得格差の是正を図るために用いられる。　4．誤り。「ゆりかごから墓場まで」は，第二次世界大戦後の英国における社会保障制度のスローガンであり，日本を含めた各国の社会保障政策の指針となった。　5．誤り。日本の社会保障は，社会保険方式と税方式によって成り立ち，社会保険方式の財源は，加入者や事業主が支払う保険料が中心である。

29　3

解説　1．誤り。「ゆりかごから墓場」までのスローガンは，1942年の『ベヴァリッジ報告』についてのものである。17世紀初頭の救貧法は，強制収容を伴うなど，今日の社会保障とは異なる理念の下で実施されていた。　2．誤り。フランスでは，旧ドイツ領から社会保険制度の移入が行われた。　3．正しい。ビスマルクによる「アメとムチ政策」に関する記述である。　4．誤り。国際人権規約は，批准した国に対して法的拘束力を持つ。　5．誤り。アメリカにおいて，公的医療保険を運営する健康保険組合が設立された事実はない。オバマ政権の下で，国民が何らかの医療保険に加入することを義務付けた制度が創設されたが，民間の保険会社が大きな役割を占める制度である。

30 3

解説 1. 誤り。労働争議の件数が長期的に減少傾向にある旨の記述は正しいが，2022年297件であるのに対して，2012年は612件であり，10年で半分以下に減少していることから，「ほぼ横ばい」との記述は誤りである。
2. 誤り。サボタージュ（怠業）とは，業務の効率を意図的に低下させる行為である。労働組合員が一時的に就業を拒否する行為はストライキ（同盟罷業）と呼ばれる。　3. 正しい。2020年のデータによれば，どの国も有償労働時間は男性の方が長いが，各国において男女比（女性を1とした場合の男性の倍率）を見ると，男女比が大きいのは，G7の国の中で，日本とイタリアであり，1.7倍にのぼった。ちなみに，有償労働とは，市場で労働力を提供して対価を得る労働である。　4. 誤り。場合によっては，使用者側による争議行為であるロックアウト（作業所閉鎖）が認められる場合があり，「使用者側による争議行為は認められていない」との記述は誤りである。ロックアウト（作業所閉鎖）は，労働組合等の団体や労働者に対して，雇用主や経営者が作業する場を閉鎖することによって生産活動を停止させることを意味する。この行為は，労働者側によるストライキ（同盟罷業）を抑止することなどを目的としている。　5. 誤り。非正規雇用労働者の数は，2010年以降増加が続き，2020年以降は減少したが，2022年は増加に転じた。なお，非正規雇用労働者は，正規の雇用契約ではなく，パートタイム労働者や，派遣労働者，契約社員などの雇用形態の下で働く人々のことを指す。非正規雇用労働者は，一般に，正規雇用労働者よりも地位の安定性や保護の面で不利な状況に置かれることがある。

31 5

解説 1. 誤り。「アソシエーション」と「コミュニティ」を逆にすると正しい記述になる。　2. 誤り。クーリーは，成員相互の親密な結合による集団をプライマリーグループ（第一次集団）と呼び，彼の後継者らがそれと対比するため，特定の利害や関心に基づく集団をセカンダリーグループ（第二次集団）という類型を提唱した。　3. 誤り。「生成社会」と「組成社会」を逆にすると正しい記述になる。　4. 誤り。高田保馬は，基礎社会が様々な要因によって派生社会を分立させ，基礎社会自体の機能が衰耗していくことを指摘し，このことを基礎社会衰耗の法則と呼んだ。　5. 正しい。ゲマインシャフトは，

家族・村落・都市，ゲゼルシャフトは，大都市・国・世界といった形態を示すとした。

32 1

解説 1．正しい。マードックは，約250の民族を調査し，核家族が普遍的な形態であることを見出した。　2．誤り。リースマンではなくマードックに関する記述である。リースマンは，現代人の特徴を「他人指向型」と表現したことなどで知られる。　3．誤り。パーソンズは，家族の機能として社会化と安定化を挙げた。　4．誤り。「友愛家族」と「制度家族」の順番が逆になっている。なお，制度家族は，法律や慣習によって結合している家族であり，友愛家族は，相互の愛情によって支えられた家族である。　5．誤り。オグバーンは，家族において「愛情」以外の機能が衰退してきたとして，家族機能縮小論を提唱した。

33 3

解説 1．誤り。こども家庭庁の事務に関して，内閣特命担当大臣（こども政策担当）が置かれるが，長官については，一般職の国家公務員と位置づけられることから，「長官には国務大臣が充てられる」という記述は誤りである。　2．誤り。こどもの教育に関する政策立案や教員の採用・配置を担当することについては，文部科学省や各自治体の教育委員会等の役割であるが，こども家庭庁が所管する事項とはいえない。　3．正しい。それぞれ，「企画立案・総合調整部門」を長官官房が，「成育部門」を生育局が，「支援部門」を支援局が担う。　4．誤り。こども家庭庁は，内閣府の外局として設置されており，内閣総理大臣直属の機関である。なお，一般に「外局」は内閣の統轄する府や省に属しつつ，内部部局の外にあって，特殊な事項をつかさどる機関である。　5．誤り。「こどもがまんなかの社会」「こどもの視点に立って意見をきくこと」も理念として掲げられた。ホームページの冒頭には，「こども家庭庁は，こどもがまんなかの社会を実現するために，こどもの視点に立って意見を聴き，こどもにとっていちばんの利益を考え，こどもと家庭の，福祉や健康の向上を支援し，こどもの権利を守るためのこども政策に強力なリーダーシップをもって取り組みます」との理念が掲げられている。

34 5

解説 1．誤り。市民革命期の人権宣言の中に社会権に関する内容は含まれておらず，公的医療保険が整備されたのは20世紀以降である。　2．誤り。「65歳以上」を「75歳以上」とすると正しい記述となる。なお，選択肢に示されていない公的医療保険として，公務員等が加入する共済組合（短期給付）が挙げられる。　3．誤り。ドイツではなく，イギリスに関する記述である。4．誤り。イギリスではなく，ドイツに関する記述である。　5．正しい。アメリカでは，メディケアとメディケイドの対象とならない者は，民間の医療保険に加入し給付を受けていたが，未加入者が数多くいた。オバマ政権の下で，「オバマケア」と呼ばれ，加入を促進する施策が実行された。

35 3

解説 1．誤り。世界の女性が生涯に産む子どもの数を推計した出生率は2.3である。なお，ここでいう「出生率」は，一般的には「合計特殊出生率」と呼ばれる。これは，「15〜49歳までの女性の年齢別出生率を合計したもの」であり，一人の女性がその年齢別出生率で一生の間に生む子どもの数の推計値に相当する。　2．誤り。「上回る」を「下回る」とすると正しい記述になる。世界人口のうち，出生率が人口を維持できる「人口置換水準」を下回る地域で暮らす人々の割合は約3分の2である。　3．正しい。2022年11月に世界人口は80億人を超えた。特に，貧困層が多い国や地域において増加が著しく，食糧，住居，生活全般に大きな困難をもたらしている。　4．誤り。世界の平均寿命は72.8歳であり，寿命の延びが人口増加の大きな要因になっている。5．誤り。世界人口のうち，温室効果ガス排出量全体の半分を排出している人々の割合は約10％である。

36 1

解説 1．正しい。こども基本法第11条には，「国及び地方公共団体は，こども施策を策定し，実施し，及び評価するに当たっては，当該こども施策の対象となるこども又はこどもを養育する者その他の関係者の意見を反映させるために必要な措置を講ずるものとする」と定められている。　2．誤り。こども基本法第2条において「この法律において『こども』とは，心身の発達の過程にある者をいう」と定められているが，年齢についての規定はない。

3. 誤り。「5年に1回」を「毎年」とすると正しい記述になる。こども基本法第8条には，「政府は，毎年，国会に，我が国におけるこどもをめぐる状況及び政府が講じたこども施策の実施の状況に関する報告を提出するとともに，これを公表しなければならない」と定められている。　4. 誤り。「厚生労働省」を「子ども家庭庁」とすると正しい記述になる。こども基本法第17条において，「こども家庭庁に，特別の機関として，こども政策推進会議（以下「会議」という）を置く」と定められている。　5. 誤り。事業主にも努力義務が課せられている。こども基本法第6条に「事業主は，基本理念にのっとり，その雇用する労働者の職業生活及び家庭生活の充実が図られるよう，必要な雇用環境の整備に努めるものとする」との規定がある。

37 1

解説 1. 正しい。防衛省・自衛隊は，新型コロナウイルスの急速な感染拡大が懸念された状況の下，緊急災害派遣により，2021年5月24日から同年11月30日まで，東京及び大阪において大規模接種センターを開設した。また，医療従事者を各地に派遣して支援を行い，地域の医療機関の負担軽減や，感染者の治療やケアにも寄与した。　2. 誤り。防衛費増額に向けた財源確保法2023年に成立した。なお，この法律には，歳出改革や決算剰余金，それに国有財産の売却など，税金以外の収入を複数年度にわたって活用できるようにするため，一般会計に「防衛力強化資金」を創設することが盛り込まれている。　3. 誤り。2023年度一般回会計当初予算における防衛費は6兆7880億円であり，2022年度の当初予算より1兆4192億円増えて過去最大となった。さらに，「防衛力強化資金」という新たな枠組みを設け，外国為替資金特別会計の繰入金などで3兆3806億円を計上しており，これを合わせると防衛関係の予算は，10兆円を超える規模となった。　4. 誤り。2015年に安全保障関連法が成立し，翌年に施行されたことにより，「存立危機事態」において，他国を武力で守る集団的自衛権を発動することができるようになった。よって，「集団的自衛権を行使できない」との記述は誤りである。　5. 誤り。2022年5月，自衛隊がUNHCR（国連難民高等弁務官事務所）の要請に基づいて人道救援物資の輸送を実施した点は正しいが，派遣したのは，ウクライナではなく，ドバイ（アラブ首長国連邦），ポーランド，ルーマニアである。

38 5

解説 1．誤り。「経済産業省」を「総務省」とすると正しい記述になる。情報通信白書には，情報通信産業の現状や成長に関する各種統計データや調査結果，専門家の論文や専門的な分析などが含まれている。　2．誤り。ICT業界は，コロナ禍において，テレワークやオンライン会議，デジタルサービスなどの需要が増し，その結果，2022年度におけるICTの市場規模は27.2兆円であり，前年比で5.2％増となった。　3．誤り。2021年度末における5G（第5世代移動通信システム）の地域における導入状況や進捗にはばらつきがあったものの，人口カバー率は93.2％であった。なお，人口カバー率とは，サービスが提供されている地域（サービスエリア）における網羅率を測る指標のことであり，「カバーした市区町村の総人口÷国内総人口」によって求められる。　4．誤り。情報通信白書では，災害に対するレジリエンス向上等の観点から，データセンターや海底ケーブル等の立地分散化の推進の必要性が強調された。なお，レジリエンスとは，「回復力」「復元力」「耐久力」などを意味する。　5．正しい。情報通信産業の国内総生産は2021年の名目値で52.7兆円であり，全産業の9.7％を占める。その変化率は，前年比0.8％増であった。なお，国内総生産（GDP）は，国内において生産された財やサービスの付加価値の合計である。

社会科学　　歴史

日本史：日本史の対策としては以下の3点が挙げられる。

　　まず，高校時代に使用した日本史の教科書を何度も読み返すことが必要となってくる。その際，各時代の特色や歴史の流れを大まかにつかむようにする。その上で，枝葉にあたる部分へと学習を進めていってもらいたい。なぜなら，時代の特色や時代の流れを理解することで，それぞれの歴史事象における，重要性の軽重を判断できるようになるからである。闇雲に全てを暗記しようと思っても，なかなか思うようにはいかないのが実情であろう。

　　次に，テーマ別に整理し直すという学習をすすめる。高校時代の教科書はある時代について政治・社会・文化などを一通り記述した後に，次の時代に移るという構成になっている。そこで各時代のあるテーマだけを順にみてその流れを整理することで，分野別にみた歴史の変化をとらえやすくなる。そうすることで，分野別に焦点化した歴史理解が可能となろう。

　　最後に，出題形式からみて，空欄補充や記述問題にきちんと答えられるようになってもらいたい。空欄補充問題や記述問題に答えられるようになっていれば，選択問題に答えることが容易となる。難易度の高い問題形式に慣れていくためにも，まずは土台となる基礎用語の理解が不可欠となってくる。

世界史：世界の歴史の流れを理解し，歴史的な考え方を身につけることが「世界史」を学習する上で最も重要となってくる。しかし，広範囲にわたる個々ばらばらの細かい歴史的事項を学習するだけでは，「世界史」が理解できたとは言えない。それぞれの歴史的事項が，どのような背景や原因で起こり，どのような結果や影響を与え，また他地域との結びつきはどうだったのかなど，世界の歴史の大まかな流れと全体のメカニズムについて理解するよう努めたい。そうすることが，世界史の試験対策となる。

　　特に，日本と世界の結びつきについては，各々の時代背景を比較しながら理解することが必要である。また，近現代が重視されるのは，現代の社

会の形成に直接的に影響を与えているからである。その観点から考えると，近現代の出来事を理解するとともにその影響についても考察し，現在の社会といかなるかかわりを持つのか，把握することも必要となってこよう。

👉 狙われやすい！ 重要事項

☑ 江戸時代の幕藩体制～現代までの日本の変遷
☑ 産業革命
☑ 市民革命
☑ 第一次世界大戦～現代までの世界の変遷
☑ 中国王朝の変遷

《 演 習 問 題 》

1 　江戸時代末期の情勢に関する記述として，妥当なものはどれか。

1 　天保8年，幕府はアメリカ商船モリソン号が浦賀に入港しようとしたため，異国船打払令を出して，異国船を見つけ次第打ち払い，上陸した異国人を殺すよう命じた。

2 　日米和親条約は，嘉永7年，ペリーの再度の来航を受けて，大老井伊直弼が締結した。

3 　日米修好通商条約は，天皇の勅許を受けて安政5年に締結された。

4 　安政7年，大老井伊直弼は，坂下門外において水戸脱藩浪士らにより暗殺された。

5 　禁門の変とは，元治元年，長州藩が京都に攻め上がり，会津，桑名，薩摩ら幕府側諸藩に敗れた戦いのことである。

2 　大化の改新以降の歴史に関する記述として，妥当なものはどれか。

1 　政府は，戸籍に基づいて6歳以上の男女に口分田を支給し，死後に返させる制度を整備した。一方，豪族たちは，この土地を買い付け自分たちの勢力の拡大に利用した。

2 　初の全国的な戸籍は，八色の姓と呼ばれた。これを作成した天智天皇の死後には，壬申の乱が起き，大海人皇子が大友皇子の政権を打ち倒した。

3 　本格的な律令政治が始まったのは，8世紀のことであった。藤原不比等，

　　刑部親王らは，養老律令を制定し，次いで，藤原不比等らにより大宝律
　　令が定められた。
　4　律令の制定を契機として，政治の仕組み全般が整えられた。律は今日の
　　刑法にあたり，令は民法や行政法にあたる内容を柱としていた。
　5　墾田永年私財法は，開墾した土地を口分田として利用する代わりに，
　　開墾した土地について，一定割合の私的な所有を認めるものであった。こ
　　れによって，公地公民制は崩壊することとなった。

3 **北海道・東北・沖縄の歴史に関する記述として，妥当なものはどれか。**
　1　坂上田村麻呂は，征東使，征夷使を経て，794年に史上初の征夷大将軍
　　として節刀を授けられた。
　2　アテルイ（阿弖流為）は，朝廷により派遣された軍を打ち破り，9世紀
　　初めには現在の北海道から東北にかけて強力な勢力を持つ一族を率いた。
　3　奥州藤原氏は，平泉に中尊寺を建立するなど独自の文化を築くなど栄華
　　を誇る一方，政治的にも源頼朝と強力な同盟を結ぶなど，大きな影響力を
　　行使した。
　4　沖縄本島では，コメや麦の生産，按司と呼ばれる首長によるグスク（城）
　　の構築を背景として，10世紀には南山・中山・北山と呼ばれる小国家が
　　成立した。
　5　15世紀に中山王尚氏によって琉球王国が成立した。1872年に琉球藩が
　　設置され，1879年に沖縄県になった。

4 **室町時代に関する記述として，妥当なものはどれか。**
　1　足利尊氏は，後醍醐天皇の命を受けて鎌倉幕府に造反し，六波羅探題
　　を攻略して幕府滅亡のきっかけを築いた。その後，後醍醐天皇によって征
　　夷大将軍に任命され，鎌倉幕府の御成敗式目を廃止して建武式目を制定
　　した。
　2　足利義満は，管領細川頼之の補佐を受けて南北朝の合一を達成し，幕
　　府を花の御所と呼ばれた室町殿に移した。その後，明との間で対等な外交
　　関係である日明貿易を開始して当時の社会に経済的な発展をもたらした。
　3　足利義教は天台宗の僧侶から還俗して将軍に就任し，鎌倉公方を永享
　　の乱で滅ぼすなど将軍権力の強化を図った。その後，播磨の守護大名であ
　　る赤松満祐を打倒する動きを見せたために，嘉吉の乱で暗殺された。

4　足利義政が弟と息子のどちらを将軍としての後継者にするかについての決断ができなったことが，応仁の乱の要因の一つとなった。その後，将軍職を息子の義尚へと譲り，自らは政治から引退し，京都の北山で文化的な活動に興じる生活を送った。

5　足利義昭は，応仁の乱後に衰退の一方だった幕府の権力を回復させるために，各地の戦国大名の援助を求めて回った。その後，豊臣秀吉の保護を受けて室町幕府最後の将軍に就任したが，後に彼とも対立し，京を追われたことにより幕府は滅亡した。

5　鎌倉時代の政治に関する次の記述の空欄Ａ～Ｄに入る語句の組み合わせとして，妥当なものはどれか。

鎌倉中期以降，皇室では皇位継承問題をめぐり，（　Ａ　）と（　Ｂ　）に分かれて対立していた。幕府はこの紛争の調停にのりだし，両統が交代で皇位に就く両統迭立（てつりつ）を定め，朝廷の政治に介入した。鎌倉時代後半には，元が日本に襲来し，その一度目の（　Ｃ　）では，元に北九州上陸を許し苦戦を強いられたため，元の再襲来に備えて幕府は（　Ｄ　）を強化した。

	A	B	C	D
1	持明院統	大覚寺統	文永の役	異国警固番役
2	大覚寺統	持明院統	弘安の役	博多警固番役
3	持明院統	大覚寺統	文永の役	博多警固番役
4	大覚寺統	持明院統	弘安の役	異国警固番役
5	持明院統	大覚寺統	元弘の変	博多警固番役

6　江戸時代における幕政改革に関する記述として，妥当なものはどれか。

1　徳川吉宗によって断行された享保の改革は，商人の経済活動への統制を大幅に緩和し，新田の開発や年貢を増やすことによって財政を再建することなどを柱としていた。

2　徳川吉宗は，耕作されないで放置された田畑の活用を促進するために，金銭の貸借に伴う土地の質流しを積極的に奨励した。

3　寛政の改革は，老中の松平定信によって進められた幕政改革であり，これを推進するにあたり，当時経済政策の立案で定評のあった田沼意次が登用された。

4　寛政の改革が断行された当時は，米価の高騰が進んでいたため，籾米の

備蓄を命じた囲い米の制度が廃止された。

5　老中水野忠邦が行った天保の改革は，財政の緊縮，綱紀粛正，経済統制によって幕府の力を強化しようとしたが，上知令が失敗したことなどにより挫折した。

[7]　**明治維新の諸改革に関する記述として，妥当なものはどれか。**

1　1869（明治2）年，新政府は廃藩置県を実施し，諸大名に命じて領地と領民を天皇に返上させ，藩主は知藩事として政治を行った。

2　1871（明治4）年，新政府は解放令を出し，江戸時代の身分制度を廃して四民平等としたが，江戸時代，「えた」「ひにん」とされた人々には適用されなかった。

3　1872（明治5）年，新政府は学制を公布し，近代的な教育制度を整え，6歳以上の男子に義務教育を実施した。

4　1873（明治6）年，新政府は地租改正条例を公布し，地租を地価の2.5％と定め，土地所有者に現金で納めさせるようにした。

5　1873（明治6）年，新政府は国民皆兵による政府軍をつくるため，徴兵令を公布し，身分にかかわりなく満20歳以上の男子に兵役の義務を課した。

[8]　**日本における立憲国家の成立に関する記述として，妥当なものはどれか。**

1　愛国公党が提出した民撰議院設立の建白書は，それに先立って結成された国会期成同盟の影響を強く受けていた。

2　自由民権運動の高まりを受けて，自由な言論を求める世論と運動に配慮し，新聞紙上における闊達な議論を促進する目的で，新聞紙条例が制定された。

3　漸次立憲政体樹立の詔は，元老院と大審院の設置，国会開設の準備の推進などを主な内容としていた。

4　自由民権運動家の植木枝盛は，五日市憲法草案を起草し，民衆らに民権思想を広めた。

5　ルソーの社会契約論などを抄訳し，紹介した中江兆民は衆議院議員に当選したものの，急進的な思想をとがめられ，政府によって議員の職を解任された。

[9]　**第二次世界大戦後の日本の歴史に関する記述として，妥当なものはどれか。**

1　ポツダム宣言によって無条件降伏した日本は，サンフランシスコ平和条約によって独立を回復した。この条約の意義として，第二次世界大戦において日本と戦ったすべての国を含む全面講和であった点が挙げられる。

2　日本は，日米安全保障条約の締結と同時に国際連合への加盟を果たした。これ以降，日本に関連する国際平和の秩序は，日米安全保障条約を含む防衛体制と国際連合による集団安全保障に基づく体制によって守られている。

3　1960年代半ばに佐藤栄作首相と韓国の朴正煕大統領の下，日韓基本条約が結ばれた。その際，日本から韓国に対し，3億ドルの無償資金援助，2億ドルの低利融資が実行されるとともに，民間による3億ドルの信用供与が行われた。

4　1950年代から1970年代にかけて，日本は世界でも類を見ない高度経済成長を果たした。1974年の第一次石油危機の影響は軽微であったものの，1979年の第二次石油危機では戦後初のマイナス成長をもたらし，成長は終焉を迎えた。

5　1985年に先進諸国と結ばれたプラザ合意は，当時進んでいたドル安を是正することを目的としていた。その合意に，外国為替市場が敏感に反応し，日本経済は大きな影響を受けた。

[10]　**イギリス産業革命に関連する記述として，妥当なものはどれか。**

1　イギリスの産業革命は綿織物工業から始まったが，その発祥の地はランカシャー地方のマンチェスターである。この土地で生産された綿織物がリバプールへと運ばれ，全世界へと輸出された。

2　イギリスの産業革命は，安価で大量の労働者が国内に存在していたことが一つの条件であるといわれている。その労働者が創出された原因は，第一次エンクロージャーで農民が土地を失ったこと，そして彼らが都市へと流出したことである。

3　イギリスの産業革命によって，近代的な資本主義が成立したと考えられている。結果的に同国の経済力は飛躍的に上昇し，「世界の工場」と呼ばれるようになるとともに，国民の経済的な格差は小さいものになった。

4　イギリスの産業革命により，都市部の人口が急激に増加した。その結

　果，穀物をはじめとした食料の需要が急増し，その要求に応えるために農
　村地帯において三圃制が導入され，農業生産力が劇的に向上した。
5　イギリスの産業革命の特色として，その安価な商品の大量生産，海外へ
　の市場の拡大が挙げられる。それを可能としたのは，工場制手工業の実現
　であり，分業と協業が効率的に行われるようになった。

11　宗教改革に関する記述として，妥当なものはどれか。

1　カトリックの総本山であるサン＝ピエトロ大聖堂の改築資金を集めるた
　めに，教皇のレオ10世が大量の贖宥状を販売したことにより，ドイツの
　宗教改革の勢いに拍車がかかることとなった。
2　大学の教授であったルターは，贖宥状販売を批判し，1517年にヴィッ
　テンベルク大学の教会扉に「九十五ヵ条の論題」を掲げ，教皇権や教会制
　度を批判するなどヴィッテンベルク，聖書中心主義に基づく主張を展開し
　た。
3　スイス出身のツヴィングリが，「万人祭司説」を主張しつつチューリッ
　ヒで改革を行ったのを受けて，弾圧を受けていたイタリア人のカルヴァン
　が改革を引き継ぐ形で，イタリアでの宗教改革が始まった。
4　各地での宗教改革の動きに対して，旧教側が対抗宗教改革と称し，イ
　エズス会の海外伝道やヨーロッパでの再布教を禁止した。
5　宗教改革に伴う新旧両派の対立を背景として，16～17世紀前半にかけ
　て各地で宗教戦争が勃発し，国際的な利益とは大きく隔たる要因による争
　いが繰り広げられた。

12　フランス革命に関する記述として，妥当なものはどれか。

1　フランス革命の中心となったのは，第三身分であった。彼らは，テニス
　コートの誓いにより，三部会の閉鎖を画策する国王と対決することを決意
　し，団結を深めた。
2　バスティーユ牢獄の襲撃の主たる目的は，フランス人権宣言を起草した
　ことによって拘束されていたラ・ファイエットを解放することであった。
　この襲撃は失敗し，革命はいったん挫折した。
3　当初，国民議会を指導したのは，王制の廃止をはじめとした急激な改革
　を進めようとするミラボーであった。ミラボーの死後，国民議会は立憲君
　主派の人々によって支配されることになった。

4　国民議会は，憲法制定後に解散される予定であった。しかし，その後
に存続を求める動きが急速に強まり，長期にわたって存続したことが革命
後のフランスに大きな混乱をもたらした。

5　ルイ16世を処刑したのは，ジャコバン派であった。彼らは，その後穏健
なジロンド派を追放し，ロベスピエールらを中心として恐怖政治を行った。

13 絶対王政に関する記述として，妥当なものはどれか。

1　ヨーロッパ諸国における絶対王政を支えたのは常備軍と官僚制であり，
特に官僚については，身分にとらわれずに優秀な人材を登用するしくみが
早くから整備された。

2　絶対王政をイデオロギーの面から支持させたのが王権神授説であり，そ
れによれば，国王は支配権を神から直接的に授けられているものとされた。

3　重商主義は，絶対王政の下で採用された経済政策であり，商人らの自
由な経済活動を保障しながら，王権による経済への介入を最小限に抑制す
ることを特徴としていた。

4　16世紀にスペインの王となったカルロス1世は，ヨーロッパからアメリ
カに至るまで広範囲の領域を支配し，ハプスブルク家と激しく対立した。

5　フランスにおける絶対王政は，ヴァロワ朝のときに最盛期を迎えたもの
の，ブルボン朝のアンリ4世が即位した頃から急速に衰退した。

14 ドイツ帝国の成立に関する記述として，妥当なものはどれか。

1　保護貿易主義を主張したベンサムの影響を受けて，1818年にプロイセン
を中心にドイツ関税同盟が結成された。

2　ヴィルヘルム1世は軍備拡張を図るとともに，シュタインを起用して外
交政策を充実させていった。

3　ビスマルクは農奴制改革を目的とした鉄血政策を推し進め，これにより
農奴解放が進んだ。

4　普墺戦争ではモルトケの作戦などによりプロイセンが勝利，オーストリ
アがドイツ連邦から排除された。

5　1867年に成立したオーストリア＝ハンガリー帝国は第二次世界大戦に敗
北し，オーストリアとハンガリーに分解された。

15 20世紀前半の世界の動きに関する記述として，妥当なものはどれか。

1 第一次世界大戦中，イギリスはフサイン・マクマホン協定をアラブ側と結び，戦争協力を条件にアラブの独立を認めると通告した。

2 第一次世界大戦の末期，アメリカ大統領のウィルソンは，「平和に関する布告」を発表し，全交戦国に和平を呼びかけた。

3 世界恐慌の原因は，第一次世界大戦の戦渦によって打撃をうけたヨーロッパの生産力が回復せず，さらにアメリカの生産力も減退したことによる経済的な混乱であった。

4 世界恐慌により経済危機に陥ったイギリスでは，労働党党首のチャーチルが挙国一致内閣を組織し，金本位制の停止などの対策を断行した。

5 世界恐慌の影響を大きく受けたソビエト連邦における経済的な混乱が，第二次世界大戦勃発につながった。

16 1940年代の情勢に関する記述として，妥当なものはどれか。

1 アメリカ・イギリスと日本の対立の構図が固まったのは，日独伊三国同盟への調印であった。これは，1940年代初頭，ドイツの軍事的な成功を背景として，その直後にベルリンにおいて調印されたものであった。

2 第二次世界大戦が本格化したのは，ドイツとイタリアによるアメリカへの宣戦であった。それに先立ち，日本とソビエト連邦は，両国の利害対立を背景にいち早く戦争状態に突入していた。

3 ヤルタ協定の内容は，第二次世界大戦後の秩序に大きな影響を与えた。これをまとめたヤルタ会談では，開かれた外交を求め，秘密外交は避けるべきであるとの国際世論の大きな高まりを背景に，秘密協定の締結は行われなかった。

4 ポツダム宣言は，フランス，アメリカ，イギリスの3国の首脳が，日本に対して体制維持を含む数多くの条件を示した上で降伏を勧告する内容であった。日本がこの宣言を受諾することによって，第二次世界大戦は事実上終結に向かった。

5 戦後処理の一環として，ナチスの指導者を裁くためにニュルンベルク裁判が行われた。人道主義を重視する立場から死刑判決は下されず，有罪とされた者には終身刑や禁固刑が科された。

[17] 世界各国・地域において，歴史上重要な役割を果たした人物に関する
の記述として，妥当なものはどれか。

1　ジェームズ1世は，ローマ・カトリック教会の権威の強化に貢献した。
　　彼によれば，国王の権利はローマ教皇を通じて神から与えられたもので
　　あった。

2　14世紀の末，グスタフ1世は，デンマーク，スウェーデン，ノルウェー
　　を統合して，カルマル同盟を成立させた。ただし，同盟内における主導権
　　はデンマークによって握られていた。

3　オラニエ公ウィレムは，ネーデルラントの独立運動を始めた中心的な人
　　物である。この運動により，ネーデルラント連邦共和国は独立を宣言し，
　　ウィレムは初代総督となった。

4　リヴィングストンとスタンリーは，19世紀に開かれたベルリン会議を主
　　導した。この会議において，アフリカの先占権についての決定がなされた。

5　サン・マルティンは，南アメリカにおける独立運動を指導した者の一人
　　である。彼の指導により，ベネズエラ，コロンビア，エクアドルにおいて
　　大コロンビア共和国が建国された。

[18] 唐王朝に関連する記述として，妥当なものはどれか。

1　唐王朝の創始者は，高祖と称される李淵である。彼は前王朝である隋の
　　失政をきっかけとした反乱の中で王朝を創建し，約300年にわたる唐の基
　　礎を築き，その治世は貞観の治と称えられた。

2　実質的に唐王朝の国家機構を整備したのは，二代目の李世民である。
　　彼は律令制や中央官制として三省六部を整えるなど，中央集権体制を整
　　備し，日本もこの制度を模倣して当時の体制を築いた。

3　唐王朝の最初の危機は，則天武后による専制政治である。中国最初の
　　女帝でもある則天武后は，科挙を開始して自身の支持勢力を増加させるな
　　ど，唐王朝を断絶させ，一時は国号を周と改めた。

4　8世紀半ばには玄宗が出て，開元の治と呼ばれる安定期を迎えた。この
　　時期は文化的にも円熟した時代となり李白や杜甫が活躍したが，治世の後
　　半には黄巣の乱が発生して国が乱れた。

5　9世紀の末には，国内全体に軍事力を持った節度使が分立し，唐王朝の
　　権威は一気に衰えた。その節度使の中から安禄山が反乱を起こし，その反
　　乱の中から朱全忠が現れ，唐王朝は滅亡した。

《 解 答 ・ 解 説 》

1 5

解説 1. 誤り。異国船打払令は，寛政年間以降，日本近海に出没する外国船が増えたことから文政8年に発令された。天保8年のモリソン号事件は，日本人漂流民を送り届けてきたモリソン号を異国船打払令により砲撃し，追い返した事件である。その後，アヘン戦争で清国が敗れるのを目の当たりにした幕府は，天保13年に異国船打払令を廃止した。 2. 誤り。嘉永7年に日米和親条約を締結したのは，老中首座阿部正弘である。 3. 誤り。日米修好通商条約は，大老井伊直弼が天皇の勅許を受けないまま，初代アメリカ総領事ハリスの求めに応じて締結した。 4. 誤り。安政7年に井伊直弼が水戸脱藩浪士らにより暗殺されたのは，桜田門外においてである。文久2年に坂下門外で水戸脱藩浪士らにより襲撃され，負傷したのは公武合体を進めた老中安藤信正である。 5. 正しい。蛤御門の変ともいう。禁門の変に敗れた長州藩は朝敵（朝廷の敵）とみなされ，幕府は第一次長州征伐のため兵を送った。

2 4

解説 1. 誤り。第1文については，班田収授法に関する記述として正しい。しかし，口分田の売買は厳しく禁じられていた。 2. 誤り。最初の全国的戸籍は，庚午年籍である。他の記述については正しい。 3. 誤り。養老律令と大宝律令の記述が逆である。 4. 正しい。律令体制における中央の政府の官制は，神祇官と太政官を主要な官職とする体制であった。 5. 誤り。墾田永年私財法は，開墾した土地を永久に所有することを認めるものであり，口分田として利用させるものではない。なお，この法により公地公民制が崩壊したとする点は正しい。

3 5

解説 1. 選択肢の文章は大伴弟麻呂についてのものである。大伴弟麻呂の副使だった坂上田村麻呂が征夷大将軍に昇格したのは797年である。なお，この時点における征夷大将軍は史上初のものではない。 2. アテルイは，奈良時代末から平安時代初頭の蝦夷の族長であり，朝廷の征夷軍の侵攻に抗して

強力な抵抗をはかり，一定の成果を上げたものの，征夷大将軍坂上田村麻呂による胆沢攻略戦の成功に伴い，802年4月に仲間とともに降伏した。　3．選択肢の前半は正しい。しかし，源義経を匿ったことから，源頼朝に滅ぼされた。　4．12世紀頃に米・麦の生産が始まり，按司とよばれる首長がグスク（城）を築いた。小国家が成立し，三山時代と呼ばれるのは14世紀である。5．正しい。なお，17世紀はじめには薩摩の島津氏の侵攻を受け，薩摩藩による支配を受けていたが，琉球王国は大きな自治権を有していた。

4 3

解説 1．足利尊氏（当初は高氏）が六波羅探題を攻略した点は正しい。しかし，後醍醐天皇によって征夷大将軍に任命されてはおらず，その後，後醍醐天皇に反旗を翻し自ら幕府を開いた。このときに制定された建武式目は御成敗式目を廃止したものではなく，新たな内容を付け加えたものである。2．足利義満は南北朝の合一を達成し，有力守護大名の打倒を図るなど将軍権力の確立に努めた。この財源となったのが，彼が将軍引退後に開始した日明貿易であるが，この貿易は対等の関係ではなく，上下関係を前提とする朝貢貿易だった。　3．正しい。足利義教は，父義満と同じく守護大名の討伐や勘合貿易の再開を行った。前者については，成功した例が鎌倉公方を滅ぼした永享の乱であり，失敗した例が嘉吉の乱である。　4．足利義政は応仁の乱の原因をつくってしまい，結果的には室町幕府滅亡の遠因をつくってしまったともいえる。文化面でも著名でもあるが，彼が文化的な生活を送ったのは，北山ではなく，東山である。つまり，彼が主導した文化は東山文化であって，北山文化ではない。北山文化は，祖父である足利義満により発展した。5．足利義昭は，室町幕府最後の将軍だが，将軍となるまでに様々な戦国大名の保護を受けている。保護を与えて，将軍に就任する援助を行ったのは織田信長であり，豊臣秀吉ではない。豊臣秀吉は，追放された足利義昭を保護した大名である。

5 1

解説 鎌倉中期以降，皇室では皇位継承問題をめぐり，持明院統と大覚寺統に分かれて対立していた。幕府はこの紛争の調停にのりだし，両統が交代で皇位に就く両統迭立を定め，朝廷の政治に介入した。鎌倉時代後半には，

元が日本に襲来し，その一度目の文永の役では，元に北九州上陸を許し苦戦を強いられたため，元の再襲来に備えて幕府は異国警固番役を強化した。よって正解は1である。

6 5

解説 1. 誤り。享保の改革では，都市部の商人に対する経済統制が強化された。 2. 誤り。質流し（質流れ）による田畑の売買は，質流し禁令によって禁止された。これは後に撤回され，田畑の売買が黙認されたものの，「積極的に奨励」という内容は誤りである。 3. 誤り。寛政の改革は，田沼意次による政治を粛正することを図るものであった。 4. 誤り。寛政の改革において，諸藩に対し1万石につき50石の割合で囲い米を実施することが命じられた。 5. 正しい。上知令（上知例）は，江戸や大坂に近隣する大名や旗本の領地を幕府の直轄地とし，代地を与えようとしたものであった。

7 5

解説 1. 版籍奉還についての記述。藩主がそのまま知藩事として藩政を行ったため，中央集権の実効はあまり上がらなかった。そこで，新政府は1971（明治4）年，廃藩置県を断行，政府の任命した府知事・県令を派遣して府県を治めさせた。 2. 解放令は「えた」「ひにん」とされた人々を対象に出されたもので，彼らを平民とした。新政府は公家を華族，武士を士族，農工商民を平民とし，身分間の結婚や職業選択の自由，平民の苗字などを認め，四民平等政策をとり，そのうえで解放令を出した。ただし，実際の差別は残った。 3. 6歳以上の男子ではなく，男女すべての国民が対象。 4. 2.5%ではなく3%が正しい。負担が重かったため，各地で地租改正反対の一揆が起こり，2.5%に引き下げた。 5. 正しい。

8 3

解説 1. 誤り。愛国公党が民撰議院設立の建白書を左院に提出したのは1874年，国会期成同盟が設立されたのは1880年のことである。 2. 誤り。新聞紙条例は，政府を批判する言論を弾圧する目的で1875年に公布された。3. 正しい。漸次立憲政体樹立の詔は1875年に出された詔である。 4. 誤り。植木枝盛が起草したのは，東洋大日本国国憲按である。五日市憲法草案は，

現在のあきる野市で編集された「討論題集」をもとに千葉卓三郎が起草した私擬憲法である。　5．誤り。中江兆民は，衆議院議員となった後，自由党土佐派に反発して自ら辞職した。

9 3

解説 　1．誤り。サンフランシスコ平和条約の内容は，ソビエト連邦などとの講和を含まない「片面講和」であった。　2．誤り。日本は，サンフランシスコ講和条約と同時に，日米安全保障条約を締結した。一方，ソビエト連邦は，サンフランシスコ講和条約の署名を拒否し，日本の国際連合加盟を受け入れなかった。その後，日ソ共同宣言により日本の加盟を支持する方針が表明され，日本の国際連合への加盟手続が進められた。　3．正しい。軍事クーデターで政権を握った朴政権は，日韓関係正常化に向けて動いた。　4．誤り。第二次石油危機の影響は諸外国に比べると軽微であったものの，第一次石油危機は日本経済に戦後初のマイナス成長をもたらした。　5．誤り。プラザ合意の目的は，ドル高是正であった。その後，外国為替市場において円高・ドル安が急激に進行し，日本に円高不況をもたらした。

10 1

解説 　1．正しい。産業革命は綿織物工業から始まったが，豊富な水力と石炭，鉄鉱石が発展の要因だった。マンチェスターは水力に恵まれており，革命成立の条件としては十分だった。そのマンチェスターがリバプールと鉄道（蒸気機関車）で連結したことも重要な要因となった。　2．イギリス産業革命を支えた安価で大量の労働者は，エンクロージャーにより生み出されたが，それは第一次ではなく第二次である。前者が羊毛増産を目的としていたのに対して，後者は穀物増産を目的としていた。　3．近代的な資本主義が国全体の経済力を確実に上昇させたことが，資本家と労働者に国民を分化した。これにより貧富の格差は広がった。　4．人口の増加は，穀物の需要を増大させた。その需要を満たすために，農業分野の技術革新が進められたが，この時代は三圃制の導入ではなく，四輪作である。三圃制は10世紀から始まる中世の技術革新の一つであった。　5．工場制手工業（マニュファクチュア）は経済力の向上を促したものだが，産業革命以前の16世紀後半に始まる。産業革命の大量生産は機械の使用を特色としており，これは工場制機械工業と呼ばれている。

11 2

解説 1. 教皇レオ10世が大量の贖宥状を販売したことが宗教改革の直接の引き金になった。　2. 正しい。ルターは，ヴィッテンベルク大学の教授となったのち，宗教改革の指導や聖書のドイツ語訳により，近代ドイツ語の確立にも力を入れた。　3. カルヴァンはフランス出身の宗教改革者であり，フランス国境近くのスイスのジュネーヴで聖書に基づく宗教改革を指導した。4. 旧教側は，対抗宗教改革の一環として，イエズス会の海外伝道やヨーロッパでの再布教を盛んに行った。　5. 宗教戦争における対立は，宗教的抗争に加え，国際的利害も内包していた。

12 5

解説 1. 誤り。テニスコートの誓いは，第三身分の代表が組織した国民議会を憲法制定まで解散しないことを誓ったものである。　2. 誤り。ラ・ファイエットがバスティーユ牢獄に拘束されていたという事実はない。また，この襲撃により，牢獄は民衆によって占拠された。フランス人権宣言は，その後，国民議会によって採択された。　3. 誤り。ミラボーは比較的穏健な立憲君主派であった。ミラボーの死後，ルイ16世らが逃亡を企てて失敗し，国民の信頼は失墜した。　4. 誤り。国民議会は，1791年，憲法の制定後に解散された。　5. 正しい。この恐怖政治は長続きせず，ロベスピエールは捕らえられて処刑された。

13 2

解説 1. 誤り。官僚制は，当初その多くが貴族出身者から登用されたため，身分制と深く結びついていた。そのため，近代から現代に続く官僚制とは区別される。　2. 正しい。王権神授説は，フィルマーやボシュエらによって主張された。　3. 誤り。重商主義は，財政資金を得るため，王権が経済に積極的に介入していくことを特徴としていた。　4. 誤り。カルロス1世の勢力についての記述は正しいが，彼はハプスブルク家出身である。　5. 誤り。フランスにおける絶対王政の最盛期は，ブルボン朝のルイ14世の時代である。なお，ヴェルサイユ宮殿もこのとき建てられた。

14 4

解説 1. ベンサムではなくリストである。保護貿易とは国家が国内産業の保護・育成のため外国との貿易に介入すること。ドイツ関税同盟以後ドイツ経済の統一が進展した。　2. シュタインではなくビスマルクである。彼はオーストリアやフランスを破ってドイツ統一を完成させた。　3. 鉄血政策とは農奴制改革ではなく軍備拡張政策のことで、ドイツ統一を達成するためにはオーストリアなどを打破しうる軍備を持たなければならないとしたもの。「鉄」は武器、「血」は兵士を指す。　4. 正しい。これによりプロイセンはシュレスヴィヒ・ホルシュタインを得て、翌1867年北ドイツ連邦を組織し、盟主となった。　5. オーストリア＝ハンガリー帝国は別々の政府や議会をもつ二重帝国であったが、第一次世界大戦に敗北しハンガリーが分離独立し、帝国内のスラブ諸民族も独立していった。

15 1

解説 1. 正しい。イギリスがアラブ側に独立を約束したフサイン・マクマホン協定は、アラブ地域の分割を決めたサイクス・ピコ協定、イスラエルの建国を確約したバルフォア宣言と矛盾するものであり、「三枚舌外交」と呼ばれた。　2. "平和に関する布告"を発表したのはレーニンであり、ウィルソンは"十四カ条の平和原則"を発表し、国際連盟発足のきっかけを作った。ただし、アメリカは、上院の反対により、国際連盟に加盟することができなかった。　3. 世界恐慌は、「過剰生産恐慌」であるとされる。つまり、ヨーロッパの生産力の回復やアメリカの生産力の向上により、需要に比べて供給が極端に大きくなったことが大きな要因であった。　4. チャーチルではなく、マクドナルドについての記述である。マクドナルドは、政策の不一致により労働党から除名された後、保守・自由両党の支持を得て挙国一致内閣を組織し、恐慌対策を実施した。　5. 資本主義諸国が世界恐慌の影響による打撃を受ける中、経済において独自の路線を歩んでいたソビエト連邦は、その影響をほとんど受けなかった。

16 1

解説 1. 正しい。日独伊三国同盟は、1940年9月、ベルリンにおいて調印された。　2. 誤り。ドイツとイタリアは1941年12月にアメリカへの宣戦

を布告したが，1941年4月に日ソ中立条約が成立していたため，日本とソ連は開戦には至らなかった。　3．誤り。ヤルタ協定には，ソ連の対日参戦を含む秘密協定が含まれていた。　4．誤り。1945年7月のポツダム宣言は，アメリカ，イギリス，中国による共同宣言であり，日本に無条件降伏を勧告することが柱となっていた。なお，同年8月にはソ連も参加した。　5．誤り。ニュルンベルク裁判では，22名の被告中12名が絞首刑となった。

17 3

解説 1．誤り。ジェームズ1世は，統治権がローマ教皇を通さずに直接神から与えられるとする王権神授説に基づき，自らの絶対君主としての立場を正当化した。　2．誤り。選択肢の文章に当てはまる人物名は，マルグレーテ女王である。グスタフ1世は，16世紀におけるスウェーデンの台頭に貢献した。　3．正しい。ハプスブルク家の支配からの独立をはかるオランダ独立戦争の推移についての正しい記述である。なお，ネーデルラントは，現在のオランダ，ベルギーを指す。また，オランダの正式な独立は，1648年のウェストファリア条約による。　4．誤り。アフリカの先占権を決定したベルリン会議を主導したのは，ビスマルクである。宣教師のリヴィングストンとジャーナリストのスタンリーは，アフリカを探検した人物である。　5．誤り。選択肢の記述は，シモン・ボリバルについてのものである。サン・マルティンは，アルゼンチン，チリ，ペルーを解放した。

18 2

解説 1．唐王朝の創始者は高祖の李淵であるが，実質的な建国者は二代目の太宗・李世民である。その李世民の治世が貞観の治である。　2．正しい。選択肢1の解説にもあるように，李世民の治世が貞観の治であり，その治世で律令や税制，官僚組織が形成されていったと考えられている。日本は遣唐使を利用して唐の組織を模倣していったが，三省六部が二官八省に変化するなど細部に違いはある。　3．8世紀の半ばに則天武后の専制政治によって唐が一時断絶した。しかし，科挙が始まったのは，唐ではなく隋の楊堅（隋の文帝）の時代であった。　4．則天武后らによる専制政治を収拾したのが玄宗である。彼の治世の前半は，開元の治と呼ばれる善政と評価されているが，後半は，政治が弛緩してしまった時代であるといわれている。その後半に発

生したのが安禄山の乱であり，その後，節度使が全国的に拡大していった。

5. 唐を滅亡に追いやった反乱は安禄山の乱ではなく，黄巣の乱である。二つの反乱は一世紀以上の開きがある。安禄山は，8世紀の半ばに反乱を起こし，唐を弱体化させた。黄巣による9世紀の末の反乱は，唐を滅亡させる直接のきっかけとなった。

社会科学　地 理

地図と地形図：地理において地図と地形図は，頻出事項の分野である。まず
　地図の図法は，用途と特徴を確実に把握し，地形図は，土地利用や距離な
　どを読み取ることができるようになる必要がある。

世界の地形：地形に関する問題は，かなり多く取り上げられる。地形の特色・
　土地利用・その代表例は押さえておきたい。また，大地形・沈水海岸・海
　岸地形なども，よく理解しておくこと。試験対策としては，地形図と関連
　させながら，農業・工業とのかかわりを整理しておくとよい。

世界の気候：気候に関しては，ケッペンの気候区分が最頻出問題となる。次
　いで農業とのかかわりで，土壌や植生の問題も出題される。気候区の特徴
　とその位置は明確に把握しておこう。気候区とあわせて土壌・植生なども
　確認しておくことも大切である。

世界の地域：アメリカ合衆国は，最大の工業国・農業国であり，南米やカナ
　ダとのかかわりを問う問題も多い。また東南アジア，特にASEAN諸国で
　の工業・鉱物資源などは広範に出題される。EU主要国に関しては，でき
　るだけ広く深く学習しておく必要がある。資源・農業・工業・交通・貿易
　など総合的に見ておこう。

日本の自然：地形・気候を中心とした自然環境は頻出である。地形や山地・
　平野などの特徴は理解しておきたい。

日本の現状：農業・工業などに関する問題は，今日本が抱えている問題を中
　心に整理するとよい。農産物の自由化が進み，労働生産性の低い日本の農
　業は，苦しい状況に追い込まれている。工業においては，競争力を維持し
　ていく手段を選んでいかざるを得ない状況に陥っている。環境問題も大き
　な課題である。このような時事的な繋がりのある問題を取り上げた出題に
　も対処する必要がある。

☞ 狙われやすい！ **重要事項**

☑地図・地形
☑土壌・環境・気候
☑人種・民族
☑人口・交通
☑アジア・オセアニア
☑ヨーロッパ
☑南北アメリカ
☑アフリカ

《 **演 習 問 題** 》

1 風系・気圧配置図のA〜Dに該当する組み合わせとして，正しいものはどれか。

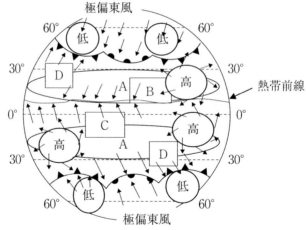

	A	B	C	D
1	亜熱帯高圧帯	北東貿易風	偏西風	南東貿易風
2	亜熱帯高圧帯	北東貿易風	南東貿易風	偏西風
3	北東貿易風	局地風	南東貿易風	偏西風
4	北東貿易風	亜熱帯高圧帯	偏西風	南東貿易風
5	北東貿易風	亜熱帯高圧帯	南東貿易風	偏西風

2 世界の農牧業に関する記述として，妥当なものはどれか。

1 比較的温暖な地域では，同一の耕地において同じ作物を1年に2回栽培する二毛作が行われているが，この場合，地力の消耗が進みやすいリスクを生む。

2 モノカルチャーは，同一の耕地に1種類の農作物だけを広い範囲に栽培することであり，その例として，熱帯におけるプランテーションなどが挙げられる。

3 混合農業は，穀物や飼料作物を栽培するとともに，肉用の家畜や家禽を飼育し販売することを目的とする農業であり，ヨーロッパではほとんどみられないものの，東南アジア諸国では盛んである。

4 中国では，個別の農家に生産を請け負わせ，割り当て量を超過した分は個人のものとすることができる生産責任制が導入されたが，生産性の減退が顕著であったことから，人民公社を活用する方式に転換され現在に至っている。

5 アメリカの一部では，ミシシッピ州やジョージア州に広がるコーンベルト，中西部に広がるコットンベルトなど，地域ごとに特徴的な農業が集約されている。

3 世界の都市に関する記述として，妥当なものはどれか。

1 リオデジャネイロは，ブラジル南東部に位置する商工業都市である。現在は首都ではないものの，同国最大の都市であり，環境に関する国際会議やオリンピックが開催された。

2 シドニーは，オーストラリア南東部に位置する同国の首都である。同国の中で最大の人口を抱え，経済や文化の中心として重要な役割を果たしている。

3 モントリオールは，カナダ南東部に位置する商工業都市である。大きな港を抱えており，各種工業が発展し商業の中心地として栄えてきたが，それを担ったのはこの地域に多く住むイギリスからの移民である。

4 クアラルンプールは，マレー半島の南西部に位置するマレーシアの首都である。スズの生産や，ゴム，油ヤシのプランテーションが盛んであり，人口の過半数はマレー人である。

5 北京は，中国の中東部に位置する同国の首都であり，現在は，機械や食品，紡績，印刷などの工業が総合的に栄えている。中華民国の成立以降，首都となった。

[4] **ラテンアメリカ諸国に関する記述として，妥当なものはどれか。**

1　メキシコは，マヤ文明やアステカ文明の地として知られ，銀や原油の産出が多い。イギリスから独立して以降急速な経済発展を遂げ，OECDに加盟している。

2　キューバは，社会主義を標榜する国である。輸出の中では，砂糖に依存する割合が高く，また観光収入も多い。

3　ハイチは，フランスから独立した国であり，主要産業はカカオ，コーヒー豆，砂糖などである。黒人による独立国としては，最も新しい国である。

4　ベネズエラは，世界第1位の石油埋蔵量に示されるように，石油生産が経済の中心となっている。国際的には独自路線を採用しており，OPECやMERCOSURには加盟しなかった。

5　ブラジルは，南アメリカ大陸において最大の面積を持つ国である。ファゼンダと呼ばれる大農園において，世界最大の生産量，輸出量となっている米が生産されている。

[5] **世界の気候に関する記述として，正しいものはどれか。**

1　サバナ気候は，雨季と乾季の区別が明瞭な熱帯気候であり，疎林と草丈の短い草原が多くみられる。一般的に午後にはスコールといわれる対流性の降雨に見舞われ，気温の上昇を防ぐ役割を果たすことがある。

2　ステップ気候は，砂漠周辺に分布する乾燥気候であり，樹木は生育できないが，草丈の長い草原が多くみられる。草原が腐食して肥沃な土壌を形成することがあることから，商業的な混合農業や酪農が行われることがある。

3　地中海性気候は，中緯度の大陸の西岸に分布することが多い温帯気候であり，耐乾作物が多くみられる。冬は非常に乾燥するが，夏には一定の降雨があり，その降水を利用して小麦などの穀物を栽培することがある。

4　冷帯気候は，極めて気温の年較差が大きい気候である。また，一年を通して降水があり，冬は気温が低いため降雪になる。針葉樹の純林や広葉樹との混合林が多くみられる。こうした針葉樹林はタイガと呼ばれユーラシア大陸や北アメリカ大陸の北部でみられる。

5　ツンドラ気候は，一年中氷や雪に覆われ植生が見られない寒帯気候である。グリーンランドや南極大陸などの極めて限られた土地にしかみられず，人類の居住する地域はほとんどみられない。

6 次の表は，2018年における各種金属鉱の主要生産国と全体に占める割合を示したものである。A～Cに入る金属鉱の組み合わせとして，妥当なものはどれか。

(単位：%)

	A		B		C	
	国名	割合	国名	割合	国名	割合
1位	オーストラリア	36.7	チリ	27.5	中国	28.3
2位	ブラジル	19.3	ペルー	12.2	インドネシア	26.7
3位	中国	13.8	中国	8.6	ミャンマー	17.2

(世界国勢図会2021/22より作成)

1　銅鉱　　　　鉄鉱石　　　すず鉱
2　鉄鉱石　　　銅鉱　　　　すず鉱
3　鉄鉱石　　　すず鉱　　　銅鉱
4　すず鉱　　　銅鉱　　　　鉄鉱石
5　すず鉱　　　鉄鉱石　　　銅鉱

7 世界の地形に関する記述として，妥当なものはどれか。

1　古期造山帯には，古生代に形成された高く険しい山脈がみられる一方で，新期造山帯には，中生代から新生代に形成された低くなだらかな山脈が続く。

2　フィヨルドがV字谷に海水が侵入することによって生じるのに対して，U字谷に同様の現象が起きると，リアス海岸となる。

3　さんご礁は，珊瑚虫の死骸や分泌物の堆積などにより生じる石灰質の岩礁であるが，環境ストレスにより，インド洋，紅海などにおいて白化現象が進んでいる。

4　扇状地は，河川が山地から平地に流出する地域において形成される地形であり，地表に水を得やすいため水田に利用されている。

5　蛇行するように流れていた河川がその流れを変え，三日月の形状に取り残されて形成されるのがカルデラ湖である。

8　次のヨーロッパの地図について述べたア～エの組合せのうち，妥当な
ものはどれか。

ア　Aの海流は，北大西洋海流という暖流である。暖流の上を吹く貿易風
　　により，高緯度地域の割に温暖な欧州の気候がもたらされている。

イ　Bの川は，シュヴァルツヴァルトに源を発し，黒海に注ぐ国際河川で
　　ある。運河を通じて西ヨーロッパ諸国と結ばれ，水上交通において重要
　　な役割を果たしている。

ウ　Cの国は，毛織物や鉄鋼の生産が盛んな北部の工業地域や機械工業が
　　盛んなロレーヌ工業地域を抱える。なお，ヨーロッパ諸国の中で，農業
　　の生産の比重は低い。

エ　Dの国は，国土の大半がデルタであり，12世紀から干拓が進められた。
　　ヨーロッパの中では，園芸農業が盛んな国である。

　　1　ア，イ　　2　ア，ウ　　3　イ，エ　　4　イ，ウ　　5　ウ，エ

9 日本の自然に関する記述として，妥当なものはどれか。

1　日本は，熱帯の沖縄から寒帯の北海道まで南北に長い国土を有している。

2　日本列島は，環太平洋造山帯の一部にあたり，多くの活火山を有している。

3　日本には，夏には台風を運び，冬には日本海側に雪を降らせる西風が大陸から吹いている。

4　日本の国土の約3分の1は山地であり，本州の中央部には「日本の屋根」と呼ばれる高い山脈が連なっている。

5　東北地方には，白神山地などの常緑広葉樹林帯が広がっている。

10 各国の工業地域に関する記述として，正しいものはどれか。

1　アメリカ合衆国は，資源にめぐまれた大国である。中でも五大湖の近辺にはメサビ山やアパラチア炭田が存在して，現在でも同国最大の鉄鋼業が発展した工業地帯となっている。

2　シンガポールは，資源に恵まれない島国である。それゆえ，政府が主導して工業地帯がつくられ，それが東南アジア最大規模といわれているジュロン工業地帯である。

3　南アフリカは，アフリカ有数の資源を誇る地域大国である。石炭や石油が豊富に産出するため，石炭を利用した鉄鋼業や石油化学工業が発展している。

4　アルゼンチンは，南米でも豊富な資源を持ち，経済発展が見込める国である。水力発電が盛んなことから豊富な電力を生かした航空機産業が著名である。

5　フランスは，鉄鉱石に恵まれたアルザス・ロレーヌ地方を抱える国である。現在では隣国ドイツのザールやルールの炭田と結合して一大鉄鋼コンビナートを形成している。

11 中国の産業に関する記述として，妥当なものはどれか。

1　中国東部の青島は，港湾・工業都市であり，海洋リゾート地として，また，車両，機械，紡績，食品の生産などで知られる。

2　澳門は，イギリス直轄の植民地の時代から中継ぎ貿易港として発展し，中華人民共和国の特別行政区となった現在でも加工貿易が盛んである。

119

3　中国の首都である北京は，鉄鋼業，機械，食品，紡績，印刷，出版などでも知られ，特に鉄鋼については，日本の出資による宝山製鉄所に隣接している立地が生かされている。

4　華北には，肥沃な平原地帯が広がっていることから，米の二毛作や二期作がおこなわれるなど，他の地域に比べ，米の生産が盛んである。

5　タリム盆地の大部分はタクラマカン砂漠が占めており，盆地の周縁部のオアシスも含めて農業に適さない地であるため，交易に関する産業が経済を支えている。

解 答・解 説

1　2

解説　A．亜熱帯高圧帯：亜熱帯高圧帯とは，南北両半球の回帰線付近から緯度30度付近に形成され，年間を通じて存在する高気圧帯のことである。赤道付近で生じた上昇気流により，大気がコリオリの力の影響で高緯度地方に移動，集積して溜まり下降気流となって形成される。下降気流は高温で乾燥しているため，亜熱帯高気圧付近では砂漠のような，降水量が極端に少なく乾燥した地域が形成される。　B．北東貿易風：貿易風は亜熱帯高圧帯から，赤道付近の低圧帯に向けて南北から吹き込む気流である。北半球では北東貿易風という。　C．南東貿易風：南半球で吹く貿易風のことである。D．偏西風：偏西風は南北それぞれ緯度30度から60度付近の上空を高緯度に向かって吹く恒常風のことである。中緯度の大陸西岸は偏西風の影響を受け，穏和な海洋性気候になる。

2　2

解説　1．誤り。二毛作は，同一の耕地に異なる作物を栽培することである。選択肢の説明は，二期作に関するものである。　2．正しい。一部の地域における米作もモノカルチャーの例である。　3．誤り。混合農業の説明に関する部分は正しいが，この農業はヨーロッパにおける代表的な農牧業である。　4．誤り。人民公社による農業経営において生産性の減退などの問題点が生じたことから，生産責任制に転換された。　5．誤り。コーンベルトとコットンベルトが逆に記述されている。

3 1

解説 1. 正しい。リオデジャネイロは旧首都であり，地球サミットやオリンピックが開催された。 2. 誤り。シドニーは，ニューサウスウェールズ州の州都であるが，オーストラリアの首都ではない。オーストラリアの首都はキャンベラである。 3. 誤り。モントリオールは，フランス系の住民が多い。それ以外の記述については正しい。 4. 誤り。クアラルンプールの人口の過半数は華人・華僑である。それ以外の記述については正しい。 5. 誤り。北京は，10世紀以降，5つの王朝の首都となった。他の記述については正しい。

4 2

解説 1. 誤り。メキシコは，スペインから独立した。他の記述は正しい。 2. 正しい。キューバは，フィデル・カストロが長い間君臨した国である。長い間，アメリカとの国交が断絶していた。 3. 誤り。第1文については正しいが，ハイチは世界最初の黒人による独立国である。 4. 誤り。ベネズエラは，OPEC（石油輸出国機構），MERCOSUR（南米南部共同市場）の加盟国である。 5. 誤り。「米」を「コーヒー」にすると正しい記述になる。

5 4

解説 1. サバナ気候は，赤道直下に存在する熱帯雨林気候の周辺に存在する。赤道低圧帯の永享により明確な雨季があり，長草の草原がみられる。スコールが見られるのは，サバナ気候ではなく熱帯雨林気候である。 2. ステップ気候は，サバナ気候と砂漠気候の間などに位置する。非常に短い雨季があり，短草の草原がみられる。草原が腐葉土となり土壌は肥沃になるが，この地域で行われる農業は商業的農業や酪農ではなく，企業的穀物農業や企業的牧畜である。 3. 地中海性気候は，大陸の西岸に位置することが多く偏西風の影響を受けやすい気候になる。夏は非常に高温となり乾燥するが，冬は比較的降水量が多くなる。 4. 正しい。冷帯気候は，東西に大きいユーラシア大陸や北アメリカ大陸にしかみられず，南半球には存在しない。大陸性の気候であって，気温の年較差が非常に大きい特徴がある。例えば，最寒月と最暖月の差が13度以上ある。植生としては，針葉樹林帯であるタイガがみられる。 5. ツンドラ気候は，夏の間に氷や雪が融けて，樹木は存在できないが蘚苔類や地衣類がみられる。植生が全くみられないのはツンドラ気候

ではなく，氷雪気候である。ツンドラはグリーンランドの沿岸部や北極海にみられる。

6 2

解説 鉄鉱石については，オーストラリアとブラジルで全体の半分の生産量を超える。銅鉱は，チリの生産割合が高い。すず鉱は，アジアにおける生産高が上位を占める。なお，金属鉱の一部について，中国が高まる国内における需要に対応するために生産高を増やす傾向があるので，注意を要する。以上より，正解は2。

7 3

解説 1．誤り。「高く険しい山脈」と「低くなだらかな山脈」を入れ替えると正しい記述になる。なお，環太平洋造山帯とアルプス・ヒマラヤ造山帯は，新期造山帯である。　2．誤り。「U字谷」と「V字谷」が逆になっている。3．正しい。さんご礁の白化は，選択肢に示された地域以外でも，カリブ海，日本の沖縄や鹿児島などを含む広い地域で進んでいる。　4．誤り。砂礫が堆積しているため地表で水を得ることは難しく，果樹園や林地などとしても用いられている。　5．誤り。選択肢の説明は，カルデラ湖ではなく河跡湖についてのものである。カルデラ湖は，火山活動によって生じた凹地に水が溜まって形成される。

8 3

解説 アは誤り。貿易風を偏西風とすると正しい記述になる。貿易風は亜熱帯高圧帯から赤道低圧帯に向かって吹く風である。イは正しい。ドナウ川についての正しい記述である。ウは誤り。工業についての記述は正しいが，フランスはヨーロッパでも最大の農業国である。エは正しい。オランダについての正しい記述である。以上より，正解は3である。

9 2

解説 1．誤り。沖縄は亜熱帯に属し，北海道は冷帯（亜寒帯）に属する。2．正しい。日本にある活火山は111山にのぼり，世界の活火山の約1割を占めている。　3．誤り。日本には，冬には大陸から北西の風が吹いて日本海側

に雪を降らせ，夏には太平洋から南東の風が吹いて太平洋側に雨を降らせる季節風が吹いている。　4．誤り。日本の国土の約4分の3が丘陵地を含む山地であり，傾斜が急で，海岸まで迫っていることが多い。本州の中央部には，「日本の屋根」と呼ばれる高い山脈，いわゆる「日本アルプス」が連なっている。　5．誤り。白神山地のブナ林は，落葉広葉樹林である。クスやシイ，カシなどの常緑広葉樹林は，主に西日本などの温暖な地域に広がっている。

[10] 2

解説 1．かつてアメリカ合衆国の工業の中心は五大湖地域であり，クリーブランドやピッツバーグ，デトロイトなどが代表的な工業都市だった。しかし，メサビ鉄山の枯渇，新興国の発展，サンベルトへの工業の移転などから，現在工業的には衰退している。　2．正しい。シンガポール最大の工業地域はジュロン工業地域である。資源に恵まれないゆえに，資源を輸入して加工し輸出するという，加工貿易が発展した工業地域である。現在では工業はもとより，アジアの金融センターとしての役割も果たしている。　3．南アフリカは近年，BRICSの一因として経済発展が著しい。他のBRICS諸国と同じく資源に恵まれているが，石油の産出は少なく石油化学産業が発展しているとはいえない。　4．アルゼンチンは南米でも高い経済力をもってはいるが，航空機産業が発展しているとはいえない。航空機はアルミニウムを多用し，アルミニウムの精錬には大きな電力を必要とするので，南米では水力発電が盛んなブラジルで発展した。しかし，ブラジルでは，発電コストの上昇などから，産業構造が変化しつつある。なお，アルゼンチンは，豊富な農産物を利用した食品加工業が著名である。　5．フランスのアルザス・ロレーヌ地方は確かに鉄鉱石で有名であった。しかしながら，現在ではほぼ枯渇しており，フランスの鉄鋼業は鉄鉱石の輸入に有利な沿岸地方に移っている。

[11] 1

解説 1．正しい。山東半島南部に位置する青島に関する記述である。黄海に面した戦略的な位置によって港湾インフラが発展し，国内外の貿易や経済活動において様々な役割を果たしている。　2．誤り。澳門ではなく，香港に関する記述である。澳門は，歴史的建造物やカジノなどで知られる中国の特別行政区である。澳門は，ポルトガルの植民地時代から同国の深い文化的

な影響がみられた。なお，1999年に中国に返還された。　3．誤り。北京の産業に関する記述は正しいが，宝山製鉄所があるのは上海である。なお，北京には多くのサービス業などが集中しており，国内外の企業や機関が拠点を置くなどし，様々なビジネス活動も盛んに行われている。　4．誤り。華北で盛んなのは，肥沃な平原地帯と四季の気候の変化を利用した畑作であり，華中では米の二毛作が，華南では米の二期作が行われている。　5．誤り。タリム盆地は中国の新疆ウイグル自治区の南部に位置し，その大部分はタクラマカン砂漠が占めている旨の記述は正しいが，盆地周辺部のオアシスでは，綿花，小麦，トウモロコシ，果実などが栽培されている。なお，鉱物資源にも富んでおり，特に石油や天然ガス，石炭，塩などが産出され，中国のエネルギーや化学産業の重要な資源地域として注目されている。

第3部

教養試験
自然科学

- 数　学
- 物　理
- 化　学
- 生　物
- 地　学

数 学

ⅢⅢⅢⅢⅢⅢⅢⅢⅢⅢⅢⅢⅢⅢ　P O I N T　ⅢⅢⅢⅢⅢⅢⅢⅢⅢⅢⅢⅢⅢ

　数学の分野では，高校までの学習内容が出題される。教科書に出てくる公式を覚えるだけではなく，応用問題への対応が必要となる。以下に示す単元ごとの最重要事項を確実に押さえ，本書でその利用法を習得しよう。

　「数と式」の内容では，一見何をしたらよいか分かりづらい問題が出てくるが，「因数分解」，「因数定理」，「剰余の定理」，「相加平均・相乗平均の関係」などを用いることが多い。その他にも，「分母の有理化」や根号，絶対値の扱い方などをしっかり確認しておこう。

　「方程式と不等式」の内容では，特に二次方程式や二次不等式を扱う問題が頻出である。「二次方程式の解と係数の関係」，「解の公式」，「判別式」を用いた実数解や虚数解の数を求める問題は確実にできるようにしたい。また，「二次不等式の解」，「連立不等式の解の範囲」については，不等号の向きを間違えないように注意しよう。余裕があれば，「三次方程式の解と係数の関係」や「円の方程式」なども知っておきたい。

　「関数」の内容でも，中心となるのは二次関数である。「二次関数のグラフの頂点」，「最大値と最小値」，「x軸との共有点」は確実に求められるようにしよう。また，グラフを「対称移動」や「平行移動」させたときの式の変形もできるようにしたい。その他にも，「点と直線の距離」，「三角関数」の基本的な公式なども知っておきたい。

　「数の性質」の内容では，「倍数と約数」，「剰余系」，「n進法」などの問題が出題される。これらについては，とにかく多くの問題を解いてパターンを覚えることが重要である。

　「微分・積分」の内容では，グラフのある点における「接線の方程式」，グラフに囲まれた「面積」が求められるようになっておきたい。

　「場合の数と確率」の内容では，まずは順列・組合せと確率計算が正しくできなければならない。その際，場合の数が多かったり抽象的であったりして考えにくいようであれば，樹形図の活用や問題の具体的な内容を書き出すことで，一般的な規則性が見つかり解法が分かることがある。余事象を利用することで，容易に解ける問題もある。「同じものを含む順列」，「円順列」など

もできるようにしたい。

　「数列」の内容では，等差数列，等比数列，階差数列の一般項や和の公式を覚えよう。余裕があれば，群数列にも慣れておこう。

　「図形」の内容では，三角形の合同条件・相似条件，平行線と角に関する性質，三角形・四角形・円などの基本的性質や，面積の計算方法などは必ずと言ってよいほど必要となるので，しっかりと整理しておくこと。

　数学の知識は「判断推理」や「数的推理」の問題を解く際にも必要となるため，これらと並行して取り組むようにしたい。

☞ 狙われやすい！ 重要事項 ……………………………………………

☑二次方程式・不等式
☑二次関数の最大値・最小値
☑平面図形の面積

《 演 習 問 題 》

1 $x = \dfrac{2}{\sqrt{7}+\sqrt{3}}$，$y = \dfrac{2}{\sqrt{7}-\sqrt{3}}$ のとき，x^2+y^2 の値として正しいものはどれか。

　　1　5　　　　2　9　　　　3　$\sqrt{21}$　　　4　$-\sqrt{21}$　　　5　7

2 横が縦より4m長い長方形の土地がある。この土地に図のように幅が2mの道をつくった。残った4つの長方形の土地の面積の合計が60m²のとき，この土地の縦の長さは次のうちどれか。

　　1　10m
　　2　11m
　　3　12m
　　4　13m
　　5　15m

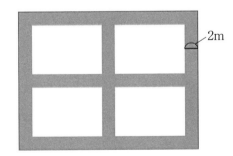

3　連立不等式$2x-12<10-2x$，$10x+2\leqq12x+2a$を満たすxの整数値が1つになる場合のaの範囲として，正しいものはどれか。

  1　$2<a\leqq3$　　　　2　$-3<a\leqq-2$　　3　$-3\leqq a<-2$

  4　$-4<a\leqq-3$　　5　$-4\leqq a<-3$

4　8%の食塩水と12%の食塩水を3：1で混ぜた食塩水400gがある。ここに，14%の食塩水100gを混ぜたときにできる食塩水の濃度として，正しいものはどれか。

  1　5%　　2　10%　　3　15%　　4　20%　　5　25%

5　座標上の点$(2，-1)$と直線$3x-4y-20=0$の距離として，正しいものはどれか。

  1　$\dfrac{1}{2}$　　　2　1　　　3　$\dfrac{3}{2}$　　　4　2　　　5　$\dfrac{5}{2}$

6　すべての実数xに対して二次不等式$ax^2+6x+a<0$が成り立つようなaの範囲は，次のうちどれか。

  1　$a<-3$　　　　　2　$3<a$　　3　$a<-3，3<a$　　　4　$0<a<3$

  5　$-3<a<3$

7　次図において，V地点から塔の頂点Yを見上げたところ，仰角θは45°であったが，W地点まで移動すると，仰角θは60°になった。VW間の距離を100mとすると，塔の高さXYとして正しいものはどれか。

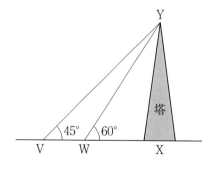

  1　$(110+20\sqrt{3})$m

  2　$(120+30\sqrt{3})$m

  3　$(150+50\sqrt{3})$m

  4　$(170+30\sqrt{3})$m

  5　$(170+50\sqrt{3})$m

8 次図のように放物線 $y = 9 - x^2$ と x 軸に内接する長方形ABCDがある。この長方形の周の長さの最大値として，正しいものはどれか。

1 18cm

2 18.5cm

3 19.5cm

4 20cm

5 21cm

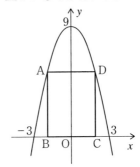

9 分子と分母との和が50である既約分数がある。これを小数で表して小数第1位未満を四捨五入すれば0.4になるという。この分数として，正しいものはどれか。ただし，この分数は正の数とする。

1 $\dfrac{13}{37}$　　2 $\dfrac{19}{31}$　　3 $\dfrac{15}{35}$　　4 $\dfrac{9}{41}$　　5 $\dfrac{7}{43}$

10 「GOUKAKU」の7文字をすべて1列に並べるとき，両端にKがくる確率はいくらか。

1 $\dfrac{1}{15}$　　2 $\dfrac{1}{18}$　　3 $\dfrac{1}{21}$　　4 $\dfrac{1}{24}$　　5 $\dfrac{1}{27}$

11 次図は，1辺の長さが3cmの正方形を底面とする高さ2cmの正四角錐である。これに内接する球の半径として，正しいものはどれか。

1 $\dfrac{3}{4}$ cm

2 $\dfrac{3}{2}$ cm

3 $\dfrac{1}{4}$ cm

4 $\dfrac{1}{2}$ cm

5 1cm

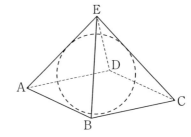

12 次図において，平行四辺形ABCDの対角線AC，BDの交点をOとする。また辺BC上にBP：PC＝1：2となる点Pをとり，線分AC，DPの交点をQとする。平行四辺形ABCDの面積をS_1，四角形OBPQの面積をS_2とするとき，$\dfrac{S_2}{S_1}$の値として正しいものはどれか。

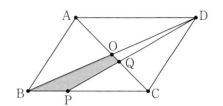

1　$\dfrac{1}{9}$　　2　$\dfrac{7}{60}$　　3　$\dfrac{1}{8}$

4　$\dfrac{2}{15}$　　5　$\dfrac{3}{20}$

《 解 答 ・ 解 説 》

1 1

解説 $x + y = \dfrac{2}{\sqrt{7}+\sqrt{3}} + \dfrac{2}{\sqrt{7}-\sqrt{3}} = \dfrac{\sqrt{7}-\sqrt{3}}{2} + \dfrac{\sqrt{7}+\sqrt{3}}{2} = \sqrt{7}$

$xy = \dfrac{2}{\sqrt{7}+\sqrt{3}} \cdot \dfrac{2}{\sqrt{7}-\sqrt{3}} = 1$

したがって，$x^2 + y^2 = (x+y)^2 - 2xy = (\sqrt{7})^2 - 2 \cdot 1 = 5$

以上より，正解は1。

2 3

解説 縦の長さをx〔m〕とおくと，横の長さは$(x+4)$〔m〕と表せる。また，右図のように道を左と下に寄せると，残った長方形の縦の長さは$(x-2)$〔m〕，横の長さは$(x-6)$〔m〕となる。よって，

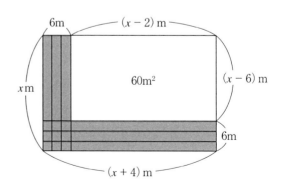

$(x-6)(x-2) = 60$

$x^2 - 8x + 12 = 60$

$x^2 - 8x - 48 = 0$

$(x-12)(x+4) = 0$

$x > 0$ より $x = 12$ [m]

したがって，この土地の縦の長さは12mとなる。

以上より，正解は3。

3 5

解説 $2x - 12 < 10 - 2x$ より，$x < \dfrac{11}{2}$

また，$10x + 2 \leq 12x + 2a$ より，$x \geq 1 - a$

よって，$1 - a \leq x < \dfrac{11}{2}$

ここで，$x < \dfrac{11}{2}$ を満たす最大の整数は5より，$4 < 1 - a \leq 5$

∴ $-4 \leq a < -3$

以上より，正解は5。

4 2

解説 食塩水400gを（8%の食塩水の量）：（12%の食塩水の量）＝ 3：1に分けると，（8%の食塩水の量）＝ $400 \times \dfrac{3}{3+1} = 300$ [g]，（12%の食塩水の量）

＝ $400 \times \dfrac{1}{3+1} = 100$ [g] となる。ここで，それぞれの食塩水に含まれる食塩の量に注目すると，食塩水の濃度 ＝ $\dfrac{食塩の量}{食塩水の量} \times 100$ より，

8%の食塩水300gに含まれる食塩の量は，$300 \times 0.08 = 24$ [g]

12%の食塩水100gに含まれる食塩の量は，$100 \times 0.12 = 12$ [g]

よって，これらを混ぜた食塩水に含まれる食塩の量は，$24 + 12 = 36$ [g]

この食塩水の濃度は，$\dfrac{36}{400} \times 100 = 9$ [%]

次に，上記の9%の食塩水に混ぜる14%の食塩水100gに含まれる食塩の量は，

$100 \times 0.14 = 14$ [g] より，最終的にできる食塩水の濃度は，$\dfrac{36 + 14}{400 + 100} \times 100$

＝ 10 [%]

以上より，正解は2。

5 4

解説 座標上の点 $(x_1,\ y_1)$ と直線 $ax + by + c = 0$ について，

点と直線の距離 $= \dfrac{|ax_1 + by_1 + c|}{\sqrt{a^2 + b^2}}$ において，$x_1 = 2,\ y_1 = -1,\ a = 3,$

$b = -4,\ c = -20$ だから，

求める距離 $= \dfrac{|3 \times 2 - 4 \times (-1) - 20|}{\sqrt{3^2 + (-4)^2}} = \dfrac{|6 + 4 - 20|}{\sqrt{9 + 16}} = \dfrac{|-10|}{5} = 2$

以上より，正解は4。

6 1

解説 二次方程式 $ax^2 + 6x + a = 0$ の判別式を D とすると

$D = 6^2 - 4 \times a \times a$

　$= 36 - 4a^2$

題意を満たすためには，右図より二次関数 $y = ax^2 + 6x + a$ がすべての実数 x で x 軸より下側にあればよいから

$a < 0 \cdots ①$

$D < 0$ より　　$36 - 4a^2 < 0$

　　　　　　　　$a^2 - 9 > 0$

　　　　　$(a + 3)(a - 3) > 0$

　　　　　$\therefore\ \ a < -3,\ 3 < a \cdots ②$

①，②より $a < -3$

以上より，正解は1。

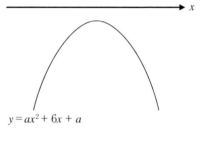

$y = ax^2 + 6x + a$

7 3

解説 塔の高さ XY を a 〔m〕とおくと，$\angle YWX = 60°$ より，$\triangle WXY$ は次図の直角三角形より，$WX : a = 1 : \sqrt{3}$ だから，$WX = \dfrac{a}{\sqrt{3}}$

一方，$\angle YVX = 45°$ より，$\triangle YVX$ は右図の直角二等辺三角形より，

$VX = XY$ だから $100 + \dfrac{a}{\sqrt{3}} = a$

$\therefore \quad a = 150 + 50\sqrt{3}$ 〔m〕

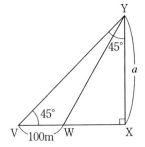

以上より，正解は3。

8 4

解説 C の x 座標を a $(0 < a < 3)$ とおくと，D の座標は，$(a,\ 9 - a^2)$ である。

長方形の周の長さは，$2\{a + (9 - a^2) + a\}$ と表せるから，

$f(a) = 2\{a + (9 - a^2) + a\}$ の最大値を求めればよい。

$f(a) = -2(a^2 - 2a - 9) = -2\{(a - 1)^2 - 10\}$

より，$a = 1$ のとき，長方形の周の長さの最大値は20

以上より，正解は4。

9 1

解説 この分数の分子を x，分母を y とすれば，x, y は互いに素な自然数である。

問題文より，$x + y = 50 \cdots ①$

$0.35 \leqq \dfrac{x}{y} < 0.45 \qquad \therefore \quad 1.35 \leqq \dfrac{x + y}{y} < 1.45$

①を代入して，$1.35 \leqq \dfrac{50}{y} < 1.45$

$\therefore \quad \dfrac{50}{1.35} \geqq y > \dfrac{50}{1.45} \qquad$ よって，$37.03 \cdots \geqq y > 34.4 \cdots$

これを満たす y の整数値は，$y = 35,\ 36,\ 37$

これらを①に代入して対応する x を求めると $x = 15,\ 14,\ 13$ となり，これらのうち互いに素である x, y は $x = 13$, $y = 37$ の1組だけである。

したがって，この分数は$\dfrac{13}{37}$となる。

以上より，正解は1。

10　3

解説　「GOUKAKU」の7文字を1列に並べるとき，この中にはKが2個，Uが2個含まれているので，同じものを含む順列の公式より，並べ方は$\dfrac{7!}{2!2!}$

$=\dfrac{7 \times 6 \times 5 \times 4 \times 3 \times 2 \times 1}{2 \times 1 \times 2 \times 1} = 1260$〔通り〕となる。

また，両端にKがくるとき，残り5文字の中にはUが2個含まれているので，これらを1列に並べる並べ方は，$\dfrac{5!}{2!} = 5 \times 4 \times 3 = 60$〔通り〕となる。

したがって，求める確率は$\dfrac{60}{1260} = \dfrac{1}{21}$

以上より，正解は3。

11　1

解説　以下に，断面図を示す。ただし，辺AB，CDの中点をそれぞれM，Nとし，球の中心をO，球面が△ABEと接する点をX，底面の正方形ABCDと接する点をYとする。

求める半径は，OXであり，OX = OYである。

△EMYは直角三角形であるので，三平方の定理より，

$EM^2 = \left(\dfrac{3}{2}\right)^2 + 2^2 = \dfrac{25}{4}$　　∴　$EM = \dfrac{5}{2}$〔cm〕

ここで，△EOX∽△EMYより，

辺の比は，MY : YE : EM = OX : XE : EO
= 3 : 4 : 5となる。

さらに，EO = YE − OY = 2 − OYであり，
OX = OYなので，EO = 2 − OXとなる。

よって，

OX : EO = OX : (2 − OX) = 3 : 5　　∴　$OX = \dfrac{3}{4}$〔cm〕

以上より，正解は1。

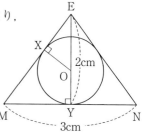

12 2

解説 △AQD∽△CQP より，

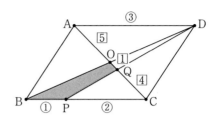

AQ : CQ = AD : CP

$\qquad$ = 3 : 2　なので

$CQ = \dfrac{2}{5}AC$

ここで，OQ = OC − QC

$\qquad = \dfrac{1}{2}AC - \dfrac{2}{5}AC$

$\qquad = \dfrac{1}{10}AC$

よって，$OQ : QC = \dfrac{1}{10}AC : \dfrac{2}{5}AC = 1 : 4$

さらに，BP : PC = 1 : 2 より，

$\triangle DBP = \dfrac{1}{3}\triangle DBC = \dfrac{1}{3}\cdot\dfrac{1}{2}S_1 = \dfrac{1}{6}S_1$

また，OQ : QC = 1 : 4 より，

$\triangle DOQ = \dfrac{1}{5}\triangle DOC = \dfrac{1}{5}\cdot\dfrac{1}{4}S_1 = \dfrac{1}{20}S_1$

$S_2 = \triangle DBP - \triangle DOQ = \dfrac{1}{6}S_1 - \dfrac{1}{20}S_1 = \dfrac{7}{60}S_1$

したがって，$\dfrac{S_2}{S_1} = \dfrac{7}{60}$

以上より，正解は2。

自然科学　物理

■■■■■■■■■■■■■■■■■■■■■■■■■ **POINT** ■■■■■■■■■■■■■■■■■■■■■■■■■

　物理の分野では，ほとんどが高校物理の内容を中心とした問題で，下記のいずれの単元からも出題される可能性がある。しかし，出題パターンは限られており，優先的に取り組むべきなのは「力学」で，「電磁気」，「波動」がこれに続く。ほとんどが計算問題であるが，正誤問題や穴埋め問題が出る場合もある。

　「力学」では，「等速直線運動」や「等加速度直線運動」が基本となり，「落体の運動」，「斜面をすべる物体の運動」などはこれらの知識を用いて解いていくことになる。また，覚えた公式をどの問題で，どういう形で利用するのか，自身で判断できるようにならなければいけない。例えば，「落体の運動」では自由落下，鉛直投げ下ろし，鉛直投げ上げ，水平投射，斜方投射といった様々な運動形態が出てくる。その他にも，「糸の張力」，「ばねの弾性力」，「浮力」といった力の種類や，「仕事とエネルギー」，「運動量」などを題材にした問題も多い。

　「熱と気体」では，「熱量の保存」に関する計算問題や，「物質の三態と状態変化」に関する正誤問題または穴埋め問題が頻出である。覚えることが少ない単元なので，しっかりと練習しておけば得点源になりやすい。

　「波動」では，まず波の基本公式を覚え，波長，振動数，速さ，周期といった物理量を用いて，式変形ができるようになっておくべきである。そして，最も重要なのが「ドップラー効果」を題材にした計算問題であり，基本公式は確実に覚えておかなければならない。そのうえで，音源と観測者が静止している場合，近づく場合，遠ざかる場合によって，基本公式の速度の符号が変わることに気を付けてほしい。実際の試験問題では，問題文からいずれの場合であるか読み取り，自身の判断で公式を立てられるようにならなければいけない。なお，この単元では波の性質（反射，屈折，回折，干渉など）やその具体例，温度と音速の関係など，基本的性質を問う正誤問題が出題されることが多いので注意しよう。

　「電磁気」では，コンデンサーや電気抵抗のある電気回路を題材にした計算

問題が非常に多い。公式としては，「オームの法則」，「合成抵抗」，「合成容量」，「抵抗率」に関するものは確実に使えるようになっておきたい。余力があれば，「キルヒホッフの法則」も覚えておこう。計算パターンは限られているが，コンデンサーや抵抗の数，および接続方法を変えた多様な問題が出題されるので注意が必要である。接続方法には「直列接続」と「並列接続」があり，実際の試験問題では与えられた電気回路のどこが直列（または並列）接続なのか自身で判断できなければならない。

　「原子」では，まずはα線，β線，γ線の基本的な性質や違いを理解しよう。そのうえで，「核分裂」や「核融合」の反応式が作れること，「放射性原子核の半減期」に関する計算問題ができるようになっておこう。この単元も，是非とも得点源にしたい。

　学習方法としては，本書の例題に限らずできるだけ多くの問題を解くことである。公式を丸暗記するより，具体的な問題を解きながら考える力を養っていこう。難問が出題されることはほとんどないので，教科書の練習問題や章末問題レベルに集中して取り組むようにしたい。

狙われやすい！重要事項

☑ 力のつりあい
☑ 等加速度運動
☑ 音波の性質
☑ 電気回路

《　演 習 問 題 》

1 図のように，天井から，長さ1mのロープに重さ100Nのおもりをつけてつるした後，水平方向に x〔N〕の力を加えて水平方向に80cmずらし，静止させたとき，x の値の概数として最も妥当なものはどれか。ただし，ロープ自体の重さは無視できるものとし，概数は小数第2位を四捨五入して求めるものとする。

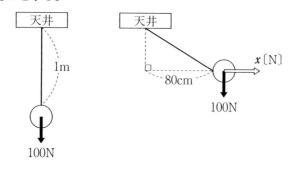

| 1 | 113.3 | 2 | 123.3 | 3 | 133.3 | 4 | 146.7 | 5 | 156.7 |

2 **波動と音に関する記述として，妥当なものはどれか。**

1　静止している状態の観測者に音源が近づく場合，音の速さが変化することによって音が高く聞こえる。

2　ビルなどの障害物によって振動が伝わらないような場合でも，障害物の裏側に波がまわり込んで伝わる現象を回折といい，波長が長いほどよく回折する特徴がある。

3　ドップラー効果とは，2つの音源から出た音波が重なり合うことで，振動が消える現象のことである。

4　夜になると遠くの音がよく聞こえるのは，夜間は昼に比べ地表付近の空気の温度が下がり，音が上向きに屈折するからである。

5　光も音波と同様に波の性質を持っており，どちらも真空中で最も速く伝わる。

3　10 Ωの抵抗3つを図のようにつないだ後，直流電源に接続したところ，
点Cでは，2Aの電流が流れていた。このとき，直流電源の電圧とAB間の
電圧の組み合わせとして正しいものはどれか。

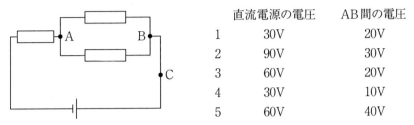

	直流電源の電圧	AB間の電圧
1	30V	20V
2	90V	30V
3	60V	20V
4	30V	10V
5	60V	40V

4　長さ ℓ の軽い糸に質量 m のおもりをつけた振り子がある。図のように，
糸が鉛直線と60°の角をなす位置Aからおもりを静かにはなすと，おもり
はAC間を往復する。重力加速度の大きさを g とする。このとき，おもり
が，鉛直線上の点Bを通過してから点Cに達するまでの間に，重力がおも
りにする仕事 W_C の値として正しいものはどれか。

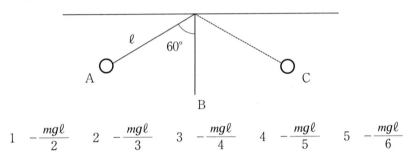

$$1 \quad -\frac{mg\ell}{2} \qquad 2 \quad -\frac{mg\ell}{3} \qquad 3 \quad -\frac{mg\ell}{4} \qquad 4 \quad -\frac{mg\ell}{5} \qquad 5 \quad -\frac{mg\ell}{6}$$

5　なめらかな水平面上に質量5.0kgの物体が静止している。その物体を
一定の力 F で引いたところ5.0秒後に4m/sになった。物体を引いている力
F はいくらか。

1　1.0N　　2　2.0N　　3　3.0N　　4　4.0N　　5　5.0N

6 図のように同じ6本のばねを，それぞれ違うつなぎ方をして，50gの
おもりをつりさげた。ばねの質量を無視するとき，Aのばねと同じ長さだ
け伸びるものをすべて選んでいるのはどれか。

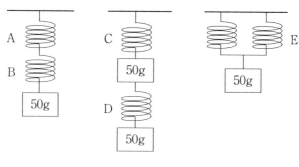

1　B　　2　C　　3　B, D　　4　B, E　　5　C, E

7 下の図の回路において，電流 I_2 の大きさはいくらか。ただし，図中の
→は電流の流れる方向を示し，電池の内部抵抗は無視できるものとする。

1　0.30A
2　0.80A
3　1.1A
4　7.3A
5　14A

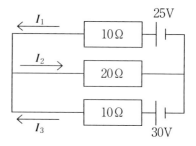

《 解 答 ・ 解 説 》

1 3

解説 おもりに対して水平方向に力 x〔N〕を加えて静止させたとき，次のような力のつりあいが成り立つ。

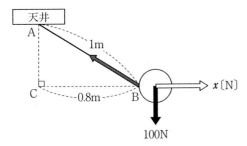

ここで，天井とロープの接点を A，ロープとおもりの接点を B，A から鉛直に降ろした線と B から水平に引いた線の交点を C とすると，△ABC は∠C を直角とする直角三角形である。

また，三平方の定理より，

$AC = \sqrt{1^2 - (0.8)^2} = \sqrt{0.36} = 0.6$〔m〕

よって，AB：BC：CA＝5：4：3 が成り立つ。これらの比は，それぞれ糸の張力の大きさ，おもりに対して水平に加えた力の大きさ，おもりにはたらく重力の大きさに対応しているので，

$x：100 ≒ 4：3$ より，$x = \dfrac{100 \times 4}{3} ≒ 133.3$〔N〕

以上より，正解は3。

2 2

解説 1．誤り。音が高く聞こえるのは，音の速さが変化するためではなく，振動数が大きくなることによるためである。また，音の速さは温度によって決まる。　2．正しい。高い音は回折しにくく，低い音は回折しやすい。3．誤り。ドップラー効果とは，観測者と音源が互いに近づいたり遠ざかったりすることで音の高さが変わる現象である。選択肢の内容は，干渉に関する記述である。　4．誤り。夜になると遠くの音がよく聞こえるのは，音が下向きに屈折するためである。　5．誤り。光は真空中を伝わるが，音は真空中を伝わらない。

3 4

解説 問題文の電気回路の3つの抵抗をそれぞれa，b，cとする。

抵抗a，bは並列に接続されているので，抵抗a，bの合成抵抗をR_{ab}とすると，

$$\frac{1}{R_{ab}} = \frac{1}{10} + \frac{1}{10} = \frac{1}{5}, \quad R_{ab} = 5 \ (\Omega)$$

ここで，回路に流れる電流の大きさは2Aであり，a，bの合成抵抗と抵抗cは直列に接続されているので，オームの法則より，

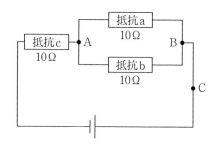

　（AB間の電圧）$= 2 \times 5 = 10$ 〔V〕

一方，この回路全体の抵抗をR_{abc}とすると，

　$R_{abc} = 10 + 5 = 15$ 〔Ω〕

したがって，（直流電源の電圧）$= 2 \times 15 = 30$ 〔V〕

以上より，正解は4。

4 1

解説 次の図のように，軽い糸の先端の点をD，点AとCを結んだ線とDBの交点をEとする。

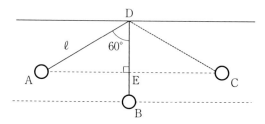

点Bにおけるおもりの高さを基準にとると，このおもりが点Cに達したとき，高さBEだけおもりが持ち上げられることになる。

ここで，△ADEは直角三角形なので，

$$DE = \ell \cos 60° = \frac{\ell}{2}$$

よって，$BE = BD - DE = \ell - \dfrac{\ell}{2} = \dfrac{\ell}{2}$

おもりにはたらく重力の大きさはmgであり，おもりは重力と逆向きに$\dfrac{\ell}{2}$だけ変位するので，

$$W_C = -mg \times \dfrac{\ell}{2} = -\dfrac{mg\ell}{2}$$

以上より，正解は1。

5 4

解説　物体には一定の力が加わっているので，この物体は等加速度直線運動をしている。物体の初速度をv_0〔m/s〕，速度をv〔m/s〕，加速度をa〔m/s²〕，時刻をt〔s〕とすると，

$$v = v_0 + at$$

$$a = \dfrac{v - v_0}{t} = \dfrac{4 - 0}{5.0} = 0.8 \text{〔m/s}^2\text{〕}$$

したがって，物体を引く力Fは，運動方程式より，

$$F = 5.0 \times 0.8 = 4.0 \text{〔N〕}$$

以上より，正解は4。

6 3

解説　同じばねが伸びる長さは，ばねにつりさげた物体の重さに比例する。よって，それぞれのばねにかかる物体の重さを考える。

ばねＡ：50gのおもりを1個つりさげるので，50g

ばねＢ：50gのおもりを1個つりさげるので，50g

ばねＣ：50gのおもりを2個つりさげるので，50g × 2 = 100〔g〕

ばねＤ：50gのおもりを1個つりさげるので，50g

ばねＥ：2本のばねで50gのおもりを1個つりさげるので，50g × $\dfrac{1}{2}$ = 25〔g〕

したがって，ばねＡと同じ長さだけ伸びるのは，同じ重さのおもりをつるしているばねB，Dとなる。

以上より，正解は3。

7 3

解説 キルヒホッフの第1法則では，回路中の任意の分岐点に流れ込む電流の総和と，流れ出る電流の総和は等しいので，

$$I_1 + I_3 = I_2 \quad \cdots ①$$

第2法則では，回路中の任意の閉じた経路に沿って1周するとき，電池の起電力の総和は抵抗による電圧降下の総和に等しいので，

$$25 = 10I_1 + 20I_2 \quad \cdots ②$$
$$30 = 10I_3 + 20I_2 \quad \cdots ③$$

②より，$I_1 = 2.5 - 2I_2$

③より，$I_3 = 3 - 2I_2$

これらを①に代入すると，

$$(2.5 - 2I_2) + (3 - 2I_2) = I_2$$
$$5.5 = 5I_2$$

よって，$I_2 = 1.1 \; [A]$

自然科学　　　　化学

　化学の分野では，ほとんどが高校化学の内容から出題される。「理論化学」，「無機化学」，「有機化学」に大別されるが，主に「理論化学」からの出題が多い。また，「無機化学」や「有機化学」の内容は，「理論化学」の内容が分かれば理解・暗記がしやすいので，まずは「理論化学」に優先的に取り組むとよい。

　「理論化学」では，計算問題とそれ以外の問題が同じぐらいの割合で出題される。計算問題としては，化学反応式をもとにした物質の質量，体積，物質量などの計算や，与えられた原子量から化合物の式量や分子量を求めることが必須である。そのうえで，気体の状態方程式（圧力，体積，絶対温度など），混合気体の分圧や全圧，溶解度を用いた物質の析出量，熱化学方程式を用いた反応熱，中和滴定に必要な酸や塩基の体積や濃度，酸や塩基のpH，電気分解で析出する物質の質量などが求められるようになっておきたい。その他には，化学理論（分圧の法則など），物質の分離法，化学結合，物質の状態変化，化学平衡，コロイド溶液，化学電池などについてしっかり整理しておこう。

　「無機化学」では，計算問題はほとんど出題されず，大部分が物質の性質を問う正誤問題である。まずは，元素周期表の特徴をしっかりと理解し，性質の似た物質のグループがあることを把握すること。また，イオン化エネルギーや電気陰性度など，周期表と大きく関わる用語を覚えよう。無機物質は金属と非金属に大別される。金属では，1族の金属，2族の金属の他に，鉄，銅，銀，アルミニウム，チタンなどの代表的な金属の性質，化学反応，製法を覚えておくこと。非金属では，ハロゲン，希ガス，炭素やケイ素の性質，化学反応を覚えておくこと。そのうえで，代表的な気体（酸素，窒素，二酸化炭素，アンモニアなど），溶液（塩酸，硫酸，硝酸など）などについて，教科書レベルの知識を身に付けておきたい。

　「有機化学」では，計算問題としては有機化合物の元素分析の結果から分子量が求められるようになろう。その他には，教科書レベルの代表的な有機化合物の性質や反応性を覚えること，高分子化合物については，樹脂，繊維，ゴムなどに利用される物質について整理しておこう。

　本書に限らず，できるだけ多くの公務員試験の問題に触れ，解いた問題を

中心に知識を増やしていこう。出題傾向がつかめたら，大学入試センター試験や大学入学共通テストから類題を探すのもよい。

☞ **狙われやすい！ 重要事項**

☑ **基礎的な化学理論**
☑ **物質の状態変化**
☑ **酸と塩基**
☑ **化学平衡**
☑ **無機物質の性質**

《 **演 習 問 題** 》

1 0.10mol/Lのシュウ酸20mLを硫酸酸性とした溶液に過マンガン酸カリウム溶液を加え，過不足なく反応するのに40mL要した。このとき，過マンガン酸カリウムの濃度として正しいものはどれか。

1 0.010mol/L　　2 0.020mol/L　　3 0.030mol/L
4 0.10mol/L　　5 0.20mol/L

2 物質に関する記述について，次のA～Dに入る語句の組み合わせとして，最も妥当なものはどれか。

（ A ）とは，海水，空気，泥水のように，物理的な方法により2種類以上の（ B ）に分離できる物質のことをいう。また，アルミニウムなどのように，蒸留，ろ過などの物理的な方法によっても分離することができないような物質を（ B ）という。

また多くの元素には何種類かの（ C ）が存在しているが，質量数の大きい（ C ）の中には放射線を出す（ C ）があり，これを（ D ）という。

	A	B	C	D
1	純物質	混合物	同素体	中性子
2	混合物	純物質	同素体	中性子
3	純物質	混合物	同素体	電子
4	混合物	純物質	同位体	放射性同位体
5	純物質	混合物	同位体	放射性同位体

3 金属のイオン化傾向に関する記述として，妥当なものはどれか。

1 一般に，イオン化傾向が大きい金属は，水溶液中で酸化しやすい性質を合わせ持っている。

2 金属の中で白金は最もイオン化傾向が小さく，安定的であるため，貴金属として用いられる。

3 金は，他の物質と化合しにくく，液体に溶かすことは不可能である。

4 マグネシウムは，比較的イオン化傾向が大きいため，常温で水と激しく反応して水素を発生させる。

5 銅イオン水溶液に亜鉛を入れたときに銅が亜鉛の表面に付着するのは，銅の方が亜鉛よりもイオン化傾向が大きいからである。

4 金属に関する記述として，妥当なのはどれか。

1 スラグは，溶鉱炉で鉄鉱石から得られる鉄のことであり，これを転炉などで精練し，不純物の含有量を少なくすると，粘りのある銑鉄となる。

2 ナトリウムは，空気中で反応しやすいことから石油中に保存され，炎色反応では黄色を示す。

3 亜鉛は，青味を帯びた銀白色の金属であり，希酸などの酸とは反応するが塩基とは反応しない。

4 アルミナと氷晶石の混合物の溶融塩電解によって生成されるアルミニウムは，銀白色の金属で濃硝酸，濃硫酸によく溶ける。

5 常温で固体の金属である水銀は，イオン化傾向が非常に大きく，色は銀白色である。

5 物質の状態とその変化に関する記述として，正しいものはどれか。

1 物質は，温度によって固体，液体，気体に変化する。液体が気体になることを昇華といい，気体が液体になることを凝縮という。

2 共有結合は，2個以上の原子が価電子を出し合い，共有することによって生じる。この結合の下で結びついている物質は，一般に電気伝導性を持たないが，黒鉛は例外的に電気を通す。

3 ファンデルワールス力による結合は，展性や延性に富む性質を持つ結晶を形成する。また，結晶を構成する原子が価電子を放出して陽イオンとなり，その間を放出された自由電子が自由に移動するため，電気を通す性質を持つ。

4　不純物を含まない固体を熱すると，融点に達した時点で液体になる。このとき，固体のうち概ね半分が液体となった時点から，急激に温度が上昇する。

5　固体から液体に変化するために必要な熱量は融解熱，液体から気体に変化するために必要な熱量は気化熱と呼ばれる。一般に，融解熱は気化熱に比べて大きい。

6　**化学変化に関する記述として，妥当なものはどれか。**

1　気体が関係する化学反応において，同温かつ同圧の下で反応する気体の体積間には簡単な整数比が成り立つ。

2　化学反応において，正触媒を加えると，活性化エネルギーが増大することを通じて反応速度が大きくなる。

3　可逆反応において，実際に反応が停止した状態を化学平衡といい，この状態に達した後に濃度や圧力など条件を変えても，新たな化学変化は起こらず不変の状態が続く。

4　中和反応とは，酸の水素イオンと塩基の水酸化物イオンが反応し，水が生成することによってそれぞれのイオンの性質が打ち消される反応であり，物質によって吸熱反応と発熱反応のいずれかを示す。

5　ケン化と呼ばれる反応を利用して作られるのがセッケンであり，具体的には，油脂に酸を加えることによって製造される。

7　**5.0×10^5〔Pa〕，27℃，10Lの気体を，温度を変えずに25Lになるまで膨脹させると，圧力はいくらになるか。**

1　1.0×10^5〔Pa〕　　2　1.5×10^5〔Pa〕

3　2.0×10^5〔Pa〕　　4　5.0×10^5〔Pa〕

5　12.5×10^5〔Pa〕

8　**物質の変化に関する記述として，妥当なものはどれか。**

1　塩基は青色リトマス紙を赤色に変え，酸はBTB溶液を黄色に変える。

2　ショ糖は水に溶かすことができるが，これは化学変化の一つである。この場合の水を溶質，ショ糖を溶媒，できた液体を溶液という。

3　酸とは水素イオンを受け取る物質である，とする定義はブレンステッド・ローリーの定義である。

4 酢酸を水酸化ナトリウム水溶液で中和滴定する場合，メチルオレンジは指示薬として不適切である。

5 物質の化学変化や状態変化が起こる場合は，かならず熱が発生し，熱を吸収するような反応は起こらない。

⑨ 水素とヨウ素が反応してヨウ化水素ができる反応が平衡状態に達すると，次の化学反応式で示される。

$H_2 + I_2 \rightleftarrows 2HI$

ある温度において，容積10Lの密閉容器に水素，ヨウ素を0.90mol ずつ入れてしばらく放置すると，やがてヨウ化水素が1.4mol生じて平衡状態に達した。この温度における平衡定数はいくらか。ただし，この反応においてすべての物質は気体である。

1 2.0　　2 20　　3 35　　4 49　　5 98

《 解 答 ・ 解 説 》

① 2

解説 過マンガン酸カリウムは酸化剤，シュウ酸は還元剤であり，それぞれの反応は次のように表せる。

$MnO_4^- + 8H^+ + 5e^- \rightarrow Mn^{2+} + 4H_2O$　…①

$H_2C_2O_4 \rightarrow 2H^+ + 2CO_2 + 2e^-$　…②

電子e^-の係数を合わせるため，①を2倍，②を5倍する。

$2MnO_4^- + 16H^+ + 10e^- \rightarrow 2Mn^{2+} + 8H_2O$　…①′

$5H_2C_2O_4 \rightarrow 10H^+ + 10CO_2 + 10e^-$　…②′

①′と②′を足すと，以下のようになる。

$2MnO_4^- + 5H_2C_2O_4 + 6H^+ \rightarrow 2Mn^{2+} + 8H_2O + 10CO_2$　…③

ここで，シュウ酸および過マンガン酸カリウムの物質量は，過マンガン酸カリウムの濃度をx〔mol/L〕とすると，

シュウ酸…0.10×0.020〔mol〕

過マンガン酸カリウム…$0.040 \times x$〔mol〕

③より，シュウ酸：過マンガン酸カリウム＝5：2の比率で反応するので，

$0.10 \times 0.020 : 0.040 \times x = 5 : 2$

これを解いて，$x = 0.020$〔mol/L〕
以上より，正解は2。

2　4

解説 \\　A，B　純物質とは他の物質が混じっていない単一の物質のこと，混合物とは複数の物質が混じった状態の物質のことである。　C　同位体とは陽子数が等しく中性子数が異なるため質量数の異なる原子同士のこと，同素体とは同じ元素からできているが化学的性質の異なる単体同士のことで，例えば酸素O_2とオゾンO_3の関係である。　D　同位体の中でも，原子核が不安定なため放射線を出して崩壊するものを放射性同位体という。

　以上より，Aには「混合物」，Bには「純物質」，Cには「同位体」，Dには「放射性同位体」が入るので，正解は4。

3　1

解説 \\　1．正しい。金属のイオン化傾向とは，水溶液中において電子を放出して陽イオンになろうとする性質である。酸化とは，電子を失うことを意味するので，イオン化傾向が大きいということは，酸化しやすい性質を持つという意味である。　2．誤り。白金が貴金属として用いられている点は正しいが，白金よりも金の方がイオン化傾向は小さい。　3．誤り。金と白金は，濃硝酸と濃塩酸を体積比1：3の割合で混合した王水に溶ける。　4．誤り。常温の水と反応して水素を発生するのは，リチウム，カリウム，カルシウム，ナトリウムである。マグネシウムは熱水と反応し，水素を発生させる。　5．誤り。「大きい」を「小さい」に変えると，正しい記述になる。

4　2

解説 \\　1．誤り。溶鉱炉で鉄鉱石から得られる鉄を銑鉄とよび，その際生じる不純物がスラグである。銑鉄を転炉などで精練し不純物の含有量を少なくすると，粘りのある鋼になる。　2．正しい。ナトリウムは，空気中の水蒸気と反応し水素を発生するので，石油中に保存する。　3．誤り。亜鉛は，酸とも塩基とも反応する両性金属である。　4．誤り。アルミニウムは，濃硝酸，熱濃硫酸に対して酸化被膜（不動態）をつくるため溶けない。　5．誤り。水銀は，常温で唯一液体の金属であり，イオン化傾向は小さい。

5 2

解説 1. 誤り。固体が気体になることを昇華という。液体が気体になるのは、蒸発である。 2. 正しい。共有結合は、非常に強い結合であり、ダイヤモンドや水晶などは、非常に硬いという性質を持つ。 3. 誤り。「ファンデルワールス力による結合」を「金属結合」とすると正しい記述になる。ファンデルワールス力は分子間力のことであり、これに基づく分子結晶は、ドライアイスやナフタレンのように、やわらかく、もろい性質を持つ。
4. 誤り。固体がすべて液体になるまで、温度は変化しない。 5. 誤り。一般に、融解熱は気化熱に比べて小さい。

6 1

解説 1. 正しい。気体反応の法則についての記述である。 2. 誤り。正触媒を加えた場合、活性化エネルギーが減少することを通じて反応速度が大きくなる。 3. 誤り。化学平衡の状態では、反応は止まっているように見えるものの、実際に止まっているわけではなく、右向きの反応と左向きの反応の速度が等しくなっている。また、化学平衡に達した後も、濃度、圧力、温度の影響により反応が進み、新たな平衡状態に達する。 4. 誤り。中和反応は発熱反応であり、そこで生じる熱を中和熱という。 5. 誤り。セッケンは、油脂に塩基である水酸化ナトリウムを加えて加熱することによって作られる。

7 3

解説 膨張後の気体の圧力を P 〔Pa〕とすると、ボイルの法則より、

$(5.0 \times 10^5) \times 10 = P \times 25$

$P = \dfrac{(5.0 \times 10^5) \times 10}{25} = 2.0 \times 10^5 \ 〔Pa〕$

以上より、正解は3。

8 4

解説 1. 誤り。塩基の水溶液は赤色リトマス紙を青色に変える。青色リトマス紙を赤色に変えるのは酸である。BTB溶液は酸性で黄色、中性で緑色、塩基性で青色になる。 2. 誤り。ショ糖が水に溶ける場合、ショ糖を溶質、水を溶媒という。溶解は化学変化ではなく、物理変化である。 3. 誤り。

「水素イオンを受け取る物質は塩基であり，水素イオンを他に与える物質が酸」とするものを，ブレンステッド・ローリーの定義という。　4．正しい。酢酸は弱酸であり，水酸化ナトリウム水溶液は強塩基である。弱酸と強塩基の中和では中和点のpHが7より大きい方にずれる。ところが，メチルオレンジの変色域はpHが3〜4のところなので，適正な中和滴定ができないことになる。酢酸と水酸化ナトリウム水溶液の中和滴定の指示薬としては，変色域が8〜10のフェノールフタレイン溶液が用いられる。　5．誤り。融解や蒸発のような状態変化では熱の吸収が起こる。また，化学反応でも熱の吸収を伴うものがある。

9　4

解説 この反応における各気体の物質量の変化を表すと，

	H_2	+	I_2	$\rightleftarrows$	2HI	
はじめ	0.90		0.90		0	〔mol〕
変化量	-0.70		-0.70		$+1.4$	〔mol〕
反応後	0.20		0.20		1.4	〔mol〕

この反応における平衡定数 K は，

$$K = \frac{[HI]^2}{[H_2][I_2]}$$

各気体をモル濃度にしてこの式に代入すると，

$$K = \frac{\left(\dfrac{1.4}{10}\right)^2}{\left(\dfrac{0.20}{10}\right)\left(\dfrac{0.20}{10}\right)} = 49$$

となる。

　なお，この反応における平衡定数の単位は，分子分母で〔mol/L〕^{2} どうしで打ち消されるので，単位はなしとなる。

　平衡定数は，温度のみで決まる値であり，物質の濃度が変化しても温度が変わらなければ一定の値を取る。気体の反応では，モル濃度の代わりに各気体の分圧〔Pa〕で表した圧平衡定数を用いることも多い。

自然科学　生物

　生物の分野では，高校までの内容が出題される。出題形式としては，ほとんどの問題が基本的な知識を問う正誤問題や穴埋め問題で，計算問題はごく一部である。また，教科書と同じような図表が与えられる問題が多いので，図表から必要な情報を的確に読み取れるように，教科書などをしっかり読み込んでおこう。暗記事項が多いものの，中学生物の知識だけで解ける問題もあるため，効果的な学習ができれば十分得点源となる。以下に，それぞれの単元の最重要事項をまとめるので，優先的に取り組んでほしい。

　「細胞」に関する内容として，まずは「細胞小器官」の構造やはたらきを覚え，「動物細胞と植物細胞の違い」を整理しよう。次に，「細胞分裂」について「体細胞分裂の一連の流れ」を覚え，その後「減数分裂」との違いを整理しよう。さらに，「動物細胞と植物細胞の分裂の仕組みの違い」についても理解しよう。図が与えられる問題の対策としては，「どの細胞のどの分裂のどの時期か」が判断できるようになっておきたい。なお，細胞周期や分裂細胞数の計算方法にも慣れておこう。

　「遺伝子」に関する問題として，まずは「DNAとRNA」の構造やはたらきを覚え，これらの違いを整理しよう。次に，「遺伝現象」について，「メンデルの法則に従う遺伝現象」の一連の流れや3つの法則，生まれてくる子の遺伝子型や表現型の分離比の計算方法を完璧に押さえること。そのうえで，「メンデルの法則に従わない遺伝現象」について，具体例とともに覚えよう。特に，「ABO式血液型」で生まれてくる子の血液型のパターンを問う問題は頻出である。余裕があれば，伴性遺伝の仕組みや組み換え価の計算などに挑戦しよう。

　「代謝」に関する問題としては，まずは「酵素」について基本的な性質を覚え，「消化酵素のはたらきと分泌腺」の組合せを覚えよう。次に，「呼吸」については3つの過程を覚え，それぞれの反応に関与する物質や生成するATPの数を覚えよう。また，「光合成」からは様々な論点や図表からの出題実績があるので，一連の流れを覚えるだけでなく，できるだけ多くの問題に触れること。

　「体内環境と恒常性」に関する内容としては，「免疫反応」の体液性免疫と細胞性免疫の流れと違い，「血液凝固」の仕組み，「ホルモン」のはたらきと分泌腺，「交感神経と副交感神経」のはたらきの違い，「腎臓と肝臓」のはたらき，「ヒトの脳」の部位とはたらきの違いなどがよく出題される。ほとんどがヒトに関わる内容なので取り組みやすいが，「ホルモン」については植物ホルモンから出題される場合も多い。

　「生態系」に関する問題としては，「食物連鎖」や「物質循環」がよく出題されるので，全体の流れをしっかりと把握し，図の読み取りや穴埋め形式の問題への対応をしよう。

　本書に限らず，できるだけ多くの公務員試験の問題に触れ，解いた問題を中心に知識を増やしていこう。出題傾向がつかめたら，大学入試センター試験や大学入学共通テストから類題を探すのもよい。

狙われやすい！ 重要事項

☑ 細胞
☑ 代謝
☑ 体内環境と恒常性
☑ 生態系

演 習 問 題

1　細胞に関する次の記述のうち，誤りはどれか。

1　中心体は，ほとんどの動物細胞や一部の植物細胞に見られ，動物細胞の分裂などに関わっている。

2　リボソームは，膜結合リボソームと細胞質中に存在する遊離リボソームから成り，タンパク質合成の場である。

3　白色体は，植物の貯蔵組織の細胞の中にある色素体であり，デンプンを貯蔵している。

4　ミトコンドリアは，ほとんどの細胞に見られ，物質の分泌作用を行う。

5　細胞壁は，植物や菌類の細胞に見られる全透性の膜であり，細胞膜の外側に位置する細胞外マトリックスの1つである。

2 遺伝の種類と具体的な例として，正しい組み合わせはどれか。
1 複対立遺伝子 —— ヒトの ABO 式血液型
2 致死遺伝子 ——— スイートピーの紫と白の花色
3 伴性遺伝 ——— マルバアサガオやオシロイバナの花色
4 不完全優性 ——— ヒトの赤緑色覚異常
5 補足遺伝子 ——— キイロハツカネズミの毛色

3 光合成に関する記述として，最も妥当なものはどれか。
1 すべての植物は，酸素と二酸化炭素を使い光合成を行う。
2 すべての植物は，水と二酸化炭素を使い光合成を行う。
3 緑色植物は，水と二酸化炭素を使い光合成を行うことで，有機物，酸素，水を生成する。
4 緑色植物は，水と二酸化炭素を使い光合成を行うことで，酸素，水を生成するが有機物は合成されない。
5 緑色植物は，窒素と二酸化炭素を使い光合成を行うことで，有機物，水を生成する。

4 動物体内の免疫に関する記述として，最も妥当なものはどれか。
1 細胞性免疫は，動物体内に侵入した抗原に対して特異的に反応する物質を生成し，抗原を溶解・凝縮・無毒化させる反応である。
2 抗体とは，免疫グロブリンという Y 字型の分子構造の血清タンパク質であり，抗原に結合する特異的な構造を持っている。
3 皮膚などに傷がつき血管が破れ出血すると，その部分に血小板が集まりフィブリンの合成が促進され，血清をつくり傷口を塞ぐ。
4 臓器移植などによる拒絶反応は体液性免疫によるもので，移植した臓器が異物として認識されてしまうことにより，キラー T 細胞によって直接攻撃されることにより起こる。
5 アレルギーとは，赤血球の表面に存在する凝集原と血清中に存在する凝集素によって起こる抗原抗体反応のことである。

5 ヒトの脳に関する記述として，最も妥当なのはどれか。

1　大脳基底核は，大脳と脳幹を結び付けている神経の総称であり，その役割は多彩で，運動の調整，学習など様々な機能を持っている。

2　中脳は，筋肉の緊張を保持し，体の平衡を保つ中枢機能のほか，眼球の運動や瞳孔を調節する中枢がある。

3　小脳は，内耳で受容した体の傾きや回転の刺激を受け取り，姿勢を保つための中枢や，せき，くしゃみなどの反射の中枢機能がある。

4　間脳は，視床と視床下部に分かれ，視床は心臓の拍動や呼吸運動を調節する中枢，視床下部は自律神経系の最高位の中枢である。

5　頭頂葉は，人間の思考や理性を制御し，言葉を話したり体を動かしたりする機能も担っている。

6 遺伝と生殖に関する記述として，最も妥当なものはどれか。。

1　生物の色，大きさ，形などの特徴は，主として，生存中の環境の影響によって得られた獲得形質が遺伝することによってもたらされる。

2　対立形質は，同時に同じ個体に出現することはなく，特に雑種第一代に現れる形質を劣性形質，現れない形質を優性形質という。

3　対立遺伝子には，優性遺伝子と劣性遺伝子があり，同種のものが対になっている個体をホモ，異種のものが対になっている個体をヘテロという。

4　配偶子を作らずに新個体を形成する方法が無性生殖であり，分裂による新個体の形成は，単細胞生物固有の現象である。

5　有性生殖のうち，雌性配偶子と雄性配偶子の合体によって新個体を作るのが受精であり，植物ではみられず，動物において行われる。

7 植物体の生理に関する記述として，最も妥当なものはどれか。

1　緑色植物の炭酸同化作用には，光のエネルギーのほかに，体内の糖分を分解することによって得られるエネルギーも利用される。

2　ふつうの緑色植物では，大気中の遊離窒素を体内に吸収し，これを炭水化物と結合させてアミノ酸を生成する。そして，最終的にはいろいろなタンパク質を合成する。

3　水分の蒸散は，主として葉の裏面にある気孔を通じて行われる。また蒸散は，昼間より夜間のほうが盛んで，早朝に葉に水滴が残っていることがある。

4　気孔の開閉は，気孔の内側と外側の細胞の熱膨張率の違いによるもので

ある。気孔が開くのは，外側の細胞がより膨張したときである。

5　ある種の植物は，微生物と共生することにより，栄養分に乏しい土地で
も生育することができる。

8　**植物の発芽と成長に関する記述として，最も妥当なものはどれか。**

1　ジベレリンは，種子の発芽，子房の発育，茎の伸長などを促進する植物
ホルモンである。

2　茎の先端部で作られ，成長を促進する植物ホルモンはオーキシンであり，
一方から光を当てると，当てた側の濃度が高まることが知られている。

3　暗期の長さは，花芽の形成などに影響を与えるが，特にワタやタンポポ
は，暗期が限界暗期より短くなると開花する。

4　エチレンは，果実の成熟を促進する植物ホルモンであり，常温では液体
となる。

5　アブシシン酸には，発芽を促進する強い作用がある。

9　**次のグラフは，横軸に時間，縦軸に細胞分裂における細胞1個あたり
のDNAの量の相対値を取り，その変化を表したものである。このグラフに
関する記述として，最も妥当なものはどれか。**

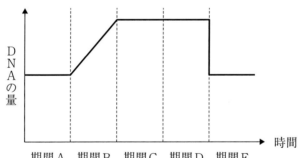

1　間期を示すのは，期間A，期間B，期間Eである。

2　グラフは，減数分裂によるDNA量を表している。

3　グラフに示された期間のうち，細胞分裂が行われるのは，期間Bである。

4　グラフに示された期間のうち，細胞分裂が行われるのは，期間Dである。

5　グラフ全体を通じて，生殖細胞の形成時に行われる分裂の過程が示され
ている。

[10] **生態系に関する記述として，妥当なものはどれか。**

1　自浄できる分量を大幅に超えた汚水が海などに流入すると，ほとんどのプランクトンが瞬時に死滅する。その結果，多くの魚類が捕食する対象を失うため，死滅に至る。

2　アンモニアは，窒素の循環において重要な役割を果たす。アンモニアは，植物の根によって吸収され，アミノ酸やタンパク質などに変えられる。

3　生態系ピラミッドは，生産者，第一次消費者，第二次消費者などによって構成される。いわゆる高次の消費者は，低次の者に比べると，個体数，エネルギー量において，大規模になる。

4　無機物から有機物を生み出す働きを持つのが生産者である。プランクトンや細菌はこれに含まれず，緑色植物が主な例として挙げられる。

5　湖沼における生態系に大きな脅威を与えているのは硫黄酸化物や窒素酸化物である。被害の最大の原因は，雨が少ない地域の湖沼において，自然界に古くから存在する化合物の濃度が上昇したことにある。

《 解 答・解 説 》

[1] **4**

解説　ミトコンドリアの主たる機能は，物質の分泌ではなく，エネルギー（ATP）の合成である。また，物質の分泌を行うのはゴルジ体である。

[2] **1**

解説　1．正しい。複対立遺伝子は3つ以上の対立遺伝子による遺伝現象で，ヒトのABO式血液型などに見られる。　2．誤り。致死遺伝子はキイロハツカネズミの毛色の決定などに関わっている。　3．誤り。伴性遺伝は性染色体上に存在する遺伝子による遺伝現象で，ヒトの赤緑色覚異常などで見られる。　4．誤り。不完全優性はマルバアサガオやオシロイバナの花色などで見られる。　5．誤り。補足遺伝子はスイートピーの花の色の決定などに関わっている。

3 3

解説 1. 誤り。光合成を行う際には，二酸化炭素と水を利用する。　2. 誤り。葉緑体を持たない一部の寄生植物などは，光合成を行わない。　3. 正しい。　4. 誤り。光合成では有機物が合成される。　5. 誤り。窒素ではなく二酸化炭素を利用する。

4 2

解説 1. 誤り。体液性免疫に関する記述である。また，抗原を溶解・凝縮・無毒化させる反応のことを抗原抗体反応という。　2. 正しい。抗体は，抗体産生細胞（形質細胞）によって生成される。　3. 誤り。血液凝固によりできるのは，血清ではなく血ぺいである。　4. 誤り。臓器移植による拒絶反応は，細胞性免疫によるものである。　5. 誤り。選択肢は血球の凝集反応に関する記述である。アレルギーとは，花粉症などにみられる免疫の過敏な反応のことである。

5 1

解説 1. 正しい。大脳基底核は大脳皮質に存在し，多様な機能を担っている。　2. 誤り。筋肉の緊張を保持し，体の平衡を保つ中枢は小脳である。3. 誤り。姿勢を保つ中枢は中脳，せき，くしゃみなどの反射の中枢は延髄に存在する。　4. 誤り。視床は嗅覚以外のすべての感覚を中継する。心臓の拍動や呼吸運動を調節する中枢は延髄にある。　5. 誤り。前頭葉に関する記述である。頭頂葉は，空間的な認識に関わっている。

6 3

解説 1. 誤り。一般に，獲得形質は遺伝しない。　2. 誤り。劣性形質と優性形質の記述が逆になっている。　3. 正しい。例えば，Aを優性遺伝子，aを劣性遺伝子とすると，AAとaaがホモ，Aaがヘテロである。　4. 誤り。分裂による無性生殖は，イソギンチャクなどの多細胞生物でも行われる。5. 誤り。ワラビ，スギゴケ，マツなどにおいても，受精は行われる。

7 5

解説 1. 誤り。緑色植物の炭酸同化作用とは光合成のことであり，吸収した光エネルギーを用いて合成した化学エネルギー（ATP）が利用される。2. 誤り。一般的な植物は，空気中の窒素を直接利用することはできず，根を通して地中に含まれている硝酸イオンやアンモニウムイオンの形で吸収している。 3. 誤り。気孔は日中に開き，夜間閉じているため，水の蒸散は日中に多く，夜間は少ない。 4. 誤り。気孔の開閉は，孔辺細胞の膨圧の変化によるもので，孔辺細胞が吸水による膨圧でふくれると，気孔は開く。 5. 正しい。これはマメ科植物と根粒菌の相利共生の例である。

8 1

解説 1. 正しい。ジベレリンは，植物の異常成長をもたらすイネばか苗病菌から分離され，種無しブドウの生産などに利用されている。 2. 誤り。オーキシンは，光を当てた方と反対側で濃度が高まる。これにより，光と反対側で成長が促進されるため，茎は光が当たる側に屈折する。 3. 誤り。ワタやタンポポは，暗期の長さと無関係に花芽を形成する中性植物である。暗期が限界暗期より短いときに花芽が形成される長日植物の例としては，ホウレンソウやアブラナなどが挙げられる。 4. 誤り。エチレンは，常温では気体の植物ホルモンである。 5. 誤り。アブシシン酸には，種子の発芽を抑制して休眠させる作用がある。

9 4

解説 1. 誤り。期間Cは分裂準備期（G_2期）にあたるので，間期に含まれる。なお，期間AはDNA合成準備期（G_1期），期間BはDNA合成期（S期），期間Dは分裂期（M期）である。 2. 誤り。このグラフは体細胞分裂によるDNA量の変化を表している。減数分裂であれば，分裂期には第一分裂と第二分裂の2回の分裂が行われ，分裂後の細胞のDNA量は分裂前の半分になっているはずである。 3. 誤り。1.の解説を参照。 4. 正しい。1.の解説を参照。 5. 誤り。生殖細胞の形成は減数分裂により行われるので，このグラフには示されていない。

10 2

解説 1. 誤り。汚水の流入は，特定のプランクトンの異常な発生や増加をもたらす。その結果，酸素が不足することにより，魚類などの大量死に至る。 2. 正しい。植物の根から吸収されたアンモニアは，その植物の中で，アミノ酸，タンパク質などの有機窒素化合物の合成に利用される。 3. 誤り。低次の消費者は，高次の者に比べると，個体数，エネルギー量，生体量のいずれも大きくなる。 4. 誤り。植物プランクトンや光合成細菌は，生産者に含まれる。 5. 誤り。酸性雨と富栄養化の説明が混同されている。酸性雨が湖沼にもたらす影響は，硫黄酸化物や窒素酸化物が溶け込んだ雨により湖沼が酸性化し，魚などが減少することである。一方，富栄養化が湖沼にもたらす影響は，生活排水が大量に流入することで，湖沼に元から存在する栄養塩類の濃度が増加し，プランクトンなどが異常発生することである。

自然科学　　　　　　　　　地 学

| | | | | | | | | | | | | | | | | | | P O I N T | | | | | | | | | | | | | | | | | | | | | |

　地学の分野では，高校までの内容が出題される。出題形式としては，ほとんどの問題が基本的な知識を問う正誤問題や穴埋め問題で，計算問題はごく一部である。中学の学習内容が最も役に立つ分野といえるので，高校地学の勉強が困難な場合は，中学地学から取り組むのもよい。以下に，それぞれの単元で最重要事項をまとめるので，優先的に取り組んでほしい。

　「地球の外観と活動」に関する内容として，まずは地殻や境界面の種類や特徴をしっかり覚えること。そのうえで，プレートやマントルなど，「地震」や「火山活動」につながる仕組みについて理解しよう。その他にも，ジオイドや重力の定義の理解，扁平率の計算などが出題されやすい。「地震」では，P波とS波の違いや震度とマグニチュードの違いについて理解するとともに，地震波の速度・震源からの距離・地震発生時刻の計算をできるようにしておきたい。「火山活動」を理解するためには，まずは「火成岩の分類」を完璧に覚える必要がある。鉱物組成の違いがマグマの粘度の差となって現れ，火山の形や活動様式の違いにつながっていく。

　「地球の歴史」に関する問題としては，地質年代を代表する生物の名称，大量絶滅などの出来事について，時系列で整理しておこう。また，示相化石や示準化石についても狙われやすい。

　「大気と海洋」については，「大気」に関する内容に優先的に取り組もう。日本の季節，前線の種類と特徴，台風の定義などは頻出である。また，フェーン現象を題材とした乾燥断熱減率・湿潤断熱減率を使った温度計算や，相対湿度の計算をできるようにしよう。その他にも，風の種類や大気圏の層構造について問われることがある。「海洋」については，エルニーニョ現象が起こる仕組みが頻出である。

　「宇宙」に関する問題としては，まずは地球から見て恒星・惑星・月・星座などがどのように見えるかを完璧に覚えよう。また，南中高度の計算もできるようにしておくこと。次に，「太陽や太陽系の惑星」について，それぞれの特徴を押さえよう。特に，地球型惑星と木星型惑星の違い，金星の見え方な

どが頻出である。会合周期の計算もできるようにしておきたい。さらに，「太陽系外の宇宙の構造」として，HR図を使った恒星の性質の理解，恒星までの距離と明るさの関係などを知っておこう。

　本書に限らず，できるだけ多くの公務員試験の問題に触れ，解いた問題を中心に知識を増やしていこう。出題傾向がつかめたら，大学入試センター試験や大学入学共通テストから類題を探すのもよい。

☞ **狙われやすい！ 重要事項** ················

☑ **太陽系**
☑ **地球の運動**
☑ **大気と海洋**
☑ **地球の内部構造**
☑ **地震**

《 演 習 問 題 》

1 **岩石に関する記述として，最も妥当なものはどれか。**
1　堆積岩の一種である生物岩は，生物の遺骸が堆積してできたものであり，そのうち，炭酸カルシウムを主成分とするものは，チャートと呼ばれる。
2　変成作用によってできた岩石が変成岩であり，石膏がその典型である。
3　マグマが冷却されて固まった岩石が火成岩であり，斑状組織から成る火山岩と，等粒状組織から成る深成岩に大別される。
4　火成岩のうち，二酸化ケイ素の含有割合が少ないものが酸性岩であり，逆に，多いものが塩基性岩である。
5　玄武岩は，石英，カリ長石，斜長石が多く含まれているので，他の岩石に比べて白色に近い色を持つ。

2 **惑星に関する記述として，最も妥当なものを選べ。**
1　惑星は太陽を一つの焦点とする楕円軌道を持ち，地球から太陽までの距離は一年を通して変わらない。
2　太陽の移動する経路を天の赤道といい，地球の赤道面に対して23.4°傾いている。

3　木星は，二酸化炭素を主成分とする厚い大気に覆われ，強い温室効果により，表面温度は400℃以上に達する。

4　火星は極冠や凍土として水が存在する。また，かつては温暖で水が表面を流れていたことが河床地形から伺える。

5　金星の大気は水素とヘリウムを主成分とし，大赤斑と呼ばれる巨大な大気の渦をつくり出している。惑星探査機により環の存在が確認される。

③　**ある観測点での初期微動継続時間は2秒であった。地中を伝わるP波の速度が5km/s，S波の速度が3km/sであるとき，震源から観測点までの距離は何kmであるか。**

1　12　　　　2　13　　　　3　14　　　　4　15　　　　5　16

④　**寒冷前線が気温に与える影響として，最も妥当な記述はどれか。**

1　寒冷前線が近づくと気温は下がり，通過後，また元の気温にもどる。

2　寒冷前線は，温暖前線のような変化はなく，気温の変化はほとんどない。

3　寒冷前線が近づくと気温は下がり，通過後もその気温は変わらない。

4　寒冷前線が近づくと気温は上がり，通過後気温は下がる。

5　寒冷前線が通過すると，気温が激しく変化し，上昇するとも下降するとも一概には言えない。

⑤　**太陽系に属する天体に関する記述として，最も妥当なものはどれか。**

1　太陽は，水素の核融合反応によって莫大なエネルギーを発生させている天体であり，地球と比較すると，質量は約33万倍，密度は約4倍である。

2　太陽系の中で最も大きく，また，密度が最小の惑星は土星である。

3　海王星は，かつては惑星に分類されていたが，現在ではその分類から外されている。

4　水星は，太陽から最も近い惑星であり，太陽系の中で最も層の厚い大気を持ち，自転周期は最も短い。

5　火星は，自転周期や赤道面の傾斜が地球に最も似た惑星であり，大規模な火山活動があったことも確認されている。

6 大気の対流と水蒸気に関する記述として，**最も妥当なのはどれか。**

1 湿度は空気中に含まれている水蒸気量の度合いを示し，一般には空気 $1m^3$ 中に含まれる水蒸気の質量 (g) で示した絶対湿度のことを指す。

2 空気に含まれる窒素と酸素の容積比はおよそ4：1であり，空気塊が上昇する時，分子量の小さい窒素は分子量の大きい酸素より上昇する速度が大きい。

3 空気塊が上昇する際，その周囲の空気塊を押しのけることにより，上昇する空気塊を圧縮する力が外部からはたらく。

4 上昇する空気塊が水蒸気で飽和している場合，水蒸気が凝結するとき熱を放出して空気塊を暖めることにより，上昇する空気塊が水蒸気で飽和されていない場合と比較すると断熱変化による温度変化の割合が大きくなる。

5 水蒸気を含んだ空気塊が海面から雲を発生することなく山の斜面に沿って上昇し，山を越え，山の反対側の斜面を降り海面に達した時，山頂を越え海面に達した空気塊の温度と，山頂を越える前の空気塊の温度は同じである。

7 次の天気図に関する記述として，**最も妥当なものはどれか。**

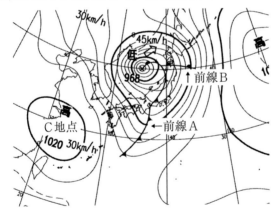

1 前線Aの付近では，積乱雲の発生を促す気流がみられる。

2 前線Bは，他の前線に比べて移動の速度が速い。

3 C地点は，他の地点に比べると，上昇気流が発生しやすい。

4 この天気図は，典型的な冬型の気圧配置となっている。

5 天気図中において，等圧線の間隔が広い地域では，他の地域に比べて風が強くなる。

8 **火山活動に関する記述として，最も妥当なものはどれか。**

1　火山は，全て地下の粘性の小さいマグマが地表に噴出したものである。

2　火山噴火によって，火山地域には必ず陥没地形（カルデラ）が生ずる。

3　火山の噴火は，大陸地域には起こらない。

4　盾状火山をつくるマグマは，玄武岩質である。

5　火砕流は，流紋岩質マグマより玄武岩質マグマの活動に多い。

9 **地球と月の運動に関する記述として，最も妥当なものはどれか。**

1　日周運動とは地球の自転により，見かけの上で太陽や星が東から昇って西に沈む運動のことであり，地球の日周運動の周期は24時間ちょうどである。

2　北天に見える恒星は，北極星を中心にして時計回りに約1日で1回転しており，恒星の日周運動の向きは地球の自転の方向と同じである。

3　地球の自転軸は，公転軌道面の垂線に対して23.4°ほど傾いているため，太陽の日周運動の経路は年間を通して変わらない。

4　地球は，太陽を一つの焦点とする楕円軌道を公転しているとされており，これは年周光行差や年周視差によって証明されている。

5　月は，地球の周りを自転しながら公転しているため，地球から月の裏側を見ることができるのは太陽，地球，月が直線上に並ぶ満月の時のみである。

《 解 答 ・ 解 説 》

1 3

解説 1. 誤り。生物岩のうち，炭酸カルシウムの殻骨格を持つ生物の遺骸からできるのは，石灰岩である。チャートは，二酸化ケイ素が主成分の生物岩である。　2. 誤り。石膏は，$CaSO_4 \cdot H_2O$ から成る化学岩である。3. 正しい。　4. 誤り。「酸性岩」と「塩基性岩」の記述が逆である。　5. 誤り。玄武岩は，輝石やかんらん石などの有色鉱物を多く含むので，黒色に近い色を持つ。

2 4

解説 1. 誤り。1年の間に太陽と地球の距離は変化する。最も太陽に近づくところを近日点，最も遠ざかるところを遠日点という。　2. 誤り。天球上で太陽の移動する経路を黄道といい，黄道は天の赤道に対して23.4°傾いている。　3. 誤り。これは金星に関する記述である。金星の大気の主成分は二酸化炭素であり，温室効果により表面の温度は約460℃である。　4. 正しい。5. 誤り。これは木星に関する記述である。木星の表面に見られる大赤斑が移動していることから，木星が自転していることがわかる。

3 4

解説 震源距離を D〔m〕，初期微動継続時間を T〔s〕，P波の速度を V_P〔m/s〕，S波の速度を V_S〔m/s〕とおくと，

$$T = \frac{D}{V_S} - \frac{D}{V_P} = \left(\frac{1}{V_S} - \frac{1}{V_P}\right) \times D = \frac{V_P - V_S}{V_P V_S} \times D$$

$$D = \frac{V_P V_S}{V_P - V_S} \times T = \frac{5 \times 3}{5 - 3} \times 2 = 15 \text{〔m〕}$$

以上より，正解は4。

4 4

解説 ある地点を温帯低気圧が通過する際には，先に温暖前線が近づき，これが通過することで気温は上がる。このとき，その地点には後からくる寒冷前線が近づいており，寒冷前線が通過するとその地点の気温は下がる。
以上より，正解は4。

5 5

解説 1．誤り。太陽の密度は地球の約4分の1である。　2．誤り。太陽系の中で，密度が最小の惑星は土星であるが，大きさが最大の惑星は木星である。　3．誤り。冥王星についての記述である。海王星は，太陽から最も遠い軌道を回る惑星であり，木星型惑星に分類される。　4．誤り。水星に大気はない。また，自転周期は地球型惑星なので，比較的長い。　5．正しい。火星は，地球と似た性質を持っているので，昼夜や四季の変化など，地球に近い現象も見られる。

6 5

解説 1．誤り。湿度とは，一般にある気温での飽和水蒸気量〔g/m^3〕に対する，$1m^3$の空気に含まれる水蒸気の質量〔g/m^3〕を百分率で示した相対湿度を指す。　2．誤り。空気に含まれる窒素と酸素の比率は，空気塊が上昇してもほぼ同じである。　3．誤り。空気塊が上昇すると，大気圧は高度とともに小さくなるので，空気塊は上昇するにつれて膨張する。　4．誤り。空気塊が水蒸気で飽和されている場合，飽和されていない場合よりも断熱変化による温度変化の割合は小さくなる。これは，空気塊が上昇すると断熱的に膨張することで温度は下がるものの，上昇する空気塊が水蒸気で飽和している場合は，水蒸気の一部が凝結して水滴となり潜熱を放出するので空気塊が暖められるからである。　5．正しい。空気塊が雲を発生することなく山の斜面に沿って上昇したので，水蒸気が水滴になる際の潜熱の放出がない。この場合，空気塊は山の斜面に沿って上昇するときも，下降するときも同じ割合で温度が変化する。なお，空気塊が雲を発生する場合は，フェーン現象により山頂を超えた空気塊の温度は，山頂を超える前より上昇する。

7 1

解説 1．正しい。前線Aは寒冷前線であり，その付近では積乱雲が発生しやすい。　2．誤り。前線Bは温暖前線であり，移動の速度は寒冷前線よりも遅い。　3．誤り。C地点は高気圧の中心付近なので，下降気流が発生しやすい。なお，上昇気流が発生しやすいのは低気圧の中心付近である。　4．誤り。冬型の気圧配置であれば，ユーラシア大陸では高気圧，オホーツク海付近では低気圧が発達し（西高東低），日本列島には等圧線が縦に並ぶはずであ

る。　5．誤り。一般に，等圧線の間隔が狭い地域において風が強くなる。

8 4

解説 1．誤り。粘性の大きなマグマが地表に噴出してできた火山もある。
2．誤り。カルデラが生ずるのは，粘性の大きなマグマが噴出する火山地域である。　3．誤り。火山の噴火は，大陸でも海底でも起こっている。　4．正しい。玄武岩質マグマは粘性が小さく，盾状火山をつくる。　5．誤り。火砕流は，粘性が非常に大きな流紋岩質マグマの活動により多く発生する。

9 4

解説 1．誤り。地球の日周運動の周期は，ちょうど24時間というわけではない。　2．誤り。恒星は北極星を中心に反時計回りに回転しており，地球の自転の向きとは逆である。　3．誤り。太陽の日周運動の経路は年間を通して変化している。このため，地表への受光量に差が生じ，季節ごとに気温差が生み出される。　4．正しい。ケプラーの第一法則（楕円軌道の法則）による。年周光行差や年周視差の定義も覚えておきたい。　5．誤り。月の自転周期は公転周期と同じなので，地球から月の裏側を見ることはできない。

第4部

文章理解

- 現代文
- 英　文

文章理解　現代文

　長文・短文にかかわらず大意や要旨を問う問題は，公務員試験においても毎年出題される。短い時間のなかで正解を得るためには，次のような点に注意するのがコツである。

① 全文を，引用などに惑わされず，まず構成を考えながら通読してみること。

② 何が文章の中心テーマになっているかを確実に把握すること。

③ 引続き選択肢も通読してしまうこと。

④ 選択肢には，正解と似通った紛らわしいものが混ざっているので，注意すること。

⑤ 一般に本文中にも，選択肢と対応した紛らわしい要素が混ざっているので，これを消去すること。

　こうすると，5肢選択といっても，実際には二者択一程度になるので，後は慌てさえしなければ，それほど難しいものではない。

《 演 習 問 題 》

1 次の文章の内容と一致するものとして，妥当なものはどれか。

　〈正常〉と〈異常〉という区別ほど，ほんとは多くの難しい問題を含んだ問題であるのに，通常簡単に考えられている区別も少ない。簡単に考えられているというより，すすんで簡単に考えようとしているとさえ言えるほどだ。簡単に考えようとするのは，自分の身を正常の側に置いて，異常との間にはっきりした一線を画そうとするからである。異常なものとの区別において自己の正常なことをうち立てるためだとも言える。そこにあるのは，異常なものに対する怖れと不安，およびそれらにもとづく排除であろう。

　そのわかりやすい例は，〈魔女狩り〉——狭い意味での魔女狩りだけでなく，〈赤狩り〉などをも含めた広い意味での——である。そこでは，人々は自分が魔女（あるいは妖術師）であるとしるしづけられ，見なされることを怖れて，

魔女をさがす。あるいは誰か怪しいところのある他人を魔女に仕立てる。〈魔女狩り〉に協力すれば，それも熱心に協力すれば，自分が魔女ではないという証しになるかのように。そういう仕組みあるいは関係のなかでは，魔女の実在性はどうでもよい第二義的なものになってしまい，ただ区別するための記号——いわば内容なき空白の記号——があればそれでいいということにさえなるのである。

1 正常と異常の区別は，通常は難解なものととらえられているが，実際には，シンプルな論点に集約することができる。

2 人々が正常と異常の区別をする際，その基準となるものは，長年の歴史の中で育まれた慣習である。

3 人々は，自らが正常であるという立場を確立するために，異常とみなす他者との区別をはかる。

4 魔女狩りの本質は，異質なものと自らを同化させ，社会の中での自らの位置を再確認する人々の意識の現われである。

5 異常な他者を識別するためには，まず，その実在性の議論に決着をつけることが求められる。

2 次の文章の内容と一致するものとして，妥当なものはどれか。

いつぞや，こんなことがあった。幼稚園の子どもで言葉がよく話せないということで，母親がその子を連れて相談に来られた。知能が別に劣っているわけでもないのに，言葉が極端におくれている。よく話を聞いてみると，その母親は，子どもを「自立」させることが大切だと思い，できる限り自分から離すようにして，子どもを育てたとのことである。夜寝るときもできるだけ添寝をしないようにして，一人で寝かせるようにすると，はじめのうちは泣いていたが，だんだん泣かなくなり，一人でさっと寝にゆくようになったので，親戚の人たちからも感心されていた，というのである。

このようなとき，その子の「自立」は見せかけだけのものである。親の強さに押されて，辛抱して一人で行動しているだけで，それは本来的な自立ではなく，そのために言葉の障害などが生じてきている。このときは，そのことをよく説明して，母親が子どもの接近を許すと，今までの分を取り返すほどに甘えてきて，それを経過するなかで，言葉も急激に進歩して，普通の子たちに追いついてきたのである。

1　子どもの自立のために添い寝をやめた親の行動は，かえって，発達の遅れをもたらした。
2　親が一度甘えを許さない態度で接すると，後にそれを改めても，子どもは，甘えることをはばかるようになる。
3　幼児期に言葉に関する発達の遅れが現われると，追いつけるようになるためには，長い年月が必要である。
4　言葉の発達は，子どもの知能と深い相関があり，幼児期に言葉が話せない原因は，専ら知能の発達の度合いに原因がある。
5　発達の遅れの主たる原因は，家族以外とのコミュニケーションの不足であった。

3　次のA～Fの文を並べ替えて，意味の通った文章にするとき，その並べ方として，最も妥当なものはどれか。

A　なお，これらの説そのものにも，欠点がないわけではない。

B　それに対して，反証される可能性がない仮説は，科学的仮説ではないとされる。

C　科学とは何かというテーマに正面から応えることは難しいが，このテーマに取りくみ続けているのは，科学哲学者と呼ばれる人々である。

D　彼によれば，ある仮説が，何らかの実験や観察によって反証される可能性があれば，それは科学的仮説であるとされる。

E　学説の発表は，真理を探究する営みそのものであり，はじめから，「これは覆される」ということを想定して発表されるわけではなく，反証主義は，学説を発表する側への配慮を欠いているという指摘は，そのような欠点を示唆するものの1つといえよう。

F　その中でも，特に著名なのは，カール・ポパーである。

1　A－C－B－D－E－F
2　A－F－B－C－E－D
3　C－D－A－B－F－E
4　C－D－E－A－B－F
5　C－F－D－B－A－E

4 次の文章の主旨として，**最も妥当なものはどれか。**

　歴史家はことばといふ手段で科学しているつもりかも知れないが，そこにはたらく主因がかれらのモラルである以上，かれらのは仕事は科学的な性質をもちえない。また，かれらのモラルは，仕事の中で見つけるか見つけないかではなく，仕事の外から持ちこんで行き，仕事の上から押しつけていくといふことに於いて，文学者のモラルとはへだたりが遠い。いわば，歴史家は科学者のマントを着て，文学の林の外縁を逍遙しているようなものである。逍遙といったのは，かれらのモラルへの自信に対して敬意を表したつもりである。自信が頑固であればあるほど，人間は道に迷ひやすいといふやうな消息は，歴史家の方法には要がないであらう。

　1　歴史家は言葉を用いずに，法則性を発見しようとする傾向にある。
　2　歴史家の仕事が科学的な性質を持たないのは，彼らのモラルを主因としているからである。
　3　文学者はあたかも，科学者としての外観を持っているように偽って仕事をしているようなものである。
　4　歴史学と文学は，道に迷いやすい人間を導く役割を果たすという意味で共通点が多い。
　5　歴史家の仕事も，文学者の営みも共通のモラルにより規定されている。

5 次の文中の空欄に当てはまるものとして，**最も妥当なものはどれか。**

　現代は，情報過多の時代であると言われている。その反面，個々の情報が客観を装えば装うほど，情報を送り出す送り手の身振り，背後に見え隠れする手つきのようなものへの希求がかえって強まっているのではないだろうか。

　たとえば新聞記事にあって「事実」を「正確」に書くことが理念とされることは言うまでもない，だが，それでは本当に客観的な記述が可能なのかといえば，むしろかぎりなく疑わしい。そもそも「今後〜となることが望まれる。」「〜が期待される。」「〜といえそうだ。」というのは一体誰の判断なのだろうか。一面記事に頻出するこれらの文末表現は客観性と記者個人の判断との　　　　　の産物にほかならず，実は客観の衣を被ったこうした主観的判断ほど危ういものはないのである。

　1　激しい対立　　2　解消できない矛盾
　3　机上の空論　　4　ギリギリの折衷
　5　砂上の楼閣

[6] 次の文章の内容と一致するものとして，妥当なものはどれか。

　人はすべて，何らかのかたちで，幸福を求めて生きている。たしかに，なにを幸福と考えるかについてはさまざまな見解があるであろうし，また，すべての人が自覚的に幸福を追求しているとはいえないかもしれない。しかし，人間としてこの世に生をうけた以上，われわれは，自分の存在の状態がよいものでありたいと願うであろうし，人間らしくありたいと望むであろう。この願いを充足しつつあるとき，または充足したとき，ひとは「幸せ」であると言う。この意味で幸福は，万人の希求するものであり，洋の東西を問わず，歴史を通じた人類の願いであるといえよう。そして，古代から現代まで，多くの思想家たちが，幸福とはなにか，いかにしたら生きるに値する生をおくることができるのかを，倫理学の重要な課題として考察しつづけているのである。

　古代ギリシアの思想家たちにとっても，幸福（eudaimonia）の問題は，大きな関心事の一つであった。ソクラテスは，アテナイの市民に，「幸福と思われる外観」にまどわされないように説き，かれらを「ほんとうに幸福であるようにしよう」とつとめた。ソクラテスにとって，「ほんとうの幸福」とは，魂がよいものになるように気づかうことであり，そして，「たんに生きるということではなくて，よく生きるということ」こそが幸福な生き方なのであった。この，幸福とは「よく生きること」であるというソクラテスの幸福説は，プラトンを経てアリストテレスへとうけつがれていった。アリストテレスは，先人たちの見解をさまざまな仕方で継承しながら，幸福すなわち「よく生きること」の問題を，倫理学の課題として探求したのである。

1　ソクラテスの幸福論はプラトン以降には引き継がれず，断絶したため，他の哲学者と比較して特異なものであった。

2　人々が幸福を願うとする人間観は西洋思想に固有のものであるので，普遍性に欠ける見方である。

3　アテナイの市民は，享楽を求めるあまり，幸福に関して無関心であったことを目の当たりにしたソクラテスは，市民に哲学的な思索を促した。

4　ソクラテスは，幸福と思われる外観とほんとうの幸福を峻別し，後者について，魂が良いものになるように気遣うことを強調した。

5　アリストテレスは，ソクラテスによる幸福論に懐疑的であり，その否定を自らの思索の出発点とした。

7 次の文章の要旨として，最も適当なものはどれか。

　人類学は，現在の世界が当面している重大なジレンマに対処するための，科学的な基礎を提供するものである。そのジレンマは，いったいどうしたら，違ったみかけをし，お互いにわからぬ言葉を使い，相異なる生き方をする人びとがいがみ合わずにくらしていけるかという問題である。もちろん，いかなる学問も，人類のかかえているすべての問題を，独力で解決しきることはできない。この本の中にも，そのような救世主めいたものの言い方があるかもしれない。もしそういう馬鹿げた主張があったら，熱心の余りの勇み足と見過ごしていただきたい。とは言うものの，人類学が，物理学，生物学，社会科学から人文科学にまでまたがる包括的な学問であることもまた確かである。

　人類学は，その対象も広く，方法もさまざまであり，さらに，いろいろな学問分野を結び合わせる立場にあるので，人間諸科学を統合するのに，中核的役割をはたすに違いない。だが人間に関する包括的な学問としての人類学は，独自の技術や興味そして知識を含むものでなければならない。人類学が総合科学となるためには，心理学，医学，人間の生物学，経済学，社会学，人文地理学の一部がとり入れられなければならない。そしてさらに歴史的，統計学的方法も含まれ，歴史やその他の人文諸科学からもデータを援用しなければならない。

1　現在の世界は，ジレンマに苦しんでおり，科学者達は，その立場の違いを乗り越えて団結し，科学を超えた新しい思想を構築しなければならない。

2　いかなる学問も，人類の諸問題を単独で解決することはできないが，人類学はその例外である。

3　自然科学，社会科学，人文科学の峻別は，学問のあり方を探求する際の前提となるべきものである。

4　世界的な規模でのいがみ合いをなくすためには，まず，現実を直視し，紛争解決のための物理的な強制力を重視しなければならない。

5　人類学は，諸科学の統合の中心となる学問であり，また，独自性を持つ学問でなければならない。

8 次の文章の内容と一致するものとして，妥当なものはどれか。

　江戸幕府の開祖，徳川家康は1615年に豊臣氏を滅ぼした後，駿府（静岡市）から引っ越すことを計画していた。いまの静岡県清水町，泉頭城跡のあたりに移り住む方針だったと側近，金地院崇伝は記している。現在も「柿田川湧水群」など，富士山麓からの豊富な湧き水で知られている地域だ。

　駿府では，将軍の座こそ離れたものの大御所として政治の実権を握っていた家康だ。水豊かな地でのリタイア生活を思い描いたようだが，何らかの理由で「泉頭移住」は撤回されてしまう。ほどなく，家康は病没した。

　さて，新型コロナウイルス禍とともに強まったといわれる移住人気である。希望者に自治体などの情報を提供する「ふるさと回帰支援センター」によると，昨年の相談件数は5万件を超え，過去最多を更新した。窓口相談で人気の移住希望地は3年連続で静岡県がトップだった。冬も比較的温暖で自然豊か，いまも昔も魅力の地らしい。

　もっとも「隠居」と異なり，近年の移住希望者の中心は若者・中年世代だ。同センターの相談者は30代までが5割近くを占める。「移住希望地が明確で，本気度の高い相談が増えている」という。

　コロナ下でいったん是正の兆しがみられた人口の東京集中だが，昨年はすでに回帰傾向がみられた。結局，かつての状態に戻るのではないか，との見方もある。

　移住者が地域とのあつれきに直面するケースも決して少なくあるまい。変化の芽を育てるため，地方の本気度も問われる若者の移住志向だ。

　1　徳川家康は，将軍の座を離れた後，実質的な政治的な権力を手放し，そのことが病弱化を招いたと考えられている。

　2　年老いた者が余生を地方で過ごそうとするのとは異なり，近年，移住を希望するのは若者や中年世代が多い。

　3　静岡県が移住先として人気なのは，気候の要因より，閑静な地でありながら比較的首都圏とのアクセスの利便性が高いからである。

　4　コロナ下において，人口の東京集中が急速に進んだが，それは，人々が改めて感染症の流行などの非常時でも都市に居住することのメリットを認識したことによる。

　5　歴史的史跡の優美性は，都市部などに住む人々にとって，移住先を検討する際の重要な要素となる。

9 次の文章の内容と一致するものとして，妥当なものはどれか。

　旅の情報が実際に旅をしてきた人たちの体験に近づくほどリアリティを持つなら，情報ソースは，過去に旅をした人から寄せられるデータよりも，むしろ，「今，旅をしている人たち」からもたらされるものの方が信憑性が高い。だから電子ブックは「今」を取り込もうとするだろう。

　たとえば，陸路でインドに入ろうとしている旅人に，インドとパキスタンの国境の町に今いる人のつぶやきは限りなく貴重である。治安状況は刻々と変化しているからである。あるホテルに六ヵ月前に宿泊した経験を持つ読者の投稿はそのホテルを評価する上で貴重な情報源だったが，そこに「今，泊まっている」人のつぶやきのリアリティには及ばない。今は雨期で，快適なはずのホテルにも雨漏りが発生しているかもしれないからである。

　ツイッターのような不安定な情報でも，それをつまみ出して整理するしたたかな編集感覚を働かせるなら，そこにユニークな旅行ガイドが生まれる可能性がある。

1　体験に基づく情報のリアリティの度合いは，いずれも等しい価値を持つものである。

2　状況は刻々と変化するものであるから，新鮮な情報ほど，リアリティを持つものである。

3　同一地点における長期にわたる経験は，物事をとらえる上で，最大の信頼に値するものである。

4　ツイッターによる情報の欠点は，情報の不安定さにあり，編集感覚の有無に関わらず，リアリティの面において劣っている。

5　インターネットから得られる情報全般は，情報収集の省力化に伴う脆弱性がある。

10 次の文章の内容と一致するものとして，妥当なものはどれか。

　日本語は乱れているのか，いないのか。その判断は案外難しい。日常的な感覚で言えば，「コンビニ」というような名詞や，「何気に」という副詞や，「お名前さまは？」などという不気味な質問や，「私って，朝，弱いじゃないですかあ。」というような話し方を耳にすると，「日本語は乱れている，世も末だ。」という気にどうしてもなる。

　一方，客観的に考えれば，言葉は生き物である。日本語と同じように，英語も古英語と現代英語とでは大きな違いがある。おそらく人間の話す言葉は

いずれも同様であろう。どのような言語であっても，言葉は常に動いており，時代とともに変化していく。だからこそ言葉はおもしろいとも考えられる。

1　言葉遣いの乱れを指摘する人々は，自らの日常的な言葉遣いについての自省が不足している。

2　日本語の誤用は，副詞よりも名詞において顕著である。

3　他の言語がそうであるように，日本語も変動しており，言葉のおもしろさはそこにある。

4　言語意味や用法が固定し，揺るがないものこそが，価値のある言語といえる。

5　最近の若者の言葉遣いをみれば，最近の日本語が乱れていることは明らかであり，それを正すことが求められる。

11　次の文章の内容と一致するものとして，妥当なものはどれか。

　日本人が川とどう付き合ってきたのか，歴史をさかのぼってみよう。縄文時代の人は，小高い丘陵地の南斜面の，川に近いが洪水に見舞われる心配のない場所を選んで小集落をつくっていた。おもに採集経済を営んでいた縄文時代初期には，川は飲料水や炊事水のほか魚採り場として，日常の生活に利用されていた。しかしこのころは，まだ川の流れを変化させようなどということは考えなかった。

　大陸からコメをつくる技術をもった人が日本列島に渡来すると，人と川との付き合いは根本的に変わることになる。当初はそれまでの縄文人の集落とあまり違わないところに住み，谷あいの小さな湿原などを水田として利用したが，人口の増加にともない，さまざまな場所に生産と生活を展開することになる。

　彼らの偉大さは，微地形を水とのかかわりにおいて丹念に読んで水田耕作に適した土地を選定しただけでなく，水流を変え，土地の形状を変えて国土の改造に着手したことである。

1　コメづくりが日本に伝わった当初は，住む場所は縄文人の集落とあまり変わらず，小さな湿原などにおいて稲作を行った。

2　日本において，国土改造の歴史は古く，縄文時代の初期にさかのぼる。

3　弥生時代において集落をつくった場所の条件は，飲料や炊事，魚採りのための川に近く，しかも洪水のリスクがないことであった。

4　日本における水とのかかわりは，水の流れを神聖なものとみなし，人為を加えてはならないという思想が根底にある。

5 生産と生活が様々な場所において展開した要因は，人口の増加ではなく，
度々訪れた大規模な自然災害であった。

12 次の文章の内容と一致するものとして，妥当なものはどれか。

　経済学者が10人いると11の異なった意見がでるといわれる。これは個々の
具体的な問題についての見解が分かれるというだけでなく，経済の原理とは
なにか，経済学とはいかなる学問であるべきか，といった基本的な問題につ
いてもそうなのである。もっとも，自然科学の場合は別として，これは多か
れ少なかれ，すべての人文科学，社会科学においていえることであろう。む
しろ，経済学の場合は，いろいろな見解が並存するものの，そのなかで主流
とよばれる支配的な，強力なものが存在するということが特徴であろう。

　1　科学というものは，自然科学，人文科学，社会科学に共通する特徴が
　　ある。
　2　経済学者によって意見が異なる状況は，経済学への不信を招いている。
　3　科学を発展させるためには，哲学的な思考が不可欠である。
　4　経済学においては，基本的な問題についても見解が分かれている。
　5　経済学では，様々な見解が対等なまま並存している状況が続いており，
　　その点が他の学問と異なる点である。

13 次の文章の空欄に入る語句として，妥当なものはどれか。

　「抽象」という言葉によって，ひとはさまざまな問題を想いうる。そのため
私は，このささやかな論稿がどういう意味の「抽象」にかかわるものであるか
を明示して，考察の範囲を限定することからはじめなければならない。

　ここで言う「抽象」とは，直接経験の所与の或る一つの，または幾つかの特
徴に専ら留意して，同時に与えられた他の諸特徴を[　　　　　　　　]すると
いう精神の作業である。この言い方が，現在の心理学的研究の水準からみて，
不当にメンタリスティックであるという不満をもつ人があれば，次のように表
現をあらためても構わない。或る有機体の行動乃至経験が，その有機体の直
面している心理的情況の全体によって規定されず，その情況の一定の特徴の
みによって選択的に規定されることを結果として可能たらしめる，そのよう
な心理的過程が抽象である。

　1　無視　　2　具体化　　3　列挙　　4　強調　　5　吹聴

[14] 次の文章中の（　　）内に，あとのア～キの7つの文を並べ替えて入れると意味の通った文章になる。その並べ方として，最も適切なものはどれか。

　以上は，わたしが読む人間から書く人間へ変化していった過程である。わたしの精神が読む働きから書く働きへ移っていったコースである。もちろん，（　　　　　　　　）特別の天才は別として，わたしたちは，多量の精神的エネルギーを放出しなければ，また，精神の戦闘的な姿勢がなければ，小さな文章でも書くことはできないのである。

　　ア　それに必要な精神的エネルギーの量から見ると，書く，読む，聞く……という順でしだいに減っていくようである。

　　イ　すなわち，読むという働きがまだ受動的であるのに反して，書くという働きは完全に能動的である。

　　ウ　しかし，書くという働きに必要なエネルギーは読むという働きに必要なエネルギーをはるかに凌駕する。

　　エ　そこには，精神の姿勢の相違がある。

　　オ　読むという働きは，聞くという働きなどに比べれば多量のエネルギーを必要とする。

　　カ　同様に精神の働きではあるが，一方はかなりパッシブであり，他方は極めてアクチブである。

　　キ　更に考えてみると，読む働きと書く働きとの間には，必要とするエネルギーの大小というだけでなく，もっと質的な相違があると言わねばならない。

　　1　ア－ウ－オ－キ－エ－イ－カ
　　2　オ－ウ－ア－キ－エ－イ－カ
　　3　オ－イ－カ－ウ－ア－キ－エ
　　4　エ－オ－ウ－イ－カ－キ－ア
　　5　オ－ア－イ－カ－ウ－キ－エ

[15] 次の文章の内容と一致するものとして，妥当なものはどれか。

　若い世代では，自ら目指した道に進みながら，「想像した日々と違う」との理由で，その道での将来を閉ざしてしまう例が少なくないと聞く。それぞれのいきさつや事情はあるにせよ，大変残念なことである。多くの場合，「もう少しこの道で頑張ってみたら…」という周囲の助言に耳を貸すこともなくなってしまうそうだ。

　私自身，振り返ってみると，様々な道を辿るうえで，事前の予想通りだった

という経験はほとんどなかった。かといって，予想通りでないことが当然だから，進む道を変更することが誤りだというつもりはない。ただ，少なくとも私自身は，予想通りでなかったからこそ，振り返ってみると貴重な経験ができたことが多かった。そこには，苦労も挫折もあり，回り道をすることも当然あった。

　思い通りにならないことに突き当たったとき，私達は，自らの無力さを知る。恐らく，将来を閉ざしてしまう人々の多くも，そのような状態なのだろう。では，周囲はどうすべきか。まずは話を聞き，寄り添うことが前提である。その上で，想像した日々と違う状況の中で，他の人々がどう過ごしたのかを知る機会を与えることが重要だと私は考える。多様な選択肢があることを示しながら，その道をもう少し進むこともその中の一つであることがわかれば，少なくとも気は楽になるだろう。

1　壁に突き当たったからといって，進んできた道を安易に離れることは，甘えた考えに原因があると思われる。

2　私達が無力さを悟ることは，自らの弱さの現れである。

3　想像力の欠如は，私たちの選択を誤らせるもとのなるものであるから，それを涵養（かんよう）することが大切である。

4　何かにつまずいた時に，様々な選択肢があることを知ると，気が楽になると考えられる。

5　苦労や挫折を恐れることは慎むべきであり，それを引き受けることこそが輝かしい未来のために不可欠である。

16　次の文章の内容と一致するものとして，妥当なものはどれか。

　「地図にない街を探したければ，まず，既存の地図が不可欠である」という趣旨の歌詞を小学生の時に聞いた。その曲は，付き合いでよく行くカラオケで歌うほどではないが，今でも気に入っている。大人になって，その意味について，思いを巡らせることが何度かあった。

　既存の地図が必要な理由は2つあると思う。1つは，地図が無ければ，そもそも地図にあるかどうかが判断できないということである。もう1つは，地図が無ければ，はじめに向かう方向を見出せないということである。

　私は，このことは学校での学習内容につながるものがあると考える。学問の上でもそれ以外においても，新しいものを発見するのは，いつの時代でも大きな喜びである。そのための取り組みとして，学問の概要や，先人達が探求した成果を広く学ぶことは，地図を手に入れ，それに目を通して旅の準備

をすることに類似している。

　教育に携わっているためか，「なぜ勉強するのか…」という悩みを親戚の子ども達から打ち明けられることが度々ある。私は，そのようなときにはまず，「成績を上げた方が進路の選択の幅が広がる」ということを強調するが，たいていの場合，他の人から同じような助言を受けている。そこで，地図があった方が旅は有意義であり，もしかしたら，地図にない街，学問でいうところの新しい発見のきっかけになるかもしれないということを説くことにしている。

1　学問上の新発見に向けた取り組みと，地図によって旅の準備をすることには共通点がある。

2　地図にない街を探すときには，既に存在する地図に頼ってはならない。

3　教育上の観点で論ずるべきことと，地図の必要性について，混同してはならない。

4　教育の方針や方向性を見出す努力が，今日の私達に欠けていることである。

5　成績を上げることを肯定してしまうことは，進路の選択の幅を狭めてしまう可能性があるので，慎むべきである。

《 解 答 ・ 解 説 》

[1] 3

解説 中村雄二郎『術語集』より。1．本文の冒頭には，本当は難しい問題を含む一方，通常簡単に考えられているという趣旨のことが書かれており，シンプルな論点に集約できるわけではない。　2．慣習の役割については触れられていない。　3．正しい。第1段落の後半の内容と一致する。　4．魔女狩りの構造については，自らが魔女とみなされることを恐れ，自らが魔女ではないことの証しとして協力すると説明されている。　5．魔女狩りにおける実在性については，「どうでもよい第二義的なもの」と説明されている。

[2] 1

解説 河合隼雄『こころの処方箋』より。1．正しい。一人寝を強制することは，真の自立ではなく，親の強さに押された見せかけの自立に過ぎず，また，そのことが言葉の発達の遅れをもたらしたという趣旨の内容が述べられている。　2．母親が接近を許すと，子どもが，今までの分を取り返すほどに

甘えてきたと述べられている。　3．最後の部分に，言葉の進歩や発達が他の子どもに追いついてきたことが述べられており，長い年月を要したとは書かれていない。　4．本文中に述べられている事例は，知能が劣っていないのに，言葉がうまく話せないケースである。　5．家族以外とのコミュニケーションについては，本文において触れられていない。

③ 5

解説 このような文章の整序問題については，接続語などによって文章の流れをつかみ，指示語の指示内容が直前に位置する場合が多いことなどをヒントにする。まず，選択肢より，AとCでいずれが冒頭の一文としてふさわしいかを考えると，接続語や指示語を含むAよりも，テーマの提示を行っているCの方が適切である。次に，科学哲学者の例を挙げているFが続き，また，その説を紹介しているDがその後に位置し，その内容と対比される内容を述べているBにつながる。さらに，「これらの説の欠点」について述べているAが続き，最後には，欠点を具体的に説明しているEがふさわしい。以上より，正解は5である。

④ 2

解説 石川淳『歴史と文学』より。1．「言葉といふ手段で科学しているつもり」とあり，また法則性についても触れられていない。　2．正しい。第1文の後半の内容と一致している。　3．科学者のマントを着ているとたとえられているのは，文学者ではなく歴史家である。　4．本文の内容とあきらかに一致していない。　5．この文章では，むしろ，両者のモラルの違いについて強調されている。

⑤ 4

解説 安藤宏『太宰治　弱さを演じるということ』より。「期待される」「といえそうだ」という表現について，客観性と記者の判断という異質なものを一つにまとめ上げるものであるという趣旨であるから，「ギリギリの折衷」が最も妥当である。1の「激しい対立」，2の「解消できない矛盾」については，いずれも，異なるものをまとめ上げて表現するという趣旨に合わず，誤りである。また，3の「机上の空論」，5の「砂上の楼閣」については，「客観性と記者個人の判断」という直前の内容を踏まえたものとなっておらず，適さない。以上より，正解は4である。

[6] 4

解説 横山れい子「アリストテレスの倫理学説～幸福すなわち『よく生きること』の問題をめぐって」より。1．誤り。第2段階において，「ソクラテスの幸福説は，プラトンを経てアリストテレスへとうけつがれていった」と述べられているので，「断絶した」との記述は誤りである。　2．誤り。第1段階において，「万人の希求するものであり，洋の東西を問わず，歴史を通じた人類の願いであるといえよう」と述べられているので，「西洋思想に固有のものであるので，普遍性に欠ける」との記述は誤りである。　3．誤り。アテナイ市民が享楽を求めたという記述や，ソクラテスが哲学的な思索を促したとの記述はないので誤りである。4．正しい。第2段階の第2文と第3文の内容から，選択肢で述べられた幸福の峻別や，魂がよいものとなるように気遣うことなどの内容を読み取ることができる。　5．誤り。本文中において，アリストテレスがソクラテスの幸福論に懐疑的であったことを示す記述はないので，選択肢で述べられた内容は誤りである。

[7] 5

解説 C．クラックホーン『文化人類学の世界』より。1．科学者の団結や，科学を超えた思想の構築については，本文中に触れられていない。　2．各学問は，独力で人類の諸問題を解決することはできないとされているが，人類学がその例外とされていない。むしろ，人類学は，様々な学問を包括的に含むものであることが述べられている。　3．諸学問の峻別が学問のあり方の前提であるという記述はない。　4．紛争解決のための物理的強制力については触れられていない。　5．正しい。本文は，人類学のあり方について述べている。既存の様々な学問にまたがる包括的なものであり，それらを結びつけるのに中核的な役割を果たし，また，独自の技術・興味・知識を含むものでなければならないとされている。要旨を読み取るためには，全体を貫くテーマを含んでいること，筆者が強調している内容を含むことなどに留意する必要がある。

[8] 2

解説 毎日新聞「余録」2023年7月2日より。1．誤り。第2段落に「将軍の座こそ離れたものの大御所として政治の実権を握っていた家康」とあるので，「将軍の座を離れた後，実質的な政治的な権力を手放し」との記述は誤りである。　2．正しい。第4段落冒頭の「もっとも『隠居』と異なり，近年の移住希

望者の中心は若者・中年世代だ」との記述と一致している。　3．誤り。第3段落の最後に，「冬も比較的温暖で自然豊か，いまも昔も魅力の地らしい」とあり，また，首都圏とのアクセスについては触れられていないので，「気候の要因より，閑静な地でありながら比較的首都圏とのアクセスの利便性が高いから」との記述は誤りである。　4．誤り。第5段階において，「コロナ下でいったん是正の兆しがみられた人口の東京集中」との記述があるので「コロナ下において，人口の東京集中が急速に進んだ」との記述は誤りである。　5．誤り。歴史的史跡の優美性については本文中で触れられていないので，誤りである。

9 2

解説　原研哉『大量発話時代と本の幸せについて』より。1．誤り。第1文において，今現在の情報の方が信憑性があるとされている。　2．正しい。第2段落における最後の2つの文の趣旨と一致している。　3．誤り。第2段落において，現時点における情報の価値の大きさについて述べられる一方で，「長期にわたる経験」については触れられていない。　4．誤り。最後の1文において，ツイッターから得られる情報について，したたかな編集感覚を働かせるなら，ユニークな旅行ガイドが生まれる可能性があると述べられている。5．誤り。「インターネットから得られる情報全般」については，文中において評価されていない。

10 3

解説　鳥飼玖美子『日本語は意欲を失っている』より。1．誤り。言葉遣いの自省について触れた箇所はない。　2．誤り。副詞と名詞の誤用を比較した箇所はない。　3．正しい。第2段落のはじめから文章の最後にかけて述べられている内容と一致する。　4．誤り。「価値のある言語」については，論じられていない。　5．誤り。冒頭に，日本語が乱れているかどうかの判断が難しいとの記述がある。

11 1

解説　千賀裕太郎『よみがえれ水辺・里山・田園』より。1．正しい。「谷あいの小さな湿原などを水田として利用した」とする第2段落の内容と一致している。2．コメづくりが伝来し，人口が増加したことに伴って，様々な場所に生産と生

活を展開し，国土の改造に着手したことが述べられている。　3．縄文時代についての記述である。　4．思想については触れられておらず，また，水の流れを変えてきたという内容と一致しない。　5．大規模な自然災害については触れられていない。また，人口の増加に伴って様々な場所に展開したと書かれている。

12 4

解説 根岸隆『経済学史入門』より。1．誤り。「自然科学の場合は別として」という部分と一致しない。　2．誤り。「経済学への不信」については触れられていない。　3．誤り。哲学的な思考について述べた箇所はない。　4．正しい。第2文の内容と一致している。　5．誤り。最後の1文において，「主流とよばれる支配的な，強力なものが存在する」と述べられているため，選択肢の内容は誤りである。

13 1

解説 黒田亘「『抽象』について」より。1．正しい。抽象とは，一般的に，事物や具体的な概念から，共通の属性を抜き出し，これを一般的な概念としてとらえることを意味し，本文中では，このことについて，「その情況の一定の特徴のみによって選択的に規定されること」などとしている。よって，「または幾つかの特徴に専ら留意して，同時に与えられた他の諸特徴を」に続く語句として適切なのは，「一定の特徴『のみ』によって選択的に規定」という趣旨から，「無視」という語句である。　2．誤り。「具体化」は，抽象とは逆に，様々な事物や特徴などを挙げることを意味するので，適切でない。　3．誤り。「列挙」は具体的な事物や特徴などをいくつか挙げることを意味するので，「抽象」について述べた文脈にはそぐわない。　4．誤り。「強調」は，具体的な事物や特徴などの中から，1つあるいはいくつかを選択的に取り上げ，その重要性などを指摘することを意味するので，「抽象」について述べた文脈にはそぐわない。　5．誤り。「吹聴」とは，広く「言いふらす」ことを意味するので，「抽象」とは直接的な関係のない語句である。

14 2

解説 出典は清水幾太郎の『論文の書き方』である。文章を整序する問題は，指示語や接続語に注意しながら，文意が通るように並べかえていくことが大切

である。この問題の場合，選択肢をヒントととらえると「もちろん」の直後には「ア・エ・オ」のいずれかが入ることがわかる。アは「それに必要な精神的エネルギーの量から見ると……」という文になっているので，文頭の「それに」は接続詞ではなく「それ（代名詞）＋に（助詞）」の指示語ととらえられる。そうすると，「もちろん」の直後に入れた場合文意が通らなくなるので，アで始まっている1は誤りとして消去できる。同様にエも「そこ」に注目すると文意が通らないことがわかるので，4も消去できる。オは文意が通るので2・3・5について検討していけばよいことになる。したがってオの後ろには「ア・イ・ウ」のいずれかが入ることがわかる。それぞれをあてはめていくと，逆接の接続詞「しかし」で始まっているウが最も文意が通ることに気づく。そうなると2しか残らない。2の順番どおりに読み進めていき，流れがおかしくないかどうか検討し，おかしくなければ正答とみなすことができる。よって正答は2。

15 4

解説 1. 誤り。「甘えた考え」については，述べられていない。 2. 誤り。第3段落の冒頭に，無力さを知るのは，思い通りにならないことに突き当たったときであるという趣旨のことが述べられている。 3. 誤り。想像力の欠如や，その涵養_{（かんよう）}の大切さについて触れられた箇所はない。 4. 正しい。最後の文に述べられた趣旨と一致している。 5. 誤り。苦労や挫折については，筆者の経験について述べた第2段落において触れられているが，それを恐れることは慎むべきであること，それを引き受けることの意義については述べられていない。

16 1

解説 1. 正しい。第3段落において述べられた内容と一致している。
2. 誤り。冒頭に述べられた歌詞の趣旨は，文章全体を通じて肯定的に評価されている。 3. 誤り。第3段落から第4段落にかけて，教育や学問において概要を把握することと地図を用いて旅の準備をすることの共通点が述べられているので，「混同してはならない」などとする選択肢の文は誤りである。
4. 誤り。「教育の方針や方向性を見出す努力」については触れられていない。
5. 誤り。本文中において，成績を上げること自体は，進路の選択の幅を広げるとされている。

文章理解　英文

||||||||||||||||||||||||||||||| **P O I N T** |||||||||||||||||||||||||||||||

　英文解釈は，公務員試験における英語の中心となるものである。書かれて
ある英文の内容を正しく理解するためには，主語，述語，目的語，補語とい
う英文の要素をしっかりおさえるとよい。

　「主語＋述語動詞」に注目しよう。どれほど修飾語句で飾られた文でも，ま
たどれほど難語，難句でかためられた文でも，裸にすれば，主語と述語動詞
の2つが残る。だから英文を読む時には，まずその主語をつきとめ，次にその
主語に対する述語動詞をさがし出すことである。そして自分の持つ関連知識
と常識力を総動員して全体を理解するよう努めることである。つねに「主語
＋述語動詞」を考えながら読もう。

《　演 習 問 題　》

1 次の英文と内容の一致するものとして，最も適切なものはどれか。

One fine day I was standing in line at a station in Tokyo to renew my
three-month train pass. Ahead of me was a young man who was filling out
the required form. He must have made a mistake because he suddenly
threw the wrinkled form on the ground. I silently bent over, picked it up,
and put it in a nearby trash container. The young man saw this and was of
course very embarrassed. He apologized and then quickly walked away.
I hadn't meant to upset the young man. I only wanted him to realize his
behavior was unacceptable.

1　若者は，書き間違えた用紙を一度は床に捨てたものの，改めて拾いなお
　してごみ箱に捨てた。

2　東京のある駅は，定期を購入する人の列で混雑していたため，筆者は定
　期の購入を諦めた。

3　筆者は，若者を当惑させるつもりはなく，ただ彼の行動は間違っている
　と理解させたかった。

4　筆者がとった行動を受けても，若者は，筆者に謝ることはなかった。

5　筆者は，常日頃から公共での若者のマナーに目を光らせている。

2　次の英文の和文タイトルとして，最も適切なものはどれか。

Baseball fans say soccer is less exciting because there is not enough scoring. Soccer fans, on the other hand, say baseball games are too slow and tedious. Such put-downs are nothing vehement, of course, but one does not expect sports fans to be impartial when they compare their favorite sport with others.

It's actually fun to compare and contrast baseball and soccer. Peter Drucker（1909-2005）, a scholar on business management, explained their differences in terms of corporate structure.

1　野球ファンの考え　　　　　2　サッカーファンの不満

3　スポーツの経験　　　　　　4　野球とサッカーの間には

5　優れた経営者に必要なものは

3　次の英文のア～ウに入る語句の組み合わせとして，適切なものはどれか。

A：What are those seven dolls on a toy ship over there?

B：They are seven gods of good fortune.　And the sailing boat they are （　ア　）is a kind of lucky charm called Takara-bune, meaning treasure boat.

A：Hum, I'll buy（　イ　）for the happiness of my family.（He takes his wallet out of his pocket.）

B：What is something hanging down from your wallet?

A：This is a rabbit foot.　In the western world, they believe that a rabbit foot brings（　ウ　）.

B：Then, you've already had a lucky charm!

	ア		イ		ウ	
1	going		something		lucky	
2	going		anything		good fortune	
3	aboard		one		lucky	
4	aboard		one		good fortune	
5	aboard		something		lack	

4 本文の内容と一致するものとして，正しい選択肢はどれか。

When I first started focusing on the aviation sector, I quickly learned that aviation accounts for about two percent of global CO2 emissions. And while that number may seem small, it could grow to 20 percent by 2050 if no action is taken. And for those of us that do fly regularly, it can be the biggest component of our individual carbon footprint. That trip I took when I was six, if I were to make the same trip today, I would have to be vegetarian for nearly four years to make up for the carbon and other emissions from that trip. And so that's why I'm conflicted. And it's also why I'm working with the aviation sector to figure out how to decarbonize as soon as possible.

The next thing I learned is this: decarbonizing aviation, it's no easy task. Traditional jet fuel is so very good at its job. It's cheap, and it's energy-dense. And because of that engines, airplanes, airports, fuel supply chains and regulations, they are all built on flying planes from point A to point B that run on jet fuel. And those planes that run on jet fuel, they're operated for 20 to 30 years on average before they're retired. That means a plane that's ordered today will be flying until around 2050. So we can't get there on engines and airplanes alone. If we want any hope of reaching our goal of zero emissions, we need to find the mix of solutions now.

1　従来のジェット燃料は高価でエネルギー密度が低いため，機体に関しては，平均して10年ほどしか運用できない。

2　個人が排出する二酸化炭素量については，飛行機の排気量が大部分を占めており，個人が排出する二酸化炭素量を減らして脱炭素化するためには，飛行機の利用を控える必要がある。

3　航空機の脱炭素化は簡単ではないが，2050年には従来のジェット機から新しいジェット機への運用の移行が完了していることが予想されている。

4　航空業界の各社が脱炭素化に向けた様々な準備を進めており，中でも筆者の所属する航空会社がその目標達成の目前であり，その模範となるようなシステムをレクチャーしている。

5　現在，世界の二酸化炭素排出量の約2％は航空関係によるものであり，このまま策を講じない場合，2050年までにこの割合が20％に達する可能性がある。

5 次の英文の内容として，正しいものはどれか。

　Our research often starts with a very simple question. So I'll give you an example. What do you carry? If you think of everything in your life that you own, when you walk out that door, what do you consider to take with you? When you're looking around, what do you consider? Of that stuff, what do you carry? And of that stuff, what do you actually use?

　So this is interesting to us, because the conscious and subconscious decision process implies that the stuff that you do take with you and end up using has some kind of spiritual, emotional or functional value. And to put it really bluntly, you know, people are willing to pay for stuff that has value, right? So I've probably done about five years' research looking at what people carry. I go in people's bags. I look in people's pockets, purses. I go in their homes. And we do this worldwide, and we follow them around town with video cameras. It's kind of like stalking with permission. And we do all this -- and to go back to the original question, what do people carry?

　And it turns out that people carry a lot of stuff. OK, that's fair enough. But if you ask people what the three most important things that they carry are -- across cultures and across gender and across contexts -- most people will say keys, money and, if they own one, a mobile phone. And I'm not saying this is a good thing, but this is a thing, right? I mean, I couldn't take your phones off you if I wanted to. You'd probably kick me out, or something. OK, it might seem like an obvious thing for someone who works for a mobile phone company to ask. But really, the question is, why? Right? So why are these things so important in our lives? And it turns out, from our research, that it boils down to survival -- survival for us and survival for our loved ones.

1　意識的に，あるいは，無意識的に持ち物と使う物とを選択する行為が，精神的，感情的，機能的な価値を持つ。
2　人は価値があるものだけではなく，価値がないものにもお金を払う場合がある。
3　自分が持ち歩くものの中で，特に重要な3つを挙げてもらうと，文化や性別，さまざまな環境により，内容は大きく変わる。

4 研究結果により，持ち物が少ない人たちに共通する点がいくつか発見された。

5 ここ5年のうちに，人々が外出する際の持ち物に関する内容が変化した。

6 **本文の内容と一致するものとして，正しい選択肢はどれか。**

New Mexico is perhaps the least typical American state. I find it a downright oddity.

It's sparsely populated and economically disadvantaged, but its history with Mexico and the early Spanish conquistadors gives this southwestern state a unique and mysterious identity.

New Mexico's population is 48% Hispanic, with most claiming Spanish ancestry. One out of every 3 residents speaks Spanish at home. There are also many in the state who speak New Mexican Spanish, an old form of Spanish brought here by colonists between the 16th and 18th centuries. In addition, Native Americans have inhabited New Mexico for about 13,000 years. A Navajo reservation spreads across 14 million acres, and 4% of the population speaks Navajo.

New Mexico is supported by federal funding for three Air Force bases, as well as the White Sands Missile Range and Fort Bliss's McGregor Range, where weapons are tested. About 1 in 4 workers is a federal employee. Federal research institutions in Los Alamos and Albuquerque invest over $3 billion (¥400 billion) annually in jobs and the economy. That helps explain why New Mexico has more PhDs per capita than any other state. And yet, the money isn't spread evenly – nearly 75% of the roads in New Mexico are unpaved. I think you can begin to see how peculiar things are here.

1 ニューメキシコ州は，人口こそ少ないものの，経済的には恵まれており，アメリカの中でも注目度が高い地域である。

2 ニューメキシコ州の人口の半数以上はヒスパニックで，住民の3人に1人が自宅で家族と会話する際はスペイン語を話す。

3 16世紀から18世紀の間に，入植者たちによって，スペイン語の古い形態であるニューメキシコ・スペイン語が持ち込まれた。

4 ニューメキシコ州では，連邦政府からの資金が十分に行き届いているため，州内の道路の75％以上が舗装されている。

5 ニューメキシコ州の軍用地で働く4人に1人は，アメリカ国外の移民によって構成されている。

7 下線部の訳として正しいものはどれか。

You may not realize that you too use a silent language even when you speak. It is called body language. <u>When, as children, we learn to speak our language, we also learn the body languages of our culture :the gestures and facial expressions that are used along with, or instead of, speech.</u> Body language plays an important part in everyday communication. But if the gestures are not understood, perhaps an important message is wrongly understood. For example, Arabs often say "no" by lifting their heads rather sharply and making a short sound with their tongues. People from Western cultures may think that this gesture means "yes" if they do not notice the sound. Or, if they do hear the sound, they may think it means "no".

1 子供として母国語が話せるようになると，我々は自国文化のボディ・ランゲージ，つまり言語の代りに用いる身振り手振りと顔の表情とを身に付けている。

2 子供として母国語が話せるようになっていれば，我々は自国文化のボディ・ランゲージ，つまり言語と共に用いる身振り手振りと顔の表情とを身に付けているものだ。

3 子供の時母国語が話せるようになると同時に，我々は自国文化のボディ・ランゲージも学んでいるが，すなわち言語の代りに用いる身振り手振りと顔の表情とを身に付けている。

4 子供の時母国語が話せるようになると同時に，我々は自国文化のボディ・ランゲージ，つまり言語と共に，もしくは言語の代りに用いる身振り手振りと顔の表情とを身に付ける。

5 子供の時母国語が話せるようになると同時に，我々は自国文化のボディ・ランゲージ，すなわち言語と共に用いるものだが，身振り手振りと顔の表情とを身に付ける。

8 次の文章はある俳優が闘病体験を綴った手紙である。英文の内容と一致するものはどれか。

"My beloved patient! I was once in your position for a long time. I was helpless and isolated from everything. Lying in my bed in a hospital room, I was trying to be patient, thinking always about things that were far from the hospital, things that I had left unfinished, unfulfilled dreams. There were times when I was losing my faith completely, especially when I couldn't move anymore or when I was totally dependent on the goodwill of others, while my body was unresponsive and full of pain. One night, when even sleep had abandoned me, something happened that I will never forget…

"I saw–probably through my imagination–three people coming in my room and smile at me. I could see their smiles and colourful clothes in the darkness. These people, strangers to me, started playing theatre and reciting poems, just for me. They made me laugh. I felt moved."

1 ある夜，闘病中だった筆者のもとに突如現れた3人は，筆者も見覚えのある医者であった。

2 筆者は辛い闘病生活を送りながらも，やり残した仕事を最後まで成し遂げた。

3 開放的な夢から覚めた筆者は，そのおかしな夢を思い出して笑い出してしまった。

4 真っ暗な病室で眠れずにいた筆者のもとに，カラフルな衣装を着た3人が出現した。

5 筆者は忘れることもできない経験をしたその翌朝から，身体の痛みを感じることがほとんどなくなった。

9 次の英文の内容と一致するものはどれか。

Let me ask you a question: How many of you think that AI will pass the entrance examination of a top university by 2020? Oh, so many. OK. So some of you may say, "Of course, yes!" Now singularity is the issue. And some others may say, "Maybe, because AI already won against a top Go player." And others may say, "No, never. Uh-uh." That means we do not know the answer yet, right? So that was the reason why I started Todai Robot Project, making an AI which passes the entrance examination of the

University of Tokyo, the top university in Japan.

This is our Todai Robot. And, of course, the brain of the robot is working in the remote server. It is now writing a 600-word essay on maritime trade in the 17th century. How does that sound?

Why did I take the entrance exam as its benchmark? Because I thought we had to study the performance of AI in comparison to humans, especially on the skills and expertise which are believed to be acquired only by humans and only through education. To enter Todai, the University of Tokyo, you have to pass two different types of exams. The first one is a national standardized test in multiple-choice style. You have to take seven subjects and achieve a high score -- I would say like an 84 percent or more accuracy rate -- to be allowed to take the second stage written test prepared by Todai.

1 2020年までにAIが一流大学の入試に通るようになることは不可能である。
2 AIは碁の対決において，名人に勝利したことがある。
3 AIは全国共通試験の5科目で84％以上を正答しなければならない。
4 AIが東京大学に入るためには，3種類の試験を受ける必要がある。
5 AIは17世紀の海上貿易について，600語の小論文を完成させた。

[10] 次の英文の内容として，適切なものはどれか。

Doctors say asthma attacks are main reason why American children miss school. Health officials have recently become alarmed by the rising rate of childhood asthma. The increase is especially high for African-American kids. Asthma is three to four times as common among them as among white children.

"We don't know why more kids are getting asthma," says Dr. William Davis, an asthma a specialist in New York City. Last week he and his fellow doctors met in Washington, D.C., to try to find some answers and discuss new treatments for asthma.

1 医師らの分析によって，子供たちの間でぜんそくが流行している理由が明確になってきた。
2 アメリカの子供が学校を休む理由は一様ではなく，原因については，様々なものが挙げられる。

3　白人の子供は，アフリカ系アメリカ人の子供に比べ3〜4倍ほどぜんそくにかかりやすい。

4　ぜんそくの新しい治療法の発見に向けて，さまざまな議論がなされている。

5　アメリカの子供がぜんそくを発症する年齢は，他国に比べて比較的若い。

11　次の英文の主旨として，適当なものはどれか。

In the study of nature, an explanation must be not only the facts but also as direct and simple as possible. Where some explanation are advanced, the rule is followed that the one which is more simple is also more nearly correct. A recent writer on the nature of science says that choosing more complex explanation would be as sensible "as travelling eastward around the world to reach your neighbour's house which is next door to the west."

1　自然の研究においては，より複雑な説明のほうが正しい場合が多い。

2　自然の研究においては，直接的で簡単すぎる説明はできるだけ避けなければならない。

3　自然の研究においては，何かを説明しようとする時，それが真実でしかもできるだけ直接的で簡単でなくてはいけない。

4　自然の研究においては，複雑な説明でも簡単な説明でも，まずそれが真実でなくてはならない。

5　自然の研究においては，複雑な説明をくり返すうちに真実が見えてくるものだ。

12　次の英文の内容と一致するものはどれか。

How will robots be used? In the artificial intelligence project of Stanford University, John McCarthy has been speculating about the possibility of an automated biological laboratory for exploring the Mars and other planets. Such a robot, he says, would be ideal for space exploration because it could perform complicated experiments and make decisions about what to investigate and where to go. MIT's Papert confidently foresees such decision-making by robot researchers. "If you can have a computer filing system that locates the exact pages you need," he says, "you are not too

far away from building a machine which can solve the problem for you."
He also predicts multipurpose devices which can do all kinds of tasks from
house cleaning to factory work.

1　ロボットがいかに進歩しても，問題解決にあたっては人間の意思決定が
　　必要となるだろう。

2　家の掃除から工場の仕事に至るまでの各種の仕事にあわせ，いろいろな
　　ロボットが開発されることになるだろう。

3　自分で意思決定し，研究を行っていくことのできるロボットが今後開発
　　されるだろう。

4　惑星探査用ロボットは，調査の必要に応じて，各惑星で製造されるよう
　　になると予想されている。

5　ロボットの工場への進出により，失業者の増大が予想される。

13 次の英文から読み取れる内容として，正しいものはどれか。

Gandhi was twenty-four years old when he moved to South Africa. He
worked as a lawyer for the colony's large Indian population. Although
Indians divided themselves by religion-Hindus and Muslims-Gandhi felt
that being Indian transcended both religion and caste. While in South
Africa, he also witnessed and experienced the widespread discrimination
directed at all non-white peoples. He began to stand up for his rights with
peaceful protests. For example, he refused to give up his first-class seat on
a train, and he refused to remove his turban in court. It was here that
Gandhi began to question the role of the British Empire and to build his
beliefs about civil rights and human equality.

1　ガンディーは，30代を迎えてから，南アフリカに移住した。

2　ガンディーは，南アフリカの地で，公民権と人間の平等に関する信念を
　　築くようになった。

3　慎ましい性格であったガンディーは，交通機関を利用する際に，1等席
　　に座るようなことはなかった。

4　平和的な手段を重んじたガンディーは，法廷においてターバンを外すと
　　いった指示には従った。

5　南アフリカにおいて，非白人への差別解消のために戦っていた人物との
　　出会いが，その後のガンディーの生き方を変えるきっかけとなった。

14 次の文章はダン・ギルバートの「私たちが幸せを感じる理由」に関するスピーチの一部を抜粋したものである。英文の内容と一致するものはどれか。

When you have 21 minutes to speak, two million years seems like a really long time. But evolutionarily, two million years is nothing. And yet in two million years the human brain has nearly tripled in mass, going from the one-and-a-quarter pound brain of our ancestor here, Habilis, to the almost three-pound meatloaf that everybody here has between their ears.

What is it about a big brain that nature was so eager for every one of us to have one? Well, it turns out when brains triple in size, they don't just get three times bigger; they gain new structures. And one of the main reasons our brain got so big is because it got a new part, called the "frontal lobe." And particularly, a part called the "pre-frontal cortex."

Now what does a pre-frontal cortex do for you that should justify the entire architectural overhaul of the human skull in the blink of evolutionary time? Well, it turns out the pre-frontal cortex does lots of things, but one of the most important things it does is it is an experience simulator.

Flight pilots practice in flight simulators so that they don't make real mistakes in planes.

Habilis ホモ・ハビリス　　frontal lobe 前頭葉
pre-frontal cortex 前頭葉皮質

1　進化の過程で脳の容量が増えた要因として，二足歩行による変化が挙げられる。

2　パイロットによる模擬飛行装置を使った操縦訓練は，実際の操縦とは異なるため，装置を用いた訓練は，ミスを防ぐための方法としては不適切である。

3　ホモ・ハビリスの脳に比べ，人間の脳の容量は3倍になり，新しい構造も3倍に増えた。

4　前頭葉皮質には多くの役割があるが，中でも一番重要な役目は，疑似体験をすることである。

5　進化論からみても，200万年という時間は，21分間の講演時間とは比べものにならないほど長い時間であるということは言うまでもない。

15 次の英文の要旨として，正しい選択肢はどれか。

Breaking the ice is never easy when meeting someone new, but it's even trickier when there's a language barrier.

I've got some experience in this area; when I arrived in Japan and met my wife-to-be's family for the first time, I could barely fumble my way through a few Japanese phrases and they couldn't speak much English.

And more recently, my wife and I have tried our best to help our parents overcome that same language barrier and get to know each other, a task that's become especially important now that they share a granddaughter.

Thankfully, a few things have helped everyone successfully break the ice.

First of all, our parents are pretty easy to get along with and don't take themselves too seriously. There are naturally some misunderstandings from time to time, but all four of them take those in stride – smiles and laughs are universal.

Then there's technology and other tools. When my in-laws took a trip to Canada with us a few years ago, they rented an electronic interpreter that would spit out translations in real time.

At other times, my parents have made good use of Google Translate, and when they visited this year my dad bought a Japanese phrasebook in order to pick up a few key words and expressions.

Our parents have also bonded over the Hanshin Tigers – my father-in-law is a diehard fan and it turns out you don't need to share a language to root, root, root for the home team.

All of that has helped make visits stress-free and, most importantly, fun. We also find that we're now spending less time interpreting and instead just letting our parents enjoy each other's company.

1 公用語が違うもの同士で交流する際は，お互いに一緒にいる時間をストレスのないものにするために，様々な努力をしなくてはならない。

2 国際結婚の際には，お互いの家族との交流をスムーズなものにするため，そして，様々な誤解を防ぐために，文化の違いに真面目に向き合うことが重要となる。

3　言語の壁を乗り越えるためには，笑顔と笑い声，様々なテクノロジーなどが役立ち，また，共通の趣味を持つことで，言語を共有する必要がなくなる場合がある。

4　言語が違う人同士で交流する際は，まずお互いが慣れるまでは，電子翻訳機などのテクノロジーとその他のツールを使うことを控えた方が，交友関係がスムーズになる場合がある。

5　初めての人に会うときに打ち解けることは，自国同士であれば誰であっても簡単に行くが，言語の壁があると困難になり，共通語を話す者同士での交流の何倍も難しくなると筆者は感じている。

《 解 答・解 説 》

1　3

解説　"Slob Behavior" in Focus on America and Japan by P. McLean より。
【全訳】ある晴れた日，私は3か月の定期を更新するために，東京のある駅で列に並んでいた。私の前には，必要な用紙に記入をしている若者がいた。彼は書き間違えたにちがいない。というのも突然しわくちゃにした用紙を地面に放り投げたからだ。私は黙って身をかがめ，それを拾い，近くのごみ箱に捨てた。若者はこれを見て，もちろんとても当惑した。彼は私に謝り，そそくさと立ち去った。私は若者を当惑させようというつもりはなかった。私はただ彼に，彼の行動は許されないものだということを理解させたかっただけである。

1. 本文中から，若者が捨てた用紙を拾って捨てたのは筆者であるということが読み取れる。　2. 本文中に，混雑したとは記されていない。また，第1文には，筆者は定期の更新を行うため列に並んだということが読み取れる。
3. 正しい。「I hadn't meant to upset the young man. I only wanted him to realize his behavior was unacceptable.」この部分から選択肢に述べられていることが正しいと読み取れる。　4.「He apologized and then quickly walked away.」この部分から，「彼は私に謝り，そそくさと立ち去った。」ということが読み取れる。　5. 選択肢の内容については，本文から読み取ることができない。

[2] 4

解説 天声人語2015春『野球とサッカーの間には』より。

【全訳】ファンとは一面，身内びいきなものだ。野球ファンは「サッカーはなかなか点が入らない」とぼやき，サッカーファンは「野球の試合は間延びしている」などと不平を言う。むろん，口角泡を飛ばして争う話ではない。

とはいえ二つの球技の違いをあれこれ思い巡らすのは楽しい。ピーター・ドラッカーは経営学者らしく，その違いを企業組織のあり方にあてはめて考察している。

本文中では，野球とサッカー，それぞれのファンによる不満を取り上げているので，野球とサッカーの両方が含まれている4がタイトルとして適切。

[3] 4

解説 【全訳】Ａ：あそこの人形が7つ乗っているおもちゃの船は何なの？
Ｂ：あれは七福神で，あの神様たちが乗った船は宝船というお守りの一種だよ。
Ａ：じゃあ，家内安全のためにひとつ買うとしよう。（財布を取り出す）
Ｂ：君の財布からぶら下がっているものは何なんだ？
Ａ：これはウサギの足。西洋では，幸運を招くとされているよ。
Ｂ：じゃあ，君はもうお守りをひとつ持っているんじゃないか！
ア　aboard は1語で「乗船して」の意味。　イ　話題になっている数えられるものを「ひとつ」指すときはoneを使う。買いたいものが決まっているので，「何か」の意味のsomethingや anythingは不適当。　ウ　「幸運」の意味の語が入るが，bringの目的語となる部分が空欄となっているので，形容詞のluckyは不適当。また，lack は「不足」の意味の名詞である。よって正答は4。

[4] 5

解説 ライア・ウェーレン『3 ways to make flying more climate-friendly』より。

【全訳】初めて航空業界に注目し始めた時，世界のCO_2排出量の約2％は航空業界が占めているのだとすぐに学んだ。この数字は小さく見えていても，何も対策を講じないと2050年までに20％に達する可能性がある。また，定期的に飛行機に乗る人達にとって，それは個人が排出する二酸化炭素量の最大の原因となる可能性がある。6歳の時のあの旅行を現在しようとしたら，その旅

行からの二酸化炭素排出の影響を相殺するために，ほぼ4年間，菜食主義者にならなければならない。だから私は葛藤している。また私が航空業界に携わっているのも，脱炭素化する方法をできるだけ早く見つけるためである。

　次に学んだことは，航空業界の脱炭素化は簡単ではないということである。従来のジェット燃料はとても優秀である。安くて，エネルギー密度が高い。そのため，エンジン，飛行機，空港，燃料サプライチェーンや規制は，A地点からB地点までジェット燃料で動く飛行機を前提として作られている。また，ジェット燃料で動く飛行機は，平均して20～30年間運用されてから引退している。つまり，今発注された飛行機は，2050年頃まで飛ぶことになる。だからエンジンや飛行機だけでは，ゼロエミッションの目標達成に辿り着けない。目標に到達する希望があるなら，今すぐ様々な解決策を見付けなければならない。

1．誤り。第二段落の冒頭と，その後の「And those planes that run on jet fuel, they're operated for 20 to 30 years on average before they're retired. That means a plane that's ordered today will be flying until around 2050.」の部分から，従来のジェット燃料は，安く，エネルギー密度が高いため，機体に関しては，平均して20～30年ほどの運用となることが読み取れる。

2．誤り。「And for those of us that do fly regularly, it can be the biggest component of our individual carbon footprint.」の部分から，定期的に飛行機に乗る人達にとって，それは個人が排出する二酸化炭素量の最大の原因となる可能性があると示されているが，定期的に飛行機を利用する人以外にはあてはまらないので，誤りである。また，「個人が排出する二酸化炭素量を減らして脱炭素化するためには，飛行機の利用を控える必要がある」といった内容は，本文中では述べられていない。　3．誤り。「That means a plane that's ordered today will be flying until around 2050.」の部分より，今発注された飛行機は2050年頃まで飛ぶことになることがわかり，また，続く文においてエンジンや飛行機だけでは，ゼロエミッションの目標達成に辿り着けない旨が述べられているので，「2050年には従来のジェット機から新しいジェット機への運用の移行が完了していることが予想されている」との選択肢の記述は誤りである。　4．誤り。本文中には，選択肢のように「航空業界の各社が脱炭素化に向けた準備」についての内容は述べられていない。　5．正しい。「I quickly learned that aviation accounts for about two percent of global CO2 emissions. And while that number may seem small, it could grow to 20 percent by 2050 if no action is taken.」の部分から，選択肢の内容が読み取れる。

5 1

解説　TED Talks：Jan Chipchase「携帯電話の人類学」より。

【全訳】私たちの研究は非常に簡単な質問から始まります。例えばこんな質問です。「あなたは何を持ち歩きますか？」自分のすべての持ち物を思い浮かべてみて，ドアから出ていくとしたら，あなたなら何を持っていくでしょう？あたりを見回してみたらどうでしょう？その中で実際に持っていくのは？そして更にその中で実際に使う物は？

　興味深いのは，意識的にあるいは無意識的に持ち物と使う物とを選択する行為が，精神的，感情的，機能的な価値を持つということです。遠慮なく言えば，人は価値あるものにお金を使うでしょう。私は，およそ5年かけて人が何を持ち歩くのかを研究してきました。人々のバッグやポケット，財布の中，世界中を訪問して人々の家の中を調べました。カメラを手に街ゆく人を追いかけもしました。許可済みですが一種のストーキングです。私達はこれらを最初の質問である「人は何を持ち歩くか？」を調べる為に行いました。

　人々は物をたくさん持ち歩くことが分かります。結構なことです。彼らに自分が持ち歩くものの中で，特に重要な3つを挙げてもらうと，文化や性別，さまざまな環境にかかわらず，多くの人はこう言うでしょう。鍵，お金，そしてもしあるなら携帯電話です。これが良いことだとは言いませんが，面白い結果ではありませんか。みなさんから携帯電話を取り上げるのは難しいのです。そんなことをしたら叩き出されるのがオチでしょう。携帯電話メーカーで働く人間として当然の答だと思われるかもしれませんが，その理由は何かというのが問題です。つまり，なぜ私たちの生活で携帯電話が重要なのか？私たちの研究の結果，これはサバイバルと関係していることがわかりました。自分と愛するものの為のサバイバルです。

1.　正しい。第2段落で述べられている内容と一致する。　2.　誤り。第2段落の「people are willing to pay for stuff that has value」の部分から，人は価値のあるものだけにお金を払うと述べられている。　3.　誤り。第3段落の冒頭から，「文化や性別，さまざまな環境にかかわらず，鍵，お金，そしてもしあるなら携帯電話」を挙げるということが述べられている。　4.　誤り。本

文中では述べられておらず，むしろ本文では，人々の持ち物の多さについて記述されている。　5．誤り。筆者は5年の研究により，人々の持ち物は「鍵，お金，携帯電話」であると特定した。持ち物が変化したとの記述はない。

6 3

解説 alpha online 2022.8.19『The odd state of New Mexico』より。

【全訳】ニューメキシコ州はおそらく，最も典型的でないアメリカの州だ。私はニューメキシコ州を実に変わったものとみている。

　ニューメキシコ州は，人口が少なく，経済的に恵まれていないが，メキシコと初期のスペイン人コンキスタドール（アメリカ大陸征服者）との歴史が，この南西部の州に独特で不思議なアイデンティティーを与えている。

　ニューメキシコ州の人口は，48％がヒスパニックで，そのほとんどはスペイン系だ。住民の3人に1人が家ではスペイン語を話す。この州には，16世紀から18世紀の間に入植者たちによって持ち込まれた，スペイン語の古い形態であるニューメキシコ・スペイン語を話す人も多くいる。加えて，アメリカ先住民は，約1万3,000年前からニューメキシコ州で暮らしてきた。ナバホ族の居留地が1,400万エーカーに渡って広がり，人口の4％がナバホ語を話す。ニューメキシコ州は，3ヵ所の空軍基地と武器の実験が行なわれているホワイトサンズ・ミサイル実験場，フォートブリス・マクレガーレンジのための連邦政府の補助金によって支えられている。およそ労働者の4人に1人が連邦政府の職員だ。ロスアラモスとアルバカーキにある連邦政府の研究施設は，雇用と経済に毎年30億ドル（4,000億円）以上投資している。それは，なぜニューメキシコ州には人口当たりの博士号取得者が他のどの州よりも多いかを説明する理由の一部である。それでも，資金は均等に広がっていない——ニューメキシコ州の道路の75％近くが舗装されていない。ここがどれほど特異な場所かお分かりいただけたかと思う。

1．誤り。「It's sparsely populated and economically disadvantaged,〜」の部分から，ニューメキシコ州は，人口が少なく，経済的に恵まれていない地域であることが述べられている。　2．誤り。「New Mexico's population is 48% Hispanic,〜」の部分より，住民の3分の1は自宅でスペイン語を話すと述べられているが，ニューメキシコ州内のヒスパニックの人口は48％であることが読み取れる。　3．正しい。本文中の「There are also many in the state who speak New Mexican Spanish, an old form of Spanish brought here by colonists between the 16th and 18th centuries.」の部分から読み取ることができる。　4.　誤り。「～nearly 75% of the roads in New Mexico are unpaved.」の部分より，資金は均等に広がっておらず，ニューメキシコ州の道路の75％近くが舗装されていないことが読み取れる。　5.　誤り。「About 1 in 4 workers is a federal employee.」の部分より，労働者の4人に1人ほどが連邦政府の職員であることが述べられているが，選択肢で述べられた「4人に1人は，アメリカ国外の移民によって構成」という内容については触れられていない。

7 4

解説 【全訳】言葉を使って話をしている時でさえ身振り手振りは働いているのだ，ということには気付かないかもしれない。それは，ボディ・ランゲージと呼ばれている。子供の時母国語が話せるようになると同時に，我々は自国文化のボディ・ランゲージ，つまり言語と共に，もしくは言語の代りに用いる身振り手振りと顔の表情とを身に付ける。日常的なコミュニケーションにおいてボディ・ランゲージは，重要な役割を演じる。それにしても，身振り手振りの意味が理解されないと重要なメッセージが恐らく間違って理解されることになる。例えば，アラブ人は「ノー」と言うときによく，やや鋭く頭を持ち上げて短く舌打ちをする。舌打ちの音に気付かなければ，西洋文化の世界に属する人間はその動作が「イエス」の意味だと思ってしまうだろう。言い換えるなら，舌打ちの音を聞くからこそ「ノー」の意味がわかるかもしれないのだ。

下線部中の along with…（…と共に）と instead of…（…の代わりに）の両方を訳出している選択肢は4のみである。他はいずれか一方しか訳されていないので，誤り。

8 4

解説 『THE BIG ISSUE VOL.261 2015 April15』より。

【全訳】「愛する患者のみなさん！私もかつてはみなさんと同じ立場でした。身体の自由を奪われ，あらゆるものから隔絶されていました。病室のベッドに横たわり，必死で耐えていました。終えずじまいの仕事やかなわなかった

夢のことばかり考えながら。身動きもままならず，他人の情けに頼るばかりで，身体は何の反応も示さないのに激痛にさいなまれていた時など，自暴自棄になったことも一度ではありません。ですが，ある夜，眠ることさえできずにいた時，忘れもしないできごとが起こったのです…」

「おそらく私の想像の中のできごとだったのでしょうが，3人の人が病室に入ってきて，私に微笑みかけたのです。部屋は真っ暗でしたが，私にはその微笑みが，カラフルな衣装が見えました。見ず知らずの他人だった3人は私のために芝居を始め，詩を朗読してくれたのです。私はおかしくて笑い出しました。」

1. 本文中に，カラフルな衣装を着た3人の見覚えのない人が病室に入ってきて，私に微笑みかけた。とあるが，その3人が医者であったかどうか本文では述べられていない。　2.「things that I had left unfinished, unfulfilled dreams.」この部分から，筆者は終えずじまいとなってしまった仕事や，かなわなかった夢について考えていることが読み取れる。　3. 本文の最後の一文から，筆者が笑い出したことが読み取れるが，夢から覚めたとは本文中に記載されていない。　4. 正しい。本文中には，部屋が真っ暗であったのにも関わらず，カラフルな衣装や微笑みが見えたと記されている。　5. 本文中からは読み取れない。「One night, when even sleep had abandoned me, something happened that I will never forget…」この部分から，筆者はこの体験を忘れられないものだと述べている一方，その体験と痛みの関連性については言及していない。

9　2

解説　TED Talks：新井紀子「ロボットは大学入試に合格できるか」より。
【全訳】ひとつお聞きします。2020年までにAIが一流大学の入試に通るようになると思う人はどれくらいいますか？結構いることでしょう。「もちろんそうなる！」という人もいるでしょう。シンギュラリティ（技術的特異点）が今や問題であり，「碁ではすでにAIが名人に勝っているのだから，入試にも通る」と思う人もいるでしょう。そして「絶対無理」と言う人もいるでしょう。つまり，まだ答えは分かっていないということです。私が「東ロボくん」プロジェクトを始めたのは，そのためです。日本で最高峰の大学である，東京大学の入試に通るAIを作ろうという試みです。

　この東ロボくんは，もちろん頭脳部分は遠隔のサーバーで動いています。今17世紀の海上貿易について，600語の小論文を書いているところです。そう聞いて，どう感じますか？

　私がAIのベンチマークとして入試を選んだ理由は，人間と比較したAIの能力を研究する必要があると思ったからです。人間だけが教育を通してのみ獲得できるとされているスキルや専門的能力については特にそうです。東京大学に入るためには2種類の試験を受ける必要があります。1つ目は選択式の全国共通試験です。7科目の試験を受けて，高得点を取る必要があります。そこでの正答率が84％以上でないと，東大が用意する記述式の2次試験を受けることはできません。

1．誤り。日本で最高峰の大学である，東京大学の入試に通るAIを作る試みが行われていると筆者が述べている。　2．正しい。"Maybe, because AI already won against a top Go player."この部分から，選択肢の内容が正しいことがわかる。　3．誤り。5科目ではなく "seven subject" と記述がある。4．誤り。東京大学に入るためには2種類の試験を受ける必要があると述べられている。　5．誤り。「It is now writing a 600-word essay on maritime trade in the 17th century.」この部分から，現在小論文を執筆中であるということが読み取れる。

10　4

解説　『Time』より。

【全訳】アメリカの子供が学校を休む主な理由がぜんそくの発作だ。子供のぜんそくが増えてきている。特にアフリカ系アメリカ人の子供は白人の子供より3～4倍もかかる率が高い。

　ニューヨークのぜんそくの専門家であるウィリアム＝デービス医師は子供たちの間でぜんそくが増えている理由はわからないと言っている。先週，彼とその仲間の医師がワシントンD.C.で会い，ぜんそくのための新しい治療法をみつけるため議論した。

1．第2段落第1文に，医師はぜんそくが増えている理由はわからないとしていることが述べられている。　2．第1段落第1文より，「アメリカの子供が学校を休む主な理由がぜんそくの発作だ」ということが読み取れる。　3．「Asthma is three to four times as common among them as among white children.」

この部分から，アフリカ系アメリカ人の子供は白人の子供よりもぜんそくにか
かる率が高いということが読み取れる。　4．正しい。最後の一文から読み取
ることができる。　5．本文中には，アメリカの子供がぜんそくを発症する年
齢が若いという事に関しては述べられていない。

11　3

解説 【全訳】自然の研究では，説明は事実であるだけでなく，できる限り
直接的で簡単でなければいけない。説明がいくつか出されるところでは，よ
り簡単な説明のほうがより正確に近い，という原則が守られている。最近の
ある作家は，科学の性質について，より複雑な説明を選択するのは，ちょう
ど西隣りにある家に行くのに東回りで世界をぐるっと回るように気のきかない
ことである，と言っている。

冒頭の文 In the study of nature, an explanation must be not only the
facts but also as direct and simple as possible. に，主旨が示されている。正
答は3。

12　3

解説 【全訳】ロボットの利用について，スタンフォード大学の人工知能計
画では，火星など惑星探査用ロボットの可能性を予想している。これは複雑
な実験，何を調査するかの意思決定までできるロボットだ。また，マサチュー
セッツ工科大学の教授の予想では，問題解決のできる機械ができる日も近い
という。その他，家の掃除から工場の仕事まで，あらゆる種類の仕事ができ
る機械も予言されている。

ここでは，「自分で意思決定のできる機械」がテーマになっている。
……foresees such decision-making by robot researchers.　というところに
注目。正答は3。
〈語句〉　speculate…〈自〉推測する。

13　2

解説 ニーナ・ウェグナー『世界を変えた男たちのスピーチ』（Mohandas
Karamchand Gandhi）より。
【全訳】ガンディーが南アフリカに移り住んだのは24歳のときだった。そして，

その植民地に住んでいる大勢のインド人のために弁護士として働いた。インド人は宗教によって，つまり，ヒンズー教徒とイスラム教徒とで分裂していたが，ガンディーはインド人であることは宗教も社会階級も超越すると感じていた。南アフリカにいるあいだ，あらゆる非白人に対して横行する差別も目撃し，体験した。そこで平和抗議運動をもって自らの権利のために戦い始めた。たとえば，列車で1等席を譲るのを拒んだり，法廷でターバンを外すのを断ったりした。この地でガンディーは大英帝国の役割に疑問を呈し，公民権と人間の平等に関する信念を築くようになった。

1. 誤り。冒頭の1文より，ガンディーが南アフリカに移住したのは，24歳の時であることがわかる。　2. 正しい。最後の1文において述べられた内容と一致する。　3. 誤り。列車において，1等席を譲るのを拒んだ旨が示されている。　4. 誤り。彼は，法廷においてターバンを外すことについては，断った。　5. 誤り。「非白人への差別解消のために戦っていた人物との出会い」については，触れられていない。

14　4

解説　TED Talks：Dan Gilbert「私たちが幸せを感じる理由」より。

【全訳】21分間の講演時間と比べると200万年という時間は非常に長いものに感じられますね。しかし進化論という側面から見ると，200万年は0年も同様です。それでも人間の脳は，200万年の間におよそ3倍もの大きさになりました。約500グラムの脳を持つ私たちの祖先ホモ・ハビリスから現在私たちの両耳の間にある脳は約1400グラムにまでなったのです。

　進化の過程において，このような大きな脳を各人がもつ必要性はなんだったのでしょう。それは，脳が3倍の大きさになったとき，ただ単に容積が3倍になっただけではなく，脳は新たな構造を獲得したのです。新しいパーツを得たことが，脳がここまで大きくなったことの理由のひとつなのです。前頭葉，その中でも特に，前頭葉皮質と呼ばれる部分です。前頭葉皮質がどのような働きをするのかが分かれば，進化論における一瞬の時間で脳の全ての構造が変わった理由も分かるはずですね。

　さて，どうやら前頭葉皮質には多くの役目がありそうです。なかでも一番重要な役目は疑似体験をすることです。パイロットは模擬飛行装置を使って操縦訓練をします　これは，実際に飛行機を操縦するときにミスを犯さないた

めですね。

1. 本文からは読み取れない。　2. 本文の最後の文章から，模擬飛行装置が実際の操縦の際にミスを防ぐために運用されていることが分かる。　3. 本文中に「新たな構造を獲得した」とあるが，新しい構造が3倍に増えたかは本文中からは読み取れない。　4. 正しい。「one of the most important things it does is it is an experience simulator」の部分から読み取れる。　5. 進化論という側面から見ると，200万年は0年も同様であると本文中に示されている。

15　3

解説　Alpha online 2023.6.2『Bonding across languages』より。

【全訳】初めての人に会うときに打ち解けることは簡単には行かないが，言語の壁があればさらに困難になる。私はこの分野ではいくらかの経験がある。

　私が日本に到着して，婚約者の女性の家族に初めて会ったとき，かろうじてわずかな日本語のフレーズをぎこちなく発する程度しかできず，彼らもあまり英語を話せなかった。

　そして最近，妻と私は両親同士が共通の言葉を超えて打ち解け，お互いを知るのを助けるように最善を尽くしている。特に今は，彼らが孫娘を共有しているので，そのタスクが特に重要になっている。ありがたいことに，全員がうまく打ち解けるのに役立つことがいくつかある。

　まず第一に，私たちの両親はかなり気さくで，真面目過ぎない。もちろん，時々は誤解があるが，4人ともうまく対処する。笑顔と笑い声は万国共通だ。

　それから，テクノロジーとその他のツールがある。数年前に義理の両親が私たちと一緒にカナダへ旅行に行ったとき，彼らはリアルタイムで翻訳を出す電子翻訳機をレンタルした。

　また，私の両親はグーグル翻訳をうまく活用していたし，彼らが今年訪れたときには，父はいくつかのキーワードと表現を覚えるために日本語のフレーズブックを買った。

　私たちの両親は阪神タイガースについても絆を深めた。義理の父は根っからのタイガースファンで，地元チームに声援を送るのに言語を共有する必要はなかった。

　その全てが訪問をストレスのないものにし，何よりも楽しいものにするのに役立った。私たちは，通訳をする時間が短くなり，その代わりに両親たちにお

互いに一緒にいることを楽しませるだけになっていることにも気付いている。

1. 誤り。「All of that has helped make visits stress-free and, most importantly, fun. 〜」の部分から、少なくとも筆者とその妻の両親たちは、訪問中ストレスを感じず、楽しく交流できたと述べられている。　2. 誤り。選択肢の内容は、本文中では述べられていない。また、「First of all, our parents are pretty easy to get along with and don't take themselves too seriously.」の部分から、お互いの両親が真面目すぎないことが良い結果を生み出したと述べられている。　3. 正しい。一般に、要旨には、文章全体のテーマと結論的な内容が含まれている必要があり、この選択肢がそれに該当する。また、「Our parents have also bonded over the Hanshin Tigers」の部分に、筆者とその妻の両親たちは、共通の趣味があったことが、言語の壁を乗り越えるきっかけになったと述べられている。　4. 誤り。「Then there's technology and other tools. 〜」の部分から、電子翻訳機やGoogle翻訳を使うなどすることが、交流する際のお互いの手助けになると筆者が述べていることがわかる。　5. 誤り。「Breaking the ice is never easy when meeting someone new, but it's even trickier when there's a language barrier.」の部分から、初めての人に会うときに打ち解けることは簡単には行かないが、言語の壁があればさらに困難になる。と述べられていることが読み取れる。

第5部

数的処理

- 判断推理
- 数的推理
- 資料解釈

数的処理　判断推理

||||||||||||||||||||||||||||||||| **P O I N T** |||||||||||||||||||||||||||||||||

　数的処理では，小学校の算数，中学高校の数学で習得した知識・能力をもとに，問題を解いていく力が試される。また，公務員採用試験の中では最も出題数が多く，合格を勝ち取るためには避けては通れない。

　判断推理では，様々なパターンの問題が出題され，大学入試など他の試験ではほとんど見かけない問題も出てくる。すべての問題を解けるようにするのは困難なので，本書を参考にできるだけ多くの問題を解き，本番までに得意な分野を増やしていこう。

　算数や数学の学習経験が生かせる分野としては，まずは「論理と集合」が挙げられ，命題の記号化，対偶のとり方，ド・モルガンの法則，三段論法，ベン図，キャロル表を使った情報の整理法などを確実に押さえよう。また，「図形」に関する問題も多く，平面図形では正三角形，二等辺三角形，直角三角形，平行四辺形，ひし形，台形，円，扇形などの性質や面積の公式，これらを回転させたときにできる立体図形などを確実に覚えよう。立体図形では，円錐，角錐，円柱，角柱，球，正多面体などの性質や体積・表面積の公式を必ず覚えよう。

　一方，あまり見慣れない問題があれば，本書の問題を参考にして必要な知識や考え方を身に付けてほしい。例えば，「リーグ戦やトーナメント戦」といった馴染みのある題材が扱われる問題でも，試合数を計算する公式を知っておかなければ解けない場合がある。また，「カレンダー」を題材にした問題では，各月の日数やうるう年になる年などを知っておく必要がある。「順序」に関する問題では，表・樹形図・線分図・ブロック図などを使って効率よく情報を整理していく必要がある。その他にも，「暗号」，「うその発言」，「油分け算」などでは，実際に問題を解いてみなければわからない独自のルールが存在する。「図形」を題材にしたものの中には，計算を必要とせず予備知識がなくとも正解が出せる場合があるので，落ち着いて問題文を読むようにしよう。

　問題の解き方のコツとしては，設問の条件を図表にして可視化していき，行き詰まったら推論や場合分けなどをしてみることである。問題によっては

図表が完成しなくとも正解が出せる場合や，いくつかの場合が考えられても
すべてで成り立つ事柄が存在するので，選択肢も定期的に見ておくとよいだ
ろう。公務員採用試験では，限られた時間内で多くの問題を解くことになる
が，ほとんどの問題では解法パターンが決まっているので，設問を読んだだ
けで何をすればよいか見通しが立てられるぐらいまで習熟してほしい。

《 演 習 問 題 》

① 甲，乙，丙，丁の4つのチームがサッカーの総当たり戦を行ったとこ
ろ，次のア～エのことがわかった。
　ア　甲チームは，乙チームに勝った。
　イ　4チームの勝ち数と負け数はすべて異なっており，引き分けの試合
　　はなかった。
　ウ　丙の負け数は2敗であった。
　エ　乙チームは，丙チームと丁チームに勝つことができなかった。
これらから，確実にいえることとして，最も妥当なものはどれか。
　1　全勝したチームはなかった。
　2　全敗したチームはなかった。
　3　4チーム中1位となったのは，甲チームか丁チームのいずれかであった。
　4　丁チームは，甲チームに勝つことができたものの，丙チームには勝つこ
　　とができなかった。
　5　甲チームは，丁チームに勝つことができた。

② Aがある方向に向かって歩いている。最初の曲がり角を90°右に曲が
り，次の曲がり角を左前方45°に曲がった。しばらく歩いて次の曲がり角
を左に90°曲がったところ，Aは真南の方向に歩いていた。このとき，Aが
最初に歩いていたのはどの方向か。
　1　北　　2　北東　　3　南東　　4　北西　　5　南西

③ 西暦2000年1月1日は土曜日だった。この日から30000日後にあたるのは，西暦何年何月何日の何曜日であるか。なお，1年間は365日とし，うるう年はないものとする。

  1 2082年2月12日   日曜日   2 2082年3月12日   月曜日

  3 2082年2月12日   火曜日   4 2082年3月12日   水曜日

  5 2082年3月12日   木曜日

④ 右の展開図を組み立てたときにできる図形として，最も妥当なものはどれか。

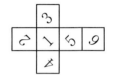

1

2

3

4

5

⑤ 男女1人ずつのカップルが4組いる。この4組8人の男女を一度離したあと，4人ずつ2つのグループA組，B組に分ける。このとき，次の推論ア，イ，ウのうち必ず正しいといえるものをすべて選んでいるのはどれか。

  ア：A組に1組カップルがいれば，B組に少なくとも1組カップルがいる。

  イ：A組に男が3人，女が1人いれば1組カップルがいる。

  ウ：A組の1人をB組に入れ，3人と5人に分ければB組には少なくとも1組カップルがいる。

  1 アだけ   2 イだけ   3 ウだけ

  4 アとイの両方   5 アとウの両方

⑥ 「野球をしたことがある人は，サッカー観戦をしたことがない」という命題が成立するために必要な命題の組み合わせとして妥当なものはどれか。

  ア：野球をしたことがある人は，ラグビー観戦をしたことがない。

  イ：野球をしたことがない人は，ラグビー観戦をしたことがある。

  ウ：野球をしたことがない人は，ラグビー観戦をしたことがない。

エ：サッカー観戦をしたことがある人は，ラグビー観戦をしたことがある。

オ：サッカー観戦をしたことがない人は，ラグビー観戦をしたことがない。

　1　アとイ　　2　アとエ　　3　イとウ　　4　イとオ　　5　ウとエ

7 図は公園内の道を示している。ABCDは，AB＝8m，BC＝6mの長方形で，E，F，G，Hは長方形ABCDのそれぞれの辺の中点である。

　いま，散水車がA地点から入り，すべての道に水をまき，再びA地点に戻ってくる。このときの最短距離は何mか。

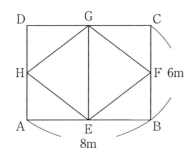

1　54m
2　60m
3　62m
4　64m
5　70m

8 図のような四角形を直線上ですべることなく回転させたとき，点Pの軌跡を表したものとして，最も妥当なものはどれか。

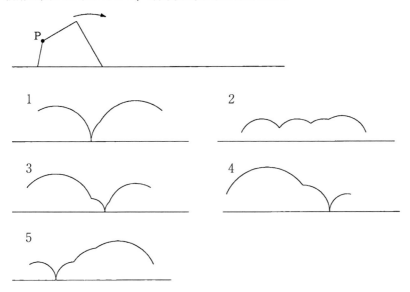

⑨ 図のように，大きな円と小さな円が接しており，半径の比率は2：1である。小さな円が大きな円の周りを滑らないように1周するとき，小さな円の回転数として妥当なものはどれか。

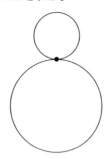

1　1.5回転　　2　2回転　　3　2.5回転　　4　3回転　　5　3.5回転

⑩　ある春の日に，A，B，C，D，Eの5つの地点において，それぞれの気温について，ア〜クのことがわかっている。これらから，確実にいえるものとして，妥当なものはどれか。

ア　気温はどの地点においても，整数で表された。

イ　気温が3番目に高い地点は，平均気温に最も近い気温であった。

ウ　最も高い地点の気温と最も低い地点の気温差は5℃であった。

エ　気温が最も低い地点と，気温が3番目に低い地点との差は3℃以下であった。

オ　5つの地点の平均気温は17.4℃ででであった。

カ　気温が最も低い地点と2番目に低い地点，2番目に低い地点と3番目に低い地点との差は，それぞれ1℃であった。

キ　B地点の気温は17℃であった。

ク　A地点の気温は，B地点より低く，C地点より高かった。

　1　最も気温が高い地点はD地点である。

　2　気温が2番目に高い地点の気温は19℃である。

　3　A地点の気温は16℃である。

　4　気温が2番目に低い地点はC地点である。

　5　ア〜クの条件から，すべての地点の気温を特定できる。

11 ある学校の生徒について，好きな果物について調べたところ，次のA〜Dのことがわかった。このとき，確実に言えることとして，最も妥当なものはどれか。

A：みかんが好きな生徒は，ブドウが好きである。

B：モモが好きな生徒は，みかんが好きである。

C：メロンが好きではない生徒は，モモが好きであり，かつブドウが好きである。

D：バナナが好きな生徒は，メロンが好きではない。

 1 みかんが好きではない生徒は，バナナが好きではない。

 2 ブドウが好きではない生徒は，メロンが好きではない。

 3 モモが好きな生徒は，ブドウが好きではない。

 4 メロンが好きではない生徒は，みかんが好きではない。

 5 バナナが好きな生徒は，モモが好きではない。

12 ある電車の乗客について，次のア〜エのことが分かっているとき，確実に言えることとして，最も妥当なものはどれか。

ア：ネクタイをしていない人は，カバンを持っている。

イ：サングラスをかけている人は，青いシャツを着ている。

ウ：青いシャツを着ている人は，ネクタイをしており，かつ，茶色い靴を履いていない。

エ：カバンを持っている人は，茶色い靴を履いている。

 1 カバンを持っている人は，サングラスをかけていない。

 2 サングラスをかけていない人は，ネクタイをしている。

 3 ネクタイをしている人は，茶色い靴を履いていない。

 4 茶色い靴を履いていない人は，青いシャツを着ている。

 5 青いシャツを着ている人は，カバンを持っている。

13 A校，B校，C校という私立高校がある。この3校の合同説明会に参加した中学生75人について，その後，合否の状況を調べたところ，次のア〜オのことがわかった。このとき，確実にいえるものとして，最も妥当なものはどれか。

ア：A校から合格通知を受け取った学生は，B校から合格通知を受け取っていない。

イ：A校から合格通知を受け取った学生は，C校からも合格通知を受け取った。

ウ：A校から合格通知を受け取っていない学生は，45人である。

エ：B校から合格通知を受け取った学生は，20人である。

オ：B校，C校のいずれの高校からも合格通知を受け取っていない学生は，15人である。

1 A校から合格通知を受け取っていないが，C校から合格通知を受け取った学生は，5人である。

2 B校とC校の両校から合格通知を受け取った学生は，15人である。

3 A校，B校，C校のいずれの高校からも合格通知を受け取っていない学生は，10人である。

4 B校から合格通知を受け取っていないが，C校から合格通知を受け取った学生は，30人である。

5 A校，B校のいずれの高校からも合格通知を受け取っていない学生は，25人である。

14 次のA〜Cの3チームが野球の対抗試合を行った。それぞれの対戦成績について次のア〜カのことがわかっているとき，確実にいえるものとして，最も妥当なものはどれか。

ア 引き分けた試合はない。

イ Aは，Bとの対戦では1試合負け越している。

ウ Aは，Cとの対戦では1勝している。

エ BとCの対戦成績は，五分五分である。

オ Bは，合計7敗している。

カ Cの最終戦績は，5勝6敗である。

1 Aは，2勝4敗である。

2 Aは，Bに3勝している。

3 Bは，8勝7敗である。

4 BとCの対戦成績は，4勝4敗である。

5 試合の合計数は，18である。

---

15 A～Fの6人が総当たりで将棋のリーグ戦を行った。勝ち数が多い順に順位をつけることにし，勝ち数が同じ者の順位については，直接対局での勝者を上位としたところ，1～6位の順位が決まった。以下の表は7対局まで終了した時点での勝敗を示しており，この時点でAは2敗である。しかし，すべての対局が終了すると，Aが1位であった。このリーグ戦の結果として，確実にいえるものはどれか。ただし，引き分けの試合はなかった。

	A	B	C	D	E	F
A			×		×	
B			○	○		○
C	○	×				×
D		×			○	
E	○			×		
F		×	○			

1 CはDに勝った。　　2 Cは4位であった。

3 Dは3勝2敗であった。　　4 Eは最下位であった。

5 FはDに勝った。

---

16 A～Dの4人は，それぞれ1児の母親である。子供の性別は男女2人ずつであるが，誰の子供が男の子で誰の子供が女の子であるかは不明である。各人に子供のことを尋ねたところ，次のような回答があった。

A：「CとDの子供は男の子です。」

B：「Dの子供は男の子です。」

C：「Bの子供は女の子です。」

D：「Aの子供は女の子です。」

男の子の母親だけ本当のことを言っているものとすると，女の子の母親の組み合わせとして，正しいものはどれか。

1 AとC　　2 BとC　　3 BとD

4 CとD　　5 AとD

[17] A～Eの5人が一緒に買い物をすることになり，ある駅で待ち合わせた。駅に到着した順序についてア～エの発言があったが，発言のうち1つは誤りであることが分かっている。このとき，確実にいえるものはどれか。ただし，同時に駅に到着した者はいなかった。

 ア：「Aは，Dより先でEより後に到着した。」
 イ：「Cは，Aより先でDより後に到着した。」
 ウ：「Dは，Eより先でBより後に到着した。」
 エ：「Eは，Aより先でCより後に到着した。」

 1　最初に到着したのは，Eである。
 2　2番目に到着したのは，Dである。
 3　3番目に到着したのは，Aである。
 4　4番目に到着したのは，Cである。
 5　最後に到着したのは，Bである。

[18] A～Cの3人姉妹がいる。姉妹に関する次の記述のア～オのうち，1つだけ本当であるとき，確実にいえるものはどれか。

 ア　長女はAである。
 イ　長女はBではない。
 ウ　次女はAである。
 エ　次女はCではない。
 オ　三女はCではない。

 1　長女はAで，次女はBである。
 2　長女はAで，次女はCである。
 3　長女はBで，次女はAである。
 4　長女はBで，次女はCである。
 5　長女はCで，次女はAである。

[19] A～Cの3人で，カードの色を当てる推理ゲームをしている。3人に1枚ずつカードを配り，A→B→Cの順に自分のカードの色について聞いたところ，Aは「わからない」，BとCは「わかった」と答えた。次のア～オのことがわかっているとき，A～Cのカードの色の組み合わせとして，妥当なものはどれか。

 ア：カードの色は青か白で，3枚のうち少なくとも1枚は青である。
 イ：3人とも自分のカードの色は見えていないが，他の2人のカードの色は

見える。

ウ：Aは，見えるカードだけを根拠に推理する。

エ：Bは，見えるカードとAの発言を根拠に推理する。

オ：Cは，見えるカードと，AとBの発言を根拠に推理する。

	A	B	C
1	青	青	青
2	青	青	白
3	青	白	白
4	白	青	青
5	白	白	青

20 38人のクラスでクラス委員の選挙があり，5人が立候補した。得票数の順に上位3人が当選する場合，決選投票を行うことなく，第1回目の投票で確実に当選するために必要な最低得票数として，最も妥当なものはどれか。ただし，立候補者にも投票権があり，棄権や無効票はないものとする。

　1　8票　　　2　9票　　　3　10票　　　4　11票　　　5　12票

21 A～Dの4人は，それぞれ運動不足を解消するために，テニス，草野球，マラソン，ジョギング，水泳の5種類のスポーツのうちから2種類以上を選び，継続的に運動することにした。このとき，水泳を選んだのは3人，テニス，マラソン，ジョギングを選んだのは各2人ずつ，草野球を選んだのは1人であった。ア～エのことがわかっているとき，確実にいえるものはどれか。

ア：AとB，BとDはそれぞれ1種類だけ同じ運動を選んだが，A，B，Dの3人に共通する運動はなかった。

イ：Aは3種類の運動を選んだが，ジョギングは選んでいない。

ウ：BとCが共通して選んだのはテニスだけであった。

エ：Dは草野球を選んでいない。

　1　Aは，テニスを選んだ。

　2　Bは，草野球を選んだ。

　3　Cは，マラソンを選んだ。

　4　CとDは，同じ種類の運動を選んでいない。

　5　Dは，ジョギングを選んだ。

22 A～Eの5人に，人参，芋，きゅうり，なす，玉ねぎの5種類の農産物のうち，好きな農産物を1種類以上5人それぞれに選んでもらったところ，次のア～カの通りであった。このとき，確実にいえるものはどれか。

ア：Aは，人参およびきゅうりを選んだ

イ：Bは，なす及び玉ねぎを含む3種類の農産物のみを選び，Cは，芋を含む2種類の農産物のみを選んだ。

ウ：Dは，芋と玉ねぎの両方を選ばず，Eは，なすを選ばなかった。

エ：人参，芋，きゅうり，なす，玉ねぎを選んだ者は，それぞれ4人，3人，3人，2人，3人であった。

オ：人参を選ばなかった者の全員がなすを選び，玉ねぎを選んだ者の全員が人参も選んだ。

カ：きゅうりを選んだ者の全員が，なすを選ばなかった。

1　Aは，芋を選ばなかった。

2　Bは，きゅうりを選んだ。

3　Cは，人参を選んだ。

4　Dは，なすを選ばなかった。

5　Eは，玉ねぎを選ばなかった。

23 100個の碁石をぎっしりと並べて，正方形を作った。この正方形の一番外側のひと周りにある碁石の個数として，正しいものはどれか。

1　36個　　2　37個　　3　38個　　4　39個　　5　40個

24 図1，図2はともに，半径2cm，半径6cmの円が接している状態を示しており，大きな円の円周上を小さな円がすべらないようにもとの位置に戻るまで回転するものとする。小さな円の回転数について，図1の場合と図2の場合の差として，最も妥当なものはどれか。

1　0
2　1
3　2
4　3
5　4

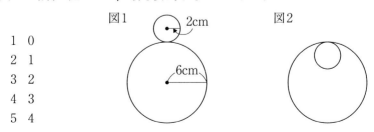

25 図1は，正方形の紙を2回折って作った三角形であり，図2は，図1に切り込みを入れて広げたものである。図1に切り込みを入れる位置として，妥当なものはどれか。

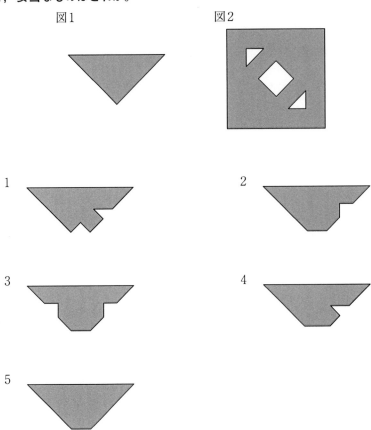

26 図は，小さな正三角形36個を組み合わせ，大きな正三角形ABCを描いた後，辺ABの中点Xを頂点とする二等辺三角形を描いたものである。頂点X，辺BC上の点，辺CA上の点を結んでできる二等辺三角形の数として，最も妥当なものを選べ。ただし，できる二等辺三角形には図示されているものと正三角形を含み，また，辺BC上の点，辺CAの上の点は，小さな正三角形の頂点であるものとする。

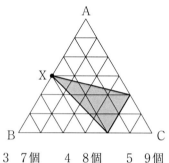

1　5個　　2　6個　　3　7個　　4　8個　　5　9個

27 次の図は，ある図形について，直線ℓ上をすべらないように転がしたとき，点Pが描いた軌跡である。転がした図形として，妥当なものはどれか。

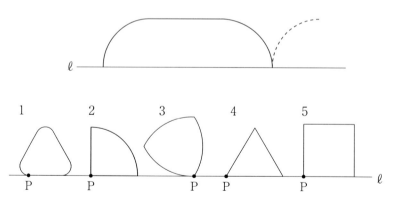

228

28 同じ大きさの立方体の積み木を何個か積み重ねたときの投影図が以下のようであるとき，使用した積み木の最大の個数と最小の個数の差として，最も妥当なのはどれか。

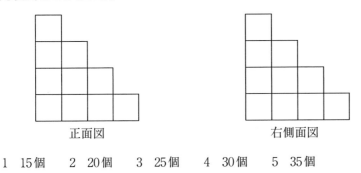

正面図   右側面図

1 15個   2 20個   3 25個   4 30個   5 35個

29 図は，正八面体の展開図である。この展開図を組み立て，点Bから辺CFの中点に向かって線を引き，それを延長したとき，その延長線上にある点として，最も妥当なものはどれか。

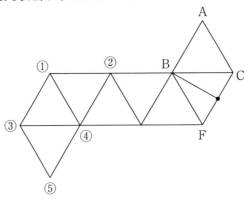

1 ①   2 ②   3 ③   4 ④   5 ⑤

229

30 図のような立方体ABCD－EFGHがあり，点Mは辺ABの中点である。点M，F，Hを通る平面で切ったとき，切り口の形として，最も妥当なものはどれか。

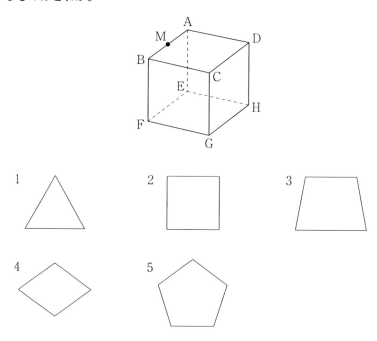

1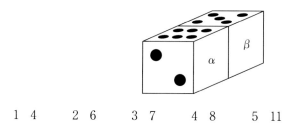

2

3

4

5

31 図のように，向かい合う面の数の和が7となるさいころが2つ接している。接している面の数の和が8となるとき，α＋βの値としてあり得るものは，次のうちどれか。

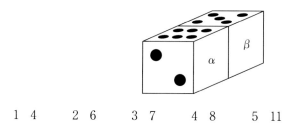

1 4　　　2 6　　　3 7　　　4 8　　　5 11

32 図1は，一辺が12cmの立方体であり，図2は，図1の立方体の一部を切り取り，正面と真上から見た図である。このとき，切り取った後にできる切断面の形として，最も妥当なものはどれか。

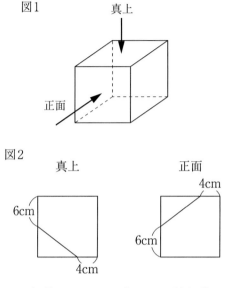

図1

真上

正面

図2

真上　　　　　　　　　正面

6cm

4cm

4cm

6cm

1　六角形　　2　五角形　　3　ひし形　　4　長方形　　5　三角形

33 遊園地のアトラクションの一貫として，着ぐるみの競争が行われる。W，X，Y，Zの着ぐるみが園内を1周する。ただしスタートは同時ではなく，次のア～エの条件で動くことがわかっている。

ア　W，X，Y，Zの順にスタートする。

イ　それぞれの着ぐるみは他の3人のうちいずれか2人を1回ずつ追い抜くが，残りの1人は追い抜かない。

ウ　Zはどの着ぐるみにも追い抜かれない。

エ　4人は同時にゴールすることはない。

このとき，下記の文のオ，カに入る語の組み合せとして正しいものはどれか。

パレードでの着ぐるみの追い抜き方は何通りか考えられるが，

到着する順番は　オ　通りで，Xは必ず　カ　に抜かされる。

	オ	カ
1	1	W，Yの2人
2	1	Y，Zの2人
3	1	W，Y，Zの3人
4	2	Y，Zの2人
5	2	W，Y，Zの3人

《 解 答 ・ 解 説 》

1 3

解説 条件ア〜エをもとに，次の対戦表を作成する。ただし，条件イより，「4チームの勝ち数と負け数はすべて異なっており，引き分けの試合はなかった」ので，1位は「3勝0敗」，2位は「2勝1敗」，3位は「1勝2敗」，4位は「0勝3敗」となるはずである。

	甲	乙	丙	丁	勝敗数	順位
甲		○	○	？	3勝0敗か2勝1敗	1位か2位
乙	×		×	×	0勝3敗	4位
丙	×	○		×	1勝2敗	3位
丁	？	○	○		3勝0敗か2勝1敗	1位か2位

1．誤り。甲チームまたは丁チームのいずれかが全勝となる。　2．誤り。乙チームは全敗となる。　3．正しい。甲チームと丁チームのうち，試合に勝った方が1位となる。　4．誤り。丁チームと甲チームの試合の結果は判断できない。また，丁チームは丙チームに勝っている。　5．誤り。甲チームと丁チームの試合の結果は判断できない。

以上より，正解は3。

2 5

解説 進み方を図に示すと次のようになる。

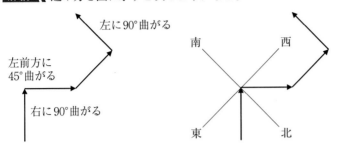

したがって，Aが最初に歩いていた方向は南西である。

以上より，正解は5。

3 5

解説 まず，求める日の曜日を考える。2000年1月1日から30000日後は，30001日目になり，1週間は7日なので，

30001 ÷ 7 = 4285余り6

余りが6なので，求める日の曜日は土曜日から数え始めて6日目の木曜日とわかる。（この時点で選択肢から正解が5とわかる）

次に，求める日が2000年から何年後となるかを考える。1年を365日とすると，

30001 ÷ 365 = 82余り71

よって，2000年から82年後の2082年とわかる。

さらに，求める日が何月何日かを考えると，求める日は2082年1月1日から数え始めて71日目になる。すると，1月は31日，2月は28日なので，71 − 31 − 28 = 12〔日〕より，求める日は3月12日となる。

したがって，2000年1月1日から30000日後は，2082年3月12日木曜日となる。

以上より，正解は5。

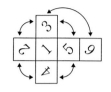

4 5

解説 隣り合う面の数字の位置関係を考える。問題
文の展開図を組み立てたときに，それぞれの辺に対応
する辺は，次の図のとおりである。また，ある面を隣
の面に移動させるとき，もとの向きから90°回転する
ことを利用する。

1. 誤り。上の図より，3と5の位置関係は次のようになるので，選択肢の図
とは位置関係が異なる。

2. 誤り。上の図より，3と6の位置関係は次のようになるので，選択肢の図
とは位置関係が異なる。

3. 誤り。上の図より，1と5の位置関係が選択肢の図とは異なる。
4. 誤り。上の図より，1と5の位置関係が選択肢の図とは異なる。
5. 正しい。上の図より，1と2と3の位置関係が選択肢の図と同じである。

5 5

解説 4組のカップルをWとw，Xとx，Yとy，Zとzとして（ただし，
男は大文字，女は小文字），推論ア，イ，ウがそれぞれ必ず正しいか否かを検
討する。

ア：A組にカップルWwがいるとき，残り2人をカップルXxとすると，B組
　　にはカップルYyとZzがいる。また，残りの2人がカップルではないX，
　　Yとすると，B組にはカップルではないxとy，およびカップルZzがい
　　る。よって，この推論は必ず正しい。
イ：A組にいるのがW，X，Y，zのとき，この中にはカップルがいないので，
　　この推論は必ず正しいわけではない。

ウ：A組の3人の中にカップルWwがいるとき，残りの1人は3組のカップル
　　の中の1人なので，B組には2組のカップルがいることになる。一方，A
　　組の3人の中にカップルがおらずW，X，Yで全員男であったとしても，
　　B組の5人の中にはカップルZzがいる。よって，この推論は必ず正しい。
したがって，必ず正しいのはアとウである。

以上より，正解は5。

---

[6] 2

解説 「野球をしたことがある人は，サッカー観戦をしたことがない」とい
う命題を，「野球をしたことがある人」を「野」，「サッカー観戦をしたことが
ない」を「$\overline{サ}$」とし，「野⇒$\overline{サ}$」と表すことにする。2つの命題を組み合わせる
ことでこれが成り立つということは，「野⇒□」，「□⇒$\overline{サ}$」を組み合わせ，
「野⇒□⇒$\overline{サ}$」が成り立つということである。

　よって，ア～オの命題について「ラグビー観戦をしたことがある人」を「ラ」
とし，「⇒」を使って表すと，以下の通りとなる。

ア：野⇒$\overline{ラ}$

イ：$\overline{野}$⇒ラ

ウ：野⇒$\overline{ラ}$

エ：サ⇒ラ

オ：$\overline{サ}$⇒$\overline{ラ}$

　すると，「野⇒□」となるのは，アのみである。また，「□⇒$\overline{サ}$」について，
「ラ⇒$\overline{サ}$」は存在しない。このような場合は，この命題の対偶をとると，「サ
⇒ラ」になり，エと一致する。

したがって，必要な命題はアとエである。

以上より，正解は2。

---

[7] 2

解説 筆記用具を離すことなく，同じ線を二度引かずに図形を描くことを
一筆書きという。問題文の図形が一筆書きできれば，散水車は問題文の図中
のすべての辺を一度通るだけですみ，移動距離を最短にすることができるの
で，まずは問題文の図形が一筆書きできるか否かを検討する。

まず，図形の交点に集まる線分の数を数え，それらを偶点（線分の数が偶数となる点）と奇点（線分の数が奇数となる点）に分類すると，次のようになる。

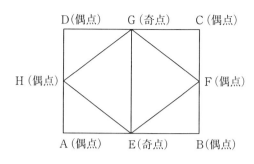

よって，点EとGが奇点，それ以外が偶点となる。

ここで，一筆書きが可能なのは次の2パターンである。

①奇点が0個：この場合はどの点から書き始めても元の点に戻る

②奇点が2個：この場合は一方の奇点から書き始めてもう一方の奇点に戻る

本問では奇点は2個であるが，問題文の条件より，偶点である点Aから書き始めなければならないため，一筆書きできないことになる。

そこで，①の条件が成り立つように，次の図のように点EとGを結ぶ線をもう一本引く。すると，すべての点が偶点となるため，A点から書き始めてA点に戻る一筆書きが可能となる。よって，求める最短距離は，図中のすべての辺の長さを足し，さらに辺EGの長さを加えたものとなる。

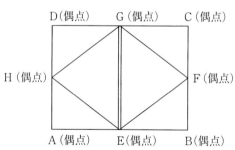

AB = CD = 8〔m〕，BC = AD = EG = 6〔m〕，三平方の定理よりEF = FG = GH = HE = $\sqrt{4^2+3^2}$ = 5〔m〕となるので，求める最短距離は $8 \times 2 + 6 \times 4 + 5 \times 4 = 60$〔m〕となる。

以上より，正解は2。

8 4

解説 （凸）多角形が直線上を転がる場合，多角形の点が描く軌跡は円弧をつなげたものになる。それぞれの円弧は，直線上の点を中心とする回転によって描かれる。このとき回転の中心と回転角度，回転半径を調べれば，どのような円弧がどういう順に描かれるかがわかる。

問題文の図を四角形ABCPとすると，まずは頂点Bを中心として辺BCが直線と重なるまで回転する。このとき，軌跡の円弧の半径はPB，回転角度は頂点Bの外角である。次に，頂点Cを中心とする回転が起こる。このとき，半径はPC，回転角度は頂点Cの外角となる。

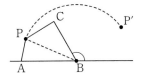 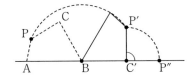

このようにして四角形ABCPを転がしていくと，回転の中心はB，C，P，A，……と変化し，その都度回転半径は回転の中心と動点との距離，回転角度は回転の中心の頂点の外角の大きさとなる。したがって，動点Pの描く軌跡は下のようになる。

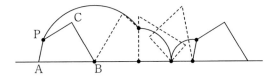

以上より，正解は4。

9 4

解説 一般に，大きな円の周りを小さな円が滑らないように回転するとき，半径の比を「$m:1$」とすると，その回転数は「$m+1$」回転となる。これは，回転数が，小さい円の中心が動いた軌跡と，小さい円の円周の長さの比によって決まることによる。

例えば，図において，小さい円の半径は1であり，大きい円の半径が2であるとすると，小さい円の円周が2πであるのに対して，小さい円がもとの位置に

戻るまでに中心が動いた軌跡は半径3の円の円周6πなる。この場合，小さい円の回転数は，$\dfrac{6\pi}{2\pi}=3$〔回転〕となる。

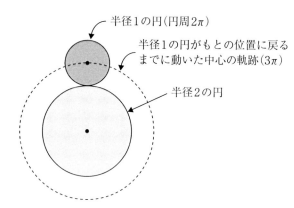

半径1の円（円周2π）

半径1の円がもとの位置に戻るまでに動いた中心の軌跡（3π）

半径2の円

以上より，正解は4。

10 2

解説 条件アより，すべての地点の気温は整数で表される。条件イ及び条件オから，気温が高い方から3番目の地点の気温は，17.4℃に最も近い値となり，条件キから，この地点はBであることがわかる。また，条件カ，キ，クより，最も低い地点はC地点で気温15℃，次に低い地点はA地点で気温16℃であることがわかる。ここで，条件ウを加味すると，気温が最も高い地点の気温は20℃であることがわかる。よって，気温の平均が17.4℃であることから，残る地点の気温をx℃とすると，$\dfrac{15+16+17+x+20}{5}=17.4$より，$x=19$となる。

以上を整理すると，以下のようになる。なお，D地点とE地点の順位は，特定できない。

	←気温が低い			気温が高い→	
気温	15℃	16℃	17℃	19℃	20℃
地点	C	A	B	DまたはE	DまたはE
根拠	②	②	①	④	③

以上より，正解は2。

11 1

解説 一般に，ある命題が真であれば，その対偶も真となる。問題文の命題とその対偶を記号化すると次のようになる。ただし，条件Cの対偶についてはド・モルガンの法則を用いて書き換え，さらに分割する。

	命題	対偶
A	みかん→ブドウ	$\overline{ブドウ}$→$\overline{みかん}$
B	モモ→みかん	$\overline{みかん}$→$\overline{モモ}$
C	メロン→モモ∧$\overline{ブドウ}$ メロン→モモ メロン→$\overline{ブドウ}$	$\overline{モモ}$∧ブドウ→$\overline{メロン}$ $\overline{モモ}$∨ブドウ→$\overline{メロン}$ $\overline{モモ}$→$\overline{メロン}$ ブドウ→$\overline{メロン}$
D	バナナ→$\overline{メロン}$	メロン→$\overline{バナナ}$

これらを三段論法によりつなげていくことで，選択肢が成り立つか検討する。
1. 正しい。Bの対偶，Cの対偶，Dの対偶より，「みかん→$\overline{モモ}$→$\overline{メロン}$→$\overline{バナナ}$」となる。 2. 誤り。Cの対偶より，「ブドウ→$\overline{メロン}$」となる。
3. 誤り。B，Aより，「モモ→みかん→ブドウ」となる。 4. 誤り。C，Bより，「$\overline{メロン}$→$\overline{モモ}$→$\overline{みかん}$」となる。 5. 誤り。D，Cより，「バナナ→$\overline{メロン}$→$\overline{モモ}$」となる。

12 1

解説 一般に，ある命題が真であれば，その対偶も真となる。問題文の命題とその対偶を記号化すると次のようになる。ただし，条件ウの対偶についてはド・モルガンの法則を用いて書き換え，さらに分割する。

	命題	対偶
ア	$\overline{ネクタイ}$→カバン	$\overline{カバン}$→ネクタイ
イ	サングラス→青いシャツ	$\overline{青いシャツ}$→$\overline{サングラス}$
ウ	青いシャツ→ネクタイ∧$\overline{茶色い靴}$ 青いシャツ→ネクタイ 青いシャツ→$\overline{茶色い靴}$	$\overline{ネクタイ}$∧茶色い靴→$\overline{青いシャツ}$ $\overline{ネクタイ}$∨茶色い靴→$\overline{青いシャツ}$ $\overline{ネクタイ}$→$\overline{青いシャツ}$ 茶色い靴→$\overline{青いシャツ}$
エ	カバン→茶色い靴	$\overline{茶色い靴}$→$\overline{カバン}$

これらを三段論法によりつなげていくことで，選択肢が成り立つか検討する。

1. 正しい。エ，ウの対偶，イの対偶より，「カバン→茶色い靴→$\overline{青いシャツ}$→$\overline{サングラス}$」となる。　2. 誤り。「$\overline{サングラス}$」から始まるものがないため，確実ではない。　3. 誤り。「ネクタイ」から始まるものがないため，確実ではない。　4. 誤り。エの対偶，アの対偶より「茶色い靴→$\overline{カバン}$→ネクタイ」となるが，これに続くものがないため確実ではない。　5. 誤り。ウ，エの対偶より「青いシャツ→$\overline{茶色い靴}$→$\overline{カバン}$」となる。

13 5

|解説| 条件ア「A校から合格通知を受け取った学生はB校から合格通知を受け取っていない。」，条件イ「A校から合格通知を受け取った学生はC校からも合格通知を受け取った。」より，次のようなベン図を作成し，それぞれの領域に含まれる人数を①～⑤とする。

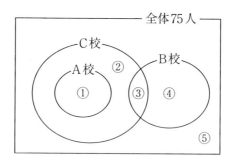

条件ウ「A校から合格通知を受け取っていない学生は45人である。」より，

②＋③＋④＋⑤＝45なので，①＝75－45＝30…Ⓐである。

条件エ「B校から合格通知を受け取った学生は20人である。」より，

③＋④＝20…Ⓑである。

条件オ「B校，C校のいずれの高校からも合格通知を受け取っていない学生は15人である。」より，

⑤＝15…Ⓒ

②＋③＋④＋⑤＝45にⒷ，Ⓒを代入すると，

②＋20＋15＝45

②＝45－20－15

②＝10となる。

他に条件がないことから，③，④の数値は決まらない。

ここで，各選択肢について検証してみる。

選択肢1について，ベン図の②，③が該当するが，②＝10より不適。

選択肢2について，ベン図の③が該当するが，人数が確定しないので，確実にはいえない。

選択肢3について，ベン図の⑤が該当するが，⑤＝15より不適。

選択肢4について，ベン図の①，②が該当するが，①＝30，②＝10なので不適。

選択肢5について，ベン図の②，⑤が該当し，②＝10，⑤＝15なので正しい。

以上より，正解は5。

14 3

解説 条件を表に整理すると次のようになる。

	A	B	C	勝敗
A		1つ負け越し	1勝	
B	1つ勝ち越し		五分五分	7敗
C	1敗	五分五分		5勝6敗

Cについて，Aに1敗しているのでBとは5勝5敗である。

Bについて，Cと5勝5敗なので，Aに2敗しており，Aとは1試合勝ち越しているので3勝2敗である。

Aについて，Cに1勝0敗，Bに2勝3敗である。

以上をまとめると表は以下のようになる。

	A	B	C	勝敗
A		2勝3敗	1勝0敗	3勝3敗
B	3勝2敗		5勝5敗	8勝7敗
C	0勝1敗	5勝5敗		5勝6敗

以上より，正解は3。

15 4

解説 問題文の表より，Bは既に3勝しているので，Aが1位になるためには，Aの残りの対局はすべて勝ちで3勝2敗，かつBの残りの対局はすべて負けで3勝2敗でなければならない。

	A	B	C	D	E	F	結果, 順位
A		○	×	○	×	○	3勝2敗, 1位
B	×		○	○	×	○	3勝2敗
C	○	×				×	
D	×	×			○		
E	○	○		×			
F	×	×	○				

Eは，CかFに勝ってしまうと3勝2敗以上となり，Aに勝っているため1位になってしまい題意に合わない。よって，Eの残りの対局はすべて負けで2勝3敗となる。Cも同様に残りの対局はすべて負けで2勝3敗である。

	A	B	C	D	E	F	結果, 順位
A		○	×	○	×	○	3勝2敗, 1位
B	×		○	○	×	○	3勝2敗
C	○	×		×	○	×	2勝3敗
D	×	×	○		○		
E	○	○	×	×		×	2勝3敗
F	×	×	○		○		

ここで，DがFに勝った場合，CとEとFが2勝3敗で並ぶが，EはCにもFにも負けていることから，最下位となる。一方，DがFに負けた場合，CとDとEが2勝3敗で並ぶが，EはCにもDにも負けていることから最下位となる。よって，DとFの対局の結果に関わらず，Eは最下位である。

以上より，正解は4。

16 1

解説 まず，Aが正直者である場合，「CとDの子供は男」は真実となるが，男は2人なのでこの発言から「AとBの子供は女」という意味になる。すると，Aの子供は女なので，Aはうそつきとなり前提と矛盾する。一方，Aがうそつきの場合，「CとDの子供は男」はうそとなるが，この場合は「CとDの子供のどちらかが女」であればうそとなるので，Aの子供が女であっても成立する。よって，Aの子供は女である。

すると，Dは真実を述べているのでDの子供は男である。

すると，Bは真実を述べているのでBの子供は男である。

すると，CはうそをついているのでCの子供は女である。

したがって，女の子の母親はAとCである。

以上より，正解は1。

17 2

解説 ア〜エの発言内容について，到着した順序で整理すると以下のようになる。

ア　E→A→D

イ　D→C→A

ウ　B→D→E

エ　C→E→A

これらの発言のうち1つが誤りであることから，矛盾するものを探していく。

アとイについて，AとDの順序が矛盾している。これより，アとイのいずれかが誤りである。

アとウについて，EとDの順序が矛盾している。よって，アとウのいずれかが誤りである。

よって，誤っている1つの発言はアであり，残りの発言は正しいことになる。正しい発言をまとめると，到着した順序は，B→D→C→E→Aとなる。

以上より，正解は2。

18 4

解説 条件のうち1つだけ本当なので、仮にすべての条件を否定すると、1つだけがうそで他はすべて正しくなる。すべての条件を否定すると次のようになる。

アの否定　長女はAでない。
イの否定　長女はBである。
ウの否定　次女はAでない。
エの否定　次女はCである。
オの否定　三女はCである。

　このうち、エの否定とオの否定は明らかに矛盾しているので、どちらかがうそである。またアの否定とウの否定が正しいとすると三女はAとなるが、これはオの否定と矛盾する。よって1つだけのうそはオの否定である。すると、アの否定〜エの否定は正しく、長女はB、次女はC、三女はAと決まる。
以上より、正解は4。

19 2

解説 3枚のうち少なくとも1枚は青であるから、Aは、BとCがともに白のときだけ自分が青とわかる。「わからない」と発言したということは、BとCの少なくとも1枚が青であったということになる。

　Aの発言からBとCの少なくとも1枚は青であることがわかっているので、Bは、Cが白であるときに自分が青とわかる。Bが「わかった」と発言したということは、Cが白でBが青であったということになる。さらに、Bの発言から、Cは自分が白とわかる。

よって、Bが青、Cが白である。
以上より、正解は2。

20 3

解説 当選するために必要な最低得票数を求めるので、当選者の得票数が同じとなる場合を考える。もし、4人が同じ得票数であった場合、$38 \div 4 = 9.5$であり、1人の得票数は9票となる。一方、3人が同じ得票数となるためには、この条件を上回らなければならず、最低10票必要となる。
以上より、正解は3。

21 5

解説 条件を次の対応表にまとめると，テニスの欄，Aの欄，草野球の欄がまず埋まる。

	テニス	草野球	マラソン	ジョギング	水泳	計
A	×	○	○	×	○	3
B	○	×				2以上
C	○	×				2以上
D	×	×				2以上
計	2	1	2	2	3	10

条件アについて，「BとDが共通に選んだ運動」は，後半の「A，B，Dの3人に共通する運動がなかった」を考慮すると，ジョギングしかない。また，「AとBが共通に選んだ運動」について，同じく後半の条件からDは選んでおらず，条件ウよりCも選んでいないので，その運動を選んだのは2人であり，マラソンしかない。すると，残った水泳はA，C，Dに決まり，対応表は以下のようになる。

	テニス	草野球	マラソン	ジョギング	水泳	計
A	×	○	○	×	○	3
B	○	×	○	○	×	3
C	○	×	×	×	○	2
D	×	×	×	○	○	2
計	2	1	2	2	3	10

よって，Dはジョギングを選んでいる。
以上より，正解は5。

22 4

解説 農作物を選んだ場合を○，選ばなかった場合を×として，条件をもとに次の対応表を作成する。条件ア～エより，対応表は以下のようになる。

	人参	芋	きゅうり	なす	玉ねぎ	計
A	○		○			
B				○	○	3
C		○				2
D		×			×	
E				×		
計	4	3	3	2	3	15

　次に，条件オより，玉ねぎを選んだBは人参も選んだことになり，Bが選んだ3種類の農作物は人参，なす，玉ねぎとなる。すると，芋を選んだ3人はA，C，Eとなる。ここで，Cは玉ねぎと人参の両方を選ぶことはできないので，玉ねぎは選んでいないことになり，玉ねぎを選んだのはA，B，Eとなり，全員が人参を選んだことになる。また，きゅうりを選んだ者は3人，なすを選んだ者は2人なので，条件カよりきゅうりを選んだAはなすを選ばず，なすを選ばなかったEはきゅうりを選んだことになる。すると，Dが選んだ農作物は2種類となり，きゅうりとなすの両方を選ぶことはできないので，少なくとも人参は選んでいることになる。よって，人参を選んでいないのはCとなり，条件オよりなすを選んだことになる。したがって，対応表は以下のようになる。

	人参	芋	きゅうり	なす	玉ねぎ	計
A	○	○	○	×	○	4
B	○	×	×	○	○	3
C	×	○	×	○	×	2
D	○	×	○	×	×	2
E	○	○	○	×	○	4
計	4	3	3	2	3	15

したがって，Dはなすを選ばなかった。
以上より，正解は4。

23 1

解説 100個の碁石を並べて正方形を作るので，$100 = 10 \times 10$より，正方形の1辺に並ぶ碁石の数は10個となる。

よって，一番外側のひと周りに並ぶ碁石の数は

$(10 - 1) \times 4 = 36$〔個〕

以上より，正解は1。

24 3

解説 一般に，半径lの円が半径mの外周に沿って回転するとき，

外側を1周する際の回転数は$\dfrac{m}{l} + 1$〔回〕，内側を一周するときの回転数は

$\dfrac{m}{l} - 1$〔回〕となる。

$\dfrac{m}{l} = \dfrac{6}{2} = 3$だから，図1の回転数は$3 + 1 = 4$〔回〕，図2の回転数は$3 - 1 = 2$〔回〕となる。よって，これらの差は$4 - 2 = 2$〔回〕である。

以上より，正解は3。

25 1

解説 折りたたんだ紙に切り込みを入れて広げると，切り取られた部分が折り目に対して線対称になることを利用する。次のように順番に考えるとよい。

① 問題文の図2を90°回転させる

② ①において，切り取られた部分が線対称となるような折り目を探し，1回だけ折りたたんだ図をつくる

③ ①と同様に考えて2回目の折り目を探し，もう1回折りたたんだ図をつくる

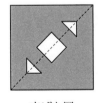

広げた図
(90°回転)

1回だけ
折りたたんだ図

もう1回だけ
折りたたんだ図

以上より，正解は1。

26 5

解説 辺BC, CA上に, 次のように番号を
付す。

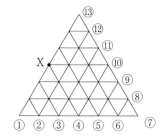

条件より, Xを頂点とする二等辺三角形を含む
正三角形を作るとき, X以外の頂点は, ①と⑩,
②と⑪, ②と⑫, ③と⑪, ③と⑫, ④と⑩, ④
と⑬, ⑤と⑨, ⑥と⑧であり, 9組となる。
以上より, 正解は5。

27 2

解説 軌跡が, 弧を描いた後で ℓ に平行な直線となり, 再び弧を描くこと
がポイントである。ℓ に平行な直線を描くということは, 点Pと直線 ℓ の距
離が一定であることを意味しており, このような場合は円周と円の中心が等
しいことを利用して扇型や半円を探せばよい。

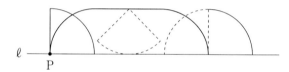

以上より, 正解は2。

28 2

解説 正面から見ても, 右側面から見ても, 左から順に4個, 3個, 2個,
1個積み重なったように見えたので, 次の縦4マス, 横4マス, 合計16マスに
積まれた立方体の数を考える。それぞれのマスを①〜⑯とする。

(1) 立方体の数が最小の場合

　最小の数を考える場合, 見えるところはその数とし, 見えないところはで
きるだけ小さい数とする。

　まず, 正面から見て左端の列は4段に見えるので, ①, ⑤, ⑨, ⑬のいず
れか1つは4となる。また, 右側から見て左端の列も4段に見えるので, ⑬,
⑭, ⑮, ⑯のいずれか1つは4となる。これらのことから, ⑬を4とすれば最
小の数となる。同様に考えると, ⑩は3, ⑦は2, ④は1となる。よって, 次
のようになるので, 最小の場合の合計は10個となる。

(2) 立方体の数が最大の場合

　最大の数を考える場合，見えるところはその数とし，見えないところはできるだけ大きい数とする。

　(1) より，④は1，⑦は2，⑩は3，⑬は1となる。次に，正面から見て右端の列は1段に見えるので，この列は最大で1段積むことができる。同様に，右側から見て右端の列は最大で1段積むことができる。よって，①，②，③，⑧，⑫，⑯は1となる。次に，表面から見て右から2列目，右側から見て右から2列目は2段まで積むことができるので，⑤，⑥，⑪，⑮は2となる。さらに，⑨と⑭は3となる。よって，次のようになるので，最大の場合の合計は30個となる。

①	②	③	④	1
⑤	⑥	⑦	⑧	2
⑨	⑩	⑪	⑫	3
⑬	⑭	⑮	⑯	4

4　3　2　1
正面

右側

0	0	0	1	1
0	0	2	0	2
0	3	0	0	3
4	0	0	0	4

4　3　2　1
最小の場合

1	1	1	1	1
2	2	2	1	2
3	3	2	1	3
4	3	2	1	4

4　3　2　1
最大の場合

　したがって，最大の個数と最小の個数の差は，$30 - 10 = 20$〔個〕となる。以上より，正解は2。

29 4

解説　正八面体を組み立て，与えられた点と線を書き込むと次のようになる。

よって，点Bから，辺CFの中点に向けて線を引くと，その延長線は頂点Dにつながる。これは，問題文中の④に対応する。

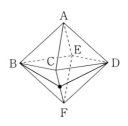

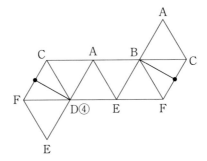

以上より，正解は4。

30 3

解説　点，M，F，Hを通る平面で立方体を切るとき，辺ADの中点をOとすると，求める切り口は，図のような等脚台形となる。

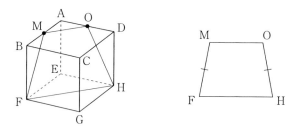

以上より，正解は3。

　参考：切断面の作図方法

　　　　3点を通る平面の切断面の形は，次の①〜③により求められる。

　　　　①同一平面上の2点を結ぶ線が切り口になる。

　　　　②互いに平行な面があるとき，これらに面に現れる切り口は平行線になる。

　　　　③面を延長したり，障害物を通過して①②を試す。

31 1

解説　向かい合う面の和が7，接する面の和が8であることに注意し，それぞれの面の目を数字で表すと，図の2つのさいころの展開図は，次のようになる。

	6	
2	α	5
	1	

	5	
3	β	4
	2	

αとしてあり得る数は3と4，βとしてあり得る数は1と6である。よって，「$\alpha + \beta$」としてあり得る数は，「3 + 1 = 4」「3 + 6 = 9」「4 + 1 = 5」「4 + 6 = 10」である。

以上より，正解は1。

250

32 5

解説 与えられた立方体と，真上から見た図，正面から見た図について，長さも含めて対応させることがポイントとなる。この場合は，次のようになる。

切り口は，色のついた部分であり，三角形となっている。

以上より，正解は5。

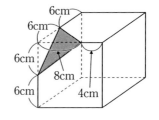

33 3

解説 空欄を埋めるためには，ゴールした際の順序を求める必要がある。

最後の状態の順序関係を求める。

条件イ，ウより，WはXとYを，XはWとYを，YはWとXを追い抜くことになる。アの条件よりWはXとYに追い抜かれた後に追い抜くことになるので，ゴールした順序は早いほうから順に「W」，「X」または「Y」（これを条件キとする）となる。

また，XはYに追い抜かれた後にさらに追い抜くことになるので，ゴールへの到着は「X」，「Y」（これを条件クとする）となる。

条件キとクより，早いほうから順に「W」，「X」，「Y」となる。

Zは条件ウより2つ順位を上げてゴールするので，ZはXとYを追い抜くことになる。

よって，ゴールの順番は早いほうから順に「W」「Z」「X」「Y」に確定する。

さらに，ZはXとYを追い抜くことから，XはW，Y，Zの3人に抜かされていることになる。

以上より，正解は3となる。

数的処理　　　　数的推理

　数的推理は，数的処理の中では最も算数・数学の知識や能力が役に立つ分野といえる。出題形式はほとんどが文章題であり，必要な情報を読み取り，自身で方程式を立てて解いていく能力が求められる。本書の数学の内容を参考にしつつ，以下の重要事項を知っておいてほしい。

　まず知っておいてほしいのは，「速さ，距離，時間」の関係である。（速さ）$=\left(\dfrac{距離}{時間}\right)$という基本公式をもとに，式変形をして距離や時間を求める，秒から分（または時間），kmからm（またはcm）などに単位変換する，といった操作を速く正確に行えるようになってほしい。このような力を身に付けることで，「通過算」，「旅人算」，「流水算」などの理解にもつながり，「仕事算」や「ニュートン算」といった応用問題にも対応できる。

　次に，「比と割合」といった指標の活用法を覚えよう。問題によっては具体的な数量ではなく比や割合だけが与えられる場合もある。例えば，「AとBの比が$a:b$」と出てきたら，Aはa個，Bはb個のように比の値をそのまま数量とする，あるいはAはax個，Bはbx個といった表し方をすると考えやすくなる。また，比例配分の考え方「X個をAとBに$a:b$に配分すると，Aには$\dfrac{a}{a+b}\times X$〔個〕，Bには$\dfrac{b}{a+b}\times X$〔個〕配分される」もよく利用される。割合では，「百分率％で表されていたら全体を100とする」と考えやすくなる。「割引き」や「割り増し」といった言葉が出てきた場合の計算にも慣れておこう。

　学習のコツとしては，判断推理と同様に「設問を読んだだけで何をすればよいか見通しが立てられるぐらいまで取り組む」ことである。もし学習時間の確保が困難であれば，「設問から必要な情報を読み取り方程式を立てる」ステップだけでも反復練習しよう。

〉〉 演 習 問 題 《《

1 ある職場は，A〜Fの6人の職員で構成され，このうちEおよびFは新人職員である。新人職員は，1人だけまたは2人だけでは外出または留守番をしないとするとき，外出する職員の組合せは，何通りあるか。ただし，必ず1人以上外出するものとする。

  1　51通り　　　2　53通り　　　3　55通り
  4　57通り　　　5　59通り

2 7個の数字1，2，3，4，5，6，7から異なる4個を並べて4桁の整数を作る。さらにこの4桁の整数すべてを小さい順に並べたとき，4561は小さい方から数えて何番目の整数か。

  1　433番目　　　2　437番目　　　3　441番目
  4　493番目　　　5　501番目

3 次の図は，1辺の長さが20cmの正方形KLMN，辺KL上を毎秒2cmの速さで移動する動点P，辺LMの延長線上を毎秒4cmの速さで移動する動点Qを示している。点Pが点Kを，点Qが点Mを同時に出発したとき，△PLQの面積が176cm²になる時間として，正しいものはどれか。

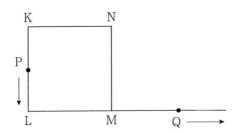

  1　4秒後　　　2　6秒後　　　3　8秒後　　　4　10秒後　　　5　12秒後

4 あるビルの床面は全体で5m²ある。1m²を塗るために必要なペンキの量は350mLであるが，実際にはペンキが560mLしかなかった。このとき，全体の床面の何%を塗ることができるか。

  1　26%　　　2　30%　　　3　32%　　　4　52%　　　5　63%

5 次図のように，一辺の長さが2cmの立方体ABCD－EFGHがあり，辺ADの中点をNとする。辺DC上に点Pを，NP＋PGが最小となるようにとったとき，NP＋PGの値として妥当なものはどれか。

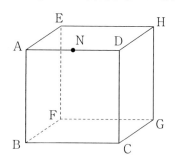

1 3cm　　2 $\sqrt{10}$ cm　　3 $\sqrt{11}$ cm　　4 $2\sqrt{3}$ cm　　5 $\sqrt{13}$ cm

6 1と2の間に，1より大きく2より小さい異なる8個の数を入れて，1から2までの10個の数を小さい順に並べたところ，隣にある数との差がどれも同じになる。間に入れた8個の数の和として正しいものはどれか。

1 10　　2 11　　3 12　　4 13　　5 14

7 年上の順から，X，Y，Zがおり，現在，3人の年齢の合計は89歳である。YはZより5歳年上であり，さらに，6年後にはXの年齢はYの年齢の2倍になることがわかっている。このとき，現在から6年後のZの年齢として，正しいものはどれか。

1 19歳　　2 20歳　　3 21歳　　4 22歳　　5 23歳

8 パレードの人々が1列に並んで歩いている。先頭から最後尾までちょうど900mあるとき，最後尾にいたAが先頭まで走っていったところ，3分で先頭に追い付いた。そして，再び最後尾に戻るため，その場所で待っていたら，ちょうど9分かかった。もしもAが先頭から最後尾まで，走って戻ったとしたときにかかる時間として正しいものはどれか。ただし，Aは常に一定の速度で走ったものとする。

1 1分40秒　　2 1分42秒　　3 1分45秒
4 1分48秒　　5 1分50秒

⑨ 1円玉3枚，5円玉2枚，10円玉3枚，100円玉2枚の合計243円を持っている。このとき，おつりを貰わず丁度支払いのできる金額は何通りあるか。

  1　104通り　　　2　105通り　　　3　106通り

  4　107通り　　　5　108通り

⑩ 右図において，AD：DB＝1：5，BC：CE＝5：1であるとき，AF：FCの値として正しいものはどれか。

  1　3：2

  2　4：3

  3　5：3

  4　5：4

  5　6：5

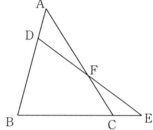

⑪ 次の図において，弧AD：弧BC＝3：1，∠AQD＝30°のとき，∠APDの角度として正しいものはどれか。

  1　58°

  2　60°

  3　62°

  4　64°

  5　65°

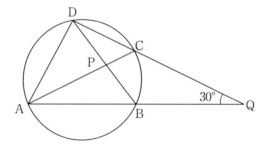

⑫ 右図のような半径3cmの円から，この円に内接する正方形を取り除いた図形を，直線ℓを軸として1回転させたときにできる立体の体積として正しいものはどれか。

  1　$14\pi\,\mathrm{cm}^3$　　　2　$15\pi\,\mathrm{cm}^3$

  3　$16\pi\,\mathrm{cm}^3$　　　4　$18\pi\,\mathrm{cm}^3$

  5　$20\pi\,\mathrm{cm}^3$

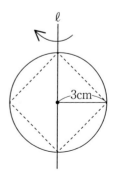

13 A，B 2つの容器があり，それぞれ1.2kgずつの菓子が入っている。Aの中の菓子は金平糖が97％，チョコレートが3％，Bの中の菓子は金平糖が90％，チョコレートが10％であり，ともによく混ぜ合わされているものとする。いま，Aの中の菓子をある量だけBに移し，よく混ぜ合わせた後，BからAに同じ量だけとって戻したところAの中のチョコレートの割合は5％になった。最初にAからBに移した菓子の量は何gであったか。

　1　100g　　2　120g　　3　240g　　4　480g　　5　600g

14 2000の約数の個数として，正しいものはどれか。

　1　16個　　2　18個　　3　20個　　4　22個　　5　24個

15 水が入っていないプールがある。ホースA，B，Cを用いて，このプールに水を貯めることができる。ホース2つを同時に用いる場合，AとBでは36分，BとCでは45分，AとCでは60分でプールが水でいっぱいになる。ホースA，B，Cの3つを同時に用いた場合，このプールを水でいっぱいにするのにかかる時間として，正しいものはどれか。

　1　27分　　2　28分　　3　29分　　4　30分　　5　31分

16 ある商店において新商品を120個仕入れ，原価に対し5割の利益を上乗せして定価として販売し始めた。ちょうど半数が売れた時点で，売れ残りが生じないように，定価の1割引にして販売した。販売終了時刻が近づき，それでも売れ残りが発生しそうであったので，最後は定価の半額にして販売したところ，売り切れた。全体としては，原価に対し1割5分の利益を得ることができた。このとき，定価の1割引で売れた新商品の個数として，正しいものはどれか。

　1　2個　　2　5個　　3　6個　　4　15個　　5　25個

17 下図のような直角三角形ABCがある。この直角三角形の直角の頂点Aから斜辺へ引いた垂線をADとし，∠Bの2等分線がAC，ADと交わる点をP，Qとする。AC＝20，AQ：QD＝3：2のとき，APの長さとして，正しいものはどれか。

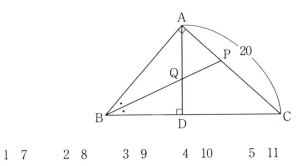

1　7　　　2　8　　　3　9　　　4　10　　　5　11

18 ある企業における部署内の男性7人，女性5人の中から新しいプロジェクトに参加するメンバーを4人選びたい。このとき，女性が2人以上含まれる選び方の種類の数として，正しいものはどれか。

1　275通り　　2　285通り　　3　295通り　　4　305通り　　5　315通り

19 図のように区切られたV，W，X，Y，Zの領域を5色のクレヨンを用いて色分けしたい。同じ色を複数回使ってよいが，隣り合う部分に同じ色を用いないという条件がある場合，これに合致する塗り方の数として，最も妥当なものはどれか。

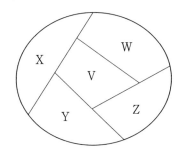

1　280通り　　2　320通り　　3　360通り　　4　420通り

5　480通り

20 A, B, Cの3人が食事をした。1軒目の食事代が13,200円であり, Bが支払った。また, 2軒目の食事代が8,400円であり, Cが支払った。この後, 精算をする前に, 3人はさらに3軒目の食事に行き, Aが3軒目の食事代21,000円を支払った。3軒の食事代を精算し, 3人の支払い額を等しくするとき, 誰が誰にいくら支払えばよいか。

1　BがAに1000円, CがAに5800円支払う。
2　BがAに5000円, CがAに1800円支払う。
3　AがBに1000円, AがCに5800円支払う。
4　AがBに5800円, AがCに1000円支払う。
5　BがAに2000円, CがAに2800円支払う。

21 3人用, 4人用, 5人用の長椅子があわせて30脚あり115人が座ることができる。また, 5人用の長いすに6人ずつ座ると124人が座ることができる。このとき, 3人用の長いすの脚数として, 最も妥当なものはどれか。

1　11脚　　2　12脚　　3　13脚　　4　14脚　　5　15脚

22 1本の長さが10cmの竹ひごが120本ある。この竹ひごと粘土の玉を使って, 下の図のような立体を作る。竹ひごができるだけ余らないようにするとき, ABの長さとして, 最も妥当なものはどれか。ただし粘土の玉の大きさは考えないものとする。

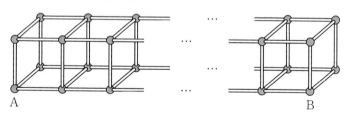

A　　　　　　　　　　　　　　　　　　　　　　　B

1　110cm　　2　120cm　　3　130cm　　4　140cm　　5　150cm

《 解 答 ・ 解 説 》

1 4

解説 6人それぞれが外出するかしないかの組み合わせは，$2^6 = 64$〔通り〕
である。
このうち，全員外出しない場合は除外するので，63〔通り〕となる。
さらにこの63通りのうち，EとFが

①1人で外出
②2人で外出
③1人で留守番
④2人で留守番

となる右の表の6通りを除外する。
よって，$63 - 6 = 57$〔通り〕となる。
以上より，正解は4。

外出	留守番
E	
F	
EF	
	E
	F
	EF

2 1

解説

1 □□□ $_6P_3 = 6 \cdot 5 \cdot 4 = 120$〔通り〕
2 □□□   120〔通り〕
3 □□□   120〔通り〕
4 1 □□ $_5P_2 = 5 \cdot 4 =$ 20〔通り〕
4 2 □□   20〔通り〕
4 3 □□   20〔通り〕   計420通り
──────────────────────
4 5 1 □ $_4P_1 =$ 4〔通り〕
4 5 2 □   4〔通り〕
4 5 3 □   4〔通り〕   計432通り
──────────────────────
4 5 6 1

　上の結果より，千の位が1, 2, 3である整数は，それぞれ $_6P_3 = 120$〔通り〕
ある。また，千の位が4で，百の位が4より小さい整数は，$3 \times {}_5P_2$〔通り〕。
さらに，千の位が4，百の位が5であり，十の位が4より小さい整数は，
$3 \times {}_4P_1$通り。4561はこれらより大きい最小の整数であるから，4561は小さい
方から数えて433番目。
以上より，正解は1。

3 2

解説 出発してからの時間をx〔秒〕とすると，

$PL = 20 - 2x$〔cm〕，$LQ = 20 + 4x$〔cm〕

$\triangle$PLQの面積$= \dfrac{1}{2}(20 - 2x)(20 + 4x) = 176$〔cm²〕

$(x - 6)(x + 1) = 0$

$x > 0$だから，$x = 6$〔秒〕

以上より，正解は2。

4 3

解説 5m²塗るために必要なペンキの量は，

$350 \times 5 = 1750$〔mL〕

実際に塗るペンキの量は560〔mL〕である。

$\dfrac{560}{1750} \times 100 = 32$〔%〕

以上より，正解は3。

5 5

解説 NPとPGが存在する2面の展開図を示す。NP＋PGが最短になるのは，図のようにN，P，Gが一直線上に並ぶときである。

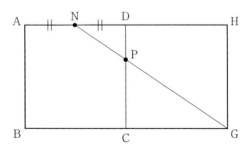

立方体の1辺は2cm，NはADの中点であるので，NH＝3cm，HG＝2cmで，NGをx〔cm〕とすると，$\triangle$NGHについて三平方の定理より，

$x^2 = 3^2 + 2^2$

よって，$x = \sqrt{9 + 4} = \sqrt{13}$〔cm〕

以上より，正解は5。

6 3

解説 問題文より，1と2の間に入る8つの数の並びは等差数列になることがわかる。

このとき，公差は $\dfrac{1}{9}$ であり，1と2の間には順に $\dfrac{10}{9}$，$\dfrac{11}{9}$，$\dfrac{12}{9}$，……，$\dfrac{17}{9}$ が入る。

よって，これらの8つの数の和は，

$$\frac{10 + 11 + 12 + \cdots\cdots + 17}{9} = \frac{27 \times 8 \div 2}{9} = 12$$

以上より，正解は3。

7 5

解説 それぞれの年齢を x, y, z とする。

3人の年齢の合計は，$x + y + z = 89$……①

YはZより5歳年上なので，$z = y - 5$……②

6年後に，Xの年齢はYの年齢の2倍になるから，$x + 6 = 2(y + 6)$ ……③

①，②，③より $x = 50$，$y = 22$，$z = 17$

よって，Zの6年後の年齢は23歳である。

以上より，正解は5。

8 4

解説 まず，パレードが進む速さを求める。パレードの先頭から最後尾までの距離が900mであり，先頭のAが待っていて最後尾になるまでに9分かかったので，パレードが進む速さは $\dfrac{900}{9} = 100$ 〔m/分〕となる。

次に，Aが走る速さを求める。最後尾にいたAは3分で先頭に追いついたが，その3分間でパレードが進んだ距離は $100 \times 3 = 300$ 〔m〕なので，Aが入った距離は $900 + 300 = 1200$ 〔m〕となる。よって，Aが走る速さは $\dfrac{1200}{3} = 400$ 〔m/分〕となる。

よって，Aが先頭から最後尾まで走って戻るとき，Aと最後尾が近づく速さは $400 + 100 = 500$ 〔m〕となるので，かかる時間は $\dfrac{900}{500} = 1.8$ 〔分〕$= 1.8 \times 60$ 〔秒〕$= 108$ 〔秒〕，したがって，1分48秒となる。

以上より，正解は4。

9 4

解説 5円玉を2枚払うと10円になることに注意して考える。

1円玉の出し方は0枚，1枚，2枚，3枚のいずれか4通り

5円玉と10円玉を合わせていくら出すかは，0，5，10，・・・40円まで5円刻みで9通り。

100円玉の出し方は0枚，1枚，2枚のいずれか3通り

よって，お金を支払わない場合を除くと，支払うことができる金額は，

$4 \times 9 \times 3 - 1 = 107$〔通り〕

以上より，正解は4。

10 5

解説 CからEDの平行線を引き，ABとの交点をGとすると，

AF：FC = AD：DG

また，BG：GD = BC：CE = 5：1

ゆえに，$DG = \dfrac{1}{6}DB$

一方，AD：DB = 1：5であるから，

DB = 5ADより，

$DG = \dfrac{1}{6} \cdot 5AD = \dfrac{5}{6}AD$

よって，AD：DG = 6：5だから，

AF：FC = 6：5

以上より，正解は5。

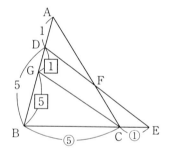

11 2

解説 $\angle BAC = \angle BDC = x$とおくと，弧AD：弧BC = 3：1より，

$\angle ABD = \angle ACD = 3x$

$\angle ACD$は△AQCの$\angle ACQ$の外角であるから，

$\angle ACD = \angle AQC + \angle QAC$より

$3x = 30° + x$

よって，$x = 15°$

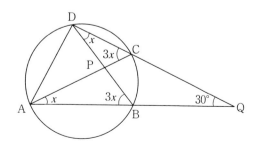

また，∠APDは△ABPの∠APBの外角であるから，

∠APD = ∠ABP + ∠BAP = $3x + x = 4x = 60°$

以上より，正解は2。

12 4

解説 求める立体の体積は，半径3cmの球の
体積から，底面が半径3cmの円で，高さが3cm
の2つの円錐の体積を引けばよい。

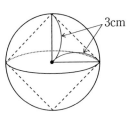

3cm

$\frac{4}{3} \cdot \pi \cdot 3^3 - \frac{1}{3} \cdot \pi \cdot 3^2 \cdot 3 \cdot 2$

$= 36\pi - 18\pi = 18\pi$ 〔cm³〕

以上より，正解は4。

13 4

解説 はじめにAの中の菓子に入っているチョコレートの量：

$$1200 \times 0.03 = 36$$ 〔g〕

Bの中の菓子に入っているチョコレートの量：$1200 \times 0.10 = 120$ 〔g〕

最初にAからBに移した菓子の量をx〔g〕とすると，

その直後のBの中の菓子に入っているチョコレートの量：$120 + 0.03x$ 〔g〕

Bの中の菓子に入っているチョコレートの割合：$\frac{120 + 0.03x}{1200 + x} \times 100$

次に，BからAにx〔g〕の菓子を戻すと，

その直後のAの中の菓子に入っているチョコレートの量：

$$36 - 0.03x + \frac{120 + 0.03x}{1200 + x}x$$

Aの中の菓子に入っているチョコレートの割合：

$$\frac{36 - 0.03x + \frac{120 + 0.03x}{1200 + x}x}{1200} \times 100$$

これが5％になるので，

$$\frac{36 - 0.03x + \frac{120 + 0.03x}{1200 + x}x}{1200} \times 100 = 5$$

これを整理すると，$x = 480$〔g〕

以上より，正解は4。

[14] 3

解説 2000を素因数分解すると，$2000 = 2^4 \times 5^3$
自然数Nを素因数分解して$N = p^a q^b r^c \cdots$となるとき，
Nの正の約数の個数は，$(a+1)(b+1)(c+1) \cdots$〔個〕となる。
よって，2000の約数の個数は$(4+1) \times (3+1) = 20$〔個〕
以上より，正解は3。

[15] 4

解説 プールをいっぱいにするために必要な水の量を，かかった時間である36，45，60の最小公倍数である180とする。また，ホースA，B，Cの1分あたりの仕事量をそれぞれa〔/分〕，b〔/分〕，c〔/分〕とすると，
ホースAとBの仕事量：$a + b = 180 \div 36 = 5$〔/分〕 …①
ホースBとCの仕事量：$b + c = 180 \div 45 = 4$〔/分〕 …②
ホースAとCの仕事量：$a + c = 180 \div 60 = 3$〔/分〕 …③
①＋②＋③より，$(a+b) + (b+c) + (a+c) = 5 + 4 + 3 = 12$〔/分〕
$$2(a + b + c) = 12 \text{〔/分〕}$$
$$a + b + c = 6 \text{〔/分〕}$$
よって，ホースA，B，Cの3つを同時に用いたときにかかる時間は，
$180 \div 6 = 30$〔分〕
以上より，正解は4。

[16] 2

解説 新商品の仕入れ値をx円とすると，
仕入れ総額は$120x$〔円〕
定価は$1.5x$〔円〕，売れたのは半数なので60個，定価での売上は$1.5x \times 60 = 90x$〔円〕
定価の1割引は$1.5x \times 0.9 = 1.35x$〔円〕，y個売れたとすると，売上は$1.35xy$〔円〕
定価の半額は$1.5x \div 2 = 0.75x$〔円〕，残りを売り切れたので$60 - y$〔個〕，売上は$0.75x(60 - y)$〔円〕

ここまでをまとめると，次のようになる。

	価格〔円〕	個数〔個〕	仕入れ総額/売上〔円〕
仕入れ	x	120	$120x$
定価	$1.5x$	60	$90x$
定価の1割引	$1.35x$	y	$1.35xy$
定価の半額	$0.75x$	$60 - y$	$0.75x(60 - y)$

さらに，全体の利益は原価の1割5分なので$120x \times 0.15 = 18x$〔円〕

ここで，（利益）＝（売上総額）－（仕入れ総額）より，

$\{90x + 1.35xy + 0.75x(60 - y)\} - 120x = 18x$

これを整理すると，$y = 5$〔個〕

以上より，正解は2。

---

17 2

解説 頂角を2等分したときの底辺の比は，以下の通りとなる。

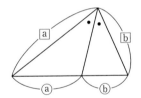

上の定理より，AQ：QD＝3：2なので，AB：BDも3：2

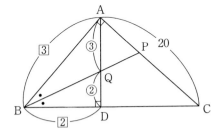

APの長さを求めるために，AP：PCを求めておく必要がある。

そのためにBCの長さを求める。

△ABD∽△CBAに注目するとAB：BC＝BD：AB＝2：3

ここで，上に示した定理より，AP：PC＝2：3となるので，

$$AP = \frac{2}{5}AC = \frac{2}{5} \times 20 = 8$$

以上より，正解は2。

---

18 2

解説 「女性が2人以上含まれる」の余事象は，「女性が1人以下」である。このときの選び方は，

男性3人女性1人の場合：${}_7C_3 \times {}_5C_1 = \frac{7 \times 6 \times 5}{3 \times 2 \times 1} \times 5 = 175$〔通り〕

男性4人の場合：${}_7C_4 = \frac{7 \times 6 \times 5}{3 \times 2 \times 1} = 35$〔通り〕

よって，余事象の場合の数は，$175 + 35 = 210$〔通り〕

全事象は「12人の中から4人選ぶ」ので，

${}_{12}C_4 = \frac{12 \times 11 \times 10 \times 9}{4 \times 3 \times 2 \times 1} = 495$〔通り〕

よって，求める選び方は$495 - 210 = 285$〔通り〕

以上より，正解は2。

参考：余事象を考えない場合

4人選んだうち女性が2人以上含まれる選び方は，

男性2人女性2人の場合：${}_7C_2 \times {}_5C_2 = \frac{7 \times 6}{2 \times 1} \times \frac{5 \times 4}{2 \times 1} = 210$〔通り〕

男性1人女性3人の場合：${}_7C_1 \times {}_5C_3 = 7 \times \frac{5 \times 4}{2 \times 1} = 70$〔通り〕

女性4人の場合：${}_5C_4 = 5$〔通り〕

よって，求める選び方は$210 + 70 + 5 = 285$〔通り〕

---

19 4

解説 問題文の条件より，2色または1色のクレヨンで塗ることはできないので，クレヨンを5色，4色，3色用いる場合についてそれぞれ考える。

① クレヨンを5色使う場合は，5色を一列に並べる順列と同様に考えることができるので，${}_5P_5 = 5 \times 4 \times 3 \times 2 \times 1 = 120$〔通り〕

② クレヨンを4色使う場合は，5色のうち4色を選んで一列に並べ，同じ色になるのはWとY，またはXとZの2通りなので，${}_5P_4 \times 2 = 5 \times 4 \times 3 \times 2 \times 2 = 240$〔通り〕

③クレヨンを3色使う場合は，WとY，およびXとZがいずれも同じ色になるため，5色のうち3色を選んで一列に並べる順列と同様に考えることができるので，$_5P_3 = 5 \times 4 \times 3 = 60$〔通り〕

①～③は同時に起きることはないので，塗り方の数は $120 + 240 + 60 = 420$〔通り〕

以上より，正解は4。

20 1

解説 まず，3回の食事代の総額を3で割って，1人が支払うべき額を求める。このとき，Aが一番多く支払っているので，1人が支払うべき額に対するBとCの不足分をそれぞれ算出すればよい。

$(13200 + 8400 + 21000) \div 3 = 14200$……1人14200円支払えばよい。

$14200 - 13200 = 1000$〔円〕………………Bの不足分

$14200 - 8400 = 5800$〔円〕………………Cの不足分

したがって，B，Cの不足分をAに支払えばよいことになる。

以上より，正解は1。

21 4

解説 5人用の長椅子に6人ずつ座ると，$124 - 115 = 9$〔人〕多く座ることができることから，5人用の長椅子は9脚あることがわかる。よって，3人用と4人用の長いすがあわせて $30 - 9 = 21$〔脚〕あり，3人用の長椅子と4人用の長椅子に座れる人数の合計は $115 - 5 \times 9 = 70$〔人〕になる。

3人用の長椅子の数を x とおくと，4人用の長椅子の数は $21 - x$ と表せる。

これらのことから次の式が成り立つ。

$3x + 4(21 - x) = 70$ より　$x = 14$

よって，3人用の長椅子は14脚となる。

以上より，正解は4。

22 4

解説 立方体が1個増えるごとに，竹ひごが何本増えていくかを考える。

1個目の立方体を作るためには竹ひごが12本必要であり，2個目からは立方体1個につき8本ずつ必要となる。すると，n個の立方体を作るために必要な竹ひごの本数は，初項12，公差8，項数nの等差数列で表せる（nは自然数）。この等差数列の初項から第n項までの和が120以下となる最大のnを求めればよいので，

$$12 + (n - 1) \times 8 \leq 120$$
$$n \leq 14.5$$

よって，条件を満たす立方体の数は14個，1辺の長さが10cmなので，ABの長さは$10 \times 14 = 140$〔cm〕

以上より，正解は4。

数的処理 ／ 資料解釈

▪▪▪▪▪▪▪▪▪▪▪▪▪▪▪▪▪▪▪▪▪▪▪▪ P O I N T ▪▪▪▪▪▪▪▪▪▪▪▪▪▪▪▪▪▪▪▪▪▪▪▪

　資料解釈では，与えられた図表をもとに，必要なデータを早く正確に読み取る能力が試される。出題形式はほとんど選択肢の記述の正誤を問うものなので，「正誤が判断できる最低限の情報を読み取る」姿勢を身に付けてほしい。高度な計算力は必要ないが，取り扱う数量の桁数が大きかったり，見慣れない単位が使われていたりするので，コツを掴むまでに時間がかかるかもしれず，できるだけ早く取り組もう。

　まず，問題を解く前に与えられた図表のタイトル（ない場合もある）や単位に注目すること。次に，図表に記されたデータを見る前に選択肢を確認してほしい。その際，選択肢を順番に検討するのではなく，正誤が判断しやすいものから順に検討し，判断が難しい選択肢については消去法で対応するとよい。なお，選択肢の中には「図表からは判断できない」場合があるので，注意しよう。選択肢の検討にあたっては，次の指標を用いる場合がほとんどなので，それぞれの指標の意味や公式を覚えてしまいたい。

・割合：ある数量が，全体に対して占める分量。

　　Aに対するBが占める割合〔％〕は，$\dfrac{B}{A} \times 100$

・比率：ある数量を，他の数量と比べたときの割合。

　　Aに対するBの比率（比）は，$\dfrac{B}{A}$

・指数：基準となる数量を100としたときの，他の数量の割合。

　　Aを100としたときのBの指数は，$\dfrac{B}{A} \times 100$

・増加量（減少量）：元の数量に対するある数量の増加分（減少分），増加（減少）していればプラス（マイナス）の値になる。

　　「昨年の量」に対する「今年の量」の増加量（減少量）は，「今年の量」－「昨年の量」

・増加率（減少率）：元の数量に対するある数量の増加率（減少率），増加（減少）していればプラス（マイナス）の値になる。

「昨年の量」に対する「今年の量」の増加率（減少率）〔％〕は，

$$\frac{\text{「今年の量」} - \text{「昨年の量」}}{\text{「昨年の量」}} \times 100$$

・単位量あたりの数量：「単位面積あたり」や「1人あたり」に占める数量。

全体の量のうち，1人あたりに占める量は，$\dfrac{\text{全体の量}}{\text{人数}}$

　学習の初期段階では，本書の解説を参考に自身の手で正しく計算するよう心掛けよう。そのうえで，慣れてきたら「増加している」や「2分の1になっている」といった内容であれば計算せずに判断したり，129,176を130,000と概算して判断したりするなど，できるだけ短い時間で解答できるように練習すること。

《 演 習 問 題 》

1 次の表は，日本における二酸化炭素の排出量（百万t－CO$_2$換算）とその内訳を示したものである。この表から読み取れる内容として，最も妥当なものはどれか。

	1990年	2013年	2019年	2020年
二酸化炭素（CO$_2$）	1164	1318	1108	1044
エネルギー起源	1068	1235	1029	967
…産業部門	503	464	387	356
…運輸部門	208	224	206	185
…業務その他	131	237	191	182
…家庭部門	129	208	159	166
…エネルギー転換	96.8	103	85.7	78.4
非エネルギー起源	96.1	82.5	79.5	82.1

（環境省『2020年度の温室効果ガス排出量』（確報値）より作成）

1　いずれの年においても「エネルギー起源」に占める二酸化炭素の排出量は，「産業部門」「運輸部門」「業務その他」の順に多くなっている。

2　1990年から2020年にかけて二酸化炭素の排出量は，減少傾向にある。

3　1990年の全体の排出量に占める「非エネルギー起源」の二酸化炭素排出量は，約8.3％である。

4　2020年の全体の排出量に占める「エネルギー転換」の二酸化炭素排出量は，約9％である。

5 「家庭部門」における二酸化炭素の排出量は，1990年以降増加傾向にある。

2 次の表は，各国の携帯電話の契約数をあらわしたものである。この表から読み取れる内容として，最も妥当なものはどれか。

	契約数（千契約）	
	2000年	2020年
中国	85,260	1,696,356
インド	3,577	1,153,710
アメリカ合衆国	109,478	442,457
インドネシア	3,669	355,749
ブラジル	23,188	205,835
日本	66,784	192,284

(ITUホームページより作成)

1 アメリカ合衆国における携帯電話の契約数は，2000年から2020年にかけて4倍以上に増加している。

2 2000年から2020年にかけて携帯電話の契約数が最も増加したのは，インドである。

3 2000年から2020年にかけて携帯電話の契約数の増加が最も少なかったのは，アメリカである。

4 日本における携帯電話の契約数は，2000年から2020年にかけて3倍以上に増加している。

5 契約数が多い国から順番に並べると，いずれの年においても同じ順番となる。

3 次の表は，平成7年から令和2年までの日本の大学・大学院・短期大学に在籍する外国人学生数（人）を比較したものである。この表から読み取れる内容として，最も妥当なものはどれか。

	大学	大学院	短期大学	総数
平成7年	32567	18712	3044	54323
平成12年	36223	23729	3116	63068
平成17年	69480	31282	3665	104427
平成22年	79745	40875	2462	123082
平成27年	77739	43398	1776	122913
令和元年	99908	55918	3156	158782
令和2年	93366	56477	2931	152774

（総務省統計局『令和4年度　日本統計年鑑』より作成）

1 「大学」に在籍する外国人学生数は，平成7年から令和2年にかけて年々増加傾向にある。

2 「短期大学」に在籍する外国人学生数は，平成12年から令和2年にかけて年々減少傾向にある。

3 いずれの項目においても，平成7年における外国人学生数が最も少ないことが読み取れる。

4 日本の大学・大学院・短期大学に在籍する外国人学生の総数が最も多い年は，「大学」に在籍する外国人学生数も最も多くなっている。

5 令和2年における日本の大学・大学院・短期大学に在籍する外国人学生数の総数のおよそ7割が「大学」に在籍する外国人学生数である。

4 各国の1990年から2018年までの実質国内総生産の変化率を示した次のグラフから読み取れる内容として，最も妥当なものはどれか。

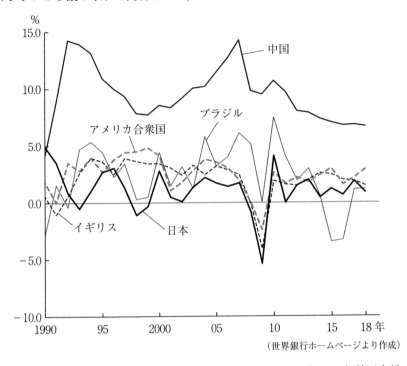

（世界銀行ホームページより作成）

1 　中国は，2000年以降，実質国内総生産の変化率とともに，実質国内総生産の額が最も大きい状況が続いた。

2 　各国の順位は，2位以下が時期によって変動しているが，グラフ内の最新の順位によれば，2位はイギリスである。

3 　日本について，実質国内総生産の変化率がマイナスの年は，その変化率は他国と比較して最も低い値を示した。

4 　ブラジルについて，変化率は大きく上下しているものの，マイナスとなっている時期はない。

5 　アメリカおよびイギリスについて，両国は，実質国内総生産の額の大きさに基づく順位が度々入れ替わっている。

273

5 次のグラフから読み取れる内容として，妥当なものはどれか。

【SNS等では自分に近い意見が表示されやすいことの認識】

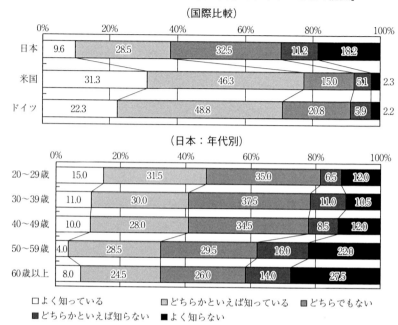

（総務省（2023））「ICT基盤の高度化とデジタルデータ及び情報の流通に関する調査研究」より作成）

1 日本の20歳から59歳についてみると，高い年齢層ほど「SNS等では自分に近い意見が表示されやすいこと」をよく知っている割合が低い。

2 「SNS等では自分に近い意見が表示されやすいこと」をよく知らない割合が最も高いのは日本であり，最も低いのは米国である。

3 いずれの国も，若い年齢層ほど「SNS等では自分に近い意見が表示されやすいこと」をよく知っている割合が高く，高い年齢層ほど「SNS等では自分に近い意見が表示されやすいこと」を理解していない傾向にある。

4 日本において，「SNS等では自分に近い意見が表示されやすいこと」について「どちらでもない」と答えた割合が最も高い年齢層では，「どちらかと言えば知っている」と答えた割合も最も高い。

5 「SNS等では自分に近い意見が表示されやすいこと」について「よく知っている」という回答の割合が最も少ない世代において，その回答の割合は「よく知らない」と答えた割合の1割以下である。

6　次の表は，2010年度，2015年度，2018年度，2019年度の温室効果ガス排出量の推移を表したものである。この表からいえることとして，最も妥当なものはどれか。

国内温室効果ガス排出量

（単位：百万トンCO_2換算）

温室効果ガス	2010年度	2015年度	2018年度	2019年度
二酸化炭素（CO_2）	1217	1226	1146	1108
メタン（CH_4）	31.9	29.2	28.6	28.4
一酸化二窒素（N_2O）	22.2	20.7	20.0	19.7
ハイドロフルオロカーボン類（HFCs）	23.3	39.3	47.0	49.7
パーフルオロカーボン類（PFCs）	4.3	3.3	3.5	3.4
六ふっ化硫黄（SF_6）	2.4	2.1	2.1	2.0
三ふっ化窒素（NF_3）	1.5	0.57	0.28	0.26
合計	1303	1321	1247	1211

（環境省「2020年度（令和2年度）の温室効果ガス排出量（速報値）について」より作成）

1　各年における排出量の合計に対する二酸化炭素の割合が最も大きいのは，2015年度である。

2　各年における排出量の合計に対するメタンの割合が最も大きいのは，2010年度である。

3　2010年度の排出量に対する2015年度の増加量が最も大きい温室効果ガスの種類は，二酸化炭素である。

4　2018年度の排出量に対する2019年度の減少率は，排出量の合計が二酸化炭素を上回っている。

5　2018年度の排出量に対する2019年度の減少率は，メタンが一酸化二窒素を上回っている。

275

7 次の表は，各国における主要分野別の国際出願特許件数（単位　件）を表したものである。この表からいえることとして，最も妥当なものはどれか。

	韓国	中国	日本	ドイツ	フランス	アメリカ合衆国
電気機器	1557	3032	5582	2002	481	2175
電気通信	601	1853	1000	167	115	1318
デジタル通信	1606	8121	1954	423	278	3907
コンピュータ技術	1232	7140	2848	642	328	6739
半導体	676	2062	2395	383	134	1896
光学機器	530	2152	2457	419	163	1398
計測系	513	1895	2805	1224	367	2338
制御系	170	1342	1346	482	102	1047
医療技術	992	1570	2632	832	504	6108
有機化学，農薬	468	770	807	510	410	1531
バイオ技術	436	1038	821	341	252	2784
医薬品	612	1224	749	357	336	3773
基礎材料化学	341	551	1239	597	193	1447
エンジン類	187	560	1348	959	332	710
機械要素	224	707	1455	1222	350	808
輸送	398	1630	2820	2046	884	1335

（世界国勢図会2020/21より作成）

1　基礎材料化学の分野では，日本における国際出願特許件数は，韓国における国際出願特許件数の4倍以上である。

2　コンピュータ技術の分野では，中国における国際出願特許件数は，各国における国際出願特許件数の合計のうち4割以上を占める。

3　デジタル通信の分野では，アメリカ合衆国における国際出願特許件数は，各国における国際出願特許件数の合計のうち2割以上を占める。

4　医療技術の分野では，ドイツにおける国際出願特許件数は，フランスにおける国際出願特許件数の2倍以上である。

5　医薬品の分野では，フランスにおける国際出願特許件数は，韓国における国際出願特許件数の半分以下である。

8 次の表は，各国の漁獲量（千t）を表している。この表から読み取れることとして，最も妥当なものはどれか。

	1960年	1980年	2000年	2018年
中国	2,215	3,147	14,982	14,831
インドネシア	681	1,653	4,159	7,261
アメリカ合衆国	2,715	3,703	4,760	4,754
インド	1,117	2,080	3,726	5,343
ロシア	3,066	9,502	4,027	5,117
ミャンマー	360	577	1,093	2,033

（日本国勢図会2020/21より作成）

1 いずれの国においても，漁獲量は年々増加しており，2018年が最も大きい値となっている。

2 2018年におけるミャンマーの漁獲量は，1960年の漁獲量の6倍以上である。

3 2000年において漁獲量が最も少ない国は，2018年においても最も少ない漁獲量の数値を示している。

4 1980年における中国の漁獲量は，1960年の漁獲量の2倍以上である。

5 インドネシアにおける漁獲量は，いずれの年においてもアメリカの漁獲量を下回っている。

9 次の表は，各国における知的財産使用料の貿易額（単位　百万ドル）を表したものである。この表からいえることとして，最も妥当なものはどれか。

輸出（受取）額	2017	2018	輸入（支払）額	2017	2018
アメリカ合衆国	126523	128748	アイルランド	75298	85119
日本	41721	45519	アメリカ合衆国	53440	56117
オランダ	32535	35023	オランダ	42021	41937
イギリス	22845	26253	中国	28746	35783
スイス	23013	25850	日本	21381	21726
ドイツ	20941	24366	フランス	16000	15938
フランス	16853	16819	ドイツ	14175	15630
アイルランド	10402	13896	シンガポール	14925	15178
シンガポール	8028	8719	イギリス	12290	14480
韓国	7287	7749	スイス	12649	13645
スウェーデン	7721	7444	カナダ	11832	11807
中国	4803	5561	韓国	9702	9812
カナダ	4881	5508	インド	6515	7906
イタリア	4360	4942	スペイン	5065	6645
ベルギー	3855	4364	ロシア	5980	6288

（世界国勢図会2020/21より作成）

1　アイルランドにおける知的財産使用料の輸出額は，2017年から2018年にかけて2倍以上増加している。

2　日本における知的財産使用料の輸出額は，2017年から2018年にかけて40億ドル以上増加している。

3　2018年のアメリカ合衆国について，知的財産使用料の輸出額は輸入額の2倍に及ばない。

4　ドイツにおける知的財産使用料の輸入額は，2017年から2018年にかけて1割以上増加している。

5　2017年の韓国について，知的財産使用料の輸出額は輸入額よりも多い。

10 次の表は，2017年における各国の産業別労働生産性水準を日本＝100として表したものである。この表からいえることとして，最も妥当なものはどれか。

	製造業	機械・電機・情報通信機器	輸送用機械	一次金属・金属製品	化学	食料品
アメリカ合衆国	143.3	156.3	164.4	132.6	78.0	259.8
アイルランド	432.1	…	18.4	69.2	…	325.9
イギリス	100.4	40.7	52.5	79.7	86.4	233.5
イタリア	101.8	38.7	165.5	167.8	106.9	369.0
オーストリア	88.1	39.6	61.4	61.8	121.8	235.5
オランダ	122.9	51.4	32.3	168.4	283.5	592.3
ギリシャ	52.5	16.2	14.1	148.0	74.6	66.0
スウェーデン	137.8	68.6	58.4	139.4	…	314.5
スペイン	71.3	32.4	74.8	101.9	63.5	143.6
スロベニア	79.8	31.3	18.8	146.0	108.6	143.7
チェコ	80.6	43.8	81.5	55.5	86.0	209.5
デンマーク	104.8	27.1	17.0	69.9	140.7	364.3
ドイツ	120.5	41.5	85.0	111.6	79.5	324.3
フィンランド	157.7	73.4	14.2	149.1	232.0	301.6
フランス	130.1	80.7	80.3	129.7	156.5	272.6
ポルトガル	34.1	19.3	6.7	71.5	32.1	80.7
リトアニア	8.4	5.7	2.9	13.0	11.1	19.7
ルクセンブルク	72.6	…	…	…	260.3	59.9
日本	100.0	100.0	100.0	100.0	100.0	100.0

（世界国勢図会2020/21より作成）

1 スウェーデンにおける輸送用機械の分野の労働生産性は，日本における労働生産性の半分以下である。

2 イタリアにおいては，いずれの産業の労働生産性においても，日本の労働生産性を上回っている。

3 チェコにおいては，いずれの産業の労働生産性においても，日本の労働生産性を下回っている。

4 化学の分野について労働生産性が最も高い国は，製造業の分野においても労働生産性が最も高い。

5 食料品の分野について，フィンランドにおける労働生産性は，日本における労働生産性の3倍以上である。

11 次の表は，2017年における日本，中国，韓国の一次エネルギー供給の構成を表したものである。この表からいえることとして，最も妥当なものはどれか。

	日本	中国	韓国
	万t	万t	万t
石炭	11648	195330	8260
石油	17599	56808	10910
天然ガス	10090	19519	4321
原子力	858	6464	3867
水力	712	9949	24
地熱など	777	7002	119
バイオ燃料と廃棄物	1521	11384	719
その他	—	−112	5
計	43203	306343	28225
1人あたり（t）	3.41	2.21	5.49

（日本国勢図会2020/21より作成）

1 日本における石炭のエネルギー供給は，同国の一次エネルギー供給全体の3割を超えている。

2 中国における石炭のエネルギー供給は，同国の一次エネルギー供給全体の7割以上を占めている。

3 韓国における石炭のエネルギー供給は，同国の一次エネルギー供給全体の3分の1以上を占めている。

4 日本における天然ガスのエネルギー供給は，同国の一次エネルギー供給全体の20％以上である。

5 中国における天然ガスのエネルギー供給は，同国の一次エネルギー供給全体の7％を超えている。

《 解 答・解 説 》

1 3

解説 1. 誤り。「エネルギー起源」に占める二酸化炭素の排出量が「産業部門」「運輸部門」「業務その他」の順に多いのは，1990，2005，2019，2020年であり，2013年においては「産業部門」「業務その他」「運輸部門」の順に多くなっている。　2. 誤り。二酸化炭素の排出量は1990年から2013年まで増加した後，2019年からは減少している。　3. 正しい。1990年の全体の排出量に占める「非エネルギー起源」による二酸化炭素排出量の割合は，$\dfrac{96.1}{1164}$ $\times 100 \fallingdotseq 8.3$〔%〕である。　4. 誤り。2020年の全体の排出量に占める「エネルギー転換」の二酸化炭素排出量の割合は，$\dfrac{78.4}{1044} \times 100 \fallingdotseq 7.5$〔%〕である。

5. 誤り。「家庭部門」における二酸化炭素の排出量は，2013年まで上昇した後，2019年には減少している。

2 1

解説 1. 正しい。2000年から2020年にかけて，$\dfrac{442,457}{109,478} \fallingdotseq 4.04$〔倍〕増加している。　2. 誤り。2000年から2020年にかけて，携帯電話の契約数が最も増加したのは，中国である。　3. 誤り。2000年から2020年にかけて，携帯電話の契約数の増加が最も少なかったのは，日本である。　4. 誤り。2000年から2020年にかけて，$\dfrac{192,284}{66,784} \fallingdotseq 2.9$〔倍〕増加している。　5. 誤り。2000年において契約数が多い順に並べると，アメリカ合衆国，中国，日本，ブラジル，インドネシア，インドとなるが，2020年において契約数が多い順に並べると，中国，インド，アメリカ合衆国，インドネシア，ブラジル，日本の順である。

3 4

解説 1. 誤り。「大学」に在籍する外国人学生数は，平成7年から平成22年にかけて年々増加傾向にあったものの，平成27年にはわずかに減少している。　2. 誤り。「短期大学」に在籍する外国人学生数は，平成12年から平成17年，平成27年から令和元年に増加している。　3. 誤り。平成7年に「短

期大学」に在籍している学生数は，他の年と比較し4番目に多い人数となっている。　4.　正しい。令和元年において，日本の大学・大学院・短期大学に在籍する外国人学生の総数と「大学」に在籍する学生が最も多くなっている。5.　誤り。令和2年における日本の大学・大学院・短期大学に在籍する外国人学生数の総数152774人に占める「大学」に在籍する外国人学生数93366人は$\dfrac{93366}{152774} \fallingdotseq 0.611$より6割程度である。

④ 3

解説　1.　誤り。グラフに示されているのは，実質国内総生産の変化率であり，実質国内総生産の額については読み取れない。　2.　誤り。グラフにおいて，最新の順位では2位はアメリカである。　3.　正しい。1993年，1998年，2009年が該当し，いずれの年の変化率も他国と比べて最も低くなっている。　4.　誤り。例えば2015年前後に，ブラジルの変化率がマイナスとなっている時期がある。　5.　誤り。1を参照。

⑤ 1

解説　1.　正しい。「SNS等では自分に近い意見が表示されやすいこと」をよく知っている割合は，20～29歳が15.0％，30～39歳が11.0％，40～49歳が10.0％，50～59歳が4.0％である。　2.　誤り。SNS等では自分に近い意見が表示されやすいことをよく知らない割合が最も高いのは日本の18.2％であり，最も低いのはドイツの2.2％である。　3.　誤り。日本以外の年齢層のデータが無いため，選択肢の内容は判断できない。　4.　誤り。日本において，「SNS等では自分に近い意見が表示されやすいこと」について，「どちらでもない」と答えた割合が最も高い年齢層は37.5％の30～39歳であり，「どちらかと言えば知っている」と答えた割合が最も高い年齢層は31.5％の20～29歳である。　5.　誤り。選択肢の内容に該当するのは50～59歳であり，「よく知っている」と答えたのが4.0％，「よく知らない」と答えたのが22.0％であり，両者を比較すると$\dfrac{4.0}{22.0} \fallingdotseq 0.18$であるから，「1割以下である」との記述は誤りである。

6 2

解説 1. 誤り。排出量の合計に対する二酸化炭素の割合は，2015年度が $\frac{1226}{1321} \times 100 \fallingdotseq 92.8$ 〔％〕であり，他に大きそうな年度を見ると，2010年度が $\frac{1217}{1303} \times 100 \fallingdotseq 93.4$ 〔％〕である。よって，2015年度は最も大きくはない。

2. 正しい。排出量の合計に対するメタンの割合は，2010年度が $\frac{31.9}{1303} \times 100 \fallingdotseq 2.4$ 〔％〕，2015年度が $\frac{29.2}{1321} \times 100 \fallingdotseq 2.2$ 〔％〕，2018年度が $\frac{28.6}{1247} \times 100 \fallingdotseq 2.3$ 〔％〕，2019年度が $\frac{28.4}{1211} \times 100 \fallingdotseq 2.3$ 〔％〕である。よって，2010年度は最も大きい。　3. 誤り。2010年度の排出量に対する2015年度の増加量は，二酸化炭素が $1226 - 1217 = 9$ 〔百万トン CO_2 換算〕であり，ハイドロフルオロカーボン類が $39.3 - 23.3 = 16$ 〔百万トン CO_2 換算〕である。よって，増加量が最も大きいのは二酸化炭素ではない。　4. 誤り。2018年度の排出量に対する2019年度の減少率は，排出量の合計が $\frac{1247 - 1211}{1247} \times 100 \fallingdotseq 2.9$ 〔％〕であり，二酸化炭素が $\frac{1146 - 1108}{1146} \times 100 \fallingdotseq 3.3$ 〔％〕である。よって，排出量の合計は二酸化炭素を下回っている。　5. 誤り。2018年度の排出量に対する2019年度の減少率は，メタンが $\frac{28.6 - 28.4}{28.6} \times 100 \fallingdotseq 0.7$ 〔％〕であり，一酸化二窒素が $\frac{20.0 - 19.7}{20.0} \times 100 = 1.5$ 〔％〕である。よって，メタンは一酸化二窒素を下回っている。

7 3

解説 1. 誤り。基礎材料化学の分野では，$\frac{日本における基礎材料化学の国際出願特許件数}{韓国における基礎材料化学の国際出願特許件数} = \frac{1239}{341} \fallingdotseq 3.63$ より，日本の国際出願特許件数は，韓国の国際出願特許件数の4倍以上ではない。　2. 誤り。コンピュータ技術の分野について，各国の合計は，$1232 + 7140 + 2848 + 642 + 328 + 6739 = 18929$ 〔件〕である。また，中国における国際出願特許件数は7140であるから，$\frac{中国におけるコンピュータ技術の国際出願特許件数}{各国におけるコンピュータ技術の国際出願特許件数の合計} = \frac{7140}{18929} \fallingdotseq 0.38$ より，各国における国際出願特許件数の合計のうち4割以上

を占めていない。　3．正しい。デジタル通信の分野について，各国の合計は，1606 + 8121 + 1954 + 423 + 278 + 3907 = 16289〔件〕である。また，アメリカ合衆国における国際出願特許件数は3907であるから，$\dfrac{アメリカ合衆国におけるデジタル通信の国際出願特許件数}{各国におけるデジタル通信の国際出願特許件数の合計} = \dfrac{3907}{16289} ≒ 0.24$より，各国における国際出願特許件数の合計のうち2割以上を占めている。　4．誤り。医療技術の分野では，$\dfrac{ドイツにおける医療技術の国際出願特許件数}{フランスにおける医療技術の国際出願特許件数} = \dfrac{832}{504} ≒ 1.65$より，ドイツの国際出願特許件数は，フランスの国際出願特許件数の2倍以上ではない。　5．誤り。医薬品の分野では，$\dfrac{フランスにおける医薬品の国際出願特許件数}{韓国における医薬品の国際出願特許件数} = \dfrac{336}{612} ≒ 0.55$より，フランスにおける国際出願特許件数は，韓国における国際出願特許件数の半分以上である。

8　3

解説　1．誤り。たとえば，ロシアに関しては，1980年から2000年にかけて漁獲量が減少している。　2．誤り。$\dfrac{2{,}033}{360} ≒ 5.6$より，2018年におけるミャンマーの漁獲量は，1960年の漁獲量の5.6倍程度である。　3．正しい。いずれの年においても，ミャンマーが最も少ない値である。　4．誤り。$\dfrac{3{,}147}{2{,}215} ≒ 1.4$より，1980年における中国の漁獲量は，1960年の漁獲量の1.4倍程度である。　5．誤り。2018年においては，インドネシアの漁獲量がアメリカ合衆国の漁獲量を上回っている。

9　4

解説　1．誤り。アイルランドにおける知的財産使用料の輸出額は，$\dfrac{2018年の輸出額}{2017年の輸出額} = \dfrac{13896}{10402} ≒ 1.34$より，2017年から2018年にかけて2倍以上増加していない。　2．誤り。日本における知的財産使用料の輸出額は，2017年から2018年にかけて，45519 − 41721 = 3798より，37億9800万ドル増加しているが，40億ドルには満たない。　3．誤り。2018年のアメリカ合衆国について，$\dfrac{2018年の輸出額}{2018年の輸入額} = \dfrac{128748}{56117} ≒ 2.29$より，知的財産使用料の輸出額は，同年の輸入額の2倍以上である。　4．正しい。ドイツにおける知的

財産使用料の輸入額は，$\dfrac{2018年の輸入額}{2017年の輸入額}=\dfrac{15630}{14175}≒1.10$ より，2017年から2018年にかけて1割以上増加している。　5．誤り。2017年の韓国について，知的財産使用料の輸出額は72億8700万ドルで，同年の輸入額である97億200万ドルよりも少ない。

10 5

解説　1．誤り。スウェーデンにおける輸送用機械の分野の労働生産性は，58.4なので，日本における労働生産性の半分以上である。　2．誤り。イタリアにおける機械・電機・情報通信機器の分野の労働生産性は，38.7であり，日本の労働生産性を下回っている。　3．誤り。チェコにおける食料品の分野の労働生産性は，209.5であり，日本の労働生産性を上回っている。　4．誤り。化学の分野について労働生産性が最も高い国は，283.5のオランダであるが，製造業の分野において労働生産性が最も高い国は，432.1のアイルランドである。　5．正しい。フィンランドにおける食料品の分野の労働生産性は，301.6なので，日本における労働生産性の3倍以上である。

11 4

解説　1．誤り。日本における石炭のエネルギー供給は，

$\dfrac{日本における石炭のエネルギー供給}{日本の一次エネルギー供給全体}=\dfrac{11648}{43203}≒0.27$ より，日本の一次エネルギー供給全体の3割を超えていない。

2．誤り。中国における石炭のエネルギー供給は，

$\dfrac{中国における石炭のエネルギー供給}{中国の一次エネルギー供給全体}=\dfrac{195330}{306343}≒0.638$ より，同国の一次エネルギー供給全体の7割以上を占めていない。

3．誤り。韓国における石炭のエネルギー供給は，

$\dfrac{韓国における石炭のエネルギー供給}{韓国の一次エネルギー供給全体}=\dfrac{8260}{28225}≒0.293$ より，同国の一次エネルギー供給全体の3分の1（約0.333）以上を占めていない。

4．正しい。日本における天然ガスのエネルギー供給は，

$\dfrac{日本における天然ガスのエネルギー供給}{日本の一次エネルギー供給全体}×100=\dfrac{10090}{43203}×100≒23.4〔％〕$ より，同国の一次エネルギー供給全体の20％以上である。

5. 誤り。中国における天然ガスのエネルギー供給は,

$$\frac{中国における天然ガスのエネルギー供給}{中国の一次エネルギー供給全体} \times 100 = \frac{19519}{306343} \times 100 ≒ 6.4 〔\%〕$$

より,同国の一次エネルギー供給全体の7%に満たない。

第6部

論作文試験対策

- 論作文対策
- 実施課題例の分析

人物試験 論作文対策

‖‖‖‖‖‖‖‖‖‖‖‖‖‖‖‖‖‖‖‖ P O I N T ‖‖‖‖‖‖‖‖‖‖‖‖‖‖‖‖‖‖‖‖‖

● Ⅰ.「論作文試験」とはなにか ●

(1)「論作文試験」を実施する目的

　かつて18世紀フランスの博物学者，ビュフォンは「文は人なり」と言った。その人の知識・教養・思考力・思考方法・人間性などを知るには，その人が書いた文章を見るのが最良の方法であるという意味だ。

　知識の質・量を調べる筆記試験の教養試験だけでは，判定しがたい受験生の資質をより正確にとらえるため，あるいは受験生の公務員としての適性を判断するため，多角的な観点から考査・評価を行う必要がある。

　そのため論作文試験は，公務員試験のみならず，一般企業でも重視されているわけだが，とりわけ消防官という仕事は，他の公務員，例えば一般事務職などと比べても，ひときわ高い使命感，ときには命がけの自己犠牲すら求められる職種である。当然，その人がどのような人間であるか，という点が重用視され，しかも，この傾向は，今後もさらに強くなると予想される。

　同じ国語を使って，同じように制限された字数，時間の中で同じテーマの論作文を書いても，その論作文はまったく違ったものになる。おそらく学校で，同じ先生に同じように文章指導を受けたとしても，そうなるだろう。その違いのなかにおのずと受験生の姿が浮かび上がってくることになる。

　採用側からみた論作文試験の意義をまとめると，次のようになる。

---

① 消防官としての資質を探る

　採用側が最も知りたいのは，その人物が消防官に向いているかどうか，消防官としての高い志を持っているかどうかということである。同時に消防官も一公務員であり，"公"の仕事に従事するのだということを，しっかりと自覚しているかも問われる。すなわち，消防官・公務員としての資質を判定できるということである。

288

② 総合的な知識・理解力を知る

論作文試験によって，消防官として必要な言語能力・文章表現能力を判定することや，消防官として職務を遂行するのにふさわしい基礎的な知識の理解度や実践への応用力を試すことができる。

換言すれば，日本語を文章として正しく表現するための常識や，これまでの学校教育などで得た政治や経済などの一般常識を今後の実践の中でどれほど生かすことができるか，などの総合的な知識・理解力の判定をもしようということである。

③ 思考過程・論理の構成力を知る

教養試験は，一般知識分野であれ一般知能分野であれ，その出題の質が総括的・分散的になりがちである。いわば「広く浅く」が出題の基本となりやすいわけだ。これでは受験生の思考過程や論理の構成力を判定することは不可能だ。その点，論作文試験ではひとつの重要な課題に対する奥深さを判定しやすい。

④ 受験生の人柄・人間性の判定

人物試験（面接）と同様に，受験生の人格・人柄を判定しやすい。これは，文章の内容からばかりではなく，文章の書き方，誤字・脱字の有無，制限字数への配慮，文字の丁寧さなどからも判断される。

(2)「論作文試験」の実施状況

公務員試験全体における人物重視の傾向とあいまって，論作文試験も重視される傾向にある。地方公務員の場合，試験を実施する都道府県・市町村などによって異なるが，行政事務関係はほぼ実施している。

(3) 字数制限と時間制限

最も一般的な字数は1,000〜1,200字程度である。最も少ないところが600字，最大が2,000字と大きく開きがある。

時間制限は，60〜90分，あるいは120分というのが一般的だ。この時間は，けっして充分なものではない。試しにストップウォッチで計ってみるといいが，他人の論作文を清書するだけでも，600字の場合なら約15分程度かかる。

テーマに即して，しかも用字・用語に気を配ってということになると，かなりのスピードが要求されるわけである。情報を整理し，簡潔に説明できる力を養う必要があるだろう。

(4)「論作文試験」の評価の基準

　採用試験の答案として書く論作文なので，その評価基準を意識して書くことも大切といえる。しかし，公務員試験における論作文の評価の基準は，いずれの都道府県などでも公表していないし，今後もそれを期待することはなかなか難しいだろう。

　ただ，過去のデータなどから手掛りとなるものはあるので，ここではそれらを参考に，一般的な評価基準を考えてみよう。

形式的な面からの評価	①	表記法に問題はないか。
	②	文脈に応じて適切な語句が使われているか。
	③	文（センテンス）の構造，語句の照応などに問題はないか。
内容的な面からの評価	①	テーマを的確に把握しているか。
	②	自分の考え方やものの見方をまとめ，テーマや論旨が明確に表現されているか。
	③	内容がよく整理され，段落の設定や論作文の構成に問題はないか。
総合的な面からの評価	①	公務員に必要な洞察力や創造力，あるいは常識や基礎学力は十分であるか。
	②	ものの見方や考え方が，公務員として望ましい方向にあるか。

　おおよそ以上のような評価の視点が考えられるが，これらはあらゆるテーマに対して共通しているということではない。それぞれのテーマによってそのポイントの移動があり，また，実施する自治体などによっても，このうちのどれに重点を置くかが異なってくる。

　ただ，一般的に言えることは，企業の採用試験などの場合，その多くは総合的な評価が重視され形式的な面はあまり重視されないが，公務員試験における論作文は，形式的な面も軽んじてはならないということである。なぜなら，公務員は採用後に公の文書を取り扱うわけで，それらには一定のフォーマッ

トがあるものが多いからだ。これへの適応能力が試されるのは当然である。

(5)「論作文試験」の出題傾向

　消防官試験の場合，一般職の公務員試験と区別されて出題されるケースもある。ただし，大卒程度が比較的明確に区別されているのに対して，高卒程度では職種を問わず，同じテーマが課せられる場合が多い。

　テーマは各自治体や年度によって異なるが，「消防官になりたいと思った動機」というような消防職に関係したテーマが一般的である。また，「立ち向かう心」といったようなやや抽象的だが，消防という仕事に結びつけられるものがテーマとして課せられる場合もある。

　その他，他の一般事務職などと同一のテーマが出題されるケースもあり，その場合は消防とは全く関係のないものとなる。いずれにせよ希望する自治体の過去の出題例をチェックし，傾向をとらえておくことが重要となる。

◖◗ II.「論作文試験」の事前準備 ◖◗

(1) 試験の目的を理解する

　論作文試験の意義や評価の目的については前に述べたが，試験の準備を進めるためには，まずそれについてよく考え，理解を深めておく必要がある。その理解が，自分なりの準備方法を導きだしてくれるはずだ。

　例えば，あなたに好きなひとがいたとする。ラブレター（あるいはメール）を書きたいのだが，あいにく文章は苦手だ。文章の上手い友人に代筆を頼む手もあるが，これでは真心は通じないだろう。そこで，便せんいっぱいに「好きだ，好きだ，好きだ，好きだ，好きだ，好きだ」とだけ書いたとする。それで十分に情熱を伝えることができるし，場合によっては，どんな名文を書き連ねるよりも最高のラブレターになることだってある。あるいはサインペンで用紙いっぱいに一言「好き」と大書して送ってもいい。個人対個人間のラブレターなら，それでもいいのである。つまり，その目的が，「好き」という恋心を相手にだけわかってもらうことにあるからだ。

　文章の長さにしてもそうで，例えばこんな文がある。

> 「一筆啓上　火の用心　おせん泣かすな　馬肥やせ」

　これは徳川家康の家臣である本多作左衛門重次が，妻に宛てた短い手紙である。「一筆啓上」は「拝啓」に当たる意味で，「おせん泣かすな」は重次の唯一の子どもであるお仙（仙千代）を「泣かしたりせず，しっかりと育てなさい」と我が子をとても大事にしていたことが伺える。さらに，「馬肥やせ」は武将の家には欠くことのできない馬について「いざという時のために餌をしっかり与えて大事にしてくれ」と妻へアドバイスしている。短いながらもこの文面全体には，家族への愛情や心配，家の主としての責任感などがにじみ出ているかのようだ。

　世の中にはもっと短い手紙もある。フランスの文豪ヴィクトル・ユーゴーは『レ・ミゼラブル』を出版した際にその売れ行きが心配になり，出版社に対して「？」と書いただけの手紙を送った。すると出版社からは「！」という返事が届いたという。意味がおわかりだろうか。これは，「売れ行きはどうか？」「すごく売れていますよ！」というやりとりである。前提になる状況と目的によっては，「？」や「！」ひとつが，千万の言葉よりも，意思と感情を的確に相手に伝達することもあるのだ。

　しかし，論作文試験の場合はどうだろうか。「公務員を志望した動機」というテーマを出されて，「私は公務員になりたい，私は公務員になりたい，私は公務員になりたい，……」と600字分書いても，評価されることはないだろう。

　つまり論作文というのは，何度もいうように，人物試験を兼ねあわせて実施されるものである。この意義や目的を忘れてはいけない。しかも公務員試験の場合と民間企業の場合では，求められているものに違いもある。

　民間企業の場合でも業種によって違いがある。ということは，それぞれの意義や目的によって，対策や準備方法も違ってくるということである。これを理解した上で，自分なりの準備方法を見つけることが大切なのだ。

(2) 文章を書く習慣を身につける

　多くの人は「かしこまった文章を書くのが苦手」だという。携帯電話やパソコンで気楽なメールを頻繁にしている現在では，特にそうだという。論作文試験の準備としては，まずこの苦手意識を取り除くことが必要だろう。

　文章を書くということは，習慣がついてしまえばそれほど辛いものではな

い。習慣をつけるという意味では，第一に日記を書くこと，第二に手紙を書くのがよい。

---

① 「日記」を書いて筆力をつける

　実際にやってみればわかることだが，日記を半年間書き続けると，自分でも驚くほど筆力が身に付く。筆力というのは「文章を書く力」で，豊かな表現力・構成力，あるいはスピードを意味している。日記は他人に見せるものではないので，自由に書ける。材料は身辺雑事・雑感が主なので，いくらでもあるはず。この「自由に書ける」「材料がある」ということが，文章に慣れるためには大切なことなのだ。パソコンを使ってブログで長い文章を書くのも悪くはないが，本番試験はキーボードが使えるわけではないので，リズムが変わると書けない可能性もある。やはり紙にペンで書くべきだろう。

② 「手紙」を書いてみる

　手紙は，他人に用件や意思や感情を伝えるものである。最初から他人に読んでもらうことを目的にしている。ここが日記とは根本的に違う。つまり，読み手を意識して書かなければならないわけだ。そのために，一定の形式を踏まなければならないこともあるし，逆に，相手や時と場合によって形式をはずすこともある。感情を全面的に表わすこともあるし，抑えることもある。文章を書く場合，この読み手を想定して形式や感情を制御していくということは大切な要件である。手紙を書くことによって，このコツに慣れてくるわけだ。

> 「おっはよー，元気い（^_^）？　今日もめっちゃ寒いけど……」
>
> 「拝啓，朝夕はめっきり肌寒さを覚える今日このごろですが，皆々様におかれましては，いかがお過ごしかと……」

　手紙は，具体的に相手（読み手）を想定できるので，書く習慣がつけば，このような「書き分ける」能力も自然と身についてくる。つまり，文章のTPOといったものがわかってくるのである。

③ 新聞や雑誌のコラムを写してみる

　新聞や雑誌のコラムなどを写したりするのも，文章に慣れる王道の手段。最初は，とにかく書き写すだけでいい。ひたすら，書き写すのだ。

ペン習字などもお手本を書き写すが，それと同じだと思えばいい。ペン習字と違うのは，文字面をなぞるのではなく，別の原稿用紙などに書き写す点だ。

とにかく，こうして書き写すことをしていると，まず文章のリズムがわかってくる。ことばづかいや送り仮名の要領も身につく。文の構成法も，なんとなく理解できてくる。実際，かつての作家の文章修業は，こうして模写をすることから始めたという。

私たちが日本語を話す場合，文法をいちいち考えているわけではないだろう。接続詞や助詞も自然に口をついて出ている。文章も本来，こうならなければならないのである。そのためには書き写す作業が一番いいわけで，これも実際にやってみると，効果がよくわかる。

なぜ，新聞や雑誌のコラムがよいかといえば，これらはマスメディア用の文章だからである。不特定多数の読み手を想定して書かれているために，一般的なルールに即して書かれていて，無難な表現であり，クセがない。公務員試験の論作文では，この点も大切なことなのだ。

たとえば雨の音は，一般的に「ポツリ，ポツリ」「パラ，パラ」「ザァ，ザァ」などと書く。ありふれた表現だが，裏を返せばありふれているだけに，だれにでも雨の音だとわかるはず。「朝から，あぶないな，と思っていたら，峠への途中でパラ，パラとやってきた……」という文章があれば，この「パラ，パラ」は雨だと想像しやすいだろう。

一方，「シイ，シイ」「ピチ，ピチ」「トン，トン」「バタ，バタ」，雨の音をこう表現しても決して悪いということはない。実際，聞き方によっては，こう聞こえるときもある。しかし「朝から，あぶないな，と思っていたら，峠への途中でシイ，シイとやってきた……」では，一般的には「シイ，シイ」が雨だとはわからない。

論作文は，作家になるための素質を見るためのものではないから，やはり後者ではマズイのである。受験論作文の練習に書き写す場合は，マスコミのコラムなどがよいというのは，そういうわけだ。

④　考えを正確に文章化する

頭の中では論理的に構成されていても，それを文章に表現するのは意外に難しい。主語が落ちているために内容がつかめなかったり，語彙が貧弱で，述べたいことがうまく表現できなかったり，思いあまって言葉

足らずという文章を書く人は非常に多い。文章は，記録であると同時に伝達手段である。メモをとるのとは違うのだ。

　論理的にわかりやすい文章を書くには，言葉を選び，文法を考え，文脈を整え，結論と課題を比較してみる……，という訓練を続けることが大切だ。しかし，この場合，一人でやっていたのでは評価が甘く，また自分では気づかないこともあるので，友人や先輩，国語に詳しいかつての恩師など，第三者の客観的な意見を聞くと，正確な文章になっているかどうかの判断がつけやすい。

⑤　文章の構成力を高める

　正確な文章を書こうとすれば，必ず文章の構成をどうしたらよいかという問題につきあたる。文章の構成法については後述するが，そこに示した基本的な構成パターンをしっかり身につけておくこと。一つのテーマについて，何通りかの構成法で書き，これをいくつものテーマについて繰り返してみる。そうしているうちに，特に意識しなくてもしっかりした構成の文章が書けるようになるはずだ。

⑥　制限内に書く感覚を養う

　だれでも時間をかけてじっくり考えれば，それなりの文章が書けるだろう。しかし，実際の試験では字数制限や時間制限がある。練習の際には，ただ漫然と文章を書くのではなくて，字数や時間も実際の試験のように設定したうえで書いてみること。

　例えば800字以内という制限なら，その全体量はどれくらいなのかを実際に書いてみる。また，全体の構想に従って字数（行数）を配分すること。時間制限についても同様で，60分ならその時間内にどれだけのことが書けるのかを確認し，構想，執筆，推敲などの時間配分を考えてみる。この具体的な方法は後に述べる。

　こうして何度も文章を書いているうちに，さまざまな制限を無駄なく十分に使う感覚が身についてくる。この感覚は，練習を重ね，文章に親しまない限り，身に付かない。逆に言えば実際の試験ではそれが極めて有効な力を発揮するのが明らかなのだ。

● Ⅲ.「合格答案」作成上の留意点 ●

(1) テーマ把握上の注意

さて，いよいよ試験が始まったとしよう。論作文試験でまず最初の関門になるのが，テーマを的確に把握できるか否かということ。どんなに立派な文章を書いても，それが課題テーマに合致していない限り，試験結果は絶望的である。不幸なことにそのような例は枚挙にいとまがにないと言われる。ここでは犯しやすいミスを2，3例挙げてみよう。

---

① 似たテーマと間違える

例えば「私の生きかた」や「私の生きがい」などは，その典型的なもの。前者が生活スタイルや生活信条などが問われているのに対して，後者はどのようなことをし，どのように生きていくことが，自分の最も喜びとするところかが問われている。このようなニュアンスの違いも正確に把握することだ。

② テーマ全体を正確に読まない

特に，課題そのものが長い文章になっている場合，どのような条件を踏まえて何を述べなければならないかを，正確にとらえないまま書き始めてしまうことがある。例えば，下記のようなテーマがあったとする。

> 「あなたが公務員になったとき，職場の上司や先輩，地域の人々との人間関係において，何を大切にしたいと思いますか。自分の生活体験をもとに書きなさい」

①公務員になったとき，②生活体験をもとに，というのがこのテーマの条件であり，「上司・先輩，地域の人々との人間関係において大切にしたいこと」というのが必答すべきことになる。このような点を一つひとつ把握しておかないと，内容に抜け落ちがあったり，構成上のバランスが崩れたりする原因になる。テーマを示されたらまず2回はゆっくりと読み，与えられているテーマの意味・内容を確認してから何をどう書くかという考察に移ることが必要だ。

③ テーマの真意を正確につかまない

「今，公務員に求められるもの」というテーマと「公務員に求められるもの」というテーマを比べた場合，"今"というたった1字があるか否か

で，出題者の求める答えは違ってくることに注意したい。言うまでもなく，後者がいわゆる「公務員の資質」を問うているのに対して，前者は「現況をふまえたうえで，できるだけ具体的に公務員の資質について述べること」が求められているのだ。

　以上3点について述べた。こうやって示せば誰でも分かる当たり前のことのようだが，試験本番には受け取る側の状況もまた違ってくるはず。くれぐれも慎重に取り組みたいところだ。

(2) 内容・構成上の注意点

①　素材選びに時間をかけろ

　テーマを正確に把握したら，次は結論を導きだすための素材が重要なポイントになる。公務員試験での論作文では，できるだけ実践的・経験的なものが望ましい。現実性のある具体的な素材を見つけだすよう，書き始める前に十分考慮したい。

②　全体の構想を練る

　さて，次に考えなくてはならないのが文章の構成である。相手を納得させるためにも，また字数や時間配分の目安をつけるためにも，全体のアウトラインを構想しておくことが必要だ。ただやみくもに書き始めると，文章があらぬ方向に行ってしまったり，広げた風呂敷をたたむのに苦労しかねない。

③文体を決める

　文体は終始一貫させなければならない。文体によって論作文の印象もかなり違ってくる。〈です・ます〉体は丁寧な印象を与えるが，使い慣れないと文章がくどくなり，文末のリズムも単調になりやすい。〈である〉体は文章が重々しいが，断定するつもりのない場合でも断定しているかのような印象を与えやすい。

　それぞれ一長一短がある。書きなれている人なら，テーマによって文体を使いわけるのが望ましいだろう。しかし，大概は文章のプロではないのだから，自分の最も書きやすい文体を一つ決めておくことが最良の策だ。

(3) 文章作成上の注意点

① ワン・センテンスを簡潔に

一つの文（センテンス）にさまざまな要素を盛り込もうとする人がいるが，内容がわかりにくくなるだけでなく，時には主語・述語の関係が絡まり合い，文章としてすら成立しなくなることもある。このような文章は論旨が不明確になるだけでなく，読み手の心証もそこねてしまう。文章はできるだけ無駄を省き，わかりやすい文章を心掛けること。「一文はできるだけ簡潔に」が鉄則だ。

② 論点を整理する

論作文試験の字数制限は多くても1,200字，少ない場合は600字程度ということもあり，決して多くはない。このように文字数が限られているのだから，文章を簡潔にすると同時に，論点をできるだけ整理し，特に必要のない要素は削ぎ落とすことだ。これはテーマが抽象的な場合や，逆に具体的に多くの条件を設定してる場合は，特に注意したい。

③ 段落を適切に設定する

段落とは，文章全体の中で一つのまとまりをもった部分で，段落の終わりで改行し，書き始めは1字下げるのが決まりである。いくつかの小主題をもつ文章の場合，小主題に従って段落を設けないと，筆者の意図がわかりにくい文章になってしまう。逆に，段落が多すぎる文章もまた意図が伝わりにくく，まとまりのない印象の文章となる場合が多い。段落を設ける基準として，次のような場合があげられる。

① 場所や場面が変わるとき。	④ 思考が次の段階へ発展するとき。
② 対象が変わるとき。	⑤ 一つの部分を特に強調したいとき。
③ 立場や観点が変わるとき。	⑥ 同一段落が長くなりすぎて読みにくくなるとき。

これらを念頭に入れて適宜段落を設定する。

(4) 文章構成後のチェック点

① 主題がはっきりしているか。論作文全体を通して一貫しているか。課題にあったものになっているか。

② まとまった区切りを設けて書いているか。段落は，意味の上でも視覚的にもはっきりと設けてあるか。

③ 意味がはっきりしない言いまわしはないか。人によって違った意味にとられるようなことはないか。

④ 一つの文が長すぎないか。一つの文に多くの内容を詰め込みすぎているところはないか。

⑤ あまりにも簡単にまとめすぎていないか。そのために論作文全体が軽くなっていないか。

⑥ 抽象的ではないか。もっと具体的に表現する方法はないものか。

⑦ 意見や感想を述べる場合，裏づけとなる経験やデータとの関連性は妥当なものか。

⑧ 個人の意見や感想を，「われわれは」「私たちは」などと強引に一般化しているところはないか。

⑨ 表現や文体は統一されているか。

⑩ 文字や送り仮名は統一されているか。

　実際の試験では，こんなに細かくチェックしている時間はないだろうが，練習の際には，一つの論作文を書いたら，以上のようなことを必ずチェックしてみるとよいだろう。

● IV. 「論作文試験」の実戦感覚 ●

　準備と対策の最後の仕上げは，"実戦での感覚"を養うことである。これは"実戦での要領"といってもよい。「要領がいい」という言葉には，「上手に」「巧みに」「手際よく」といった意味と同時に，「うまく表面をとりつくろう」「その場をごまかす」というニュアンスもある。「あいつは要領のいい男だ」という表現などを思い出してみれば分かるだろう。

　採用試験における論作文が，論作文試験という競争試験の一つとしてある以上，その意味での"要領"も欠かせないだろう。極端にいってしまえば，こうだ。

> 「約600字分だけ，たまたまでもすばらしいものが書ければよい」

　もちろん，本来はそれでは困るのだが，とにかく合格して採用されることが先決だ。そのために，短時間でその要領をどう身につけるか，実戦ではどう要領を発揮するべきなのか。

(1) 時間と字数の実戦感覚

① 制限時間の感覚

　公務員試験の論作文試験の平均制限時間は，90分間である。この90分間に文字はどれくらい書けるか。大学ノートなどに，やや丁寧に漢字まじりの普通の文を書き写すとして，速い人で1分間約60字，つまり90分間なら約5,400字。遅い人で約40字/1分間，つまり90分間なら約3,600字。平均4,500字前後と見ておけばよいだろう。400字詰め原稿用紙にして11枚程度。これだけを考えれば，時間はたっぷりある。しかし，これはあくまでも「書き写す」場合であって，論作文している時間ではない。

　構想などが決まったうえで，言葉を選びながら論作文する場合は，速い人で約20字前後/1分間，60分間なら約1,800字前後である。ちなみに，文章のプロたち，例えば作家とか週刊誌の記者とかライターという職業の人たちでも，ほぼこんなものなのだ。構想は別として，1時間に1,800字，400字詰め原稿用紙で4～5枚程度書ければ，だいたい職業人として1人前である。言い換えれば，読者が読むに耐えうる原稿を書くためには，これが限度だということである。

　さて，論作文試験に即していえば，もし制限字数1,200字なら，1,200字÷20字で，文章をつづる時間は約60分間ということになる。そうだとすれば，テーマの理解，着想，構想，それに書き終わった後の読み返しなどにあてられる時間は，残り30分間。これは実にシビアな時間である。まず，この時間の感覚を，しっかりと頭に入れておこう。

② 制限字数の感覚

　これも一般には，なかなか感覚がつかめないもの。ちなみに，いま，あなたが読んでいるこの本のこのページには，いったい何文字入っているのか，すぐにわかるだろうか。答えは，1行が33字詰めで行数が32行，

空白部分もあるから約1,000字である。公務員試験の論作文試験の平均的な制限字数は1,200字となっているから，ほぼ，この本の約1頁強である。

　この制限字数を，「長い！」と思うか「短い！」と思うかは，人によって違いはあるはず。俳句は17文字に万感の想いを込めるから，これと比べれば1,000字は実に長い。一方，ニュース番組のアナウンサーが原稿を読む平均速度は，約400字程度/1分間とされているから，1,200字なら3分。アッという間である。つまり，1,200字というのは，そういう感覚の字数なのである。ここでは，論作文試験の1,200字という制限字数の妥当性については置いておく。1,200字というのが，どんな感覚の文字数かということを知っておけばよい。

　この感覚は，きわめて重要なことなのである。後でくわしく述べるが，実際にはこの制限字数によって，内容はもとより書き出しや構成なども，かなりの規制を受ける。しかし，それも試験なのだから，長いなら長いなりに，短いなら短いなりに対処する方法を考えなければならない。それが実戦に臨む構えであり，「要領」なのだ。

(2) 時間配分の実戦感覚

　90分間かけて，結果として1,200字程度の論作文を仕上げればよいわけだから，次は時間の配分をどうするか。開始のベルが鳴る（ブザーかも知れない）。テーマが示される。いわゆる「課題」である。さて，なにを，どう書くか。この「なにを」が着想であり，「どう書くか」が構想だ。

① まず「着想」に5分間
　課題が明示されているのだから，「なにを」は決まっているように思われるかもしれないが，そんなことはない。たとえば「夢」という課題であったとして，昨日みた夢，こわかった夢，なぜか印象に残っている夢，将来の夢，仕事の夢，夢のある人生とは，夢のある社会とは，夢のない現代の若者について……などなど，書くことは多種多様にある。あるいは「夢想流剣法の真髄」といったものだってよいのだ。まず，この「なにを」を10分以内に決める。文章を書く，または論作文するときは，本来はこの「なにを」が重要なのであって，自分の知識や経験，感性を凝縮して，長い時間をかけて決めるのが理想なのだが，なにしろ制限時間があるので，やむをえず5分以内に決める。

② 次は「構想」に10分間

「構想」というのは，話の組み立て方である。着想したものを，どうやって1,200字程度の字数のなかに，うまく展開するかを考える。このときに重要なのは，材料の点検だ。

たとえば着想の段階で，「現代の若者は夢がないといわれるが，実際には夢はもっているのであって，その夢が実現不可能な空想的な夢ではなく，より現実的になっているだけだ。大きな夢に向かって猛進するのも人生だが，小さな夢を一つ一つ育んでいくのも意義ある人生だと思う」というようなことを書こうと決めたとして，ただダラダラと書いていったのでは，印象深い説得力のある論作文にはならない。したがってエピソードだとか，著名人の言葉とか，読んだ本の感想……といった材料が必要なわけだが，これの有無，その配置を点検するわけである。しかも，その材料の質・量によって，話のもっていきかた（論作文の構成法）も違ってくる。これを10分以内に決める。

実際には，着想に10分，構想に10分と明瞭に区別されるわけではなく，「なにを」は瞬間的に決まることがあるし，「なにを」と「どう書くか」を同時に考えることもある。ともあれ，着想と構想をあわせて，なにがなんでも20分以内に決めなければならないのである。

③ 「執筆」時間は60分間

これは前述したとおり。ただ書くだけの物理的時間が約15〜20分間かかるのだから，言葉を選び表現を考えながらでは60分間は実際に短かすぎるが，試験なのでやむをえない。

まずテーマを書く。氏名を書く。そして，いよいよ第1行の書き出しにかかる。「夢，私はこの言葉が好きだ。夢をみることは，神さまが人間だけに与えた特権だと思う……」「よく，最近の若者には夢がない，という声を聞く。たしかに，その一面はある。つい先日も，こんなことがあった……」「私の家の近所に，夢想流を継承する剣道の小さな道場がある。白髪で小柄な80歳に近い老人が道場主だ……」などと，着想したことを具体的に文章にしていくわけである。

人によっては，着想が決まると，このようにまず第1行を書き，ここで一息ついて後の構想を立てることもある。つまり，書き出しの文句を書きこむと，後の構想が立てやすくなるというわけである。これも一つ

の方法である。しかし，これは，よっぽど書きなれていないと危険をともなう。後の構想がまとまらないと何度も書き出しを書き直さなければならないからだ。したがって，論作文試験の場合は，やはり着想→構想→執筆と進んだほうが無難だろう。

④ 「点検」時間は10分間で

論作文を書き終わる。当然，点検をしなければならない。誤字・脱字はもとより，送り仮名や語句の使い方，表現の妥当性も見直さなければならない。この作業を一般には「推敲」と呼ぶ。推敲は，文章を仕上げる上で欠かせない作業である。本来なら，この推敲には十分な時間をかけなければならない。文章は推敲すればするほど練りあがるし，また，文章の上達に欠かせないものである。

しかし，論作文試験においては，この時間が10分間しかない。前述したように，1,200字の文章は，ニュースのアナウンサーが読みあげるスピードで読んでも，読むだけで約3分はかかる。だとすれば，手直しする時間は7分。ほとんどないに等しいわけだ。せいぜい誤字・脱字の点検しかできないだろう。論作文試験の時間配分では，このことをしっかり頭に入れておかなければならない。要するに論作文試験では，きわめて実戦的な「要領の良さ」が必要であり，準備・対策として，これを身につけておかなければならないということなのだ。

実施課題例の分析

新潟市

令和３年度

▼作文（1,200字，60分）

消防士として職務を遂行するうえで，心がけるべきことは何か述べなさい。

《執筆の方針》

市民が求める消防の役割を述べ，その期待に応えることのできる消防士であることの重要性を述べる。そのうえで，そうした消防士になるために心がけるべきことについて整理して述べていく。

《課題の分析》

消防士は，火災や自然災害から人々の生命と財産，安全な生活などを守ることが使命であり，市民から期待されている役割である。市民は，何かあったら119番に電話すれば助けてくれるという基本的な考えをもっているだろう。したがって，消防士は，そうした期待に応えることを心がけなければならい。そのために，火災や事故などの緊急時における迅速で的確な対応，専門性の発揮，そのための訓練や使命感などが必要であることは言うまでもない。また，火災予防などの日常的な啓発活動も消防職員の重要な役割であり，市民と親しく接することを心がける必要がある。

《作成のポイント》

まず，消防士の役割や使命とは何かについて述べる。それは，火災や自然災害から人々の生命と財産，安全な生活などを守ることであり，24時間の対応が必要であることを整理する。その際，これまで実際に出会ったり，聞いたりした具体的な消防士の姿を書き込むことで，説得力のある論述にする。次に，理想的な消防士になるために心がけるべきことについて，「第一に…」「第二に…」というようにナンバリングをして分かりやすく述べていく。最後は，そうした心構えをもった理想の消防職員になるという決意を述べて作文をまとめる。

令和２年度

▼作文（1,200字程度，60分）

これまでに特に力を入れたことと，その経験を新潟市の職員としてどの

ように生かしたいか，あなたの考えを述べなさい。

《執筆の方針》

　これまでの経験の中で最も努力したことを想起し，取り組んだ内容，困難を克服した経緯や発揮した能力について述べる。また，その学びを消防士としてどのように生かしていきたいかを説明する。

《課題の分析》

　エピソードの選定にあたっては，そこからの学びが将来，消防職に生きると思われる側面と，採用試験において資質・能力として評価されると思われる視点から絞り込む。部活動，ボランティア活動，弱点の克服，資格取得など，適切な場面を選び具体的に述べるとよい。また，消防士としての業務を念頭に，勇気，判断力，忍耐力，知力，努力をもって「切り抜けた苦難」という視点で，自らをアピールしてもよい。さらに，消火活動，救助活動，啓発活動など，どのような場面でそれらを生かせるかについて論述しよう。経験から身に付いた粘り強さ，最後まで諦めない闘志など，精神面の逞しさを強調すると効果的である。

《作成のポイント》

　三部構成とする。序論では，自分がこれまで特に力を入れて取り組んだ内容について，端的に述べる。後段の「消防の仕事に生きると思われる学び」に関連させる必要があることは勿論である。本論では，その経験で発揮された能力や，得たものについて述べるとともに，そこから得た学びを新潟市消防局の一員として，どのような場面で生かしていきたいかについて記述する。1,200字程度での作文作成のため，2〜3本の柱を立てるとよい。その際，個性も大切であるが，組織の中で円滑に仕事を進めていくための「協調性」も大切である。結論では，消防職員として市民の安心安全を守りたいという意気込みを示す。ぶっつけ本番，その場だけで考えてもよい作文を書くことは難しい。日頃からテーマを想定し，何度か書いてみる努力が必要である。時間制限，字数制限，段落構成を意識して，目的にかなう自己PRをする練習をしておこう。

令和元年度

▼作文（1,200字程度，60分）

　市民の暮らしを守るため，消防士として心がけるべきことは何か，あなたの考えを述べなさい。

《執筆の方針》

　市民の安心・安全な生活を守るための，消防士として必要な心がけはどのようなことかについて論述する。これまでの見聞を踏まえ，自分の言葉，自分の感性で述べる。

《課題の分析》

　消防士に求められる精神的な要素としては，困難に負けない粘り強さ，忍耐力，ストレス耐性，人命を救うための勇気と使命感，自身も含めた命の大切さへの想い，人命救助に対する誇り等が考えられる。実際に消火活動，救助活動を円滑に行うには，日常的な訓練により，体力・技術を磨いておくことが重要である。従って「自分に対する厳しさ」も心がけとして期待される。同じ作業でも迅速・正確に行えるか否かが成否を左右することもある。通報を受ければ，休憩中でも訓練中でも現場に急行し，即時，消火活動や人命救助活動にあたらなければならない。危険と隣り合わせの状況にあっても実力が発揮できる強さは，消防士としての心がけにかかっている。

《作成のポイント》

　序論では消防士として必要な精神面の要素を端的にあげる。消防士として働く意味は，市民の生命・財産・安全を守り社会に貢献し，自身の使命感を全うできることであろう。本論では，精神面を鍛えるための努力と心構え，自己研鑽の方法について述べる。迅速な行動力，臨機応変で冷静な判断力を磨くための，不断の努力に触れよう。火災時の建物内は数百度にもなる。消防学校の訓練では，20キロの装備を背負って42キロの道を一晩中歩く場合もある。教官からは「君たちが背負っているものは20キロでなく，人の命である」という言葉がかけられることもあろう。災害現場における高度な作業能率を発揮するためには，日頃の訓練とチーム力が大切である。結論では，新潟市民のために人命救助の最前線で誇りをもって働きたいという抱負を述べよう。このテーマでは，序論2割，本論6割，結論2割程度を目安としたい。

平成30年度

▼作文（1,200字程度，60分）

　職場内で先輩や同僚とコミュニケーションを図るうえで大切なことは何か，あなたの考えを述べなさい。

《執筆の方針》

　コミュニケーションの重要性をあげ，その活性化を図るために配慮する

事項について論じる。実体験を交えて説明すると説得力のある文章となる。

《課題の分析》

　円滑に仕事を進めるためには，コミュニケーションが重要である。この課題では人間関係で大切にしていることを手がかりにして，受験者の人柄や職場への適応力を見極めようとしている。自身の経験からコミュニケーションの重要性を感じた事例をあげ，職場内で配慮すべき点についてまとめる。エピソードとしては，成果に結びついた例だけでなく，意思疎通が不十分なために陥った組織の停滞などの例もあり得る。部活動，サークル活動，アルバイト等に関わる体験が考えられる。円滑な人間関係構築のための心がけとして「挨拶の励行」や「親しき仲にも礼儀あり」などに触れることも出来よう。

《作成のポイント》

　三部構成で考えよう。序論では，コミュニケーションの重要性について，実例をあげながら説明する。人間関係で大切にしていることを端的に述べるとよい。本論では，消防職としての仕事を想定して，先輩や同僚と上手に人間関係を築いていく上での，コミュニケーションに係る努力点を述べる。2〜3本の柱を立てて論述しよう。「挨拶」「笑顔」「協調性」「思いやり」といったキーワードを中心に説明する。「大切にしていること」を消防の職場で，どのように磨いていこうとしているのかについて述べる。指示系統やチームを意識した行動の大切さにも触れることになる。結論では，新潟市の消防職として採用の後，どのような決意で仕事をするつもりであるか，心意気を述べて結びとする。その際，対話についても述べるようにしたい。

平成29年度

▼作文

　市民に信頼される消防士になるために必要なことは何か，あなたの考えを述べなさい。

《執筆の方針・課題の分析》

　方針としては，消防士として市民の信頼に応えるために，どのような努力が必要であると考えるかについて述べる。公務員としての「倫理観」と，消防職員としての仕事に対する「責任感」「資質・能力」等をどうとらえるのか，について説明する必要がある。

　課題分析について述べる。市民に信頼される消防士とはどのような姿かと言えば，消防職員としての資質・能力をよく備えているということになる。

体力，技術等，消防の業務に必要な力に加えて，市民の生命・財産・安全を守り社会に貢献したいという使命感，忍耐力，ストレス耐性などの精神面も磨いていく必要がある。このような作文では，市民が消防士に期待する姿をイメージすることが大切である。さらに，結論部分では，自身が消防職員という職に対して感じている思いと決意を強く訴える。「…と考えられる」のような論調より，「私は…する」というスタイルの方が評価は高い。

《作成のポイント》

　全体を三部構成とする。序論では，公務員としての適性に加えて，消防職に求められる資質・能力について，自身の考えを述べる。本論では，「市民に信頼される消防職員」となるための方策や努力について述べる。日々の訓練とともに，OJTにより日常の業務の中で，技能や客観的で冷静な判断力などを磨いていく研修も大切である。公務員の不祥事が頻繁に報道される昨今，コンプライアンス意識に優れた職員となり，市民からの信頼に繋げるという意味でも，高い倫理感覚と優れた感性が必要である。「信頼され，期待される消防士像」について，受け売りでない自身の言葉で論述するようにしたい。結論では，新潟市民の生命・安全を守るため，強靱な意志と体力を身に付け，過酷な現場であろうと人命救助の最前線で誇りをもって働き，感謝される喜びを感じたいといった抱負を述べて結びとする。

平成28年度

▼作文

　市民に火災予防の意識を普及させるため，重要なことは何か，あなたの考えを述べなさい。

《執筆の方針》

　市民が求める消防の役割を述べ，その役割の一つに火災予防などの日常的な市民への働きかけがあることを述べる。そのうえで，そうした啓発活動を効果的に進めるために重要なことを整理して述べていく。

《課題の分析》

　消防は，火災や自然災害から，人々の生命と財産，安全な生活などを守ることが使命である。そのために，火災や事故などの緊急時における迅速で的確な対応，専門性の発揮，そのための訓練や使命感などが必要であることは言うまでもない。また，火災予防などの日常的な市民への働きかけも消防の重要な役割である。具体的には，地域での火災予防意識の普及，学校や町内会・自治会等での啓発活動などが考えられる。そのために，日

常的・継続的に啓発活動を行うこと，各種のイベントの開催などが必要となる。そうした活動の実施にあたっては，市民の興味を喚起する啓発活動の企画と実施，市民の注意をひくポスターやチラシの作成，市民に親しみをもって接する態度などが重要となる。

《作成のポイント》

　まず，消防士の役割や使命とは何かについて述べる。それは，火災や自然災害から，人々の生命と財産，安全な生活などを守ることであり，24時間の対応が必要であることを整理して述べていく。また，その一つとして火災予防などの日常的な市民への働きかけがあることを指摘する。その際，これまで実際に参加したり，聞いたりした具体的な啓発活動を書き込むことで，説得力のある論述にする。次に，啓発活動をすすめるにあたって，重視することを整理して述べていく。「第一に…」「第二に…」というようにナンバリングをして分かりやすく述べるようにする。最後は，消防士として火災のない安全な街づくりを進めるという決意を述べて作文をまとめる。

平成27年度

　▼作文

　火災現場で消防士として消防活動を行う場合，一番気を付けなければならないことは何か，あなたの考えを述べなさい。

《執筆の方針・課題の分析》

　消防士は，火災や自然災害から，市民の生命と財産，安全な生活を守ることが使命である。そうした危険を伴う使命を果たすためには，組織としての動きが求められる。組織とは，一つの目標の達成に向けて，多くの仕事を分担したり，まとめたりしながら小さなグループをつくり，それが一つの方向に向くように，意思決定の流れや指示・命令の系統をはっきりさせた仕組みである。したがって，消防士が消防活動を行うためには組織の一員としての行動が優先され，勝手な行動は許されないのである。作文を書くにあたっては，そうした組織の一員として行動することの重要性について整理して述べるとよい。

《作成のポイント》

　まず，消防士は，火災や自然災害から，市民の生命と財産，安全な生活を守るという重要な職務にあたっていることを力強く述べる。その際，身近に起きた具体的な事例を挿入することで，説得力のある文章となる。次に，そうした職務を遂行することは危険を伴うことから，組織的な動き，

規律などが必要であり勝手な行動は許されないことを強調する。そうした記述を踏まえ，消防活動を行う際に一番気を付けなければならないことは，組織の一員として行動することであると結論付ける。最後に，消防士として，他人のために役立つという強い気持ちを表して作文をまとめる。

平成26年度

▼作文

　火災を未然に防ぐために，消防が取り組むべきこと，市民が取り組むべきことは何か。あなたの考えを述べなさい。

《執筆の方針・課題の分析》

　消防庁の調査によると，平成26年度における全国の出火件数は43,632件で，1日当たり120件もの火災が発生していることになる。出火の原因としては，ここ20年近く放火が第一位となっていて，「放火の疑い」まで含めると，その数は年間7,957件で全体の18.2％を占める。続いて，たばこやこんろ，たき火などが出火の原因の上位となっている。そうした火災を未然に防ぐためには，消防の活動だけでは限界があり，市民の協力を欠かすことができない。作文の作成にあたっては，消防が取り組むべきことと，市民に取り組んでほしいことを整理して示すことになる。

《作成のポイント》

　作文の作成にあたっては，まず，出火の原因としてどのようなことがあげられるのか整理して示す。それを受けて，そうした様々な原因による火災を防ぐためには，消防の力だけでは限界があり，市民の協力を仰ぐことが不可欠であることを述べる。そのうえで，消防が取り組むべき役割と，市民に取り組んでほしいことを整理して述べることになる。消防の役割としては，法令に基づいた点検業務，市民への啓発活動，定期的な広域パトロールなどが考えられる。そうした消防の活動ではカバーしきれないところを市民にお願いすることになる。細かい路地や建物の陰などの点検やパトロール，一軒一軒の住民に対する啓発活動などがそれにあたる。最後に，消防士として，火災を未然に防ぐために全力を尽くしていくという固い決意を述べて作文をまとめる。

平成25年度

▼作文

　消防士として求められる資質は何か。なぜその資質が必要なのか理由を含めてあなたの考えを述べなさい。

《執筆の方針・課題の分析》

　消防士は，火災や自然災害から，市民の生命と財産，安全な生活を守ることが使命である。そうした危険を伴う使命を果たすためには，組織としての動きが求められる。したがって，消防士の職務遂行のためには組織の一員としての行動が優先され，ある程度個人の自由は制限されざるを得ない。作文の作成にあたっては，そうした考え方を根底に置きつつ，消防士に求められる資質について述べる。具体的には，消防の職務に対する情熱，誠実さ，他人を思いやる心などが考えられる。また，そうした厳しい職務に耐え得る忍耐力をもつこと，他人のために役に立つという気持ちを強くもつことなどがあげられるだろう。

《作成のポイント》

　作文の作成にあたっては，まず，消防士の使命とは何かについて述べる。それは，火災や自然災害から，市民の生命と財産，安全な生活を守ることであり，24時間の対応が必要であることなどを力強く述べる。次に，そうした使命を果たすために組織的な動き，規律などが必要であり，職務の遂行のためには，ある程度個人の自由が制限されることに触れる。そのうえで，消防士に求められる資質について整理して述べていく。消防の職務に対する情熱，誠実さ，他人を思いやる心などについて述べる。また，そうした厳しい職務に耐え得る忍耐力をもつこと，他人のために役に立つという気持ちを強く持つことなどにも触れていきたい。最後に，消防士としての誇りをもって，市民のために働いていくという固い決意を述べて作文をまとめる。

平成24年度

▼作文

　あなたが考える理想の消防士とはどのようなものか，そうなるためにはどんなことを心がけるべきか具体的に述べなさい。

《執筆の方針・課題の分析》

　消防士は，火災や自然災害から，市民の生命と財産，安全な生活を守ることが使命である。そうした危険を伴う使命を果たすためには，消防の職務に対する情熱，誠実さや身を賭して職務につくす強い意志をもっていなければならない。また，他人を思いやる心なども必要である。作文の作成にあたっては，消防士に課せられた崇高な使命について述べたうえで，その使命を果たすために消防士がもっていなければならない資質や能力につ

いて述べる。それが，理想とする消防士の姿となる。そうした記述を踏まえ，そうなるためにどのようなことを心がけていくべきなのかを述べる。日常的に消防士としての目で物事を見ていくこと，規律ある生活をしていくことなどがそのポイントとなる。

《作成のポイント》

　作文の作成にあたっては，まず，消防士の使命とは何かについて述べる。それは，火災や自然災害から，市民の生命と財産，安全な生活を守ることであり，24時間の対応が必要であることなどを力強く述べる。次に，そうした使命を果たすための理想となる消防士は，消防の職務に対する情熱や身を賭して職務につくす強い意志をもっていなければならないことを述べる。その際，見たり聞いたりした具体的な消防士の事例を織り込むことで，説得力のある文章となる。そのうえで，そうした理想とする消防士になるために，日常的に消防士としての目で物事を見ていくこと，規律ある生活をしていくことなどの必要性を述べる。最後は，理想とする消防士になるために，今から努力していくことを述べて作文をまとめる。

第7部

面接試験対策

- 面接対策

人物試験 面接対策

ⅢⅢⅢⅢⅢⅢⅢⅢⅢⅢⅢⅢⅢ P O I N T ⅢⅢⅢⅢⅢⅢⅢⅢⅢⅢⅢⅢⅢ

● Ⅰ. 面接の意義 ●

　筆記試験や論作文（論文）試験が，受験者の一般的な教養の知識や理解の程度および表現力やものの考え方・感じ方などを評価するものであるのに対し，面接試験は人物を総合的に評価しようというものだ。

　すなわち，面接担当者が直接本人に接触し，さまざまな質問とそれに対する応答の繰り返しのなかから，公務員としての適応能力，あるいは職務遂行能力に関する情報を，できるだけ正確に得ようとするのが面接試験である。豊かな人間性がより求められている現在，特に面接が重視されており，一般企業においても，面接試験は非常に重視されているが，公務員という職業も給与は税金から支払われており，その職務を完全にまっとうできる人間が望まれる。その意味で，より面接試験に重きがおかれるのは当然と言えよう。

● Ⅱ. 面接試験の目的 ●

　では，各都道府県市がこぞって面接試験を行う目的は，いったいどこにあるのだろうか。ごく一般的に言えば，面接試験の目的とは，おおよそ次のようなことである。

① 人物の総合的な評価

　試験官が実際に受験者と対面することによって，その人物の容姿や表情，態度をまとめて観察し，総合的な評価をくだすことができる。ただし，ある程度，直観的・第一印象ではある。

② 性格や性向の判別

　受験者の表情や動作を観察することにより性格や性向を判断するが，実際には短時間の面接であるので，面接官が社会的・人生的に豊かな経験の持ち主であることが必要とされよう。

314

③　動機・意欲等の確認

　公務員を志望した動機や公務員としての意欲を知ることは，論作文試験等によっても可能だが，さらに面接試験により，採用側の事情や期待内容を逆に説明し，それへの反応の観察，また質疑応答によって，試験官はより明確に動機や熱意を知ろうとする。

　以上3点が，面接試験の最も基本的な目的であり，試験官はこれにそってさまざまな問題を用意することになる。さらに次の諸点にも，試験官の観察の目が光っていることを忘れてはならない。

④　質疑応答によって知識・教養の程度を知る

　筆記試験によって，すでに一応の知識・教養は確認しているが，面接試験においてはさらに付加質問を次々と行うことができ，その応答過程と内容から，受験者の知識教養の程度をより正確に判断しようとする。

⑤　言語能力や頭脳の回転の速さの観察

　言語による応答のなかで，相手方の意志の理解，自分の意志の伝達のスピードと要領の良さなど，受験者の頭脳の回転の速さや言語表現の諸能力を観察する。

⑥　思想・人生観などを知る

　これも論作文試験等によって知ることは可能だが，面接試験によりさらに詳しく聞いていくことができる。

⑦　協調性・指導性などの社会的性格を知る

　前述した面接試験の種類のうち，グループ・ディスカッションなどはこれを知るために考え出された。公務員という職業の場合，これらの資質を知ることは面接試験の大きな目的の一つとなる。

● ● Ⅲ．面接試験の問題点 ● ●

　これまで述べてきたように，公務員試験における面接試験の役割は大きいが，問題点もないわけではない。

　というのも，面接試験の場合，学校の試験のように“正答”というものがないからである。例えば，ある試験官は受験者の「自己PR＝売り込み」を意欲があると高く評価したとしても，別の試験官はこれを自信過剰と受け取り，公務員に適さないと判断するかもしれない。あるいは模範的な回答をしても，「マニュアル的だ」と受け取られることもある。

　もっとも，このような主観の相違によって評価が左右されないように，試験官を複数にしたり評価の基準が定められたりしているわけだが，それでもやはり，面接試験自体には次に述べるような一般的な問題点もあるのである。

---

　①　短時間の面接で受験者の全体像を評価するのは容易でない

　　面接試験は受験者にとってみれば，その人の生涯を決定するほど重要な場であるのだが，その緊張した短時間の間に日頃の人格と実力のすべてが発揮できるとは限らない。そのため第一印象だけで，その全体像も評価されてしまう危険性がある。

　②　評価判断が試験官の主観で左右されやすい

　　面接試験に現れるものは，そのほとんどが性格・性向などの人格的なもので，これは数値で示されるようなものではない。したがってその評価に客観性を明確に付与することは困難で，試験官の主観によって評価に大変な差が生じることがある。

　③　試験官の質問の巧拙などの技術が判定に影響する

　　試験官の質問が拙劣なため，受験者の正しく明確な反応を得ることができず，そのため評価を誤ることがある。

　④　試験官の好悪の感情が判定を左右する場合がある

　　これも面接が「人間　対　人間」によって行われる以上，多かれ少なかれ避けられないことである。この弊害を避けるため，前述したように試験官を複数にしたり複数回の面接を行ったりなどの工夫がされている。

　⑤　試験官の先入観や信念などで判定がゆがむことがある

　　人は他人に接するとき無意識的な人物評価を行っており，この経験の積

み重ねで，人物評価に対してある程度の紋切り型の判断基準を持つようになっている。例えば，「額の広い人は頭がよい」とか「耳たぶが大きい人は人格円満」などというようなことで，試験官が高年齢者であるほどこの種の信念が強固であり，それが無意識的に評価をゆがめる場合も時としてある。

　面接試験には，このように多くの問題点と危険性が存在する。それらのほとんどが「対人間」の面接である以上，必然的に起こる本質的なものであれば，万全に解決されることを期待するのは難しい。しかし，だからといって面接試験の役割や重要性が，それで減少することは少しもないのであり，各市の面接担当者はこうした面接試験の役割と問題点の間で，どうしたらより客観的で公平な判定を下すことができるかを考え，さまざまな工夫をしているのである。最近の面接試験の形態が多様化しているのも，こうした採用側の努力の表れといえよう。

◖◗ Ⅳ. 面接の質問内容 ◖◗

　ひとくちに面接試験といっても，果たしてどんなことを聞かれるのか，不安な人もいるはずだ。ここでは志望動機から日常生活にかかわることまで，それぞれ気に留めておきたい重要ポイントを交えて，予想される質問内容を一挙に列記しておく。当日になって慌てないように，「こんなことを聞かれたら（大体）こう答えよう」という自分なりの回答を頭の中で整理しておこう。

■志望動機編■
（1）　受験先の概要を把握して自分との接点を明確に
　消防官を受験した動機，理由については，就職試験の成否をも決めかねない重要な応答になる。また，どんな面接試験でも，避けて通ることのできない質問事項である。なぜなら志望動機は，就職先にとって最大の関心事のひとつであるからだ。受験者が，どれだけ消防官についての知識や情報をもったうえで受験をしているのかを調べようとする。

(2)　質問に対しては臨機応変の対応を

　受験者の立場でいえば，複数の受験をすることは常識である。もちろん「当職員以外に受験した県や一般企業がありますか」と聞く面接官も，それは承知している。したがって，同じ職種，同じ業種で何箇所かかけもちしている場合，正直に答えてもかまわない。しかし，「第一志望は何ですか」というような質問に対して，正直に答えるべきかどうかというと，やはりこれは疑問がある。一般的にはどんな企業や役所でも，ほかを第一志望にあげられれば，やはり愉快には思わない。

(3)　志望の理由は情熱をもって述べる

　志望動機を述べるときは，自分がどうして消防官を選んだのか，どこに大きな魅力を感じたのかを，できるだけ具体的に，しかも情熱をもって語ることが重要である。

　たとえば，「人の役に立つ仕事がしたい」と言っても，特に消防官でなければならない理由が浮かんでこない。

① 　例題Q & A

Q.　あなたが消防官を志望した理由，または動機を述べてください。
A.　数年前の新潟県中越沖地震で，崖下の1人の命を救うために大勢の消防隊の方たちが，救助に当たっておられ，その姿に感動したことを思い起こします。また，東日本大震災では多くの消防官や自衛官，警察官の方が自らの命を省みず懸命に職務を果たしておられる姿に心を打たれました。私もただ1人に対しても全力を捧げる，そのような消防官になりたいと考え，志望しました

Q.　もし消防官として採用されなかったら，どのようにするつもりですか。
A.　もし不合格になった場合でも，私は何年かかってでも消防官になりたいという意志をもっています。しかし，一緒に暮らしている家族の意向などもありますので，相談いたしまして一般企業に就職するかもしれません。

②予想される質問内容

○ 消防官について知っていること，または印象などを述べてください。

○ 職業として消防官を選ぶときの基準として，あなたは何を重要視しましたか。

○ いつごろから消防官を受けようと思いましたか。

○ ほかには，どのような業種や会社を受験しているのですか。

○ 教職の資格を取得しているようですが，そちらに進むつもりはないのですか。

○ 志望先を決めるにあたり，どなたかに相談しましたか。

○ もし消防官と他の一般企業に，同時に合格したらどうするつもりですか。

■仕事に対する意識・動機編■

1　採用後の希望はその役所の方針を考慮して

　採用後の希望や抱負などは，志望動機さえ明確になっていれば，この種の質問に答えるのは，それほど難しいことではない。ただし，希望職種や希望部署など，採用後の待遇にも直接関係する質問である場合は，注意が必要だろう。また，勤続予定年数などについては，特に男性の場合，定年まで働くというのが一般的である。

2　勤務条件についての質問には柔軟な姿勢を見せる

　勤務の条件や内容などは，職種研究の対象であるから，当然，前もって下調べが必要なことはいうまでもない。

　「残業で遅くなっても大丈夫ですか」という質問は，女性の受験者によく出される。職業への熱意や意欲を問われているのだから，「残業は一切できません！」という柔軟性のない姿勢は論外だ。通勤方法や時間など，具体的な材料をあげて説明すれば，相手も納得するだろう。

　そのほか初任給など，採用後の待遇についての質問には，基本的に規定に

従うと答えるべき。新卒の場合，たとえ「給料の希望額は？」と聞かれても，「規定通りいただければ結構です」と答えるのが無難だ。間違っても，他業種との比較を口にするようなことをしてはいけない。

3 自分自身の言葉で職業観を表現する

就職や職業というものを，自分自身の生き方の中にどう位置づけるか，また，自分の生活の中で仕事とはどういう役割を果たすのかを考えてみることが重要だ。つまり，自分の能力を生かしたい，社会に貢献したい，自分の存在価値を社会的に実現してみたい，ある分野で何か自分の力を試してみたい……などを考えれば，おのずと就職するに当たっての心構えや意義は見えてくるはずである。

あとは，それを自分自身の人生観，志望職種や業種などとの関係を考えて組み立ててみれば，明確な答えが浮かび上がってくるだろう。

①例題 Q & A

Q. 消防官の採用が決まった場合の抱負を述べてください。
A. まず配属された部署の仕事に精通するよう努め，自分を一人前の消防官として，そして社会人として鍛えていきたいと思います。また，消防官の全体像を把握し，仕事の流れを一日も早くつかみたいと考えています。

Q. 消防官に採用されたら，定年まで勤めたいと思いますか。
A. もちろんそのつもりです。消防官という職業は，私自身が一生の仕事として選んだものです。特別の事情が起こらない限り，中途退職したり，転職することは考えられません。

②予想される質問内容

○ 消防官になったら，どのような仕事をしたいと思いますか。

○ 残業や休日出勤を命じられたようなとき，どのように対応しますか。

○ 消防官の仕事というのは苛酷なところもありますが，耐えていけますか。

○ 転勤については大丈夫ですか。

○ 消防官の初任給は○○円ですが，これで生活していけますか。

○ 学生生活と職場の生活との違いについては，どのように考えていますか。

○ 職場で仕事をしていく場合，どのような心構えが必要だと思いますか。

○ 消防官という言葉から，あなたはどういうものを連想しますか。

○ あなたにとって，就職とはどのような意味をもつものですか。

■自己紹介・自己PR編■

1 長所や短所をバランスよくとりあげて自己分析を

人間には，それぞれ長所や短所が表裏一体としてあるものだから，性格についての質問には，率直に答えればよい。短所については素直に認め，長所については謙虚さを失わずに語るというのが基本だが，職種によっては決定的にマイナスととられる性格というのがあるから，その点だけは十分に配慮して応答しなければならない。

「物事に熱しやすく冷めやすい」といえば短所だが，「好奇心旺盛」といえば長所だ。こうした質問に対する有効な応答は，恩師や級友などによる評価，交友関係から見た自己分析など具体的な例を交えて話すようにすれば，より説得力が増すであろう。

2 履歴書の内容を覚えておき，よどみなく答える

履歴書などにどんなことを書いて提出したかを，きちんと覚えておく。重要な応募書類は，コピーを取って，手元に控えを保管しておくと安心だ。

321

3　志望職決定の際，両親の意向を問われることも

　面接の席で両親の同意をとりつけているかどうか問われることもある。家族関係がうまくいっているかどうかの判断材料にもなるので，親の考えも伝えながら，明確に答える必要がある。この際，あまり家族への依存心が強いと思われるような発言は控えよう。

①例題Q & A

Q.　あなたのセールスポイントをあげて，自己PRをしてください。
A.　性格は陽気で，バイタリティーと体力には自信があります。高校時代は山岳部に属し，休日ごとに山歩きをしていました。3年間鍛えた体力と精神力をフルに生かして，ばりばり仕事をしたいと思います。

Q.　あなたは人と話すのが好きですか，それとも苦手なほうですか。
A.　はい，大好きです。高校ではサッカー部のマネージャーをやっておりましたし，大学に入ってからも，同好会でしたがサッカー部の渉外担当をつとめました。試合のスケジュールなど，外部の人と接する機会も多かったため，初対面の人とでもあまり緊張しないで話せるようになりました。

②予想される質問内容

○ あなたは自分をどういう性格だと思っていますか。

○ あなたの性格で，長所と短所を挙げてみてください。

○ あなたは，友人の間でリーダーシップをとるほうですか。

○ あなたは他の人と協調して行動することができますか。

○ たとえば，仕事上のことで上司と意見が対立したようなとき，どう対処しますか。

○ あなたは何か資格をもっていますか。また，それを取得したのは

どうしてですか。

○ これまでに何か大きな病気をしたり，入院した経験がありますか。

○ あなたが消防官を志望したことについて，ご両親はどうおっしゃっていますか。

■日常生活・人生観編■

1 趣味はその楽しさや面白さを分かりやすく語ろう

余暇をどのように楽しんでいるかは，その人の人柄を知るための大きな手がかりになる。趣味は"人間の魅力"を形作るのに重要な要素となっているという側面があり，面接官は，受験者の趣味や娯楽などを通して，その人物の人柄を知ろうとする。

2 健全な生活習慣を実践している様子を伝える

休日や余暇の使い方は，本来は勤労者の自由な裁量に任されているもの。とはいっても，健全な生活習慣なしに，創造的で建設的な職場の生活は営めないと，採用側は考えている。日常の生活をどのように律しているか，この点から，受験者の社会人・公務員としての自覚と適性を見極めようというものである。

3 生活信条やモットーなどは自分自身の言葉で

生活信条とかモットーといったものは，個人的なテーマであるため，答えは千差万別である。受験者それぞれによって応答が異なるから，面接官も興味を抱いて，話が次々に発展するケースも多い。それだけに，嘘や見栄は禁物で，話を続けるうちに，矛盾や身についていない考えはすぐ見破られてしまう。自分の信念をしっかり持って，臨機応変に進めていく修練が必要となる。

①例題Q＆A

Q. スポーツは好きですか。また，どんな種目が好きですか。
A. はい。手軽に誰にでもできるというのが魅力ではじめたランニングですが，毎朝家の近くを走っています。体力増強という面もありますが，ランニングを終わってシャワーを浴びると，今日も一日が始まるという感じがして，生活のけじめをつけるのにも大変よいものです。目標は秋に行われる●●マラソンに出ることです。

Q. 日常の健康管理に，どのようなことを心がけていますか。
A. 私の場合，とにかく規則的な生活をするよう心がけています。それとあまり車を使わず，できるだけ歩くようにしていることなどです。

②予想される質問内容

- ○ あなたはどのような趣味をもっているか，話してみてください。
- ○ あなたはギャンブルについて，どのように考えていますか。
- ○ お酒は飲みますか。飲むとしたらどの程度飲めますか。
- ○ ふだんの生活は朝型ですか，それとも夜型ですか。
- ○ あなたの生き方に影響を及ぼした人，尊敬する人などがいたら話してください。
- ○ あなたにとっての生きがいは何か，述べてみてください。
- ○ 現代の若者について，同世代としてあなたはどう思いますか。

■一般常識・時事問題編■

1　新聞には必ず目を通し，重要な記事は他紙と併読

　一般常識・時事問題については筆記試験の分野に属するが，面接でこうしたテーマがもち出されることも珍しくない。受験者がどれだけ社会問題に関

心をもっているか，一般常識をもっているか，また物事の見方・考え方に偏りがないかなどを判定しようというものである。知識や教養だけではなく，一問一答の応答を通じて，その人の性格や適応能力まで判断されることになると考えておくほうがよいだろう。

2　社会に目を向け，健全な批判精神を示す

思想の傾向や政治・経済などについて細かい質問をされることが稀にあるが，それは誰でも少しは緊張するのはやむをえない。

考えてみれば思想の自由は憲法にも保証された権利であるし，支持政党や選挙の際の投票基準についても，本来，他人からどうこう言われる筋合いのものではない。そんなことは採用する側も認識していることであり，政治思想そのものを採用・不採用の主材料にすることはない。むしろ関心をもっているのは，受験者が，社会的現実にどの程度目を向け，どのように判断しているかということなのだ。

①例題Q & A

Q. 今日の朝刊で，特に印象に残っている記事について述べてください。
A. △△市の市長のリコールが成立した記事が印象に残っています。違法な専決処分を繰り返した事に対しての批判などが原因でリコールされたわけですが，市民運動の大きな力を感じさせられました。

Q. これからの高齢化社会に向けて，あなたの意見を述べてください。
A. やはり行政の立場から高齢者サービスのネットワークを推進し，老人が安心して暮らせるような社会を作っていくのが基本だと思います。それと，誰もがやがて迎える老年期に向けて，心の準備をしていくような生活態度が必要だと思います。

②予想される質問内容

> ○ あなたがいつも読んでいる新聞や雑誌を言ってください。
>
> ○ あなたは，政治や経済についてどのくらい関心をもっていますか。
>
> ○ 最近テレビで話題の××事件の犯人逮捕についてどう思いますか。
>
> ○ △△事件の被告人が勝訴の判決を得ましたがこれについてどう思いますか。

③面接の方法

（1）　一問一答法

　面接官の質問が具体的で，受験者が応答しやすい最も一般的な方法である。例えば，「学生時代にクラブ活動をやりましたか」「何をやっていましたか」「クラブ活動は何を指導できますか」というように，それぞれの質問に対し受験者が端的に応答できる形式である。この方法では，質問の応答も具体的なため評価がしやすく，短時間に多くの情報を得ることができる。

（2）　供述法

　受験者の考え方，理解力，表現力などを見る方法で，面接官の質問は総括的である。例えば，「愛読書のどういう点が好きなのですか」「○○事件の問題点はどこにあると思いますか」といったように，一問一答ではなく，受験者が自分の考えを論じなければならない。面接官は，質問に対し，受験者がどのような角度から応答し，どの点を重視するか，いかに要領よく自分の考えを披露できるかなどを観察・評価している。

（3）　非指示的方法

　受験者に自由に発言させ，面接官は話題を引き出した論旨の不明瞭な点を明らかにするなどの場合に限って，最小限度の質問をするだけという方法で。

（4）　圧迫面接法

　意識的に受験者の神経を圧迫して精神状態を緊張させ，それに対する受験者の応答や全体的な反応を観察する方法である。例えば「そんな安易な考えで，職務が務まると思っているんですか？」などと，受験者の応答をあまり考慮せずに，語調を強めて論議を仕掛けたり，枝葉末節を捉えて揚げ足取り

をする，受験者の弱点を大げさに捉えた言葉を頻発する，質問責めにするといった具合で，受験者にとっては好ましくない面接法といえる。そのような不快な緊張状況が続く環境の中での受験者の自制心や忍耐力，判断力の変化などを観察するのが，この面接法の目的だ。

◖◗ V．面接Q＆A ◖◗

★社会人になるにあたって大切なことは？★

〈良い例①〉

　責任を持って物事にあたることだと考えます。学生時代は多少の失敗をしても，許してくれました。しかし，社会人となったら，この学生気分の甘えを完全にぬぐい去らなければいけないと思います。

〈良い例②〉

　気分次第な行動を慎み，常に，安定した精神状態を維持することだと考えています。気持ちのムラは仕事のミスにつながってしまいます。そのために社会人になったら，精神と肉体の健康の安定を維持して，仕事をしたいのです。

〈悪い例①〉

　社会人としての自覚を持ち，社会人として恥ずかしくない人間になることだと思います。

〈悪い例②〉

　よりよい社会を作るために，政治，経済の動向に気を配り，国家的見地に立って物事を見るようにすることが大切だと思います。

●コメント

　この質問に対しては，社会人としての自覚を持つんだという点を強調すべきである。〈良い例〉では，学生時代を反省し，社会へ出ていくのだという意欲が感じられる。

　一方〈悪い例①〉では，あまりにも漠然としていて，具体性に欠けている。また〈悪い例②〉のような，背のびした回答は避ける方が無難だ。

★簡単な自己PRをして下さい。★

〈良い例①〉

　体力には自信があります。学生時代，山岳部に所属していました。登頂した山が増えるにつれて，私の体力も向上してきました。それに度胸というようなものがついてきたようです。

〈良い例②〉

　私のセールスポイントは，頑張り屋ということです。高校時代では部活動のキャプテンをやっていましたので，まとめ役としてチームを引っ張り，県大会出場を果たしました。

〈悪い例①〉

　セールスポイントは，３点あります。性格が明るいこと，体が丈夫なこと，スポーツが好きなことです。

〈悪い例②〉

　自己PRですか……エピソードは……ちょっと突然すぎて，それに一言では……。

〈悪い例③〉

　私は自分に絶対の自信があり，なんでもやりこなせると信じています。これまでも，たいていのことは人に負けませんでした。公務員になりましたら，どんな仕事でもこなせる自信があります。

●コメント

　自己PRのコツは，具体的なエピソード，体験をおりまぜて，誇張しすぎず説得力を持たせることである。

　〈悪い例①〉は具体性がなく迫力に欠ける。②はなんとも歯ぎれが悪く，とっさの場合の判断力のなさを印象づける。③は抽象的すぎるし，自信過剰で嫌味さえ感じられる。

★健康状態はいかがですか？★

〈良い例①〉

　健康なほうです。以前は冬になるとよくカゼをひきましたが，4年くらい前にジョギングを始めてから，風邪をひかなくなりました。

〈良い例②〉

　いたって健康です。中学生のときからテニスで体をきたえているせいか，寝こむような病気にかかったことはありません。

〈悪い例①〉

　寝こむほどの病気はしません。ただ，少々貧血気味で，たまに気分が悪くなることがありますが，あまり心配はしていません。勤務には十分耐えられる健康状態だと思います。

〈悪い例②〉

　まあ，健康なほうです。ときどき頭痛がすることがありますが，睡眠不足や疲れのせいでしょう。社会人として規則正しい生活をするようになれば，たぶん治ると思います。

●コメント

　多少，健康に不安があっても，とりたててそのことを言わないほうがいい。〈悪い例②〉のように健康維持の心がけを欠いているような発言は避けるべきだ。まず健康状態は良好であると述べ，日頃の健康管理について付け加える。スポーツばかりではなく，早寝早起き，十分な睡眠，精神衛生などに触れるのも悪くない。

★どんなスポーツをしていますか？★

〈良い例①〉

　毎日しているスポーツはありませんが，週末によく卓球をします。他のスポーツに比べると，どうも地味なスポーツに見られがちなのですが，皆さんが思うよりかなり激しいスポーツで，全身の運動になります。

〈良い例②〉

　私はあまり運動が得意なほうではありませんので，小さいころから自主的にスポーツをしたことがありませんでした。でも，去年テレビでジャズダンスを見ているうちにあれならば私にもできそうだという気がして，ここ半年余り週1回のペースで習っています。

〈悪い例①〉

　スポーツはどちらかといえば見る方が好きです。よくテレビでプロ野球中継を見ます。

●コメント

　スポーツをしている人は，健康・行動力・協調性・明朗さなどに富んでいるというのが一般の（試験官の）イメージだ。〈悪い例①〉のように見る方が好きだというのは個人の趣向なので構わないが，それで終わってしまうのは好ましくない。

★クラブ・サークル活動の経験はありますか？★

〈良い例①〉

　剣道をやっていました。剣道を通じて，自分との戦いに勝つことを学び，また心身ともに鍛えられました。それから横のつながりだけでなく先輩，後輩との縦のつながりができたことも収穫の一つでした。

〈良い例②〉

　バスケット部に入っておりました。私は，中学生のときからバスケットをやっていましたから，もう6年やったことになります。高校までは正選手で，大きな試合にも出ていました。授業終了後，2時間の練習があります。また，休暇時期には，合宿練習がありまして，これには，OBも参加し，かなりハードです。

〈悪い例①〉

　私は社会心理研究会という同好会に所属していました。マスコミからの情報が，大衆心理にどのような影響をおよぼしているのかを研究していました。大学に入ったら，サークル活動をしようと思っていました。それが，いろいろな部にあたったのですが，迷ってなかなか決まらなかったのです。そんなとき，友人がこの同好会に入ったので，それでは私も，ということで入りました。

〈悪い例②〉

　何もしていませんでした。どうしてもやりたいものもなかったし，通学に2時間半ほどかかり，クラブ活動をしていると帰宅が遅くなってしまいますので，結局クラブには入りませんでした。

●コメント

　クラブ・サークル活動の所属の有無は，協調性とか本人の特技を知るためのものであり，どこの採用試験でも必ず質問される。クラブ活動の内容，本人の役割分担，そこから何を学んだかがポイントとなる。具体的な経験を加えて話すのがよい。ただ，「サークル活動で●●を学んだ」という話は試験官にはやや食傷気味でもあるので，内容の練り方は十分に行いたい。

　〈悪い例①〉は入部した動機がはっきりしていない。〈悪い例②〉では，クラブ活動をやっていなかった場合，必ず別のセールスポイントを用意しておきたい。例えば，ボランティア活動をしていたとか，体力なら自信がある，などだ。それに「何も夢中になることがなかった」では人間としての積極性に欠けてしまう。

★新聞は読んでいますか？★

〈良い例①〉

　毎日，読んでおります。朝日新聞をとっていますが，朝刊では"天声人語"や"ひと"そして政治・経済・国際欄を念入りに読みます。夕刊では，"窓"を必ず読むようにしています。

〈良い例②〉

　読売新聞を読んでいます。高校のころから，政治，経済面を必ず読むよう，自分に義務づけています。最初は味気なく，つまらないと思ったのですが，このごろは興味深く読んでいます。

〈悪い例①〉

　定期購読している新聞はありません。ニュースはほとんどテレビやインターネットで見られますので。たまに駅の売店などでスポーツ新聞や夕刊紙などを買って読んでいます。主にどこを読むかというと，これらの新聞の芸能・レジャー情報などです。

〈悪い例②〉

　毎日新聞を読んでいますが，特にどこを読むということはなく，全体に目を通します。毎日新聞は，私が決めたわけではなく，実家の両親が購読していたので，私も習慣としてそれを読んでいます。

●コメント

　　この質問は，あなたの社会的関心度をみるためのものである。毎日，目を通すかどうかで日々の生活規律やパターンを知ろうとするねらいもある。具体的には，夕刊紙ではなく朝日，読売，毎日などの全国紙を挙げるのが無難であり，読むページも，政治・経済面を中心とするのが望ましい。

　　〈良い例①〉は，購読している新聞，記事の題名などが具体的であり，真剣に読んでいるという真実味がある。直近の記憶に残った記事について感想を述べるとなお印象は良くなるだろう。〈悪い例①〉は，「たまに読んでいる」ということで×。それに読む記事の内容からも社会的関心の低さが感じられる。〈悪い例②〉は〈良い例①〉にくらべ，具体的な記事が挙げられておらず，かなりラフな読み方をしていると思われても仕方がない。

●書籍内容の訂正等について

　弊社では教員採用試験対策シリーズ（参考書，過去問，全国まるごと過去問題集），公務員採用試験対策シリーズ，公立幼稚園・保育士試験対策シリーズ，会社別就職試験対策シリーズについて，正誤表をホームページ（https://www.kyodo-s.jp）に掲載いたします。内容に訂正等，疑問点がございましたら，まずホームページをご確認ください。もし，正誤表に掲載されていない訂正等，疑問点がございましたら，下記項目をご記入の上，以下の送付先までお送りいただくようお願いいたします。

---

① **書籍名，都道府県・市町村名，区分，年度**
　（例：公務員採用試験対策シリーズ　北海道のA区分　2025年度版）
② **ページ数**（書籍に記載されているページ数をご記入ください。）
③ **訂正等，疑問点**（内容は具体的にご記入ください。）
　（例：問題文では"ア～オの中から選べ"とあるが，選択肢はエまでしかない）

〔ご注意〕
○ 電話での質問や相談等につきましては，受付けておりません。ご注意ください。
○ 正誤表の更新は適宜行います。
○ いただいた疑問点につきましては，当社編集制作部で検討の上，正誤表への反映を決定させていただきます（個別回答は，原則行いませんのであしからずご了承ください）。

●情報提供のお願い

　公務員試験研究会では，これから公務員試験を受験される方々に，より正確な問題を，より多くご提供できるよう情報の収集を行っております。つきましては，公務員試験に関する次の項目の情報を，以下の送付先までお送りいただけますと幸いでございます。お送りいただきました方には謝礼を差し上げます。
（情報量があまりに少ない場合は，謝礼をご用意できかねる場合があります。）
◆あなたの受験された教養試験，面接試験，論作文試験の実施方法や試験内容
◆公務員試験の受験体験記

- -

送付先
○電子メール：edit@kyodo-s.jp
○FAX：03-3233-1233（協同出版株式会社　編集制作部 行）
○郵送：〒101-0054　東京都千代田区神田錦町2-5
　　　　　　　　　協同出版株式会社　編集制作部 行
○HP：https://kyodo-s.jp/provision（右記のQRコードからもアクセスできます）

※謝礼をお送りする関係から，いずれの方法でお送りいただく際にも，「お名前」「ご住所」は，必ず明記いただきますよう，よろしくお願い申し上げます。

新潟市・長岡市・柏崎市・
上越地域・新発田地域・佐渡市の
消防職Ⅱ種／Ⅲ種・高卒程度

編　者　公務員試験研究会

発　行　令和6年4月25日

発行者　小貫輝雄

発行所　協同出版株式会社

〒101－0054
東京都千代田区神田錦町2－5
電話　03－3295－1341
振替　東京00190－4－94061